上海市“十三五”重点图书项目

上海文化发展基金会图书出版专项基金资助项目

教育神经科学译丛

译丛主编 周加仙

Neuroscience in Education: The Good, The Bad and The Ugly

[英] 塞尔吉奥·德拉·萨拉
Sergio Della Sala
主编
[澳] 迈克·安德森
Mike Anderson

周加仙 陈菊咏 主译

U0798978

教育神经科学的是与非

上海教育出版社
SHANGHAI EDUCATIONAL PUBLISHING HOUSE

译丛总序

脑：人类学习和教育的重要器官[1]

［美］柯特·W.费希尔[2]　周加仙

人能够学习。人类具有学习的特殊能力，是学习使我们成为真正的人。人的这种“特殊性”部分归因于人脑这个学习的重要器官。儿童时期，我们广泛学习社会文化和生活知识。近代历史中，人类通过建立学校开展正规的学习活动。我们在学校度过多年的时光，来学习阅读、数学、科学、历史、艺术等知识。是学习将学校与人脑紧密地联系在一起（Battro，Fischer，& Léna，2007）。

教育神经科学的诞生：教育和生物学的革命

将脑、认知科学与教育结合起来的一场革命正在世界范围内展开，其目的是创造新的知识和研究工具来极大地提高学生学习的效率。然而，如果期望过高，人们的热情将随着时间的推移而消退，那么这很可能最终变成教育中的又一阵

① 本文原英文部分由周加仙、陈洁翻译。

② 柯特·W.费希尔（Kurt W. Fischer），美国哈佛大学教育研究院教授，“国际心智、脑与教育学会”创始人，该学会官方刊物《心智、脑与教育》的创刊人和首任主编。

流行之风。其风险在于，学校会期望从神经科学中得到快速解决教育问题的对策，但是这种期望是不切实际的！我们需要的是将生物学、神经科学、认知科学、教育学整合在一起的新知识与新方法（Immordino-Yang & Damasio，2007；Szücs & Goswami，2007）。这门新兴学科非常复杂，其复杂性甚至体现在名称的界定与学科内涵的把握上。世界上的不同组织机构与研究人员曾经用过许多不同的名称来指代这门新兴学科，如"教育神经科学"（educational neuroscience）、"心智、脑与教育"（mind，brain and education）、"神经教育学"（neuroeducation）等，这些名称的含义和所指范围并不完全相同。"教育神经科学"强调的是融合教育学的神经科学，重视的是这一学科的知识创造，而"神经教育学"强调的是以教育学为核心的跨学科整合，重视的是这一学科的知识应用。但是，更多的学者将两者看作同义词（Battro，Fischer，& Léna，2007）。事实上，任何一门学科的发展与兴盛都离不开知识创造与知识应用。作为一门新兴的学科，首先需要创造与积累本学科的知识与技能，才具备转化与应用的条件。因此，目前大部分专家、学者和组织机构倡导运用"教育神经科学"来指称这门学科（OECD，2007，参见《教育神经科学的使命与未来》）。经济合作与发展组织（OECD）"脑科学与学习科学项目"负责人、美国哈佛大学教育研究院的布鲁诺·德拉奇萨建议："不要使用'神经教育学'一词，因为我们教育的不是神经元，而是人。或者只在以下情况使用这个词：命名伪科学或者被曲解的科学、歪曲的研究成果、各种剽窃的'成果'、急于推广到教育中的成果。"（德拉奇萨，2019）

创建"教育神经科学"这门新学科的目的，就是要为教育理论、教育政策与教育实践奠定科学的基础，从而改变教育缺乏科学证据的状况。教育只有以有效的科学证据为基础才能充分地发挥其潜力。目前，国际著名大学已经建立起许多教育神经科学的研究机构或组织。如美国哈佛大学教育研究院、哥伦比亚大学教师教育学院、加州大学的旧金山分校和圣迭戈分校、威斯康星大学麦迪逊分校、范德比尔特大学等，都建立了教育神经科学研究机构；英国剑桥大学和伦敦大学学院分别建立了教育神经科学研究中心；加拿大西蒙·弗雷泽大学建立了数学教育神经科学实验室(周加仙，2013)。在中国，2010年12月华东师范大学创立了我国第一个教育神经科学研究中心，2012年12月台湾师范大学建立教育神经科学实验室，并将发展教育神经科学作为迈向世界顶尖大学的重要举措。目前，国际上有关教育神经科学的专业研究机构与专业人才培养机构共有80余个(周加仙，2018)。其中，华东师范大学教育神经科学研究中心独具特色，该中心依托华东师范大学"心智—脑—行为—社会"多层面互动的研究体系，吸收了教育学、心理学、神经科学(认知神经科学)等传统学科的优势，采用超学科、跨学院的研究形式进行教育神经科学的研究。这种研究思路得到了国际教育神经科学研究界的关注。2010年，国际著名学术期刊《神经元》(*Neuron*)将华东师范大学列为世界教育神经科学的研究重镇(Thomas & Susan，2010)。

学术期刊的创办对于一个新兴学科领域的发展具有重要作用。目前，教育神经科学领域创办了四份学术期刊：(1)《心智、脑与教育》(*Mind*, *Brain*, *and Education*)于2007年正式创刊，是"国际心智、脑与教育学会"的官方刊物，创刊当年即被评为最优秀的新创刊社会科学杂志，目前，该期刊已经被纳入SSCI期刊；(2)《神经科学与教育进展》(*Trends in Neuroscience and Education*，季刊)于2012年创刊，主编为德国乌尔姆大学神经科学与学习转化中心负责人曼弗雷德·斯皮策(Manfred Spitzer)；(3) 加拿大魁北克创办的《神经教育学》(*Neuro-education*，年刊)；(4)《教育生物学杂志》(季刊)，是中国第一本该领域的专业期刊，经原新闻出版总署批准于2013年正式创刊，上海交通大学主办，其特色是将医学与生物学、神经科学、教育学结合起来，为教育奠定科学的基础。

21世纪是生命科学的世纪，生命科学的突飞猛进与日新月异的变化经常成为报刊的头条新闻。科学研究展现了人脑惊人的可塑性，以及人在阅读的时候或者在吸毒成瘾的时候，大脑产生了怎样的变化以适应新环境和新情境。借助新的神经影像工具，科学家们开始了解学习发生的过程，例如，数字学习是如何改变神经元联结的，不同的语言是如何影响认知和记忆的，人的感受是如何塑造学习和信念的。这些研究证明了教育变化的本质规律和全世界对教育的要求。教育提高了人们的生活质量，使个体能够获得更好的工作、更加健康的体魄，也使得社区和国家更加繁荣昌盛（Graham, 2005）。学校教育不仅让个体学会阅读，而且改善了婴儿和母亲的健康及生存比例，同时还抑制了人口的过快增长。

要在教育中发挥脑科学的潜力，当务之急是建立这样一门能够促进脑科学研究者和教育工作者相互合作的综合性学科。在这门新的学科里，合作双方都具有重要的作用。为了避免这一综合学科的研究沦为一时的流行风潮，教育工作者和脑科学研究者必须共同努力，运用实践研究来阐释在学习环境中什么是有用的，什么是无用的。教育工作者和脑科学研究者必须合作，共同创建能够指导教育实践的有用知识，并运用这种知识来研究学校或其他学习环境中的学习是如何发生的（Hinton & Fischer, 2007）。这种合作的一个典型范例是《芝麻街》，这部电视动画片是根据1969年初开始的一项研究取得的成果拍摄的（Lesser, 1974）。一项研究就能有效地影响学习环境并最终提升各年龄段学生的学习成效，即使在现今，仍然是十分少见的例子。

神经科学的研究似乎会自然地影响教育，儿童的教育似乎也会明显地涉及脑的结构、发展与学习。基于这样一种直觉的认识，欧美教育领域盛行所谓“基于脑的教育”的主张，而这些主张完全没有认知科学或脑科学的基础。例如，“基于脑的教育”称，每个学生都有脑。但是这并不能给所谓“基于脑的教育”提供科学的证据。“基于脑的教育”缺少的是科学的研究基础。认真阅读这些所谓“基于脑的”学习和教育的报告、文章或者书籍不难发现，“基于脑的教育”是用脑科学的语言包装了有关学习的主张，但实际上并不是基于脑科学的研究提出的。教育神经科学仍然很年轻，目前只有少数研究者是在教育的情景中研究脑的学习过程，很少有教师能帮助科学研究者共同思考具有实用价值的研究课题，大部分重要的教育问题都还没有得到研究。这是一个有待研究与开发的重要领域。

幸运的是，教育神经科学的研究前景已经展现出一派光明。例如，在阅读困难或阅读障碍的研究中，运用神经影像工具来研究儿童是如何学会阅读的，哪些方法能促进儿童的学习。过去的证据证明，神经影像技术能成功地预测哪些学生容易患阅读障碍，并为干预、预防这类困难提供指导(Gabrieli，2009)。有关发展与学习的研究揭示出几个有前途的发展方向：追踪学习轨迹的方法，DNA在学习中的中介作用，情绪对学习和发展的强大的组织作用(Bransford & Donovan，2005；Fischer & Bidell，2006；Kegel et al.，2011)，不同学科学习的脑机制研究，等等。

对学习的研究表明，儿童的学习非常灵活。每个儿童的脑都各不相同，因而必须采用不同的方式来学习。同时，每个儿童在掌握自己最需要的技能方面都十分成功，比如交流和运动控制技能(Immordino-Yang et al.，2009；Immordino-Yang et al.，2012)。研究儿童不同的学习方式，最终将在教育实践中产生重要的进步。我们需要年轻的研究者同中小学、幼儿园的教师共同努力，将研究与实践结合起来：其一，制订教师专业发展计划，为职前教师和在职教师开设教育神经科学的培训课程，支持研究者与中小学、幼儿园教师合作。这一建议也符合2012年"联合国学术影响力"等组织在《模糊学科界限：国际教育发展大会宣言》中提出的要求(College of Education，Georgia State University，United Nations Academic Impact Committee on Teaching about the United Nations，Seoul National University，2012)。其二，开设专业培训课程，培养新一代的教育研究者与教育实践者，如2000年在哈佛大学开设的心智、脑与教育专业课程(http：//gseweb.harvard.edu/～mbe)。

教育神经科学不可能为这一发展过程提供捷径。让脑科学研究者与教育者合作，共同揭示教育情景中的学习是如何发生的，这需要假以时日。开展实践研究来探索学生高效率或低效率学习的原因也需要时间。教师和其他教育者必须开始探索脑的加工过程对学习的作用，而科学工作者和研究者则必须开始探索如何测量学习发展轨迹的多样性(Stein et al.，2010)。教师教育中必须加入教育神经科学的知识，因为脑是学习的重要器官。

学习发展轨迹的重要作用

新一代的教育工作者能够改变教育研究的状况。他们需要学习认知科学和脑科学的知识，提出有关教与学的实际问题并加以解决，从而为教育奠定坚实的研究基础。但是目前，教师教育很少关注学生的学习，而更多地关注课堂管理和学校组织，有时也涉及社会中的公平和差异问题。这些问题的确非常重要，但如果学校的核心目标是为了促进学生的学习和发展，那么教育者就应该把重点放在研究和分析学生的教与学的问题上。

对学习的关注应该始于这样一个研究假设，即不同的学生有各不相同的学习方式。教育神经科学运用“全人”的观点来研究不同儿童的学习；这种“全人”的观点包括人际关系、情绪、艺术、社会交往与学习差异，以及学习的强项与弱项的交互作用（Fischer, Bernstein, & Immordino-Yang, 2007; Immordino-Yang et al., 2009）。有效学习环境的设计必须考虑到“全人”的发展，考虑学生个体之间的关系以及每位学生不同技能中强项与弱项之间的关系。

即使在教育神经科学发展的早期，我们也已经清楚地知道，儿童的学习是按照特定的轨迹发展的，从而形成技能和特定内容的概念知识。儿童会发展出理解美国历史的学习轨迹、数学学习的轨迹、弹奏吉他的学习轨迹，等等。这些学习发展的轨迹大多彼此独立，按照不同领域的技能组织起来。

通过与发展性测试服务中心（Developmental Testing Service, DTS）（www.devtestservice.org）的合作，我们开发了分析道德判断、决策、批判性思维等学习发展路径的工具。DTS 创造了许多重要的革新方法来促进对学生学习发展路径的测评。这些分析学习发展路径的工具全面勾勒了学生学习特定内容的常用学习方式（Fischer & Bidell, 2006; Stein et al.，2010)。阅读就是一个很好的例子。学生是通过多样化的而不是单一的途径学会阅读的，不同语言的学习方式有所不同。例如，患有阅读障碍的学生学习英语阅读的方式与普通学生不同，可能由于他们脑组织中某个部位的缺陷导致了阅读困难(Shaywitz & Shaywitz，2007)。在阅读困难的研究中形成了一种新的观点：许多存在阅读困难的人似乎具有不同的视觉系统，他们的视觉系统结构不同于常人，其边缘视野比常人更敏锐，这种差异在完成视觉任务时具有许多优势，比如在需要整合大范围视野信息时，阅读困难者的技能更具有优势。研究结果表明，这种视觉系统在某些视觉任务中占有优势，特别是需要处理并运用视野边缘信息的任务。例如，患有阅读障碍的天体物理学家在搜索天空、探测黑洞时显示出巨大的优势(Schneps et al.，2007)。阅读障碍者在分析图片的逻辑错误方面似乎也有显著的优势，如分析不可能图形。在逻辑上，这种图形在真实世界中是不可能存在的，却可以通过两个(或三个)维度画成，而许多阅读障碍者发现这个"视觉逻辑"错误的速度比常人快。阅读障碍者还能够比常人更快地发现照片边缘的错误和异常(Schneps et al.，2007)，这可能是艺术院校中阅读障碍者的数量更多的原因。

芬克(Rosalie Fink，2006)访问并评估了许多患有阅读障碍的成功人士。这些阅读障碍患者成功地掌握了读写技能，他们学习读写的方法不同于常人，但是没有得到标准阅读课程的重视。在被问及是如何学习阅读时，这些成功人士说，他们找到了另一条掌握阅读的途径，即受强烈的个人兴趣的驱使，比如对动物、除草机或内战感兴趣，从而学会了阅读(Fischer & Fusaro，2007)。这些人的成长环境中还没有电脑或手机，因此，阅读成为获得自己感兴趣的信息的有力工具。虽然他们患有阅读障碍，但是他们自然而然地选择书籍来阅读。学校并没能很好地教会这些患有阅读障碍的成功人士阅读。在成人的支持下，他们自己摸索出适合自己的阅读方式，并学会了阅读。

教与学的一个最重要的起点是假设学生有不同的学习方式，并寻找适合每一个学生的有效学习方式。在这个领域，学习的研究开始对教育实践作出重要贡献：当教师能够帮助学生找到有效的学习方式时，就能为不同的学生提供支持，让他们通过不同的方式进行学习，进而开始分析不同的人有效学习的不同方式。

学校最重要的目标是帮助学生成为有教养的人，成为对社会有用的公民。另一个目标就是掌握大量的技能来增进学生的知识，增强学生的动机、责任感和创造力。只有当学校的教育实践奠基于不同学习方式的科学知识时，它才能真正地教育所有公民（Fischer，2009；Hinton & Fischer，2008）。

脑是学习的重要器官。对有效的教与学的实际问题展开研究，最终将形成各种工具来提高全世界的教育质量。然而，教育神经科学仍然很年轻，作为一门学科，它才刚刚诞生，希望快速解决教育难题的人肯定会对此感到失望。促进全世界教育的最重要的目标是开展实践研究来评估教与学的有效性。教育神经科学的研究有助于提出这些问题，但教育家和科学家应该共同合作来创建这门新的学习科学，共同塑造儿童的脑。

目前，教育神经科学已经在全世界范围内蓬勃发展起来。本套译丛精心选择了国际上在这个领域具有重要影响的优秀著作进行翻译。本套译丛面向教育界与心理学界的实践者和研究者，目的是联结脑、认知科学与教育政策和实践，因此，本套译丛选择了与学校教育密切相关的著作，有的侧重数学、语言、音乐等学科教学，有的侧重将研究与实践联结起来的新型研究范式。这些著作从不同侧面勾勒出国际教育神经科学研究的广泛与精深。在中国这样一个人才大国，教育神经科学的发展将对人才培养与综合国力的提升发挥十分重要的作用，是中国迈向人才强国的有力途径。同时，中国的教育神经科学研究也将对国际教育神经科学的发展作出重要的贡献。我们期待这套丛书能够吸引更多有志于教育神经科学研究的研究者、关注转化应用的教育政策制定者和教育实践者积极投入到这个新兴的领域，为创建中国本土化的教育神经科学共同努力。

在本套译丛出版之际，我们由衷地感谢国家自然科学基金委员会、教育部社会科学司、教育部留学基金委员会、中国博士后科学基金会、上海市教育委员会、上海市人力资源和社会保障局、北京市教育委员会对新兴学科的大力支持。感谢韦钰院士、唐孝威院士、陈霖院士、沈晓明院士、任友群司长、董奇校长、俞立中校长、钟启泉教授、李其维教授、周永迪教授、桑标教授、杜祖贻教授、黄红教授、金星明教授对中国教育神经科学发展的大力支持。衷心感谢上海教育出版社袁彬副总编及其团队在出版本套译丛过程中所付出的努力。感谢各位参与翻译的教授和研究生认真负责的翻译工作，使得本套译丛能够与中国读者见面。

我们期待着中国教育神经科学的美好明天。

参考文献

Battro, A. M., Fischer, K. W., & Léna, P. (Eds.)(2007). *The Educated Brain: Essays in Neuroeducation*. Cambridge, UK: Cambridge University Press.

Bransford, J., & Donovan, S. (Eds.)(2005). *How Students Learn: History, Science, and Mathematics in the Classroom*. Washington, DC: National Academy Press.

Fink, R. P. (2006). *Why Jane and Johnny Couldn't Read and How They Learned*. Newark, DE: International Reading Association.

Fischer, K. W. (2009). Mind, brain, and education: Building a scientific groundwork for learning and teaching. *Mind, Brain, and Education*, *3*(1), 2-15.

Fischer, K. W., & Bidell, T. R. (2006). Dynamic development of action and thought. In W. Damon & R. M. Lerner (Eds.), *Theoretical Models of Human Development. Handbook of Child Psychology* (6th ed., Vol. 1, pp. 313-399). New York: Wiley.

Fischer, K. W., Daniel, D. B., Immordino-Yang, M. H., Stern, E., Battro, A., & Koizumi, H. (2007). Why mind, brain, and education? Why now? *Mind, Brain, and Education*, *1*(1), 1-2.

Fischer, K. W., & Fusaro, M. (2007). Eager to learn: Using student interests to motivate learning. In R. P. Fink & J. Samuels (Eds.), *Inspiring Success: Reading Interest and Motivation in an Age of High-stakes Testing* (pp. 62-74). Newark, DE: International Reading Association.

Fischer, K. W., & Heikkinen, K. (2010). The future of educational neuroscience. In D. Sousa (Ed.), *Mind, Brain, and Education: Neuroscience Implications for the Classroom* (pp. 249-269). Bloomington, IN: Solution Tree Press.

Gabrieli, J. D. E. (2009). Dyslexia: A new synergy between education and cognitive neuroscience. *Science*, *325*(5938), 280-283.

Graham, P. A. (2005). *Schooling America: How the Public Schools Meet the Nation's Changing Needs*. New York, NY: Oxford University Press.

Gura, T. (2005). Educational research: Big plans for little brains. *Nature*, *435*(7046), 1156-1158.

Hinton, C., & Fischer, K. W. (2008). Research schools: Grounding research in educational practice. *Mind, Brain, and Education*, *2*(4), 157 - 160.

Immordino-Yang, M. H., & Damasio, A. (2007). We feel, therefore we learn: The relevance of affective and social neuroscience to education. *Mind, Brain, and Education*, *1*(1), 3 - 10.

Immordino-Yang, M. H., McColl, A., Damasio, H., & Damasio, A. (2009). Neural correlates of admiration and compassion. *Proceedings of the National Academy of Sciences, USA*, *106*(19), 8021 - 8026.

Immordino-Yang, M. H., Christodoulou, J. A., & Singh, V. (2012). Rest is not idleness: Implications of the brain's default mode for human development and education. *Perspectives in Psychological Science*, 7(4), 352 - 364.

Kegel, C. A. T., Bus, A. G., & van IJzendoorn, M. H. (2011). Differential susceptibility in early literacy instruction through computer games: The role of the dopamine D4 receptor gene (DRD4). *Mind, Brain, and Education*, *5*(2), 71 - 78.

Lesser, G. S. (1974). *Children and Television: Lessons from Sesame Street*. New York: Random House.

OECD. (2007). *Understanding the brain: The birth of the new learning science*. Paris: OECD Publications.

Schneps, M. H., Rose, L. T., & Fischer, K. W. (2007). Visual learning and the brain: Implications for dyslexia. *Mind, Brain, and Education*, *1*(3), 128 - 139.

Shaywitz, S. E., & Shaywitz, B. A. (2007). What neuroscience really tells us about reading instruction. *Educational Leadership*, *5*(64), 74 - 76.

The Declaration of "Blurring Boundaries: An International Educational Development Conference" (2012). Sponsored by Georgia State University, United Nations Academic Impact, Committee on Teaching about the United Nations, Seoul National University. (http://outreach.un.org/unai/2012/06/27/the-declaration-of-blurring-boundaries-an-international-educational-development-conference-issued)

Thomas, C., & Susan, M. (2010). Neuroscience and education: An ideal partnership for producing evidence-based solutions to guide 21st Century Learning. *Neuron*, *67*(5), 685 - 688.

布鲁诺·德拉奇萨.(2019).神经教育学：当心. 章熠,周加仙,译.*教育家*,*180*(6), 28 - 29.

台湾师大新闻.(2012).迈向顶尖大学计划一大创举,教育神经科学实验室揭牌启用.

周加仙.(2013). 教育生物学的领域建构. *教育生物学杂志*, *1*(2), 87 - 94.

周加仙,编著.(2016).*教育神经科学的使命与未来*.北京：教育科学出版社.

周加仙.(2018).教育神经科学视角的知识创造与知识判断标准.*教育发展研究*,*24*, 48 - 53.

假设某位神经学家的手术室或者心理学研究者(或者神经科学研究者)的办公室里每天有30个人,每个人有不同的需求,这些人中,有些人本来就不想就诊,因而一直在制造麻烦,在没有任何帮助的情况下,这些专家或研究者要在为期9个月的时间里,通过优质课程连续为这些人提供指导。这时候,他们可能就会理解教师在课堂上的工作了。

——转引自唐纳德·D.奎恩(Donald D. Quinn)

目　录

致谢

在此谨向给予我们帮助的人士表示感谢，没有他们的努力和眼光，本书不会问世：心理学、精神病学和神经科学的高级责任编辑马丁·鲍姆(Martin Baum)；牛津大学出版社脑科学助理责任编辑夏洛特·格林(Charlotte Green)；爱丁堡大学的莫伊拉·麦克雷(Moira MacRae)全程为我们提供文本方面的支持，科琳·里德(Corinne Reid)给导论部分提出了宝贵的建议。我们特别感谢罗伯托·库贝里(Roberto Cubelli)教授，我们和他就本书的主题进行了几次讨论，他向我们提到了导论里吉勒斯·德罗宾(Gilles de Robien)的故事。我们还要感谢西澳大利亚大学心理学院(School of Psychology at the University of Western Australia)，该学院给塞尔吉奥·德拉·萨拉提供了兼职院长的职位并给予资助，这样我们才能合作完成这个计划。我们还要感谢澳大利亚研究理事会(Australian Research Council)对迈克·安德森[及其同事科琳·里德、艾利森·福克斯(Allison Fox)和多萝西·毕晓普(Dorothy Bishop)]的资助(DP0665616)，这激励我们探索脑发育和教育的关系。当然，我们还要感谢所有为本书作出贡献的作者们。

塞尔吉奥·德拉·萨拉

迈克·安德森

2011年5月

关于主编

塞尔吉奥·德拉·萨拉，训练有素的临床神经学家，英国爱丁堡大学心理学系人类认知神经科学教授，西澳大利亚大学心理学院兼职院长。英国心理学会会员、心理科学学会会员、爱丁堡皇家学会会员，《皮质》(*Cortex*)的编辑。研究兴趣：记忆、记忆障碍，以及脑损伤引起的认知缺陷。

迈克·安德森，西澳大利亚大学心理学院心理学教授、神经认知发展小组主任。主要研究智力和发展理论，专攻儿童脑发育对智力的影响。

作者列表

迈克·安德森(Mike Anderson)
澳大利亚新南威尔士州珀斯市
西澳大利亚大学心理学院神经认知发展小组

丹尼尔·安萨里(Daniel Ansari)
加拿大安大略省伦敦市
西安大略大学发展认知神经科学方向

简·阿什比(Jane Ashby)
美国密歇根州悦山市
中密歇根大学心理学系

艾玛·阿斯温(Emma Ashwin)
英国巴斯市
巴斯大学心理学系

西蒙·巴伦-科恩(Simon Baron-Cohen)
英国剑桥
三一学院实验心理学系

凯瑟琳·比彻姆(Catherine Beauchamp)
加拿大魁北克省舍布鲁克市
主教大学教育学院

米里亚姆·比彻姆(Miriam Beauchamp)
加拿大魁北克省蒙特利尔市
蒙特利尔大学心理学系

蒂莫西·C. 贝茨(Timothy C. Bates)
英国爱丁堡市
爱丁堡大学心理学系

埃里克·H. 查德勒(Eric H. Chudler)
美国华盛顿州西雅图市
华盛顿大学生物工程系

唐娜·科克(Donna Coch)
美国新罕布什尔州汉诺威市
达特茅斯大学教育学院

马克斯·科特哈特(Max Coltheart)
澳大利亚新南威尔士州悉尼市
麦考瑞大学麦考瑞认知科学中心

迈克尔·W. 康奈尔(Michael W. Connell)
美国马萨诸塞州阿灵顿市
知识设计研究所

迈克尔·C. 克巴林斯(Michael C. Corballis)
新西兰奥克兰市

奥克兰大学心理学系

纳尔逊·考恩(Nelson Cowan)
美国密苏里州哥伦比亚市
密苏里-哥伦比亚大学心理科学系

塞尔吉奥·德拉·萨拉(Sergio Della Sala)
英国爱丁堡市
爱丁堡大学心理学系人类认知神经科学方向

布里奇德·芬恩(Bridgid Finn)
美国密苏里州圣路易斯市
华盛顿大学心理学系

莫妮卡·芬斯特瓦尔德(Monika Finsterwald)
奥地利维也纳
维也纳大学心理学系

霍华德·加德纳(Howard Gardner)
美国马萨诸塞州剑桥市
哈佛大学教育研究生学院

奥弗·戈兰(Ofer Golan)
以色列拉马特甘市
巴伊兰大学心理学系

乌沙·戈斯瓦米(Usha Goswami)
英国剑桥
剑桥大学实验心理学系

埃琳娜·L. 格里戈连科(Elena L. Grigorenko)
美国康涅狄格州纽黑文市
耶鲁大学心理学系流行病学与公共健康系儿童研究中心

保罗·霍华德-琼斯(Paul Howard-Jones)
英国布里斯托尔市
布里斯托尔大学教育研究生院

小泉英明(Hideaki Koizumi)
日本东京
日立公司;东京大学先进科学与技术研究中心

尤利娅·科瓦斯(Yulia Kovas)
英国伦敦
伦敦大学金斯密斯学院心理学系

吉纳维芙·麦克阿瑟(Genevieve McArthur)
澳大利亚新南威尔士州悉尼市
麦考瑞大学麦考瑞认知科学中心

罗伯特·D. 麦金托什(Robert D. McIntosh)
英国爱丁堡市
爱丁堡大学心理学系人类认知神经科学方向

玛丽·奥利弗(Mary Oliver)
澳大利亚西澳大利亚州克劳利市
西澳大利亚大学教育研究生院

多梅尼科·帕里西(Domenico Parisi)
意大利罗马

国家研究委员会认知科学和技术研究所

罗伯特·普洛明(Robert Plomin)
英国伦敦
伦敦国王大学精神病学研究所社会、遗传和发展精神病学中心

基思·雷纳(Keith Rayner)
美国加利福尼亚州拉霍亚市
加利福尼亚大学圣迭戈分校心理学系

斯图尔特·J. 里奇(Stuart J. Ritchie)
英国爱丁堡市
爱丁堡大学心理学系人类认知神经科学方向

亨利·L. 勒迪格(Henry L. Roediger)
美国密苏里州圣路易斯市
华盛顿大学心理学系

芭芭拉·肖伯(Barbara Schober)
奥地利维也纳
维也纳大学心理学系

泽维尔·瑟容(Xavier Seron)
比利时新鲁汶市
鲁汶天主教大学

克里斯蒂亚娜·施皮尔(Christiane Spiel)
奥地利维也纳
维也纳大学心理学系

扎卡里·斯坦(Zachary Stein)
美国马萨诸塞州剑桥市
哈佛教育研究生院

彼得拉·瓦格纳(Petra Wagner)
奥地利林茨市
上奥地利应用科学大学应用健康和社会科学学院

雅娜·温斯坦(Yana Weinstein)
美国密苏里州圣路易斯市
华盛顿大学心理学系

第一部分

导　论

第一章　教育中的神经科学：一篇“自以为是”的开场白

迈克·安德森(Mike Anderson)
塞尔吉奥·德拉·萨拉(Sergio Della Sala)

一、神经科学还是认知科学?

首先，我们想表达一下歉意。本书的书名是《教育神经科学的是与非》(*Neuroscience in Education: The Good, The Bad and The Ugly*)，但是读完本书后，您可能会觉得书名带有“欺骗性”。我们的观点是，认知研究是最能够为教育提供帮助的科学领域，神经科学本身的价值是有限的。然而我们使用这个书名并不是想欺骗读者，因为用于指称教育和脑科学(含认知心理学)交叉领域的术语已经被收入词典。它被频繁地使用，例如，英国皇家学会(The Royal Society)和英国经济与社会研究委员会(Economic and Social Research Council, ESRC)提交的相关报告[《神经科学：对教育和终身学习的启示》(*Neuroscience: Implications for Education and Lifelong Learning*)和《神经科学与教育：问题与机会》(*Neuroscience and Education: Issues and Opportunities*)]都使用了这个术语，很多著作[《教育与神经科学》(*Education and Neuroscience*), Howard-Jones, 2009;《教育神经科学在课堂》(*The Brain at School: Educational Neuroscience in the Classroom*), Geake, 2009]也使用了这个术语。事实上,这些报告、著作还有很多其他的文献已经开始使用**教育神经科学**这个新标签。于是,我们这本书直接切入这个新兴领域的核心。但是在主编本书时,我们得到的第一个也是最重要的一个教训是,虽然"神经科学"这个术语对教育领域很有吸引力,但是在我们看来,认知心理学作出了巨大的贡献,或者说发挥了"举足轻重"的作用。原因很简单。我们认为,与教育工作者更相关的研究是表明哪种学习方式更有效的研究,而不是揭示学习发生在哪个脑区的研究。神经科学与教育之间确实存在一条鸿沟。但是神经科学研究者和教师之间的"互动"(通常前者总是自视比后者更高一筹)并不能填平这条鸿沟;让教师接受基础神经科学的培训,让神经科学研究者积极参与儿童教育,也无法在这两个领域之间架设"沟通的桥梁"。最终能填平这条鸿沟的将是以认知心理学为基石的循证教育的发展。当然,这种观点并非毫无争议,本书的一些作者也并不认同这个观点,最终应由您——读者来得出自己的结论。

二、神经科学在教育中的应用和误用

美国期刊《心智、脑与教育》(*Mind, Brain, and Education*)发表的一项调查研究显示,几乎90%的教师在设计教育项目时都会参考脑功能方面的知识(Pickering & Howard-Jones, 2007)。感谢过去几年来人们对教育神经科学日益高涨的兴趣,我们受邀给教育工作者作了很多演讲,目的是分享我们的专业知识。从一开始,我们就有点困惑,因为教育工作者想听到的似乎是"神经科学"方面的最新研究。可能在这个领域随便找一找、挑一挑,就会发现很多我们称之为
4 "好的、不好的和丑的"例子。好的例子几乎都是优秀的认知研究,这些研究对教育实践有明确的影响。不好的例子是利用教育工作者对神经科学的热情,向他们推广一些项目和材料,这些项目和材料表面上看是以神经科学为基础的,但是并没有得到权威的神经科学研究者的认可。那些丑的例子对认知理论的解读过于简单,导致在应用中产生很多错误。

三、好的例子

《科学》(*Science*)发表了一项研究，这项研究的结果显示，提取练习比使用概念匹配的精细学习更有效(Karpicke & Blunt, 2011)，这是非常好的例子。这很有意思，因为提取的方法一直受到教育界的批评。提取的方法通常被认为属于传统的、死记硬背式的教学方法，有悖于现代以创造和探索为基础的学习理念。但是作者们指出，他们的研究结果与人们的直觉相反，研究结果显示，“提取时，不仅读取了存储在个体心智中的知识，重构知识过程本身(提取的必然结果)，也促进了学习；人类心智的这种动态观点为设计注重提取过程的新型教育活动铺平了道路”。然而，即便是好的例子，我们也得提出警告。即便是在实验室证明有效的教学方法，也必须经过课堂的检验。

这里有必要再补充一点：无论如何，我们都不认为科学是规定性的。学生学习和学校教育对文化的作用受很多因素的影响，不把这些因素考虑进去，再可靠的科学结果也不能应用。一种文化可能认为，学校教育的目的是减少不利于学习的社会因素，而另一种文化可能认为，学校教育的目的是不管在社会的不平等方面要付出什么代价，都要最大程度地发挥个人的潜能。关键之处在于，涉及所有这类**政治**或者**社会**选择时，学习科学都是中立的。

四、不好的例子

任何课堂创新，如果它的核心理念没有预先在实证科学实验室中接受检验，那么它的应用就没有意义。在我们看来，我们生活在一个容易上当受骗的世界里，教育也不例外。任何不成熟的理念都值得“一试”，听莫扎特的音乐[而不是“性手枪乐队”(一个英国乐队)的摇滚音乐]肯定能让人更加聪明，我们要试试。神经语言程序学听起来不错，好像很有道理(神经是脑，语言对学习很重要，计算机可以编程)，我们也要试试。但是我们要说“不”。如果没有可靠的实证证据支持这些主张(这些例子都没有证据)，就不能在课堂上尝试。有时，有的想法表面上很有吸引力，而且很容易理解，但是没有证据，它们就没有任何价值。另外，有人提出，用左边的鼻孔呼吸可以提升创造力(左脑和右脑有不同的功能，对吧?)，如果这种说法不仅没有实证基础，甚至在确定的事实（例如解剖学）面前都不堪一击，那么尤其不值得一试。教育太重要了，不能被广泛传播的道听途说的疯狂念头绑架。你们可能会觉得我们在夸大其词，或者像堂吉诃德一样，在跟假想的风车作战。那让我们看看伦敦兰贝斯地方议会所做的决定吧。他们花费了来之不易的 9 万英镑的教育经费在学校里为儿童提供足部按摩，目的是规范儿童的逾矩行为［参见《卫报》（*The Guardian*）报道，Lipsett，2008］。提供这项服务的芽—伞（Bud-Umbrella）公司是伦敦的一家慈善机构，他们在网站上列出了自己的“宗旨和目标”，其中之一就是：“研究我们的服务效果及其对客户的积极影响。”这里必须强调一下许多疯狂念头的特征：（1）以“做研究”为卖点；（2）研究
5 肯定在产品售卖之**前**完成；（3）我们应该注意研究是谁做的，是在哪里报告的，因为供应商显然早已确定了产品是对用户有效的。

五、丑的例子

整体语言教学法运动就是一个突出的丑的例子。这本来是一种意识形态上的偏好，但是在教育界，这个经过充分研究、非常成熟的阅读理论（双通路理论）却被曲解了，用以证明整体语言教学法运动的正确性。简言之，双通路理论表明，单个词语的阅读既可以使用字母到语音的转换通路（想想字母拼读教学法吧），也可以使用直接的视觉识别通路（想想整体语言教学法吧）。但是，这并**不**表明在教儿童阅读时，这两种方法都有效。而且受这个认知理论启发的很多研究都不容置疑地表明，字母拼读教学法是更有效的方法。但是这并没有发挥什么作用，德罗宾的例子就是一个证明。德罗宾是法国教育部长，2006 年他在官方公告中说，政府想在法国学校中采用以字母拼读教学法为主的阅读教学法。大量的科学证据压倒性地支持字母拼读教学法，而不是整体语言教学法或者整词策略，这说服他发表了上述公告，希望法国教师停止使用整体语言教学法。很多教育家反对这种改变（主要认为这种方法过时了），教师和政府之间开始了一场大规模的争论。英国政府和教育工会之间就这一议题进行了长期的辩论，目前的焦点是反对使用字母拼读法对 6 岁儿童进行测试。

六、观点与数据

这些案例表明，这场讨论所提供的证据资料很少，它在很大程度上倚仗华丽的辞藻并诉诸权威，有时候讨论是由神经科学研究者自己发起的。关于在学校里使用字母拼读教学法和测试的提议，著名的神经科学研究者、心理学研究者特热沃森（Colwyn Trevarthen）教授有一段话值得关注：

> 我是儿童发展与学习方面的专家。儿童为了交流而学习语言，想要分享任务和知识。语言要素的教学是强制性劳动，这样的交流缺乏创造性，没有意义，会毁了儿童的自信。我反对字母拼读教学法和测试。它对大学里的语言学家们可能有用。政府必须努力去理解和尊重年幼儿童的天赋，控制教授、测试学习成绩的冲动。（http://www.gopetition.com/petition/42347/signatures.html）

教师和神经科学研究者有很多以实证为基础的论争。通常，这些论争不像围绕以证据为基础的实践展开的一般辩论，更类似诉讼过程和专家证词的较量。因此，如果教师对学生学习方法性质的直觉看法遭到科学的否定，结果通常是一场恶战，而不是一场互动和讨论。这类恶战，最终的赢家几乎总是先入为主的观念（尽管动机很好），而非科学。

七、一把金币

遗憾的是，不好的例子已经远远多过好的例子和丑的例子（也许是因为有可能获得金钱的回报）。最近，阅读障碍运动障碍注意治疗（dyslexia dyspraxia attention treatment，DDAT）项目①被判了“死刑”，它宣称能够治疗阅读障碍
(dyslexia)和注意缺陷多动障碍（attention deficit hyperactivity disorder，ADHD），　6
在这类教育神经科学中，这是案例研究最多的项目之一。听听毕晓普（Dorothy Bishop）教授对该方法的质疑吧（http://www.dystalk.com/talks/60-evaluating-alternative-solutions-for-dyslexia）：

---

① 也叫“多尔项目”（Dore Program）。

这个项目带给人们什么启示呢？第一，阅读障碍和注意缺陷多动障碍之间的联系模糊不清，令人困惑。第二，这种关系有一个听起来还不错的神经科学解释（这个例子中，是小脑的活动）。第三，干预方法（虽然花费较高）易于操作，主要是"刺激"小脑的活动，例如，投掷沙包之类。第四，显然，曾经有一个科学研究对这个项目本身的效果进行了评估。这的确是一个相当诱人的项目。不用说，这个项目受到媒体和教育工作者的追捧，而敢于质疑的专家学者受到法律诉讼方面的威胁（详细的描述可以参考 http://www.badscience.net/2008/05/dore-the-medias-miracle-cure-fordyslexia/）。结果怎样呢？一个无用的项目和一家（终于）破产的公司让家长白花了钱。孩子们就更别提了，任何无效项目给脆弱的他们带来的必定是又一段失败的经历。

八、所有以"神经"为名的诱惑

这一切引出了一个问题，为什么神经科学对教育有这么大的诱惑力？最显而易见的回答是，神经科学对我们整个文化都有诱惑力。我们有神经经济学、神经美学、神经营销学、神经神学、神经法学、神经人类学，甚至神经政治学（参见《神经狂热》，Legrenzi，Umiltà & Anderson，2011）。我们刚刚经历"脑的十年"，在 21 世纪的科学和技术中，神经科学无疑是最激动人心的领域之一。乐观主义者认为，神经科学的进步有可能解决长期困扰我们的棘手难题（冲动时脑的状态可以解释非理性的经济行为，仔细检查额叶可以准确诊断和治疗罪犯等）。的确，我们看到这种乐观主义已经在医药领域取得了成果，其中有一些创新来自神经科学的进步，包括干细胞疗法、深度脑刺激或者纳米技术。因此，新的研究和技术的强大力量给我们带来了曙光。然而，这种乐观情绪的基础是人们已经形成的对信息真实性和有用性的看法，而非对确定的事实的看法（我们现在怀疑，神经科学研究者对"非理性"的解释和几个世纪前哲学家的解释有本质上的不同）。即使是经验丰富的专业人员，他们也会认为脑的信息更有说服力。在某种程度上，脑的结构比认知系统更实在（更具体，也不太抽象）。然而在认识论上，它们具有同等的地位。虽然在某个水平上，小脑的存在是显而易见的，工作记忆的存在却没那么显而易见（你可以触摸到小脑），但这种差异是微不足道的，重要的是，小脑和工作记忆的功能，也就是，它们能做什么？它们的功能是一个理论的问题：前者是神经科学中小脑功能的理论，后者是认知心理学中工作记忆的理论。因此，事实上，小脑的功能和工作记忆的功能在真实性上不分彼此。它们都是科学的结构，它们的意义来自它们存在的理论，因此它们拥有同等程度的具象性和抽象性，从而也拥有同样的真实性。

把科学哲学的观点放在一边，现有的研究已经表明，在公共话语中，同样的信息，如果参考了神经科学数据或者概念，即便这些数据或概念与公共话语无关，也更有说服力（令人信服的实验证明可以参考 Weisberg，Keil，Goodstein，Rawson & Gray，2008；McCabe & Castel，2008）。

九、没有现成的处方 7

之前，我们强调科学不是规定性的。认知、神经科学的科学事实同道德及政治对教育本质与目标的抉择是不同的领域。虽然教育抉择必定包括道德抉择与政治抉择，但是这并不意味着这些抉择可以改写科学事实。即使教育干预方法（例如用药物调整儿童的注意力）得到伦理维度或者道德维度的肯定，我们依然可以问一个更直白的科学问题——从实际情况看，干预对结果有没有影响？即便回答是肯定的，是否“应该”干预，依然是我们要面对的道德抉择。再举一个可能更微妙的例子：我们应该把有学习障碍的儿童同正常的儿童合在一起，还是应该把他们分开，为有学习障碍的儿童专门开设一些班？是否可以进行一项研究，来了解分开后这些儿童是否发展得更好？要找到这些问题的答案，需要从道德角度考虑教育利益、社会代价等。虽然如此，我们可以更恰当地回答下面这个实际的问题：不分开会让他们在某个学习活动中的表现好于分开吗？虽然有些问题我们可能会有一个预先的答案，但从这些答案中获益并不意味着任何一种科学努力都可以作出道德上的妥协（我们可以联想到自己的一些价值观阻止我们问一些问题），但是这并不是说，科学研究不能给出答案。

学习病理学可能对神经科学的好处进行了最有力的说明。很多研究者可以证明，阅读障碍、计算障碍、注意缺陷或工作记忆缺陷等方面的研究提出了很多深刻的见解，具有教育的可行性。（这还可能带来一个消极的后果，那就是越来越多的人为在学校里“不能学习”的孩子寻找医学证明。）然而，人们提出的用于弥补缺陷的补偿策略通常隐含着这样的假设，即它们为教育提供了一个通用的处方，在我们看来这只是一个假设。这个假设是不是真的，这是应该回答的实验问题。

十、心智的鸿沟

因为本书已经编辑完成，我们可以纵览全局。在我们看来，有几道鸿沟的确存在。有意思的是，神经科学研究者和教育工作者之间的很多讨论，通常都涉及某种脑的基础数据（通常与可塑性或学习相关），以及这些数据可能与课堂有关还是无关。但在我们的材料中，很少有人会关注关系可能最密切的那部分神经科学——与发展中的脑有关的神经科学。将儿童智力［通常用智商（intelligence quotient, IQ）测试结果表示］的个体差异与脑皮质的发展变化联系起来的发展性研究，尤其具有吸引力。和智商的关联确实让这种研究特别符合我们这本书的主题。很多作者明确指出，儿童的课堂学习能力确实存在个体差异。其中，最普遍的一个差异就是所谓的智商，但更恰当的说法应该是一般智力。我们有充分的理由假定，这些差异不仅具有一定的遗传性，还有可能源自脑的某种特征，这种特征最适合运用现代认知神经科学的技术来研究。然而，我们仍然想强调的是，这并不是在拥护某些讨厌的、简单化的观点，在心理学史上，这些观点一直伴随着智商差异的研究。我们感兴趣的研究不会支持这样的观点，比如智商有
8 遗传性的种族差异，也不会宣称脑袋越大智力越高［就像几个世纪以来流传的那样，可以参考默比乌斯（Julius Moebius, 1900）的《女人的心理弱点》（*Über den psychologischen Schwachsinn des Weibes*），比朔夫（von Bischoff）在1880年写的《男人脑的重量》（*DasHirngewicht des Menschen*）］。更确切地说，这种更细致的研究表明，脑的发育和智商分数的相关可能会告诉人们脑的变化是如何影响儿童的学习能力的。

十一、发展神经科学

发展神经科学的研究相对不足，部分原因在于，很难对儿童的脑进行活体研究。很多国家（例如澳大利亚）和地区通常不允许将用于成人研究的一些技术［例如功能性磁共振成像（functional magnetic resonance imaging, fMRI）］用于儿

童的研究。因此，过去的很多研究依赖于尸体解剖数据。然而，如果可以采集脑成像数据，那么这些数据对于我们理解发育将非常重要。马里兰州贝塞斯达国家心理健康研究院(National Institute of Mental Health, Bethesda, Maryland)的肖(Philip Shaw)及其同事就做了一系列这方面的研究，他们积累了一个庞大的儿童数据库，将神经结构的影像和大量临床分析(通常包括智商测试)结合起来。他们收集的结构数据包括白质和灰质的体积及密度信息，它们都可被定位到脑的某个解剖结构(例如额叶皮质前侧或小脑)。更关键的是，因为这个研究包括纵向的数据，所以能追踪记录个体脑的变化(而不是比较不同年龄儿童的平均数据)。2006年，肖和同事在《自然》(*Nature*)杂志上发表了一项重要研究，表明儿童皮质厚度与智商的差异最相关。但是这种关系并不简单。更确切地说，是皮质厚度的变化轨迹与智商最相关。通常来说，在早期发育过程中，皮质厚度和智商之间的关系确实有一个从负相关(智商较高的儿童皮质较**薄**)向正相关(智商较高的儿童皮质较**厚**)转换的过程。这个研究团队还报告了一个新的研究结果，这个结果显示，明显偏离这种典型的发展状况可能导致一些发展性障碍。以注意缺陷多动障碍为例，这些儿童的脑的皮质厚度到达峰值的轨迹出现了延迟，并且在前额皮质最为显著。另一个研究团队[加利福尼亚大学圣迭戈分校的库尔谢尼(Eric Courchesne)及其同事]表示，孤独症谱系障碍患者在生命的头两年，脑部发育尤其不正常。如果说有什么区别的话，那就是他们脑的皮质区域的体积似乎比正常的儿童大。在一篇前额皮质发展的文献综述中，宾夕法尼亚大学和斯坦福大学的汤普森席尔(Sharon Thompson-Schill)及其同事也认为，在某些情况下，脑结构发育的延迟可能有利于孩子的学习。他们在研究中指出，前额皮质成熟期延长，可以让社会和语言文化习惯方面的学习更容易。这些和其他一些研究都是比较新的，他们本身并不是没有解释方面的问题(特别是因果关系问题——脑的差异是这些障碍典型症状的原因，还是结果)，但是在我们看来，这些方法可以让我们观察儿童发展中脑与行为的关系，这肯定属于我们称之为教育神经科学的范畴。

当然，我们的观点和本书其他一些作者的观点也有不同。我们之前提到过，有一些作者可能不同意我们在导论中表达的观点。出于同样的原因，在很多问题上，其他作者的观点我们也不敢苟同。也许，最重要的是，将可塑性这一概念作为神经科学研究影响教育的一个重要例证。然而，我们不能错误地认为，人们就什 9

么是可塑性已经达成一致。可塑性的意思只是说脑发生了变化，并没有说脑的能力提高了，然而，后者是常见的解释。在我们看来，让教育者感兴趣的是功能的可塑性，是支持行为改变的脑的能力的提高，而不是与之相对应的结构的变化。

十二、脑的可塑性

明斯基(Marvin Minsky)1986 年在《心智社会》(*The Society of Mind*)一书中说，“脑的主要活动正在使自身发生变化”。脑的确是一个具有韧性的器官，类似塑料，因此才有了“脑的可塑性”或者“神经可塑性”这类术语。人脑可以被塑造。把脑想象成粥的样子(颜色也一样)，再想象一个外部事件，例如一把勺子掉进去，这会改变粥的形状。然而，这个比喻是不确切的。事实上，只有脑的内部结构会随之改变，发生改变的只是脑的微观结构，而不是脑的整体形状。这就是说，为了应对感觉刺激，脑内部的神经网络会重组。不仅感觉输入会导致重组，内部事件和脑部创伤也会让这些神经网络重组，这些内部事件包括我们的思维或视觉意象的影响，包括激素，当然也包括基因的影响。

需要注意的是，可塑性不只包括脑细胞的增加，特别是在年轻人群中，还包括脑细胞的**减少**及其联结的消失。儿童出生后将失去大约 50%的突触。为什么这是有益的呢？以人们经常看到的书写方向的习得和镜像书写这个问题为例，正在学习书写的儿童，按照相反的方向书写单个字母、单词或句子。胎儿不会知道自己会生在美国、巴勒斯坦，还是中国。因此，我们有理由认为，他们可以习得其生活的社会所使用的任何书写方向。接着，经验将决定哪一个书写方向才是需要学习和使用的。在习得这些具体的知识之前，儿童可能会像加工其他物体一样加工字母和单词，而书写方向和这些刺激的识别无关。随后，儿童可能在书写方向上出现问题，写出的字母或者向右，或者翻转，直到自己语言的书写方向知识稳定下来。在经验和练习将书写方向参数设定下来之前，也就是出生时，儿童加工书写方向的认知系统必然是不确定的，这样才可以同时兼容书写方向向左或者向右的语言。学习一种书写方向，就是要消除另一种不需要的选项，而不是习得一种新的选项。正如一项研究所发现的，据此可以预测，很少书写的儿童可以用任何一只手，随机向左或向右书写不对称的字母和数字。这个假设意味着，镜像书写是一个暂时现象，不能预测小学书写或学习阅读有多少困难。

与此相关的问题是，到底哪些脑的变化是缘于外部的刺激或者内部的刺激。新的经验重新联结了我们的脑，这确实是正确的。有一些研究证明了这一点，这些研究主要评估人们在学习新技能时行为和脑发生的变化。例如，人们在学习杂技时，会更多地使用运动、感知和认知脑区的细胞。人学习打字，出租车司机学习行驶复杂路线，音乐家学习新乐器时也是如此。当然，如果我们有了经验，我们的行为就会改变，我们行为的生理基础，也就是我们的脑，也会相应地改变。然而，在讨论教育问题时，人们隐含的一个假设是，既然脑是可塑的，那么只要有适当的刺激，新的细胞就会生长出来。但这并不完全正确。已经有明确的证据 10
表明，细胞生长或者说神经形成（neurogenesis）的可能性只发生在嗅觉区域；另有一些证据表明，非人类哺乳动物的海马回（hippocampus）［特别是齿状回（dentate gyrus）］也有类似的生长过程。然而，这种生长过程很少发生在脑皮质中，对教育来说，脑皮质才是最重要的，因为大多数认知都发生在这里。简言之，脑有能力通过突触形成、重建自己的联结，但没有能力生成新的皮质细胞，至少，这种皮质细胞生长的证据仍然很少并且存在争议。这关系重大，因为脑的可塑性常被当成神经形成的同义词，但是这肯定不对。我们经常看到的这种比喻用法似乎表明，脑有一个巨大的储备库，正等着合适的教育项目来开发，然而，我们并非只使用了10%的脑，这是错误的［参考《心智神话》（*Mind Myths*）和《心智与脑的天方夜谭》（*Tall Tales about the Mind & Brain*）中拜尔斯坦（Barry Beyerstein，1999a，1999b；2007a，2007b）的章节］。

总而言之，真正吸引教育的是功能的可塑性，也就是根据外部或内部经验改变行为的能力，而不是这些变化在脑中的位置。经验会决定哪些联结将被增强，哪些联结将被删除。因此，可塑性指的是这些联结的形成、终止和增强，这些联结通过突触和树突分叉，形成不断进化的神经网络。

十三、敏感期

与脑的可塑性相关的概念是关键期，也就是儿童学习某种技能的特定时间窗。然而，人类的学习能力不是跳跃式的突然增加，而是连续式的。仔细想想我们习得第二语言的能力：年幼的儿童学起来通常更容易，但是年长一些的儿童也能掌握。因此，将这些时间窗称为敏感期更合适：在这段时间，通常更容易掌握某项技能，而在其他时间，则需要付出更多的努力。有人认为，不仅环境应该是充满刺激的、丰富的，而且个体也不应该错过敏感期。这对教育来说非常重要。之所以有敏感期这一概念，是因为人们观察到，一个人如果被剥夺了发展某种技能的机会，就将永远不能重新获得这种技能。例如，如果幼年时期，双眼视觉的发展受到阻碍，那么双眼视觉将永远不能正常发展。然而，这些例证都与感觉剥夺或者感知能力的发展有关。我们对认知技能发展的时间窗知之甚少，支持这一观点的证据也确实很少。常被用来支持高级认知敏感期的例子来自语音分辨的研究。例如，研究显示，婴儿可以分辨不同语言的语音，但是之后这种能力会越来越低。可是，这些敏感期应该被理解为特例而非规则（参考 Bailey et al.，2001 的评论）。我们可以想当然地认为，在正常情况下，丰富的环境是高级技能发展所必需的。然而，剥夺环境就会剥夺发展，因此丰富的环境就会促进发展，这只是一个逻辑推理，对丰富性的看法其实就来自这个逻辑。但是，我们所说的“丰富”其实是“正常”的意思。没有证据显示，超出正常范围的刺激有任何额外的作用。这种超前培养甚至可能是有害的。限制食物也被认为是有害的。这里的解决办法是，正常地、健康地饮食，不要暴饮暴食，撑死自己。

此外，时间窗对这些高级功能学习的限制，不如对那些更初级的功能的限制。人们确实可以认为，可塑性的概念（脑可以改变，可以适应任何的经验）与关键期（甚至可能还有敏感期）的概念相矛盾。然而，正如前面所表述的，“真正的”关键期是基于本身不具有可塑性的那些功能。对读写能力、计算能力等认知能
11 力的发展来说，重要的或者说关键的不是时间本身，而是可能获得的经验。所以，有时候在你能学习一些事物之前，你需要知道另一些事物，当然这会产生独特的变化序列，对教育计划来说，了解这一点很重要。接受了这个观点，当然就会接受尽可能多、尽可能早地学习这一看法。这没有否认有些情况可能取决于脑的基本加工机制的成熟程度，但是这很有可能只是一个特例，对那些在教育发展中有重要作用的情况来说，这并不是一个规则。

十四、反对的权利

在很多问题上，本书的作者之间可能存在分歧，有些人可能不同意我们这些编者的观点。我们留到最后的这个问题可能也是最重要的问题：在神经科学研

究者和教育工作者之间，怎样的关系才是最富有成效的？

有的神经科学研究者会告诉教师课堂上应该怎么教，虽然教师都会（或者几乎都会）避开这种自以为是的神经科学研究者，我们仍认为，掌握数据的神经科学研究者有一个明确的任务，就是成为教师的信息来源。神经科学研究者显然应该成为积极的流言终结者。虽然我们不应想当然地告诉教师应该怎么教，但是我们应该有能力指出，哪些教育干预方法是没有任何科学依据的。

我们还认为，希望教师接受神经科学的教育（而不是希望他们投身神经科学研究），特别是用它来取代心理学方面的教育，是没有道理的。我们想不出，什么样的神经科学知识，教师学会后就可以成为更好的教师（当然，真实情况可能是，好的教师对此更感兴趣，但这就颠倒了因果关系）。学习深奥的神经科学知识或者概念所花的时间，本可以用来学习一些更有用的知识。就拿遗传方面的知识来说，儿童的学习能力存在差异，有些是由基因遗传特征的差异引起，教师应该理解（并接受）这一基本的观点，这很重要。在师范院校中，这至多只需要两次两个小时的讲座就足矣。在我们看来，期待教师熟练掌握那些专门的方法和技术是不现实的，因为这些方法和技术是现代行为遗传学的基础，甚至更多的是分子遗传学的基础。未来的几十年里，人们会研究遗传如何影响学习的能力，甚至更有意义的是，研究遗传如何影响各种教学方法的效果。我们在此再次重申，我们不是说这些研究对教育不重要——相反，这些研究可能是现代神经科学最令人激动的成果之一。我们只是说，对教育工作者而言，知道研究的结果就足够了。

本书所有的作者几乎都再次意识到，在讨论神经科学与教育的关系时，我们实际说的是不同层面的描述和解释［参考《皮质》（*Cortex*）2009年第45卷第4期上有关心智、脑与教育（Mind, Brain and Education）的讨论］。我们的看法是，很多教育研究不需要向神经科学的方向顶礼膜拜。这里仅举三个例子，即班级人数、按能力分组、教师个性或能力对教学结果的影响，这些研究不需要有神经科学方面的训练，这些研究本身就很有吸引力，能提供很多有用的信息。事实上，我们认为，**教育神经科学**对教育的重要性被夸大了，这是一个普遍趋势。我们坚信，更为重要的是“循证教育”这个概念，至于灵感来自哪个学科并不重要。但是，我们希望本书有助于人们理解，神经科学的发展可以促进儿童的教育，最重要的是，可以帮助教师认识到哪些值得关注，哪些不值得关注。希望，永远在。

参考文献

12 Bailey, D. B., Bruers, J. T., Symons, F. J., & Lichtman, J. W. (Eds.) (2001). *Critical Thinking about Critical Periods*. Baltimore, MD: Paul H. Brookes Publishing.

Beyerstein, B. L. (1999a). Pseudoscience and the brain: Tuners and tonics for aspiring superhumans. In S. Della Sala (Ed.), *Mind Myths: Exploring Everyday Mysteries of the Mind and Brain* (pp. 59 - 82). Chichester: John Wiley and Sons.

Beyerstein, B. L. (1999b). Whence cometh the myth that we only use ten percent of our brain? In S. Della Sala (Ed.), *Mind Myths: Exploring Everyday Mysteries of the Mind and Brain* (pp. 1 - 24). Chichester: John Wiley and Sons.

Beyerstein, B. L. (2007a). Graphology: A total write-off. In S. Della Sala (Ed.), *Tall Tales about the Mind & Brain: Separating Fact from Fiction* (pp. 233 - 270). Oxford: Oxford University Press.

Beyerstein, B. L. (2007b). The neurology of the weird: Brain states and anomalous experience. In S. Della Sala (Ed.), *Tall Tales about the Mind & Brain: Separating Fact from Fiction* (pp. 314 - 335). Oxford: Oxford University Press.

Geake, J. G. (2009). *The Brain at School: Educational Neuroscience in the Classroom*. Maidenhead: McGraw Hill-Open University Press.

Howard-Jones, P. (Ed.) (2009). *Education and Neuroscience*. London: Routledge.

Karpicke, J. D., & Blunt, J. R. (2011). Retrieval practice produces more learning than elaborative studying with concept mapping. *Science*, *331* (6018), 772 - 775.

Legrenzi, P., & Umiltà, C. (Anderson, F. Trans.) (2011). *Neuromania: On the Limits of Brain Science*. Oxford: Oxford University Press.

Lipsett, A. (2008). Reflexology for pupils who don't toe the line. *The Guardian*, 3 November.

Minsky, M. (1986). *The Society of Mind*. New York: Simon and Schuster.

Moebius, J. (1900). *Über den psychologischen Schwachsinn des Weibes* [On the Physiological Weakness of Women]. Halle: Carl Marhold.

Pickering, S. J., & Howard-Jones, P. A. (2007). Educators' views of the role of neuroscience in education: A study of UK and International perspectives. *Mind, Brain and Education*, *1* (3), 109 - 113.

Shaw, P., Greenstein, D., Lerch, J., Clasen, L., Lenroot, R., Gogtay, N., Evans, A., Rapoport, J., & J. Giedd, J. (2006). Intellectual ability and cortical development in children and adolescents. *Nature*, *440*, 676 - 679.

von Bischoff, T. (1880). *Das Hirngewicht des Menschen* [The Weight of the Human Brain]. Bonn.

Weisberg, D. S., Keil, F. C., Goodstein, J., Rawson, E., & Gray, J. R. (2008). The seductive allure of neuroscience explanations. *Journal of Cognitive Neuroscience*, *20* (3), 470 - 477.

13 # 第二章　神经科学与教育的联系：文献综述中涌现的主题

米里亚姆·比彻姆(Miriam Beauchamp)
凯瑟琳·比彻姆(Catherine Beauchamp)

人们认识到，将神经科学研究的结果与教学环境联系起来非常重要，然而神经科学研究的结果与这些结果的教育应用之间有一道鸿沟，人们就这道鸿沟提出了一些问题，并就如何跨越这道鸿沟提出了一些建议。我们系统回顾了 1970—2011 年的文献，目的是要确定：(1) 对理解神经科学与教育之间的关系非常重要的文献；(2) 这些文献中普遍讨论的和神经科学与教育的联系相关的一些主题。我们选择了 86 个研究进行详细的分析。这些研究重点关注联结神经科学和教育（教育神经科学）时遇到的难题，以及相应的解决方案和建议。本章选择七个突出的主题——误用、多学科、语言、知识发展、价值、合作和研究设计，对这些研究内容进行分类。我们用一个可视的框架描述这七个主题之间的关系，帮助人们理解这些研究中的主题。这些主题为进一步定义和理解这两个研究领域的重要联系指明了方向。

一、引言

现代神经科学研究已经有很多关于脑及其功能的发现，有些发现可能会影响教师在学校课堂上教育学生的方式。教育和神经科学文献都认为，有必要在神经科学研究结果与教学环境之间建立明确的联系（例如，Ansari，2008；Goswami，2006）。这些文献担心，神经科学研究对教育的影响不如人们预期的那样有效，因此提出，应该努力加强这两个领域之间的联系（Willingham，2009）。我们既是神经科学研究者，又是教育工作者，这使我们可以更加深入地理解联结神经科学和教育知识的内在可能性。在这个过程中，我们始终牢记，作为一个新兴领域，“教育神经科学”这一术语究竟应该如何定义，目前还没有达成共识。苏奇和戈斯瓦米（Szücs & Goswami，2007，p. 114）给教育神经科学下的 14
定义是：“将认知神经科学和行为方法结合起来观察心智表征的发展”。其他术语多少与教育神经科学同义，除了“神经教育学”（参考 Theodoridou & Triarhou，2009，p. 119），还有“心智、脑与教育”，它们被定义为“整合多个学科的知识来研究人类学习和发展——综合教育、生物学和认知科学的知识形成心智、脑与教育的新领域”（Fischer et al.，2007，p. 1）。

这些定义显示，有一些不同但相关的领域，这些领域之间具有多个层面的联系。为了与教育神经科学涉及的诸多学科保持一致，我们初步筛查了相关的文献，并意识到，我们需要应对很多挑战才能充分理解神经科学怎样与教育结合才能在学校创造高效的学习环境。例如，有些文献特别提到困扰教育神经科学的一些问题，或者承认有必要弥补这两个领域间的鸿沟（例如，Ansari & Coch，2006；Willis，2008），或者对教育工作者教与学的方法中流行的“神经神话”提出警告（例如，Christodoulou & Gaab，2009；Purdy，2008）。其他文献或者着重解释这些问题的缘起，或者提出多学科结合所面临的诸多困难（Samuels，2009），或者强调这些学科缺乏有效的沟通方式（Goswami，2006），造成缺乏跨学科的职业发展机会（Coch，Michlovitz，Ansari & Baird，2009）。还有一些文献把重点放在教育神经科学工作的价值上（例如，Caine & Caine，1998），就这个领域的发展提出了一些具体的建议，例如更加密切的合作（例如，Ansari & Coch，2006），提出了更加完善的研究设计（例如，Ablin，2008）。

回顾历史，教育与神经科学的结合并不是新的尝试。西奥多利多和特里阿霍(Theodoridou & Triarhou, 2009)描述了早期神经学家唐纳森(Henry Herbert Donaldson)和教育家哈勒克(Reubon Post Halleck)为探索神经生理研究的教育应用所付出的努力。迈耶(Mayer, 1998)介绍了桑代克(E. L. Thorndike)为确立脑生理学对教育心理学的重要性所做的开拓性工作。彼得森(Peterson, 1984)指出要关注1975年的一个重要会议，那年，一群科学研究者召开了一次会议，讨论"神经生理、脑生物化学的最新研究和学习的关系"，随后发表的报告，题为"学习和记忆的神经机制"(p. 75)。

因为教育神经科学文献的时间跨度很大，很多文献对这个领域的发展提出了一些批评，同时也提出了一些建议，所以对这些文献进行客观全面的回顾非常重要。因此，我们系统地搜索了过去40年(1970—2011年)的文献，以帮助我们更好地理解神经科学与教育之间的关系。本章简要介绍我们的系统回顾。我们主要关注这些问题：(1) 哪些文献对理解神经科学与教育之间的关系最重要？(2) 在这些重要的文献中，什么主题能凸显神经科学与教育的联系？

利用已有的系统回顾方法(例如，Petticrew & Roberts, 2006)，我们进行了反复的搜索和分析，这个过程包括三个步骤：(1) 提取关键词，在教育、心理学和科学数据库中系统地搜索全文。这些数据库包括心理学文摘(PsycINFO)、教育资源信息中心(ERIC)、联机医学文献分析和检索系统(Medline) 和最新期刊题录(Current Contents)。全文包括概念性、系统性或理论性的综述、点评、编辑述评，进行同行评议的英语语言类期刊的评论。(2) 把是否着重讨论教育与神经科学的联系作为选择文章的标准。(3) 反复阅读和确认这些文献讨论的问题、争论的焦点和提出的建议，分析它们的主题。

初步搜索的结果是482篇文章，我们最终选择了86篇核心的文章，这些文章主要讨论这两个领域的联系。通过分析这86篇文章的内容，我们得出了七个主要的主题。我们分别将其称为误用、多学科、语言、知识发展、价值、合作和研究设计。

二、教育神经科学文献的发表趋势

第一个研究问题涉及文献的发表趋势。除了可以从教育神经科学文献中提取出主要的主题，我们的系统综述还可以按照时间和期刊的性质来把握研究的发展趋势。图 2.1 显示了用于分析的文献发表数量的时间分布。

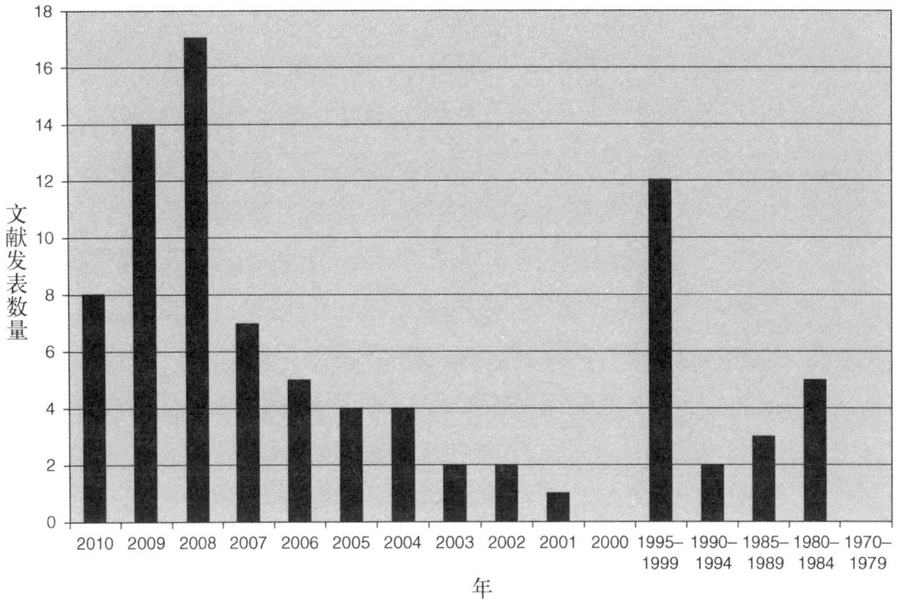

图 2.1　1970—2010 年用于分析的文献发表数量的时间分布

总体来说，一个有意思的方面是，这些文献集中在 2008 年和 2009 年。这部分是因为 2007 年《心智、脑与教育》杂志的创办和 2009 年《皮质》期刊发行了神经科学和教育联结的特刊。在此之前，值得注意的是，20 世纪 70 年代没有这方面的文章发表，20 世纪 80 年代这方面的文章也很少。尽管 20 世纪 90 年代这方面的文章也不多，但是 1998 年显然是一个重要的年份。我们所选的文章中，有 14 篇文章发表于 1990 年到 1999 年，其中 9 篇文章发表于 1998 年。更明显的是，这 9 篇文章中，有 7 篇文章出自《教育心理学评论》（*Educational Psychology Review*）①第 10 卷第 4 期，这些文章都在评论同期伯恩斯和福克斯（Byrnes & Fox，1998）的文章，他们文章的标题为《认知神经科学研究与教育的关联》（*The educational relevance of research in cognitive neuroscience*）。

还有一个有意思的方面是发表这些文献的期刊的类型。在这 86 篇探讨神经科学和教育关系的文章中，有 23 篇发表在临床、科学或者神经科学期刊上，例 16

① 原文是 *Educational Psychologist Review*，但查阅参考文献应该是 *Educational Psychology Review*。——译者注

如,《科学》《皮质》和《认知科学趋势》(*Trends in Cognitive Sciences*),这些都是具有很高影响因子的科学期刊。与此相对照的是,有63篇发表在与教育相关的期刊上,例如,《法艾·德尔塔·卡潘》(*Phi Delta Kappan*)、《教育研究员》(*Educational Researcher*)、《牛津教育评论》(*Oxford Review of Education*)、《儿童早期教育杂志》(*Early Childhood Education Journal*),这显示教育工作者有浓厚的兴趣探讨神经科学知识在教育环境中的应用。发表趋势还表明,相当一部分的文献来自以下这几本期刊:《心智、脑与教育》(17篇),教育心理学类期刊,例如,《教育心理学评论》《教育心理学研究者》(*Educational Psychologist*)和《教育心理学杂志》(*Journal of Educational Psychology*)(10篇)。对这些期刊来说,它们各自关注的重点,都是教育和心理学重合的部分,它们所处的位置让它们很适合对神经科学和教育的联系进行评论。其实,梅森(Mason, 2009)早已提出,由教育心理学研究者来弥补神经科学和教育之间的鸿沟最有效。

三、教育神经科学文献梳理框架

第二个研究问题涉及文献中突出的主题,为了说明这个问题,我们将相似的论述放在一起,对所选文献的内容进行分类。这样清晰地呈现出七个主题,分别代表不同的目的或者观点。例如,有一些主题强调神经科学和教育联结过程中出现的问题,而另一些主题则主要提出解决方案或者建议。我们的分析还显示,很多主题是相互关联的。在这一章中,我们还将进一步阐明,其中一些主题如何解释另一些主题。为了呈现这些主题以及他们之间的相互关系,我们建立了一个整体框架(如图2.2所示)。

这个框架的圆形背景代表我们通过搜索得到的所有讨论神经科学和教育关系的文献,渐进的灰色阴影表示七个主题,从说明问题(误用)和解释问题(多学科、语言、知识发展),再到克服问题(合作、研究设计),最终到更宽泛的神经科学和教育关联的重要性(价值)。

文献中第一个最普遍的主题,我们称之为**误用**。神经科学在教育领域有很多不恰当的解释和应用,产生了很多问题,这个主题的文献主要论述这些问题。对神经科学和教育融合过程的批评,大多集中在这个方面。另有三个主题与误用相关,因为这三个主题也强调这个方面的问题,然而,除此之外,它们还对神经

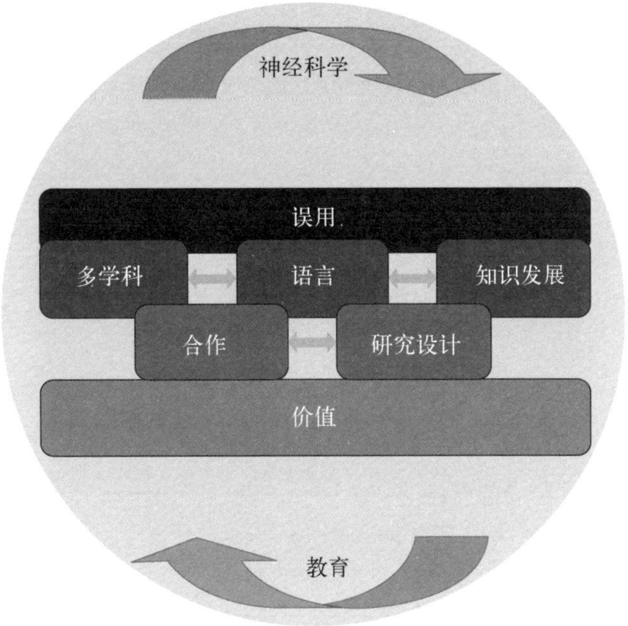

图 2. 2　系统回顾教育神经科学的文献得出的整体框架

科学结果的误用进行了解释。这三个主题，我们称之为**多学科**（将很多学科关联起来时遇到的问题，因为每个学科都有自己的基础理论、认识论、起源和方法）、**语言**（教育和神经科学相互沟通时出现的问题，因为每个学科都有各自的语言表述体系，相互间的沟通可能会很难）和**知识发展**（因个体间的知识鸿沟而出现的问题，因为试图打破这两个学科界限的人拥有的知识不同）。

文献中第二个最普遍的主题，我们称之为**价值**，这个主题中的文献既讨论神经科学和教育的应用局限，还讨论它们彼此贡献的可能性。尽管有些作者表示 17
怀疑，总体而言，这个主题的讨论都是肯定的，反映了这个领域的发展潜力。

最后两个主题，我们称之为**合作和研究设计**，它们与**价值**有直接的关系。关于如何提高神经科学和教育相互贡献的价值，它们提出了很多建议。

概括起来，在我们系统回顾的这些教育神经科学文献中，这七个主题代表了这些研究普遍讨论的一些观点。理解这些主题和主题之间的关系，可以帮助我们找出这个领域已有的问题和挑战，就未来的发展方向达成共识，还可以帮助我们评估这个领域的现状。接下来，我们要详细描述这些主题及其相互关系。

四、教育神经科学文献中出现的主题

1. 误用

误用主题来自这样一些文章：主要论述神经科学的研究结果在教育实践中的误用，有关学习和认知的神经机制的基础研究结果被过度简化、误读、误解或者在推广过程中出现的问题（例如，Coch et al.，2009；Cubelli，2009；Della Sala，2009；Goswami，2006；Theodoridou & Triarhou，2009）。在我们所回顾的文献中，误用这一主题很普遍，有近一半（49%）的文章都提到了，既出现在早期神经科学和教育整合的讨论中（Peterson，1984；Sylwester，1981，1984），也出现在对这个领域涵盖范围的说明中（例如，Alferink & Farmer-Dougan，2010；
18 Carew & Magsamen，2010）。这些文献认为，神经科学可以为我们提供重要的信息，告诉我们儿童如何学习、应该如何指导教育实践。但是，这些文献还普遍认为，一些教学策略和政策之所以没有效果，是因为对复杂的神经科学研究进行了不恰当的解释（例如，Ansari，2008；Bruer，2002；Coch et al.，2009；Della Sala，2009）。

这一主题的中心内容是"神经神话"（neuromyths）这一概念（例如，Della Sala，1999；Landau，1988）。关于神经科学能为教育做些什么，人们有一些流行的和不切实际的想法，神经神话这个术语就代表这些想法，这个术语所反映的现象已经成为教育神经科学发展的巨大障碍之一（例如，Fischer，2009；Goswami，2004a，2004b，2008；Hirsh-Pasek & Bruer，2007；Lindsey，1998；Szücs & Goswami，2007；Willis，2008）。吉克（Geake，2008）、戈斯瓦米（Goswami，2006）和珀迪（Purdy，2008）都详细回顾了一些最流行的神经神话和它们的起源，有长期流行的左脑思维、右脑思维的神经神话，有我们只使用了脑的10%这样的观点，还有一些其他的神经神话[例如，视听动（visual/auditory/kinaesthetic，VAK）学习风格、多元智力（multiple intelligences）、关键期、全脑学习（whole brain learning）或健脑操®（Brain Gym®）和丰富环境或突触形成]（参考 Peterson，1984）。

误用主题的很多文献都直接批评教师，要求他们在解释神经科学结果的时候要更加小心(例如，Byrnes & Fox，1998；Christoff，2008；Purdy，2008；Willis，2007；同时参考本书第五部分)，它们还直接对神经科学研究者提出了警告，认为他们常常太急于将自己的研究结论和教育实践关联起来，要求神经科学研究者保持谨慎，不要错误地解释自己的结果、不要妄测自己数据的应用价值或曲解自己研究的结果(Bruer，2002,2006；Caine & Caine，1998)。费希尔、戈斯瓦米和吉克(Fischer，Goswami，& Geake，2010)进一步提出了神经伦理学(neuroethics)方面的警告，特别提到将科学研究结果应用到教育时的伦理问题。对神经神话的这些评论以及其他一些批评(例如，Ansari，2008)都是在尝试消除对脑和教育各方，包括普通大众、教育工作者和神经科学研究者等的错误看法。

神经神话的长期存在导致人们在开发基于脑的教育方法、学习策略和工具的时候，常常歪曲、简化神经科学的发现，或者进行毫无根据的推断(例如，Byrnes & Fox，1998)。我们所回顾的文献中，基于脑的教学法得到的通常都是负面的评价，斯特恩将基于脑的教学法定义为“没有科学依据的教学建议”(Stern，2005，p. 745)，也有人将其称为“关于脑和学习的民间理论”(Bruer，2002，p. 1032)、“夸大的传说”(Della Sala，2009，p. 443)、“专业的民间传说”(Sylwester，1986，p. 163)，甚至“教育的滥用”(Jorgenson，2003，p. 368)。很多基于脑的项目和课程受到批评，是因为人们觉得它们缺乏实证的支持，有待评估，应用不科学，大量依靠未经科学证实的观点(Alferink & Farmer-Dougan，2010；Howard-Jones，2008a，2008b；Samuels，2009)。尤其是健脑操® 项目，遭到了很多人的反对，因为它毫无根据地宣称，锻炼有助于改善左右脑间的信息传递(例如，Della Sala，2009；Goswami，2006；Purdy，2008；同时参考本书第十三章)。尽管有这些批评，还是有人建议，对这些项目进行更严格的科学检测和课堂测试(Coch & Ansari，2009)。这表明，将教学策略建立在脑的知识的基础之上，这种做法本身并没有错，但是教育环境不应过于幼稚或者过于简单地吸纳神经科学的结果(Mayer，1998)，不应“在解释的时候违规”(Howard-Jones，2008b，p. 3)。同样地，吉克表示，“在课堂上使用基于脑的产品之前，教师应该尝试进行独立的科学验证”(Geake，2008，p. 123)。尽管对基于脑的项目持负面的看法，德文希尔和多米特(Devonshire & Dommett，2010)还是提醒，不要抛弃已为教育工作者所接受的技术，因为这可能让教师不敢使用对自己课堂有用的技术。皮克林和霍华德-琼斯也表达了同样的担忧，他们提出的问题显示了神 19

经科学和教育联系的复杂性:“如果一些东西在课堂上能发挥作用,但是缺乏科学的验证,它们将给神经科学和教育的跨学科发展带来什么影响呢?”(Pickering & Howard-Jones, 2007, p. 111)然而,其他人觉得,将结果直接应用于教育,会带来很多问题,不应该鼓励这种做法(Ansari & Coch, 2006; Mason, 2009)。

最后,有关神经神话方面的警告,已经传到教育神经科学界的其他成员那里。威利斯(Willis, 2007)指出,一些脑研究被不恰当地用来支持教育政策,在推广基于脑的产品和策略时,研究人员、课程出版商和教育顾问没有正规的行动指南,这些都会引发很多问题。瓦尔马、麦克坎德雷思和施瓦茨(Varma, McCandliss, & Schwartz, 2008, p. 144)谈到,有人利用基于脑的产品来获取商业利益,有人想通过神经营销(neuromarketing)从基于脑的教育中获取经济利益,这种倾向被威利斯称为“生意兴隆的脑助推产品”(Willis, 2008, p. 424)。安萨里和塞缪尔斯都意识到,商业化产品越来越多,教育干预方法的商业包装和营销可能会带来很多危害(Ansari, 2008; Samuels, 2009)。

2. 多学科

为什么会误用神经科学的研究结果?第一种可能的解释是,教育神经科学涉及的两个(或更多)学科都有自己的历史、哲学、认识论、理论和知识概念(Samuels, 2009)。多学科这个主题出现在我们所回顾的41%的文献中。作为一个学科领域,教育神经科学必须把这些学科的知识结合起来,因而,在这个融合后出现的新领域,很多人可能发现自己“在两套互相冲突的责任间左右为难,这些责任传统上涉及两个不同的学科”(Gardner, 2008, p. 167),这个现象被塞缪尔斯称为“学科的极性”(disciplinary polarity)(Samuels, 2009, p. 48)。多学科这个主题的中心思想是,在教育神经科学这样一个领域,不仅要对神经科学见解和教育专业知识进行双向整合(Howard-Jones, 2008a; Mason, 2009),还要结合和吸收心理学、认知科学和人类学等其他社会学科的知识(Bruer, 1999; Carew & Magsamen, 2010; Brandt, 1999)。戈斯瓦米(Goswami, 2008)认为,学科整合还应该包括其他领域,例如生物学、文化、认知、情感、感知和动作。这个观点也出现在费希尔的书中(Fischer, 2009, p. 3),他认为,心智、脑与教育运动的目标就是“结合生物学、认知科学、发展和教育,打造教育的可靠根基”。凯恩和凯恩(Caine & Caine, 1998, p. 3)也提到了这个观点,他们呼吁,教育知识在使用的时候，要结合其他学科最好的知识：

> 我们要奉行的最重要的基本原则是不应该——或许是永远不应该——孤立地看待神经科学的研究结果。我们自己总是想把一个学科的发现和其他学科的发现进行匹配。从创造性理论到焦虑和压力的研究，认知科学和其他学科让我们知道了很多有关人的功能的知识。将最好的教师教学知识与最好的学生学习知识结合起来，我们就可以找到真正有用的基本模式，这样，我们才能知道如何利用脑的研究，恰当地应对脑研究的挑战。

托莫达赫（Tommerdahl，2010）强调，教育和神经科学间存在的复杂关系已经造成这两个学科的分裂。她将一些论述综合在一起，建立了一个理论模型来说明知识的不同类型，有些知识来自不同的学科，必须将不同学科的知识整合起 20
来，形成新的教学方法，这些教学方法必须重视教育和脑科学之间（包括神经科学、认知神经科学、心理学、教育理论和测试，还有课堂）的合作。

整合多个领域的知识对教育神经科学来说是一个挑战，这个观点在很多作者的文章中都有具体的阐述，这些作者直接将这个观点称为“跨学科”（interdisciplinarity）（Christodoulou，Daley，& Katzir，2009；Coch & Ansari，2009；Fischer et al.，2010；Fuller & Glendening，1985；Geake，2008；Gilkerson，2001；Howard-Jones，2008a；Hung，2003；Immordino-Yang & Damasio，2007；Katzir & Paré-Blagoev，2006；McCandliss，2010；Stern，2005；Szücs & Goswami，2007；Theodoridou & Triarhou，2009；Willis，2008）、“多学科”（multidisciplinarity）（Ansari & Coch，2006；Coch et al.，2009；Varma et al.，2008）和“超学科”（transdisciplinarity）（Ansari，2008；Fischer，2009；Koizumi，2004；Samuels，2009；Theodoridou & Triarhou，2009）。小泉英明（Koizumi，2004）和塞缪尔斯（Samuels，2009）的工作对理解教育神经科学特别有帮助，他们认为教育神经科学不是诸多学科的简单结合，而是新涌现的一个青出于蓝而胜于蓝的概念领域（同时参考本书的第二十章）。这些作者认为，超学科这个术语和框架高于跨学科和多学科，因为前者表示在一个更高的层面综合多个学科的知识（参考 Koizumi，2004，图 1，p. 440 的描述）。超学科的观念认为，一个学科的知识，不只是其他学科知识的简单相加（多学科），也不只是已有学科的交叉（跨学科），而是不同学科在一个全新领域的互动和整合。正如塞缪尔斯

(Samuels, 2009, p. 49)所说:“联结超学科各成员的,不是共同的理论观点、方法论或者认识论,而是共同的问题,这些学科都在用自己的专业知识解决这个问题,以期对这个问题有全面的了解。”

在深入探讨阻碍神经科学和教育联系的那些因素时,很多作者指出了分析层面的差异(Berninger & Corina, 1998; Bruer, 2006; Katzir & Paré-Blagoev, 2006; Stanovich, 1998)。一些学科,例如,生物学、神经科学、心理学和教育学,它们是在完全不同的分析层面来研究学习,分析层面的不同增加了在不同学科间解释学习研究的难度。例如,脑的结构和功能可以在不同的层面进行分析,这些层面不一定直接相关(例如,学习的分子基础、学习的认知表现与儿童的行为,Willingham & Lloyd, 2007,图 1, p. 141)。实际上,神经科学数据和行为理论都很复杂,如何在它们之间进行整合或匹配,这是不同的分析层面带来的一个问题(Willingham & Lloyd, 2007)。有人提出,学科间研究层面的本质差异(例如,神经科学研究者研究神经元,认知心理学研究者研究心智的成分,教育工作者研究儿童的整个心智)是一个“垂直的问题”,而一个层面的数据如何应用于另一个层面,这是一个“水平的问题”(Willingham, 2009, p. 545)。在阐述分析层面的学科差异时,相关的文献给出了两个建议:首先,实验范式应该体现分析层面间的关系(Katzir & Paré-Blagoev, 2006);其次,如果行为的层面有许多数据和理论,神经科学数据应该能为行为数据提供帮助(Willingham, 2009)。

3. 语言

21 在多学科主题之后,第二种有助于解释误用问题的主题是**语言**。因为这些不同的学科,每个都有自己的语言表述体系和交流方式。所回顾的文献中,有34%的文献都揭示了多学科这一主题。尽管这些学科有共同之处,但它们基本概念的表达及用词又有差异,因此,研究人员和教育工作者之间可能会出现沟通的错误(Ansari & Coch, 2006),两个领域的融合过程也可能受到阻碍(Devonshire & Dommett, 2010),一个领域的术语和知识很难精确地翻译到另一个领域(Blakemore & Frith, 2005; Byrnes & Fox, 1998; Ronstadt & Yellin, 2010; Tommerdahl, 2010)。词汇的问题也是多学科问题的延续,一些词语,例如,**学习**(例如,Howard-Jones, 2008b)在不同的学科和分析层面,意义可能截然不同。

在这个问题上，有一点作者们达成了一致，那就是研究人员和教育工作者都需要一个简单的、共享的、通用的语言系统和交流模式，两个学科的人员都应该是“双语者”(Ablin, 2008; Byrnes & Fox, 1998; Carew & Magsamen, 2010; Coch & Ansari, 2009; Coch et al., 2009; Geake, 2008; Hirsh-Pasek & Bruer, 2007; Pickering & Howard-Jones, 2007; Stanovich, 1998)。有人认为，新的通用语言有助于“超越”教育和神经科学之间的界限(Koizumi, 2004, p.440)。人们尤其批评神经科学研究者不是和教师交流的最佳人选，不仅是因为他们的语言很难理解，还因为他们为了保持实验的科学性、严谨性，常常避免使用宽泛、通俗的话语(Carew & Magsamen, 2010; Devonshire & Dommett, 2010; Goswami, 2006,2008; Mason, 2009)。

值得注意的是，一个通用的语言系统能够促进研究结果在学科间交流、传递和翻译，它提供了一个参考框架，让人们可以建立情境，理解科学研究的结果(Alferink & Farmer-Dougan, 2010; Christodoulou & Gaab, 2009; Hung, 2003; Purdy & Morrison, 2009; Theodoridou & Triarhou, 2009; Willis, 2008)。还有一个值得注意的是，教育期刊在传播神经科学成果方面做得不够(Sylwester, 1981)。在更大众的层面，有人建议，将神经科学的结果写成通俗的文章或者简单的摘要，以更易读的形式发表，可以吸引更多的普通阅读者，使神经科学的成果不只限于科学研究者和专业学者，以便更有效地传播这些结果(Purdy, 2008)；提高报道的可靠性(Varma et al., 2008)；确保公众正确了解神经科学的结果(Stern, 2005,同时参考神经神话)。

4. 知识发展

第三种解释神经科学研究误用的主题，出现在28%的综述文献中，那就是在神经科学—教育之间，可能存在知识的鸿沟。这个主题的一部分文献谈到教育工作者必须具备什么样的背景和何种职业发展，才能从神经科学研究中受益。在这方面，研究者常常关注的是教育工作者和从业人员厌恶(Ansari, 2008)或者不相信研究指南(Brandt, 1999)，也被称为“回避研究”(Samuels, 2009, p.47)。人们通常认为，教育工作者需要“更新他们的科学知识”(Sylwester, 1984, p.73)，要对脑和神经科学研究有更多的了解，这样，他们才能有更多的知识，更审慎地评估研究结果(Ansari & Coch, 2006; Bruer, 1999; Byrnes & Fox, 1998;

Carew & Magsamen，2010；Devonshire & Dommett，2010；Gilkerson，2001；Jorgenson，2003；Purdy，2008；Sylwester，1981，1984，1986，2006；Willis，2004，2008）。埃布林（Ablin，2008）建议，科学数据的正确解读应该通过计算机模拟告诉教育工作者，这样他们可以学习制订工作原理，他还建议神经科学界应该在教师的职业发展中发挥直接作用。博宁格和科里纳（Berninger & Corina，1998）觉得，教育心理学研究者尤其要学习有关脑的课程。

22 教育工作者应该“怎么、在哪里、什么时候和在什么水平”接受神经科学的培训，这是问题的关键（Coch et al.，2009，p. 28）。我们分析的较早的文献中，塞尔韦斯特（Sylwester，1986）认识到，教师在入职前和入职后，都必须加强自然科学方面的知识储备。有的人进一步建议，职业发展和培训应该双向进行，也就是说，教育工作者要了解神经科学的基础知识，研究人员、神经科学研究者和神经学家也要更了解教育和教学法的问题（Ansari，2008；Ansari & Coch，2006；Coch & Ansari，2009；Fischer et al.，2010；Pickering & Howard-Jones，2007；Straham & Toepfer，1983）。需要注意的是，提出这些观点的文献，部分来自心智、脑与教育这一项目的推广，该项目将神经科学作为教育课程不可或缺的一部分，认为专门接受了跨学科培训的“神经教育工作者”（neuroeducators）或“混合型专业人员”（hybrid professionals）是跨越学科鸿沟的最佳人选（Pickering & Howard-Jones，2007，p. 112）。因此，心智、脑与教育项目正在采取具体的措施来解决教育神经科学研究者知识发展的问题，例如，达特茅斯学院（Dartmouth College）的本科项目（Coch et al.，2009）。

5. 价值

误用是这些文献的中心主题，其他主题（多学科、语言、知识发展）主要解释误用的问题，与此不同的是，讨论**价值**这个主题的文献的作者们，或者认为神经科学和教育都能为彼此作出重大的、卓越的贡献，或者讨论这两个领域联系的方式。与误用这个主题类似，价值这个主题在综述文献中也比较常见，出现在43%的综述文献中。

这些文献用很大的篇幅讨论在教育和神经科学之间建立联系的价值，并就如何实现这一价值提出了建议（参考后面合作和研究设计主题的讨论）。有些文献强调结合了两个学科的教育神经科学的价值。在这些文献中，有一些文献泛泛评价了这一新兴领域的发展潜力，认为神经科学在教育领域占有一席之地（Bruer，2002；Byrnes & Fox，1998；Carew & Magsamen，2010；Goswami，2004b，2006，2008；Hinton，Miyamoto，& Della-Chiesa，2008；Hirsh-Pasek & Bruer，2007；Howard-Jones，2008a；Hung，2003；Immordino-Yang & Damasio，2007；Saunders & Vawdrey，2002；Tommerdahl，2010）。关于神经科学对教育的价值，不仅我们系统查询出来的文献在谈，教育工作者和相关人员也直接提出了自己的看法。皮克林和霍华德-琼斯（Pickering & Howard-Jones，2007）做了一个调查，了解教育工作者如何看待脑在教育中的作用。他们发现，在接受调查的189位教师中，大多数教师对此持开放的态度，他们很想深入了解脑，特别是在“如何教”这个方面（而不是“教什么”）。教师们尤其感兴趣的是教和学的方法、认知和神经科学知识、学习风格、教育运动学（educational kinesiology）、饮食和脑、情感和学习（Pickering & Howard-Jones，2007）。

神经科学有助于教育学验证学习理论，将其转化为课堂策略，改变教育中关于学习和教育的一些假设（Caine & Caine，1998），为教育提供关于脑如何运作的信息（Saunders & Vawdrey，2002；Willis，2007）。卡鲁和马格塞门（Carew & Magsamen，2010，p. 685）的研究显示，神经科学“扩大应用范围的时机已经成熟”，它的应用价值正在接受评估。其他人则更谨慎，认为神经科学的应用范围目前还不清楚，或许会受到一些限制（Varma et al.，2008；Willingham，2008）。

在评估教育神经科学的价值和潜力时，很多人更关注神经科学的研究结果
对教育教学的实际价值和适用性。布鲁尔（Bruer，2002）和霍华德-琼斯 23
（Howard-Jones，2008a）都同意，神经科学在教育领域有一定的应用潜力，但他们也批判了这样一个事实：神经科学还没有帮助教师解决课堂上的问题，还没有提出改进教学所需要的解释模型，因此缺少应用的价值（Bruer，2002，2006；Howard-Jones，2008b）。尽管霍华德-琼斯（Howard-Jones，2008b）提出了一个模型，即在神经科学和教育的联系中加入教育环境的社会维度，但仍然有人认为，丰富的教育环境及其社会维度是很难把握的（Szücs & Goswami，2007）。

有人认可神经科学—教育联系的价值，同时提出，对教育来说，神经科学的结论和科学理论应该是“描述性的”，而不是“规定性的”（Cubelli，2009；Howard-Jones，2008a；Mason，2009；Willingham，2009）。下面的论述对这种建立教育神经科学的方法进行了说明：

> 我们不要在神经科学中寻找可以直接影响教育实践的指标(即神经科学如何指导我们更好地教或学),神经科学研究最有价值的地方在于,它能描述教育关心的方方面面(例如,为什么有阅读障碍的阅读者与一般的阅读者不同)。(Christodoulou & Gaab, 2009, p. 555)

其他人将描述性和规定性的争论与神经科学的研究结果的教育应用性联系起来,提出应该避免将这类结果直接推广和应用到课堂(Ansari & Coch, 2006; Caine & Caine, 1998; Coch & Ansari, 2009; Mason, 2009; Tommerdahl, 2010),或者这并不总是可行的(O'Boyle & Gill, 1998)。也有人认为,课堂应用不应是教育神经科学研究的焦点或目的(Szücs & Goswami, 2007),这两种看法其实是一致的。相反,也有人觉得应用是神经科学对教育最主要的贡献,教育工作者应该从实验环境中提取研究结果,将之应用于课堂(例如,Carew & Magsamen, 2010; Saunders & Vawdrey, 2002)。

与实际价值、适用性这个问题直接相关的是"可用的知识"(usable knowledge)这个概念,这个概念来自心智、脑与教育领域(以及同名期刊的一个固定专栏),指的是"生物学、认知科学、人类发展和教育共同努力,在科学研究和调查的基础上,提出实用可行的思想、研究或者行动方案"(Christodoulou et al., 2009, p. 65)。创造可用的知识的目的,不仅是将科学研究的结果转化为教育应用,而且也是认识研究和应用的互惠关系,这和心智、脑与教育领域其他人提倡的合作方法相一致(Christodoulou et al., 2009)。当然有人觉得,到目前为止,应用研究还没有系统地成为教育的基础,只有应用研究才有可能创造出有用的知识(例如,Fischer et al., 2010)。

尽管有很多的研究和论述认可教育神经科学的价值,我们对文献的系统搜索还是发现了一些更保守或者更悲观的观点,这些更保守或者更悲观的观点给这个领域泼了点冷水。有几位作者提出,阻碍教育神经科学发展的还有一些时间或者"距离"因素,例如,有人认为,还没到两个领域开始融合的阶段(Alferink & Farmer-Dougan, 2010; Berninger & Corina, 1998; Hirsh-Pasek & Bruer, 2007; Peterson, 1984),融合的过程还需要很多年(Bruer, 2002; Varma et al., 2008),两个领域之间的关系还很远(Mason, 2009),还没有挖掘它全部的潜能(Devonshire & Dommett, 2010),教育神经科学是一座"遥远的桥"(Bruer, 1997, p. 4),甚至有人说,教育神经科学是一条"死胡同"(Mayer, 1998,

p. 395)。威利斯的看法或多或少中和了这些观点，虽然他认识到，脑研究还没有把脑的结构或功能与课堂干预方法直接联系起来，但是他还是指出，这并不意味着这项工作是不相关的。威利斯进一步提出，神经科学可以为基于脑的策略提供确凿的证据，但是需要假以时日，教育所关心的问题并不总是能够耐心地等待，因此，在神经科学研究完成前，干预可能需要"暂时超越信念"(Willis, 2008, p. 426)。早期文献中，塞尔韦斯特(Sylwester, 1981)有类似的说法，他意识到，教育工作者可能不能等到所有神经科学的问题都解决之后，再尝试课堂干预。 24

尽管有一些否定的观点，我们所回顾的文献清楚地显示，很多投身教育神经科学的人已经看到了这个领域有提高研究和实践价值的潜力，尽管他们也提醒阅读者注意，这个领域还存在很多局限性，一些具有现实意义的知识也存在很多局限性。就这个领域的价值而言，文献中有两个更进一步的主题，这是创造价值可以使用、也应该使用的两种不同的方式。这就是**合作**和**研究设计**。

6. 合作

我们所回顾的文献中，很早就认识到建立科学和教育合作关系的必要性(占所分析文献的36%)。1984年，彼得森警告说，当前，脑的研究者和教育工作者之间的直接接触太少。若干年后，布鲁尔在他产生巨大影响的1997年的那篇论文中，看到有必要"在教育、认知心理学和系统神经科学的研究项目间形成良性循环的互动关系"(Bruer, 1997, p. 15)。之后，博宁格和科里纳(Berninger & Corina, 1998)提出，教育心理学研究者和认知神经科学研究者特别应该建立双向的合作关系。很多人都认识到合作(而不是竞争)的迫切性以及建立合作关系的难度(Ansari & Coch, 2006; Christodoulou & Gaab, 2009; Coch & Ansari, 2009; Coch et al., 2009; Fischer, 2009; Haier & Jung, 2008; Hinton et al., 2008; Koizumi, 2004; Stern, 2005; Varma et al., 2008)。利用与此相关的跨学科和价值这两个主题，卡齐尔和佩尔布拉戈耶夫提出，真正的、卓有成效的跨学科合作应该满足两个条件。首先，它们的目的必须是"促进专业间的互动，提升每个学科的研究"；其次，"跨学科教育的基础应该是相互理解和尊重各自学科的实际及潜在贡献"(Katzir & Paré-Blagoev, 2006, p. 71)。瓦尔马等人(Varma et al., 2008)将这个概念从跨学科合作提升到缩小神经科学界和教育界的距离，克里斯托杜卢和加布(Christodoulou & Gaab，2009，p. 556，“合作共同体”)以及卡鲁和马格塞门(Carew & Magsamen，2010)，也都提出了类似的概念。卡鲁和马格塞门看到，教育和神经科学的整合有可能创造一个新的共同体，这个共同体拥有共同的术语、新的传统和学习成果。他们还报告了 2009 年神经—教育领导联盟(Neuro-Education Leadership Coalition)的成立，这个联盟“试图融合神经科学、心理学、认知科学和教育的共同领域，提出更有效的教学方法和课程，进而影响和改变教育政策”(Carew & Magsamen，2010，p. 685)。

建立这样的合作关系时，人们面临的一个困难是，研究者和教育工作者缺少可以互动的平台(Ansari & Coch，2006；Blakemore & Frith，2005；Samuels，2009)，也缺少对话的机会(Carew & Magsamen，2010；Coch et al.，2009)。这些文献普遍认为，神经科学研究者、认知科学研究者、教育工作者和教育研究者需要更多跨学科的沟通和长期的对话(Christoff，2008；Fischer et al.，2010；Geake，2008；Gilkerson，2001；Goswami，2004b；Hirsh-Pasek & Bruer，2007；Posner & Rothbart，
25 2005；Purdy，2008；Ronstadt & Yellin，2010；Sylwester，1981；Willis，2008)，“相互之间的交流应更开放而富有意义”(O'Boyle & Gill，1998，p. 407)。显然，心智、脑与教育运动的目的就是建立这种长期的对话机制。

为了加强教育和神经科学的联系，人们还可以使用相同的理论或概念框架，并在实践时使用能更好地反映两个学科贡献的整体框架(Coch & Ansari，2009；Gilkerson，2001；Ronstadt & Yellin，2010；Szücs & Goswami，2007)。同样地，塞缪尔也建议，建立一个“知识创新的合作框架”，他认为，超学科的框架最有可能成功地跨越教育和神经科学之间的鸿沟(Samuel，2009，p. 49)。在应用的水平上，费希尔提出，建立共同的基层组织，建立学习和发展的数据库，能够促进研究和实践的联结(Fischer，2009)。

7. 研究设计

第二个屡次出现的和教育神经科学的价值或者潜力相关的主题(占所分析文献的 16%)是研究设计。这些文献都同意，教育工作者应该更主动地确定和提出一些研究问题，与神经科学合作(Katzir & Paré-Blagoev，2006)；这些文献也都同意，研究不应该只在实验室中进行，而应该更多地在教育环境中开展(Tommerdahl，2010)。阿布林(Ablin，2008，p. 52)指出，教师应该“重新认识课

堂，不要将课堂当作解决问题的场所，而要将课堂当作形成问题的场所”。当然，还有一种看法认为，研究问题和假设的产生过程更应该是双向的。迄今为止，神经科学研究者还是以独立工作为主，在提出假设和进行研究时，通常很少参考相关的教育文献（Coch & Ansari，2009）。科学研究者更应该关注教育工作者和教育政策制定者提出的实际问题（Hirsh-Pasek & Bruer，2007），“在启动带有教育目的的神经科学项目前，应该更多地待在学校里”（Pickering & Howard-Jones，2007，p. 112）。费希尔等人讨论的重点是教育工作者如何参与，并认为，科学研究者应该放弃更为传统的、在学校里收集数据的方法，让教育工作者和学习者都参与到研究的过程中来，注重“学校的生态”（Fischer et al.，2010，p. 68）。当然，这种方法也会遇到障碍，教育中缺少研究学习和教学的基础条件，当然这些都是可以改善的，例如，创建研究性学校，共享有关学习的数据库，开发出基于神经科学的研究设计（Fischer et al.，2010）。

有些人将研究设计和研究问题看成对话、合作和跨学科工作的机会（同时参考**多学科**和**合作**这两个主题）。神经科学研究者和教育工作者的讨论，给学校工作人员提供了发现需要合作的有趣课题的机会（Christodoulou & Gaab，2009；Hung，2003；McCandliss，2010）。然而，合作提出研究问题的建议与前面讨论的多学科融合所面临的挑战有关联。瓦尔马等人提出，在改善教育界和神经科学界的合作时，在确立共同的研究范围时，重点应该放在问题上，而不是个别学科上：

> 不要因为我们的身份而提出将自己的学科作为基础，相反，要提出我们的研究问题，这是可以使用的一个策略。可以将问题作为中立的基础，在此基础上进行知识交换。……当研究者通过研究问题确立了自己的身份后，下面的做法才有价值：到别的学科“旅游”，寻找新的见解，带回“旅游”纪念品——回答本学科问题所需的新方法、新数据和新理论。（Varma et al.，2008，p. 149）

这个建议支持神经科学的研究方法可以用于教育这一观点，反之亦然，它还 26
与学科间的**合作**这一主题相关，也反映了寻找讨论的共同基础的必要性。

这里还存在一种可能，神经科学研究者和教育工作者可能都不是在学科间传递研究问题的理想人选，因此这个交流网络需要一个中间人，这个中间人能够高质量地转化知识（例如，对教育感兴趣的前科学研究者，Goswami，2006）。与这一看法一致的是，我们需要“具有神经科学知识的教育工作者”和“具有教学法知识的神经科学研究者”，这些人所受的培训和知识背景让他们可以将教育问题变成神经科学设计可以实际测量的变量(Goswami, 2009, p. 177, p. 182)。教育神经科学将更多的实验设计范式整合在一起，可以回答下面这个问题：用新的思路解决传统的教育问题时，什么方法最好、最适合(Szücs & Goswami, 2007)。

五、结论

总之，关于神经科学和教育的关系，早期文献提出的许多问题(例如，神经神话、缺乏共同语言、沟通方式不当)又被后人不断地拿出来讨论，这表明，这些问题还没有得到解决，即使得到解决，效果也不太好。然而讨论这些问题的一些文献都特别想改善这种境况。人们已经在朝着这个方向努力，心智、脑与教育运动和其他组织，例如教育神经科学中心，欧洲学习与教学研究协会(European Association for Research on Learning and Instruction, EARLI)的神经科学与教育特别兴趣小组(Neuroscience and Education Special Interest Group)，学习和脑学会(Learning & the Brain Society)做了很多工作，例如，建立研究型学校[例如，剑桥大学的教育神经科学中心；哈佛教育研究院的心智、脑与教育项目；达特茅斯认知与教育神经科学中心(Dartmouth's Center for Cognitive and Educational Neuroscience)]；召开教育工作者和神经科学研究者合作的专题会议[例如，欧洲学习与教学研究会2010年苏黎世会议(EARLI, Zurich 2010)；国际心智、脑与教育学会2009年费城会议(International Mind, Brain and Education Society, Philadelphia 2009)，2011年圣迭戈会议(San Diego 2011)]；创建教育神经科学的专门期刊(例如，《心智、脑与教育》)或者专题[例如，《皮质》杂志的心智、脑与教育论坛(Forum on Mind, Brain, and Education)，2009年，第45卷，第4期；《国际环境和科学教育期刊》(*The International Journal of Environmental and Science Education*)，《心智、脑与教育专刊》(*Mind, Brain, and Education Special Issue*)，2011年，第6卷，第4期；《发展认知神经科学》(*Developmental Cognitive Neuroscience*)，《教育和神经科学专刊》(*Education and Neuroscience Special Issue*)，2012年，第2卷，第1期]，都很好地推动了学科联系的机会。我们也不得不承认，神经神话的传播仍然是文献讨论的重点，大量的文章关注这个问题，这表明大家已经意识到解决这个问题的必要性，因而这个信息就得到了广泛的传播。

尽管有些人还不完全认可学科之间的这种联系，有些人一直担心对前景太乐观，但文献给人的总体印象是积极的，学科的整合是有价值的。与此同时，人们还感觉，整合的方式可能是多种多样的，即使就神经科学的研究结果在教育的应用而言，有些方式受到的限制会比其他的多。

本章提供的可视框架展示了所分析的文献中突出的七个主题，它们是这些文献讨论的焦点。这些主题既涵盖问题的识别及其解释，也涵盖学科联结价值的确立，提出了至少两种提升价值的可能性。有的文章同时讨论了七个主题中的几个，这表明一些作者已经认识到学科结合的价值，对如何提高价值有具体的
见解，而且他们还注意到了问题，并给出了问题的解释。那些想知道未来努力方 27
向的人，可以把这个框架作为起点，了解现有的一些关注点。超学科被提及的频率是一面透视镜，通过它可以考察学科间的关系。这个频率是如此之高，以致人们可以深刻理解学科整合的问题和可行性。

我们搜索的结果建立了一个基础，让人们可以从概念的角度进一步查阅这方面的文献，为未来明确教育和神经科学的联系指明了方向。当然还有一些问题有待解决：这个研究提炼出的这些主题如何长期推动深入理解教育神经科学的进程？哪些问题持续性地阻碍了教育和神经科学的顺利整合？神经科学研究者和教育工作者如何卓有成效地合作，改善教育环境？

致谢

感谢蒙特利尔大学 EPC 生物实验室（EPC-Biology Library，Universite de Montreal）的多米尼克·迪曹尼尔（Dominic Desaulniers）帮助我们制订初期搜索策略。

参考文献

（标有“*”的为系统性回顾的参考文献）

* Ablin, J. L. (2008). Learning as problem design versus problem solving: Making

the connection between cognitive neuroscience research and educational practice. *Mind, Brain, and Education*, *2*(2), 52-54.

* Alferink, L. A., & Farmer-Dougan, V. (2010). Brain-(not) based education: Dangers of misunderstanding and misapplication of neuroscience research. *Exceptionality*, *18*(1 Special Issue), 42-52.

* Ansari, D. (2008). The brain goes to school: Strengthening the education-neuroscience connection. *Education Canada*, *48*(4), 6-10.

* Ansari, D., & Coch, D. (2006). Bridges over troubled waters: Education and cognitive neuroscience. *Trends in Cognitive Sciences*, *10*(4), 146-151.

* Berninger, V. W., & Corina, D. (1998). Making cognitive neuroscience educationally relevant: Creating bidirectional collaborations between educational psychology and cognitive neuroscience. *Educational Psychology Review*, *10*(3), 343-354.

* Blakemore, S.-J., & Frith, U. (2005). The learning brain: Lessons for education: A precis. *Developmental Science*, *8*(6), 459-471.

* Brandt, R. (1999). Educators need to know about the human brain. *Phi Delta Kappan*, *81*(3), 235-238.

* Bruer, J. T. (1997). Education and the brain: A bridge too far. *Educational Researcher*, *26*(8), 4-16.

* Bruer, J. T. (1999). In search of ... Brain-based education. *Phi Delta Kappan*, *80*(9), 648-657.

* Bruer, J. T. (2002). Avoiding the pediatrician's error: How neuroscientists can help educators (and themselves). *Nature Neuroscience*, *5*(Suppl), 1031-1033.

* Bruer, J. T. (2006). On the implications of neuroscience research for science teaching and learning: Are there any? A skeptical theme and variations: The primacy of psychology in the science of learning. *CBE Life Sciences Education*, *5*(2), 104-110.

* Byrnes, J. P., & Fox, N. A. (1998). The educational relevance of research in cognitive neuroscience. *Educational Psychology Review*, *10*(3), 297-342.

* Caine, R. N., & Caine, G. (1998). Building a bridge between the neurosciences and education: Cautions and possibilities. *National Association of Secondary School Principals Bulletin*, *82*(598), 1-8.

* Carew, T. J., & Magsamen, S. H. (2010). Neuroscience and education: An ideal partnership for producing evidence-based solutions to guide 21 (st) century learning. *Neuron*, *67*(5), 685-688.

* Christodoulou, J. A., Daley, S. G., & Katzir, T. (2009). Researching the practice, practicing the research, and promoting responsible policy: Usable knowledge in

mind, brain, and education. *Mind, Brain, and Education*, *3*(2), 65 - 67.

* Christodoulou, J. A., & Gaab, N. (2009). Using and misusing neuroscience in 28
education-related research. *Cortex*, *45*(4), 555 - 557.

* Christoff, K. (2008). Applying neuroscientific findings to education: The good, the tough, and the hopeful. *Mind, Brain, and Education*, *2*(2), 55 - 58.

* Coch, D., & Ansari, D. (2009). Thinking about mechanisms is crucial to connecting neuroscience and education discussion. *Cortex*, *45*(4), 546 - 547.

* Coch, D., Michlovitz, S. A., Ansari, D., & Baird, A. (2009). Building mind, brain, and education connections: The view from the upper valley. *Mind, Brain, and Education*, *3*(1), 27 - 33.

* Cubelli, R. (2009). Theories on mind, not on brain, are relevant for education. *Cortex*, *45*(4), 562 - 564.

* Della Sala, S. (2009). The use and misuse of neuroscience in education. *Cortex*, *45*(4), 443.

Della Sala, S. (Ed.). (1999). *Mind Myths: Exploring Popular Assumptions about Mind and Body*. Chichester: John Wiley & Sons.

* Devonshire, I. M., & Dommett, E. J. (2010). Neuroscience: Viable applications in education? *Neuroscientist*, *16*(4), 349 - 356.

* Fischer, K. W. (2009). Mind, brain, and education: Building a scientific groundwork for learning and teaching. *Mind, Brain, and Education*, *3*(1), 3 - 16.

Fischer, K. W., Daniel, B. D., Immordino-Yang, M. H., Stern, E., Battro, A., & Koizumi, H. (2007). Why mind, brain, and education? Why now? *Mind, Brain, and Education*, *1*(1), 1 - 2.

* Fischer, K. W., Goswami, U., & Geake, J. (2010). The future of educational neuroscience. *Mind, Brain, and Education*, *4*(2), 68 - 80.

* Fuller, J. K., & Glendening, J. G. (1985). The neuroeducator: Professional of the future. *Theory into Practice*, *24*(2), 135 - 137.

* Gardner, H. (2008). Quandaries for neuroeducators. *Mind, Brain, and Education*, *2*(4), 165 - 169.

* Geake, J. (2008). Neuromythologies in education. *Educational Research*, *50*(2), 123 - 133.

* Gilkerson, L. (2001). Integrating an understanding of brain development into early childhood education. *Infant Mental Health Journal*, *22*(1 - 2), 174 - 187.

* Goswami, U. (2004a). Neuroscience and education. *British Journal of Educational Psychology*, 74(Pt 1), 1 - 14.

* Goswami, U. (2004b). Neuroscience, education and special education. *British Journal of Special Education*, *31*(4), 175 - 183.

* Goswami, U. (2006). Neuroscience and education: From research to practice? *Nature Reviews Neuroscience*, 7(5), 406 - 411.

* Goswami, U. (2008). Principles of learning, implications for teaching: A cognitive neuroscience perspective. *Journal of Philosophy of Education*, *42* (3 - 4), 381 - 399.

* Goswami, U. (2009). Mind, brain, and literacy: Biomarkers as usable knowledge for education. *Mind, Brain, and Education*, *3*(3), 176 - 184.

* Haier, R. J., & Jung, R. E. (2008). Brain imaging studies of intelligence and creativity: What is the picture for education? *Roeper Review*, *30*(3), 171 - 180.

* Hinton, C., Miyamoto, K., & Della-Chiesa, B. (2008). Brain research, learning and emotions: Implications for education research, policy and practice. *European Journal of Education*, *43*(1), 87 - 103.

* Hirsh-Pasek, K., & Bruer, J. T. (2007). The brain/education barrier. *Science*, *317*(5843), 1293.

* Howard-Jones, P. (2008a). Education and neuroscience. *Educational Research*, *50* (2), 119 - 122.

* Howard-Jones, P. (2008b). Philosophical challenges for researchers at the interface between neuroscience and education. *Journal of Philosophy of Education*, *42* (3 - 4), 361 - 380.

* Hung, D. (2003). Supporting current pedagogical approaches with neuroscience research. *Journal of Interactive Learning Research*, *14*(2), 129 - 155.

* Immordino-Yang, M. H., & Damasio, A. (2007). We feel, therefore we learn: The relevance of affective and social neuroscience to education. *Mind, Brain, and Education*, *1*(1), 3 - 10.

* Jorgenson, O. (2003). Brain scam? Why educators should be careful about
29 embracing "Brain research". *Educational Forum*, *67*(4), 364 - 369.

* Katzir, T., & Pare-Blagoev, J. (2006). Applying cognitive neuroscience research to education: The case of literacy. *Educational Psychologist*, *41*(1), 53 - 74.

* Koizumi, H. (2004). The concept of "developing the brain": A new natural science for learning and education. *Brain & Development*, *26*(7), 434 - 441.

Landau, W. M. (1988). Clinical neuromythology I: The Marcus Gunn phenomenon: Loose canon of neuro-opthalmology. *Neurology*, *38*, 1141 - 1142.

* Lindsey, G. (1998). Brain research and implications for early childhood education.

Research reviews. *Childhood Education*, *75*(2), 97 - 100.

* Mason, L. (2009). Bridging neuroscience and education: A two-way path is possible. *Cortex*, *45*(4), 548 - 549.

* Mayer, R. E. (1998). Does the brain have a place in educational psychology? *Educational Psychology Review*, *10*(4), 389 - 396.

* McCandliss, B. D. (2010). Educational neuroscience: The early years. *Proceedings of the National Academy of Sciences USA*, *107*(18), 8049 - 8050.

* O'Boyle, M. W., & Gill, H. S. (1998). On the relevance of research findings in cognitive neuroscience to educational practice. *Educational Psychology Review*, *10*(4), 397 - 409.

* Peterson, R. W. (1984). Great expectations: Collaboration between the brain sciences and education. *American Biology Teacher*, *46*(2), 74 - 80.

Petticrew, M., & Roberts, H. (2006). *Systematic Reviews in the Social Sciences*. Mulden, MA: Blackwell Publishing.

* Pickering, S. J., & Howard-Jones, P. (2007). Educators' views on the role of neuroscience in education: Findings from a study of UK and international perspectives. *Mind, Brain, and Education*, *1*(3), 109 - 113.

* Posner, M. I., & Rothbart, M. K. (2005). Influencing brain networks: Implications for education. *Trends in Cognitive Sciences*, *9*(3), 99 - 103.

* Purdy, N. (2008). Neuroscience and education: How best to filter out the neurononsense from our classrooms? *Irish Educational Studies*, *27*(3), 197 - 208.

* Purdy, N., & Morrison, H. (2009). Cognitive neuroscience and education: Unravelling the confusion. *Oxford Review of Education*, *35*(1), 99 - 109.

* Ronstadt, K., & Yellin, P. B. (2010). Linking mind, brain, and education to clinical practice: A proposal for transdisciplinary collaboration. *Mind, Brain, and Education*, *4*(3), 95 - 101.

* Samuels, B. M. (2009). Can the differences between education and neuroscience be overcome by mind, brain, and education? *Mind, Brain, and Education*, *3*(1), 45 - 55.

* Saunders, A. D., & Vawdrey, C. (2002). Merging brain research with educational learning principles. *Business Education Forum*, *57*(1), 44 - 46.

* Stanovich, K. E. (1998). Cognitive neuroscience and educational psychology: What season is it? *Educational Psychology Review*, *10*(4), 419 - 426.

* Stern, E. (2005). Pedagogy meets neuroscience. *Science*, *310*(5749), 745.

* Straham, D. B., & Toepfer, C. F. (1983). The impact of brain research on the education profession: Agents of change. *Journal of Children in Contemporary Society*, *16*(1), 219 - 233.

* Sylwester, R. (1981). Educational implications of recent brain research. *Educational Leadership*, *39*(1), 6 - 19.

* Sylwester, R. (1984). The neurosciences and the education profession: Inserting new knowledge of a child's developing brain into an already well-developed school. *Journal of Children in Contemporary Society*, *16*(1), 1 - 8.

Sylwester, R. (1986). Synthesis of research on brain plasticity: The classroom environment and curriculum enrichment. *Educational Leadership*, *44*(1), 90 - 93.

* Sylwester, R. (2006). Cognitive neuroscience discoveries and educational practices. *School Administrator*, *63*(11), 32.

* Szucs, D., & Goswami, U. (2007). Educational neuroscience: Defining a new discipline for the study of mental representations. *Mind, Brain, and Education*, *1*(3), 114 - 127.

* Theodoridou, Z. D., & Triarhou, L. C. (2009). Fin-de-siecle advances in neuroeducation: Henry Herbert Donaldson and Reuben post Halleck. *Mind, Brain, and Education*, *3*(2), 119 - 129.

* Thorndike, E. L. (1926). *The Measurement of Intelligence*. New York: Teachers College, Columbia University.

* Tommerdahl, J. (2010). A model for bridging the gap between neuroscience and education. *Oxford Review of Education*, *36*(1), 97 - 109.

* Varma, S., McCandliss, B. D., & Schwartz, D. L. (2008). Scientific and pragmatic challenges for bridging education and neuroscience. *Educational Researcher*, *37*(3), 140 - 152.

* Willingham, D. T. (2008). When and how neuroscience applies to education. *Phi Delta Kappan*, *89*(6), 421 - 423.

* Willingham, D. T. (2009). Three problems in the marriage of neuroscience and education. *Cortex*, *45*(4), 544 - 545.

* Willingham, D. T., & Lloyd, J. W. (2007). How educational theories can use neuroscientific data. *Mind, Brain, and Education*, *1*(3), 140 - 149.

* Willis, J. (2004). Learning and the brain: How administrators can improve teacher effectiveness through instruction on how the brain learns. *AASA Journal of Scholarship and Practice*, *1*(2), 13 - 15.

* Willis, J. (2007). Which brain research can educators trust? *Phi Delta Kappan*, *88*(9), 697 - 699.

* Willis, J. (2008). Building a bridge from neuroscience to the classroom. *Phi Delta Kappan*, *89*(6), 424 - 427.

第二部分

神经科学与教育中去伪存真的理论方法

第三章　联结的构建：发展中的心智、脑与教育领域

唐娜·科克(Donna Coch)
丹尼尔·安萨里(Daniel Ansari)

本章概括了建设心智、脑与教育这一新兴领域的挑战和优势。本章作者选择性地、批判性地讨论了在心理学、神经科学和教育学之间建立重要联结时面临的挑战(例如,解释层面的区分、不同研究和设计方法的问题);阐述建立这些联结所需的机制(例如,针对教育工作者和神经科学研究者的跨学科培训,模糊传统的应用研究和基础研究的界限);提出接下来要采取的措施,以构建和维护跨学科的心智、脑与教育的学科,这门新的学科将为儿童的发展、学习和教学提供全新的、综合的、多层次的视角。传统的行为研究、心理研究、神经科学研究和教育研究之间将不断交叉,作者得出如下结论:神经科学应该成为循证教育实践和政策的证据来源;构建重要的教育和神经科学联结时遇到的挑战是可以战胜的;教育的科学和艺术可以用原则性的方式联结和整合。

如果你觉得，心理学是研究心智规律的科学，我们可以从中导出确定的教学项目、计划和方法，并立即运用于课堂，那么我要说，你错了，大错特错。心理学是科学，教学是艺术，科学本身永远无法直接产生艺术。这中间必须有一个创造性的心智才能实现。

——詹姆斯（James, 1899/2001, p.3）

34 一、引言

如果人脑是一种“学习的器官”（见 Hart, 1983, p.10），而教育的目的之一就是学习，那么脑的研究就可以促进教育，反过来，教育也可以促进脑的研究。这样想，似乎很合理。近年来，教育工作者越来越想知道，神经科学究竟能够为教育做些什么（具体参考，Pickering & Howard-Jones, 2007）。反过来，科学研究者也越来越想知道，自己能为教育做些什么，在詹姆斯（James, 1899/2001）之后的一个多世纪里，科学研究者们认识到，“如果要生存，我们就必须透过科学这个批判性的‘镜片’，审视教育这门‘艺术’”（具体参考，Alberts, 2009, p.15）。关于教育对神经科学的帮助，这方面的讨论更少（具体参考，Ansari & Coch, 2006; Varma, McCandliss, & Schwartz, 2008）。

科学和教育如何相互帮助？可以采取什么形式？教师可能对每个学生的学习强项和弱项都有详细的了解，但是如何将教师了解的这些知识转化到神经科学的领域却并不总是清楚的。脑研究可以揭示生物进程如何既限制学习又促进学习，但是这些研究转化为课堂教学实践和教育政策的过程并不总是明确的（Ansari & Coch, 2006; Blakemore & Frith, 2005; Goswami, 2004, 2006, 2009; Posner & Rothbart, 2005; Stern, 2005）。本章将涉及多方面的转化问题：在一个新兴的、跨学科的学习科学领域，詹姆斯（James, 1899/2011）提出的创造性心智如何将教学艺术应用到神经科学中去，又如何将神经科学应用到教学艺术中去（Koizumi, 2004; Meltzoff, Kuhl, Movallan, & Sejnowski, 2009）。我们关注的重点是，如何小心谨慎地构建心智、脑与教育之间的联结，必须采取什么机制才能形成这样的联结。我们首先要在科学、实践和政策间构建这样的联结，在此基础上，才能进行重要的“跨文化”转化（Shonkoff, 2000）。

回顾历史，实证科学和教育实践的结合通常都会陷入困境（Condliffe

Lagemann，2000；Shavelson & Towne，2002）。其他学科，例如临床心理学，也在艰难地为自己的实践寻找科学的依据（Baker，McFall，& Shoham，2009）。即便历史短暂，心智、脑与教育在建立教育实践和神经科学结果之间的联结时也遇到了困难。十年前，布鲁尔（Bruer，1997）认为，这些联结是“一座过于遥远的桥”，然而尽管如此，所谓“基于脑”的商业项目和产品却在以惊人的速度泛滥。事实上，拥有“神经”或者“基于脑”这样的字眼，似乎会让理论解释和商业产品具有一定的诱惑力。某种程度上，拥有神经科学的解释会显得比没有神经科学的解释更令人信服——即便事实表明，神经科学的语言并没有带来任何额外的价值（具体参考，Weisberg，Keil，Goodstein，Rawson，& Gray，2008；同时参考本书第五部分）。

有人认为，实验室中神经科学实验的结果可以直接应用于课堂教学——打个比方，可以直接从培养皿到教学法。在这种理解的基础上，出现了很多大众化的、所谓“基于脑”的课程资料。根据我们的经验，很多接触过这种课程资料的教师认为，神经科学可以指导他们的课堂教学（同时参考，Goswami，2006）。我们认为，以神经科学为基础的、简单易行的教学处方是不存在的，这样的期望也是不现实的。仔细审视，我们可以发现，很多“基于脑”的课程资料的基础常常是一些非常松散的联结，事实上，有的课程资料是对神经科学数据不正确的解释或粗略的概括。因而，从根本上说，它们是伪科学，而非神经科学。这样的概括会导致“神经神话”的产生（具体参考，Goswami，2004；同时参考本书第五部分）。例如，要区分“左脑”学习者和“右脑”学习者，对他们使用不同的教学方法以发挥各自的全部潜能。虽然可靠的神经科学数据表明，人脑的左右半球处理信息的方 35
式不同，但是这样的数据很多来自精心设计的、以成年患者为被试的实验室研究，这些患者都做了大脑两半球的分离手术（具体参考，Gazzaniga，1998）。这样的研究结果并不一定能直接应用于儿童，因为儿童每天身处课堂，发展正常，有完整的胼胝体。

在“基于脑”的学习运动中，很多人支持直接应用，我们的观点与此相反，我们认为，神经科学和教育的关系并不是那么简单，不是从实验室到课堂的直接应用，而是更加微妙、更加复杂、更加难懂。从某种程度上说，常见于文献的“桥”的比喻（具体参考，Ansari & Coch，2006；Bruer，1997）促成了这种直接和线性关系的观点。或许，用复杂的高速公路的立交桥或者交通枢纽来比喻更有效、更形象——在这里，不同的道路在不同的层面联结和整合，一条路直接通向另一条路，各种各样的限制由此而产生。改善学生学习和发展是教育和神经科学的共同目标，为了实现这一目标，它们的整合也会形成类似的、复杂的关系网络。培养和发展新一代的研究人员—从业人员，改进现有的和新的研究思路和研究方法，模糊基础研究和实践应用的界限，加强教育工作者和研究人员的合作，这些都可以促进学科间的联结，让心智、脑与教育的科学得以持续发展。

教育工作者已经知道或相信一些技艺知识(craft knowledge)或常识心理学，如果我们认为，神经科学和教育的联结应该像上面所描述的，就不太可能是牢固而直接的，能与教育工作者已有知识或经验产生共鸣的联结。相反，以渐进和反复的方式建立联结，把联结作为科学探究进程和科学话语的一部分，更能体现神经科学和教育联结的特点。从这种观点来看，这个过程显然不那么吸引人，也没有轰动的大标题，前沿工作变成了在多种分析层面间的合作、讨论和科学设计，以此建设一个新领域并构建其中的关系。这里我们将带着批判的眼光来讨论心智、脑与教育这一新兴领域，我们将着重指出，要克服一些挑战，才能排除在教育实践和政策与神经科学研究之间的障碍，构建原则性的可靠的联结。

二、解构：排除障碍

1. 各种层面的解释

我们在建立教育和神经科学之间的联结时，将要面临一个挑战：这两个学科在不同的解释层面运作，具有不同的衡量标度(scale)或者粒度(grain size)(具体参考，Ansari & Coch，2006；Perkins，2009；Willingham，2009)。教育工作者的工作通常针对学生、课堂或者课程，而神经科学研究者的工作通常针对单个神经元、神经集合体或者认知网络。在这些不同粒度间进行测量并不是一件容易的事。虽然这是一个关键性的挑战，但是跨越粒度也是心智、脑与教育的显著优势。我们认为，从多层面解释一个现象，只会让理解更丰富。心智、脑与教育固有的多层面分析，可以在层面间相互转化，而对每个层面的分析又有助于综合的理解。例如，一个学生在阅读测试中表现不好，可能是因为这个学生某些注意神经网络的活动发生了变化，因而造成课堂上注意力不集中。如果我们知道关

键突触联结点神经递质（如多巴胺）的各种水平，那么我们就能更好地理解注意
神经网络的变化，明白关键联结点神经递质的水平可能与课堂环境和学生的基
因组都有关系。与此同时，心理、教育、社会、文化等因素也可能在其中发挥作 36
用。例如，学生原有的知识储备可能不足，或者测试的时候可能不能提取相关的知识，学生的积极性可能不高，课程的编排可能不适合学生的发展水平，学生可能更关心自己在班级的社会地位而不是阅读，任务所要求的思维方式在文化上可能是不熟悉的。使用不同的粒度，通过不同的镜头和视角评估和思考学习，可以让我们的理解更全面，这是任何一个单一层面、镜头或视角都不可能做到的。只有对学习过程有了深刻而完整的理解，个性化干预、教学法和课程以及研究设计才有坚实的基础。

我们认为，心智、脑与教育的概念跨越了解释或分析的不同层面，与此相关的是，我们常常很难清楚地阐明，除了行为证据之外，神经科学研究还能为学习和发展提供哪些知识。也就是说，神经科学能作出哪些独特的贡献？有些人可能简单地回答，神经科学增加了一个分析的层面，但是也有些人觉得，这种回答不够充分或者没有用。例如，阅读词语提高了韦尼克区的血流量，这有什么意义？这为什么很重要？在我们看来，心智、脑与教育方法的优势在于，试图将各个层面的分析整合起来，每一个层面的解释，都用另一个层面的证据加以限制。有个最基本的例子，在没有行为差异的情况下，人们观察到脑的活动发生了变化。安萨里等人（Ansari et al.，2005）发现，儿童和成人区别简单数字的反应时没有差异，他们也观察到，在判断数值大小时，儿童和成人使用不同的脑区（具体参考，Halberda，Mazzocco，& Feigenson，2008；Holloway & Ansari，2009）。儿童在校的数学能力，会影响他们比较数值的能力。这些作者进一步测量了数字距离（两个数字之间的差距）对人们判断的影响。两个数字的距离越大，成人和儿童的判断速度越快。成人和儿童的“距离效应”在反应时上没有差异。然而，距离对儿童额叶区激活的影响最大，对成人顶叶区激活的影响最大。

行为和脑成像数据之间毫无关联，这表明除了观测行为结果外，也可以观测实时的发展进程（“黑匣”里是什么）。这也就是说，有了神经科学，使用动态的、层级的网络及其相互关系取代线性的、方框—箭头式模型，研究人员和教育工作者不仅可以讨论可观测的结果，还可以讨论以前无法观测的过程。然而，大多数

有关发展性的认知神经科学研究都受到了很大的限制，不能兼顾学习和发展的所有水平，即使那些关注文化或社会经济地位等更"宏观"因素的研究也是如此（具体参考，Nobel，McCandliss，& Farah，2007；Noble，Norman，& Farah，2005）。如何更恰当地处理粒度问题，这是心智、脑与教育研究的一大挑战。未来研究的关键是在与教育相关的广大范围内，对脑、行为和社会各层面的变化进行系统的比较和对照，重点应该放在不同层面间的互动如何帮助我们更好地理解和改进学习和教育的过程上。同样关键的是，我们要认识到，在一个分析层面所做的研究不能直接转化到另一个分析层面（"基于脑"的项目经常这样做），相反，只有建立在多个层面上的研究，才能相互转化。

37

2. 还原

解释层面的问题，必然导致任何一个层面都无法被还原为另一个层面。行为方法为我们提供了很多学习和发展过程的信息，作为一个新兴领域，心智、脑与教育并不想使用神经成像方法来取代它。它不想只是简单地增加一个多余的或二元的分析层面。教育和神经科学的整合也没有假定脑或神经成像数据一定会比行为数据更有价值。事实上，只有结合行为数据，我们才能理解和解释神经成像的结果。例如，有研究发现，综合使用神经成像和行为测量的结果，可以更好地预测小学阅读水平，这很好地展示了神经成像数据与行为数据的有效结合所能产生的教育威力（Hoeft et al.，2007）。

其实，我们选择"心智、脑与教育"这个术语，表明我们有意将行为和心理（心智）层面也归入这一领域。在我们看来，另一个术语"教育神经科学"，漏掉了"心智、脑与教育"非常关键的一个部分。简而言之，作为一个新兴领域，"心智、脑与教育"所依据的原则是整体大于部分之和，也就是发展和学习科学、神经科学以及教育这三个领域的方法、结果和问题的整合所提供的解释力要大于其中任何一个领域。毋庸置疑，发展过程中，教育、生物、认知、情感、环境和社会等各方面都是相互作用、相互关联和相互依存的，因此通过建立不同学科和方法间的联结，我们可以更多地了解儿童发展和学习的复杂性。

3. 研究设计和方法

建立神经科学和教育的联结，我们还要面临研究设计和方法方面的挑战。

在美国，很多人都在讨论循证教育，也有很多人在讨论大型随机对照实验在教育研究中的应用(具体参考，Slavin，2002)。而发展性认知神经的研究则经常使用自选的小样本。神经成像研究方法的问题主要是成本和时间的密集性。我们认为，很多研究设计和方法都可以整合进心智、脑与教育。一直以来都有人认为，有些研究方法，它们的结果具有很强的内部效度和普遍性，但对于课堂学习和行为的自然研究来说，这些方法本身可能就是无效的。教育这门科学要求研究项目"把'纯'实验室的基础研究和'杂乱无章'的课堂现场研究整合起来"(Klahr & Li，2005，p. 217)。随着更便携的神经成像系统的出现，例如，事件相关电位(event-related potential，ERP)和近红外光谱系统(near-infrared spectroscopy systems)，随着更多的实验学校越来越接受心智、脑与教育这个视角(具体参考，Hinton & Fischer，2008)，不久的将来，人们有可能在不同背景下进行更大程度的整合。

总之，心智、脑与教育面临的一个至关重要的方法上的挑战是研究方法的整合。不难想象，这些研究方法的结合体原则上会拥有每种方法的优势。例如，有一个大规模的干预项目，这个干预项目记录很多学校和班级学生的表现，与此同时，这个干预项目采集神经成像数据以说明一部分学生的神经科学问题，并且进行课堂观察以说明社会文化方面的问题。这些不同类型的多层次研究将提供多种分析层面的科学数据，一个层面的研究结果在其他层面的解释将受到限制，这类研究有可能为循证教学和课程设计提供帮助。因此，在方法论上，虽然每个领 38
域的目标都是更好地理解学习和发展，但是实现这个目标的方法却各不相同。多种方法所取得的一致性结果对发展和限制理论与实践都有帮助，虽然这些研究和教学方法在概念上和方法上都迥然不同。

将教育实践和政策与神经科学研究联结起来的另一个方法上的挑战是：只有一小部分神经科学研究以学龄儿童和青少年为被试，这些研究可能会提出一些毫无根据的发展性假设。例如，在认知神经科学领域，现有的功能性磁共振成像研究，大多数都是依据血氧水平依赖(blood oxygenation level dependent，BOLD)的差异。虽然可以肯定的是，儿童和成人的血氧水平依赖差异相似(具体参考，Kang，Burgund，Lugar，Petersen，& Schlagger，2003；Richter & Richter，2003)，但是在实践中，人们仍然不清楚的是，同样的任务、同样的脑区，儿童和成人的脑激活模式(血氧水平依赖反应)是否反映了同样的功能。虽然人们对此并不清楚，但是这却是很多功能性磁共振成像研究的默认假设。人们也不清楚神经功能和结构上的发展在不同的年龄段如何相互关联和动态互动。尽管人们提出了一些假设性的理论框架（具体参考，Fischer & Rose，1994），但是很少有研究能够说明，在发展过程中，脑的各个系统互动方式的变化（具体参考，Brown & Chiu，2006；Schlaggar & Church，2009；Simos et al.，2001）。而且，发展性的认知神经科学研究很少在年龄组之间进行比较或者采用纵向的研究设计，还有很多研究，被试的年龄跨度非常大，这虽不影响研究的主要结论，但得出的发展方面的结论却很难具有教育意义。简言之，在整合的心智、脑与教育的科学框架下，发展神经科学研究，无论在概念上，还是方法上，可能都需要一个真正的发展性的视角，才能与教育实践和政策关联起来。

三、构建：建立联结

1. 跨学科培训

复杂的高速公路的立交桥或者交通枢纽，联结和整合各种不同的道路，一条道路直接通向另一条道路，如果这是一个恰当的直观比喻，那么心智、脑与教育的研究人员—从业人员就能够毫不费力地进出那些联结的通道。然而，教育方面的培训通常不包括学习心理学或者神经科学，神经科学方面的培训通常不包括学习科学或者教育学（具体参考，Ansari，2005；Ansari & Coch，2006；Eisenhart & DeHaan，2005；McDevitt & Ormrod，2008）。没有共同的知识背景和准备，那些有可能加入并致力于心智、脑与教育的学生，尽管有共同的兴趣和问题，却没有共同的理论架构、方法、知识体系或术语。例如，教育工作者会使用“数感”来指称儿童对基本数字运算（例如，计数、进位制、基本加减法）的理解（National Council of Teachers of Mathematics，2003），而心理学研究者则会使用“数感”这一术语来表示数字的量及其心理表征（具体参考，Dehaene，2007）。这两个领域的从业人员都对儿童的数学发展感兴趣，但是没有跨学科的培训，这种概念界定上的差异可能导致研究、实践和政策上的误解。

培养心智、脑与教育领域的研究人员—从业人员的关键是让大学生、研究生、博士后有机会接受跨学科的培训。曾有研究报告指出，科学专业的学生受益于与学龄儿童的交流，同时，学龄儿童也受益于与科学研究者的交流（具体 39
参考，Cameron & Chudler，2003；Peplow，2004）。因此，如果神经科学专业的学生能够在教育环境中亲身体验儿童的学习和发展，并将这些经验变成可以在实验室中进行检验的假设，那么他们将会从中受益（具体参考，Klahr & Li，2005）。心智、脑与教育的视角，在方法上为神经科学研究者和发展研究者提供了另一种工具和环境——课堂，他们可以在课堂上检验与学习和发展相关的生物与环境互动的假设。同样，神经科学也可以让教育专业的学生受益，让他们了解有关学习和发展的基本知识，并将这些知识应用于课堂——不一定是直接将这些知识应用于课堂或教学计划，也可能是让他们在多种层面上更加复杂、更加深入地理解课堂现象背后的过程和原因。这也就是说，形成“教师即研究者”的观点将让教育专业的学生受益，神经科学让他们可以观察过程，而不是结果，这也会让他们受益（Postholm，2009）。简言之，“教师培训项目的重点是让未来的教师更多地了解脑与神经科学的知识”（Society for Neuroscience，2009，p. 4）。

在很多情况下，为了让接受教师培训和神经科学研究者培训的人拥有这些经验，人们需要重新定义培训项目，为学生设定跨学科目标，提供不同的经验（具体参考，Berninger，Dunn，Lin，& Shimada，2004；Eisenhart & DeHaan，2005）。要在传统的“发展”和“教育”心理学等领域之外进行互动，神经科学、心理学和教育学学科需要积极地联结起来。即便是在这些学科的内部，更广泛的学习科学的视角（例如，数学推理能力和神经系统的发展）也将取代狭隘的学科重点（例如，数学教学）（Hardiman & Denckla，2009）。教育文献有一些核心问题，神经科学研究者要想建立与教育的联结，必须对教育文献中的这些核心问题作出说明，例如，如何理解迁移、差异化教学、社会文化背景和现实世界对课堂的限制，等等。科学文献会讨论基本的研究设计及其局限，神经成像技术的优势和缺点（具体参考，Berniger & Richards，2012），事关教育的发展性神经成像研究的伦理问题（具体参考，Coch，2007；Illes & Raffin，2005；Sheridan，Zinchenko，& Gardner，2006）。这些问题，不仅相关的培训项目要注意，研究人员、从业人员、政策制定者和媒体也要能清楚地说明（具体参照 Racine，Bar-Ilan，& Illes，2005）。从教育到神经科学，从神经科学到教育，这中间最好的知识转化者——

具有理想的创造性心智的人(James, 1899/2001)——将同时拥有心理学、神经科学和教育学的多学科背景。或许正如数十年前所提出的,“神经教育工作者”可以用教育问题帮助神经科学研究者设计出更有用的研究,反过来,也可以将这些研究的结果带回课堂(Cruickshank, 1981; Fuller & Glendening, 1985)。

总的来说,培训的关键在于:帮助教育工作者更好地理解实证方法,学会判断哪些方法对哪些学生最有效,为什么有效,帮助神经科学研究者洞察课堂中有哪些关键的和重要的问题,进而与教育工作者合作,设计出相关的研究方案。这样的培训将使教育工作者和神经科学研究者都具备一定的技能和知识,能够严格地评估那些市场化的、“基于脑”的产品和课程的研究在多大程度上是严格的、经过同行评议的、能够提供有用信息的研究(具体参考,Editorial, 2004,2005, 2007)。这样,这个领域将不再是“基于脑的教学神话”(Hirsh-Pasek & Bruer, 2007, p. 1293)。有关发展和学习的心理学与神经科学的研究生和本科生项
40 目、教育和教师培训项目要想获得成功,并取得确实的成果,都必须如此。不幸的是,这种综合性培训虽然是推动心智、脑与教育发展的基础,却远未成为标准。据我们所知,目前提供这种综合性培训以培养“神经教育工作者”的项目寥寥无几。实际上,只有一份心智、脑与教育的研究生课程的报告发表,这份报告可能是这方面的第一份报告(Blake & Gardner, 2007)。

2. 模糊界限:基础知识的应用

在发展科学领域鼓励跨学科的思考将模糊基础研究和实践应用之间的传统界限,带来新的进展,形成更为综合的学习科学(具体参考,Bransford et al., 2006)。然而平衡和整合神经科学的解释理论(explanation theory)和教育的行动理论(action theory)是一项艰巨的任务(Perkins, 2009),也是心智、脑与教育的核心任务。从制度上来说,这样的整合需要修正发展心理学项目的传统观点。在发展心理学项目中,实践应用和基础研究泾渭分明,基础研究得到了更多的重视和支持;而在教育项目中,情况正好相反。转化研究需要基础研究和实践应用方面的研究人员与教育工作者密切配合,资助这样的研究也将有助于弥补实验室(基础研究)与课堂(实践应用)之间的鸿沟(Brabeck, 2008)。心智、脑与教育还处于学科发展的初期阶段,多学科领域,特别是还处于初级阶段的心智、脑与教育领域的从业人员和研究人员常常面临一些挑战,他们整合基础研究和实践

应用的力度要大于传统领域。对跨学科的人员来说，更紧迫的问题可能是，能否跨越不同的研究范式，突破制度的约束，得到相关的资源和培训。

除了这些更实际的考虑，模糊实践应用和基础研究的界限还有很重要的一步，就是研究人员要认识到，每天指导儿童学习的教育工作者对学习和发展有着独特的认识，他们的知识能补充和拓展有关发展的科学见解（具体参考，Coch，Michlovitz，Ansari，& Baird，2009）。通过观察课堂的互动活动提出研究问题，设计研究方案，同时熟练掌握神经成像技术，这样得出的结果就能不断地回馈课堂，冲破基础研究和实践应用之间的界限，填平从神经科学实验室到课堂、从课堂到神经科学实验室之间转化的鸿沟。

有趣的是，很多所谓的"基于脑"的课程材料，从本质上来说已经突破了基础研究与实践应用之间的界限，但不是以原则性的方式，而只是简单地接受了神经科学的基础研究结果并运用到教育中。神经科学的基础研究结果（例如，非人类动物研究的结果）在转化发生之前，尤其要在课堂上接受严格的科学测试。只有这样，"脑就是这样学习的"这类空洞的说法才不会出现。涉及具体的教育策略或者课程的神经科学基础研究的结果，即使有，也很少。大多数的转化都是令人无法接受的推论，受经济利益的驱动，并不是真正以证据为基础的推论（具体参考，Sheridan et al.，2006）。然而，教育问题可以通过更为原则性的方式来指导神经科学的研究，这样，心智、脑与教育的研究不仅得到更基础的研究结果的"自下而上"的推动，而且也得到更宏观的"自上而下"的推动（M. J. Nathan，personal communication，1 月 5 日，2009）。

3. 合作：建立有意义的联结

教育工作者、发展和学习科学研究者、发展神经科学研究者，往往有很多共同的兴趣——例如，对阅读或者数学能力发展的兴趣——这些重合的区域一旦确定下来，就可以成为双赢实验的设计基础（McCandliss，Kalchman，& Bryant，2003）。在可以进行多学科、多层面分析的领域拥有共同的兴趣，可能是心智、脑 41
与教育的核心；在这些领域开发综合性的研究项目，必须要有共同的语言和知识基础，这是心智、脑与教育的一条更广泛的原则。双向合作让科学研究者和教育工作者可以利用分析的不同层面，设计出包含更多方法的研究，这样，研究结果与理论和实践的联结都能得到加强（具体参考，Berninger & Corina，1998；

Hardiman & Denckla，2009）。所谓“基于脑”的材料，更需要研究人员与从事教育工作的人密切合作，这样研究人员就可以从教师的角度理解学习行为的不同方面，也可以在自然的环境中思考发生于其中的具体行为。可用的知识来自实验室结果，但是实验室结果本身，不一定都能变成可用的知识。为了设计出适合环境的研究，得出与教育相关的可用的知识，研究人员需要仔细考虑课堂的种种局限，为了让神经科学问题能产生与教育相关的可用的知识，教育工作者必须仔细思考实验室研究的种种局限。一般而言，实践方面的科学研究可以检验并提高教育工作者的技术知识。例如，尽管人们普遍认为，教师的教学风格应该契合学生的学习风格，但是帕什勒（Pashler）和他的同事发现，支持这种学习风格假设的证据很少（Mayer，2009；Pashler，McDaniel，Rohrer，& Bjork，2009）。这是一个用学习科学的方法研究教育的例子。总之，教育人士和研究人员都需要认真地思考，研究如何设计，神经科学和教育的结果如何结合，才能设计出循证课程，参与教育决策，改进教与学（具体参考，Stanovich & Stanovich，2003；Thomas & Pring，2004）。为此，科学研究者和教育工作者需要进行大量的跨学科对话，改变学习研究的方法（Society for Neuroscience，2009，p.3）。

教育工作者和科学研究者以共同的兴趣为基础进行对话与合作，可以加快未来心智、脑与教育的发展进程。教育的核心问题可以为神经科学研究提供一些方向，神经科学的结果，不应自上而下地运用于课堂（这是现今很多“基于脑”的课程所使用的模式）。例如，整体语言教学法和字母拼读教学法是两种不同的教学方法，据我们所知，在已发表的神经成像研究中，还没有一个研究使用专门设计的任务，比较这两种教学方法的课堂教学效果，揭示它们各自的理论优势和弱点。尽管美国的小学课堂每天都在使用这两种教学方法教授阅读，每种教学方法都有相对明确的教学活动，但实际上，人们并不清楚它们如何影响脑的发展。这样的研究当然也要面对粒度不同的挑战。例如，虽然语音意识有精确的、标准化的测量方法（具体参考，Wagner，Torgesen，& Rashotte，1999），但在构建支持理解的心智模型（mental model）的过程中，行为测量和功能性磁共振成像技术的使用，却面临更多的困难。前者是字母拼读教学法的重点，而后者是整体语言教学法的重点。不但知道哪种教学方法可以让哪些技能得到发展，而且知道它们可以让哪些神经网络得到发展，这可以为制定教育政策提供帮助。也就是说，神经科学的结果可以影响阅读教学的循证决策（具体参考，Eden & Moats，

2002)，可以推动以研究为基础的教学活动的推广。目前的教师培训项目通常都不包括这方面的内容(Walsh，Glaser，& Wilcox，2006)。

4. 优势：对相互交流的指引

发展和学习科学的这一全新视角具有很多优势，这里我们只简单地提三点。第一个优势：让人们有机会提出和回答有关学习、发展、脑和教育的新问题——
只有协同合作才能产生这些问题。神经科学研究者和心理学研究者将有机会在 42
课堂学习经验的基础上，提出新的假设(例如，没有人研究在典型的、常规的数学或阅读教学中学生或教师的神经关联，即使有，也非常少)；将有机会和教育工作者及学习科学研究者一起，提出各种假设，直接评估、比较和区别当前和未来发展性认知神经科学研究对教育的潜在影响；将有机会设计出生态效度更高的研究；将有机会在多个分析层面合作开展研究，让研究结果具有现实的意义；他们还将有机会深入理解教育(而不只是实验室)环境中的发展。现在的条件已经让人们可以研究课堂经验和教学方法如何既影响看得见的行为，又影响人脑，从而在心理学、神经科学和教育间建立重要的、长期的联结。虽然越来越多的神经科学研究开始关注针对特定人群的教育干预措施的效果，揭示这些措施有效或无效的某些机制(具体参考，Shaywitz et al.，2004；Stevens，Fanning，Coch，Sanders，& Neville，2008；Temple et al.，2003)，但是，在大多数情况下，正常的课堂教学活动的神经关联仍有待研究。

第二个优势：推动了跨学科的学习和发展科学的进步，让人可以在这个领域内进行综合性的、多层面的分析。这样的方法让人们有可能发现，一个儿童有正常的、与其年龄或年级水平相当的行为，却使用与比较组不同的神经系统。例如，一个儿童标准化阅读测试的分数可能和同学一样，都处于年级水平，但是他的阅读过程(发生在“黑箱”里的过程)，可能与同学截然不同。这可能影响下一步的阅读教学，因为接下来的阅读教学以学生阅读技能的年级水平为基础。因此，这将严重影响今后更复杂的技能的发展，严重影响后续的教育成果，严重影响进一步的针对性的教学。深入分析、多层面理解结果和过程，可以为教学决策提供基础。

第三个优势：科学研究者和教育工作者可以建立合作共赢的关系，让研究人员—从业人员更有信心去影响心理学、神经科学和教育的理论、实践和政策。

很多文献都提到，研究成果普遍不能转化为教育实践，也就是所谓的研究到实践的鸿沟（具体参考，Carnine，1997）。其实还有一条实践到研究的鸿沟：教师的课堂教学，很多都没有进行实证的研究，更没有使用神经科学的方法进行研究。心智、脑与教育将在研究和实践间建立相互联结，这样实验室的结果可以促进课堂，反过来，课堂也可以促进实验室研究，形成良性的循环。没有研究人员、教育工作者和科学研究者—从业人员的密切合作，这种良性循环就无法形成，他们——还有学生——都将从这样的研究中获益。

四、总结

在教育与神经科学之间建立重要的联结将面临很多挑战，我们认为，我们可以战胜这些挑战；在教育与神经科学之间可以成功地进行循证的相互交流；创造性心智能够建立真正联结科学和艺术的基础（具体也可以参考，Ansari & Coch，2006；Varma et al.，2008）。过去，教育也曾尝试制订一些科学的方法，但要么失败了，要么效果具有很大的局限性，这部分是因为它们不能立刻改善课堂教学（具体参考，Condliffe Lagemann，2000）。很多“基于脑”的产品和课程信奉
43 直接到课堂的应用，如果新的心智、脑与教育更全面地看待教育与神经科学之间的联结，它就不会只是教育又一个暂时的宠儿。可靠的、循证的教育实践和政策需要证据，神经科学可以被视为可以提供证据的一个来源（具体参考，Huston，2008；Slavin，2002；Thomas & Pring，2004），但我们在使用神经科学的时候，一定要结合发展和学习科学提供的理论和行为数据（具体参考，Stern，2005）。事实上，在学习和人类发展的多学科研究中，行为、心理、神经科学和教育研究之间的传统界限逐渐交织在一起。心智、脑与教育是跨学科的科学领域，多个学科相互支持、相互关联，让这种新的方法能够帮助人们理解和改进学习和教学。

致谢

感谢米切尔·南森（Mitchell Nathan）和其他同事，就本章的许多主题和问题同我们进行了深入的讨论。

参考文献

Alberts, B. (2009). Making a science of education. *Science*, *323*, 15.

Ansari, D. (2005). Time to use neuroscience findings in teacher training [Letter]. *Nature*, *437*, 26.

Ansari, D., & Coch, D. (2006). Bridges over troubled waters: Education and cognitive neuroscience. *Trends in Cognitive Sciences*, *10*(4), 146 - 151.

Ansari, D., Garcia, N., Lucas, E., Hamon, K., & Dhital, B. (2005). Neural correlates of symbolic number processing in children and adults. *NeuroReport*, *16*(16), 1769 - 1773.

Baker, T. B., McFall, R. M., & Shoham, V. (2009). Current status and future prospects of clinical psychology: Toward a scientifically principled approach to mental and behavioral health care. *Psychological Science in the Public Interest*, *9*(2), 67 - 103.

Berninger, V. W., & Corina, D. (1998). Making cognitive neuroscience educationally relevant: Creating bidirectional collaborations between educational psychology and cognitive neuroscience. *Educational Psychology Review*, *10*(3), 343 - 354.

Berninger, V. W., Dunn, A., Lin, S.-J. C., & Shimada, S. (2004). School evolution: Scientist-practitioner educators creating optimal learning environments for all students. *Journal of Learning Disabilities*, *27*(6), 500 - 508.

Berninger, V. W., & Richards, T. L. (2002). *Brain Literacy for Educators and Psychologists*. Boston, MA: Academic Press.

Blake, P. R., & Gardner, H. (2007). A first course in mind, brain, and education. *Mind, Brain, and Education*, *1*(2), 61 - 65.

Blakemore, S.-J., & Frith, U. (2005). *The Learning Brain: Lessons for Education*. Malden, MA: Blackwell Publishing.

Brabeck, M. (2008). Why we need "translational" research: Putting clinical findings to work in classrooms. *Education Week*, *27*(38), 28 - 36.

Bransford, J., Stevens, R., Schwartz, D., Meltzoff, A., Pea, R., Roschelle, J., et al. (2006). Learning theories and education: Toward a decade of synergy. In P. Alexander & P. Winne (Eds.), *Handbook of Educational Psychology* (2nd ed., pp. 209 - 244). Mahwah, NJ: Erlbaum.

Brown, R. D., & Chiu, C. Y. (2006). Neural correlates of memory development and learning: Combining neuroimaging and behavioral measures to understand cognitive and developmental processes. *Developmental Neuropsychology*, *29*(2), 279 - 291.

Bruer, J. T. (1997). Education and the brain: A bridge too far. *Educational Researcher*, *26*(8), 4 - 16.

Cameron, W., & Chudler, E. (2003). A role for neuroscientists in engaging young minds. *Nature Reviews Neuroscience*, *4*, 1 - 6.

Carnine, D. (1997). Bridging the research-to-practice gap. *Exceptional Children*, *63*(4), 513 - 521.

44 Coch, D. (2007). Neuroimaging research with children: Ethical issues and case scenarios. *Journal of Moral Education*, *36*(1), 1 - 18.

Coch, D., Michlovitz, S. A., Ansari, D., & Baird, A. (2009). Building mind, brain, and education connections: The view from the Upper Valley. *Mind, Brain, and Education*, *3*(1), 27 - 33.

Condliffe Lagemann, E. (2000). *An Elusive Science: The Troubling History of Education Research*. Chicago, IL: University of Chicago Press.

Cruickshank, W. M. (1981). A new perspective in teacher education: The neuroeducator. *Journal of Learning Disabilities*, *24*(2), 337 - 341, 367.

Dehaene, S. (1997). *The Number Sense: How the Mind Creates Mathematics*. New York: Oxford University Press.

Diamond, A. (2007). Interrelated and interdependent. *Developmental Science*, *10*(1), 152 - 158.

Eden, G. F., & Moats, L. (2002). The role of neuroscience in the remediation of students with dyslexia. *Nature Neuroscience*, *5*, 1080 - 1084.

Editorial. (2004). Better reading through brain research. *Nature Neuroscience*, *7*(1), 1.

Editorial. (2005). Bringing neuroscience to the classroom. *Nature*, *435*, 1138.

Editorial. (2007). A cure for dyslexia? *Nature Neuroscience*, *10*(2), 135.

Eisenhart, M., & DeHaan, R. L. (2005). Doctoral preparation of scientifically based education researchers. *Educational Researcher*, *34*(4), 3 - 13.

Fischer, K. W., & Rose, S. P. (1994). Dynamic development of coordination of components in brain and behavior: A framework for theory and research. In G. Dawson & K. W. Fischer (Eds.), *Human Behavior and the Developing Brain* (pp. 3 - 66). New York: Guilford Press.

Fuller, J. K., & Glendening, J. G. (1985). The neuroeducator: Professional of the future. *Theory into Practice*, *24*(2), 135 - 137.

Gazzaniga, M. S. (1998). The split brain revisited. *Scientific American*, *279*(1), 50 - 55.

Goswami, U. (2004). Neuroscience and education. *British Journal of Educational Psychology*, *74*(1), 1-14.

Goswami, U. (2006). Neuroscience and education: From research to practice? *Nature Reviews Neuroscience*, 7(5), 406-413.

Goswami, U. (2009). Mind, brain, and literacy: Biomarkers as usable knowledge for education. *Mind, Brain, and Education*, *3*(3), 176-184.

Halberda, J., Mazzocco, M. M. M., & Feigenson, L. (2008). Individual differences in non-verbal number acuity correlate with maths achievement. *Nature*, *455*, 665-668.

Hardiman, M., & Denckla, M. B. (2009). The science of education: Informing teaching and learning through the brain sciences. *Cerebrum*, *11*(3), 32-41.

Hart, L. A. (1983). *Human Brain and Human Learning*. Oak Creek, AZ: Books for Educators.

Hinton, C., & Fischer, K. W. (2008). Research schools: Grounding research in educational practice. *Mind, Brain, and Education*, *2*(4), 157-164.

Hirsh-Pasek, K., & Bruer, J. T. (2007). The brain/education barrier. *Science*, *317*, 1293.

Hoeft, F., Ueno, T., Reiss, A. L., Meyler, A., Whitfield-Gabrieli, S., Glover, G. H., et al. (2007). Prediction of children's reading skills using behavioral, functional, and structural neuroimaging measures. *Behavioral Neuroscience*, *121*(3), 602-613.

Holloway, I. D., & Ansari, D. (2009). Mapping numerical magnitudes onto symbols: The numerical distance effect and individual differences in children's mathematics achievement. *Journal of Experimental Child Psychology*, *103*(1), 17-29.

Huston, A. C. (2008). From research to policy and back. *Child Development*, *79*(1), 1-12.

Illes, J., & Raffin, T. A. (2005). No child left without a brain scan? Toward a pediatric neuroethics. *Cerebrum*, 7(3), 33-46.

James, W. (1899 / 2001). *Talks to Teachers on Psychology and to Students on Some of Life's Ideals*. Mineola, NY: Dover Publications.

Kang, H. C., Burgund, E. D., Lugar, H. M., Petersen, S. E., & Sohlagger, B. L. (2003). Comparison of functional activation foci in children and adults using common stereotactic space. *NeuroImage*, *19*(1), 16-28.

Katzir, T., & Paré-Blagoev, J. (2006). Applying cognitive neuroscience research to education: The case of literacy. *Educational Psychologist*, *41*(1), 53-74.

Klahr, D., & Li, J. (2005). Cognitive research and elementary science instruction:

From the laboratory, to the classroom, and back. *Journal of Science Education and Technology*, *14*(2), 217 - 238.

Koizumi, H. (2004). The concept of "developing the brain": A new natural science for learning and education. *Brain & Development*, *26*(7), 434 - 441.

Mayer, R. (2009). Advances in applying the science of learning and instruction to education. *Psychological Science in the Public Interest*, *9*(3), i - ii.

McCandliss, B. D., Kalchman, M., & Bryant, P. (2003). Design experiments and laboratory approaches to learning: Steps toward collaborative exchange. *Educational Researcher*, *32*(1), 14 - 16.

McDevitt, T. M., & Ormrod, J. E. (2008). Fostering conceptual change about child development in prospective teachers and other college students. *Child Development Perspectives*, *2*(2), 85 - 91.

Meltzoff, A. N., Kuhl, P. K., Movallan, J., & Sejnowski, T. J. (2009). Foundations for a new science of learning. *Science*, *325*, 284 - 287.

National Council of Teachers of Mathematics. (2003). *Principles and Standards for School Mathematics*. Reston, VA: National Council of Teachers of Mathematics.

Noble, K. G., McCandliss, B. D., & Farah, M. J. (2007). Socioeconomic gradients predict individual differences in neurocognitive abilities. *Developmental Science*, *10*(4), 464 - 480.

Noble, K. G., Norman, M. F., & Farah, M. J. (2005). Neurocognitive correlates of socioeconomic status in kindergarten children. *Developmental Science*, *8*(1), 74 - 87.

Pashler, H., McDaniel, M., Rohrer, D., & Bjork, R. (2009). Learning styles: Concepts and evidence. *Psychological Science in the Public Interest*, *9*(3), 105 - 119.

Peplow, M. (2004). Doing it for the kids. *Nature*, *430*, 286 - 287.

Perkins, D. (2009). On grandmother neurons and grandfather clocks. *Mind, Brain, and Education*, *3*(3), 170 - 175.

Pickering, S. J., & Howard-Jones, P. (2007). Educators' views on the role of neuroscience in education: Findings from a study of UK and international perspectives. *Mind, Brain, and Education*, *1*(3), 109 - 113.

Posner, M. I., & Rothbart, M. K. (2005). Influencing brain networks: Implications for education. *Trends in Cognitive Sciences*, *9*(3), 99 - 103.

Postholm, M. B. (2009). Research and development work: Developing teachers as researchers or just teachers? *Educational Action Research*, *17*(4), 551 - 565.

Racine, E., Bar-Ilan, O., & Illes, J. (2005). fMRI in the public eye. *Nature Reviews Neuroscience*, *6*(2), 159 - 164.

Richter, W., & Richter, M. (2003). The shape of the fMRI BOLD response in children and adults changes systematically with age. *NeuroImage*, *20*(2), 1122 - 1131.

Schlaggar, B. L., & Church, J. A. (2009). Functional neuroimaging insights into the development of skilled reading. *Current Directions in Psychological Science*, *18*(1), 21 - 26.

Shavelson, R. J., & Towne, L. (2002). *Scientific Research in Education*. Washington, DC: National Academy Press.

Shaywitz, B. A., Shaywitz, S. E., Blachman, B. A., Pugh, K. R., Fulbright, R. K., Skudlarski, P., et al. (2004). Development of left occipitotemporal systems for skilled reading in children after a phonologicallybased intervention. *Biological Psychiatry*, *55*(9), 926 - 933.

Sheridan, K., Zinchenko, E., & Gardner, H. (2006). Neuroethics in education. In J. Illes (Ed.), *Neuroethics: Defining the Issues in Theory, Practice, and Policy* (pp. 265 - 275). Oxford: Oxford University Press.

Shonkoff, J. P. (2000). Science, policy, and practice: Three cultures in search of a shared mission. *Child Development*, *71*(1), 181 - 187.

Simos, P. G., Breier, J. I., Fletcher, J. M., Foorman, B. R., Mouzaki, A., & Papanicolaou, A. C. (2001). Age-related changes in regional brain activation during phonological decoding and printed word recognition. *Developmental Neuropsychology*, *19*(2), 191 - 210.

Slavin, R. E. (2002). Evidence-based education policies: Transforming educational practice and research. *Educational Researcher*, *31*(7), 15 - 21.

Society for Neuroscience. (2009). *The Promise of Interdisciplinary Partnerships between Brain Sciences and Education*. Irvine, CA: University of California at Irvine.

Stanovich, P. J., & Stanovich, K. E. (2003). *Using Research and Reason in Education: How Teachers Can Use Scientifically Based Research to Make Curricular and Instructional Decisions*. Jessup, MD: National Institute for Literacy.

Stern, E. (2005). Pedagogy meets neuroscience [Editorial]. *Science*, *310*, 745.

Stevens, C., Fanning, J., Coch, D., Sanders, L., & Neville, H. (2008). Neural mechanisms of selective attention are enhanced by computer training. *Brain Research*, *1205*(1), 55 - 69.

Stiles, J. (2009). On genes, brains, and behavior: Why should developmental psychologists care about brain development? *Child Development Perspectives*, *3*(3), 196 - 202.

Temple, E., Deutsch, G. K., Poldrack, R. A., Miller, S. L., Tallal, P., Merzenich, M. M., et al. (2003). Neural deficits in children with dyslexia ameliorated by behavioral remediation: Evidence from functional MRI. *Proceedings of the National Academy of Sciences*, *100*(5), 2860－2865.

Thomas, G., & Pring, R. (Eds.). (2004). *Evidence-based Practice in Education*. New York: Open University Press.

Varma, S., McCandliss, B. D., & Schwartz, D. L. (2008). Scientific and pragmatic challenges for bridging education and neuroscience. *Educational Researcher*, *37*(3), 140－152.

Wagner, R. K., Torgesen, J. K., & Rashotte, C. A. (1999). *The Comprehensive Test of Phonological Processing*. Austin, TX: Pro-Ed.

Walsh, K., Glaser, D., & Wilcox, D. D. (2006). *What Education Schools Aren't Teaching about Reading and What Elementary Teachers Aren't Learning*. Washington, DC: National Council on Teacher Quality.

Weisberg, D. S., Keil, F. C., Goodstein, J., Rawson, E., & Gray, J. R. (2008). The seductive allure of neuroscience explanations. *Journal of Cognitive Neuroscience*, *20*(3), 470－477.

Willingham, D. T. (2009). Three problems in the marriage of neuroscience and education. *Cortex*, *45*(5), 544－545.

第四章　认知神经科学与课堂：学习的原则还是教学的启示？

乌沙·戈斯瓦米(Usha Goswami)

教育神经科学是一项长期的事业，它也许可以先于教育"兑现"自己的承诺。无论如何，神经科学的进步对教育来说都是极其重要的，因为我们要增进学习能力，要克服生物和环境条件的限制，教育是最强大的工具。神经科学致力于理解学习的过程，勾画个体学习差异的原因。深入理解学习的过程对于教育来说具有极大的价值，因为这能为人们提供有关发展原动力和教育干预最佳目标的信息。神经科学中的证据具有科学的吸引力，同时还将为教育提供实证基础，这样人们就可以精确地了解学习的过程。

这个实证基础所处的生物学层面是一个新的与以前形成互补的层面。生物学方法不会取代学习的社会、情感和文化分析。相反，它会为这些分析提供研究工具，丰富整个教育领域。目前，很多教育工作者似乎认为，神经科学是对教育学科传统的一种挑战。在本章，作者将证明事实与此相反，神经科学应该被视为一种机遇。教育让人类超越生物进化的局限。教育经验通过改变人脑来改变人类。神经科学让我们更加详细而具体地理解脑的变化过程，这对教育极具价值。社会、情感和文化对脑的影响，都可以用严格的实证研究进行检验。

一、引言

正如本书的一些作者所指出的：关于神经科学能为教育提供什么帮助，人们有一种合理的怀疑精神。尽管有这些怀疑，尽管有人尖刻地批评神经科学经常通过错误的实验提出误导性问题（Bennett & Hacker，2003），我还是认为教育
48 负担不起忽视神经科学的代价。当然，将神经科学应用于教育的尝试，有“不好”的一面，也有“丑”的一面。然而，对人体生理机能的深入了解带来了医学的巨大进步，对脑的生理机能的深入了解，同样也带来了学习和理论的进步。因此，现有的认知神经科学终将为课堂的教与学作出贡献，我在这里提供一些原则性的例子。

首先，有一些观点需要澄清。教育工作者对神经科学的负面评论，常常基于一个特定的世界观。这种观点认为，对脑的生理机能进行实证检验，并在此基础上研究教育，会使“知识的本质是什么？”“我们如何学习？”“人类和人的美好生活由什么构成？”这些问题岌岌可危（Cigman & Davis，2009，p. ix）。通常，这些评论者认为，神经科学的简化论（reductionism）无法理解人类和美好生活的本质。真正的教育必须涵盖心智、身体与精神的发展，而专注于认知的神经科学过于狭隘。因而人们认为，神经科学这种研究方法，不能帮助教育工作者开发人类心智和精神的各种潜能。医学/神经科学的方法仅被视为诸多“话语”中的一种，这是根据它们的职业身份和权利关系，而不是根据知识和科学进行的划分。“到底要在什么基础上，神经科学才有权解释学习的本质特性？”（Cigman & Davis，2009，p. 76）

在我看来，有关学习的神经科学发现可以接受实证研究的检验和否定，仅从这一点来看，神经科学的观点就非常重要。科学发现不是为了权利关系。知识发现是一个持续的过程，科学发现只是其中的一部分。尽管一些教育研究者认为，简化论与探索人类心智与精神的潜能互不相容，但是这种分裂的立场完全没有必要。一个最简单的例子就是人工耳蜗植入技术，它涉及人脑如何将言语声

音转换为语言这方面的基础研究，也许不能告诉我们语言的意义是如何从声学信号中提取出来的。但是，基础研究确实可以告诉我们，接收到这个声学信号时，耳朵声压的变化如何被转化为电子脉冲，刺激脑的听觉组织。这个研究最终发现，不用置入很多频段，就可以直接对先天性耳聋患者的脑组织进行电刺激，而那些接受了电刺激的患者就能够听到并学习口语。事实上，婴儿时期就植入人工耳蜗的聋儿，可以像正常儿童那样学习口语。这对当事人心智和精神潜能的影响是非常巨大的。

神经科学有能力了解相关的机制，因而有能力改变我们对人类学习和认知发展的看法，并且我认为，最终，神经科学将改变教育。在我看来，教育神经科学首先必须对学习机制进行细致的基础研究。事实上，我在这个领域的时间越长，越觉得主要的研究问题非常基础。我自己的目标主要是研究感知系统如何在发展过程中构建认知体系。在学习过程中，感知功能最初的细微差异有可能造成认知表现上的巨大差异，而神经科学让我们能更深入地了解发展机制。

举例来说，了解信息编码与传递的神经机制特别重要（人工耳蜗植入就是一例）。这些神经机制可能是对教育至关重要的认知系统（例如，注意力和语言）的构件。一些教育人士认为，因为个体的学习和能力与学习的环境和条件密不可分，所以原则上人们不可能发现学习的一般规律，然而这种观点没有抓住问题的关键。神经科学研究者正在努力了解，学习在人脑中是**如何**发生的。由于这依 49
靠的是生理过程，因而在神经科学的分析层面，人们很有可能**发现**一些学习的一般规律。这些发现就可以用来研究各种学习的环境和条件，而这是教育工作者的兴趣所在。神经科学并不想**取代**社会科学所提供的知识。相反，它试图在一个新的、与之形成互补的层面为教育作出贡献。

二、原则：认知神经科学与课堂教学

在认知神经科学中，研究者直接测量电化学活动，使用联结主义的计算模型为神经元活动建模。直接测量电化学活动，人们可以发现大型神经元网络（也被称为细胞群）间的活动模式。这些激活模式与心智状态（如记住一个电话号码）对应或者相关。脑成像技术还能揭示电化学活动的时间过程（如神经元结构的激活次序）、大型神经元网络内的互动和反馈过程。这些互动和反馈过程的计算建模让我们能从原则上了解，细胞群中同步的神经元活动如何产生学习和发展的过程。我认为，即使认知神经科学仍处在发展的早期阶段，这样的信息原则上仍能吸引教育学科的兴趣。教育旨在探索如何提高学习，神经科学旨在探索学习的过程。

婴儿在出生的时候，脑就已经有了相当的发展。成熟的脑所需要的绝大多数的神经元（脑细胞）已经成型，并且迁移到了适当的神经区域。婴儿颞叶皮质（听觉）和枕叶皮质（视觉）的脑结构已经出现，随着婴儿和幼儿经历更多的环境刺激，它们逐渐变得专门化。环境的刺激决定着专门化的过程，因为对外部输入的反应让脑细胞之间、不同神经元结构内部和之间的纤维联结生长（这就是突触形成）。对我们基本的感知系统来说，纤维联结生长是“经验期待型”过程。脑“预期”（通过进化）要接收各种环境刺激（例如光线），因此早期的纤维生长非常丰富。其他的纤维联结属于经验依赖型。脑形成这类联结是为了编码个人所经历的独特信息。每个婴儿都出生在一个独特的环境中，即使来自同一个家庭的孩子也是如此。经验依赖型的联结使每个人的脑都有细微的不同。经验依赖型的突触形成与新的学习相关，终身具有可塑性，这类学习机制是教育最感兴趣的。

脑结构的专门化遵循发展的轨迹，这些发展的轨迹同时受生物和环境的限制。神经科学研究者提出一些信息编码和传递方面的问题，也提出一些结构和功能方面的问题来研究这些发展轨迹。例如，哪些脑结构对学习教育内容（如阅读与数学）非常重要，哪些类型的信息编码或传递对教育内容非常重要，某种学习发生时各种神经结构按照什么时间序列进行加工，哪些方面会发生问题。神经科学研究者也想区分原因和结果。

三、学习的神经结构

认知神经科学中非常热门的研究领域是研究脑在学习不同内容或者执行不
50 同任务时，哪些结构被激活。这方面最常用的研究技术是功能性磁共振成像。这项技术测量脑中血流的变化。因为血液会流向处于活动状态的神经结构，这种神经成像技术可以识别出某些任务中，脑的哪些部分参与最多。这种研究显示结构与功能之间的关系，是相关性的研究。语言的听觉感知会激活特定脑结构中的细胞组，但这并不意味着，我们已经发现了心理词汇所在的位置。然而，如果意义的传递方式不同，被激活的细胞组也不同，这告诉我们一些有用的信息。例如，有研究表明，人们阅读**动作**词语如**舔**（lick）和**踢**（kick）时所激活的脑区，在他们活动舌头和活动腿时也分别被激活（Hauk, Johnsrude, & Pulvermüller, 2004）。这表明，负责动作的细胞群也负责对舔和踢意义的概念理解。因而学习的神经结构可能并不总是那些直觉表明的神经结构。负责理解动作词语的神经结构，其中一部分在身体执行该动作时也会被激活。

结构功能相关在教育上的一个例子是阅读发展的研究。功能性磁共振成像可以测量初学阅读的人在执行文字任务时所激活的脑结构。测量结果表明，负责口语的神经结构最为活跃（Turkeltaub et al., 2003）。这些数据表明，阅读习得的语符理论（logographic theory）很有可能是不正确的（具体参考，Froth, 1985; Seymour & Elder, 1986）。语符理论认为，儿童刚开始学习阅读时，都是从视觉词形直接到意义。这中间并不涉及词语的发音。更确切地说，整体视觉刺激与意义的关联方式，类似于我们熟悉的符号如 £ 和 $ 与其意义“英镑”和“美元”的关联方式。但是，如果儿童真的可以直接从文字到意义，而无须首先将文字转换成语音，那么被激活的应该只有负责查看文本和理解意义的神经结构。

视觉词形的心理词汇的学习是一个缓慢而渐进的过程。功能性磁共振成像的研究表明，儿童看到的书面词语越来越多，他们脑的视觉皮层上有一个区域也变得越来越活跃（Cohen & Dehaene, 2004）。这个区域被称为视觉词形区（visual word form area, VWFA），用来存储词形和词组的字母结构及其与语音的关系。这个区域的发展是经验依赖型的，儿童看到越来越多的书面词语并把它们大声地读出来（转换成语音），这些学习经验就被存储在这个区域。因为这一学习过程是经验依赖型的，所以视觉词形区也会对那些从未见过的“无意义词语”作出反应。基于以前的学习经验，人们会觉得这些无意义词语中，有些部分比较熟悉（例如，尽管“treen”这个字母串无意义，但是它很像真词“seen”和“tree”）。所以，脑也能把这些无意义的字母串转换成声音，即使人们从没见过 treen 这个字母串。

电生理[脑电图（electroencephalography, EEG）]实验也可以研究儿童的阅读。在阅读这样的认知任务中，神经元结构之间会产生微弱的电流，脑电图的传感器可以记录下这些电流的活动，从而测量这些电流如何随时间而变化。区分真词和无意义假词的实验表明,在0.2秒(200毫秒)内,儿童的脑对真词和假词有不同的反应。这一差异意味着,阅读时词汇通达(视觉词形及其意义的联结)发生的速度非常快。无论是哪种语言,儿童和成人区分真词和假词的速度相似,这表明,视觉词语识别的时间进程相当快(160—180毫秒,具体参考,Csepe & Szücs, 2003; Sauseng, Bergmann, & Wimmer, 2004;这一反应被称为"N170")。在这类实验中,文本加工的视觉/空间需求是不变的,唯一变化的因
51 素是目标是否是真词。很多实验都发现了N170现象。这样的信息客观地描述了阅读时脑的活动。

有些神经科学研究者认为,视觉词形区被激活的程度是我们阅读能力最好的神经关联指标(Pugh, 2006)。正如研究者所预期的那样,发展性阅读障碍者视觉词形区的活跃程度下降(具体参考,Shaywitz et al., 2005)。神经科学研究者分析了视觉词形区如何根据文字调整自身的激活程度,即这些特定的脑细胞如何只被真词的字母串激活。莫勒、布兰代斯及其同事(Maurer et al., 2005, 2007)选取一些讲德语的儿童为样本,从他们5岁开始,对他们进行追踪研究,这些儿童,有的有发展性阅读障碍的遗传风险,有的没有。在阅读教学开始前,研究人员使用脑电图测量这些儿童识别词形时毫秒水平的脑电活动变化。这些儿童要在一列连续呈现的刺激项中,发现重复出现的真词或者无意义的字母串。尽管单个的字母儿童都知道,但在阅读教学开始前,没有一个儿童对书面词语有N170反应。经过一年半左右的阅读教学,正常发展的儿童对词语有稳定的N170反应,有阅读障碍风险的儿童对词语词形的N170反应显著减少,尽管他们还没被诊断出有阅读困难。这仍然是相关性数据。可是,脑部反应如N170是不受意识控制的,这一发现让人们有可能在有阅读障碍风险的儿童真正表现出阅读障碍之前,就利用脑部反应如N170对其加以识别。最终,神经科学能为教育提供这类"神经标记"。这类标记将表示加工的困难,而不是表示"是阅读障碍者"。尽管如此,它们对教育非常有用,例如,让人们不再认为孩子很懒、很笨或者不努力。

很显然,人脑并没有进化出阅读的功能。然而,就像这个简单的研究所显示的那样,神经科学正在向人们揭示支持阅读的纤维联结是如何发展,又如何将文字阅读经验编码,存储在神经系统中。有些神经结构通过进化,已经拥有类似的功能。例如,视觉词形区或周围的神经组织,在人们识别物体时会被激活,人们

使用这些神经结构可以部分地实现阅读功能。一个著名的教育方面的神经科学研究者将经验依赖型可塑性的这一特征称为神经元再利用假说（neuronal recycling hypothesis）(Dehaene，2008)。迪昂认为，我们的进化史和遗传结构，在一定程度上限制了新的文化习得，因为在灵长类进化过程中，脑至少要进化出能对部分相似功能进行编码的结构，才能对新学习进行编码。然而，功能性磁共振研究已经表明，有的神经结构会出人意料地影响教育表现。

算数和数字处理的研究，就是一个很好的例子。早期使用成人被试的研究发现，每当人要提取数字所表示的值时，顶叶皮质有一个区域就会特别活跃(Dehaene，1997)。判别尺寸或者重量会激活顶叶皮质的邻近区域。这让迪昂及其他人认为，顶叶皮质可能是人脑中近似、模拟数值的表征区域。他们特别指出，这个结构中水平顶内沟(intraparietal sulcus，IPS)的激活，让人依靠直觉就能理解数量及其相互关系(Dehaene，1997)。奇怪的是，有研究发现，在精确的加法任务(如 4 + 5 = 9)中，这个顶叶结构的激活并不是很高。只有近似的加法任务(如 4 + 5 = 8)才能优先激活顶内沟(Dehaene，Spelke，Pinel，Stanescu，& Tsivkin，1999)。在精确的计算任务中，额下叶的左侧区域，相对激活程度最高，这个区域通常在语言任务中最活跃。迪昂等人(Dehaene et al.，1999)认为，这 52
可能是因为精确计算要求提取那些早已学会的“数字事实”，而这些信息被认为存储在语言区域。

对这种相关关系的了解，似乎能吸引教育工作者的兴趣。这意味着，学校的数学学习，有一部分会涉及语言。儿童学习乘法表和“数字事实”，可能就像学习固定规则如一年有十二个月那样。我们必须承认，这一推测得到了一些研究的支持，这些研究发现，有一个神经结构，在背诵月份和心算时，激活程度都最高。这些又是相关关系。但是可以推断的是，人们不曾预料到，在语言处理时最为活跃的细胞群里，人脑发展出一些纤维联结，对本用于发展数学神经结构的课堂活动进行编码。

四、从输入中提取结构的学习的脑机制

正如我们所看到的，不同的神经元结构专为不同类型的信息编码，这方面的一个重要机制是，记录经验输入的纤维联结的增长（如书面词形的渐进学习，主

要由视觉皮层的纤维增长对它进行编码)。大多数环境经验都来自多种感觉器官,所以感觉通道间的纤维联结普遍存在。但是,这种结构间的纤维联结持续增长、不断分叉的机制,为我们理解学习提供了一个重要的推论。因为一些庞大的神经元网络以累积的方式对学习进行编码,即使某种经验某个方面的感觉信息缺失,由先前经验联结起来的整个细胞网络仍将被激活。这就是已被证明的,脑能对特定感觉刺激群的抽象依赖性作出反应的能力。例如,一个人在另一个人说话时咳嗽,这时,学习能让脑“填入”那个没听到的词。用感觉的术语来说,就是大声咳嗽盖住的那个词。然而,虽然我们的脑接收到的只是咳嗽的感觉信息,而没听到单词中的音素信息,但是脑已经知道连续词语间的统计规律,这让脑能够“填入”丢失的信息并且“听到”缺失的词(相关的事例,具体参考,Pitt & McQueen, 1998)。

渐进的学习产生提取依赖性,这对学习和发展来说是一个强大的机制(Goswami, 2008)。提取依赖性的研究实际上给我们提供了自上而下学习的实证研究——因而与那些教育工作者感兴趣的学习环境和条件相关。在很多场合,儿童的脑接触到**多组**感觉刺激,脑对所有这些学习中共同部分的编码自然要强于不同部分。而在机制上,编码共同部分的纤维联结将会强于编码细节的纤维联结,因为每个学习事件的细节可能都不同。这种神经机制让我们有效地形成概念知识(例如,我们“那些基本的概念”,如“猫、狗、树、车”,Rosch, 1978)。经过100次的学习,那些持续出现的“猫”的特征,例如,“四条腿”“胡须”“尾巴”等,将形成儿童脑中最强的纤维联结。这样,脑将会发展出“猫”的一般的或原型的表征。这种机制不只能用于现实中可感知物体的学习,还能用于其他各种类型的学习。这一机制也支撑我们对日常经历的事件的情感反应或身体反应,例如,觉得恶心。

53 脑并非只使用依赖性提取这一个学习机制。除重复多次经验形成概化的学习外,还有只出现一次经验形成的一次性学习。例如,恐惧反应就是一次性学习。不过,克服适应不良性恐惧症的有效方法是,在不会出现不良后果的情况下,用各种恐惧的对象“洗”脑。终于,这种渐进式学习强于造成恐惧症的一次性学习,患者就能正常面对恐惧的对象了。对教育工作者来说,更多地了解这些不同环境中的不同学习机制,可能有着巨大的实践价值。情感和行为障碍儿童的教育就是一个明显的例子。

原则上，通过观察和倾听世界，婴儿的脑能够详细地构建相关物体和事件的概念框架。一旦婴儿能自发行动，主动经验将改变学习（具体参考，Goswami，2008）。当儿童学习语言并为概念贴上标签时，支撑学习的神经网络将变得更加复杂。这些细胞群所构成的网络将成为概念知识的生理学基础，最终将适应内部调控。当我们通过语言学习新的信息时，纤维联结随之形成，以编码更抽象的信息，以及更抽象的概念。通过思考和“内部言语”，我们不需要外部的刺激就能自行改变这些联结。在机制的层面理解如何发生，与在心智、身体和精神层面理解人类学习，这两方面并不对立。实际上，机制层面的理解可以产生有价值的干预方法，例如，教导参与者在面对可能产生严重焦虑的情况时，使用生物反馈来自我平复。

还有一点对教育也很重要，这些学习机制确保即使不教，脑也具有提取和表征输入信息的结构。在很多社会现象中都有隐性学习，这一点显而易见，例如，已被证实的教师的期望对学生表现的影响。一个更能被生理研究检验的例子是学习阅读。儿童不用教就能学会英语拼写系统的高级一致性。在我先前认为显示阅读中有“押韵类推”（rhyme analogies）的研究（Goswami，1986）中，我们已经证实，人们对这些高级一致性非常敏感，虽然他们并没有明确地意识到这一点（Goswami，Ziegler，Dalton，& Schneider，2003）。英语中，韵律的粒度较大，音素的粒度较小，因而在韵律的层面，拼写到语音的关系通常更可靠（Treiman et al.，1995；Ziegler & Goswami，2005）。例如，单个字母 a 的发音，在单词 walk 和 car 中不同，也不同于它在 cat 和 cap 中的发音。a 的发音，在 walk 或者 car 中，可以被认为是不规则的，但是在其他同韵单词（例如 talk 和 star）中，却相当一致。通过让儿童阅读新的“无意义词语”，我们可以研究脑对字母组合的高级一致性是否敏感。

举例来说，我们根据发音，对无意义词语进行匹配，然后让儿童大声朗读一些词语，例如，daik、dake、loffi、loffee。儿童以前有类似真词的经验，如 cake 和 toffee，从这些经验中，儿童可能已经学会了 dake 和 loffee 的韵律拼写模式。ake 这样的字母组合及其与语音之间的联系，应该被存储在视觉词形区。尽管很多词有 ai 和 k 这样的形素，但英文真词中没有 aik 这样的字母组合，所以这些韵律拼写模式应该是全新的。因此，如果儿童读 dake 这类词时比读 daik 这类词更快、更准确，那么我们就会获得隐性高级学习的证据。我们（Goswami et al.，

2003)确实发现,尽管词表中字母—语音的对应关系都经过一一匹配(即 daik 中的形素与 dake 中的形素在正字法上的熟悉度相似),儿童在朗读押韵的类似的
54 无意义词语如 dake 和 loffee 时,表现更好。这些数据表明,虽然人们还没有把“押韵类比”的阅读策略直接教给儿童,但正字法学习可能让儿童的视觉词形区已经记下了这些高级一致性(其他研究范式给出的类似证据可以参考 Ziegler & Goswami, 2005)。

如果我们把押韵类比策略直接教给儿童,会不会让儿童的学习(即阅读表现)变得更强,这是一个悬而未决的问题。但这个例子表明,通过实验来测试和理解脑如何学习,这确实与教育相关,即使实验很机械。教育中流行的“情境认知”分析告诉我们,学习“被嵌入”到个体的经验中。不过,教育的目标之一是帮助所有的个体提取支撑某种知识的高级结构(或“原则”“规则”)。目前,在教育领域,很多人怀疑,没有一种教学方法是通用的,能让教育最大程度地、最为普遍地发挥效果,但是这类方法存在的可能性,应该通过实证研究来确定。例如,神经科学可以研究,儿童开始学习阅读时,不同的教学方式如何影响视觉词形区的发展,这样就为提出这类实际问题提供了一种方法。

显然,将这类研究问题转化到教育中将是一个挑战。我们只有深入理解一个教育领域,才能区别不同的教学方式,按照最佳的顺序逐步为初学者提供信息。不过,有了神经建模,我们就能研究某些课堂经验能否连通网络中原本不同的部分,或者,这些课堂经验能否剪除妨碍理解的无效联结。原则上,这种知识能为教学法提供反馈,使其更有效。看起来,更深入地了解脑如何逐渐通过经验提取其中的结构,确实与课堂教学相关。

五、传播神经神话的危害

然而,评价神经科学研究时,最重要的是要保持警惕(参考本书第五部分)。相关就是相关,即使这些相关包含生理方面的测量。很多传到大众媒体的相关性结果,被加上了因果性的解释,这不利于神经科学的普及。例如,人们认为,有一套数据表明,脂肪酸如鱼油有可能对学习产生因果性的影响(参考本书第十五章)。虽然不饱和脂肪酸对脑发育和神经信号传导的重要性已为人知,但是并不能从中得出一个结论,即摄入高度不饱和脂肪酸欧米伽-3(Omega-3)和欧米

伽－6（Omega－6）对脑发育有好处。塞赫拉诺娃等人（Cyhlarova et al.，2007，p.116）更进一步，宣称“欧米伽－3/欧米伽－6的平衡与阅读障碍有特定的关联”。实际上，他们的研究测量了52名成人被试血红细胞的细胞膜中脂质脂肪酸的构成，其中32名被试是有阅读障碍的成人，20名被试是控制组成人。研究人员测量了21项细胞膜脂肪酸的水平，在这21项上，阅读障碍组和控制组都没有显著差异。然而，全体样本欧米伽－3的浓度与整体阅读能力之间存在着相关关系。这种相关关系可能意味着，欧米伽－3浓度关系到阅读效率，也可能反映了智商这类第三方变量的影响。无论如何，这种性质的相关并没有表明，脂肪酸会影响阅读。

不幸的是，当研究牵涉脑的变化等生理变量时，人们很容易失去他们的判断 55
力。韦斯伯格和她的同事（Weisberg et al.，2008）给成年学生看一些对心理现象作出的“不好的”解释，这些解释有的加入了神经科学信息，有的没有。这些加入的神经科学信息与所给的解释完全无关。然而，成人认为，有这些信息的解释更令人满意。韦斯伯格等人指出，我们习惯接受有神经科学信息的解释，因此，神经科学研究者要认真地想一想，在实验室外的世界如何看待和使用神经科学信息，这绝对重要。

六、总结

教育神经科学是一项长期的事业，鲜有立竿见影的回报（Goswami & Szücs，2011）。尽管如此，神经科学的进步对教育来说仍然非常重要，因为它们让人更深入地了解学习的机制。神经科学终将能让我们了解，教育所要教的复杂的认知技能是如何构成的。尽管这种了解将处于很基础的（简化的）水平，教育工作者却不能忽视它们。这是因为神经科学为现有的教学法研究的理论和观点以及反驳其他的理论和观点提供了实证基础。神经科学的证据并非只有科学意义，它为教育精确理解学习机制提供了证据基础。这种理解将只是研究的一个层面。神经科学不会取代学习的社会、情感和文化分析。但是，生物、感知和神经系统对学习的影响有可能被重复，也有可能被证伪。因此它们所提供的工具可以让学习的社会、情感和文化分析也具有实证的严谨性。

医学再次给我们一个积极的类比。三十年前，有人提出，儿童孤独症是“冰箱育儿"的结果,很多人接受了这一观点(Bettelheim, 1963)。人们假设,孤独症是由社会因素引起的,是因为职业父母所形成的家庭环境造成的,他们专注于自己的工作而非自己的孩子。人们认为,在情感上疏离冰冷的、排斥自己的环境,是儿童作出的回应。如今,没有人会作出这样的因果论述,因为人们对孤独症的神经科学基础有了更多的了解。父母的养育不会造成孤独症。相反,孤独症是对重要的社会认知行为(例如,眼睛传达的心理状态信息)的不正常处理。这种神经方面的知识可以告诉人们,什么样的家庭环境对孤独症谱系障碍患者最有效,并且可以提供测量方法,让人们对效果进行比较。例如,孤独症谱系障碍患者可能更喜欢不太需要眼神接触的环境,他们也可能更善于从非生物体中学习心智状态信息(例如,玩具火车,参考为孤独症谱系障碍患者提供情感教育的视频《运输车》,Golan et al., 2010)。神经基础方面的信息仍然需要人们去研究孤独症谱系障碍患者所需的最佳的教育和文化/社会环境。而且,它提供的事实的知识可以丰富社会、情感和文化分析。以此类推,教育真正的宏伟目标是跨越学科的界限,接受科学的方法。科学的方法,特别是神经科学的方法,或许是让人们发现心智、身体和精神教育的最佳方法。

56 ## 参考文献

Bennett, M. R., & Hacker, P. M. S. (2003). *Philosophical Foundations of Neuroscience*. Oxford: Blackwell.

Bettelheim, B. (1963). *The Empty Fortress*. Chicago, IL: Free Press.

Chomsky, N. (1957). *Syntactic Structures*. The Hague/Paris: Mouton.

Cigman, R., & Davis, A. (2009). *New Philosophies of Learning*. Chichester: Wiley-Blackwell.

Cohen, L., & Dehaene, S. (2004). Specialization within the ventral stream: The case for the visual word form area. *NeuroImage*, *22*(1), 466–476.

Csepe, V., & Szücs, D. (2003). Number word reading as a challenging task in dyslexia? An ERP study. *International Journal of Psychophysiology*, *51*(1), 69–83.

Cyhlarova, E., Bell, J. G., Dick, J. R., Mackinlay, E. E., Stein, J. F., & Richardson, A. J. (2007). Membrane fatty acids, reading and spelling in dyslexic and non-dyslexic adults. *European Neuropsychopharmacology*, *17*(2), 116 - 121.

Dehaene, S. (1997). *The Number Sense: How the Mind Creates Mathematics*. New York: Oxford University Press.

Dehaene, S. (2008). Cerebral constraints in reading and arithmetic: Education as a "neuronal recycling" hypothesis. In A. M. Battro, K. W. Fischer & P. J. Lena (Eds). *The Educated Brain: Essays in Neuroeducation* (pp. 232 - 247). New York: Pontifical Academy of Sciences and Cambridge University Press.

Dehaene, S., Spelke, E., Pinel, P., Stanescu, R., & Tsivkin, S. (1999). Sources of mathematical thinking: Behavioral and brain-imaging evidence. *Science*, *284*, 970 - 974.

Frith, U. (1985). Beneath the surface of developmental dyslexia. In K. E. Patterson, J. C. Marshall & M. Coltheart (Eds.), *Surface Dyslexia* (pp. 301 - 303). London: Lawrence Erlbaum Associates.

Golan, O., Ashwin, E., Granader, Y., McClintock, S., Kay, K., Leggett, V., & Baron-Cohen, S. (2010). Enhancing emotion recognition in children with autism spectrum conditions: An intervention using animated vehicles with real emotional faces. *Journal of Autism and Developmental Disorders*, *40*(3), 269 - 279.

Goswami, U. (1986). Children's use of analogy in learning to read: A developmental study. *Journal of Experimental Child Psychology*, *42*(1), 73 - 83.

Goswami, U. (2008). *Cognitive Development: The Learning Brain*. Hove: Psychology Press, Taylor & Francis.

Goswami, U., & Szücs, D., (2011). Educational neuroscience: Developmental mechanisms: Towards a conceptual framework. *Neuroimage*, *57*(3), 651 - 658.

Goswami, U., Ziegler, J., Dalton, L., & Schneider, W. (2003). Nonword reading across orthographies: How flexible is the choice of reading units? *Applied Psycholinguistics*, *24*(2), 235 - 247.

Hauk, O., Johnsrude, I. S., & Pulvermuller, F. (2004) Somatotopic representation of action words in human motor and premotor cortex. *Neuron*, *41*(2), 301 - 307.

Maurer, U., Brem, S., Bucher, K., & Brandeis, D. (2005). Emerging neurophysiological specialization for letter strings. *Journal of Cognitive Neuroscience*, *17*(10), 1532 - 1552.

Maurer, U., Brem, S., Bucher, K., Kranz, F., Benz, R., Steinhausen, H-C., & Brandeis, D. (2007). Impaired tuning of a fast occipito-temporal response for print in dyslexic children learning to read. *Brain*, *130*(12), 3200 - 3210.

Pitt, M. A., & McQueen, J. M. (1998). Is compensation for coarticulation mediated by the lexicon? *Journal of Memory and Language*, *27*(3), 347 - 370.

Pugh, K. (2006). A neurocognitive overview of reading acquisition and dyslexia across languages. *Developmental Science*, *9*(5), 448 - 450.

Rosch, E. (1978). Principles of categorisation. In E. Rosch & B. B. Lloyd (Eds.), *Cognition and Categorisation* (pp. 27 - 48). Hillsdale, NJ: Erlbaum.

Sauseng, P., Bergmann, J., & Wimmer, H. (2004). When does the brain register deviances from standard word spellings? An ERP study. *Cognitive Brain Research*, *20*(3), 529 - 532.

57 Seymour, P. H. K., & Elder, L. (1986). Beginning reading without phonology. *Cognitive Neuropsychology*, *3*(1), 1 - 36.

Shaywitz, S. E., & Shaywitz, B. A. (2005). Dyslexia (specific reading disability). *Biological Psychiatry*, *57*(5), 1301 - 1309.

Simos, P. G. et al. (2005). Early development of neurophysiological processes involved in normal reading and reading disability: A magnetic source imaging study. *Neuropsychology*, *19*(6), 787 - 798.

Szücs, D., & Goswami, U. (2007). Educational neuroscience: Defining a new discipline for the study of mental representations. *Mind, Brain and Education*, *1*(3), 114 - 127.

Treiman, R., Mullennix, J., Bijeljac-Babic, R., & Richmond-Welty, E. D. (1995). The special role of rimes in the description, use, and acquisition of English orthography? *Journal of Experimental Psychology: General*, *124*(2), 107 - 136.

Turkeltaub, P. E., Gareau, L., Flowers, D. L., Zeffiro, T. A., & Eden, G. F. (2003). Development of neural mechanisms for reading. *Nature Neuroscience*, *6*(6), 767 - 773.

Vygotsky, L. (1978). *Mind in Society*. Cambridge, MA: Harvard University Press.

Weisberg, D. S., Keil, F. C., Goodstein, E. R., & Gray, J. R. (2008). The seductive allure of neuroscience explanations. *Journal of Cognitive Neuroscience*, *20*(3), 470 - 477.

Ziegler, J. C., & Goswami, U. (2005). Reading acquisition, developmental dyslexia, and skilled reading across languages: A psycholinguistic grain size theory. *Psychological Bulletin*, *131*(1), 3 - 29.

第三部分

认知神经科学对学习科学的贡献

第五章　字母书写系统的阅读：认知神经科学的证据

简·阿什比(Jane Ashby)
基思·雷纳(Keith Rayner)

本章将讨论阅读过程的一系列证据，行为的、神经生理的和计算的证据。阅读者要读懂一篇文章，首先必须识别书面词语，所以我们讨论的重点是那些说明词语识别如何进行的研究。本章主要介绍熟练词语的识别研究。成年的熟练阅读者，他们在视线落到一个词上之前，就开始识别注视点副中央凹的词语，这种自动化的、副中央凹的加工，减少了词语识别的时间，提高了阅读的速度。有些证据表明，语音对副中央凹词语加工有巨大的影响；还有证据表明，在看到词的十分之一秒内，语音加工可以促进词语识别。我们将对这些证据进行讨论。行为和认知神经科学实验的证据表明，脑活动测量记录到的、有效的、熟练的语音加工速度，在很多情况下，至少与正字法加工一样快。

本章还讨论了早期阅读的发展(5—8岁)。首先讨论字母书写系统，字母书写系统所使用的技术是将语音转换成字母。儿童在学习字母规则前，会猜测书面词语。随着儿童字母意识的提高，他们开始关注字母，将它们转换成语音，自己读出不熟悉的词语。儿童遇到一个新词，正确读出几次后，通常就能快速地识别它。学习阅读的这些阶段，体现了脑的阅读回路的发展过程。起初，阅读时的神经激活广泛地分布于脑的各个区域。随着阅读的发展，脑中的正字法—语音回路开始发挥作用。随着书面词语变得越来越熟悉，腹侧回路的一些正字法—语义区域也开始适应词语识别。熟练的成年阅读者和刚开始熟练的阅读者，在阅读时，会激活正字法和语音信息来识别词语。

一、引言

学习阅读是一项复杂而艰难的任务。儿童花费很多精力学习阅读，但对成人而言，这个过程似乎自动而轻松。初学者需要用手指着，发出每个词的音，因
62 而他们会缓慢地、不连贯地大声读出来。通过练习，儿童识别词语的速度逐渐提高，但有好几年的时间，当他们遇到不熟悉的词时，仍会读错，读得结结巴巴。终于，他们能准确而流利地大声朗读，语调的抑扬顿挫反映言语的结构模式。熟练的阅读者觉得，默读并不比其他感觉动作（例如听）费力。因此，我们看到了学习阅读的悖论：成人感觉如此容易的一项技能，儿童学起来却相当困难。熟练阅读必须协调许多过程——识别熟练词语、解码生词、读出语调、高效地移动眼睛、理解文本和学习生词的含义。熟练阅读中，这些过程的效率让很多人直觉地认为，阅读很容易。

阅读的基础是书面词语的识别，这些书面词语表达文本的意义。因为词语传达了有意义的信息，所以阅读理解取决于阅读者词语识别的速度、容易程度（即阅读流畅性），还有识别的准确性。一个熟练的阅读者能快速而准确地识别词语，能在大约四分之一秒的时间内，从 30 多万个英文词语中，识别出纸上印的是哪一个词语。阅读理解中，词语阅读的准确性和阅读速度密切相关，从中我们可以看出两者之间的关联。我们所知道的有关默读时熟练词语识别的知识，很多都来自实验研究，这些实验测量阅读者默读文本时的眼动，还有阅读者识别单个词语时的脑活动。本章围绕阅读教育的三个中心问题介绍这些研究结果。熟练阅读者如何识别书面词语？字母规则是什么？什么方法的阅读教学符合阅读

过程的研究发现？我们首先讨论熟练阅读者的词语识别过程，以及计算模型如何帮助我们理解熟练阅读。

二、熟练阅读中词语识别的研究

有几种研究方法可以帮助我们了解熟练阅读中词语识别的过程。行为研究是我们理解的基础，神经生理研究加深了我们对词语识别的时间进程及其脑网络的认识，计算研究对阅读数据进行模拟，让我们能更深入地了解，脑如何习得和执行熟练阅读中词语识别的过程。由于词语是表达文本意义的基本单位，因此我们主要关注熟练阅读中的词语识别。书写系统将词语的书写形式（正字法）与词语的口语形式（语音）及词语的意义（语义）联系起来。因此，词语识别需要处理词语的几个方面：组成字母串的符号、词语口语形式及词义。书写系统采用不同的方式对这些语言单位进行编码。一些语言要记忆每个书面词语的视觉形式（像中文那样），另一些语言使用少量代表语音的字母对书面词语进行编码（像所有的字母书写系统那样）。在理解文本的过程中，所有书写系统的阅读者都要在符号、声音和意义间进行联结。

不同的书写系统，有不同的词语编码方式，因此人们可以预期，这会影响熟练阅读者的词语识别过程。字母书写系统主要基于字母规则：字母代表语音。不同的语言，有不同的字母—语音对应关系，有的非常一致（例如，西班牙语、意大利语和韩语），有的相当不一致（例如英语）。相比之下，字母与意义间的关系是任意的（Van Orden & Kloos，2005）。于是，这种字母规则带来的结果是，阅读新词时，字母为新词的词语形式提供了最佳线索。

关于阅读的主要争论之一是：熟练阅读者如何加工一个词的字母（或它的 63
正字法）和它的读音（它的语音），以获取它的意义。行为、神经成像和计算研究显示，熟练阅读者识别词语时能迅速、自动地激活质量很高的词汇表征，包括信息的书写形式流和语音流（Pugh & McCardle，2009）。接下来的部分讨论熟练阅读者如何加工正字法和语音信息来识别书面词语。

1. 正字法加工

关于正字法加工，早期有一个问题，就是人们在加工的时候，把词语当作一个整体还是一个特定的字母串。为了解决这个问题，卡特尔(Cattell, 1886)给被试快速呈现词语和字母，要求他们报告看到了什么。被试报告词语的能力好于报告字母。根据这个证据，卡特尔提出了一个理论，认为阅读者通过提取整词的表征来识别书面词语。赖歇尔(Reicher, 1969)和惠勒(Wheeler, 1970)也对这个问题进行了研究，他们改进了实验设计。实验结果与卡特尔的相同：人们能更准确地识别词语中的字母，而不是单独呈现的字母或非词中的字母。这种**词优效应**(word-superiority effect)表明，人们不是通过逐个加工每个字母来识别词语的；如果是的话，那么在有限的加工时间内，阅读者加工单个字母的正确率将高于词语(单词由几个字母组成)。然而，赖歇尔和惠勒的实验的第二个结果有点出人意料：熟练阅读者能相当快地识别任何位置的字母。如果词语被当作一个整体来进行识别，那么人们应该能更好地识别词首和词尾的字母(它们是最突出的)。人们能很快地识别任何位置的字母，这一发现表明，熟练阅读者平行而非顺序加工词语中的所有字母。因此，看起来，熟练阅读者的正字法表征是对每个字母进行表征，而不是对词语进行整体表征。本章的最后一个部分将讨论初学者如何形成这样的表征。

一般而言，人们认为，词优效应表明，熟练阅读者平行加工而非顺序加工字母。这种效应最终发展出字母水平的词语识别模型和强大的计算模型，用来解释词语识别过程中的平行加工。这些初期的模型被称作互动激活模型(interactive activation model)(McClelland & Rumelhart, 1981; Rumelhart & McClelland, 1982)和验证模型(verification model)(Paap, Newsome, McDonald, & Schvaneveldt, 1982)，是后来更精妙、更强大的联结主义模型的先驱(具体参考，Harm & Siedenberg, 2004; Plaut, McClelland, Seidenberg, & Patterson, 1996; Seidenberg & McClelland, 1989)。这些模型一起被称为三角模型家族，本章后面会讨论到。

认知神经科学实验已经开始研究熟练阅读者正字法加工的时间进程及其在脑中的位置。莫勒、布兰代斯和麦克坎德雷思(Maurer, Brandeis, & McCandliss, 2005)测量了被试默读高频(或常见)词语、可发音的非词和非字母符号串时的脑电波。被试读高频词语时的脑电活动多于读可发音的非词时的脑电活动，读可发音的非词时的脑电活动多于读非字母符号串时的脑电活动。这表示，阅读者在词语呈现约170毫秒后，开始加工正字法的熟悉度。左脑枕颞区的这种脑电活动最强，表明这个区域参与早期的正字法加工。脑成像研究提供的证据与此一致，也表明正字法加工出现在左脑的枕颞区。有些研究表明，字母串越接近真词，这个区域的神经活动越强，科恩和迪昂（Cohen & Dehaene，2009）对这些研究进行了总结回顾。例如，熟练阅读者读 dcyqv[1] 时，这个区域的活动较弱；读 doans[2] 时，这个区域的活动较强；读 brain 时，这个区域的活动更强。行为和认知神经科学研究都表明，熟练阅读者阅读单个词语时，他们迅速地平行加工所有 64
的字母，在五分之一秒内对字母串的熟悉度很敏感。

2. 语音加工

过去几十年的阅读研究表明，熟练阅读者在阅读时仍然会使用语音（或基于言语的）编码的方式来识别词语。有人可能会直觉地认为，语音编码是一个缓慢地读出语音的过程，熟练的阅读者可能会用它来读出从未见过的生词。然而，行为和认知神经科学研究已经表明，在无声读取连贯文本的意义时，在阅读紧随快速闪过的先行词出现的单个词语时，阅读者会进行快速、自动的语音加工（具体参考 Halderman，Ashby，& Perfetti，2012 的评论）。

行为研究可以测量单个词语的阅读时间。行为研究已经发现，就算材料只呈现几分之一秒，阅读者仍然能够加工语音信息（Ferrand & Grainger，1994；Lukatela & Turvey，1994；Perfetti，Bell，& Delaney，1988；Tan & Perfetti，1999；Van Orden，Johnston，& Hale，1988）。这些语音效应对任务的变量很敏感，并不总是出现在单个词语的阅读任务中（Berent & Perfetti，1995；Drieghe & Brysbaert，2002；Rastle & Brysbaert，2006；Van Orden & Kloos，2005）。然而，测量默读时眼动状态的研究，都支持熟练词语识别的语音加工。

眼动研究可以让我们了解熟练阅读者阅读连续文本（而不是单个词语）时如何识别词语。因为眼动追踪仪可以测量每毫秒眼睛在半个字母长度内的注视位置，所以这种技术可以灵敏地测量词语识别的时间进程（Rayner，1998，2009；Rayner & Pollatsek，1989）。经典的研究已经表明，熟练阅读者加工他们正在看（或注视）的词语及其右侧（适用从左到右阅读的语言）的一些信息（Dodge，

① 无意义字母串。——译者注
② 接近真词的无意义字母串。——译者注

1907；Rayner，1975)。当双眼对前一个词的注视即将完成时，注意提前转移，开始处理下一个词的词形信息(Reichle，Pollatsek，Fisher，& Rayner，1998)。这种词形的预加工发生在副中央凹(或所注视的词语前)，阅读者本人意识不到。

眼动追踪仪的时空分辨率很高，这让研究人员可以隐蔽地控制阅读者所看的文本及时间(McConkie & Rayner，1975；Rayner，1975)。副中央凹预览范式(Rayner，1975)可以控制副中央凹信息与后续词语的关系(如图5.1所示)。预览文本在副中央凹呈现，在阅读者直接注视它之前，研究人员把它换成另一个词语。由于变化发生在眼跳期间(这时候视觉被抑制)，大多数阅读者察觉不到这种变化。

	*　　*　　　　*
显示内容 1	He claims he won't｜bail if his team loses.
	他说，如果他的队输了，他不会置之不理
	*　→
显示内容 2	He claims he won't｜bawl if his team loses.
	他说，如果他的队输了，他不会痛哭失声。

图 5.1　副中央凹预览范式

显示内容1：屏幕最左侧有一个十字注视点，接着出现一个预览字符串，然后开始呈现句子。阅读者开始阅读这个句子，假设的注视点用(＊)标出。他们在注视目标区域的那个词语 won't 时，已经开始处理副中央凹预览的目标词语 bawl 或者 bail。当眼睛移到目标词语时，双眼跨越无形的界限(｜)，显示内容1变成显示内容2；显示内容2：在双眼开始注视前，目标词语 bawl 呈现，多数情况下，这个文本似乎完全正常

65 这种技术让研究人员能控制预览文本和它所要取代的词语之间的相似程度，测量这种相似程度对阅读时间的影响。如果阅读者在副中央凹加工语音信息，等到他们注视这个词语时，与不一致的情况相比，一致的预览文本应当更能促进词语的识别。因此，副中央凹预览研究可以测量词语识别时熟练阅读者所加工的初始信息的效应，让人们进一步了解词汇通达的早期加工过程。

波拉特塞克、莱施、莫里斯和雷纳(Pollatsek，Lesch，Morris，& Rayner，1992)首先使用这样的材料研究了语音加工的副中央凹预览。同音预览条件下，阅读者首次注视词语 beech 的时间短于作为对照的正字法条件 bench，这说明熟练的阅读者运用副中央凹的语音信息来辅助词语识别。使用法语和中文语料的实验(Miellet & Sparrow，2004；Pollatsek，Tan，& Rayner，2000)，还有使用非词和词语局部预览的实验(Ashby & Martin，2008；Ashby & Rayner，2004；Ashby，Trieman，Kessler，& Rayner，2006)，都出现了副中央凹语音效应。由于真词、非词及词语局部预览出现的效应一致，所以人们一般认为，这些语音预

览效应是先于词汇的。

副中央凹预览研究对熟练词语识别时语音加工如何运行这一问题有两个显著的贡献。第一个贡献是，研究结果表明，默读过程中熟练阅读者在识别词语时通常会收集语音信息。由于句中的关键词与其他的词语并没有明显的区别，预览数据很可能反映了自动的（而不是有意的）词语识别过程。此外，在默读时，一般词语，而不仅是一些不熟悉的生词，都有副中央凹语音加工（Ashby，2006；Ashby et al.，2006；Miellet & Sparrow，2004；Rayner，Sereno，Lesch，& Pollatsek，1995）。

第二个贡献与副中央凹语音加工的功能相关。正常阅读都有副中央凹预览，有副中央凹预览时的词语识别速度通常快于没有时（Rayner，2009；Rayner，Liversedge，& White，2006）。语音一致的预览条件下，阅读者注视的时间缩短，这表明副中央凹语音加工可以提高熟练阅读的速度或者阅读的流利度（Ashby et al.，2006；Ashby & Rayner，2004；Pollatsek et al.，1992）。眼动数据显示，副中央凹语音加工和阅读速度相关，这与阅读技能个体差异的研究结果一致，后者表明，熟练阅读者可以从副中央凹语音信息中受益，但不熟练的阅读者则不能（Chace，Rayner，& Well，2005）。语音加工效率和流利度之间可能存在一定的联系，这也有助于解释熟练阅读时语音加工的功能——副中央凹语音形式的自动激活有助于提高词语识别的速度。

单个词语的阅读研究和文本阅读的眼动研究都有一些发现。除此之外，神经生理测量方法，例如，事件相关电位和脑磁图（magnetoencephalography，MEG），通过测量脑活动出现时的电场，告诉人们词语识别过程在一段时间内如何展开。掩蔽启动范式能触发自动的词语识别过程，使用这种范式的事件相关电位研究发现了词语识别中的语音效应（例如，Grainger，Kiyonaga，& Holcomb，2006）。阿什比和他的同事用类似的技术做了几个事件相关电位实验，发现语音启动效应发生在词语阅读的十分之一秒内（Ashby，Sanders，Kinston，& 2009；Ashby，2010）。与语音不一致条件相比，语音一致条件的目标所产生的早期负波（或 N1）较少，这表明，早在目标启动后的 100 毫秒内，脑就开始加工书面词语的语音信息。首音节启动和音位特征启动都会出现一致性效应，这表明，熟练阅读者在默读单个词语时，会自动加工多个层面的语音信息。这些语音效应与其他实验发现的词汇效应出现的时间相同（Pulvermüller，2001）。

66 惠特、科内利森、弗罗斯特和汉森（Wheat, Cornelissen, Frost, & Hansen, 2010）采用掩蔽启动范式和脑磁图技术，测试脑的阅读网络中语音加工的时间进程。他们报告说，在100毫秒左右，邻近布罗卡区（Broca's region）的左脑额叶区域（即额下回）出现语音的一致性效应。因此，惠特等人（Wheat, Cornelissen, Frost, & Hansen, 2010）的数据与前人的研究数据一致，也说明了熟练词语识别时语音激活的早期时间进程，并且帮助确定了早期激活的位置在额下回。

总之，触发自动词语识别过程的行为和神经生理实验表明，熟练阅读者在词语识别的初始阶段会激活语音信息。眼动数据表明，熟练阅读者默读时，通常使用语音加工来识别词语。事件相关电位研究表明，阅读者会在十分之一秒内，激活包括亚音素信息在内的几种语音信息。这些语音效应出现的速度非常快，不可能是有意的或者策略性的。更确切地说，如果熟练的阅读者能提前得到词形信息，语音加工就会自动发生（或者在默读时的副中央凹，或者在掩蔽启动时的副中央凹）。副中央凹语音加工能提高阅读的流利度，因为总体而言，阅读者注视的时间越短，阅读的速度越快。因此，这些研究表明，语音加工通常在词语识别的初始阶段运行，帮助提高熟练阅读的速度。

3. 熟练词语识别中的正字法与语音加工

关于熟练词语识别中的正字法和语音加工，我们已经讨论了这方面经典的研究，现在我们将讨论词语识别的一个主要的简化模型以及支持它的数据。理解了这个简化的模型以及它在脑的阅读网络中的应用方法，我们就可以在此基础上讨论阅读在脑中的发展和早期的阅读教学方法。在集中分析该模型之前，让我们先回顾一下阅读研究的主要争论：关于正字法和语音加工如何促进熟练词语识别的争论。

原则上，熟练阅读者识别词语的方式有两种：通过正字法直接通达语义（**直接通路**），或者通过正字法的形式计算语音编码，然后通过语音编码通达语义（**以语音为中介的间接通路**）。当代有关词语阅读的大部分理论都假设，直接通路和以语音为中介的间接通路这两种方式，熟练阅读者都有可能使用，但是关于两者的分工、语音加工的时间以及通路间互动的水平，不同的理论给出了不同的假设（Coltheart, 1978; Frost, 1998; Seidenberg, 1995）。

我们已经讨论了词语识别的双通路概念，双通路概念提出，英文有两种不同的词语，识别这两种词语的加工通路是不同的：语音上规则的词语，例如，mint，hint，stint，字母—语音对应规则决定了这些词的发音；语音上不规则的词语，例如，pint，通常是字母—语音对应规则的例外情况（具体参考，Baron & Strawson，1976；Carr & Pollatsek，1985；Coltheart，1978）。一些双通路理论假设，直接通路在熟练词语默读时发挥首要作用（Frost，1998；Van Orden，Pennington，& Stone，1990）；但另一些理论坚持认为，语音加工在词语识别时发挥核心作用（具体参考，Coltheart，1978）。词语识别和语音加工的时间已经证明，这是一个关键问题，它可以区分词语识别的双通路模型与词语识别的三角模型。词语识 67
别的双通路模型认为，语音加工较慢，这让词语识别的间接通路慢于直接通路。词语识别的三角模型并没有提及两个通路的速度问题。

词语识别的三角模型

除了实验室研究，理解阅读基本过程的主要方法之一是开发计算模型，这些计算模型可以在计算机上运行，以模拟熟练阅读者的阅读数据。有一类计算模型叫词语识别的联结主义模型或三角模型（具体参考，Harm & Seidenberg，2004；Plaut et al.，1996；Seidenberg & McClellend，1989）。由于联结主义模型可以用来预测行为和神经成像实验的阅读数据，因此能帮助我们理解阅读过程中、阅读发展过程中及阅读障碍者的词语识别。从我们的目的出发，我们会提到词语识别的三角模型，三角模型抓住了联结主义模型的本质（如图 5.2 所示）。三角模型的主要内容是：熟练阅读者在识别词语的过程中感知纸上的视觉信息，加工字母、语音和意义，通达词汇中的特定词语。与词语识别的双通路模型的一个相似之处是，三角模型的词汇通达也有直接通路和以语音为中介的间接通路两种方式。前者是正字法到语义的通路，后者是正字法到语音、再到语义的通路。另一个相似之处是，一个词的词汇特征（例如，这个词是否常见）或这个词的拼写是否规则，决定了哪条通路的识别最准确。

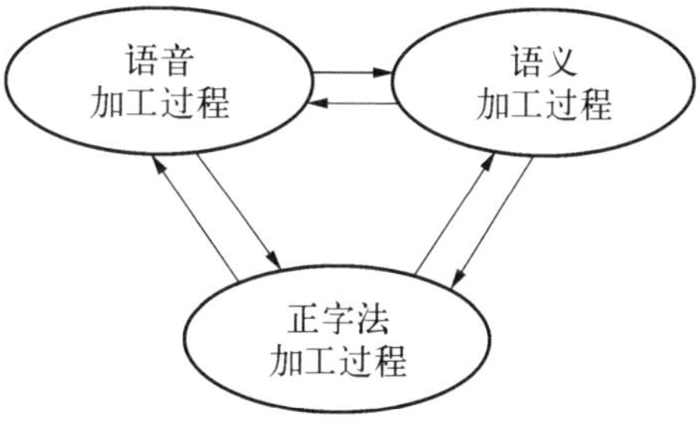

图 5.2　词语识别的三角模型

三角模型与双通路模型有两个基本的不同点（具体参考，Coltheart，Rastle，

Perry，Langdon，& Ziegler，2001)。第一个不同点是,三角模型没有假定语音加工的速度很慢。因此,三角模型符合快速语音加工数据(具体参考，Halderman，Ashby，& Perfetti，2012 的评论)。大多数双通路模型都认为,以语音为中介的间接通路的词语识别慢于直接通路,它只在直接通路找不到某个词条的情况下才有助于词语识别。第二个不同点是,三角模型认为,一个词条的识别会利用所有加工过程提供的信息,词语识别是共同合作激活的产物。相比之下,双通路模型的直接通路和以语音为中介的间接通路基本上是不同的,每条通路都独立计算它的输出(具体参考 Coltheart et al.，2001)。

有些研究成功地模拟了阅读的行为数据,显示了平行、合作激活的好处：如果模型假设正字法及语音加工是相互合作的,而不是相互独立的(Harm & Seidenberg，2004),那么模型生成的数据就能更好地拟合人类的阅读数据,吕克尔和赛登贝格(Rueckl & Seidenberg，2009)对这方面的研究进行了回顾。另外,模型中语义加工过程的输入测量表明,正字法和语音加工过程能帮助几乎所有
68 测试用词语的语义激活(Harm & Seidenberg，2004)。这确认了模型中的语义激活,是由正字法—语义通路和正字法—语音—语义通路合作推动的。哈尔姆和赛登贝格(Harm & Seidenberg，2004)进一步阐明,通路合作激活词语意义的效率,要高于其中任何一个通路单独激活的效率。三角模型假设,所有三个加工过程都有互动,因而表现优异。有些熟练阅读的理论认为,语音加工的作用最重要,三角模型与这些理论的观点其实是一致的(具体参考,Van Orden et al.，1990)。

总之,计算模拟显示,三角模型能很好地解释使用几种不同范式收集的人类词语识别数据(Harm & Seidenberg，2004)。通过正字法、语音和语义加工过程间的合作激活机制,这些计算模拟为人类阅读数据提供了最佳的解释。现在我们将讨论神经成像数据,这些数据可以确定,词语识别激活脑的哪些区域,以及这些区域各自的作用。

神经成像证据和三角模型

神经成像研究显示,熟练阅读者左脑的几个区域构成了词语识别的网络(如图 5.3 所示)：前区回路以额下回(即布罗卡区)为中心,后区网络有一个由枕颞区域和颞叶皮质构成的腹侧回路,还有一个由颞—顶皮质和角回构成的背侧回路(Frost et al.，2009；Pugh et al.，2001)。现有的实验表明,单独词语识别过

程所加工的语言信息流，由这些回路内的一些特定区域专门处理，不同的区域处理不同的语言信息流(Cornelissen，Tarkianien，Helenius，& Samelin，2003；Fiebach，Friederici，Muller，& von Cramon，2002；Price，Moore，Humphreys，& Wise，1997；Rossell，Price，& Nobre，2003)。虽然新手一开始可能很难抓住脑中这个阅读网络的细节，但是这个网络有两个特征十分明显。一是脑的词语识别网络是分布式的，由左脑的几个区域构成。二是回路具有冗余性，即前区 69
回路和后区回路都能对语法和语音信息作出回应。三角模型的分布式表征(即一个词不同层面的信息有不同的加工过程)和通路合作的平行、交互式激活，都反映了这些神经特征。

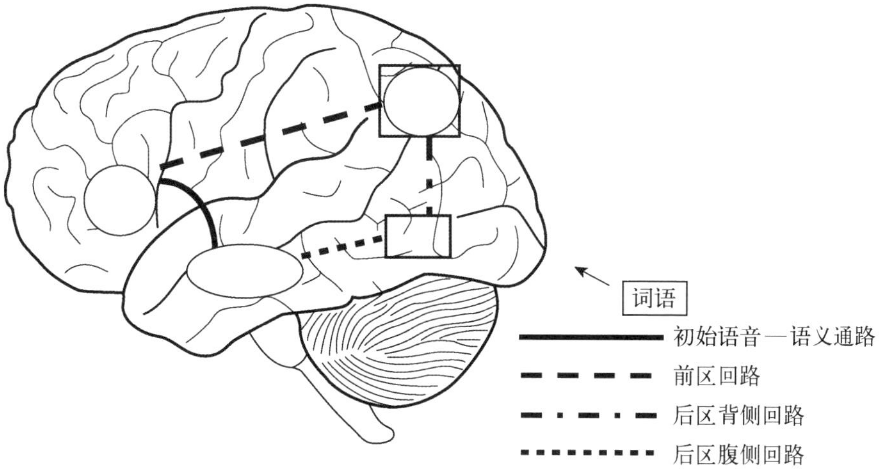

方形：字形加工

圆形：语音加工

椭圆形：语义加工

图 5.3　人脑的词语识别的网络

三角模型也可以用来组织熟练阅读神经网络的知识(Rueckl & Seidenberg，2009)。三角模型正字法—语义通路在概念上实际指的是后区腹侧回路的激活，这个回路位于枕颞区、颞中回、颞下回。正字法—语音通路在概念上指的是位于角回、缘上回和韦尼克区的背侧回路的激活。另外，额叶回路有些区域看起来能被语音和语义信息激活，语音—语义通路可能包括额叶回路前额叶下皮质外侧区域的激活(Poldrack & Wagner，2004)。后区—腹侧网络可能构成了视觉词语识别的直接通路，而背侧—前区网络则是计算意义和语音的间接通路。

如果将脑的网络分为直接通路和间接通路，那么人们可能倾向于使用词语识别的双通路模型来解释神经成像数据（具体参考，Fiebach et al.，2002）。然而，双通路模型有几条假设似乎和很多神经成像数据不符。双通路模型的一个常见假设就是语音加工过程较慢，我们已经提过，行为和神经生理数据都反驳了这个说法。双通路模型还有一个假设，就是直接通路和间接通路很大程度上是相互独立的。有几个神经成像研究报告，前区回路和后区回路出现同时激活，这意味着，识别熟练词语时，这两条通路会相互合作（Cornelissen et al.，2009；Pammer et al.，2004）。

斯特兰效应（Strain effect）进一步证明，直接通路和间接通路会相互合作（Rueckl & Seidenberg，2009）。斯特兰、帕特森和赛登贝格（Strain，Patterson，& Seidenberg，1995）发现，如果两个词语的使用频率和抽象性都比较低，那么一致条件的词语识别比不一致条件的词语识别更快、更准确，同时，在一致条件下，如果词语的使用频率很低，那么就会出现抽象性效应。这两种行为模式共同构成了斯特兰效应，它表示词语识别既有间接的正字法—语音—语义通路，也有直接的正字法—语义通路。斯特兰效应引出了脑活动的如下模式：词语抽象性越高，颞中回的激活越强，如果拼写—语音一致，那么额下回的激活会同时减少（Frost et al.，2005）。

总之，三角模型有三个加工过程，行为和神经科学研究已经在脑中确定了激活模式对应这三个加工过程的特定区域。大体而言，前区通路以额下回为中心，负责语音加工。后区通路在枕颞区域，负责正字法加工。书面词语到语音的转换，主要在缘上回及角回，语义加工主要在颞中回腹侧通路一线。脑磁图的分辨率很高，可以测量熟练词语识别过程中这些加工过程开始的时间。视网膜收集视觉信息，将其投射到枕叶的视觉皮质，激活从脑的后部开始，向前通过其他脑叶。脑磁图研究显示，词语识别过程进行到100—150毫秒时，负责正字法和语音加工的脑区同时激活，在大多数研究中，这种激活大约持续200毫秒。除了同时激活外，斯特兰效应的功能性磁共振研究表明，在熟练词语的识别过程中，正
70 字法、语音和语义加工会产生交互作用。因此，大多数认知神经科学的数据表明，熟练阅读者识别单个词语时，多种信息流会相互作用、共同合作，确定出唯一的一个词条。需要注意的是，这一词语识别的观点与传统的两条通路分别识别

词语的观点不同。脑损伤病人的个案研究显示，这两条通路可能会因脑创伤而分离，但是实验数据显示，健康、熟练的阅读者，正字法和语音会共同激活。熟练词语识别的讨论就到这里，现在我们来探索阅读的发展。

三、字母书写系统的阅读学习

这一部分，我们关注的重点是脑中阅读网络发展的神经成像证据，以及这种发展对阅读教学的意义。下面，我们先讨论字母书写系统的一些基本信息。

1. 字母书写系统

字母书写系统（英语、意大利语、韩语）使用少量的形素（即书写符号），来编码语言的基本音素。表意文字（中文、日文）则与此不同。表意文字使用大量的形素来记录词语的语义和语音特征。全世界的字母书写系统虽有不同，但都基于同一个原则：书面符号和语音间的联系需要学习，书面形式通过学会的联系对词语的口语形式进行编码。所有的字母书写系统都用字母表征音素，不同的字母组合、再组合在一起，少量的可重复使用的符号，就可以写出大量的词语（top、pot、spot、stop）。所以，字母原则是字母书写系统构词能力的关键（Perfetti，1985）。对熟练阅读者而言，字母书写系统的构词能力秉持经济性的原则，学起来也相对容易，不像汉语，有数千个汉字需要记忆。字母与语音的一致性是字母书写系统构词能力的主要优势，因为阅读者可以读出从来没有见过的词语。

在特定的字母书写系统中，形素—音素关系的一致性被称为文字的透明度。一致性很高的书面语言，在正字法上是透明的，也就是说，字母到语音的转换是一一对应的。例如，在西班牙语中，大多数语音都用不同的字母书写。相反，不太透明的书写系统，由多个字母对应一个语音（例如，英语中的 ph），也可以多个语音对应一个字母（例如，英语中的 c）。英语是一种典型的不透明的字母书写系统，它包含多种对应形式和多种不规则形式。

西摩、阿罗和厄斯金（Seymour，Aro，& Erskine，2003）比较了几种欧洲语言的阅读发展，他们发现，字母书写系统的透明度影响该系统学习阅读的难度，这与正字法深度假说（orthographic depth hypothesis）一致（Katz & Frost，1992）。透明的字母书写系统（例如，西班牙语、意大利语、芬兰语）的一、二年级（即 6—8

岁)阅读者,在阅读不熟悉的字母串时,正确率达到85%以上,而不一致、不透明的字母书写系统,如丹麦语和英语,正确率就低多了(分别为54%和59%)。其他的跨语言研究也报告了类似的发现(Aro & Wimmer, 2003),这些研究都表明,到一年级末(7岁),透明的字母书写系统的儿童,普遍能够阅读绝大多数的词语(进一步的讨论请参考,Share, 2008)。

齐格勒和戈斯瓦米(Ziegler & Goswami, 2005)用**心理语言粒度理论**(psycholinguistic grain-size theory)来解释正字法深度在阅读发展中的作用。这个理论认为,之所以字母书写系统越透明,学习阅读越容易,是因为音素水平亚词汇的形素—音素对应关系非常可靠。因此,如果是透明的正字法,那么儿童学
71 习阅读时,只需在一个粒度(即音素水平)上学习字母—语音的转换。他们可以很快掌握这种技能,在一年级末,他们就有很高的准确率(Seymour et al., 2003)。不同的是,为了正确地阅读和拼写词语,英语儿童必须学会处理多个语音的粒度,例如,音节、韵律和音素。举例而言,注意词语 hall、wall 和 small 中/a/的发音的一致性。这些共享同一个韵律单位(元音+后面的辅音)的词语拼写一致(Kessler & Treiman, 2001; Treiman, Mullenix, Bijeljac-Babic, & Richmond-Welty, 1995)。因为需要学习几种粒度水平的转换,所以在学习英语阅读的初始阶段,儿童的进度会很慢,他们要花好几年的时间才能流利地阅读(Goswami, Ziegler, Dalton, & Schneider, 2003; Ziegler & Goswami, 2005)。

了解字母书写系统的原则,学会有效地应用,这个过程需要一定的时间。对于音素是什么,幼儿没有一个完整的概念,这是他们需要克服的一个障碍。识别一个词语中的不同音素,对一些儿童来说可能存在着一定的困难,因为在言语流中,音素并不是独立的声学片段(Liberman, Cooper, Shankweiler, & Studdert-Kennedy, 1967)。初学者在切分、存储和处理所听到的词语中的音素时,会遇到一些困难,这可以用音素的抽象性来解释。这种技能,叫做**音素意识**(phonemic awareness),可以预测学习阅读的表现,这可能是由于它干扰了字母—语音关系通达的一致性。虽然音素的抽象性能让任何字母书写系统的阅读学习成为一项挑战,但是英语字母和音素之间复杂的转换关系,让这种字母书写系统的阅读学习变得特别困难。即使英语的形音转换关系很复杂,人们在学习阅读时,字母仍能为词语识别提供最可靠的线索。

2. 学习阅读

在这一部分，我们讨论的问题是：（1）儿童学习阅读时，他们学的到底是什么？（2）这样的学习是怎么发生的？

学习阅读的本质

学习阅读与学习其他复杂技能，例如学习弹奏乐器，有相似之处。为了弹出乐曲，儿童学习弹奏乐器。刚开始学习弹奏乐器的时候，儿童显得很笨拙，而且需要较长的时间练习，因为只有通过长时间的练习才能让这些基础技能自动化，儿童才能成为一名音乐家。在学习阅读的时候，儿童必须学习书面语言，才能接收文本中的语言信息。只有在了解字母书写系统运作方式的基础上，儿童才能掌握基本的解码技能，才能阅读不熟悉的生词，成为流利的阅读者。阅读时，字母编码语音，将正确的语音分配给书面的字母串，识别书面词语，这是字母书写系统的原则。大量研究表明，在低年级时掌握字母书写系统原则是学习阅读成功的关键（Backman，1983；Bradley & Bryant，1978；Bruce，1964；Calfee，Chapman，& Venezky，1972；Calfee，Lindamood，& Lindamood，1973；Fox & Routh，1975，1976，1984；Helfgott，1976；Juel，Griffith，& Gough，1986；Liberman，1973；Lundberg，Olofsson，& Wall，1980；Tornéus，1984；Wagner & Torgesen，1987；Zifcak，1981）。

有些研究人员描述了儿童开始阅读后经历的一些典型阶段（Ehri，1999，2002；Gough & Hillinger，1980；Marsh，Friedman，Welch，& Desberg，1981；Mason，1980）。音素意识的水平似乎影响了儿童通过这些阶段的速度。**初始的前字母阶段**（initial pre-alphabetic phase），儿童意识到环境中的书面文字。在初始的前字母阶段，他们能够识别常见的标签和标志，但他们通过默认的视觉线索（例如，颜色或形状）而非字母来识别词语（Byrne，1992）。当儿童开始通过一些
字母来识别词语时，他们已经进入**局部字母阶段**（partial alphabetic phase），这时， 72
字母线索帮助默认的视觉线索进行词语识别（De Abreu & Cardoso-Martins，1998；Ehri & Wilce，1985；Scott & Ehri，1989；Treiman & Rodriguez，1999）。在局部字母阶段，儿童使用词语的第一个字母（之后也使用最后一个字母）来减少候选词语的数量。例如，儿童可能会读成“Bob liked to road (ride)”［鲍勃喜欢

路(骑车)]。因而,这些毫无理由的错误反映了儿童开始注意字母信息。在儿童最先经历的这两个阶段,音节和韵律的基本语音意识将支持阅读的一些发展。然而,区分和处理单个音素的能力将帮助儿童进入**完整字母阶段**(full alphabetic phase)。在完整字母阶段,儿童根据字母—语音的关系识别词语,因而他们能解码新的生词,如果此后这些词出现在书面语言中,儿童也可以不受字母大小写和字体的影响而识别它们。注意到字母—语音的关系,儿童可以记住更多词语中的字母序列,而不局限于通过视觉信息所能记住的那些(Cunningham, Perry, Stanovich, & Share, 2002)。矛盾的是,在完整字母阶段,儿童开始充分应用字母原则,这一阶段可能是他们最困难的一个阶段。他们可以读得相当准确,但是很慢,而且很快就会厌倦。但是,练习让词语解码变得更快,持续的阅读让他们反复接触词语,于是,他们的阅读速度逐渐提高。因此,频繁阅读容易的文本,使儿童最终进入了艾赫里(Ehri)的最后一个阶段:**字母巩固阶段**(consolidated alphabetic phase)。在字母巩固阶段,儿童能迅速识别词语,对常见字母序列(例如,-nt 或-ing)很敏感。

前面曾提过,英语有很多词语(例如,map、admit、magnet),它们的字母—语音转换很简单,但也有很多词语(例如,foot 或 wrong),它们的字母—语音转换很复杂。英语和其他不太透明的字母书写系统的复杂转换,让初学者很困惑,学习阅读成为一个充满艰辛的过程。不同的文化试图通过不同的方法来解决这个问题。例如,用于成人阅读的希伯来书面语非常模糊(因为大多数的元音字母都被省略了),然而,用于低年级儿童阅读教学的希伯来语教材加上了元音字母。通过这种方式,儿童能够在音素水平初步练习字母—语音转换。四年级(9—10岁)时,教材中省略了元音字母,儿童转而根据辅音词根的形态信息识别词语。因此,在早期阅读教学中采用修改后的书写系统,是不透明正字法简化学习阅读任务的一种方法。

不幸的是,简化学习英语阅读任务的最佳方式,目前仍处于争议之中。因此,早期的阅读教学如何进行,这是长期争论的基本问题。一方赞成采用整体语言教学法进行阅读教学,另一方提倡使用字母拼读教学法(即使用构成字母书写系统的字母—语音转换原则)进行教学(Adams, 1990; Goodman, 1986; Grundin, 1994; McKenna, Stahl, & Reinking, 1994; Rayner, Forman, Pesetsky, Perfetti, & Seidenberg, 2001,2002; Weaver, 1990)。无论使用哪种方法，教师都要给儿童大声朗读故事书，这样儿童才能注意并且知道情节和口语词汇。这两种方法的主要区别在于如何教授儿童识别书面词语。

今天的美国，整体语言教学法是最普遍的阅读教学方法（Goodman，1970，1986；Smith，1971，1973；Smith & Goodman，1971）。从本质上来说，整体语言教学法的提倡者认为，只要儿童浸入丰富的文字环境，他们就会自然而然地学会阅读，系统的拼写课程不利于阅读发展（Routman，1991；Weaver，1994）。基于这些假设，整体语言教学法强调书面语言的意义，而不是书写系统如何对口语词语进行编码。例如，平内尔和方特斯（Pinnell & Fountas，2009）提出，在帮助幼儿园到三年级的儿童（英国学校的一至四年级儿童，5—9 岁）识别文本中不熟悉的词语时，教师应该先让儿童猜测，这个句子可以使用哪个词语（也可以先让儿童看词语的首字母再猜测）。使用整体语言教学法的教师，更有可能鼓励儿童根据 73
语境猜测后面的词语，而不是集中教授、循序发展儿童各种具体的解码技能。教师通过朗读介绍新的词语，将词语张贴在班级的词语墙上，通常是根据词语的语义范畴而非拼写类型排列。例如，“面包”出现在“食物”这个类别中，而“头”出现在“我的身体”这个类别中。

在这场关于阅读的争论中，有些人站在整体语言教学法的对立面，将学习阅读看作习得一种技能的过程，这种技能通常需要教授（Gough & Hillinger，1980）。因为刚开始学习阅读时，年幼阅读者的口语理解技能比阅读理解强，所以最初理解书面词语的困难，主要在于将书上的词语努力翻译成口语中的词（Curtis，1980）。这种观点支持的阅读教学法是：要明确地教给儿童字母书写系统的原则，而不是让儿童自己偶然发现。在这些重视编码的教学法中，阅读课的时间主要用于教授构成字母书写系统原则基础的字母—语音的转换，帮助儿童进入完整的字母阶段，提高解码技能，独立阅读生词。字母拼读教学法从数量有限的几个字母着手，这些字母可以组合成很多不同的词语。例如，儿童学了两个元音和三个辅音之后，能够阅读和拼写 top、pot、pat、tap、sat、stop、pots、spat 等。逐渐地，更多的字母加入进来，于是儿童学到更复杂的模式，例如，双辅音组合（例如，th、sh）和元音组合（例如，oi、ai）。通过长期的字母拼读教学，儿童学到更多的字母—语音模式，可以阅读和拼写更多的词语。通过直接教授字母拼读法并辅以大量的练习，教师可以让儿童注意字母书写系统的构词能力。字母拼读教学法的提倡者认为，从字母到语音的转换标志着阅读发展的开始，掌握字母书写系统的原则是从书面文字获取意义的关键桥梁。篮球得分需要运球，与此类似，流利阅读和理解需要自动解码的基本技能(Beck，1998)。

有研究指出，早期阅读教学中，系统地进行字母拼读教学法有几个优势：让儿童逐渐熟悉字母书写系统的原则，形成独立阅读的习惯，避免出现早期阅读困难。初期的解码练习让儿童注意词语中间的字母序列，帮助他们进入阅读的完整字母阶段，这么做是非常必要的，因为儿童要形成正确、快速的词语识别技能，这些技能可以让阅读变得流利起来，帮助理解阅读中的意义(Ehri，1980，1998，1992，1999；Perfetti，1992；Rayner et al.，2001，2002)。掌握了字母语音的对应关系，儿童就拥有了强大的将书面文字翻译成口语的工具，可以独自进行阅读(Jorm & Share，1983)。而那些还没有能力解码不熟悉词语的儿童，则会跳过或者猜测。不注意词语具体的正字法和语音信息，就无法形成高质量的词汇表征，而建立高质量的词汇表征是正确阅读的基础(Perfetti，2007)。有些儿童在阅读的起步阶段就有困难，已经有研究表明，系统的字母拼读教学法能减少这些儿童的数量(Bos，Mather，Dickinson，Podhajski，& Chard，2001；Ehri et al.，2001；Foorman，Francis，Fletcher，Schatschneider，& Mehta，1998)。

阅读争论的双方都援引熟练词语识别模型来支持自己的观点。例如，一方面，三角模型提出，词语识别是直接通路和间接通路合作激活的结果。因此，研究者用三角模型来支持注重编码的阅读教学法，鼓励儿童练习字母—语音的转换，使用解码技能。另一方面，双通路理论提出，词语识别是直接通达的，熟练阅读者主要依靠正字法—语义通路来识别大多数词语。因此，有人依据双通路模
74 型提出阅读教学法应该强调记住看到的词语，而不是系统解码。例如，史密斯(Smith，1973)坚定地认为，直接通路肯定更有效，因为它没有额外的语音再编码这一过程，而这是整体语言教学法的基本观点，整体语言教学法反对系统地进行字母拼读教学法。因为一个通路有三种加工过程，另一个通路只有两种，直观而言，直接通路(正字法—语义)看起来显然更有效。然而，这种直觉看法不符合本章“二、熟练阅读中词语识别的研究”中所描述的行为和神经科学数据，这些数据表明，熟练阅读者在词语识别的前100毫秒内，既激活了正字法加工，也激活了语音加工(Ashby et al.，2009；Pammer et al.，2004；Wheat et al.，2010)。而且，三角模型的计算研究已经证明了它的实力，在平行加工假设的基础上，能很好地模拟人类阅读数据(Harm & Seidenberg，2004)，而不是直觉地根据加工

过程的数量来判断通路的效率。因此，目前所能得到的神经科学和计算数据都无法表明，正字法—语义通路识别词语更有效。

然而，还有一个重要的教学法问题没有解决。如果熟练阅读者使用直接通路，那么为什么教师要重视耗时费力的解码加工？这个问题的答案在于人们如何解释“使用”一词的意思。如果正字法—语义通路已经足够进行熟练的词语识别，那么恰当的做法应该是关注整体词语的记忆，只在需要的时候，加上一点字母拼读法。虽然有些研究人员和教育人士宣称，熟练阅读者主要依靠直接通路，但数据看起来并不支持这个结论。相反，眼动和事件相关电位研究发现语音加工的快速效应，这表明熟练阅读者默读时，确实普遍地使用正字法—语音通路识别词语（Ashby，2010；Ashby & Rayner，2004；Ashby et al.，2009；Lee，Rayner，& Pollatsek，1999；Lee，Binder，Kim，Pollatsek，& Rayner，1999；Sereno & Rayner，2000）。早期的脑磁图研究数据显示，前区正字法—语音通路和腹侧正字法—语义通路同时激活（Pammer et al.，2004；Wheat et al.，2010）。另外，计算模拟显示，在两条通路共同输入信息的条件下，词语识别表现更好（具体参考，Rueckl & Seidenberg，2009）。

然而，研究还发现了另一种情况，那就是语音效应常常在熟练阅读者识别低频词语而非高频词语时出现（Ashby，2006；Jared & Seidenberg，1991；Sereno & Rayner，2000）。词频效应是词语识别的结果，阅读者不能预先使用词频信息来决定什么时候语音是有助于词语识别的。因此，在大多数词语识别的过程中，两条通路很有可能都会被激活，但只有低频词语的语音效应可以测量出来。更为复杂的情况是，神经成像研究显示，熟练阅读者前区语音通路的激活程度弱于阅读障碍者（Pugh et al.，2001）。最初，人们认为这些数据表明，熟练阅读者从正字法—语音—语义加工向正字法—语音加工转变。然而，有几个感知/运动实验观察到，当技能通过练习达到自动化程度时，血氧水平依赖（blood oxygen level-dependent，BOLD）信号会减少，目前人们还不清楚如何解释这种血氧水平依赖信号的减少（Poldrack & Gabrieli，2001；Ungerleider，Doyon & Karni，2002；Wang，Sereno，Jongman，& Hirsch，2003）。

桑达克等人（Sandak et al.，2004）的神经成像研究主要想考察阅读回路如何为词语识别而调整，他们同样也发现血氧水平依赖信号的减少。语义训练效应似乎提高了颞叶（储存词义的区域）的激活，而语音训练效应似乎减少了背侧

（缘上回）和前区语音通路（额下回）的激活。因此，桑达克等人的研究表明，背侧和前区语音通路的激活减少，标志着语音加工效率的提升，而非对正字法—语音
75 通路依赖性的降低。前区语音通路的激活减少表明效率更高（而非使用更少），这一事实的确立，告诉人们如何解释类似卡茨等人（Katz et al.，2005）的研究。在卡茨等人的研究中，词语的重复导致前区语音通路的激活减少。总之，桑达克等人的训练研究表明，熟练阅读者整合两条通路中的信息以快速识别大部分词语，语音加工练习可以提高加工效率，这主要表现为随着字母串变得越来越熟悉，前区—背侧语音通路的激活逐渐减少。

当然，即使研究表明，熟练阅读者使用正字法—语音通路，人们仍然担心，直接将字母—语音关系教给幼儿（5—8 岁；英国是从幼儿园到二年级的这三个学年），是否适合幼儿的发展。人们对字母拼读教学法的担忧，主要有以下两方面。一方面，有人担心儿童会觉得字母拼读法学起来太难；另一方面，有人担心儿童就算学会了字母拼读法，也没多大用处。几十年前，就有研究者担心，幼儿不能从字母拼读教学法中受益。人们常引用多尔希和布鲁姆斯特（Dolch & Bloomster，1937）的文章，来说明七岁以下的儿童不能从字母拼读教学法中受益（Dolch，1948）。然而，那个研究中，教师只是有时而非系统地使用字母拼读教学法，这说明多尔希和布鲁姆斯特的发现只是告诉人们，对一年级的儿童来说，**嵌入式**的字母拼读教学法是无效的（Brown，1958；Chall，1967）。相反，有几个阅读研究的元分析已经证实，对幼儿园和一年级的学生进行系统的字母拼读教学法是有效的，这种方法按照从简单到复杂的顺序教授字母—语音的关系（Adams，1990；Ehri，Nunes，Stahl，& Willows，2001）。

追踪脑中阅读回路发展的神经成像研究可以告诉我们，为什么字母拼读法早教比晚教更有效。这些研究显示，初学者参与正字法—语音加工的背侧和前区系统最活跃（Frost et al.，2009）。例如，沙维茨等人（Shaywitz et al.，2002，2007）使用功能性磁共振成像技术，测量儿童在阅读真词和可发音的假词时的脑部激活状态。他们发现，年幼的阅读者左脑和右脑网络的分布区域很分散。随着阅读技能的发展，激活侧化，只有左脑出现激活。到了 10 岁，背侧和前区系统的激活程度变得最强。10 岁以后，后区、腹侧回路的枕颞区域开始专门加工书面文字。这个通路大约对应于三角模型提出的正字法—语义通路，这个回路的激活程度与年长儿童的阅读技能呈正相关关系。

神经成像数据为阅读发展的讨论作出了两个重要的贡献。首先,这些数据发现,正字法—语音加工主要激活前区和背侧回路,这表明,当儿童开始阅读时,他们的脑会形成这个回路系统来进行字母—语音转换,而这是字母拼读教学法的核心。其次,这些数据表明,能正确、流利阅读的儿童,在腹侧通路形成了一条神经回路来通达完整的词语形式。通常在 8 岁时,儿童的阅读变得流利起来,而在此之后,枕颞区域开始专门加工文字,我们才能在熟练阅读者的脑中观测到人们所说的视觉词形区的激活(Dehaene, 2009)。因此,早期字母拼读教学法看起来符合脑中阅读回路的发展过程。

虽然证据表明,字母拼读教学法适合初学者,但人们还是担心,英文拼写很不规则,系统的字母拼读教学法将不利于儿童阅读。然而,字母书写系统的基本原则是字母对语音进行编码。因此,按照定义,字母发音是识别书面词语最可靠 76
的线索。字母拼读知识有几个方面有利于儿童阅读。一旦儿童理解了字母原则,字母—语音转换就可以成为自我教学的机制,它可以帮助儿童识别不熟悉的词语,巩固熟练词语的词汇表征(Ehri, 2002; Jorm & Share, 1983; Share, 1995)。有机会练习文本解码的儿童,他们不用多久就能熟练地将字母正确而快速地转换为语音,这就意味着,他们能轻松地阅读不熟悉的词语,继续将注意力放在所读文本的意义上。学习阅读之后,儿童体验到了书面语言学习复杂的字母—语音转换模式(具体参考,Kessler, 2009)。如果注意到某种拼写模式在一些语境中更常见,大多数儿童就能隐性地学会这个模式。不过,阅读流利度要发展到能广泛阅读的水平,儿童才能真正体验书面语言。这样,开始阶段系统的字母拼读教学法才能从几个方面促进阅读和拼写的发展。

由于字母拼读教学法拥有这些优势,所以人们发现,使用系统的字母拼读教学法进行阅读教学可以提高阅读的某些方面,这也不足为奇。但是这些技能可以提高阅读理解能力吗?有几个大型研究,让人们看到了系统的字母拼读教学法的有效性(Foorman et al., 1998; Torgesen, Wagner, Rashotte, Rose, Lindamood, Conway, & Garvan, 1999)。美国国会召集了一个国家阅读研究小组(National Reading Panel, NRP),对至今所有的学校研究进行元分析,推荐一些有效的儿童阅读教学法。美国国家阅读研究小组的元分析结果清楚地表明,系统的字母拼读教学法有助于儿童学习阅读,其效果好于其他任何方法,包括整体语言教学法和基础阅读法。字母拼读教学法既有助于单个词语的阅读加工,也有助于文本的理解。另外，字母拼读教学法帮助幼儿理解字母原则，儿童在语音拼写和假词解码方面的进步证明了这一点。在很多情况下，甚至在干预项目完成后，字母拼读教学法仍然能继续促进儿童的解码、单个词语阅读和理解。因此，似乎我们无法绕开下面这个结论，幼儿园到二年级（英国学校的一至三年级，5—8 岁）的阅读教学需要系统的字母拼读教学法（Rayner et al.，2001）。美国国家阅读研究小组的数据表明，目前，字母拼读教学法对起步阶段的阅读教学最有效。虽然很多儿童不需要字母拼读教学法也能发现一些字母—语音的对应关系，但是将字母原则明确地教给儿童，可以引导他们理解书写系统。总体而言，字母拼读教学法能教出更好的阅读者。

四、结论

在本章中，我们回顾了与学习阅读相关的行为、神经生理和计算方面的证据。为了理解文本，阅读者必须识别书面词语，因此，我们主要关注那些阐释识别过程的研究。在阅读发展的终点，熟练的阅读者平行加工字母，利用副中央凹的语音加工，先行获取词形信息，加快阅读时的词语识别。有研究发现，词语呈现 80 毫秒后，熟练阅读者的脑中就开始出现亚词汇的语音激活，这表明阅读开始后，语音加工的运行速度非常快。快速语音加工使得正字法和语音加工的脑回路在熟练词语识别过程中同时激活。

我们讨论了熟练词语识别的三角模型、联结主义模型，考察了正字法—语义通路和正字法—语音—语义通路间的关系。三角模型已经能成功地模拟人类阅
77 读数据中的斯特兰效应（Strain et al.，1995），这表明，这两条通路的加工在熟练词语识别过程中是相互合作、同时进行的。神经成像证据确定了熟练词语识别的神经特征：额叶阅读回路的激活减少，表明语音加工效率很高，而腹侧网络的激活增加，表明语义加工更加熟练。

我们还讨论了学习阅读的过程，我们首先谈了字母书写系统的本质，以及它们如何对语音进行编码。在学习字母原则之前，儿童根据图片和上下文的线索猜测书面词语。随着字母意识的提高，儿童开始注意词语中所有的字母，将字母转换为语音，独立阅读不熟悉的词语。遇到新的词语，儿童正确地读过几次之后，就能形成特定的、高质量的词汇表征，从而能够流利地阅读。学习阅读的这

些阶段，遵循了脑中阅读回路的发展轨迹。开始时，“阅读”（实际上在这个阶段只是书面词语的感知）过程中的神经激活是双侧的，分布比较分散。随着阅读的发展，这种激活开始向左脑侧化，主要分布在背侧回路的正字法—语音区域。在儿童可以流利地阅读之后，腹侧回路的枕颞区域专门负责词语识别，并且与阅读技能相关。

我们所回顾的这些证据都表明，正字法—语音回路对学习阅读和熟练阅读都非常重要。我们认为，大多数现有的证据表明，明确指出字母原则的阅读教学方法，能有效地帮助儿童发展早期的阅读行为，还有助于他们今后的阅读发展。

致谢

本章的写作获得了美国国家儿童健康与人类发展研究所基金 HD26765（Grant HD26765 from the National Institute of Child Health and Human Development）和中密歇根大学新进研究人员基金（An Early Career Investigator Grant from Central Michigan University）的资助。

参考文献

Adams, M. J. (1990). *Beginning to Read: Thinking and Learning about Print*. Cambridge, MA: MIT Press.

Aro, M., & Wimmer, H. (2003). Learning to read: English in comparison to six more regular orthographies. *Applied Psycholinguistics*, *24*(4), 621 - 635.

Ashby, J. (2006). Prosody in skilled silent reading: Evidence from eye movements. *Journal of Research in Reading*, *29*(3), 318 - 333.

Ashby, J. (2010). Phonology is fundamental in skilled reading: Evidence from ERPs. *Psychonomic Bulletin & Review*, *17*(1), 95 - 100.

Ashby, J., & Martin, A. E. (2008). Prosodic phonological representations early in visual word recognition. *Journal of Experimental Psychology: Human Perception & Performance*, *34*(1), 224 - 236.

Ashby, J., & Rayner, K. (2004). Representing syllable information during silent reading: Evidence from eye movements. *Language and Cognitive Processes*, *19* (1), 391 - 426.

Ashby J., Sanders L. D., & Kingston, J. (2009). Skilled readers begin processing phonological features by 80 msec: Evidence from ERPs. *Biological Psychology*, *80* (1), 84 - 94.

Ashby, J., Treiman, R., Kessler, B., & Rayner, K. (2006). Vowel processing during silent reading: Evidence from eye movements. *Journal of Experimental Psychology: Learning, Memory, and Cognition*, *32*(2), 416 - 424.

Backman, J. (1983). The role of psycholinguistic skills in reading acquisition: A look at early readers. *Reading Research Quarterly*, *18*(4), 466 - 479.

Baron, J., & Strawson, C. (1976). Use of orthographic and word-specific knowledge in reading words aloud. *Journal of Experimental Psychology: Human Perception and Performance*, *2*(3), 386 - 393.

Beck, I. L. (1998). Understanding beginning reading: A journey through teaching
78 and research. In J. Osborn & F. Lehr (Eds.), *Literacy for All: Issues in Teaching and Learning* (pp. 11 - 31). New York: Guilford Publications.

Berent, I., & Perfetti, C. A. (1995). A rose is a REEZ: The two-cycles model of phonology assembly in English. *Psychological Review*, *102*(1), 146 - 184.

Bos, C., Mather, N., Dickson, S., Podhajski, B., & Chard, D. (2001). Perceptions and knowledge of preservice and inservice educators about early reading instruction. *Annals of Dyslexia*, *51*(1), 97 - 120.

Bradley, L., & Bryant, P. E. (1978). Difficulties in auditory organisation as a possible cause of reading backwardness. *Nature*, *271*, 746 - 747.

Brown, R. W. (1958). *Words and Things*. New York: Free Press.

Bruce, D. J. (1964). The analysis of word sounds by young children. *British Journal of Educational Psychology*, *34*(2), 158 - 170.

Byrne, B. (1992). Studies in the acquisition procedure for reading: Rationale, hypotheses, and data. In P. B. Gough, L. C. Ehri, & R. Treiman (Eds.), *Reading Acquisition* (pp. 1 - 34). Hillsdale, NJ: Lawrence Erlbaum.

Carr, T. H., & Pollatsek, A. (1985). Recognizing printed words: A look at current models. In D. Besner, T. G. Waller, & G. E. MacKinnon (Eds.), *Reading Research: Advances in Theory and Practice 5* (pp. 1 - 82). San Diego, CA: Academic Press.

Calfee, R., Chapman, R., & Venezky, R. (1972). How a child needs to think to learn to read. In L. W. Gregg (Ed.), *Cognition in Learning and Memory* (pp. 139 - 182). Oxford: John Wiley & Sons.

Calfee, R. C., Lindamood, P., & Lindamood, C. (1973). Acoustic-phonetic skills and reading: Kindergarten through twelfth grade. *Journal of Educational Psychology*, *64*(3), 293 - 298.

Cattell, J. M. (1886). The time it takes to see and name objects. *Mind*, *11*(4), 63 - 65.

Chace, K. H., Rayner, K., & Well, A. D. (2005). Eye movements and phonological preview benefit: Effects of reading skill. *Canadian Journal of Experimental Psychology*, *59*(3), 209 - 217.

Chall, J. S. (1996 / 1967). *Learning to Read: The Great Debate* (3rd ed.). Fort Worth, TX: Harcourt Brace.

Cohen, L., & Dehaene, S. (2009). Ventral and dorsal contributions to word reading. In M. S. Gazzaniga (Ed.), *Cognitive Neuroscience* (4th ed.). Cambridge, MA: MIT Press.

Coltheart, M. (1978). Lexical access in simple reading tasks. In G. Underwood (Ed.), *Strategies of Information Processing* (pp. 151 - 216). London: Academic Press.

Coltheart, M., Rastle, K., Perry, C., Langdon, R., & Ziegler, J. (2001). DRC: A dual route cascaded model of visual word recognition and reading aloud. *Psychological Review*, *108*(1), 204 - 256.

Cornelissen, P. L., Kringelbach, M. L., Ellis, A. W., Whitney, C., Holliday, I. E., & Hansen, P. C. (2009). Activation of the left inferior frontal gyrus in the first 200 ms of reading: Evidence from magnetoencephalography (MEG). *PLoS ONE*, *4*(1), e5359.

Cornelissen, P., Tarkiainen, A., Helenius, P., & Salmelin, R. (2003). Cortical effects of shifting letter position in letter strings of varying length. *Journal of Cognitive Neuroscience*, *15*(5), 731 - 746.

Cunningham, A. E., Perry, K. E., Stanovich, K. E., & Share, D. L. (2002). Orthographic learning during reading: Examining the role of self-teaching. *Journal of Experimental Child Psychology*, *82*(3), 185 - 199.

Curtis, M. E. (1980). Development of components of reading skill. *Journal of Educational Psychology*, *72*(5), 656 - 669.

De Abreu, M. D., & Cardoso-Martins, C. (1998). Alphabetic access route in beginning reading acquisition in Portuguese: The role of letter-name knowledge. *Reading and Writing*, *10*(2), 85 - 104.

Dehaene, S. (2009). *Reading in the Brain*. Toronto, ON: Viking Press.

Dodge, R. (1907). Studies from the psychological laboratory of Wesleyan

University: An experimental study of visual fixation. *Psychological Monographs*, *84*(4), 1-95.

Dolch, E. W. (1948). *Helping Handicapped Children in School*. Oxford: Garrard Press.

Dolch, E. W., & Bloomster, M. (1937). Phonic readiness. *The Elementary School Journal*, *38*(1), 201-205.

79 Drieghe, D., & Brysbaert, M. (2002). Strategic effects in associative priming with words, homophones, and pseudohomophones. *Journal of Experimental Psychology: Learning, Memory, and Cognition*, *28*(5), 951-961.

Ehri, L. C. (1980). The role of orthography in printed word learning. In J. G. Kavanagh & R. L. Venezky (Eds.), *Orthography, Reading, and Dyslexia* (pp. 155-170). Baltimore, MA: University Park Press.

Ehri, L.C. (1992). Reconceptualizing the development of sight word reading and its relationship to recoding. In P. B. Gough, L. C. Ehri, & R. Treiman (Eds.), *Reading Acquisition* (pp. 107-143). Hillsdale, NJ, England: Lawrence Erlbaum.

Ehri, L. C. (1998). Grapheme-phoneme knowledge is essential to learning to read words in English. In J. L. Metsala & L. C. Ehri (Eds.), *Word Recognition in Beginning Literacy* (pp. 3-40). Mahwah, NJ: Lawrence Erlbaum.

Ehri, L. C. (1999). Phases of development in learning to read words. In J. Oakhill & R. Beard (Eds.), *Reading Development and the Teaching of Reading: A Psychological Perspective*. (pp. 79-108). Oxford: Blackwell Science.

Ehri, L.C. (2002). Phases of acquisition in learning to read words and implications for teaching. In R. Stainthorp & P. Tomlinson (Eds.), *Learning and Teaching Reading*. London: British Journal of Educational Psychology Monograph Series II.

Ehri, L. C., Nunes, S. R., Stahl, S. A., & Willows, D. M. (2001). Systematic phonics instruction helps students learn to read: Evidence from the national reading panel's meta-analysis. *Review of Educational Research*, *71*(3), 393-447.

Ehri, L. C., & Wilce, L. S. (1985). Movement into reading: Is the first stage of printed word learning visual or phonetic? *Reading Research Quarterly*, *20*(2), 163-179.

Ferrand, L., & Grainger, J. (1994). Effects of orthography are independent of phonology in masked form priming. *Quarterly Journal of Experimental Psychology*, *47*(A), 365-382.

Fiebach, C., Friederici, A. D., Müller, K., & von Cramon, D. Y. (2002). fMRI evidence for dual routes to the mental lexicon in visual word recognition. *Journal of Cognitive Neuroscience*, *14*(1), 11-23.

Foorman, B. R., Francis, D. J., Fletcher, J. M., Schatschneider, C., & Mehta, P. (1998). The role of instruction in learning to read: Preventing reading failure in at-risk children. *Journal of Educational Psychology*, *90*(1), 37 - 55.

Fox, B., & Routh, D. K. (1975). Analysing spoken language into words, syllables, and phonemes: A developmental study. *Journal of Psycholinguistic Research*, *4* (4), 331 - 342.

Fox, B., & Routh, D. K. (1976). Phonemic analysis and synthesis as word-attack skills. *Journal of Educational Psychology*, *68*(1), 70 - 74.

Fox, B., & Routh, D. K. (1984). Phonemic analysis and synthesis as word attack skills: Revisited. *Journal of Educational Psychology*, *76*(6), 1059 - 1064.

Frost, R. (1998). Toward a strong phonological theory of visual word recognition: True issues and false trails. *Psychological Bulletin*, *123*(1), 71 - 99.

Frost, S. J., Mencl, W. E., Sandak, R., Moore, D. L., Rueckl, J. G., Katz, L., Fulbright, R. K., & Pugh, K. R. (2005). A functional magnetic resonance imaging study of the tradeoff between semantics and phonology in reading aloud. *NeuroReport*, *16* (6), 621 - 624.

Frost, S. J., Sandak, R., Mencl, W. E., Landi, N., Rueckl, J. G., Katz, L., & Pugh, K. R. (2009). Mapping the word reading circuitry in skilled and disabled readers. In K. Pugh & P. McCardle (Eds.), *How Children Learn to Read: Current Issues and New Directions in the Integration of Cognition, Neurobiology and Genetics of Reading and Dyslexia Research and Practice* (pp. 3 - 19). New York: Psychology Press.

Goodman, K. S. (1970). Reading: Apsycholinguistic guessing game. In H. Singer & R. B. Ruddell (Eds.), *Theoretical Models and Processes of Reading* (pp. 259 - 272). Newark, DE: International Reading Association.

Goodman, K. S. (1986). *What's Whole in Whole Language?* Portsmouth, NH: Heinemann.

Goswami, U., Ziegler, J. C., Dalton, L., & Schneider, W. (2003). Nonword reading across orthographies: How flexible is the choice of reading units? *Applied Psycholinguistics*, *24*(2), 235 - 247.

Gough, P. B., & Hillinger, M. L. (1980). Learning to read: An unnatural act. 80
Bulletin of the Orton Society, *30*(1), 179 - 196.

Grainger, J., Kiyonaga K., & Holcomb P. J. (2006). The time course of orthographic and phonological code activation. *Psychological Science*, *17*(12), 1021 - 1026.

Grundin, H. U. (1994). If it ain't whole, it ain't language — or back to the basics of freedom and dignity. In F. Lehr & J. Osborn (Eds.), *Reading, Language, and Literacy:*

Instruction for the Twenty-first Century (pp. 77 – 88). Hillsdale, NJ: Lawrence Erlbaum.

Halderman, L. K., Ashby, J., & Perfetti, C. (2012). Phonology: An early and integral role in identifying words. In J. S. Adelman (Ed.), *Visual Word Recognition* (pp. 207 – 208). New York: Psychology Press.

Harm, M. W., & Seidenberg, M. S. (2004). Computing the meanings of words in reading: Cooperative division of labor between visual and phonological processes. *Psychological Review*, *111*(3), 662 – 720.

Helfgott, J. (1976). Phonemic segmentation and blending skills of kindergarten children: Implications for beginning reading acquisition. *Contemporary Educational Psychology*, *1*(2), 157 – 169.

Jared, D., & Seidenberg, M. S. (1991). Does word identification proceed from spelling to sound to meaning? *Journal of Experimental Psychology: General*, *120* (4), 358 – 394.

Jorm, A. F., & Share, D. L. (1983). Phonological recoding and reading acquisition. *Applied Psycholinguistics*, *4*(2), 311 – 342.

Juel, C., Griffith, P. L., & Gough, P. B. (1986). Acquisition of literacy: A longitudinal study of children in first and second grade. *Journal of Educational Psychology*, *78*(4), 243 – 255.

Katz, L., & Frost, R. (1992). Reading in different orthographies: The orthographic depth hypothesis. In R. Frost & L. Katz (Eds.), *Orthography, Phonology, Morphology, and Meaning* (pp. 67 – 84). Amsterdam: Elsevier North Holland Press.

Katz, L., Lee, C. H., Tabor, W., Frost, S. J., Mencl, W. E., Sandak, R., Rueckl, J., & Pugh, K. R. (2005). Behavioral and neurobiological effects of printed word repetition in lexical decision and naming. *Neuropsychologia*, *43*(14), 2068 – 2083.

Kessler, B. (2009). Statistical learning of conditional orthographic correspondences. *Writing Systems Research*, *1*(1), 19 – 34.

Kessler, B., & Treiman, R. (2001). Relationship between sounds and letters in English monosyllables. *Journal of Memory and Language*, *44*(4), 592 – 617.

Lee, Y., Binder, K. S., Kim, J., Pollatsek, A., & Rayner, K. (1999). Activation of phonological codes during eye fixations in reading. *Journal of Experimental Psychology: Human Perception and Performance*, *25*(4), 948 – 964.

Lee, H., Rayner, K., & Pollatsek, A. (1999). The time course of phonological, semantic, and orthographic coding in reading: Evidence from the fast-priming technique. *Psychonomic Bulletin & Review*, *6*(4), 624 – 634.

Liberman, I. Y. (1973). Segmentation of the spoken word and reading acquisition.

Bulletin of the Orton Society, *23*(1), 65 - 77.

Liberman, A. M., Cooper, F. S., Shankweiler, D. P., & Studdert-Kennedy, M. (1967). Perception of the speech code. *Psychological Review*, *74*(6), 431 - 461.

Lukatela, G., & Turvey, M. T. (1994). Visual lexical access is initially phonological: Evidence from phonological priming by homophones and pseudohomophones. *Journal of Experimental Psychology: General*, *123*(4), 331 - 353.

Lundberg, I., & Tornéus, M. (1978). Nonreaders' awareness of the basic relationship between spoken and written words. *Journal of Experimental Child Psychology*, *25*(3), 404 - 412.

Lundberg, I., Olofsson, Å., & Wall, S. (1980). Reading and spelling skills in the first school years predicted from phonemic awareness skills in kindergarten. *Scandinavian Journal of Psychology*, *21*(3), 159 - 173.

McKenna, M. C., Stahl, S. A., & Reinking, D. (1994). Critical commentary on research, politics, and whole language. *Journal of Reading Behavior*, *26*(2), 211 - 233.

Marsh, G., Friedman, M., Welch, V., & Desberg, P. (1981). The development of strategies in spelling. In U. Frith (Ed.), *Cognitive Strategies in Spelling* (pp. 339 - 353). New York: Academic Press.

Mason, J. (1980). When do children begin to read: An exploration of four year old 81
children's letter and word reading competencies. *Reading Research Quarterly*, *15* (2), 203 - 227.

Maurer, U., Brandeis, D., & McCandliss, B. D. (2005). Fast, visual specialization for reading in English revealed by the topography of the N170 response. *Behavioral & Brain Functions*, *1*(13), 1 - 12.

McClelland, J. L., & Rumelhart, D. E. (1981). An interactive activation model of context effects in letter perception: Part I. An account of basic findings. *Psychological Review*, *88*(5), 375 - 407.

McConkie, G., & Rayner, K. (1975). The span of the effective stimulus during a fixation in during reading. *Perception & Psychophysics*, *17*(6), 578 - 586.

Miellet, S., & Sparrow, L. (2004). Phonological codes are assembled before word fixation: Evidence from boundary paradigm in sentence reading. *Brain & Language*, *90* (1), 299 - 310.

Paap, K. R., Newsome, S. L., McDonald, J. E., & Schvaneveldt, R. W. (1982). An activation-verification model for letter and word recognition: The word superiority effect. *Psychological Review*, *89*(5), 573 - 594.

Pammer, K., Hansen, P. C., Kringelback, M. L., Holliday, I., Barnes, G.,

Hillebrand, A., Singh, K. D., & Cornelissen, P. L. (2004). Visual word recognition: The first half second. *NeuroImage*, *22*(4), 1819 - 1825.

Perfetti, C. A. (1985). *Reading Ability*. New York: Oxford University Press.

Perfetti, C. A. (1992). The representation problem in reading acquisition. In P. B. Gough, L. C. Ehri, & R. Treiman (Eds.), *Reading Acquisition* (pp. 145 - 174). Hillsdale, NJ: Erlbaum.

Perfetti, C. (2007). Reading ability: Lexical quality to comprehension. *Scientific Studies of Reading*, *11* (4), 357 - 383.

Perfetti, C. A., Bell, L., & Delaney, S. (1988). Automatic phonetic activation in silent word reading: Evidence from backward masking. *Journal of Memory and Language*, *27*(1), 59 - 70.

Plaut, D. C., McClelland, J. L., Seidenberg, M. S., & Patterson, K. E. (1996). Understanding normal and impaired word reading: Computational principles in quasi-regular domains. *Psychological Review*, *103*(1), 56 - 115.

Poldrack, R. A., & Gabrieli, J. D. E. (2001). Characterizing the neural mechanaisms of skill learning and repetition priming: Evidence from mirror-reading. *Brain: A Journal of Neurology*, *124*(1), 67 - 82.

Poldrack, R. A., & Wagner, A. D. (2004). What can neuroimaging tell us about the mind? Insights from prefrontal cortex. *Current Directions in Psychological Science*, *13*(5), 177 - 181.

Pollatsek, A., Lesch, M., Morris, R. K., & Rayner, K. (1992). Phonological codes are used in integrating information across saccades in word identification and reading. *Journal of Experimental Psychology: Human Perception and Performance*, *18*(1), 148 - 162.

Pollatsek, A., Tan, L. H., & Rayner, K. (2000). The role of phonological codes in integrating information across saccadic eye movements in Chinese character identification. *Journal of Experimental Psychology: Human Perception and Performance*, *26*(2), 607 - 633.

Price, C. J., Moore, C. J., Humphreys, G. W., & Wise, R. J. S. (1997). Segregating semantic from phonological processes during reading. *Journal of Cognitive Neuroscience*, *9*(6), 727 - 733.

Pugh, K., & McCardle, P. (Eds.) (2009). *How Children Learn to Read: Current Issues and New Directions in the Integration of Cognition, Neurobiology and Genetics of Reading and Dyslexia Research and Practice*. New York: Psychology Press.

Pugh, K. R., Mencl, W. E., Jenner, A. R., Lee, J. R., Katz, L., Frost, S. J., Shaywitz, S. E., & Shaywitz, B. A. (2001). Neuroimaging studies of reading development and reading disability. *Learning Disabilities Research & Practice. Special Issue:*

Emergent and Early Literacy: Current Status and Research Directions, *16*(4), 240 - 249.

Pulvermüller, F. (2001). Brain reflections of words and their meaning. *Trends in Cognitive Sciences*, *5*(12), 517 - 524.

Rastle, K., & Brysbaert, M. (2006). Masked phonological priming effects in English: Are they real? Do they matter? *Cognitive Psychology*, *53*(2), 97 - 145.

Rawson, M. B. (1995). *Dyslexia over the Lifespan: A fifty-five Year Longitudinal Study*. Cambridge, MA: Educator's Publishing Service.

Rayner, K. (1975). The perceptual span and peripheral cues in reading. *Cognitive Psychology*, 7(1), 65 - 81.

Rayner, K. (1998). Eye movements in reading and information processing: 20 years 82
of research. *Psychological Bulletin*, *124*(3), 372 - 422.

Rayner, K. (2009). The 35th Sir Frederick Bartlett Lecture: Eye movements and attention during reading scene perception and visual search. *Quarterly Journal of Experimental Psychology*, *62*(8), 1457 - 1506.

Rayner, K., Foorman, B. R., Perfetti, C. A., Pesetsky, D., & Seidenberg, M. S. (2001). How psychological science informs the teaching of reading. *Psychological Science in the Public Interest*, *2*(2), 31 - 74.

Rayner, K., Foorman, B. R., Perfetti, C. A., Pesetsky, D., & Seidenberg, M. S. (2002). How should reading be taught. *Scientific American*, *286*(3), 85 - 91.

Rayner, K., Liversedge, S. P., & White, S. J. (2006). Eye movements when reading disappearing text: The importance of the word to the wright of fixation. *Vision Research*, *46*(3), 310 - 323.

Rayner, K., Liversedge, S. P., White, S. J., & Vergilino-Perez, D. (2003). Reading disappearing text: Cognitive control of eye movements. *Psychological Science*, *14*(4), 385 - 389.

Rayner, K., & Pollatsek, A. (1989). *The Psychology of Reading*. Englewood Cliffs, NJ: Prentice-Hall.

Rayner, K., Sereno, S. C., Lesch, M. F., & Pollatsek, A. (1995). Phonological codes are automatically activated during reading: Evidence from an eye movement priming paradigm. *Psychological Science*, *6*(1), 26 - 32.

Reicher, G. M. (1969). Perceptual recognition as a function of meaningfulness of stimulus material. *Journal of Experimental Psychology*, *81*(2), 275 - 280.

Reichle, E. D., Pollatsek, A., Fisher, D. L., & Rayner, K. (1998). Toward a model of eye movement control in reading. *Psychological Review*, *105*(1), 125 - 157.

Rossell, S. L., Price, C. J., & Nobre, A. C. (2003). The anatomy and time course of semantic priming investigated by fMRI and ERPs. *Neuropsychologia*, *41*(5), 550-564.

Routman, R. (1991). *Invitations: Changing as Teachers and Learners K-12*. Portsmouth, NH: Heinemann.

Rueckl, J. G., & Seidenberg, M. S. (2009). Computational modeling and the neural bases of reading and reading disorders. In K. Pugh & P. McCardle (Eds.), *How Children Learn to Read: Current Issues and New Directions in the Integration of Cognition, Neurobiology and Genetics of Reading and Dyslexia Research and Practice* (pp. 101-134). New York: Psychology Press.

Rumelhart, D. E., & McClelland, J. L. (1982). An interactive activation model of context effects in letter perception: Part 2. The contextual enhancement effect and some tests and extensions of the model. *Psychological Review*, *89*(1), 60-94.

Sandak, R., Mencl, W. E., Frost, S. J., Rueckl, J. G., Katz, L., Moore, D. L., Mason, S. A., Fulbright, R. K., Constable, R. T., & Pugh, K. R. (2004). The neurobiology of adaptive learning in reading: A contrast of different training conditions. *Cognitive, Affective & Behavioral Neuroscience*, *4*(1), 67-88.

Scott, J. A., & Ehri, L. C. (1989). Sight word reading in prereaders: Use of logographic vs. alphabetic access routes. *Journal of Reading Behavior*, *22*(2), 149-166.

Seidenberg, M. S. (1995). Visual word recognition. In J. L. Miller & P. D. Eimas (Eds.), *Handbook of perception & cognition: Vol. 11. Speech, language & communication* (pp. 137-179). San Diego, CA: Academic Press.

Seidenberg, M. S., & McClelland, J. L. (1989). A distributed, developmental model of word recognition and naming. *Psychological Review*, *96*(4), 523-568.

Sereno, S. C., & Rayner, K. (2000). Spelling-sound regularity effects on eye fixations in reading. *Perception & Psychophysics*, *62*(2), 402-409.

Seymour, P. H., Aro, M., & Erskine, J. M. (2003). Foundation literacy acquisition in European orthographies. *British Journal of Psychology*, *94*(2), 143-174.

Share, D. L. (1995). Phonological recoding and self-teaching: *Sine qua non* of reading acquisition. *Cognition*, *55*(2), 151-218.

Share, D. L. (2008). On the anglocentricities of current reading research and practice: The perils of overreliance on an outlier orthography. *Psychological Bulletin*, *134*(4), 584-615.

Shaywitz, B. A., Shaywitz, S. E., Pugh, K. R., Mencl, W. E., Fulbright, R. K., Skudlarksi, P., Constable, R. T., Marchione, K. E., Fletcher, J. M., Lyon, G. R., & Gore, J. C. (2002). Disruption of posterior brain systems for reading in children with developmental dyslexia. *Biological Psychiatry*, *52*(2), 101-110.

Shaywitz, B. A., Skudlarksi, P., Holahan, J. M., Marchione, K. E., Constable, R. T., Fulbright, R. K., Zelterman, D., Lacadie, C., & Shaywitz, S. E. (2007). Age-related changes in readings systems of dyslexic children. *Annals of Neurology*, *61*(4), 363 - 370. 83

Smith, F. (1971). *Understanding Reading: A Psycholinguistic Analysis of Reading and Learning to Read*. New York: Holt, Rinehart and Winston.

Smith, F. (1973). *Psycholinguistics and Reading*. New York: Holt, Rinehart and Winston.

Smith, F., & Goodman, K. S. (1971). On the psycholinguistic method of teaching reading. *Elementary School Journal*, *71*(4), 177 - 181.

Strain, E., Patterson, K., & Seidenberg, M. S. (1995). Semantic effects in single-word naming. *Journal of Experimental Psychology: Learning, Memory, and Cognition*, *21*(5), 1140 - 1154.

Tan, L. H., & Perfetti, C. A. (1999). Phonological and associative inhibition in the early stages of English word identification: Evidence from backward masking. *Journal of Experimental Psychology: Human Perception and Performance*, *25*(1), 382 - 393.

Torgesen, J. K., Wagner, R. K., Rashotte, C. A., Rose, E., Lindamood, P., Conway, T., & Garvan, C. (1999). Preventing reading failure in young children with phonological processing disabilities: Group and individual responses to instruction. *Journal of Educational Psychology*, *91*(4), 579 - 593.

Tornéus, M. (1984). Phonological awareness and reading: A chicken and egg problem? *Journal of Educational Psychology*, *76*(6), 1346 - 1358.

Treiman, R., Mullennix, J., Bijeljac-Babic, R., & Richmond-Welty, E. D. (1995). The special role of rimes in the description, use, and acquisition of English orthography. *Journal of Experimental Psychology: General*, *124*(2), 107 - 136.

Treiman, R., & Rodriguez, K. (1999). Young children use letter names in learning to read words. *Psychological Science*, *10*(4), 334 - 338.

Ungerleider, L. G., Doyon, J., & Karni, A. (2002). Imaging brain plasticity during motor skill learning. *Neurobiology of Learning and Memory*, *78*(3), 553 - 564.

Van Order, G. C., Johnston, J. C., & Hale, B. L. (1988). Word identification in reading proceeds from spelling to sound to meaning. *Journal of Experimental Psychology: Learning, Memory and Cognition*, *14*(3), 371 - 386.

Van Orden, G. C., & Kloos, H. (2005). The question of phonology and reading. In M. J. Snowling & C. Hulmes (Eds.), *The Science of Reading* (pp. 61 - 78). Malden, MA: Blackwell.

Van Orden, G.C., Pennington, B.F., & Stone, G.O. (1990). Word identification in reading and the promise of a subsymbolic psycholinguistics. *Psychological Review*, *97*(1), 488-522.

Wagner, R. K., & Torgesen, J. K. (1987). The nature of phonological processing and its causal role in the acquisition of reading skills. *Psychological Bulletin*, *101*(2), 192-212.

Wang, Y., Sereno, J. A., Jongman, A., & Hirsch, J. (2003). fMRI evidence for cortical modification during learning of mandarin lexical tone. *Journal of Cognitive Neuroscience*, *15*(7), 1019-1027.

Weaver, C. (1990). *Understanding Whole Language*. Portsmouth, NH: Heinemann.

Weaver, C. (1994). Reconceptualizing reading and dyslexia. *Journal of Childhood Communication Disorders*, *16*(1), 23-35.

Wheat, K. L., Cornelissen, P. L., Frost, S. J., & Hansen, P. C. (2010). During visual word recognition, phonology is accessed within 100 ms and may be mediated by a speech production code: Evidence from magnetoencephalography. *Journal of Neuroscience*, *30*(15), 5229-5233.

Wheeler, D.D. (1970). Processes in word recognition. *Cognitive Psychology*, *1*(1), 59-85.

Ziegler, J. C., & Goswami, U. (2005). Reading acquisition, developmental dyslexia, and skilled reading across languages: A psycholinguistic grain size theory. *Psychological Bulletin*, *131*(1), 3-29.

Zifcak, M. (1981). Phonological awareness and reading acquisition. *Contemporary Educational Psychology*, *6*(2), 117-126.

第六章　教师可以指望数学神经科学吗? 84

泽维尔·瑟容(Xavier Seron)

认知与神经科学研究的最新进展显示,人在出生后不久,神经网络就能预估简单的数字变化的结果(加与减),区别和比较量的差异。有人提出,这些非符号的数字和运算能力由两个独立的认知系统维系:近似数字系统(approximate number system)能够粗略地区别和比较很大的量;精确系统(accurate system)只能准确地处理3以内的很小的量。有些研究者认为,近似数字系统是人类符号运算能力的基础;而另一些研究者则认为,精确系统的功能推动了从非符号运算到符号运算的转换。功能性的神经结构研究已经确定了参与运算的脑结构,认为上顶内沟的作用非常重要,是数字的语义表征中枢。顶叶可能主要影响各种量(大小、空间、时间……)的加工,顶叶是数字知识与空间加工、手指和手部动作表征及次序加工的关联区。

我们有专门的神经系统处理量及其他与之相关的基本技能,了解了这一点,教育工作者就会更加注意那些基本的数字能力,更加注意这些能力和空间、手指使用、次序加工以及其他量的加工之间的关系。然而,需要强调的是,关于数字加工与其他基本技能之间的关系，人们提出的各种假设都还是初步的，我们现有的知识还不能完全理解。因此，我们认为，在这些关系的基础上开发教育项目必须慎重。我们还认为，教学项目的任何调整，都要在实践中用循证的方法来进行检验。

一、严重的分歧

五年前，比利时教育部长组织了一个关于教育神经科学的研讨会，我应邀做了一场报告。这个研讨会一共有四位演讲者：第一位是知名的认知心理学研究
85 者，他介绍了几种阅读的词汇模型，强调只推广一种阅读教学策略的危害；第二位就算术的答题方法作了一场精彩的报告，强调在解题的过程中，工作记忆可能面临一些困难；第三位用了一个多小时的时间解释皮亚杰理论的一些概念为什么对数学教育仍然重要；而我作了最后一场报告，内容是计算与数字加工。我首先指出，我的三位同仁的报告都很出色，但他们都是认知心理学研究者，他们都没有使用脑成像资料，也没有介绍任何一个真正基于神经科学研究的观点。

几乎与此同时，巴黎的一位心理学研究者在一个很受欢迎的法语评论刊物《智能世界》（*Le Monde de l'intelligence*）上，用两页的篇幅介绍了教育神经科学。教育神经科学被认为是在神经科学与教育科学双重影响下产生的一门新兴学科，可以被定义为“整合发展心理学（从婴儿一直到成人）、认知神经科学和教育学后产生的新学科”（Houdé，2006）。有人认为，教育神经科学将告诉教育工作者脑学习的能力和局限，有助于解释“为什么有些学习环境很有效而另一些没有效”。教育神经科学还被认为是一门面向未来的学科，因为它的规划——还没实现——是“从结构（磁共振成像）和功能（功能性磁共振成像）的角度研究脑中智力的建构过程以及阅读、计算等学科教学的影响，等等”。

在此期间，我问自己，我们真的在见证一门新学科的诞生，还是在看一件“皇帝的新装”？我们有没有充分的理由认为，通过深入观察儿童的脑，我们就能知道更多阅读或数学的教学方法？虽然我依然不相信教育神经

科学①这样一门新兴学科真的存在，但很快我就被说服了，它为各种培训项目创造了一个新的、利润丰厚的市场。谷歌搜索给出了 3 000 多条与法语单词 neuropédagogie 相关的搜索结果。在一些商业网站，人们可以下载（试用期免费）一些具有革命性的代表性项目，运用所谓的左脑皮质刺激（stimulation corticale gauche）、右脑皮质刺激（stimulation corticale droite），甚至——感谢神经科学研究者在情感方面的发现——左边缘系统刺激（stimulation limbique gauche）和右边缘系统刺激（stimulation limbique droite）。关于神经科学方法在教育领域的优势，互联网上充斥着很多伪科学的信息，关于左右脑（同时参考本书第十三章）、睡眠对学习的影响和记忆的各种类型（同时参考本书第七章），新旧神经神话层出不穷。

尽管我不相信，我们正在见证一门新学科的诞生，但我愿意承认，神经科学很重要，对那些希望开发更有效的教学方法的教育专家来说，神经科学在不久的将来将变得至关重要。然而，关键的问题是，究竟哪些神经科学知识将受到教育工作者的青睐，更确切地说，究竟哪些神经科学信息不同于认知心理学研究者已经收集的信息并且能够影响教学。如果我们希望创立一门教育神经科学的新学 86
科，我们至少要证明，与认知加工相关的脑活动和结构的知识，可以补充认知心理学模型所提供的知识。这一章，我要研究的问题是：在特别活跃的认知算数领域，神经科学对教育有什么影响。

过去的 20 年，有一些认知神经科学研究以数字和计算为对象，取得了一些重要的研究成果。因而，这让我们对数学能力及其相关脑区有了更多的认识（Ansari，2008；Butterworth，1999；Dehaene，1997，2009）。对教育而言，算术是至关重要的知识领域。可以说，在一个需要计算的社会，数学能力是有效行使公民权利的前提条件（Butterworth，2005），是推动科学技术发展的重要力量，科学技术的发展又会对经济水平产生强烈影响，也是改善人口福利的重要力量。以美国为例，20 世纪 60 年代，有一些调查研究危言耸听，指出儿童在学校的数

---

① 然而，确有迹象表明，一个联结神经科学研究者与教育工作者的新兴跨学科领域正在出现。这方面最新的进展有：英国剑桥大学和伦敦大学学院分别建立了教育神经科学研究中心，国际心智、脑与教育协会成立，哈佛大学教育研究院开设了具体的心智、脑与教育的研究生教育课程，达特茅斯学院教育专业开设了教育与神经科学方向的本科生课程。对此更为乐观的论述可参考德斯米德特及其同事（De Smedt & colleagues，2010）的观点。

学成绩已经开始下降（Bishop，1989）。① 很多研究对美国儿童和中国或日本儿童的数学发展水平进行了比较（Geary，Salthouse，Chen，& Fan，1996；Miller，Kelly，& Zhou，2005；Peak，1996）。提高儿童数学成绩，也成为欧洲教育的优先考量。在这样一个充满竞争的教育环境中，任何科学进展，只要能够积极影响教学方法和项目，不仅能受到人们的热烈欢迎，而且还会成为人们主动探寻的目标。这就可以解释，肩负教育责任的人为什么对神经科学的任何进展都非常感兴趣。

不管怎样，在思考神经科学有可能对教育实践产生什么影响之前，我们首先需要简单总结一下，近些年认知神经科学已经取得了哪些进展。为了避免误解和错觉，我们也必须强调一下，目前还有很多问题悬而未决。因此，我将首先介绍有关计算的认知神经科学研究的一些基本情况，重点强调已经取得的成果和（更多）仍存在争议的领域。

二、算术认知神经科学

1. 多种数字—表征系统的存在

科学界普遍认为，人类的数字加工和计算能力依靠多种表征系统（Fayol & Seron，2005）。算术运算或大数的精确计量属于精确计算能力，主要依靠符号表征，为人类所独有。这种符号表征，只能在需要计算的文化中发展，通过教学，人们才能掌握这种表征。这是一种文化的创造。另外，有研究表明，人类有一些更基础的数字能力，它们由两个不同的系统维系：一个表征系统是非人动物、婴儿和成人都有的近似数字系统，这让他们不需要口头计数，就能区别并近似地表征看到和听到的数；另一个表征系统则是对那些很小的量进行精确表征的精确系统（Butterworth，1999；Dehaene，1992；Feigenson，Dehaene，& Spelke，
87 2004；Nieder & Miller，2003，2004；Wynn，1995）。在近似数字系统中，量的表征的精确度是目标值的对数函数，表征的量越小，表征越精确，表征的量越大，

① 据估计，数学与阅读水平的下降，让美国经济每年损失 1 700 亿美元。因此，开发出能提高儿童数学水平的教育项目，被很多政府视为教育的当务之急。早在 1991 年，提高数学和阅读成绩就被列为美国教育部六大优先目标之一（America 2000：An Education Strategy，US Department of Education，1991，p.3）。

表征的精确度越低。这种不太精确的表征受两种行为效应的影响：距离效应［正常的成人要在两个量（用阿拉伯数字或一些圆点表示）中指出哪个量更大时，这两个量的距离越小，反应时间越长，错误率越高）］和数值效应（两个量之间的距离恒定，绝对数值越高，反应时越长，错误率越高）（Moyer & Landauer，1967；Restle，1970）。

除了这种近似表征，还有证据表明，很小的量（1—3）有自己的加工方式，这种方式被称为数感（subitizing）（Chi & Klahr，1975；Kaufman，Lord，Reese，& Volkman，1949）。人们看到1、2和3这几个量时，不需连续（并且集中注意力）数数，就能快速而准确地识别和命名。人们听到（Camos & Tillmann，2008）和通过触觉感觉到（Riggs et al.，2006）这几个量时，也是如此。很小的量的精确表征，需要一个独特的表征子系统，它被称为对象—文件系统（object-file system）（Kahneman，Treisman，& Gibbs，1992；Simon，1997；Trick & Pylyshyn，1994）。与近似数字系统不同，对象—文件系统的能力有限，只能表征3个或更少的对象。在对象—文件系统中，由于现实世界中的物体和对象文件一一对应，因此量得到隐性的表征。

因此，成人有两个非符号系统，有些其他的动物也有：一个能够近似地表征很大的量，另一个则能够快速而准确地识别很小的量。具有计算能力的人，还要掌握两个主要的符号数字系统：数词（主要用于交流）和阿拉伯数字（用于估算和计算）。两个非符号系统和符号运算之间的发展性关系，仍处于争论之中。主流观点认为，我们的符号数字系统（用词语表示的数字、阿拉伯数字和精确计算）根植于近似数字系统（Dehaene，1997）；另有一小部分人认为，小数字所激活的精确的非符号表征是人类符号表征的先驱（Carey，2001）。当然，这两个系统也有可能以我们尚不了解的方式相互作用。

2. 数量表征的神经相关性

从神经元的角度来说，大量的数据清楚地表明，人类的脑（和一些动物的脑）有专门的神经回路用于数量的加工和计算（Ansari，2008；Dehaene，2009；Zammarian，Ischebeck，& Delazer，2009）。颅顶、前额和扣带神经元结构构成了一个神经网络，让神经系统拥有了这种能力。顶叶是最关键的区域之一，被试计算时，它被系统地双侧激活（Chochon，Cohen，van de Moortele，& Dehaene，

1999；Dehaene，Spelke，Pinel，Stanescu，& Tsivkin，1999；Fias，Lammertyn，Reynvoet，Dupont，& Orban，2003；Gruber，Indefrey，Steinmetz，& Kleinschmidt，2001；Lee，2000；Menon，Rivera，White，Glover，& Reiss，2000；Pesenti，Thioux，Seron，& De Volder，2000；Pinel，Dehaene，Riviere，& Le Bihan，2001；Rickard et al.，2000；Simon，Mangin，Cohen，Le Bihan，& Dehaene，2002；Stanescu-Cosson et al.，2000；Zago et al.，2001）。

在顶叶区域，顶内沟，特别是它水平的部分，似乎在数量表征中起着特别的作用。例如，在数量比较实验中，被试要判断给定的数量大于还是小于标准，这
88 时，顶内沟常常是唯一被激活的区域。当被试要感知阿拉伯数字而非字母或者颜色时（Eger，Sterzer，Russ，Giraud，& Kleinschmidt，2003），当数字在潜意识中呈现时（Naccache & Dehaene，2001），顶内沟也会被激活。这表明，人们能够从数字符号自动估计出数量信息。功能性磁共振成像的适应性研究显示，如果某个数量反复呈现，神经系统就会适应，而与两个数量数值距离相当的异常量，会让神经系统出现反弹，这些都验证了顶内沟的作用（Nieder & Miller，2003）。符号数字（Piazza，Pinel，Le Bihan，& Dehaene，2007）、具体的量，例如，点阵图形（Cantlon，Brannon，Carter，& Pelphrey，2006；Piazza，Izard，Pinel，Le Bihan，& Dehaene，2004），都有这种效应。这表明，顶内沟的数量编码系统是抽象的（但是同时参考，Cohen Kadosh ，& Walsh，2009 和 Cohen Kadosh，Muggleton，Silvanto，& Walsh，2010）。

探索数量提取过程的神经科学研究也取得了重要的进展。任何数量的心理表征都需要忽略集合中元素的物理特征（不管它们的外形如何，3 只大象和 3 只老鼠的数量一定是相同的）。由此，从一组对象或事件中提取它们的数量，需要某种机制。视觉对象的提取过程已经有了模型（Dehaene & Changeux，1993；Verguts & Fias，2004）。在这个模型中，数量的表征前后经历两个阶段。第一个阶段，视觉的数量激活对象—位置地图，其中每个神经元标记一个在特定位置出现的对象，但不包括对象的物理外观。因为每个对象由一个激活单位表征，所以表征的对象越多，地图的激活就越强烈。因此，在地图这一层面，数量由数字强化型代码表征。第二个阶段，数字强化型地图中的激活，被转换为某个结构中某个数字选择型代码。在这个结构中，有些单元是数字选择型的，也就是专门对应某个具体的数量。

脑激活方面的研究，支持这种模型及对这种模型的模拟。猕猴外侧顶内区域（lateral intraparietal，LIP）的单细胞活动记录，为量的求和编码系统（numerosity summation coding system）提供了神经生物学证据（Roitman，Brannon，& Pratt，2007）。此前，有两组研究人员都在猕猴顶内皮质内部及其周边观测到数字选择型神经元系统的存在（Nieder，Freedman，& Miller，2002；Nieder & Miller，2004；Sawamura，Shima，& Tanji，2002）。有关人类的最新研究也表明，语言和非语言的数量在脑中有两个不同的激活通道。具体的数量是一个两阶段的代码分析过程（先是数字—求和代码系统，然后是数字—选择系统），而语言的数量以更直接的方式主要激活数字—选择系统（Santens，Roggeman，Fias，& Verguts，2009）。

有人提出，符号数字和精确计算有专门的表征，这一提法得到了其他脑激活方面研究的支持。这些证据都显示，左角回（angular gyrus，AG）和左颞上回高度参与符号计算。角回的损伤会导致格斯特曼综合征（Gertsmann syndrome）（Gerstmann，1930，1957）。在计算过程中，角回的确被激活（Burbaud et al.，1995；Rueckert et al.，1996），角回更多地参与精确计算而非近似计算①（Dehaene，Spelke，Pinel，Stanescu，& Tsivkin，1999；Venkatraman，Siong，& Chee，2006），并且还参与计算规则的提取（Delazer et al.，2003；Grabner et al.，2009）。尽管角回被认为可以帮助提取计算规则，但它并不能影响以数量为主的运算，例如数字的比较估计，也不能影响近似计算。还有一些研究结果表明，在计 89
算任务中，脑前区的一些结构被激活（Pesenti et al.，2000）。此外，有研究发现，数值距离与前额和前中央区域的激活水平负相关，这意味着这些结构影响数量的处理（Ansari，Garcia，Lucas，Hamon，& Dhital，2005；Pinel et al.，2001）。

总而言之，人脑中的很多结构都参与数量的加工和计算。但是，正如本章后面要提及的，这些结构的确切作用和它们在计算上的功能特性，仍然没有定论。

3. 神经科学的基本问题：为何是顶叶？

数量加工与计算任务中，顶叶皮质区域的激活让神经科学研究者们思考选

① 相反，顶内沟在近似计算时的激活范围大于精确计算（Stanescu-Cosson et al.，2000），在减法运算时的激活强度大于乘法运算（Chochon et al.，1999；Lee，2000）。

择这个结构的原因[①]。抓握、手指指向、眼动、注意定向这些动作，以及更普遍的注意选择或者反应选择机制，都能激活顶内皮质(Shuman & Kanwisher，2004)。顶内沟也参与其他物理维度的处理，例如大小、位置、角度和亮度，这让人们怀疑，是否只有量才能激活顶内沟(Cohen Kadosh & Henik，2006；Cohen Kadosh et al.，2005；Fias et al.，2003；Kaufmann et al.，2005；Pinel，Piazza，Le Bihan，& Dehaene，2004；Zago et al.，2008)。虽然顶内沟有些区域被数量激活的强度要高于被非数量激活的强度，但数量和大小(Kaufmann et al.，2005；Pinel et al.，2004)、数量和位置(Zago et al.，2008)的激活区域有相当大的重合。这样的重合有两种解释：一种认为，这表明顶内沟存在一个子系统，专门用来加工量，这个子系统只是部分独立于其他具体的数量系统，并且与这些数量系统交织在一起(Dehaene，2009)；另一种认为，顶内沟有一个普遍的系统，负责评估时间、空间和其他的量(Walsh，2003)，有些动作需要计算对象的大小、准确位置和数量，这样一个数量系统让顶叶可以对这些动作进行控制(Andres，Olivier，& Badets，2008；Milner & Goodale，1995)。

顶内沟在数量处理中到底发挥什么作用，这也是一个有争议的话题。虽然大多数研究都强调，它的主要作用是加工数字的量，但有些研究者却认为，它在处理次序的过程中发挥着重要的作用。一项功能性磁共振成像研究显示，数字的和非数字的次序(例如，字母和月份)都会激活顶内沟前部的一些区域(Fias，Lammertyn，Caessens，& Orban，2007)。这些数据表明，顶内沟是表征次序的关键结构，因而质疑顶内沟的激活主要反映量的加工。与这些研究结果相一致的观点是，顶内沟更普遍地影响次序信息的工作记忆：项目间次序差异的增加会系统地降低顶内沟的激活程度(Marshuetz，Reuter-Lorenz，Smith，Jonides，& Noll，2006；Marshuetz & Smith，2006)。

虽然次序和数量可能都在顶内沟内进行加工，但是有些数据表明，这两个方
90 面存在一些微妙的差异。特科尼和瑟容(Turconi & Seron，2002)的研究显示，虽

① 这一问题首先由巴特沃思(Brian Butterworth)提出，他曾问，数字表征所处的脑区也控制手部、手指与空间关系，理由是什么(Butterworth，1999)。迪昂(Stanislas Dehaene)从生物种系发生的角度提出了同样的问题。他创建的“神经元再利用理论”(neuronal recycling theory)提出，文化创造(符号计算)侵占了大脑的这一特定结构，因为它已经参与非符号的数字活动和空间转换(Dehaene & Cohen，2007)。

然数字的序数(ordinality)意义和基数(cardinality)意义常常相互关联，但在行为水平上，它们还是有区别的。记录的事件相关电位显示，左、右顶内沟和前额区加工的时间进程不同(Turconi, Campbell, & Seron, 2006; Turconi, Jemel, Rossion, & Seron, 2004)。格斯特曼综合征病人的案例研究也观察到序数和基数之间的双重分离(Delazer & Butterworth, 1997; Turconi & Seron, 2002)。

4. 数量与空间

数量表征与空间表征之间看起来有很强的联系，这也让人想到了顶叶。已有研究发现，人们在判断数量的时候，对排列在左侧的小数字的判断比对排列在右侧的大数字的判断更快。迪昂将其称为空间-数字联合编码效应(spatial number association of response codes, SNARC)(Dehaene, Bossini, & Giraux, 1993; Dehaene, Dupoux, & Mehler, 1990)。这样的空间偏爱在很多实验条件下都出现过。例如，有研究显示，当数字呈现在视觉的中央区域时，小数字将人的注意方向引向左边，而偏侧忽略症患者(hemineglect patients)在执行数字平分任务(number bisection tasks)时，也有这种倾向。例如，当被问到12和19中间的数字是多少时，这种病人倾向于回答17，就好像他们忽略掉了数字内部空间表征的左侧(Zorzi, Priftis, & Umiltà, 2002)。一些正常被试也表示，他们以一种特殊的视觉空间表征来看数字，这种内部结构的方向通常是(但不总是)从左到右(具体参考，Seron, Pesenti, Noël, Deloche, & Cornet, 1992)。

数量加工区域与大小、位置、注视方向等空间维度的编码区域相邻，并且常常重合，这可以解释数量加工中的空间效应(Hubbard, Piazza, Pinel, & Dehaene, 2005)。在解释这种空间偏爱时，人们最初认为，被数量局部激活的心理空间框架是一条压缩的“心理数轴”，它从左到右的方向，源自西方的阅读习惯。这种解释认为，对一侧的偏爱来自心理数字框架与反应侧的空间相容效应(Hubbard et al., 2005)。也有证据表明，对从左到右这个方向的空间偏爱与文化环境有关，更确切地说，与阅读方向有关。从右到左阅读的人群很少偏爱从左到右这个方向，他们甚至会反过来，偏爱从右到左这个方向(Dehaene et al., 1993)。

然而，数字由一个心理空间结构来表征的假设与各种情景效应很难共存。例如，如果让被试想象时钟表面上的数字，那么就可以观察到数量与自左到右的反应之间的相反关系(Bächtold, Baumükller, & Brugger, 1998)。反应键沿着垂直方向设置,有些被试就会表现出对垂直方向的偏爱,也就是底端的键代表小数字,顶端的键代表大数字时,被试的反应会更快些(Gevers, Lammertyn, Notebaert, Verguts, & Fias, 2006)。另外,有研究显示,双语被试可能会由于使用的语言而呈现出完全相反的空间偏爱。例如,沙基和费希尔(Shaki & Fischer, 2008)发现,阅读 10 分钟希伯来文或斯拉夫文,被试的数字空间的对应关系就会发生变化。俄语—希伯来语双语成人,阅读几段斯拉夫文(从左到右)后,再执行数字判断任务时,会显示出正常的空间-数字联合编码效应;但阅读几段希伯来
91 文(从右到左)后,这种效应明显变小了(但仍然显著)。这些作者同样告诉人们,俄语—希伯来语双语阅读者在判断数字是否相等时,只要先阅读一个斯拉夫文或希伯来文的单词,空间-数字联合编码效应的方向就会受到影响。数字归类时,空间-数字联合编码效应受之前数词所使用的语言的影响,这种现象有力地证明了,阅读会迅速地重新形成数字与空间的对应关系,同时也说明,空间-数字联合编码效应不只依靠阅读习惯所形成的长期联系(Fisher, Shaki, & Cruise, 2009)。洪、洪、曾和吴(Hung, Hung, Tzeng, & Wu, 2008)的研究还显示,语境对空间-数字联合编码效应也有影响。他们发现,数字的空间联系具有符号的特异性,阿拉伯数字符号是水平转换(它们最常出现在水平书写的文本中),而中文繁体字的数字符号是垂直转换(它们最常出现在垂直书写的文本中)。

这些变化和语境的影响使一些研究者认为,空间-数字联合编码效应并没有利用固定的长期表征,而是反映了动态的工作记忆表征,这种表征受当前任务的影响,与语言线索和反应选择策略有关联(Fias & Fischer, 2005; Fisher, 2006; Seron & Pesenti, 2001)。还有人提出,空间-数字联合编码效应与数字的次序而不是数字的量相关,因为非数字次序,例如字母或者月份,也有微弱的空间-数字联合编码效应(Gevers, Reynvoet, & Fias, 2003,2004)。

5. 数字、手指和手部动作

手和手指与数字和算术之间的关系早已为人所知,顶叶是数字表征的关键区域,这一发现重燃了人们对此的兴趣。发展心理学早就发现,手指活动与数字之间存在着特定的联系。儿童借助手指计数和指向(Fuson, 1988; Gelman & Callistel, 1978),在一些文化中,儿童还会借助身体的其他部位来计数(Ifrah,

1994)。印欧语言有一些数字的名称,它们的词源与手指的使用相关(Butterworth, 1999)。若干世纪以来,手指是加法和复杂的乘法运算的工具,而且很有可能因为它,我们的数字系统才采用 10 进制。左脑顶叶受损的病人,常常伴有严重的计算障碍和数字失认症(格斯特曼综合征)(Cipolotti, Butterworth, & Denes, 1991; Gertsmann, 1930,1957; Mayer et al., 1999),这也证明了数字与顶叶的联系。

顶内沟的中心位置位于顶叶,与周围脑区的联结非常紧密,在计算能力的发展过程中,数字就有机会与其他空间及运动相关区域形成联系。比利时鲁汶天主教大学(Catholic University of Louvain)的研究人员已经发现,手部和手指的动作系统与量之间存在一些相互关系。例如,安德烈斯及其同事(Andres, Davare, Pesenti, Olivier, & Seron, 2004)发现,处理阿拉伯数字的量会干扰手指动作,导致当反应是紧握或者松开时出现兼容效应。小数字会让紧握反应更快,而大数字会让松开反应更快。以物体为目标的手的抓取任务也有类似的现象(Lindemann, Abolafia, Girardi, & Bekkering, 2007),数量虽然与抓取任务无关,但会影响抓握的力度。在第一阶段,手伸向目标的动作中,数量的影响较大,手越接近目标,数量的影响就越小(Andres, Ostry, Nicol, & Paus, 2008)。被试不做动作,只在意识中评估动作的可行性,这种情况下,数字的量也会影响动作(Badets, Andres, Di Luca, & Pesenti, 2007)。在一项研究中,巴代茨和佩森 92
蒂(Badets & Pesenti, 2010)发现,动作与数字间存在着反向的关系:观察紧握的动作会降低大数的加工速度。有趣的是,这种影响只在观察真人(而非人造)的手部动作时出现。这些结果表明,负责抓握的运动系统被赋予了一种功能,它能自动地将数字或可抓握物体的量考虑进去。

除了这些与抓握相关的数据,其他证据也能证明手指与数字之间的关系。从个体发展的角度来说,除了单一个案研究(Pebenito, 1987),队列研究(Kinsbourne & Warrington, 1962, 1963; Rourke, 1993; Strauss & Werner, 1938)也显示,数字失认症和计算能力缺陷之间的关系是双向的。在一项纵向研究中,法约尔、巴鲁耶和马兰特(Fayol, Barrouillet, & Marinthe, 1998)发现,儿童 5 岁时的知觉-触觉表现(perceptivo-tactile performances),而不是总体发展分数,能更好地预测 6 岁和 8 岁时的计算表现。这一结果已经得到了一项研究的验证,在这项研究中,实验者触碰 6 岁儿童的手指,儿童要感知被触碰的是哪根手指，儿童这种感知能力对他们数学技能的预测，好于标准的发展测验（Noël，2005）。这些结果表明，知觉-触觉表现与表征和处理数量的能力之间具有一定的联系；这些结果还表明，这种联系具有长期预测功能。

实验研究已经表明，有些联系在成人当中仍然存在。在反应时任务中，阿拉伯数字 1—10 对应不同的手指，被试要根据看到的数字使用相应的手指在计算机键盘上作出按键反应，如果手指和数字之间的分配符合被试惯用的手指计数策略，被试的反应会更快一些（Di Luca，Grana，Semenza，Seron，& Pesenti，2006）。这一结果得到了电生理研究的验证。电生理研究发现，被试口头判断数字 1—4 的奇偶时，经颅磁刺激（Transcranial Magnetic Stimulation，TMS）诱发的右手肌肉抽动非常明显；然而，在判断数字 6—9 时，则没有这种明显的抽动现象（Sato，Cattaneo，Rizzolatti，& Gallese，2007）。所有被试都报告他们用右手开始计数，所以就可以将这些应激性变化解释为：它们反映了小数字表征和右手手指表征之间存在重合。

手指还可用于非言语的量的交流，每种文化都有手指伸出的固定次序，这种文化习惯决定了哪些手指伸出方式是典型的，哪些是非典型的。迪卢卡和佩森蒂（Di Luca & Pesenti，2008）对这种行为进行了研究。他们发现，看到典型的手指伸出方式（即手指伸出方式符合被试个人的手指计数习惯）时，被试命名数字的速度快于看到非典型的手指伸出方式时。6 岁儿童也有这样的现象（Noël，2005）。迪卢卡和佩森蒂（Di Luca & Pesenti，2008）发现，在阿拉伯数字比较任务中，在阈下呈现典型的手指伸出方式之后再显示数字，启动效应会大于在阈下呈现非典型的手指伸出方式。最后，通过一种复杂的启动设计，迪卢卡及其同事（Di Luca，Lefevre，& Pesenti，2010）发现，典型的手指伸出方式与非典型的手指伸出方式激活的语义表征不同。典型的手指伸出方式激活符号数字这类位置编码表征，而非典型的手指伸出方式的表现更接近具体的量，因此它们激活了某个求和代码。这一结果可能表明，典型的手指表征（如数词和阿拉伯数字）在长时记忆中有语义表征。

显然，数字与手部动作及手指动作之间有种种联系。其中，有一些联系非常明显，例如，数字与量的计数、列举或交流活动的联系；而另一些联系，例如与抓握动作的关系，则更加隐蔽，或者被用来传递连续量的信息。

6. 脑的激活与发展

93

认知神经科学研究者对支持数字加工和计算的脑的网络，已经有了很多了解，但大多数这样的研究，被试都是成人。了解成人的脑，不能为教育工作者提供直接的帮助，教育工作者更关心的是数学认知与计算学习的发展。不过现在，有人开始研究，在数学能力发展过程中，儿童脑的激活方面的变化。

数字加工的发展性神经成像研究总体表明，如果任务与数的符号（例如，10个阿拉伯数字）有关，那么儿童更依赖前额区域，这一点与成人不同（例如，Ansari，2008；Kaufmann et al.，2006；Kucian，von Aster，Loenneker，Dietrich，& Martin，2008）。随着年龄的增长，儿童双侧顶内沟和左颞顶皮质开始出现明显的顶叶回路。例如，在一个横向研究中，8—19岁的被试要检查简单的加减运算，研究发现，左颞枕皮质外侧以及左缘上回和前顶内沟的激活程度随着年龄的增长而提高，脑的额叶区域和一些亚皮质结构的激活程度随着年龄的增长而降低。一项功能性磁共振研究比较了在做简单的一位数加、减法和乘法运算时，儿童（9—14岁）与成人（40—49岁）的脑的激活状态，发现了非常类似的激活变化（Kawashima et al.，2004）。符号和非符号比较任务也发现了激活从额叶转向顶叶的证据（Ansari & Dhital，2006），功能性磁共振适应实验发现，异常的量能激活成人双侧顶内沟，但只能激活4岁儿童右侧顶内沟（Cantlon et al.，2006）。此外，一项事件相关电位研究发现，3个月婴儿右侧额顶区域的网络对数字异常非常敏感。综合而言，这些发现表明，学习和发展形成了专门的顶叶回路，处理数字和量的加工与计算，其中左颞顶皮质专门用于计算，双侧顶内沟专门用于数字和量的加工（Izard，Dehaene-Lambertz，& Dehaene，2008）。

7. 脑的激活与数学学习

奥地利的因斯布鲁克市，德拉则（Marareth Delazer）及其同事对正在学习新的算术知识的年轻人进行了研究，尽管这个研究不能与发展性研究直接比较，但总体趋势是相同的：被试首次遇到新的算术知识时，主要激活脑的顶内沟、顶下小叶（inferior parietal lobule）和额下回，随着学习的进一步深入，左角回的激活强度开始提高。脑激活的这种变化看起来反映了学习的不同阶段（起步阶段以量的加工为主，到了学习的完成阶段，就直接从记忆中提取正确解法）。从额叶到顶叶区域的转换，说明了一个更加普遍的学习发展过程，即从控制和执行的加工，转向具体的任务过程。有趣的是，奥地利的这个研究团队还比较了不同学习过程的脑激活，以确定这些过程是否由脑中不同的网络所支持。德拉则及其同事(Delazer et al.，2005)进行了一项开创性的研究，用两种新的算术方法来训练成人：一种通过应用运算规则来学习(策略条件)，另一种则通过死记硬背来学习(操练条件)。学习阶段完成后，操练条件下，角回有很强的激活反应，而策略条件则激活一个更大的网络。一项研究比较了复杂的减法和乘法的学习情况，
94 这项研究发现，不同的运算方法可能有不同的表征(Ischebeck et al.，2006)。不过，强化训练能让角回的激活程度提高，这可能不是算术所独有的，因为被试学习复杂的乘法和图形—空间题目时，虽然没有强化训练，但是也会出现这样的现象(乘法题目使左角回有更大的激活峰值，图形—空间题目使右角回有更大的激活峰值)(Grabner et al.，2009)。这表明，角回的实质作用可能是连接问题和它们的解法(Annsari，2008)。

三、教师会对什么感兴趣?

本章第二部分所总结的认知与神经科学研究表明，神经科学研究者在数字认知领域已取得了相当大的进展。他们已经确定了一些负责具体的数量、符号数字和算术加工的关键性的脑区，进行了大量探索这些脑区功能的研究，收集了儿童和青少年学习符号数字和算术加工过程中这些脑区变化的数据。当然，这些研究本身非常有吸引力，可以帮助我们理解神经回路如何支持计算认知，符号计算的学习如何影响神经网络。这些研究仍在进行当中，而接下来我将讨论这些仍在进行中的重要研究对教育的影响。为了分析这个问题，我先强调三个不同的方面：顶叶网络的多种功能，数学能力的发展，以及发展性计算障碍。

1. 顶叶网络的多种功能：这意味着什么?

有些顶颞结构，与脑的其他一些区域相连，它们对数学认知非常关键。初看起来，知道某些认知功能激活脑的哪个部分，似乎对教育工作者没有多大的帮助。然而，神经科学研究者的研究并不只是确定脑中激活的位置，他们还研究顶颞结构的很多其他功能。数字激活顶内沟及其他结构(中央前回和左角回)，但

可以激活这些结构的不仅是数字，这一事实让他们开始思考这些激活中重合的部分具有哪些重要的功能。因此，神经科学提供的信息，不仅表明负责数字加工的神经激活的位置，还表明同一个脑区可以被不同的任务激活，这些任务可能包含其他的认知加工或动作，于是人们开始思考在功能的层面，脑的这些激活有什么影响。就目前的知识而言，激活同一脑结构的数学认知过程与其他任务之间有什么关系，人们还没有达成共识。解释这一现象的假设已经有几种，这些假设有的相互补充，有的相互对立。简言之，这些假设主要有：

- 顶叶（顶内沟）是加工各种量，包括数字的量的关键结构（Walsh，2003）。
- 顶内沟是婴儿加工近似量的关键区域（Dehaene，2009），左顶内沟后来成为表征符号数字的量的结构。
- 在控制计数、指点物体方向等手指和动作表征的神经网络（包括脑的一些前部区域）中，顶内沟是其中的关键结构（Butterworth，1999；Pesenti et al.，2000）。
- 顶内沟对次序表征非常重要，因此也参与序数意义的加工（Marshuetz & 95
Smith，2006）。
- 顶内沟的空间功能，对心理数轴空间走向的发展很重要（Dehaene，2009）。

值得注意的是，这些假设未必是相互对立的。例如，顶叶有可能既有量的近似表征，也与手部动作及手指指向活动有关联。不过，确定这些假设和数学教育有什么关联，这是教育工作者的基本问题。

为了吸引教育专家的兴趣，这些神经元的激活必需有功能的解释。认知计算神经科学的现有知识还远不能提供这样的解释。研究发现重合或相近的神经激活并不一定意味着存在加工的共性。例如，数字加工和其他连续量（例如，方位与尺寸）的加工所激活的区域在顶内沟重合，这可以从不同的角度进行解释。有一些研究者认为，这表示存在一个通用的量的系统（Walsh，2003）；另一些研究者则认为，同一结构有几个不同的、已经专门化的神经元系统，其中，一个负责数量，其他的负责数量的其他参数（Dehaene，2009）。

至此，信号的庞大规模和现有的研究程序，可能会成为制约我们的因素，正如尼德（Nieder，2004，p.408）所指出的：

> 功能性磁共振成像设备连续侦测大量的信号，研究人员需要在相对较

> 大的皮质组织体积和时间范围内(至少与单细胞记录相比),甚至在不同的被试间,对这些信号进行平滑与平均处理。几个立方毫米的脑组织所容纳的神经网络极有可能不止一个,这些网络可能在已经专门化的同时,又部分地重合或交叉(Kleinschmidt, 2004; Pinel et al., 2004),功能性磁共振成像的分辨率相对较低,因而无法从空间或时间上区分它们。

尼德还强调,单细胞的记录显示,只有 10%—20% 的顶内沟神经元与视觉的数量有关(Nieder & Miller, 2004)。这意味着,其余 80%—90% 的神经元拥有其他功能。这些脑激活的功能,还有很多仍然无法解释。

神经科学的研究并不是孤立的,行为数据显示,数字加工和其他关联维度(空间、时长、次序、手指、手部动作等)的加工之间,相互干扰,这些行为数据通常可以扩展和补充神经科学的发现。不过,行为层面也面临同样的困难,因为从数字与非数字任务加工的相互干扰中,研究人员不能自动地得出加工过程中有一些共同的功能。例如,有人在一些精巧的实验设计中发现,抓握动作,甚至抓握动作的表征,受所呈现数字的影响,而这个数字的量并不影响动作的实现,这一事实并不一定意味着,这两个过程属于同一个功能结构。其他的可能性也要考虑在内:例如,有可能两种平行但不相同的加工过程在反应选择阶段相互作用;有可能手部抓握与数量的估计之间存在着其他的功能关系;又或者在脑的层面记录到的共同激活和在行为层面观察到的干扰,可能都是某种功能关系的残留,这种功能关系在发展的某个阶段非常重要,但之后消失了。

总而言之,根据我们对某些颞顶结构功能的了解,也根据数字认知神经科学的最新研究,我们得出这样一个结论:这些结构会参与很多不同的任务,除了动
96 作和认知领域任务,还包括数字活动任务。这些共同激活,还有对行为的干扰,很能吸引人们的注意,但它们在功能上的重要性,还需要进一步明确。这就要求研究人员必须提出非常明确的功能性假设,这样才能进一步建立认知模型。

当然,这些保留意见并不意味着教育工作者应该忽视神经科学研究者的工作。但是,鉴于很多功能还没有确定,教育工作者只能把神经科学研究者所收集的数据当作新的思路的出发点。如果教育工作者更有雄心,想根据一些神经科学信息,将新的内容、策略引入数学课程,他们就必须以科学实验为依据,将新方法与已有方法进行比较,在实践中研究它们的有效性。

2. 数学能力的发展

神经科学研究者所收集的、有关数学能力发展的数据，理应对教育更为重要。数学发展的神经科学研究提出了一个主要的设想，这个设想的构架是：刚出生的婴儿接触到具体的量，会激活两侧的顶内沟；随后，儿童开始遇到符号数字，也主要激活顶内沟，但是这时候激活越来越精确，符号的量的激活，侧化至左颞顶网络。这表明，顶内沟不仅是近似数字表征之所在——也是关键的、获得符号数字代码系统的脑结构。

顶内沟激活的发展和精进表明，人类固有的、量的近似系统是形成符号运算能力的基础。很多行为数据支持这一假设。例如，有研究表明，14 岁儿童非语言近似数字系统的敏锐度，与他们幼儿园时的标准数学成绩测验的分数相关，即使控制了其他认知变量的影响(例如，词汇提取或一般智力)，这种相关性依然存在(Halberda, Mazzocco, & Feigenson, 2008)。不过，由于这项研究是回溯性研究，因此不可能确定因果关系的本质：或者是近似数字系统的效率促进了符号系统的发展，或者是符号系统的掌握提高了近似数字系统的敏锐度。一项前瞻性研究克服了这一困难，这项研究发现，近似计算和未来数学成绩正相关。例如，德斯米德特、维查弗和盖斯基埃(De Smedt, Verschaffel, & Ghesquière, 2009)使用纵向设计，证明在正规教育的起步阶段，距离效应的大小(用他们的反应时表示)能够预测儿童一年后总体的数学成绩。回归分析显示，这种关联不受年龄、智力和数字识别速度的影响。入学之初，5 岁和 6 岁儿童在大数字、非符号加法运算上的表现，与学年末数学课程的表现也具有正相关关系。这项研究发现，在控制了读写成绩和智力因素的影响之后，这种关系仍然存在(Gilmore, McCarthy, & Spelke, 2010)。横向研究则发现，符号与非符号运算之间还有其他一些重要的关系(具体参考，Holloway & Ansari, 2009)。当然，这些关系在某些年龄段的重要性看起来要高于其他年龄段。施奈德、格拉布纳和佩奇(Schneider, Grabner, & Paetsch, 2009)的研究发现，距离效应与 10—11 岁儿童的分数知识没有显著的相关关系。

总体而言，这些脑成像数据以及与它们相关的行为或预测都表明，初级近似 97
数字系统与符号运算能力之间存在着因果关系。然而，需要强调的是，已经观察到的各种关系所表现的模式，很难从功能的角度去理解。例如，吉尔摩等人

(Gilmore et al.，2010)研究发现，**大**数字的近似加法与**小**数字的符号数词(数词或阿拉伯数字)的掌握有关系。德斯米德特及其合作者发现，近似数字比较任务中的**应答速度**(而非距离效应的**敏锐度**)与数学测验成绩相关(De Smedt et al.，2009)。在这些研究中，数学成绩的衡量标准是综合性的，涉及各种截然不同的数学能力，例如数字知识、简单计算、词语问题和计量。总而言之，这些数据确实显示，非符号近似估计和符号计算之间存在一定的相关关系，但它们的性质仍然不为人知，目前，还没有人从功能上描述那种有助于从一种能力向另一种能力转换①。教育工作者还应注意的是，有些研究者认为，大数字固有的近似表现，实际上不可能是精确的符号计算的发展基础，后者首先掌握的通常是小的数字——一位数的阿拉伯数字和最简单的数词。

儿童在进入小学之前，就已经展现出一些基本的数学能力。无论非符号计算和符号计算之间有怎样的关系，神经科学研究对人类一些先天能力的关注，都使人们对儿童基本数学能力的兴趣越来越浓。人们期望，早期数学能力的筛选具有预测价值，就像阅读那样。如此，就能为幼儿园开发出有效的辅助项目。受神经科学研究的影响，各种各样的筛查工具纷纷涌现，例如数感组合量表(Jordan，Kaplan，Locuniak，& Ramineni，2007)、计算障碍筛查量表(Butterworth，2003)以及特迪—数学组合量表(Van Nieuwhenhoven，Grégoire，& Noël，2001)。这些工具着眼于一些非常基本的数学能力，例如口头数数、计算物体数量、数量判断、简单的具体标志的计算以及数词。

有关数学能力发展的一些话题，人们早已研究过，但后来逐渐失去了兴趣，神经科学所做的计算研究，产生了另一个结果，那就是重新燃起了人们对数学能力发展的兴趣。乔丹及其同事的研究(Jordan，Kaplan，Ramineni，& Locuniak，2008)非常好地佐证了这些话题的复苏。他们对计算中手指的使用很感兴趣，因此他们主要研究儿童在计算过程中使用手指的频率，并将之与儿童成绩的准确度联系起来。这个研究从儿童上幼儿园开始(平均年龄为5.7岁)，直至他们二年级结束(样本为217人)，在这中间的11个时间点上，长期纵向追踪儿童的表现。在关键时间段，多次重复地进行观察，这就可以将目标行为的增长(和下降)

---

① 维格茨和菲亚斯(Verguts & Fias，2004)构建了一个神经网络，模拟从非符号的量到符号的量的转换。有趣的是，他们观察到，训练一个与符号配对的量的学习网络，会让原有的表征发生转变，这些表征逐渐变得更精确，从原来的对数型表征变为线型表征。

与准确度水平的变化放在一起进行分析。这项研究被嵌入一个模型，这个模型可以识别不同群体（性别、高低收入人群）的发展轨迹。由此得出的增长曲线可以直观、详细地描绘发展的过程。正如唐兰（Donlan，2008）指出的那样，这种方法“揭示了不同性别与收入群体间的显著差异，这种差异不只是结果，还是学习的进程，对教育工作者和理论家们都很重要”。我认为，这些研究代表了从神经 98
科学的假设出发，研究教育的某种最佳方式。

3. 发展性计算障碍

数字与计算习得方面的障碍在儿童中并不少见。大约3%—6%的学龄儿童有计算障碍。在数学学习领域，神经科学研究要想对教育产生重大影响，计算障碍可能是最好的机会。显然，神经科学研究在诊断与病原学上很重要。在认知分析与基因、双生子、家族遗传研究中，神经科学研究使用现代脑成像方法[功能性磁共振成像的扩散张量磁共振成像（fMRI diffusion tensor MRI）]，对白质组织的微观结构参数进行的结构分析，在未来有助于诊断和识别那些可能有数学学习问题风险的儿童。学习问题风险有很多种，在这里我不打算一一回顾。我只想指出，双生子研究（Alarcon et al.，1997）和家族研究（Shalev et al.，2001）已经表明，有些计算障碍是高度遗传的，而且类似特纳综合征（Turner's syndrome）这样的遗传异常，也说明X染色体上的基因具有非常重要的作用（Mazzocco & McCloskey，2005）。

在功能的层面，对发展性计算障碍（developmental dyscalculia）成因的解释，已经受最新的神经科学研究的影响。发展性计算障碍成因的研究表明，非数字因素是发展性计算障碍的成因。例如，一种假设认为，发展性计算障碍的成因可能是工作记忆的极限（Geary，Brown，& Samaranayake，1991；Hitch & McAuley，1991；Passolunghi & Siegel，2001，2004）、视觉空间与语音缺陷（Hecht，Torgensen，Wagner，& Rashotte，2001；Rourke，1993）或抑制的不足（Barouillet，Fayol，& Lathulière，1997；Passolunghi & Siegel，2001）。最新的神经科学研究将重点放在先天的能力上，人们开始重新探讨如何识别受损的数字加工能力。例如，有人认为，之所以出现发展性计算障碍，可能是因为遗传的表征量的核心系统出现了缺陷，同时，支持计算能力的神经系统也出现了功能或结构的异常（Butterworth，1999，2005；Wilson & Dehaene，2007）。

由此看来，这种核心缺陷影响了学习者列举集合中的元素、按量的大小排列集合的能力，让学习者难以理解计算过程，找不到计算的意义。有证据表明，发展性计算障碍儿童无法加工非符号的量，因而无法在小（Mussolin，Mejias，& Noël，2010；Price，Holloway，Räsäsnene，Vesterinen，& Ansari，2007）和大（Piazza et al.，2010）的量之间进行比较。这一研究得到了另一项功能性磁共振成像研究的支持，后者发现，与相应的控制组不同，9—11 岁发展性计算障碍儿童，数字距离不能影响他们两侧顶内沟的激活（Mussolin et al.，2010）。还有研究发现，发展性计算障碍儿童在近似计算时，几乎整个神经元网络（包括顶内沟、两侧额中回与额下回）都有更大的个体差异，激活也更弱（Kucian et al.，2006）。人们认为，这些资料表明，计算障碍与加工数字数量的脑区所受的损伤有关。

还有一种假设认为，发展性计算障碍儿童可以加工数字的量，但是不能加工阿拉伯数字或数词等数字符号的数量（Rousselle & Noël，2007）。这个假设也得到了实验数据的支持。有些数据显示，7—8 岁的发展性计算障碍儿童，很难比较和计算阿拉伯数字，但是可以比较或加减点的集合这类具体的项目（Iuculano，Tang，Hall，& Butterworth，2008；Rousselle & Noël，2007）。因此，目前，已有
99 的实验数据存在着一些分歧。这种分歧，有可能是因为被研究儿童的年龄（Noël & Rousselle，2012），但也有可能像阅读障碍那样，是因为计算障碍有几种不同的类型，而每种类型都有自己的成因。

发展性计算障碍是由先天的数感缺陷所导致，如何解释这种观点，主要取决于计算的“核心”到底是什么。唐兰（Dolan，2008，p. 700）是对的，他曾指出，“‘数感’这个概念太大了。这个概念让人沮丧。作为一个比喻，它模糊了操作性定义”。有一些研究者认为，对大的数字而言，“数感”对应于近似数字系统，而另一些研究者则把它作为小数字的对象—文件表征。认知系统的哪些特点是符号数学能力发展的关键，这个问题的答案将决定需要检查发展性计算障碍儿童的哪些基本功能。

准确加工很小的量（对象—文件表征）的能力，对符号数学能力的发展很重要，无法忽视这一假设，主要因为以下两个充分的理由：首先，这种表征所代表的量，通常都是人们最早计数的量；其次，它的结构是离散的、有序的，计数时，可以表征“下一个词”的“加 1”关系。从这一点来说，其他基本的数学能力都与对象—文件表征相关。有一点必须承认，更基本的是确定很小的量的能力，以及计

数行为的出现，而不是估计较大的量。手指在计数中的作用也值得更多的关注，因为已经有研究报告，不能正确辨别自己手指的儿童，他们的数学成绩也不太好（Fayol et al.，1998；Gracia-Bafalluy & Noël，2008）。

发展性计算障碍的解释以及存在不同类型发展性计算障碍的可能性，都还有许多不确定性。尽管如此，可以肯定的是，神经科学的最新进展有助于人们找到新的方法，识别发展性计算障碍儿童，预测他们将来的数学成绩。虽然在神经科学的基础上开发矫正项目可能还为时尚早，但这类项目已经开始出现。

威尔逊、列夫金、科恩和迪昂（Wilson，Revkin，Cohen，& Dehaene，2006）研制出数字竞赛（The Number Race）项目：它完全基于计算机，旨在利用数字比较任务训练发展性计算障碍儿童，提高他们的数感。它的一些练习可以加强不同数字代码之间的联系，让发展性计算障碍儿童关注数字与空间之间的关联。这里面最难的练习是加法和减法运算。这个项目的优点之一是它的难度水平与孩子的表现相适应。这个项目曾在 9 个发展性计算障碍儿童身上有过成功的试验，但到目前为止，还没有人将它的效果与其他项目进行比较。此外，这个项目使用的都是一些综合性的练习，因此人们很难辨别各种练习的具体作用。

此外，还有人开发一些以数轴概念为基础的项目。拉马尼和西格勒（Ramani & Siegler，2008）让儿童沿着一条水平的直线移动一个转盘上的标记。在数字版中，阿拉伯数字（1—10）被标在线上，儿童要根据转盘上的数字来移动标记。在颜色版中，作为对照，儿童要根据选定的颜色来移动标记。有趣的是，低收入家庭的儿童使用这两个版本时，只有玩过数字版的儿童才能在一定程度上提高自己在一系列数字任务中的表现。维莱特及其合作者（Villette，Mawart，& Rusinek，2010，根据 Noël & Rousselle，2012 的报告）也以数轴概念为基础开发了一个精巧的游戏。这个游戏旨在增强加法和减法中近似和精确表征之间的关联。游戏中的加法和减法问题都用阿拉伯数字表示，儿童在水平的 100
数轴上估计出答案的位置。如果估计正确（偏差在可接受的范围内），计算的结果会出现在屏幕上；如果估计不正确，儿童要重新估计一个位置，这个过程循环往复，直到他们选择了一个符合要求的位置。对 10—11 岁发展性计算障碍儿童来说，这个游戏看起来比进行精确计算的电脑游戏更为有效。

这些项目只是实验，而非现成的解决方案，只有这样看，它们才能成为未来有用的方法。目前，我们对数学认知的发展以及发展性计算障碍这样的问题还不够了解，只有对典型和非典型的数学能力发展有了更多的了解，我们才能在此基础上设计出主流的数学课程，帮助落后儿童。因此，纵向研究尤为重要，它能以更精细的方式捕捉基本数学认知中的一些重要发展。在这方面，霍洛韦和安萨里(Holloway & Ansari, 2008)的工作值得关注。在一项横向研究中，霍洛韦和安萨里分析了 6—8 岁儿童和成年大学生的距离效应。他们发现，年龄对距离效应的反应时具有主效应，他们在非数字任务（柱体亮度和高度的比较）中观察到，正确率的总体发展过程是相同的。这里的一种可能性是，是否只有量的估计才有距离效应；另外一种可能性是，在量的估计上有困难的儿童，在加工其他量时也有困难。

西格勒及其同事的研究也很值得关注。他们让儿童在一条左端为 1 右端为 100 的线段上，确定一个口头说出的数字的位置，结果发现随着数字经验的增长，儿童逐渐从对数转换转变为线性转换（Booth & Siegler, 2006; Siegler & Booth, 2004; Siegler & Opfer, 2003）。这表明，通过数学教育，对数字的近似对数感觉可以转变为更加精确的线性表征。乔丹等人纵向研究了简单计算中手指使用的频率及其与正确性的关系，这一研究同样很值得一提(Jordan et al., 2008)。他们主要研究手指使用与年龄、性别和社会经济地位的关系。结果显示，手指使用与计算成功之间的关系随着年龄而变化：在幼儿园阶段(5—6 岁)，这种关系相对较强，且为正相关；在一年级(6—7 岁)和二年级(7—8 岁)，相关性变小，但仍为正相关；而二年级结束时，两者之间出现了较小的、显著的负相关。这些数据非常关键，因为它们表明，手指在某一发展阶段可能对计算有一定的积极作用，但之后，手指的使用可能意味着困难的出现。有一个经常出现的现象也支持这一提法，那就是有计算障碍的成人，计算时仍然使用手指。这类纵向研究可以帮助教育工作者了解，在哪个年龄段、直到哪个发展阶段，应该鼓励或者制止使用手指。这些发展性研究方法的有趣之处就在于它们尝试去描述变化发生的阶段。

总而言之，数学认知的神经科学研究重新激活了数学发展研究的不同途径。人们进一步认识到，人类具有天生的数感，不仅成人有，动物和婴儿也有，它主要负责加工数字及其相互关系。儿童和成人执行基本数字任务时，这一系统非常活跃，在支持它的脑的网络中，两侧顶叶最为重要。然而，数感或数字模块(number module)这样的术语很难进行操作化定义：它涵盖了各种不同的过程与表征，有时
101 候，不同的研究者使用同样的方法，却不一定都能识别出来。另外，很多理论讨论顶叶在非数字功能方面的作用，解释这些功能与数字加工及计算的关系。

神经科学对当前教育事业的发展到底产生了哪些影响，现在还很难说。有哪些是真正全新的观念，又有哪些是重温曾经在发展心理学和教育领域出现过，后来又被逐渐放弃的观念。例如，人类对数字的量有近似表征，这一观点并不新鲜。它可以追溯到莫耶（Moyer）和兰道尔（Landauer）1967 年在《自然》杂志上发表的一篇重要论文。同样，格尔曼（Gelman）和加里斯特尔（Gallistel）1978 年出版了一本很重要的书——《儿童的数字理解》（*Children's Understanding of Number*），在这本书中，他们就曾提出，人们有一个先天的、加工量的系统。

或许，区分什么是新的观点，什么是旧的观点的再生或重复，并不是真的很重要。重要的问题是，有了神经科学的帮助，我们是否能更好地解决数学教育的问题。现实的情况可能是，认知神经科学为我们提供了反思的途径，却无法立即应用到学习领域。为了正确地解决学习的问题，我们需要建立一些认知模型，这些认知模型能阐明在学习计算的一些关键阶段的那些机制（例如，从非符号计算到符号计算的转变、计算规则的学习和分数的理解）。

四、总结

最后，在这一章的结尾，我意识到，我还没有回答开篇提出的问题：脑功能的研究对教育实践有何影响？对功能和认知的分析又有何影响？精确描绘一种影响的起因不是件容易的事情。然而，在神经心理学中，用认知的方法研究数学认知，始自德洛什和瑟容（Deloche & Seron，1982；Seron & Deloche，1984）的编码转换模型和麦克洛斯基（McCloskey，1992）的经典模块结构。这些模型将之前阅读和词汇认知领域所开发的结构引入了数字领域。就数字加工而言，这些结构可以描述符号计算的一些重要方面（编码转换、计算规则提取、书面计算的法则），并且已识别出一些有特定缺陷的病人，这些缺陷会有选择地影响一些亚成分。然而，这些结构的解释力很有限，因为它们并不包括量的处理，以及更为普遍的非符号计算。我们感谢巴特沃思（Butterworth，1999）和迪昂（Dehaene，1997），因为他们建立了非符号计算和符号计算之间的联系，拓宽了这个领域。他们还尝试更广泛地整合婴儿观察、习得和发展性病理学、遗传学、功能成像、发展、动物和非数字文化等各方面数据，来理解我们计算能力的生物学基础。在探索过程中，有一点变得越来越清晰：负责数学和数字加工的脑结构，同时也参与一些其他的功能系统,例如注意控制、量的估计、手指表征和空间表征。经典的功能性模块化模型与脑损伤被试的个案描述观察到,这些功能系统之间是相互独立的。然而,与之不同的是,脑功能成像研究却发现,很多脑结构能被各种不同的任务、各种不同的认知功能激活,这显示不同的功能系统之间存在一定的联系。然而,这些重合的激活,在功能上仍无法解释。有可能我们所研究的系统在维持功能独立的同时,也有一定程度的模块化,并且共栖一处,也有可能我们所研究的是真正的神经结构的资源共享,这些神经结构所嵌入的网络不同,执行的功
102 能也不同,但究竟是哪种情况?神经科学在这些问题上有很多重要的讨论。有些受认知神经科学启发的学习项目,旨在增强正常发展儿童的能力,有些则试图帮助患有发展性计算障碍的儿童。通过测试这些项目的有效性,教育工作者至少可以在一定程度上参与这样的讨论。行为实验显示,不同认知领域间存在一些干扰,这在功能上支持神经重合,教育工作者可以利用这些神经重合来检验非数字功能的训练是否对计算或者数字加工有(或者没有)影响。然而,就认知神经科学的发展现状而言,这些工作应该都还是探索性的,做的时候要非常小心,尽可能严谨。这意味着他们必须遵守循证医学的原则,健康与教育这两个科学领域传统上使用这些原则来确立干预方法的有效性:随机分组,干预前、干预后都进行评估,对项目的长期效果进行检验,诸如此类。如果他们还想要了解一个项目为何有效,他们还应该建立几个带有专门练习的项目,而不是运用多维度的方法。

五、不寻常的未来?

未来,这些进展会将我们带往何处?在写这一章时,我做了一个“梦”——或许,这是个“噩梦”:

史密斯太太和她5岁的儿子约翰一起走进神经心理医学中心。他们接到了一份官方的约见通知,要去8楼的247房间。在那里,一位临床神经科学研究者接待了他们,让约翰面对大屏幕,坐在一张非常特别的、配备了各种复杂传感器的椅子上,一位技术员把这些传感器联结到约翰的头骨上。在确保约翰不害怕后,给他呈现各种不同的图片、声音、气味和触觉刺激。在一些任务中,约翰只需集中注意即可;在另一些任务中,他要口头应答或

按键应答。他尽了最大的努力完成这些任务。两个小时以后，测试结束（感到累的时候可以暂停几次）。经过安排，约翰和他母亲预约了一位神经教育顾问。史密斯太太收到了一份儿子的神经—认知—心理记录表，并发现他永远都无法成为一名优秀的画家或作家，但他可以在音乐、数学和烹饪这些方面做得很好。他有患上严重蛇类恐惧症的风险，而且在冲突的情境中，他的抑制机制比较弱。因此，他得到的建议是，除了正常的学校教育之外，他还应接受短期的冲突解决方面的训练课程。

当然，这个故事只是虚构的。有一些阅读者可能会害怕这样的情景出现，另一些则可能希望看到这样的情景，因为他们希望从神经科学进展中得到那些东西。这个"梦"的意思其实是，随着技术日益复杂，可以将它们应用到越来越小的儿童身上，可以用它们来检测儿童的认知和情感能力，帮助他们选择合适的职业道路，更宽泛地说，让他们的发展与自己的个人能力相一致。一些神经科学研究者希望，神经科学预测技术的广泛应用将让社会识别出那些天才，以应对我们不久的将来将会面临的严峻形势：污染、人口的快速增长、自然资源的枯竭、全球变暖，等等。这样的"梦"并不是新的，斯金纳（Skinner, 1976）的控制反应与刺激之间的相互作用以规范行为的设想是这个"梦"的另一个版本。当然，一个孩子的未来既不是由其脑决定的，也不是由环境决定的（如图 6.1 所示）。脑和环境

图 6.1　"现在，我们进入第二部分的学习，请把你们的米老鼠放在右边！"

会有一个持续的相互作用的过程。孩子一出生，他的脑就开始接触家庭、社会环境和文化。神经科学研究者所能做的预测是部分的、有条件的，因为人的发展并不遵循简单的生物学路径！当然，一旦这种交互性被发现，神经科学的知识就能
103 服务于公共利益！

参考文献

Alarcon, M., DeFries, J. C., Light, J. G., & Pennington, B. F. (1997). A twin study of mathematics disability. *Journal of Learning Disabilities*, *30*(6), 617 - 623.

Andres, M., Davare, M., Pesenti, M., Olivier, E., & Seron, X. (2004). Number magnitude and grip aperture interaction. *Neuroreport*, *15*(18), 2773 - 2777.

Andres, M., Olivier, E., & Badets, A. (2008). Actions, words and numbers: A motor contribution to semantic processing. *Current Directions in Psychological Sciences*, *17*(5), 313 - 317.

Andres, M., Ostry, D.J., Nicol, F., & Paus, T. (2008). Time course of number magnitude interference during grasping. *Cortex*, *44*(4), 414 - 419.

Ansari, D. (2008). Effects of development and enculturation on number representation in the brain. *Nature Reviews Neurosciences*, *9*(4), 278 - 291.

Ansari, D., & Dhital, B. (2006). Age-related changes in the activation of the intraparietal sulcus during non symbolic magnitude processing: An event-related functional magnetic resonance imaging study. *Journal of Cognognitive Neuroscience*, *18*(11), 1820 - 1828.

Ansari D., Garcia, N., Lucas, E., Hamon, K., & Dhital, B. (2005). Neural correlates of symbolic number processing in children and adults. *Neuroreport*, *16*(16), 1769 - 1773.

Bächtold, D., Baumüller, M., & Brugger, P. (1998). Stimulus - response compatibility in representational space. *Neuropsychologia*, *36*(8), 731 - 735.

Badets, A., Andres, M., Di Luca, S., & Pesenti, M. (2007). Number magnitude potentiates action judgements. *Experimental Brain Research*, *180*(3), 525 - 534.

Badets, A., & Pesenti, M. (2010). Creating number semantics through finger movement perception. *Cognition*, *115*(1), 46 - 53.

Barrouillet, P., Fayol, M., & Lathuliere, E. (1997). Selecting between competitors in multiplications tasks: An explanation of the errors produced by adolescents with Learning difficulties. *International Journal of Behavioral Development*, *21*(1), 253 - 275.

Bishop, A. J. (1989). *Mathematical Enculturation: A Cultural Perspective on Mathematics Education*. Dordrecht: Kluver Academic Press.

Booth, J. L., & Siegler, R. S. (2006). Developmental and individual differences in pure numerical estimation. *Developmental Psychology*, *42*(1), 189 - 201.

Burbaud, P., Degreze, P., Lafon, P., Franconi, J. M., Bouligand, B., Bioulac, B., & Allard, M. (1995). Lateralization of prefrontal activation during internal mental calculation: A functional magnetic resonance Imaging study . *Journal of Neurophysiology*, *74*(1), 2194 - 2200.

Butterworth, B. (1999). *The Mathematical Brain*. London: Macmillan.

Butterworth, B. (2003). *Dyscalculia Screener*. London: NFER-Nelson (software & manual).

Butterworth, B. (2005). The development of arithmetical abilities. *Journal of Child Psychology and Psychiatry*, *46*(1), 3 - 18.

Camos, V., & Tillmann, B. (2008). Discontinuity in the enumeration of sequentially presented auditory and visual stimuli. *Cognition*, *107*(3), 1135 - 1143.

Cantlon, J. F., Brannon, E. M., Carter, E. J., & Pelphrey, K. A. (2006). Functional imaging of numerical processing in adults and 4-year-old children. *PLoS Biology*, *4*(5), e125, 1 - 11.

Carey, S. (2001). Cognitive foundations of arithmetic: Evolution and ontogenesis. *Mind & Language*, *16*(1), 37 - 55.

Chi, M. T. H., & Klahr, D. (1975). Span and rat of apprehension in children and adults. *Journal of Experimental Child Psychology*, *19*(3), 434 - 439.

Chochon, F., Cohen, L., van de Moortele, P. F., & Dehaene, S. (1999). Differential contributions of the left and right inferior parietal lobules to number processing. *Journal of Cognitive Neuroscience*, *11*(6), 617 - 630.

Cipolotti, L., Butterworth, B., & Denes, G. (1991). A specific deficit for numbers in a case of dense acalculia. *Brain*, *114*(Pt 6), 2619 - 2637.

Cohen Kadosh, R., & Henik, A. (2006). A common representation for semantic and physical properties: A cognitive-anatomical approach. *Experimental Psychology*, *53* (2), 87 - 94.

Cohen Kadosh, R., Henik, A., Rubinstein, O., Mohr, H., Dori, H., Van de Ven, V., et al. (2005). Are numbers special? The comparison system of the human brain investigated by fMRI. *Neuropsychologia*, *43*(9), 1238 - 1248.

Cohen Kadosh, R., Muggleton, N., Silvanto, J., & Walsh, V. (2010). Double dissociation of format-dependent and number-specific neurons in human parietal cortex. *Cerebral Cortex*, *20*(9), 2166 - 2171.

Cohen Kadosh, R., & Walsh, V. (2009). Numerical representation in the parietal lobes: Abstract or not abstract? *Behavioural Brain Sciences*, *32*(3 - 4), 313 - 328.

De Smedt, B., Ansari, D., Grabner, R. H., Hannula, M. M., Schneider, M., & Verschaffel, L. (2010). Cognitive neuroscience meets mathematics education. *Educational Research Review*, *5*(1), 97 - 105.

De Smedt, B., Verschaffel, L., & Ghesquière, P. (2009). The predictive value of numerical magnitude comparison for individual differences in mathematics achievement. *Journal of Experimental Child Psychology*, *103*(1), 469 - 479.

Dehaene, S. (1992). Varieties of numerical abilities. *Cognition*, *44*(1), 1 - 42.

Dehaene, S. (1997). *The Number Sense*. New York: Oxford University Press.

Dehaene, S. (2009). Origins of mathematical intuitions. The case of arithmetic. The year in cognitive neurosciences 2009. *Annals of the New York Academy of Science*, *1156*(1), 232 - 259.

Dehaene, S., Bossini, S., & Giraux, P. (1993). The mental representation of parity and number magnitude. *Journal of Experimental Psychology: General*, *122*(3), 371 - 396.

Dehaene, S., & Changeux, J. P. (1993). Development of elementary numerical abilities. *Journal of Cognitive Neuroscience*, *5*(4), 390 - 407.

105 Dehaene, S., & Cohen, L. (2007). Cultural recycling of cortical maps. *Neuron*, *56*(2), 384 - 398.

Dehaene, S., Dupoux, E., & Mehler, J. (1990). Is numerical comparison digital? Analogical and symbolic effects in two-digit number comparison. *Journal of Experimental Psychology: Human Perception and Performance*, *16*(3), 626 - 641.

Dehaene, S., Spelke, E., Pinel, P., Stanescu, R., & Tsivkin, S. (1999). Sources of mathematical thinking: Behavioral and brain-imaging evidence. *Science*, *284*(5416), 970 - 974.

Delazer, M., & Butterworth, B. (1997). A dissociation of number meanings. *Cognitive Neuropsychology*, *14*(1), 613 - 636.

Delazer, M., Domahs, F., Bartha, L., Brenneis, C., Lochy, A., Trieb, T., & Benke, T. (2003). Learning complex arithmetic: An fMRI study. *Brain Research Cognitive Brain Research*, *18*(1), 76 - 88.

Delazer, M., Ischebeck, A., Domahs, F., Zamarian, L., Koppelstaetter, F., Siedentopf, C.M., et al. (2005). Learning by strategies and learning by drill: Evidence from an fMRI study. *NeuroImage*, *25*(3), 838 - 849.

Deloche, G., & Seron, X. (1982). From one to 1: An analysis of the transcoding process by means of neuropsychological data. *Cognition*, *12*(2), 119 - 149.

Di Luca, S., Grana, A., Semenza, C., Seron, X., & Pesenti, M. (2006). Finger-digit compatibility in Arabic numeral processing. *Quarterly Journal of Experimental Psychology*, *59*(9), 1648 - 1663.

Di Luca, S., Lefevre, N., & Pesenti, M. (2010). Place and summation coding for canonical and non-canonical finger numeral representations. *Cognition*, *117*(1), 95 - 100.

Di Luca, S., & Pesenti, M. (2008). Masked priming effect with canonical finger numeral configurations. *Experimental Brain Research*, *185*(1), 27 - 39.

Dolan, C. (2008). Special section: The development of mathematical cognition: Commentary: Uncovering processes in mathematical cognition. *Developmental Science*, *11*(1), 700 - 702.

Eger, E., Sterzer, P., Russ, M. O., Giraud, A. L., & Kleinschmidt, A. (2003). A supramodal number representation in human intraparietal cortex. *Neuron*, *37*(4), 719 - 725.

Fayol, M., Barrouillet, P., & Marinthe, C. (1998). Predicting arithmetical achievement from neuropsychological performance: A longitudinal study. *Cognition*, *68*(2), 63 - 70.

Fayol, M., & Seron, X. (2005). About numerical representations: Insights from neuropsychological, experimental and developmental studies. In J. I. D. Campbell (Ed.), *Handbook of Mathematical Cognition* (pp. 3 - 22). New York: Psychology Press.

Feigenson, L., Dehaene, S., & Spelke, E. (2004). Core systems of number. *Trends in Cognitive Sciences*, *8*(7), 307 - 314.

Fias, W., & Fischer, M. H. (2005). Spatial representation of numbers. In J. I. D. Campbell (Ed.), *Handbook of Mathematical Cognition* (pp. 43 - 54). New York: Psychology Press.

Fias, W., Lammertyn, J., Caessens, B., & Orban, G. A. (2007). Processing of abstract ordinal knowledge in the horizontal segment of the intraparietal lobe. *Journal of Neurosciences*, *27*(33), 8952 - 8956.

Fias, W., Lammertyn, J., Reynvoet, B., Dupont, P., & Orban, G. A. (2003). Parietal representation of symbolic and nonsymbolic magnitude. *Journal of Cognitive Neuroscience*, *15*(1), 47 - 56.

Fischer, M. H. (2006). The future for SNARC could be stark. *Cortex*, *42*(8), 1066 - 1068.

Fischer, M. H., Castel, A. D., Dodd, M. D., & Pratt, J. (2003). Perceiving numbers causes spatial shifts of attention. *Nature Neurosciences*, *6*(6), 555 - 556.

Fisher, M. H., Shaki, S., & Cruise, A. (2009). It takes only one word to quash the SNARC. *Experimental Psychology*, *56*(5), 361 - 366.

Fuson, K. S. (1988). *Children's Counting and Concepts of Numbers*. New York: Springer Verlag.

Geary, D.C., Brown, S.C., & Samaranayake, V.A. (1991). Cognitive addition: A short longitudinal study of strategy choice and speed-of-processing differences in normal and mathematically disabled children. *Developmental Psychology*, 27(5), 787 - 797.

Geary, D.C., Salthouse, T.I.A., Chen, G.P., & Fan, L. (1996). Are east Asian versus American differences in arithmetical ability a recent phenomenon? *Developmental Psychology*, *32*(2), 254 - 262.

106 Gelman, R., & Gallistel, C. R. (1978). *The Child's Understanding of Number*. Cambridge, MA: Harvard University Press.

Gerstmann, J. (1930). Zur symptomatologie der hirnlasionen im übergangsgebiet der unteren parietal-und mittleren occipitalwindung. *Nervenarzt*, *3*(1), 691 - 695.

Gerstmann, J. (1957). Some notes on the Gerstmann syndrome. *Neurology*, 7(12), 866 - 869.

Gevers, W., Lammertyn, J., Notebaert, W., Verguts, T., & Fias, W. (2006). Automatic response activation of implicit spatial information: Evidence for the SNARC effect. *Acta Psychologica*, *122*(3), 221 - 233.

Gevers, W., Reynvoet, B., & Fias, W. (2003). The mental representation of ordinal sequence is spatially organized. *Cognition*, *87*(3), 87 - 95.

Gevers, W., Reynvoet, B., & Fias, W. (2004). The mental representation of ordinal sequence is spatially organized: Evidence from days of the week. *Cortex*, *40* (1), 171 - 172.

Gilmore, C. K., McCarthy, S. E., & Spelke, E. S. (2010). Non-symbolic arithmetic abilities and mathematics achievement in the first year of formal schooling. *Cognition*, *115*(3), 394 - 406.

Grabner, R. H., Ischebeck, A., Reishofer, G., Koschutnig, K., Delazer, M., Ebner, F., & Neuper, C. (2009). Fact learning in complex arithmetic and figural-spatial tasks: The role of the angular gyrus and its relation to mathematical competence. *Human Brain Mapping*, *30*(9), 2936 - 2952.

Gracia-Baffaluy, M., & Noël, M. P. (2008). Does finger training increase young children's numerical performance? *Cortex*, *44*(4), 368 - 375.

Gruber, O., Indefrey, P., Steinmetz, H., & Kleinschmidt, A. (2001). Dissociating neural correlates of cognitive components in mental calculation. *Cerebral Cortex*, *11*(4), 350-359.

Halberda, J., Mazzocco, M. M., & Feigenson, L. (2008). Individual differences in non verbal number acuity correlate with maths achievement. *Nature*, *455*, 665-668.

Hecht, S. A., Torgesen, J. K., Wagner, R. K., & Rashotte, C. A. (2001). The relations between phonological processing abilities and emerging individual differences in mathematical computation skills: A longitudinal study from second to fifth grades. *Journal of Experimental Child Psychology*, *79*(2), 192-227.

Hitch, G. J., & McAuley, E. (1991). Working memory in children with specific arithmetical learning difficulties. *British Journal of Psychology*, *82*(3), 375-386.

Holloway, I. D., & Ansari, D. (2008). Domain-specific and domain-general changes in children's development of number comparison. *Developmental Science*, *1*(1), 644-649.

Holloway, I. D., & Ansari, D. (2009). Mapping numerical magnitudes onto symbols: The numerical distance effect and individual differences in children's mathematics achievement. *Journal of Experimental Child Psychology*, *103*(1), 17-29.

Houdé, O. (2006). Neuropedagogie? *Entretien pour Le Monde de l'Intelligence*, *3*(1), 24-25.

Hubbard, E. M., Piazza, M., Pinel, P., & Dehaene, S. (2005). Interactions between number and space in parietal cortex. *Nature Review, Neuroscience*, *6*(6), 435-448.

Hung, Y., Hung, D. L., Tzeng, O. J. L., & Wu, D. H. (2008). Flexible spatial mapping of different notations of numbers in Chinese readers. *Cognition*, *106*(3), 1441-1450.

Ifrah, G. (1994). *Histoire universelle des chiffres*, *Vol I et II*. Paris: Robert Laffont.

Ischebeck, A., Zamarian, L., Siedentopf, C., Koppelstatter, F., Benke, T., Felber, S., & Delazer, M. (2006). How specifically do we learn? Imaging the learning of multiplication and subtraction. *NeuroImage*, *30*(4), 1365-1375.

Iuculano, T., Tang, J., Hall, C. W. B., & Butterworth, B. (2008). Core information processing deficits in developmental dyscalculia and low numeracy. *Developmental Science*, *11*(5), 669-680.

Izard, V., Dehaene-Lambertz, G., & Dehaene, S. (2008). Distinct cerebral pathways for object identity and number in human infants. *PLoS Biology*, *6*(1), e11.

Jordan, N. C., Kaplan, D., Locuniak, M. N., & Ramineni, C. (2007). Predicting first-grade math achievement from developmental number sense trajectories. *Learning*

Disabilities Research & Practice, *22*(1), 36 - 46.

Jordan, N. C., Kaplan, D., Ramineni, C., & Locuniak, M. N. (2008). Development of combination skill in the early school years: When do fingers help? *Developmental Science*, *11*(5), 662 - 668.

107 Kahneman, D., Treisman, A., & Gibbs, B. J. (1992). The reviewing of object-files: Object specific integration of information. *Cognitive Psychology*, *24*(2), 174 - 219.

Kaufmann, L., Koppelstaetter, F., Delazer, M., Siedentopf, C., Rhomberg, P., Golaszewski, S., et al. (2005). Neural correlates of distance and congruity effects in a numerical Stroop task: An event-related fMRI study. *Neuroimage*, *25*(3), 888 - 898.

Kaufmann, L., Koppelstaetter, F., Siedentopf, C., Haala, I., Haberlandt, E., Zimmerhackl, L. B., Felber, S., & Ischebeck, A. (2006). Neural correlates of the number-size interference task in children. *Neuroreport*, *17*(6), 587 - 591.

Kaufman, E. L., Lord, M. W., Reese, T. W., & Volkman, J. (1949). The discrimination of visual number. *American Journal of Psychophysics*, *18*(1), 373 - 378.

Kawashima, R., Taira, M., Okita, K., Inoue, K., Tajima, N., Yoshida, H., et al. (2004). A functional MRI study of simple arithmetic: A comparison between children and adults. *Cognitive Brain Research*, *18*(3), 227 - 233.

Kinsbourne, M., & Warrington, E. K. (1962). A study of finger agnosia. *Brain*, *85*(3), 47 - 66.

Kinsbourne, M., & Warrington, E. K. (1963). The developmental Gerstmann syndrome. *Archives of Neurology*, *8*(5), 490 - 501.

Kleinschmidt, A. (2004). Thinking big: Many modules or much cortex. *Neuron*, *41*(6), 842 - 844.

Kucian, K., Loenneker, T., Dietrich, T., Dosch, M., Martin, E., & von Aster, M. (2006). Impaired neural networks for approximate calculation in dyscalculic children: A functional MRI study. *Behavioral and Brain Functions*, *2*(31), 31.

Kucian, K., von Aster, M., Loenneker, T., Dietrich, T., & Martin, E. (2008). Development of neural networks for exact and approximate calculation: A fMRI study. *Developmental Neuropsychology*, *33*(4), 447 - 473.

Lee, K. M. (2000). Cortical areas differentially involved in multiplication and subtraction: A functional magnetic resonance imaging study and correlation with a case of selective acalculia. *Annals of Neurology*, *48*(4), 657 - 661.

Lindemann, O., Abolafia, J. M., Girardi, G., & Bekkering, H. (2007). Getting a grip on numbers: Numerical magnitude priming in object grasping. *Journal of Experimental Psychology: Human Perception and Performance*, *33*(6), 1400 - 1409.

Marshuetz, C., Reuter-Lorenz, P. A., Smith, E. E., Jonides, J., & Noll, D. C. (2006). Working memory for order and the parietal cortex: An event related functional magnetic resonance imaging study. *Neuroscience*, *139*(1), 311 - 316.

Marshuetz, C., & Smith, E. E. (2006). Working memory for order information: Multiple cognitive and neural mechanisms. *Neuroscience*, *139*(1), 195 - 200.

Mayer, E., Martory, M. D., Pegna, A. J., Landis, T., Delavelle, J., & Annoni, J. M. (1999). A pure case of Gerstmann syndrome with a subangular lesion. *Brain*, *122*(6), 1107 - 1120.

Mazzocco, M. M. M., & McCloskey, M. (2005). Math performance in girls with Turner or fragile X syndrome. In J. I. D. Campbell (Ed.), *Handbook of Mathematical Cognition* (pp. 269 - 297). New York: Psychology Press.

McCloskey, M. (1992). Cognitive mechanisms in numerical processing: Evidence from acquired dyscalculia. *Cognition*, *44*(1), 107 - 157.

Menon, V., Rivera, S. M., White, C. D., Glover, G. H., & Reiss, A. L. (2000). Dissociating prefrontal and parietal cortex activation during arithmetic processing. *Neuroimage*, *12*(4), 357 - 365.

Miller, K. F., Kelly, M., & Zhou, X. (2005). Learning mathematics in China and the United States: Crosscultural insights into the nature and course of preschool mathematical development. In J. I. D. Campbell (Ed.). *Handbook of Mathematical Cognition* (pp. 163 - 178). New York: Psychology Press.

Milner, A. D., & Goodale, M. A. (1995). *The Visual Brain in Action*. Oxford: Oxford University Press.

Moyer, R. S., & Landauer, K. (1967). Time required for judgements of numerical inequality. *Nature*, *215*, 1519 - 1520.

Mussolin, C., De Volder, A., Grandin, C., Schlögel, X., Nassogne, M-C., & 108
Noël, M-P. (2010). Neural correlates of symbolic number comparison in developmental dyscalculia. *Journal of Cognitive Neuroscience*, *22*(5), 860 - 874.

Mussolin, C., Mejias, S., & Noël, M. P. (2010). Symbolic and non-symbolic number comparison in children with and whithout dyscalculia. *Cognition*, *115*(1), 10 - 25.

Naccache, L., & Dehaene, S. (2001). The priming method: Imaging unconscious repetition priming reveals an abstract representation of number in the parietal lobes. *Cerebral Cortex*, *11*(10), 966 - 974.

Nieder, A. (2004). The number domain: Can we count on parietal cortex? *Neuron*, *44*(3), 407 - 408.

Nieder, A., Freedman, D. J., & Miller, E. K. (2002). Representation of the quantity of visual items in the primate prefrontal cortex. *Science*, *297*(5587), 1708 - 1711.

Nieder, A., & Miller, E. K. (2003). Coding of cognitive magnitude: Compressed scaling of numerical information in the primate prefrontal cortex. *Neuron*, *37*(1), 149 - 157.

Nieder, A., & Miller, E. K. (2004). A parieto-frontal network for visual numerical information in the monkey. *Proceedings of the National Academy of Sciences*, *101*(19), 7457 - 7462.

Noël, M. P. (2005). Finger gnosia: A predictor of numerical abilities in children? *Child Neuropsychology*, *11*(5), 413 - 430.

Noël, M. P., & Rousselle, L. (2012). How understanding math learning disabilities may guide mathematics teaching, *British Journal of Educational Psychology Monographs*, *8*, 63 - 82.

Passolunghi, M. C., & Siegel, L. S. (2001). Short term memory, working memory, and inhibitory control in children with specific arithmetic learning disabilities. *Journal of Experimental Child Psychology*, *80*(1), 44 - 57.

Passolunghi, M. C., & Siegel, L. S. (2004). Working memory and access to numerical information in children with disability in mathematics. *Journal of Experimental Child Psychology*, *88*(4), 348 - 367.

Peak, L. (1996). *Pursuing Excellence: A Study of US Eighth-grade Mathematics and Science Achievement in International Context*. Washington, DC: US Government Printing Office.

Pebenito, R. (1987). Developmental Gerstmann syndrome: Case report and review of the literature. *Developmental and Behavioral Pediatrics*, *8*(4), 229 - 232.

Piazza, M., Facoetti, A., Trussardi, A. M., Berteletti, I., Conte, S., Lucangeli, D., Zorzi, M., et al. (2010). Developmental trajectory of number acuity reveals a severe impairment in developmental dyscalculia. *Cognition*, *116*(1), 33 - 41.

Piazza, M., Izard, V., Pinel, P., Le Bihan, D., & Dehaene, S. (2004). Tuning curves for approximate numerosity in the human intraparietal sulcus. *Neuron*, *44*(3), 547 - 555.

Piazza, M., Pinel, P., Le Bihan, D., & Dehaene, S. (2007). A magnitude code common to numerosities and number symbols in human intraparietal cortex. *Neuron*, *53*(2), 293 - 305.

Pesenti, M., Thioux, M., Seron, X., & De Volder, A. (2000). Neuroanatomical substrates of Arabic number processing, numerical comparison, and simple addition: A PET study. *Journal of Cognitive Neuroscience*, *12*(3), 461-479.

Pinel, P., Dehaene, S., Riviere, D., & LeBihan, D. (2001). Modulation of parietal activation by semantic distance in a number comparison task. *Neuroimage*, *14* (5), 1013-1026.

Pinel, P., Piazza, M., Le Bihan, D., & Dehaene, S. (2004). Distributed and overlapping cerebral representations of number, size, and luminance during comparative judgments. *Neuron*, *41*(6), 983-993.

Price, G., Holloway, I., Räsäsnene, P., Vesterinen, M., & Ansari, D. (2007). Impaired parietal magnitude processing in developmental dyscalculia. *Current Biology*, *17* (24), R1042-1043.

Ramani, G. B., & Siegler, R. S. (2008). Promoting broad and stable improvements in low-income children's numerical knowledge through playing number board games. *Child Development*, *79*(2), 375-394.

Restle, F. (1970). Speed of adding and comparing numbers. *Journal of Experimental Psychology*, *83*(2), 274-278.

Rickard, T. C., Romero, S. G., Basso, G., Wharton, C., Flitman, S., & Grafman, J. (2000). The calculating brain: An fMRI study. *Neuropsychologia*, *38*(3), 325-335.

Riggs, K. J., Ferrand, L., Lancelin, D., Fryziel, L., Dumur, G., & Simpson, A. 109
(2006). Subitizing in tactile perception. *Psychological Science*, *17*(4), 271-272.

Roitman, J. D., Brannon, E. M., & Platt, M. L. (2007). Monotonic coding of numerosity in macaque lateral intraparietal area. *PLoS Biology*, *5*(8), e208.

Rourke, B. P. (1993). Arithmetic disabilities, specific and otherwise: A neuropsychological perspective. *Journal of Learning Disabilities*, *26*(4), 214-226.

Rousselle, L., & Noël, M.-P. (2007). Basic numerical skills in children with mathematics learning disabilities: A comparison of symbolic versus nonsymbolic number magnitude processing. *Cognition*, *102*(3), 361-395.

Rueckert, L., Lange, N., Partiot, A., Appolonio, I., Litvan, I., Le Bihan, D., & Grafman, J. (1996). Visualizing cortical activation during mental calculation with functional MRI. *NeuroImage*, *3*(2), 97-103.

Santens, S., Roggeman, C., Fias, W., & Verguts, T. (2009). Number processing pathways in human parietal cortex. *Cerebral Cortex*, *20*(1), 77-88.

Sato, M., Cattaneo, L., Rizzolatti, G., & Gallese, V. (2007). Numbers within our hands: Modulation of corticospinal excitability of hand muscles during numerical judgment. *Journal of Cognitive Neuroscience*, *19*(4), 684 - 693.

Sawamura, H., Shima, K., & Tanji, J. (2002). Numerical representation for action in the parietal cortex of the monkey. *Nature*, *415*(6874), 918 - 922.

Schneider, M., Grabner, R. H., & Paetsch, J. (2009). Mental number line, number line estimation, and mathematical achievement: Their interrelations in Grades 5 and 6. *Journal of Educational Psychology*, *101*(2), 359 - 372.

Seron, X., & Deloche, G. (1984). From 2 to two: An analysis of a transcoding process by means of neuropsychological evidence. *Journal of Psycholinguistic Research*, *13*(3), 215 - 235.

Seron, X., & Pesenti, M. (2001). The number sense theory needs more empirical evidence. *Mind and Language*, *16*(1), 76 - 88.

Seron, X., Pesenti, M., Noel, M. P., Deloche, G., & Cornet, J. A. (1992). Images of numbers, or "When 98 is upper left and 6 sky blue". *Cognition*, *44*(1 - 2), 159 - 196.

Shaki, S., & Fischer, M.H. (2008). Reading space into numbers: A cross-linguistic comparison of the SNARC effect. *Cognition*, *108*(2), 590 - 599.

Shalev, R. S., Manor, O., Kerem, B., Ayali, M., Badichi, N., Friedlander, Y., & Gross-Tsur, V. (2005). Developmental dyscalculia: A prospective six-year follow-up. *Developmental Medicine and Child Neurology*, *47*(2), 121 - 125.

Siegler, R. S., & Booth, J. L., (2004). Development of numerical estimation in young children. *Child Development*, *75*(2), 428 - 444.

Siegler, R. S., & Opfer, J. E., (2003). The development of numerical estimation: Evidence for multiple representations of numerical quantity. *Psychological Science*, *14*(3), 237 - 243.

Shuman, M., & Kanwisher, N. (2004). Numerical magnitude in the human parietal lobe: Tests of representational generality and domain specificity. *Neuron*, *44*(3), 557 - 569.

Simon, T. J. (1997). Reconceptualizing the origins of number knowledge: A "non-numerical" account. *Cognitive Development*, *12*(3), 349 - 372.

Simon, O., Mangin, J. F., Cohen, L., Le Bihan, D., & Dehaene, S. (2002). Topographical layout of hand, eye, calculation, and language-related areas in the human parietal lobe. *Neuron*, *33*(3), 475 - 487.

Skinner, B.F. (1976). *Walden Two*. *Revised edition*. Indianapolis: Hackett Publishing Company.

Stanescu-Cosson, R., Pinel, P., van De Moortele, P. F., Le Bihan, D., Cohen,

L., & Dehaene, S. (2000). Understanding dissociations in dyscalculia: A brain imaging study of the impact of number size on the cerebral networks for exact and approximate calculation. *Brain*, *123*(11), 2240 – 2255.

Strauss, A., & Werner, H. (1938). Deficiency in the finger schema in relation to arithmetic disability. *The American Journal of Orthopsychiatry*, *8*(4), 719 – 725.

Trick, L. M., & Pylyshyn, Z. W. (1994). Why are small and large numbers enumerated differently? A limitedcapacity preattentive stage in vision. *Psychological Review*, *101*(1), 80 – 102.

Turconi, E., Campbell, J. I., & Seron, X. (2006). Numerical order and quantity processing in number comparison. *Cognition*, *98*(3), 273 – 285.

Turconi, E., Jemel, B., Rossion, B., & Seron, X. (2004). Electrophysiological 110
evidence for differential processing of numerical quantity and order in humans. *Brain Research Cognitive Brain Research*, *21*(1), 22 – 38.

Turconi, E., & Seron, X. (2002). Dissociation between quantity and order meanings in a patient with Gerstmann syndrome. *Cortex*, *38*(5), 911 – 914.

Van Nieuwhenhoven, C., Grégoire, J., & Noël, M-P. (2001). *Tedi-math: Test Diagnostique des Compétences de Base en Mathématiques*. Paris: Editions du centre de psychologie appliqué.

Venkatraman, V., Siong, S. C., & Chee, M. W. V. (2006). Effect of language switching on arithmetic a bilingual fMRI study. *Journal of Cognitive Neuroscience*, *18*(1), 64 – 74.

Verguts, T., & Fias, W. (2004). Representation of number in animals and humans: A neural model. *Journal of Cognitive Neuroscience*, *16*(9), 1493 – 1504.

Walsh, V. (2003). A theory of magnitude: Common cortical metrics of time, space and quantity. *Trends in Cognitive Sciences*, 7(11), 483 – 488.

Wilson, A. J., & Dehaene, S. (2007). Number sense and developmental dyscalculia. In D. Coch, G. Dawson, & K. Fisher (Eds.), *Human Behavior, Learning, and the Developing Brain: Atypical Development* (2nd ed., pp. 212 – 237). New York: Guilford Press.

Wilson, A. J., Revkin, S. K., Cohen, L., & Dehaene, S. (2006). An open trial assessment of "the number race", an adaptative computer game for remediation of dyscalculia. *Behavioral and Brain Functions*, *2*(20), 1 – 16.

Wynn K. (1995). Infants possess a system of numerical knowledge. *Current Directions in Psychological Science*, *4*(6), 172 – 176.

Zago, L., Pesenti, M., Mellet, E., Crivello, F., Mazoyer, B., & Tzourio-

Mazoyer, N. (2001). Neural correlates of simple and complex mental calculation. *Neuroimage*, *13*(2), 314 - 327.

Zago, L., Petit, L., Tuberlin, M. R., Andersson, F., Vigneau, M., & Tzourio-Mazoyer, N. (2008). How verbal and spatial manipulation networks contribute to calculation: An fRMI study. *Neuropsychologia*, *46*(9), 2403 - 2414.

Zammarian, L., Ischebeck, A., & Delazer, M. (2009). Neuroscience of larning arithmetic: Evidence from brain imaging studies. *Neurosciences and Biobehavioral Reviews*, *33*(6), 909 - 925.

Zorzi, M., Priftis, K., & Umilta, C. (2002). Brain damage: Neglect disrupts the mental number line. *Nature*, *417*, 138 - 139.

第七章　工作记忆：学习与理解之所在

纳尔逊·考恩(Nelson Cowan)

工作记忆是少量信息的暂时存留。各种学习、理解、问题解决以及以目标为导向的思维都需要它。人类工作记忆的容量很小，但这个极限可以通过一些策略来克服，例如，把一些项目放在一起进行操练。儿童工作记忆的容量会随着他们的成长而扩大，而教育实践应当了解工作记忆的极限和教育的可能性。我们将探讨工作记忆的这些极限以及克服的方法，重点是小学入学到成年这段时间工作记忆的发展性变化。我们将提出一些原则，根据这些原则，教育可以在个体发展过程中充分利用工作记忆，达到最佳的学习效果。

本章前两个部分给出了工作记忆的定义及其应用方法，描述信息加工过程如何使用工作记忆。随后，第三部分讨论三种工作记忆的极限类型(项目极限、目标维持能力极限和时间极限)，以及克服这些工作记忆极限的方法。第四部分讨论工作记忆的发展。为了呈现工作记忆发展的完整图景，本章将分别讨论存储容量、目标维持能力、记忆持久性和策略等方面的提高。最后，本章的第五部分将展示，什么样的课堂能将教育效果最大化,什么样的材料和教学既具挑战性,同时又不超出儿童工作记忆能力的范围。

一、引言

工作记忆是少量信息的暂时留存,几乎用于所有类型的认知任务。工作记忆对学习和理解至关重要,已成为脑研究的一个主要领域(例如,Baddeley,2003;Chein & Fiez,2010;Cowan,1995,1999,2009;D'Esposito,Postle,Jonides,& Smith,1999;Jonides et al.,2008;Majerus et al.,2010;McNabb & Klingberg,2008;Todd & Marois,2004;Xu & Chun,2006)。然而,本章将主要总结工作记忆方面的行为研究。主要内容有:工作记忆及其应用方法的更细致的讨论;工作记忆的极限以及克服方法;工作记忆的发展;如何运用工作记忆的知识信息来将教育效果最大化(同时参考本书第八章)。

112 二、工作记忆及其应用方法

在世界上最早的几个心理实验室的草创时期,冯特(Wilhelm Wundt)在德国莱比锡对有意识的知觉(conscious perception)与思维进行了广泛的研究。他的研究至今仍然与现代心理学关系密切,但他的著作还有很多未被翻译成英文(只被翻译为匈牙利文和俄文,那个年代另两个领先的学术语言)。哈佛大学的詹姆斯(William James)在 1890 年出版的《心理学原理》(*Principles of Psychology*)中总结了冯特及其他人的早期研究。他提出,记忆有初级记忆和二级记忆两种基本的类型。初级记忆是指最新事件在意识中的长期残留,这就是说,我们有意识的觉知(conscious awareness),知道现在正在发生什么和最近刚刚发生什么。相比而言,二级记忆是指存储在脑中的、来自一生经验的信息,这种信息的量几乎是无限多的。初级记忆就是我们现在所说的工作记忆的核心。

这之后很长一段时间,美国心理学主要关注刺激与反应之间的原则关系,很少推测在刺激与反应之间,在脑或者心智中发生了什么。人们所说的华生

（Watson，1913）的行为主义宣言，进一步表明了这种观点。这种观点一直持续到 20 世纪 50 年代中期认知革命开始（Gardner，1985）。作为认知革命的一部分，米勒（George Miller，1956）的研究涉及多个领域。米勒在自己研究的基础上，撰写了一篇重要的评论文章，提出我们能够通过行为实验来推断心智与脑的特征。他指出，人类加工信息的能力存在严重的限制。

米勒（Miller，1956）描述的人类加工信息能力的限制，在某些方面类似电子通信设备的信道容量的限制，在一战和二战期间研究得非常深入。例如，任何一个电报信号，只能传递数量有限的信息，因此电报传递信息的效率不如无线电；一个破折号或者一个点只能缩小即将传递的字母的选择范围。与此相似的是，人类只能以有限的方式识别一些简单的特征，例如线条的长度、音调的高度等。人类只能从大约 7 种不同的选项中进行识别，无法再多。信息的传递受电子设备或人类心智一些特征的限制。

不过，关键的是，米勒（Miller，1956）还发现，人类心智有办法超越这些基本的限制。举例来说，如果有人要重复一列随机的字母，他最多能重复 7 个左右。然而，如果有人能利用过去的知识，将这些字母组织成更大的组块（chunks），那么就能减少初级记忆的负荷。假设由 9 个字母组成的 1 个字母串，是由 3 个众所周知的缩略词构成，例如 IBM、CIA、FBI，那么记住这 9 个字母就变成一件很容易的事。因此，与基本的电子设备相比，人类心智能够组织信息，从而可以更有效地传递或存储信息。

工作记忆的极限，以及克服这些极限的能力，都对达成学习目标有着深远的影响。一个新的概念，需要利用过去的记忆来形成新的概念体系。以分数的概念为例。1∶2 和 3∶6 的比例相同，两对数字形成的分数相等，它们的值都是 0.5。当儿童初次理解分数的概念时，他们必须（在工作记忆中）记住第 1 个数字、第 2 个数字以及两个数字的相对量（具体参考，Hecht，Vagi，& Torgesen，2007）。如果儿童忽略了这个原则，他或她可能会受其中一个数字的量而非相对量的影响。工作记忆就像是一口大锅，旧的观点在这口大锅里结合起来，形成新 113
的观点。

心智如何使用信息？米勒、加兰特和普里布拉姆（Miller，Galanter，& Pribram，1960）在一本薄薄的书中写下了他们在这方面的深入思考，似乎是他们首先创造了工作记忆这个术语。他们指出，人类活动必须在很多层面上规划与执行。早上上学前，儿童首先要想好需要完成的所有活动。这些活动可能包括整理作业和书本、穿衣服、吃早餐、刷牙，等等。在这些活动中，任何一个活动都需要进一步思考，例如，回忆昨晚将家庭作业放在哪里，背包放在哪里，也许还要检查作业上是否写名字了，等等。米勒和他的同事提出，总体计划（上学）和实际执行的子计划（整理书包或吃早饭），都根据需要保留在工作记忆中。人们会检查任务是否完成，看看在哪个节点需要将细节从工作记忆中释放出来，在哪个节点需要为总体计划的其他部分腾出空间。这个讨论，没有将工作记忆当作脑的某个特定区域或某种非常特殊的机制，而是把它当作心智装置的集合，人们可以用它保存需要的信息，以成功地计划和进行日常活动。

在随后的几年里，工作记忆的概念得到了进一步的发展。阿特金森和谢夫林（Atkinson & Shiffrin，1968）没有使用工作记忆这个术语，他们所讨论的短时记忆，类似于詹姆斯（James，1890）所说的初级记忆，他们的观点非常重要。他们的贡献主要在于，他们探索如何使用策略来提高短时记忆有限的信息容量。他们认为，个体主要控制自己脑中从感觉记忆到短时记忆再到长时记忆以及反向的信息流动（例如，使用长时记忆的信息来丰富短时记忆中信息的编码）。他们为策略的使用建立模型，例如，内隐的维持操练就是一个项目反复进入短时记忆或初级记忆，以防它的表征出现衰退。另外还有内隐的精加工操练，心智给初级记忆中的内容加上次序和意义，这有助于信息存留在初级记忆或工作记忆中，这是高质量学习的一个主要方式。使用不同策略的人，通常会用完全不同的方式来完成相同的任务，因此结果也会出现不同的模式（Logie，Della Sala，Laiacona，Chalmers，& Wynn，1996）。

巴德利和希契（Baddeley & Hitch，1974）为一本书写了其中的一个章节，章名为“工作记忆”，这让这个领域发生了显著的改变。他们指出，詹姆斯（James，1890）的初级记忆或者阿特金森和谢夫林（Atkinson & Shiffrin，1968）的短时记忆，都是把工作记忆看作一个独立的实体，这是极不可靠的过度简化。相反，他们认为，不同类型的材料是分别存储的。存储词语材料的地方对语音特征很敏感。例如，如果词语都押韵的话，就像 cat、bat、hat、mat ……，人们很难记住这样一组随机排列的词语的顺序。同样，存储非言语的视觉材料的地方，对视觉或者空间特征很敏感。因此，两种刺激在工作记忆中是否相互干扰，很大程度上取决于对它们进行编码的性质是相似的（都用词语或都用视觉空间）还是不同的（一个用词语而另一个用视觉空间）。现在，工作记忆的这些存储被称为**语音回路**（phonological loop）和**视觉空间画板**（visuo-spatial sketchpad），人们认为，它们可以自动保存信息。有人指出，这些存储机制可以自动保存信息，但除非进行操练，否则这些信息只能维持很短的时间——2 秒左右（较长的词语，记忆效果不如较短的词语，这说明如果操练过程变慢，那么在操练之前，信息在工作记忆中就开始衰退）。

巴德利和希契提出，应该还有一个工作记忆存储中心，它能够在注意的帮助下记住意图（ideas），但巴德利（Baddeley，1986）后来忽略了这种存储，直到他确 114
信的确需要它。于是，他重新引进了这个概念，将其称为情节缓冲区（episodic buffer）。情节缓冲区可以记住不相干的内容，将它们联系起来，在工作记忆中形成意图（Baddeley，2000）。这种工作记忆与长时记忆中信息的关系最为密切。

考恩（Cowan，1988，1999，2001）认为，信息存储方式的模式化，有可能没有达到巴德利所设想的程度。工作记忆的存储机制（音调的空间位置记忆、触碰的身体部位记忆等）也可能有很多种。由于人们暂时还不知道真正的分类，考恩把它们看作长时记忆中被短暂激活的各种实例。相似的内容相互干扰的程度大于不同的内容，这是这种记忆通用的原则。这种观点不将工作记忆看作情节缓冲区，而是认为，注意的焦点只能通过整合留住少量的项目，与此同时，长时记忆中有很多注意焦点之外的特征能被短暂激活，但是整合程度较低。根据这种观点，工作记忆是一个综合体，它的中心是暂时还在注意焦点内的少量项目或信息块，另外，工作记忆还有更多当前不在个体的注意焦点和意识之内（最近说出的想法，过去几秒内的事件等）的信息可以提取。

由于学习非常依赖工作记忆，因此了解工作记忆的哪个方面会随儿童的成长而变化，并利用这类信息设计出最好的教育活动就显得非常重要。有一些最新的研究表明，注意焦点其实可以容纳更多的项目，另一些最新的研究则认为，为了让信息表征保持活跃的状态，人们需要不断操练或更新信息，这个过程的速度和效率将随年龄的增长而提高。在我们探讨这些内容之前，我们先要更深入地讨论工作记忆的各种极限以及克服这些极限的方法。

三、工作记忆的极限以及克服方法

1. 项目极限

我们只有找到制约工作记忆能力的法则，才能科学地理解工作记忆。我们怎么知道脑中存在着一个工作记忆，它的功能不同于长时记忆或二级记忆呢？要证明这一点，似乎只有一种方法，那就是展现工作记忆是临时的，受到一些限制，而这些限制是具体的。米勒（Miller，1956）提到项目极限，并特别指出，上限大约是7个项目。不过，巴德利和希契（Baddeley & Hitch，1974）的研究表明，这种项目极限并不那么绝对，有时会随项目的特征而变化，例如相互间近似的程度，说出每个项目所需的时间，等等。无法确定工作记忆的上限，这甚至给一些研究者提供了一定的回旋余地，他们提出，工作记忆机制本身并不独立存在，它只是记忆，记忆有一套普遍原则，那些在记忆的基础上运作的注意过程也有一套普遍原则（例如，Nairne，2002）。

米勒（Miller，1956）的文章在某种程度上同样存在循环论证的嫌疑，因为组块原则质疑了容量极限的价值。一方面，有人认为，人大概能记住7个项目；另一方面，又有人认为，人可以将项目组合成更大的组块，这样就可以回忆出更多的项目。当人们回忆7个左右的项目时，我们如何知道这些项目没有迅速地组合成组块来帮助人们回忆呢？这样，有些现象就可以解释了。例如，为什么电话号码前3位和后4位之间的破折号有助于记忆。或许，心智不经分组就能完成
115 列表中项目的记忆。被试看到数字串3452168，可能会将它想成34－52－168。其实，布罗德本特（Broadbent，1975）指出，如果想让人有完美的表现，而不是时对时错，那么一张表包含3个项目，通常是比较合适的。考恩（Cowan，2001）进一步扩展了这个推论，他认为，分组和操练策略都不可行时，成人通常只能回忆3—5个项目，而不是米勒所认为的5—9个项目。

陈和考恩（Chen & Cowan，2009）相当成功地证明了布罗德本特（Broadbent，1975）的推论的正确性。陈和考恩让一组被试学习新的书面词语对，例如brick（砖）—dog（狗），直到他们完全学会。这样，每个词语对都可以看成是由2个项目构成的1个组块，而其他词则是由1个项目构成的1个组块，以便公平比较。

这些词按照几种不同的方式组成词表。这些词表可能包括 4 个、6 个、8 个或 12 个单独的词语。它们也可能包括 4 个或 6 个学过的词语对。研究结果显示，只有去除操练部分，才能真正确定组块的容量极限。如果不去除操练部分，被试回忆出的数量会随情况变化而有些许变化。然而，要求另一组的被试在阅读刺激材料时复述一个简单的词语，每秒两次[the, the, the……（这，这，这……）]。如果忽略回忆出的词语顺序的话，这组被试几乎都能正确地回忆出三个组块。无论这三个组块是单个的词语，还是学过的词语对，结果都是如此。这个结果正在布罗德本特（Broadbent, 1975）所预测的范围内。考恩（Cowan, 2001）的论述，可能略微高估了上限，因为包括了策略的使用。

考恩和同事（Cowan et al., 2005）的一项研究显示，容量极限的测量结果与智力测验，还有成功学习指标的相关性很高，成功学习指标主要包括高中的班级排名和考试分数。

不仅工作记忆中的项目数量受到限制，项目间关系的数量也可能受到限制。假设我在西班牙告诉你，饼干中的面粉比糖多，而在意大利却告诉你饼干中的糖比面粉多(这是一个纯属虚构的例子)。国家和成分的比例这种双向交互作用，理解起来比较困难，因为它要求心智对这两个变量进行调整：糖和面粉的关系，以及决定这种关系的国家。哈尔福德、贝克、麦克里登和贝恩（Halford, Baker, McCredden, & Bain, 2005）的研究表明，人类理解更高层面相互作用的能力受到严格的限制，即使所有的元素一起印刷在纸上，只需记住关系，也是如此。也许，理解复杂观点所受的基本限制与组块极限来自同一个记忆机制（Halford, Cowan, & Andrews, 2007）。无论如何，工作记忆的容量在某个方面决定了思维的复杂性，这一点非常重要。

2. 目标维持能力极限

成人的工作记忆只能记住 3 个左右的信息组块，这种能力似乎相当有限。更糟的是，工作记忆中的信息并不一定总是最相关的。人们通常认为，儿童在课堂上使用工作记忆来形成新的长期的知识。例如，人们认为，历史课使用各种细节描绘一个年代、一系列事件或一段时间发展变化的心智图像。但其实，儿童的积极性与集中注意的能力才是至关重要的。如果教室外发生的事情、同桌的窃窃私语或是白日梦这些无关的事情或想法侵入了儿童注意的焦点，控制了儿童的工作记忆，那么就会破坏新概念或者新观点的获得，因为一些必要的信息只能徘徊在注意焦点之外。

116 有两个关于个体差异的研究，很好地说明了无关信息有可能造成危害的原理。一项研究(Kane & Engle, 2003)利用了斯特鲁普效应(Stroop effect)，研究人员要求被试命名词语的字体所用的颜色。如果"red"(红)这个词在电脑屏幕上是蓝色的，被试要说"blue"(蓝)，但成人通常想说"red"(红)，因为词语阅读的自动化程度比颜色命名更高，速度也更快。如果所用的大多数刺激经过词语和颜色的匹配，可以诱骗被试读出词语，而不是说出印刷这些词语的字体所用的颜色，那么任务就变得特别难。为了了解参加研究的被试的工作记忆广度，研究人员让他们完成一个标准的**操作广度**(operation span)任务，在这项任务中，被试要同时存储和加工信息(分别是词语和数学问题)，测试结果发现，被试的工作记忆广度存在差异。工作记忆广度较低的被试，在斯特鲁普任务上的表现也较差，这是因为工作记忆广度较低，就不能持续地维持目标。他们更常受词语意义而非字体颜色的影响。

另一项关于抑制的研究(Vogel, McCollough, & Machizawa, 2005)，使用的实验技术与众不同，被试要记住看到的所有矩形的位置。实际上，一些矩形在左边，另一些矩形在右边，有线索提示被试，要记住哪边(无需将眼睛从中心注视点移开)。这种安排可以测量在工作记忆中存储信息时的脑电反应，或者说事件相关电位。工作记忆存储的项目越多，对侧延迟活动(contralateral delay activity, CDA)的事件相关反应成分越大。另外，在需要记住的那一侧，被试通常需要忽视一些矩形(也许是红色的)，记住另一些矩形(也许是绿色的)。对侧延迟活动的大小表明，工作记忆广度较低的被试，相关和不相关的项目都会记住，而工作记忆广度较高的被试，会从记忆中排除不相关的项目，因此，后者有更多空闲的工作记忆容量。在其他情况下，这些被腾出的工作记忆容量，可以用于学习更多的内容。

凯恩等人(Kane et al., 2007)的研究显示，这种排除无关信息的能力，在实际生活中非常重要。这等于被试随身携带一个小型装置，这种装置会随时提醒他们，自己是在专心做事，还是在走神。工作记忆广度较低的被试更经常报告他们的心智不由自主地走神。在有意让心智走神的方面，这些被试没有差异，只是记忆广度较低的被试，他们不由自主地走神太多了。

3. 时间极限

认为工作记忆除了有项目极限，还有时间极限，或者认为工作记忆没有项目极限，只有时间极限这种观念，在认知心理学中早就存在。彼得森和彼得森(Peterson & Peterson，1959)发现，被试在操练过程中，执行倒数这样要求极高的分心任务 18 秒后，被试会突然忘记操练的内容，即使简单如三个辅音组成的字母串，也会忘记。不过还有一些研究认为，造成这种遗忘的原因是倒数任务中数字的干扰。莱万多夫斯基、邓肯和布朗(Lewandowsky，Duncan，& Brown，2004)要求被试回忆列表上的内容，在回忆之前，被试或者说一遍干扰单词“super”(超级)，或者连续重复几遍干扰单词“super”(超级)、“super”(超级)、“super”(超级)。这样做的目的，是为了控制回忆前这段时间的长短，而且在需要更多延迟时间的回忆条件下，不用引入新的干扰。结果，研究人员没有发现回忆前的时间效应。即使再加入一个对注意要求极高的任务，一个单词到下一个单词之间的遗忘，也没有什么差异(Oberauer & Lewandowsky，2008)；回忆结果 117
不是扇形的模式，扇形模式表示，回忆得越慢，遗忘越多。

与上述研究结果相反，巴鲁耶和同事(例如，Barrouillet，Bernardin，Portrat，Vergauwe，& Camos，2007；Portrat，Barrouillet，& Camos，2008)的研究结果发现，随着时间的流失，记忆也会逐渐丢失，不过这只是间接推论。他们控制了项目呈现的间隔时间，这样，就能测量分心任务在项目间隔时间中的比例。例如，在一个任务中，被试要回忆字母，还要读出字母间的数字。每个数字从开始呈现到被试读出这段时间，被试也在执行任务，因此不能更新或者操练要回忆的字母。结果表明，关键的不是要回忆项目之间的间隔时间，而是**认知负荷**(cognitive load)，认知负荷就是分心任务所占的时间。认知负荷越高，工作记忆广度越低，这是一种接近线性的关系。这表明，只有不断更新，信息才不会被遗忘，分心任务让信息得不到更新。

人们仍在研究，淡忘是否会出现。虽然可以肯定的是，在某些情况下，有些记忆会随着时间而消失。雷克和考恩(Ricker & Cowan，2010)给被试同时呈现 3 个非常规字符，然后用图像遮蔽以消除感觉记忆，接着呈现 1.5 秒、3 秒或 6 秒的空白。之后，研究人员从 3 个字符中随机选择 1 个，让被试识别。研究得到的主要结果是，尽管没有任何干扰，被试仍然在间隔时间内出现遗忘。然而，与此相反，6 个英文字母在间隔 6 秒的情况下，被试却不会遗忘。张和勒克（Zhang & Luck，2009）发现，若干秒后遗忘的列表内容，并不是不能准确回忆其中的每个项目，而是忘记列表中的一些项目，这些项目是突然被遗忘的。从这些研究中我们可以看出，随着时间遗忘的是一些较难分类的项目，像字母串这种可分类的信息，在记忆中保存的时间可能更长一些。

这些发现对教育的启示主要在于，对学习者来说，良好的信息分类能力是非常重要的，否则信息很可能在几秒之内就淡出记忆。

4. 克服工作记忆极限的方法

人类的认知能力主要来自它的适应性。我们已经讨论过，学着把项目组合在一起，就可以增加记忆信息的数量，因为如果每个组块可以有更多的项目，那么同样数量的组块就可以有更多的信息（Chen & Cowan，2009；Miller，1956）。在处理日常语言的时候，人们听到或者读到一句话，就建立了一个结构，这样，很多材料都可以进入工作记忆数量有限的组块中（具体参考，Tulving & Patkau，1962）。埃里克森、蔡斯和法隆（Ericsson，Chase，& Faloon，1980）的工作生动地展示了这一原则。他们在一年里，将一个被试的数字记忆广度，从正常的 6 或 7 个项目提高到 80 多个项目。被试的主观报告显示，他之所以能做到这一点，是因为他记住了很多运动记录（例如，3：57.2，1 英里跑的前世界纪录）。通过这种方式，他将自己的记忆广度提高到约 20 个项目。之后，他学习如何将初级组块组合成更高水平的组块，这样，他的记忆广度提高到约 80 个项目。然而，这种
118 提高只是针对数字材料的，换成字母材料，他又只能回忆 6 个左右项目。进一步的研究已经表明，尽管记忆专家的记忆表现出色，但记忆专家记忆表现的基础，仍然是基本的记忆容量，也就是大约 3 或 4 个组块，只是记忆专家每个组块的信息非常多（Ericsson，Delaney，Weaver，& Mahadevan，2004；Wilding，2001）。

记住信息的另一个策略就是隐性地操练。如果信息是口头形式，且信息的前后顺序也需要记住，只要项目的语音不同（例如，不是由押韵的词语组成的），且可以在 2 秒内背诵出来，那么操练对这种信息的记忆很有帮助（Baddeley，Thomson，& Buchanan，1975）。这是因为除非通过操练进行更新，否则语音的记忆痕迹会在约 2 秒时衰退，不过其他人现在会认为，这种效应的基础是语音干扰（例如，Neath & Nairne，1995；Lewandowsky & Oberauer，2008）。如果不需

要记住项目的顺序，那么头几个项目可以一直得到操练，直到列表最后一个项目，要求被试大声练习的研究已经发现了这一现象（Rundus，1971；Tan & Ward，2000）。

也许，分类和操练在共同发挥作用，也许，它们是两种完全不同的策略。无论如何，这些策略可以解释，为什么记忆广度测试的典型结果是约 7 个项目，而非陈和考恩（Chen & Cowan，2009）在阻止操练和控制分类后发现的 3 个项目。

不进行口头操练，人们也可以在记忆中更新项目，并不是所有的材料都适合口头操练。如果信息有可能重新进入注意焦点，那么用注意来更新工作记忆的信息是另一个帮助记忆的手段（Cowan，1999；Raye，Johnson，Mitchell，Greene，& Johnson，2007）。

正如之前所提到的，各种思维都严重依赖工作记忆。值得注意的是，新的或抽象的问题对工作记忆的需要更高，这一点不同于依赖过去的知识就可以解决的问题，因为有过去的知识，所以就可以用更少的信息组块来表述这类问题。以著名的 4 张牌任务为例（Wason & Shapiro，1971）。这个任务的抽象的例子可能如下：你有 4 张牌，每张牌都是一面是数字，另一面是字母。现在，这 4 张牌是 4、7、E、X。你想要确定下面所说的规则是否在描述这 4 张牌：**如果一张牌一面是偶数，那它的另一面是元音**。要测试这个规则，你需要翻开哪张牌？在继续阅读之前，赶紧想出你自己的答案吧。

对大多数人来说，这的确是一个难题。翻开有数字 4 的这张牌非常重要，因为根据规则，这张牌的另一面是元音。人们通常都是这样做的。翻开有数字 7 的这张牌不重要，因为规则没有给出奇数牌的任何信息。翻开 E 这张牌也不重要，因为规则没有说，元音的另一面是什么，因此，无论 E 这张牌的另一面是偶数还是奇数，都不能证明规则是错的。最后，翻开 X 这张牌很重要，因为如果 X 这张牌的另一面是偶数，那么就能证明规则是错的。人们通常错误地认为，需要翻开 E 这张牌，而不是 X 这张牌。

可以认为，这个问题真的挑战了工作记忆。在搞清楚每个可能的结果对这条规则来说意味着什么时，就需要工作记忆努力去记住这条规则。不过，如果使用常识，这个难题就会容易很多。例如，假设问题如下。某个汽车维修店为本田（Hondas）和别克（Buicks）提供服务（就像以前在密苏里州的哥伦比亚市那样）。一个召回公告说，本田的油门踏板会卡住，这有可能会导致事故发生，因此需要召回维修。桌子上放着 4 张客户的卡片。1 张卡片代表 1 个客户的名字，卡片的一面写着汽车的牌子，另一面写着油门踏板是否已被检查。这 4 张卡片分别写着：**本田**、**别克**、**检查过**和**没检查过**。需要翻开哪张卡片？

119 显然，不假思索的想法是需要翻开**本田**和**没检查过**这两张卡片。即使这个问题放在上面那个更抽象的问题前，这样选择也是很明显的。然而，这个问题的逻辑和上面那个更抽象的问题是一样的。正如沃森和夏皮罗（Wason & Shapiro, 1971）所指出的那样，同一个问题，用常识表述比用抽象形式表述更容易。除了鼓励学生使用记忆策略，教师还应该尽可能地利用学生已有的知识，这对促进学习和理解来说，非常关键。

通常，抽象的术语是无法避免的，因为问题属于一个全新的学科。事实上，有人会认为，流体智力（fluid intelligence）测试的重要性在于，它要测出一个人在多大程度上能够处理他或她从来没有遇到过的问题[工作—记忆—强化创新（a working－memory－intensive enterprise）]。例如，从 20 世纪 50 年代到 20 世纪 90 年代，世界范围的智力测验分数，似乎都随时间而提高，其中一个原因可能是，智力测验的题目类型对上一代而言非常陌生，而现在的人经历丰富，因此这些题目类型对现在的人而言不那么陌生，这使得智力测试失去了效力（具体参考，Flynn, 2007）。

如果问题是新的或者是不熟悉的，工作记忆不足以让人轻松地解决这个问题，这时候，个人会求助于几个非常常见的思维策略（虽然常常是不知不觉地使用）。这些策略通常都会有用，但是它们也充满了危险。一个经常使用的策略是启发式（heuristic）策略，这是个简单而实用的方法，通常都能得出正确的答案，虽然肯定不能总是得出正确答案（Kahneman, 2003）。例如，评估政治观点，可能需要花费很多精力，需要工作记忆高强度运转；而根据政治关系、情感基调或者说话人与自己的相似程度确定说话人的类型则不太费力。另一个经常使用的策略是依靠社会共识。这种策略可能无法给你正确答案，但是至少可以给你一个最容易得到的答案，让你很少和你周围的人产生摩擦。即使是一个人最基本的感知判断（例如，判断一条线的长度），也明显会受其他人的影响（Asch, 1956）。教育系统最重要的任务之一，可能是让学生意识到这些认知陷阱，训练他们付出更多的努力，使他们可以利用自己的工作记忆来获得最可靠的答案，而不是给出最容易获得或者最舒服的答案。

四、工作记忆的发展

在相当长的一段时间里，我们都非常清楚，我们现在所说的记忆广度，在个体的发展过程中也会逐渐提高（Bolton，1892）。然而，通过分析来确定哪些基本的工作记忆机制会随着发展而变化则更为困难（Cowan & Alloway，2009）。尽管如此，这方面仍取得了一些重要的进展。

1. 提高存储容量

新皮亚杰主义的心理学研究者长久以来一直认为，认知发展的重要基础是工作记忆能力的逐步提高，或者说，随着儿童的成长，能让更多的项目停留在工作记忆侧重注意的部分，也可以说，记住元素间关系的能力得到提高，因而能理解更复杂的信息（Andrews，Halford，Bunch，Bowden，& Jones，2003）。

用记忆组块的数量来表示的容量，会随着年龄的增长而提高，证明这一假设的难度在于，个体的基本表现也会随着年龄的增长而提高，这带来了其他的解释。随年龄而提高的有可能只是构建更大组块的能力，这样，虽然基本的组块容量相同，但用起来更有效。然而，吉尔克里斯特、考恩和纳韦-本杰明（Gilchrist，Cowan，& Naveh-Benjamin，2009）已经证明，至少有一种情况并非如此；组块容量真的会提高。他们逐字呈现简短的口语句子列表，让被试口头回忆，这些句子 120
相互间没有关联（例如，拿上你的纸和笔；我们的邻居卖蔬菜；贼偷走了画；喝光你的牛奶）。材料的长度使得被试不可能使用口头操练来记住这些项目（Baddeley，1986），被试可能会被迫使用数量有限的组块容量。每个句子都被设计成一个独立的信息组块，组块内词语间的相互联系很强，而组块间即使有联系，也很弱。

这种刺激设置的好处在于，研究不仅可以估计组块的数量，而且可以估计记忆中组块的完整性。结果发现，一年级（6—7岁）的儿童、六年级的儿童（11—12岁）和成人都形成了句子组块，而且都很好。尤其重要的是，任何年龄的被试，只要回忆出一个短句中任何实质性的部分，就可以回忆出这个句子的80%。然而，能回忆出这种句子的数量，一年级儿童平均约为2.5个，成人有所提高，约为3个。这反映了工作记忆基本容量很小，但却相当重要的成长。当然，太小而不能参与这种测试的儿童，他们的工作记忆容量可能更小。工作记忆基本容量的提高可以解释个体在发展过程中，为什么能记住和理解越来越复杂的观点和材料（例如，Andrews et al.， 2003； Halford， Wilson， & Phillips， 1998； Pascual-Leone & Smith， 1969）。

2. 提高目标维持能力

工作记忆发展最重要的方面之一是提高忽略无关信息，聚焦相关信息的能力。例如，埃利奥特（Elliott， 2002）在或者很安静，或者伴有各种言语声音的情况下，以视觉的形式呈现数字回忆列表。如果背景声音在说很多词（红、蓝、绿、黄、白、高、大、短、长），这能对二年级（7—8 岁）儿童产生破坏性的影响，使他们在数字回忆任务上的正确率从约 70%下降到约 30%（Elliott， 2002，图 1）。每个被试都使用事先确定的记忆广度列表进行测试。尽管如此，研究结果仍然显示，不相关的言语声音的影响会随着成长而减少，不相关的言语声音对成人的影响减少了接近 10%。

对这个研究结果以及其他类似的研究结果，埃利奥特（Elliott， 2002）给出了两种略微不同的解释。因为目标是记住印刷的数字而非口头词语，所以对幼儿而言，是因为用来分散注意力的言语声音干扰？还是因为儿童忘记了目标？目前还不清楚到底是哪种情况，但是，至少在某些情况下，幼儿确实会忘记目标。泽拉佐（Zelazo， 2003）对一系列研究进行了归纳总结，在这些研究中，儿童要根据某种规则给一副牌分类（例如，不管是红色还是蓝色，兔子放在这里；不管是红色还是蓝色，汽车放在那里）。不久，任务换成另一种规则（例如，不管是汽车还是兔子，红色的东西放在这里；不管是汽车还是兔子，蓝色的东西放在那里）。研究结果令人惊讶，3 岁儿童能解释新的分类规则，尽管如此，他们仍然按照旧的规则分类。旧的规则已经变成习惯，太强大以至无法克服，而新的规则的力量则相对较弱，新的规则可能会暂时从工作记忆中退出。

看到这些研究，以及很多其他研究，人们知道，儿童很难抑制无关信息，专注于相关信息和任务目标。人们可能会想，我们是否真的了解组块容量也会随着年龄的增长而增长。或许，幼儿本来就拥有相同的容量，只是其中充满了无关的材料。考恩、莫里、奥布肖恩、孜韦令和吉尔克里斯特（Cowan， Morey， AuBuchon， Zwilling， & Gilchrist， 2010）的研究反对把这作为一种普遍的解释。他们认为，

抑制或者过滤无关信息能力的提高，不能成为发展性变化的全部解释。他们让 121
被试记忆的列表，既有很相关的项目，又有不太相关的项目。例如，记住圆形的颜色，忽略三角形的颜色。不过，测试中间，被试偶尔会遇到不太相关的形状。每一组都有两个很相关的项目和两个不太相关的项目，一、二年级的儿童（6—8岁）分配注意的效率与更大的儿童及成人一样。每个组喜欢的很相关的项目的数量非常接近。然而，年龄较小的儿童记住的项目比年龄较大的儿童或者成人少，无论是较好记忆的、相关性更大的项目，还是较难记忆的、相关性较小的项目，都是如此。正如吉尔克里斯特等人（Gilchrist et al.，2009）所指出的，组块能力不能解释基本容量的明显提高。考恩等人指出，用分配注意去过滤无关项目不能解释基本容量的这种增长。

年龄较小的儿童，工作记忆的容量较小，目标维持的能力也较差，这都对教育有重要的影响。盖瑟科尔（Gathercole，2008）总结了一些应用于课堂的研究。她和她的同事发现，表面看来，儿童不服从、叛逆或者难以理解，其实这常常是因为工作记忆导致的问题，例如忘记指令，不能记住任务目标或者不能回忆出一些信息，而这些信息关系到能否成功地完成任务或学业活动。

关于工作记忆和在校表现之间的联系，这方面的研究不尽如人意。人们的印象也是如此。有人可能在想，工作记忆是否真的在发挥自己独特的作用，毕竟，各种工作记忆测试都和儿童的智商（intelligence quotient，IQ）高度相关，也和其他的儿童潜能和成绩测试高度相关（例如，Cowan et al.，2005）。不过，通过回归技术，可以将工作记忆的影响和一般智力的影响分离开来。阿洛韦和阿洛韦（Alloway & Alloway，2010）在儿童 5 岁和 11 岁时分别对他们进行了测试。他们发现，即使将智商考虑进去，工作记忆也可以预测儿童 11 岁时的读写能力和计算能力。将工作记忆考虑进去，智商也可以预测读写能力和计算能力，但是智商的贡献小于工作记忆。阿洛韦（Alloway，2009）对 7 到 11 岁的儿童进行了测试，儿童每隔两年接受一次测试，接受测试的儿童被认为有学习困难，这个研究的结果更为惊人。在这个样本中，阿洛韦发现，即使将智商也考虑进去，第一次测试的工作记忆也能解释随后的学习情况，但是，反过来却并非如此——将工作记忆考虑进去后，智商不能进一步解释之后的学习情况。这样看来，比较安全的说法是，为了了解儿童的学业表现，教育工作者必须关注与工作记忆相关的话题。

3. 提高记忆持久性

有一些研究显示，年龄较大的儿童，听觉记忆的持续时间要长于年龄较小的儿童，这里的听觉记忆，更确切地说，是人们听到的噪声或者词语的声音。凯勒和考恩（Keller & Cowan，1994）发现，从一年级（6—7岁）到成年这段时间，儿童音高记忆的持续时间越来越长。考恩、纽金特、埃利奥特和苏茨（Cowan，Nugent，Elliott，& Saults，2000）让被试在完成无声的押韵游戏时，忽略口头呈现的数字，间或给被试一个线索，让被试暂停游戏，回忆最后听到的数字，线索在这些数字出现后1、5或10秒出现。数字的多少会根据每个儿童数字记忆的广度进行调整。结果发现，在所有记忆间隔，所有年龄的被试都会遗忘需要忽略的大多数数字；但是在所有记忆间隔，忘记最后一个数字的年龄较小的儿童，多于年龄较大的被试。这表明，感觉记忆只能保留所有项目中的最后一个，年龄较小的儿
122 童，感觉记忆消退得更快一些。当然，如何理解这类发现对教育的影响，这还需要更多的研究。但是，研究提供了更多的原因来解释年龄较小的儿童为什么更难服从口头管理。这些指令停留在这些儿童感觉记忆中的时间可能更短。

4. 改善策略

最后，已经有很多研究显示，在童年时期，儿童使用记忆策略克服记忆极限的能力会随着年龄的增长而显著提高。人们还不十分清楚，为什么会有这种提高，但是发现了一些线索。很多研究显示，年龄较小的儿童，不能熟练地进行隐性的言语操练（Flavell，Beach，& Chinsky，1966；Ornstein & Naus，1978）。这有可能是因为他们没有意识到言语操练有助于表现。然而，与这个解释不同，训练儿童进行言语操练或者训练儿童更快地背诵项目，这样的尝试都不太成功（例如，Cowan，Saults，Winterowd，& Sherk，1991；Hulme & Muir，1985）。

实际情况可能是，言语策略只有在工作记忆达到一定的容量时才能有效地发挥作用。这个假设得到两个研究结果的支持，这两个研究所选取的被试，年龄差距都较大。第一个研究结果，在记忆广度任务中，幼儿背诵项目的速度慢于青年，这有可能是因为背诵较慢，所以就出现了遗忘。然而，有人反驳了这种可能，考恩、埃利奥特等人（Cowan，Elliott et al.，2006）提高了儿童的背诵速度，这样他们就能以与成年人相似的速度回忆列表中的数字，但是儿童的记忆广度仍然没有提高。第二个研究结果，在年龄范围的另一端，凯内特、坎伯、诺曼和张

(Kynette, Kemper, Norman, & Cheung, 1990)发现，即使假设衰老没有影响某种记忆策略的效力，老年人操练的速度和记住的项目量都比不上年轻人。似乎人们有理由认为，儿童工作记忆容量的增长和老年人工作记忆的衰退都可能影响有效使用记忆策略的能力，它们影响的方向是相反的。是否知道记忆策略的可能用处，并不能解释年龄效应。

巴鲁耶等人(Barrouillet et al., 2007)发现，所要回忆的两个项目之间，第二个任务所使用的项目对认知的要求，决定了年轻人的记忆表现。他们指出，这是因为注意有自由的时间刷新记忆中的项目(Raye et al., 2007)。因此，发展性成长的基础是什么，这个问题还没有答案。发展性成长的基础可能取决于儿童的年龄。巴鲁耶、加旺、沃高维、盖拉德和卡莫(Barrouillet, Gavens, Vergauwe, Gaillard, & Camos, 2009)发现，5 岁儿童对所要回忆的项目间出现和消失的任何干扰都很敏感，但是对项目的认知要求不敏感。如果这些幼儿不使用会被认知要求打断的注意刷新过程或任何操练过程，注意刷新过程或任何操练过程可能会被认知要求打断，那么上述结果就在人们的意料之中了。相比较而言，7 岁儿童对认知要求敏感。而且，注意刷新行为的质量明显随年龄的增长而持续提高。因为 14 岁少年的记忆广度增加，所以有更多的时间刷新项目，刷新项目的速度也快于幼儿。此外，除了认知要求，还有另外的一个因素似乎也可能影响回忆的年龄差异。这个因素可能是基本的工作记忆容量。

最后，考恩、苏茨和莫里(Cowan, Saults, & Morey, 2006)发现，言语操练这种简单的策略，也可以被巧妙地用来提高复杂任务中的表现。下面就是一个例子，假设你需要暂时记住美国东部五个城市的名称和位置。对于工作记忆来说，这个数量是很多的。然而，有时候成人使用一种更简单的策略。对成人来说，建立从一个地方到另一个地方的心理路线并不难，练习记住五个城市的名字也不难。于是成人可以同时使用这两个相对轻松的工作记忆方式——第一个名字对 123
应地图的第一个位置，以此类推。儿童的年龄太小，还不能将复杂的情况分解为几个更简单的、言语和空间的子问题，也无法使用这种记忆策略进行操练。

五、工作记忆与教育最大化

本章主要回顾了工作记忆及其发展的研究，它带来的启示非常明显。任何一种教育，都必须是在学生能够理解的水平，学生的理解水平与工作记忆能力密切相关，只有了解这一点，才能更好地评估学生的理解水平。有一点必须牢记，工作记忆的问题可能是所有认知缺陷的原因，也可能在一定程度上是学习障碍的根本原因。在很多情况下，学生现有的知识能够克服工作记忆的极限。人们也可以尝试教授更好的学习技能和记忆策略，与此同时，不能忘记一点，策略本身能否成功，可能也取决于工作记忆的容量。

有人提出，可以使用具有挑战性的工作记忆任务来训练工作记忆和注意力，例如，重复进行同样的任务，随着被试的进步，逐步提高任务的难度。也有人提出，工作记忆任务对其他行为也有积极作用，可以提高智力测验的成绩，帮助克服注意缺陷障碍（例如，Klingberg，2010；Tang et al.，2007）。这与之前大多数认知心理学的研究不同，先前的认知心理学研究发现，训练和练习的作用比较小（例如，Boron，Willis，& Schaie，2007；Ericsson et al.，1980）。更新的训练研究也许在告诉人们，通过反复及持久的努力与注意，人们几乎可以提高任何任务的表现。例如，有人觉得，态度上的差异有助于解释为什么亚洲儿童平均数学学习水平高于美国儿童。亚洲儿童知道，如果没学好数学，就要更加努力；而美国儿童一般倾向于认为，有些人只是不擅长数学（Chen & Stevenson，1995）。

人们常常有一些偏见，例如，认为有些人不擅长做某些任务，假如工作记忆训练或其他游戏类挑战训练能帮助人们克服这些偏见，那么这样的训练将是很值得的。它甚至有可能帮助儿童成为公民，这样的公民愿意用自己的努力与工作记忆，制订并执行可能对我们社会是最好的决定，而不过于依赖简单的启发法、偏见或成见，以及社会习俗或大众认同。

参考文献

Alloway，T. P.（2009）. Working memory，but not IQ，predicts subsequent learning in children with learning difficulties. *European Journal of Psychological Assessment*，*25*（2），92 - 98.

Alloway，T. P.，& Alloway，R. G.（2010）. Investigating the predictive roles of working memory and IQ in academic attainment. *Journal of Experimental Child Psychology*，

106(1), 20 - 29.

Andrews, G., Halford, G.S., Bunch, K. M., Bowden, D., & Jones, T. (2003). Theory of mind and relational complexity. *Child Development*, *74*(5), 1476 - 1499.

Asch, S. E. (1956). Studies of independence and conformity: A minority of one against a unanimous majority. *Psychological Monographs*, *70*(9), 1 - 70.

Atkinson, R. C., & Shiffrin, R. M. (1968). Human memory: A proposed system and its control processes. In K. W. Spence & J. T. Spence (Eds.), *The Psychology of Learning and Motivation: Advances in Research and Theory* (Vol. 2, pp. 89 - 195). New York: Academic Press.

Baddeley, A. D. (1986). *Working Memory*. Oxford: Clarendon Press. 124

Baddeley, A. D. (2000). The episodic buffer: A new component of working memory? *Trends in cognitive sciences*, *4*(11), 417 - 423.

Baddeley, A. D. (2003). Working memory: Looking back and looking forward. *Nature Reviews: Neuroscience*, *4*, 829 - 839.

Baddeley, A. D., & Hitch, G. (1974). Working memory. In G. H. Bower (Ed.), *The Psychology of Learning and Motivation* (Vol. 8, pp. 47 - 89). New York: Academic Press.

Baddeley, A. D., Thomson, N., & Buchanan, M. (1975). Word length and the structure of short-term memory. *Journal of Verbal Learning and Verbal Behavior*, *14*(6), 575 - 589.

Barrouillet, P., Bernardin, S., Portrat, S., Vergauwe, E., & Camos, V. (2007). Time and cognitive load in working memory. *Journal of Experimental Psychology: Learning, Memory, and Cognition*, *33*(3), 570 - 585.

Barrouillet, P., Gavens, N., Vergauwe, E., Gaillard, V., & Camos, V. (2009). Working memory span development: A time-based resource-sharing model account. *Developmental Psychology*, *45*(2), 477 - 490.

Bjorklund, D. F., & Harnishfeger, K. K. (1990). The resources construct in cognitive development: Diverse sources of evidence and a theory of inefficient inhibition. *Developmental Review*, *10*(1), 48 - 71.

Bolton, T. L. (1892). The growth of memory in school children. *American Journal of Psychology*, *4*(3), 362 - 380.

Boron, J. B., Willis, S. L., & Schaie, K. W. (2007). Cognitive training gain as a predictor of mental status. *The Journals of Gerontology: Series B: Psychological Sciences and Social Sciences*, *62*(1), 45 - 52.

Broadbent, D. E. (1975). The magic number seven after fifteen years. In A.

Kennedy & A. Wilkes (Eds.), *Studies in Long-term Memory* (pp. 3 - 18). Oxford: John Wiley & Sons.

Chein, J. M., & Fiez, J. A. (2010). Evaluating models of working memory through the effects of concurrent irrelevant information. *Journal of Experimental Psychology: General*, *139*(1), 117 - 137.

Chen, C., & Stevenson, H. W. (1995). Motivation and mathematics achievement: A comparative study of Asian-American, Caucasian-American, and East Asian high school students. *Child Development*, *66*(4), 1215 - 1234.

Chen, Z., & Cowan, N. (2009). Core verbal working memory capacity: The limit in words retained without covert articulation. *Quarterly Journal of Experimental Psychology*, *62*(7), 1420 - 1429.

Cowan, N. (1988). Evolving conceptions of memory storage, selective attention, and their mutual constraints within the human information processing system. *Psychological Bulletin*, *104*(2), 163 - 191.

Cowan, N. (1995). *Attention and Memory: An Integrated Framework* (*Oxford Psychology Series*, *No. 26*). New York: Oxford University Press.

Cowan, N. (1999). An embedded-processes model of working memory. In A. Miyake & P. Shah (Eds.), *Models of Working Memory: Mechanisms of Active Maintenance and Executive Control* (pp. 62 - 101). Cambridge: Cambridge University Press.

Cowan, N. (2001). The magical number 4 in short-term memory: A reconsideration of mental storage capacity. *Behavioral and Brain Sciences*, *24*, 87 - 185.

Cowan, N. (2009). Working memory from the trailing edge of consciousness to neurons. *Neuron*, *62*(1), 13 - 16.

Cowan, N., & Alloway, T. (2009). Development of working memory in childhood. In M. L. Courage & N. Cowan (Eds.), *The Development of Memory in Infancy and Childhood* (pp. 303 - 342). Hove: Psychology Press.

Cowan, N., Elliott, E. M., Saults, J. S., Morey, C. C., Mattox, S., Hismjatullina, A., & Conway, A. R. A. (2005). On the capacity of attention: Its estimation and its role in working memory and cognitive aptitudes. *Cognitive Psychology*, *51*(1), 42 - 100.

Cowan, N., Elliott, E. M., Saults, J. S., Nugent, L. D., Bomb, P., & Hismjatullina, A. (2006). Rethinking speed theories of cognitive development: Increasing the rate of recall without affecting accuracy. *Psychological Science*, *17*(1), 67 - 73.

Cowan, N., Morey, C. C., AuBuchon, A. M., Zwilling, C. E., & Gilchrist, A. L. (2010). Seven-year-olds allocate attention like adults unless working memory is overloaded. *Developmental Science*, *13*(1), 120 - 133.

Cowan, N., Nugent, L. D., Elliott, E. M., & Saults, J. S. (2000). Persistence of
memory for ignored lists of digits: Areas of developmental constancy and change. *Journal* 125
of Experimental Child Psychology, *76*(2), 151 - 172.

Cowan, N., Saults, J. S., & Morey, C. C. (2006). Development of working memory for verbal-spatial associations. *Journal of Memory and Language*, *55* (2), 274 - 289.

Cowan, N., Saults, J. S., Winterowd, C., & Sherk, M. (1991). Enhancement of 4-year-old children's memory span for phonologically similar and dissimilar word lists. *Journal of Experimental Child Psychology*, *51*(1), 30 - 52.

D'Esposito, M., Postle, B. R., Jonides, J., & Smith, E. E. (1999). The neural substrate and temporal dynamics of interference effects in working memory as revealed by event-related functional MRI. *Proceedings of the National Academy of Sciences USA*, *96*(13), 7514 - 7519.

Elliott, E. M. (2002). The irrelevant-speech effect and children: Theoretical implications of developmental change. *Memory & Cognition*, *30*, 478 - 487.

Ericsson, K. A., Chase, W. G., & Faloon, S. (1980). Acquisition of a memory skill. *Science*, *208*, 1181 - 1182.

Ericsson, K. A., Delaney, P. F., Weaver, G., & Mahadevan, R. (2004). Uncovering the structure of a memorist's superior "basic" memory capacity. *Cognitive Psychology*, *49*(3), 191 - 237.

Flavell, J. H., Beach, D. H., & Chinsky, J. M. (1966). Spontaneous verbal rehearsal in a memory task as a function of age. *Child Development*, *37*(2), 283 - 299.

Flynn, J. R. (2007). *What is Intelligence? Beyond the Flynn Effect*. Cambridge: Cambridge University Press.

Gardner, H. (1985). *The Mind's New Science: A History of the Cognitive Revolution*. New York: Basic Books.

Gathercole, S. E. (2008). Working memory in the classroom. *The Psychologist*, *21*, 382 - 385.

Gilchrist, A. L., Cowan, N., & Naveh-Benjamin, M. (2009). Investigating the childhood development of working memory using sentences: New evidence for the growth of chunk capacity. *Journal of Experimental Child Psychology*, *104*(2), 252 - 265.

Halford, G. S., Baker, R., McCredden, J. E., & Bain, J. D. (2005). How many variables can humans process? *Psychological Science*, *16*(1), 70 - 76.

Halford, G. S., Cowan, N., & Andrews, G. (2007). Separating cognitive capacity from knowledge: A new hypothesis. *Trends in Cognitive Sciences*, *11*(6), 236 - 242.

Halford, G. S., Wilson, W. H., & Phillips, S. (1998). Processing capacity defined by relational complexity: Implications for comparative, developmental, and cognitive psychology. *Behavioral and Brain Sciences*, *21*(6), 803 - 865.

Hecht, S. A., Vagi, K. J., & Torgesen, J. K. (2007). Fractional skills and proportional reasoning. In D. B. Berch & M. M. Mazzocco (Eds.), *Why is Math so Hard for Some Children? The Nature and Origins of Mathematical Learning Difficulties and Disabilities* (pp. 121 - 132). Baltimore, MD: Paul H Brookes Publishing.

Hulme, C., & Muir, C. (1985). Developmental changes in speech rate and memory span: A causal relationship? *British Journal of Developmental Psychology*, *3*(2), 175 - 181.

James, W. (1890). *The Principles of Psychology*. New York: Henry Holt.

Jonides, J., Lewis, R. L., Nee, D. E., Lustig, C. A., Berman, M. G., & Moore, K. S. (2008). The mind and brain of short-term memory. *Annual Review of Psychology*, *59*(1), 193 - 224.

Kahneman, D. (2003). A perspective on judgment and choice: Mapping bounded rationality. *American Psychologist*, *58*(9), 697 - 720.

Kane, M. J., Brown, L. H., McVay, J. C., Silvia, P. J., Myin-Germeys, I., & Kwapil, T. R. (2007). For whom the mind wanders, and when: An experience-sampling study of working memory and executive control in daily life. *Psychological Science*, *18*(7), 614 - 621.

Kane, M. J., & Engle, R. W. (2003). Working-memory capacity and the control of attention: The contributions of goal neglect, response competition, and task set to Stroop interference. *Journal of Experimental Psychology: General*, *132*(1), 47 - 70.

Keller, T. A., & Cowan, N. (1994). Developmental increase in the duration of memory for tone pitch. *Developmental Psychology*, *30*(6), 855 - 863.

126 Klingberg, T. (2010). Training and plasticity of working memory. *Trends in Cognitive Sciences*, *14*(7), 317 - 324.

Kynette, D., Kemper, S., Norman, S., & Cheung, H. (1990). Adults' word recall and word repetition. *Experimental Aging Research*, *16*(3), 117 - 121.

Lewandowsky, S., Duncan, M., & Brown, G. D. A. (2004). Time does not cause forgetting in short-term serial recall. *Psychonomic Bulletin & Review*, *11*, 771 - 790.

Lewandowsky, S., & Oberauer, K. (2008). The word-length effect provides no evidence for decay in short-term memory. *Psychonomic Bulletin & Review*, *15*, 875 - 888.

Logie, R. H., Della Sala, S., Laiacona, M., Chalmers, P., & Wynn, V. (1996). Group aggregates and individual variability: The case of verbal short-term memory.

Memory & Cognition, *24*(3), 305 - 321.

Majerus, S., Argembeau, A. D., Perez, T. M., Belayachi, S., Van der Linden, M., Collette, F., Salmon, E., Seurinck, R., Fias, W., & Maquet, P. (2010). The commonality of neural networks for verbal and visual short-term memory. *Journal of Cognitive Neuroscience*, *22*(11), 2570 - 2593.

McNab, F., & Klingberg, T. (2008). Prefrontal cortex and basal ganglia control access to working memory. *Nature Neuroscience*, *11*, 103 - 107.

Miller, G. A. (1956). The magical number seven, plus or minus two: Some limits on our capacity for processing information. *Psychological Review*, *63*(2), 81 - 97.

Miller, G. A., Galanter, E., & Pribram, K. H. (1960). *Plans and the Structure of Behavior*. New York: Holt, Rinehart and Winston, Inc.

Nairne, J. S. (2002). Remembering over the short-term: The case against the standard model. *Annual Review of Psychology*, *53*(1), 53 - 81.

Neath, I., & Nairne, J. S. (1995). Word-length effects in immediate memory: Overwriting trace decay. *Psychonomic Bulletin & Review*, *2*(4), 429 - 441.

Oberauer, K., & Lewandowsky, S. (2008). Forgetting in immediate serial recall: Decay, temporal distinctiveness, or interference? *Psychological Review*, *115*(3), 544 - 576.

Ornstein, P. A., & Naus, M. J. (1978). Rehearsal processes in children's memory. In P. A. Ornstein (Ed.), *Memory Development in Children* (pp. 69 - 99). Hillsdale, NJ: Erlbaum.

Pascual-Leone, J. (2005). A neo-Piagetian view of developmental intelligence. In O. Wilhelm & R. W. Engle (Eds.), *Understanding and Measuring Intelligence* (pp. 177 - 201). London: Sage.

Pascual-Leone, J., & Smith, J. (1969). The encoding and decoding of symbols by children: A new experimental paradigm and a neo-Piagetian model. *Journal of Experimental Child Psychology*, *8*(2), 328 - 355.

Peterson, L. R., & Peterson, M. J. (1959). Short-term retention of individual verbal items. *Journal of Experimental Psychology*, *58*(3), 193 - 198.

Portrat, S., Barrouillet, P., & Camos, V. (2008). Time-related decay or interference-based forgetting in working memory? *Journal of Experimental Psychology: Learning, Memory, and Cognition*, *34*(6), 1561 - 1564.

Raye, C. L., Johnson, M. K., Mitchell, K. J., Greene, E. J., & Johnson, M. R. (2007). Refreshing: A minimal executive function. *Cortex*, *43*(1), 135 - 145.

Ricker, T. J., & Cowan, N. (2010). Loss of visual working memory within seconds: The combined use of refreshable and non-refreshable features. *Journal of*

Experimental Psychology: Learning, Memory, and Cognition, *36*(6), 1355 - 1368.

Rundus, D. (1971). Analysis of rehearsal processes in free recall. *Journal of Experimental Psychology*, *89*(1), 63 - 77.

Tan, L., & Ward, G. (2000). A recency-based account of the primacy effect in free recall. *Journal of Experimental Psychology: Learning, Memory, and Cognition*, *26* (6), 1589 - 1625.

Tang, Y.-Y., Ma, Y., Wang, J., Fan, Y., Feng, S., Lu, Q., Yu, Q., Sui, D., Rothbart, M. K., Fan, M., & Posner, M. I. (2007). Short-term meditation training improves attention and self-regulation. *Proceedings of the National Academy of Science USA*, *104*(43), 17152 - 17156.

Todd, J. J., & Marois, R. (2004). Capacity limit of visual short-term memory in human posterior parietal cortex. *Nature*, *428*, 751 - 754.

Tulving, E., & Patkau, J. E. (1962). Concurrent effects of contextual constraint and word frequency on immediate recall and learning of verbal material. *Canadian Journal of Psychology*, *16*(2), 83 - 95.

127 Xu, Y., & Chun, M. M. (2006). Dissociable neural mechanisms supporting visual short-term memory for objects. *Nature*, *440*, 91 - 95.

Vogel, E. K., McCollough, A. W., & Machizawa, M. G. (2005). Neural measures reveal individual differences in controlling access to working memory. *Nature*, *438*, 500 - 503.

Wason, P. C., & Shapiro, D. (1971). Natural and contrived experience in a reasoning problem. *Quarterly Journal of Experimental Psychology*, *23*(1), 63 - 71.

Watson, J. B. (1913). Psychology as the behaviorist views it. *Psychological Review*, *20*(2), 158 - 177.

Wilding, J. (2001). Over the top: Are there exceptions to the basic capacity limit? *Behavioral and Brain Sciences*, *24*, 152 - 153.

Williams, B. R., Ponesse, J. S., Schachar, R. J., Logan, G. D., & Tannock, R. (1999). Development of inhibitory control across the life span. *Developmental Psychology*, *35*(1), 205 - 213.

Zelazo, P. D. (2003). The development of executive function in early childhood. *Monographs of the Society for Research on Child Development*, *68*(3), 146 - 151.

Zhang, W., & Luck, S. J. (2009). Sudden death and gradual decay in visual working memory. *Psychological Science*, *20*(4), 423 - 428.

第八章　认知科学在教育领域的应用

128

亨利·L. 勒迪格(Henry L. Roediger)
布里奇德·芬恩(Bridgid Finn)
雅娜·温斯坦(Yana Weinstein)

我们从认知心理学中找到了五个主题(五个系列的研究结果),它们可以直接用于课堂或课外学生的学习策略。这五个主题是:(1) 以测试为手段的提取练习,这种提取练习对学习的促进作用要好于反复学习;(2) 同一内容的分散练习;(3) 不同主题的交叉练习;(4) 元认知(关于自身认知过程及其对学习影响的知识);(5) 学习迁移(帮助学生将学习成果迁移、应用到新环境)。当前的教育实践经常使用不太有效的策略(如同一内容反复集中学习),因此认知心理学的原理有助于提高课堂教学,也有助于提高课外学生自己的学习。认知心理学研究者已经阐明,有些方法可以帮助学生的学习,这五个主题只是这些方法中的一部分。但是我们相信,这五个主题代表了当今最可行的教育改进技术。这些知识已经经历了时间的考验(有些主题已经被研究了一百多年),它们的效度是无可置疑的。教育工作者和学生要做的是找到应用这些策略的有效方法。

本书的目的是用神经科学和认知心理学的真知灼见来改善教育实践。本章属于后一个阵营，即用认知心理学的知识来改善教育实践（尽管我们的确会在某些地方提到神经科学的发现）。我们只立足于行为认知心理学的研究，给教育实践提供建议。有些情况下，我们的建议至少已经被实验性地应用于课堂。当然，神经过程是所有认知过程的基础，因此在更宽泛（和更一般）的意义上，本章可以被认为与神经科学和教育相关。然而，我们并没有这样宣称。我们在寻找将行为研究成果推广到教育中的可能性。

---

129 一、认知心理学及其与神经科学和教育的关系

因为本章的定位和本书其他章节不同，我们暂且先阐述和捍卫自己的观点。1997年，布鲁尔（John Bruer）写了一篇文章，题目是《教育和神经科学：过于遥远的桥梁》（*Education and neuroscience: A bridge too far*）。他回顾了20世纪90年代中叶整个教育界对神经科学的热情，但是提出神经科学被错误地应用于教育，这种应用常常基于对神经科学结论的简单解释甚至误解。他（Bruer, 1997, p.4）写道："脑科学的教育应用最终会到来，但是现在，神经科学能给教师提供的课堂实践方面的信息很少。然而，心智、认知科学的应用科学可以成为学习和教学应用科学的发展基础。"布鲁尔指出，神经科学和教育的成功对接，是一座"遥远的桥"，他认为，在跨越神经科学和教育的界限之前，研究人员先要建造两座小桥。第一座桥联结认知和教学：什么是教学实践的认知基础？如何使教学实践更有成效？第二座桥联结认知与神经回路：与教学实践相关的认知过程建立在什么神经回路基础之上？过去的15年，后者在一些领域已经取得了一些进展（如阅读的脑机制、简单数学计算的脑机制），但是还有更多的工作要做。我们这一章的主要目的是建造布鲁尔所说的第一座桥，联结认知和教学的桥。

本书的其他章节，为神经科学和教育或卡鲁和马格塞门（Carew & Magsamen, 2010）所称的教育神经科学提供了强有力的证据。卡鲁和马格塞门将教育神经科学定义为"一门新兴的学科，寻求整合神经科学、心理学、认知科学和教育的共同领域，以便更好地了解我们的学习过程，更好地了解如何利用这些

信息设计出更有效的教学方法、课程和教育政策”(Carew & Magsamen, 2010, p.685)。按照这个非常宽泛的定义,我们这一章的确属于教育神经科学的范围。

本章选择了认知心理学的五个主题(参考本书第七章更深入地讨论),这些主题都与学习和记忆相关。我们认为,这五个主题对教育特别重要。这五个主题是：以测试为手段的提取练习;同一内容的分散练习;不同主题的交叉练习;元认知(关于自身认知过程及其对学习影响的知识);学习迁移(帮助学生将学习成果迁移、应用到新环境)。这五个主题已经经过充分的实验室研究(当然,程度可能略有不同),我们相信,这五个主题可以应用于课堂。

二、以测试为手段的提取练习

教育工作者一般用测试评估学生的学习,确定他们的分数等级。另外,管理者借助标准化测试,在一个通用量表上评估(比如,一个地区或者国家,甚至国家间)学生的学习。关于测试的使用,人们有很多的争论,特别是对后一个目标,即评估学生的学习,人们的争论更多。在这一部分,我们将提出,测试也可以服务于另一个重要目标——它们可以在评估的同时,促进学习和记忆。测试可以极大地提高所测知识的学习。早在一百多年前,实验心理学研究者就知道了这个现象,并将其称为测试效应。阿博特(Abbott, 1909)似乎是第一个通过实验注意到这个现象的人,尽管亚里士多德(Aristotle)这样的思想家早就认可了这个原则。在论文《记忆和回忆》(*Memory and reminiscence*)中,亚里士多德写道： 130
“反复提取知识的过程可以增强记忆。”2500 年之后,他的话得到了实验的验证。然而,亚里士多德说的并不都对。他认为,心是存储记忆的地方,短语“用心学习”就源于此。

勒迪格和卡皮克(Roediger & Karpicke, 2006)通过一个简单的测试,彰显了测试的力量(实验数据如图 8.1 所示)。他们让学生阅读描述事实的段落,这些段落包括不同的主题(太阳、海獭)。读完一个段落后,学生或者立刻参加关于段落内容的初次测试(测试时间为七分钟),或者再读七分钟。测试时,学生根据所给的段落主题(海獭),尽可能回忆段落的内容。段落被分为若干概念单元(每个句子中的基本的看法或概念),这样,评分方法更可靠。初次测试中,参加测试的学生回忆出 70%的概念单元。当然,读了两遍的学生,再次接触了全部的概念单元。

相对于测试，再读一遍似乎更有优势，因为学生在测试中没有回忆出全部的段落内容。

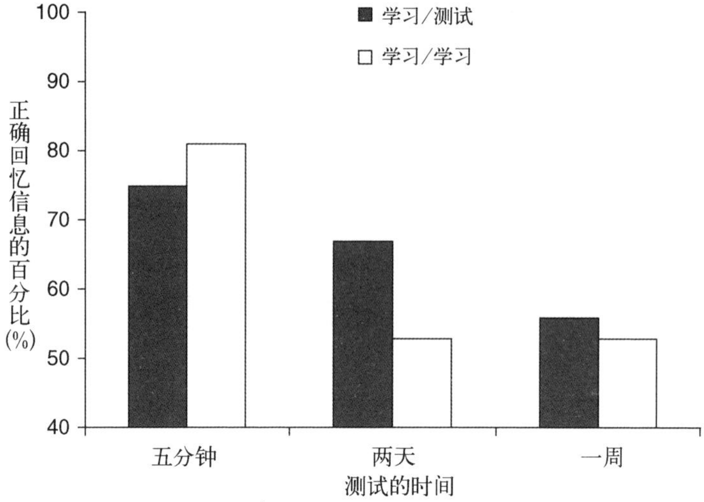

图 8.1　勒迪格和卡皮克(Roediger & Karpicke, 2006a,实验 1)的实验数据

学习结束五分钟后进行测试，读了两遍的学生回忆表现好于只读一遍然后参加测试的学生。然而，在之后进行的两个测试中，模式完全颠倒过来：只读一遍然后参加测试的学生的表现好于读了两遍的学生

实验的关键是学习结束后学生参加的标准测试。这个测试或者是在实验后(大概五分钟后)立刻进行，或者是在两天或一周后进行。图 8.1 是勒迪格和卡皮克(Roediger & Karpicke, 2006a,实验 1)的实验数据。在很短的时间内读了两遍的学生，他们的回忆好于只读一遍然后测试的学生。这个结果验证了学生早已知道的一个事实——测试前的死记硬背(反复学习)能提高测试表现。然而，两个较晚进行的测试的结果却与此不同，只读一遍然后测试的学生的表现，远好于读了两遍的学生。这个结果代表了测试效应：参加过测试的学生，在接下来的测试中的表现普遍好于反复学习的学生的表现。值得注意的是，最后测试的时间越晚，学生忘得越多，但是参加过测试的学生遗忘的内容要少于反复学习的学生。测试看起来可以对抗遗忘(同时参考，Carpenter, Pashler, Wixted, &
131 Vul, 2008; Wheeler, Ewers, & Buonanno, 2003)。有一种解释认为，测试的好处是，学生可以练习之后测试所需要的技能，是测试技能的正确迁移(如 Roediger, Gallo, & Geraci 2002)。具体而言，扎罗姆和勒迪格 (Zaromb &

Roediger，2010)的研究所支持的观点是，在练习用很少的线索提取大量的信息时，学生组织信息(设计出好的提取计划)的效率高于再学一遍时的效率，这个提取计划可以帮助后面进行有组织的回忆。

图8.1还显示出另一个事实，学习/学习、学习/测试这两个条件和学生记住的时间之间存在相互作用，也就是交互效应。正如此前所指出的，之所以出现交互效应(描述性地)，是因为短期之内再学一遍效果更好，但是初次测试延缓了遗忘的过程，因而产生交互效应。当然，学习/测试条件的确也会遗忘，但是遗忘的过程更慢。在这个实验中，只有一个后续测试出现测试效应，不过，其他很多研究，在类似的实验部分都发现了测试效应(例如，Carrier & Pashler，1992就是其中之一)。

测试效应有一个边界条件，就是初次测试的表现。在上面提到的勒迪格和卡皮克(Roediger & Karpicke，2006)的实验中，学生在初次测试中回忆出70%的概念单元。但是如果在实验结束两周后进行初次测试，学生表现下降，比如说回忆出了30%的概念单元，情况又会怎样？那样的话，两周后，再读一遍的学生可以接触100%的概念单元而接受初次测试的学生只能接触30%的概念单元。这时候，测试效应仍然会出现吗？答案是否定的，或者通常是否定的。就像康、麦克德莫特和勒迪格(Kang，McDermott，& Roediger，2007)的研究所显示的那样，初次测试的表现是一个边界条件。然而，如果初次测试后学生得到反馈，即使初次测试的表现较差，测试效应也会出现。这也就是说，即使学生在实验之后的一段时间接受初次测试，并且只回忆出30%的内容，但如果他们得到反馈，测试效应仍然会出现。这个现象似乎有点奇怪，但毕竟反馈让学生重新接触材料，跟再读一遍的情况相似。不过，学生在接受反馈时，要努力提取信息，这似乎起到了积极的作用。井泽(Izawa，1970)称之为测试的潜在效应，他认为，与单纯的再学一遍相比，参加测试可以提高下次学习中所编码和存储的信息的质量(参考Arnold & McDermott，2013)。在学习开始前进行测试，也会产生这种测试增强效应(test-potentiating effect)(Kornell，Hays，& Bjork，2009；Richland，Kornell，& Kao，2009)。

上述例子，似乎都在告诉人们，努力提取可以提高学习的表现，派克和罗森(Pyc & Rawson，2009)提供的研究证据验证了如下观点：在某些条件下，努力提取可能产生测试效应。尽管如此，对练习来说很重要的一点是，测试之后只要条件许可，就应该给学生反馈。反馈可以纠正学生的错误（Pashler，Cepeda，Wixted，& Rohrer，2005），即使那些学生回答时没有信心但却答对的题目，反馈也有益处（Butler，Karpicke，& Roediger，2008）。人们通常建议，测试后应该尽可能快地进行反馈，最好是立即进行反馈。然而，在直接比较立即反馈和（稍微）晚一点反馈的实验中，晚一点反馈让之后的测试受益更大（Butler，Karpicke，& Roediger，2007）。原因可能是，晚一点反馈让材料可以分阶段呈现，分阶段练习比集中练习更有利于记住学过的内容，这一点我们在本章接下来的部分会提到。立即反馈相当于集中呈现，因而没有长期优势。

已经发表的有关测试好处的研究很多（参考 Roediger & Butler，2011 和 Roediger，Agarwal，Kang，& Marsh，2010，一短一长两篇综述）。当前很重要的一点是，与再学一遍相比，测试非常有利于之后的回忆。而且，模拟的课堂环境也有测试效应（如 Butler & Roediger，2007）。测试效应的能量已经让研究人员将测试带进真正的课堂，以观察使用测试能否提高学生的成绩（如 Carpenter，Pashler，& Cepeda，2009；McDaniel，Agarwal，Huelser，McDermott，& Roediger，2011；Roediger，Agarwal，McDaniel，& McDermott，2011）。

132 我们将用勒迪格等人（Roediger et al.，2011）的实验来展示，以测试为手段的提取练习如何提高中学的课堂学习。11—12 岁的中学生有一门社会研究课程，这个研究从学年的第一学期开始，充分利用了这门课程。课程的主题是几个主要的文明国家（如古埃及、印度、中国等）。实验采用被试内设计，每个主题的内容都被随机分配为测试和非测试两个条件。任课教师有六个班，所有的内容在每个班随机分配，教师本人并不清楚，哪些内容被分配到哪个条件（测试时教师离开教室）。一名研究助理使用学生应答系统（答题器）对学生进行测试，这个系统可以将结果立即反馈给学生（助理也可以得到所有学生的分数）。这些测试和最终的标准考试都使用选择题，因为这是教师比较喜欢的评价方式。

这些测试是学生日常学习的一部分。在他们看来，不管他们阅读（或者不阅读）指定的内容，教师都会在课堂上讲解这些内容，他们在单元考试前会复习（或者不复习）这些内容。这些测试被当作一种课堂练习，学生似乎很喜欢（如果哪天没有测试，他们常常抱怨——“今天我们为什么不用答题器？”）。最后的考试内容，都会经过三次测试，第一次在教师课堂讲授之前，第二次在教师课堂讲授之后的第二天，第三次在单元考试之前。

之后的三次考试的结果让人很感兴趣：单元考试、期末考试和来年五月的学年考试(大概在实验结束的7—8个月后)。单元考试和期末考试的结果对学生的成绩很重要，也就是说，我们的测量结果是学生成绩的一部分。一年后的学年考试则不计入学生的成绩。学生很惊讶，他们参加了一个考试，考试的内容是几个月之前学过的。

结果如图8.2所示。图8.2显示，三次考试都有测试效应。单元考试时，测试过的内容正确率是91%，而没测试过的内容正确率是74%。任课教师提到， 133
她的班级考试分数通常是75分左右，学生的分数提高到90分以上，这意味着，根据课堂分数等级的计算方法，学生平均分从C+提高到A-。学期末和学年末进行的两次考试，学生的表现明显退步了(出现遗忘)，但是测试优势仍然存在。即使在学年考试的时候，学生更多记住的是10月、11月曾经测试过的项目，而不是没有测试过的项目。我们推测，如果我们测试的时候使用生成性的题目(回忆测试)，例如简答题，我们可能会发现更大的测试效应，因为这种题目需要更多的提取努力(参考 Kang et al., 2007)。

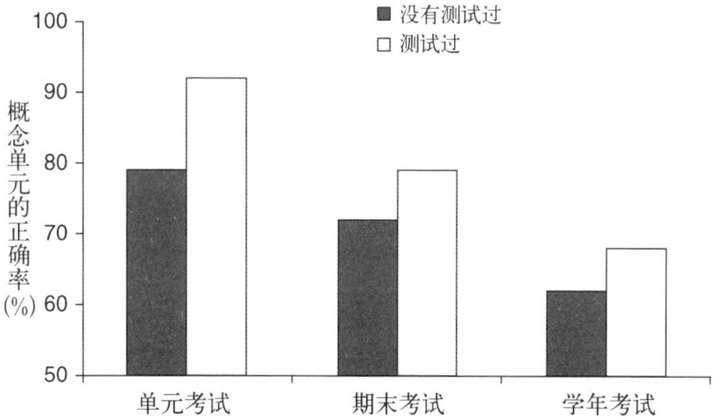

图8.2　三个不同时间点，中学生概念单元学习考试成绩的正确率

学习的内容之前在课堂上测试过或者没有测试过。三次考试，学生在测验过的内容上表现都比较好(McDaniel, Agarwal, Huelser, McDermott, & Roediger, 2011)

总之，与不练习或者再学一遍相比，通过测试的方式进行提取练习，可以让学习内容更好地留在学生的记忆里。这个发现对学生的学习策略(如 Karpicke, 2009)和课堂教学有重要意义(同时参考，McDaniel, Agarwal, Huelser, McDermott, &

Roediger, 2011; McDaniel, Thomas, Agarwal, McDermott, & Roediger, 2013)。另外,通过这种提取练习的方式学会的内容,似乎可以被学生迁移到新的情境中(用其他方式测试这些材料时),因此它不只是“应试教学”(Butler, 2010)。提取练习是很关键的记忆助推器。接下来,我们将讨论其他可以提高学习和记忆的技术。

三、同一内容的分散练习

分散练习(spaced practice)是将所有内容分为几个部分,在不同的时间分别进行,而不是将所有内容集中在一段时间,一次性完成。分散练习可以显著提高长期的学习表现,这就是分散效应(spacing effect),这是一个很重要的发现。艾宾浩斯(Ebbinghaus, 1885/1964, p. 89)曾经说过,“任何大量的重复(练习),合理分配在一段时间内分别进行,肯定优于在某个时间集中完成”。自此,分散练习可以让人在很长的时间内不会忘记学习的内容,这种优势在很多人群和领域都得到确认。除了很多大学生研究有肯定的发现,儿童(Son, 2010; Toppino, 1991)、老人(Balota, Duchek, & Paullin, 1989)、非人类动物(Davis, 1970)和遗忘症患者(Cermak, Varfallie, Lanzoni, Mather, & Chase, 1996)的研究也发现了分散效应。众多的领域和任务也都出现了分散优势,例如动作学习、经典和操作性条件反射、记忆的内隐测量、再认记忆、匹配联想学习、自由回忆、文本处理、统计学习和词语习得(参考 Cepeda, Vul, Pashler, Wixted, & Rohrer, 2006; Dempster, 1988,1996; Glenberg, 1979; Greene, 1990; Hintzman, 1974,这些综述对相关的研究进行了回顾)。最后,不管是视觉呈现还是听觉呈现,都有分散效应,甚至两种感觉通道同时呈现,也有分散效应(Hintzman, Block, & Summers, 1973)。

一般而言,分散练习的好处会随着练习的增加而增加,随着分散练习间隔时间的增长而增加(Pavlik & Anderson, 2005)。在自由回忆实验中,两次呈现之间插入的项目的数量和之后的回忆有系统性的关系,同时,间隔的时间越长,回忆越好(如 Glenberg, 1976; Madigan, 1969; Melton, 1967)。梅尔顿(Melton, 1967)把每个词语给被试呈现两次,有些词语集中呈现,换句话说,这些词语连续呈现两次。其他词语在第一次和第二次呈现之间,插入 2、4、6、20 或者 40 个不同的词语。结果显示，在之后的测试中，回忆的概率随插入词语数量的增加而增加。然而，值得注意的是，在不同的人群和实验条件下，效应的时间参数可能会有一些差异（Hintzman，1974；Toppino & DeMesquita，1984；Wilson，1976）。

有些人患有各种神经机能障碍，分散练习在改善这些患者的认知功能上很有效（Schacter，Rich，& Stampp，1985）。相对于其他技术而言，分散练习的优 134
势在于它不要求患者付出努力。其他技术也对患者的学习有帮助，例如想象、组织或者口头命名（如 Cermak，1975，Cermak，Reale，& DeLuca，1977；Gianutsos & Gianutsos，1979）。和这些技术相比，分散练习对患者的认知资源要求不高（Bjork，1979；Schacter et al.，1985）。在接受过分散练习后，一些患者会自发地使用分散练习（Schacter et al.，1985），这表明患者是可以完成和记住分散练习材料的。

长期以来，分散练习被认为是课堂上提高学习的一种方法。在写给教师和学生的文章中，詹姆斯（James，1899/1958，pp. 93 - 94）建议：

> 填鸭式方法是临时抱佛脚，试图在严酷的考验即将来临之前，通过强化应用的方式灌输内容。但是，通过这种方式学会的东西很少能形成联系。此外，同样的内容，在不同时间、不同背景中反复出现，阅读、背诵、反复提及、关联到其他事物、复习，这样经过精心的锻造之后，这些内容进入心智结构……填鸭式方法不是不道德的。如果它带来人们想要的结果，那么它将是最好的学习模式，因为它是最经济的学习模式。但是它没有。

最早的一些有关分散练习的研究是在教育环境中进行的。派尔（Pyle，1913）曾经训练 8—9 岁的学生练习解数学题，或者连续 10 天，每天 1 次，或者连续 5 天，上下午各 1 次。结果发现，训练的天数越多，越有效。史密斯和罗特科普夫（Smith & Rothkopf，1984）也发现，同样的时间学习 1 课的内容，分散到 4 天学完，比集中 1 天学完更有效。

很多教育方面的材料都显示出分散效应。雷和莫迪利亚尼（Rea & Modigliani，1985）指出，分散练习会让拼写和数学表现更好。与集中练习相比，分散练习更能促进词语学习（Bahrick & Phelps，1987；Dempster，1987），并且这种效果会持续很长的时间。例如，巴里克和费尔普斯（Bahrick & Phelps，1987）测试人们 8 年前学过的西班牙语—英语词汇。他们发现，参加分散练习的被试，词语记忆表现要好于参加集中训练的被试。

在一个研究中，科内尔和比约克（Kornell & Bjork，2008）想要了解集中练习和分散练习对学生概念和范畴学习能力的影响。他们认为，所有范畴的示例连续呈现，学习效果会更好，因为人们会注意到示例间的相似性，而如果这些示例分散呈现，那么人们将难以确定范畴内的相似性。这个研究选取了布拉克（Braque）、瑟拉（Seurat）等12位画家每人6幅作品，让参加的被试仔细研究。有6位画家的作品集中呈现，另外6位画家的作品分散呈现。在最后的测试中，研究人员又选了这12位画家另外一些作品，让被试判断，它们的作者是12位画家中的哪一位。接受分散练习的被试，能够正确判断作品的作者。有意思的是，尽管项目分散呈现有这么大的优势，但学生们却认为，集中学习比分散学习更有效。后面我们会对此进行详细讨论。

如果第二次呈现采用测试的方式或者在测试之后再学一次以便获得反馈，同样会取得分散练习的效果，有时会更好（Glover，1989；Landauer & Bjork，1978；Whitten & Bjork，1977）。举例来说，学生首先学习一个项目（例如，面孔—姓名），然后测试这个项目（如被试看到面孔，说出与之匹配的姓名），接着将这个项目（面孔—姓名）全部呈现。正像我们之前讨论的那样，测试可以让人们
135 记住更长的时间。分散测试有可能进一步提高测试效应。格洛弗（Glover，1989）研究了集中测试和分散测试如何提高之后测试的表现。七年级学生学习科学课程的内容。在最后测试之前，学生们分别在4种条件下参加干预测试：参加1次干预测试、参加2次集中测试、参加2次分散测试或者不参加任何干预测试。图8.3呈现了格洛弗（Glover，1989）的实验数据。如图8.3所示，在最后的测试中，没有参加干预测试的学生表现最差，参加2次分散测试的学生表现最好。更重要的是，参加1次干预测试和参加2次集中测试的学生，他们的表现没有显著差异。更多的测试只有分散进行，取得的效果才能好于只进行1次干预测试，这可能是因为与第2次集中测试相比，第2次分散测试包含额外的加工过程。

兰道尔和比约克（Landauer & Bjork，1978）的研究也展示了分散测试的好处，他们要求被试学习面孔—姓名配对组合。这些面孔—姓名按照不同的操练（提取）模式重复呈现。初次呈现的是面孔、名和姓。接下来是测试练习，面孔、名和空格同时呈现，要被试回忆出姓。这个过程采用集中呈现或者分散呈现的方式。被试能回忆出更多分散测试、而非集中测试的项目（参考 Roediger &

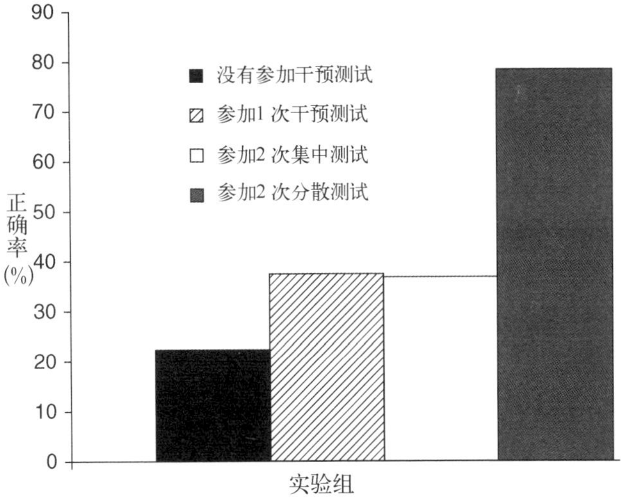

图 8.3　花儿命名任务的正确率受参加干预测试的次数和测试呈现方式影响

只参加 1 次干预测试好于没有参加干预测试，如果参加的 2 次测试是分散呈现而非集中呈现，增加的第 2 次测试才能产生更大的效果(Glover ,1989;实验 3)

Karpicke，2011 的综述)。

20 多年前，登普斯特(Dempster，1988)认为，分散效应没有在教育中发挥正常的作用，是“应用心理学的研究结果没能在教育中得到充分的应用”。尽管很多研究显示，分散练习可以提高学生的学习效果，但是学生不愿意这样做。为什么呢？其中一个原因是，集中练习给学生的感觉可能更好。集中学习时，学生可以熟练地重复学习的内容，而分散练习时，每一部分的学习都让学生感觉更有挑战性。同理，集中测试时，回忆过程更容易，因而学生的成功率更高。

有些内容将来是否还能记得，人们常常根据自身所感觉的熟练程度对此进行元认知评估，尽管这对后期所记住的内容来说，可能是一个具有误导性的指标(Benjamin，Bjork，& Schwartz，1998)。因为人们感觉集中练习比分散练习快 136
一点、容易一点(即使集中练习的表现会差一点)，所以就认为集中练习是更有效的学习策略，就如先前提到的科内尔和比约克(Kornell & Bjork，2008)研究中的被试那样(同时参考，Baddeley & Longman，1978；Zechmeister & Shaughnessy，1980)。这种观点是错误的，因为越容易处理的事物，它们的记忆效果通常越差(Bjork，1994;参阅 Koriat，2008)。很多研究表明，如果有机会自己管理自己的学习，人们通常使用集中练习而非分散练习（如 Landauer & Ross，1977），被试感觉学习更难时，尤其如此（Toppino，Cohen，Davis，& Moors，2009；同时参考 Benjamin & Bird，2006）。如果人们判断，有些项目自己会学得很好，他们才会将这些项目分散处理（Son，2004；Toppino et al.，2009），而幼儿倾向于集中练习（Son，2005）。

总之，大多数研究显示，与集中练习相比，分散练习的效果更好，但是教师在课堂上常常集中提供信息（第一个主题，第二个主题，然后第三个主题，等等），而不是分散复习先前讲过的主题。另外，学生倾向于用同样的方式学习，先专心或者集中学习一个主题，再专心或集中学习另一个。正如登普斯特（Dempster，1988）所指出的，如果信息分散能够被学校广泛采用，如果教师引导学生使用分散练习原则来学习，这对教育来说无疑是一个福音。

四、不同主题的交叉练习

就像分散练习比集中练习更有利于学习一样，不同的主题交叉练习而不是分类集中练习，更能促进学习。主题的交叉总是包含内容的分散，但是交叉是先让学生学习一种技能、一类问题或一个方面的内容，然后再按不同的顺序重复学习这些技能、问题或内容。因此，主题的交叉远胜于主题的分散。（交叉之外的其他方法也可以达到分散的目的，这一点我们后面会讨论）。与之不同的是，先反复练习一种技能或一个方面的内容，然后再转向下一个。例如，假设儿童正在学习乘法和除法，一种教学策略（这种策略被普遍使用）是让他们做 25 道乘法题，然后做 25 道除法题。这种分类集中练习的方式，常常可以在短期之内提高学生的正确率和效率。交叉练习的做法是将乘法和除法组合在一起随机选择。在这种情况下，正确率和进步的速度都较慢，但是效果可以持续更长的时间。这就是说，大多数研究中，交叉练习之后记住的内容比分类集中练习更多。然而，就像对待分散练习一样，学生和教师通常更偏爱分类集中训练，因为这时候学生似乎学得非常快。

现有的研究显示，交叉练习有助于物理学习（Rohrer & Taylor，2007）、数学学习（Le Blanc & Simon，2008），甚至可以帮助人们学习识别画家的作品（Kornell & Bjork，2008 ）。例如，罗勒和泰勒（Rohrer & Taylor，2010）让学生学习计算 4 种几何体的体积。然后，学生分两种情况进行练习：一种是先做完一种几何体所有的题目，然后再做另一种几何体所有的题目；另一种是将 4 种几何体的题目放在一起，按照随机顺序进行练习。在随后的测试中，随机练习的学生，他们的成绩是依次练习 4 种几何体的学生的成绩的 3 倍。尽管交叉练习有这些好处，绝大多数数学（和其他）教材还是倾向于按照主题、分类集中安排练习题目。

无论如何，重要的是，在得出任何有力的结论之前，人们首先要将先前所说的分散练习的好处与这部分所说的交叉练习的好处明确区别开来，因为（正如刚 137
刚提到的）按照定义，交叉练习包含分散练习。泰勒和罗勒（Rohrer & Taylor，2010）设计了一个分组任务，这个任务包含分散因素，可以将交叉练习和分散练习进行比较，这样就可以区分两者的好处。他们想要研究的基本问题是，“交叉练习能否让所学内容的记忆质量高于分散练习？”

罗勒和泰勒（Rohrer & Taylor，2010）让 9—10 岁的学生学习解答 4 种数学问题。他们先给学生看一张棱柱的照片，告诉学生棱柱有多少个侧面。然后，学生从 4 个公式中选择 1 个计算：面数（侧面数 + 2）、顶点数（侧面数 × 2）、棱数（侧面数 × 3）、顶角数（侧面数 × 6）。在学习阶段，学生或者分类练习 4 种数学问题（如他们先反复计算不同棱柱的顶点数，然后计算不同棱柱的顶角数），或者交叉练习 4 种数学问题。这是分类练习和交叉练习的典型比较，但是他们对分类练习做了一个小的改动，在同一种的两个问题之间，插进一个 30 秒的填空任务（与数学问题不相关的字谜）。插入填空任务的目的是要让同一种问题之间的间隔时间和交叉练习组的间隔时间相匹配。这也就是说，因为有 4 种不同的问题类型，如果一个学生在交叉条件下先练习计算面数的题目，在他们再次练习计算面数的题目前，他们要先练习计算顶点数、棱数和顶角数的题目。每个题目的练习时间是 10 秒，计算面数的第一个和第二个题目之间的时间间隔是 30 秒——这正好是分类组完成一个填空任务的时间。因而分类练习变成分散效应实验中典型的分散练习。因此，交叉条件下出现的任何学习的提高，都只能是因为交叉练习，而非更一般意义上的分散练习。

图 8.4 展示了第二天测试的表现以及两种条件下学生的学习表现。尽管实 138
验中分类条件也包括分散的因素，但交叉练习仍然影响到学生的表现。图 8.4 左边的柱形显示，交叉练习的成绩像通常那样比分类练习差。这可能部分解释

了学生和教师为什么不喜欢交叉练习——它影响了初始阶段的学习表现。然而在第二天测试时，交叉练习的成绩远好于分类练习，如图 8.4 右边的柱形所显示的那样。图 8.4 左右两边的柱形有明显不同，分类练习遗忘了很多，而交叉练习几乎没有遗忘。因此，除了分散练习外，交叉练习也有助于学习(就如第二天测试所表现的那样)。交叉练习很有可能既要努力应对不同任务的转换，又要努力恢复每种任务所需的心智过程，这些付出让学生的脑中能长期保持更多的内容。

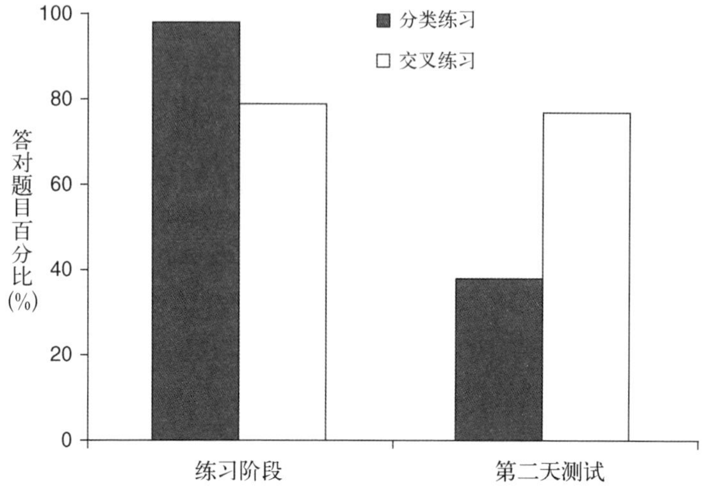

图 8.4 9—10 岁学生在两种条件下，在练习阶段和第二天测试中的学习表现

分类练习要求学生分别练习每种问题的题目；交叉练习将 4 种数学问题的题目随机组合在一起让学生练习(Rohrer & Taylor, 2010)

尽管人们(还)不曾从神经科学的角度研究交叉练习，一个名字不同但与之相似的概念——多任务，已经得到了研究人员的广泛关注。德尔布里奇(Delbridge, 2001)将多任务定义为"在不同任务间频繁转换"——已经引起神经科学研究者广泛的注意，研究焦点主要集中于识别和确定任务转换的成本。有关的研究结果显示，交叉练习的作用是负面的，这是因为学生表现和脑部活动的测量都是在学习阶段，而非之后的回忆阶段进行，而回忆阶段才是交叉练习积极作用显现的阶段。目前，交叉练习作用的神经系统理论仅仅是推测，但是这种推测是合理的：交叉练习时，任务转换需要付出额外的认知努力，这种付出有利于提取。

可以用于课堂的观点是，惯常的分类集中练习应该减少，交叉练习和分散练习应该增加。学生在学习书写字母时，不需要先写 25 遍 A，然后再写 25 遍 B，依此类推。跟交叉（或者分散）练习相比，分类集中练习学得快，忘得也快。

五、元认知

有关大学生学习体验的调查显示，他们的做法和认知心理学研究者推荐的大不一样（Karpicke，Butler，& Roediger，2009；Kornell & Bjork，2007；McCabe，2011）。为什么会这样？一种可能是，认知心理学研究者推荐的很多好的学习策略，短期对学习不利，但长期对学习有利。而学生或许更关注短期过程——对短期过程，他们更容易作出判断——于是，他们被自己当时的直觉和信念指引。这种矛盾的核心是，学生能否以有效的方式监控和调整自己的学习。

元认知的主要模型（Nelson & Narens，1990）指出，人们会对自己的学习过程进行评估，并根据评估结果调整自己的学习策略。学生使用自我评估来计划和调整自己的活动，例如，分配额外的学习时间给那些似乎学得不太好的内容。已经有研究显示，元认知监控在人们的学习控制上起关键作用（如 Metcalfe & Finn，2008；Thiede，1999）。当然，这个过程的效力取决于元认知评估的正确性以及所使用策略的完整性。

在前面的部分，我们提到，学生的元认知评估会对很多学习策略（以测试为手段的提取练习、同一内容的分散练习和不同主题的交叉练习）的良好效果反应迟钝。在提到的 3 个研究中，似乎最“容易”的策略——重复、集中学习，其长期的学习效果没有其他策略（以测试为手段的提取练习、同一内容的分散练习或者不同主题的交叉练习）好。正如卡内曼（Kahneman，2003）所认为的，有时候，依赖在其他情况下有用的直觉，会导致元认知错误。例如，集中练习对即将 139
到来的测试很有用，所以学生使用它。然而，集中练习在之后测试上的表现不好，可是学生可能没有意识到这个问题，所以即使这个策略不合适，他们仍然使用它。

元认知的不准确性，还可能来自对熟悉度线索的依赖，这些线索可能难以作为是否学会的判断依据。例如，重复阅读最终可以让人流利地处理材料，这种流利可能让人过于相信自己，认为自己掌握了这些处理起来非常熟悉和熟练的材料（如 Benjamin et al.，1998；Glenberg，Sanocki，Epstein，& Morris，1987；

Metcalfe, Schwartz, & Joaquim, 1993; Reder & Ritter, 1992)。因而,重复阅读产生的过分自信,可能让学生因为错误的监控,在真正掌握材料前就停止学习(如 Metcalfe & Finn, 2008; Zechmeister & Shaughnessy, 1980)。有些线索或测试可以用于判断学习状态,因为监控关系到对学习的调整,所以学生需要学习如何通过这些线索或者测试正确评估自己当前的知识状态,不然的话,他们可能会产生已经学会的错觉。例如,在学习结束后,如果学生过一段时间再测试自己,他们就能发现自己在需要的时候,到底能否使用学会的内容。如果不测试自己,只是继续重复学习,那些材料似乎很熟悉、很容易,但是过一段时间,他们可能就忘记了(如 Roediger & Karpicke, 2006)。

有一个技术,叫做学习判断(judgement of learning, JOL)范式,主要用于研究学习过程中元认知知识的发展。学习判断范式只是简单地要求学生预测他们能否在之后回忆或者再认学过的内容。如果你今天学会了杰弗逊市(Jefferson City)是密苏里州(Missouri)的首府,你可能要判断,一个月后自己是否还记得这个事实。如果人们在学习材料的同时进行学习判断,这些学习判断通常不太正确(尽管通常也不超过随机水平)。然而,如果过了一段时间之后,人们再试着提取正确的目标信息,这时候的学习判断更能预测以后的成功(Nelson & Dunlosky, 1994)。学习期间,当学生正在研究材料的时候,学习内容显得很容易、很熟悉,可是如果过了一段时间再进行学习判断,即使只是过了很短的一段时间,他们也能感觉到提取材料的难度,因而不会被愚弄。如前所述,测试也可以提高元认知的正确性(Finn & Metcalfe, 2007, 2008; Koriat & Bjork, 2006),方法是要求学生思考他们的回答为什么错了(Koriat, Litchtenstein, & Fischhoff, 1980),或者要求学生先总结学习的内容再进行判断(Thiede & Anderson, 2003),或者提醒学生他们可能会有一些偏见(Jacoby & Whitehouse, 1989)。

如果元认知比较正确,对学习精力的控制就很有效(Nelson, 1992)。如果人们可以控制自己的学习时间,而不是由别人随机地给他们确定时间(Atkinson, 1972; Mazzoni & Cornoldi, 1993),或者由别人确定他们不想要的学习时间(Kornell & Metcalfe, 2006),那么他们的表现会更好。纳尔逊(Nelson, 1993)要求学生先学习词语配对组合,然后进行学习判断。在学习判断之后,学生有机会再学习一些已经学过的词语组合。有一组学生再学习的是学习判断中得分最低的词语组合，这表示，他们确定自己在接下来的考试中会忘记这些项目。对照组再学习的词语组合中，有一半是在学习判断中得分很高的，有一半是在学习判断中得分很低的。在接下来的测试中，学生表现最好的，是在学习判断中得分很低的项目，这表明，人们对自己知道什么、不知道什么很敏感，而练习他们不知道的项目，更有益于激发学习兴趣。

大量的文献显示，人们常常选择花最多的时间学习在学习判断中得分最低的那些项目（参考 Son & Metcalfe，2000 的综述）。与这种模式相一致的观点是，人们会一直学习，直到他们的学习判断和学习目标取得一致。这种观念被称 140
为学习时间分配的差异递减模型，邓洛斯基和蒂德（Dunlosky & Thiede，1998）用它来解释为什么学生们倾向于用更长的时间来学习他们判断更难的材料。然而，差异递减策略并不总是奏效。有一些（按照定义，很难的）材料，学生们用大量的时间学习，仍然掌握不了。尽管如此，如果学生可以自己控制自己的学习策略，即使学习的效果越来越差，他们仍然会坚持学习这些很难的材料，这个过程，纳尔逊和莱奥内西奥（Nelson & Leonesio，1988）称为无用功。人们常常不知道，什么时候应该停止学习（也许要更换策略，用另一种方式学习）。

学习时间通常都是有限的，学生们不能总是学习最难的材料。梅特卡夫（Metcalfe）和同事的研究显示，学习一组难度不同的配对组合时，人们不总是选择学习最难的项目（Metcalfe，2002；Metcalfe & Kornell，2003，2005；Kornell & Metcalfe，2006）。在时间压力下，人们会改变学习策略。如果有时间的限制，人们首先选择中等难度的项目，而不是已经知道的或者很难的项目。这些中等难度项目，属于梅特卡夫及其同事所说的最近学习区域（region of proximal learning）。这也就是说，学生们会先摘不太高的果实——那些没学过但是似乎可以在短期学会的内容。这个模型得到了一些支持，梅特卡夫和科内尔（Metcalfe & Kornell，2005）指出，如果可以选择，学生会优先考虑较为容易的、不会的项目，而不是特别难的项目。

科内尔和梅特卡夫（Kornell & Metcalfe，2006）的研究，也支持最近学习区域的概念。他们设计了一个系列实验，学生先参加了一个西班牙语—英语词语配对组合的测试。学生从答错的题目中选出一半再学一遍。结果显示，如果尊重学生的学习选择，再次测试的题目是学生又学了一遍的题目，学生在再次测试上的表现就比较好，如果不尊重学生的选择，再次测试的题目不是学生又学了一遍的题目，学生在再次测试上的表现就比较差。关键的是，研究人员选择的再次测试的题目，都是最容易（根据常模）且学生还没学会的题目。

有些神经科学的证据，与学习时的元认知问题有关。患者和神经成像研究的证据都显示，前额皮质有一些区域会被元认知监控过程激活，参与元记忆的区域和参与记忆的区域，不完全重合（参考综述，Pannu & Kaszniak，2005；Schwartz & Bacon，2008；Shimamura，2008）。使用功能性磁共振成像，高、戴维斯和加布里埃利（Kao，Davis，& Gabrieli，2005）对负责调整学习判断的神经回路进行了研究。参与研究的被试在学习图片后，预测之后的回忆表现。结果显示，颞中叶的激活表示实际的而非预测的成功回忆。左腹中前额皮质的激活与预测的准确性相关，但和实际的表现不相关。前额皮质外侧和背侧中部有些区域的激活与成功回忆及学习判断都相关。这些结果显示，回忆与对回忆的判断，至少是两个不尽相同的过程。

额叶损伤患者的研究进一步表明，前额皮质对元认知监控和调整来说非常重要。尤其是，前额皮质的病变会影响人的知晓感（feeling of knowing，FOK）（Janowsky，Shimamura，& Squire，1989；Pannu & Kaszniak，2005；Schnyer et al.，2004）。在一个知晓感任务中，被试面对他们还不能正确回答的问题，要判断他们能够猜出答案的可能性。举个例子："肯塔基（Kentucky）的首府是哪里？"如果回答是"不知道"，被试就做了一个知晓感判断。之后被试要从几个候选项
141 中指出答案：列克星敦市（Lexington）、路易斯维尔市（Louisville）、法兰克福市（Frankfort），还是帕迪尤卡市（Paducah）？知晓感判断会利用人们所知的关于目标的部分信息，可能是首字母（Koriat & Leiblich，1975），也可能是句法特点（Miozzo & Caramazza，1997）或者其他知识（Metcalfe & Finn，2011）。额叶损伤的患者，他们预测将来行为的正确性更差（如 Janowsky et al.，1989；Pinon，Allain，Kefi，Dubas，& LeGall，2005；Vilkki，Servo，& Surma-aho，1998）。

额叶在童年发育，在青春期，甚至刚成年时，发育成熟（如 Welsh & Pennington，1988；Welsh，Pennington，& Groisser，1991；参考 Romine & Reynolds，2005 的综述），这与元认知能力的发展轨迹相似（如 Schneider，2010）。例如，幼儿的元记忆判断可能是非常不正确的，进入中学后，他们监控记忆的能力似乎正确归位了（如 Metcalfe & Finn，2013；Schneider & Lockl，2002）。然而，元认知评估的结果，需要通过好的学习策略来执行，这样学习才能

顺利进行。研究显示，学生拥有正确的监控能力时，可能还不知道如何有效地使用它（Metcalfe & Finn，2013；Schneider，2010）。元认知的调整可能落后于正确的监控，但是它会随着年龄的增长而改善（如 Dufresne & Kobasigawa，1989；Lockl & Schneider，2004）。成人和年长的儿童会花更多的时间学习不会的项目，而幼儿很少进行适应性选择，在外界的帮助下，他们才有可能作出最佳的选择（Metcalfe & Finn，2013）。

元认知过程的作用，主要是调整儿童的学习行为，这就要求监控正确，并且适时地进行调整。已经有几个研究表明，过分自信会使人们的测试表现变差（Bol & Hacker，2001；Kruger & Dunning，1999）。另外，对某个学习策略过分自信，可能让学生坚持使用无效的策略（Hacker，Bol，& Bahbahani，2008）。水平低的学生，要面临双重负担：在很多学业领域，水平最低的学生，最过分自信（如 Kruger & Dunning，1999；参考 Hacker et al.，2008 的综述）。幸运的是，元认知策略是可以进行培训的（如 Brown & Campione，1990）。相关研究表明，教师在课堂上教学生如何调整自己的学习非常重要（参考 Schneider & Pressley，1997 的综述）。教师尤其要告诉学生，某种学习策略为什么是有用的，这样才会让学生更多地使用那种策略（O'Sullivan & Pressley，1984）。普雷斯利及其同事的研究（Pressley，Goodchild，Fleet，& Zajchowski，1989）已经表明，最有效的教师，会在课堂上教学生如何使用元认知来选择和修正学习策略。

然而，正如哈克和其他人（Hacker et al.，2008）所指出的，人们希望在实验室条件下进行的很多关于元认知的研究，能够在更自然的教育环境中推广。必要的转化研究正在进行当中。实验室的发现并不总是可以被巧妙地转移到课堂。在课堂环境中，教师可能需要提供更多的信息帮助学生，特别是儿童和水平低的学生，恰当地使用元认知策略。通过元认知监控进行专门训练并为学生的策略选择提供反馈，教育工作者可以改进学生在学习中使用元认知的方法（Hacker，2004；Nietfeld，Cao，& Osborne，2005）。

六、学习迁移

到目前为止，本章描述的技术——以测试为手段的提取练习、同一内容的分散练习、不同主题的交叉练习——只有在下列情形下才能充分发挥作用：通过

142 它们，所获得的知识和技术能被迁移到其他的内容和情境中去。这些技术是让学生学会了僵化的知识，还是让学生可以灵活地将所学的内容迁移到新情境中？一百多年前，桑代克和伍德沃思（R. S. Woodworth）就开始研究这个问题（Thorndike & Woodworth, 1901a, 1901b, 1901 c），自那之后，**迁移**（transfer）就成了教育政策中的一个流行词语。今天，很多教育机构都会同意，“正规教育的一个主要目的是促进校外情境中的学习”（Klausmeier, 1961, p. 352）。有关迁移的精确定义，学界已经讨论了很久，并且还会继续讨论下去（参考，如 Barnett & Ceci, 2002; Beach, 1994）。在教育环境中，迁移可以指用同样的信息回答两个措辞不同的问题，也可以指将在一个情境中学到的解题技能应用到另一个情境中。前一种迁移常被称为近迁移（near transfer），后一种迁移常被称为远迁移（far transfer）。这里，距离的远近是指新任务和培训过的旧任务之间的相似程度。如果新任务与旧任务稍有不同，这种情况下发生的迁移就是近迁移。如果新任务与旧任务的概念和程序都不同，迁移仍然发生，这种迁移就是远迁移。很多研究发现，近迁移的出现非常明显，但是，很少有人研究远迁移（尽管这样的学习确实存在，就像我们将会看到的那样），这一点儿也不奇怪。前面我们介绍了一些有效的学习技术，因此迁移也可以指一旦体验到这些技术的效率，学生就偏爱在学习新的内容时应用这些技术。

尽管教育工作者普遍认为学习迁移很重要，但令人吃惊的是，在实验环境中，人们很难找到迁移存在的证据，学校中就更少。这种困难部分来自对迁移（近迁移、远迁移）的不同定义。这方面最早的论文是桑代克和伍德沃思的《一种心智功能的改善对其他功能效率的影响》（*The influence of improvement in one mental function upon the efficiency of other functions*），文中他们失望地表示，还没发现任何迁移的证据。例如，接受训练的学生学会了计算矩形面积，却不能将所学的知识迁移，用来计算其他形状的面积。这让作者们得出一个结论：“任何一个心智功能的改善，都难以带来其他功能的改善，不管这些功能多相似……”（Thorndike & Woodworth, 1901, p. 247）一方面，德特曼（Detterman, 1993）回应了这个结论，他雄辩地指出，迁移是一种附带的现象，文献中并没有真正的迁移的证据；另一方面，施瓦茨、布兰斯福德和西尔斯（Schwartz, Bransford, & Sears, 2005）则认为，远迁移的经典定义太狭隘，导致很多研究得出迁移失败的错误结论。根据他们的观点，迁移失败的原因是研究人员期待他们的学生将学会的方法直接转换到全新的情境中，而不是根据新的情境调整学过的方法。施瓦茨等人进一步提出，迁移更重要的一个特点是，学习新方法的能力得到提高。按照这个修改过的定义，迁移在很多情况下都能被识别出来，那么迁移研究的前景就显得不那么黯淡了。

尽管如此，近迁移和远迁移之间的区别，也就是初始学习环境和迁移发生环境之间差异的程度，已经使迁移研究取得了重要的进展。教育工作者最关注远迁移（即迁移到与初始学习环境非常不同的新环境），但是，远迁移的定义其实也是有问题的。例如，阿梅尔、德克宁和希茨马（Hamers, de Koning, & Sijtsma, 1998）声称，8—9 岁的儿童已经有了远迁移，他们接受属性分类训练后，可以将学到的技能迁移到一个智商测试上去。然而，巴尼特和切奇（Barnett & Ceci, 2002）认为，既然训练任务和迁移任务来自相同领域（纸笔测试），上述实验结果展示的实际上是近迁移。为了消除他们所认为的对远迁移的歪曲，巴尼特和切奇提出了一个迁移的分类法，一种评估已有的实验，设计新实验的框架。他们发现了两个主要因素——内容和情境。其中，情境包含的六个维 143
度：**知识域**（knowledge domain）、**物理情境**（physical context）、**时间情境**（temporal context）、**功能情境**（functional context）、**社会情境**（social context）和**形式**（modality），可以用来判定某个情形涉及的是近迁移，还是远迁移。例如，功能情境维度描述了活动中动机的心智场景（motivational mind set）。在学校测验中回答地理问题，然后在和朋友的谈话中回忆起同样的事实，这涉及远迁移，因为在这两种情形下，信息服务的功能不同。表 8.1 是这六个维度近迁移和远迁移的例子。

巴尼特和切奇（Barnett & Ceci, 2002）介绍了两个研究，按照他们的标准，这两个研究都观察到了远迁移。方、克兰茨和尼斯比特（Fong, Krantz, & Nisbett, 1986）的研究显示，大学课程的统计训练，被迁移到一个意想不到的电话调查中，这个电话调查需要用到统计知识。切奇和鲁伊斯（Ceci & Ruiz, 1993）发现，现实生活中跨越跑道上障碍的技能，被迁移到实验室中的股票市场试验，跨越障碍的技能越高，实验中的表现越好，后者是在一个完全不同的情境中应用技能。然而，巴尼特和切奇列出的六个维度，大多数（如社会情境，也就是在学校与其他人合作学习，但是在测试中独自找出信息）都没有引起文献的广泛注意。这些迁移能否被观察到，有待将来的研究。

表 8.1 巴尼特和切奇定义的六个维度的近迁移和远迁移的例子

（改编自 Barnett & Ceci，2002）

	近←				→远
知识域	老鼠与大鼠	生物与植物	生物与经济	科学与历史	科学与艺术
物理情境	同一间教室	不同教室	学校与研究实验室	学校与家	学校与海滩
时间情境	时间相同	第 2 天	几周后	几个月后	几年后
功能情境	都是学术性的	都是学术性的，但有一个是非评估性的	学术性的与纳税申报表的填写	学术性的与非正式问卷	学术性的与娱乐的
社会情境	都是一个人	一个人与两个人	一个人与一个小组	一个人与一个大组	一个人与社会
形式	都是书面的，同样的形式	都是书面的，多项选择与短文	教材学习与口头测试	演讲与品酒	演讲与木刻

在一个研究中，利用巴尼特和切奇（Barnett & Ceci，2002）的框架，巴特勒（Butler，2010）设计了一个系列实验，实验中只改变知识域这一个维度。在学习了有关“热带气旋”和“疫苗”的短文后，学生们要回答同一知识域（近迁移）或者不同知识域（远迁移）的推理问题。近迁移的例子，如回答一个有关疫苗用处的问题后，学生们尝试回答某种疫苗目的的问题。远迁移的问题可以是有关汽车性能的，实验预期疫苗的短文让学生了解了一些人体知识，学生们将用这些知识
144 来解释汽车内部的性能——这和他们已经学过的知识域完全不同。更为关键的是，这个设计还包括了测试和再学习的比较，目的是了解哪种技术可以产生更大的迁移（近迁移或者远迁移）。这也就是说，学生或者学习两遍，或者学习一遍之后，参加一个所学内容的测试。最后，他们都要参加一个总结性测试，这个总结性测试将对前面所描述的近迁移或者远迁移进行评估。

巴特勒（Butler，2010）发现，初次测试的迁移效果好于再学 1 遍（测试效应），而且近迁移测试和远迁移测试都有测试效应。这个有关测试效应的发现非常重要，因为它显示，测试不仅可以帮助学生记住提取练习的具体内容，而且还可以帮助学生将知识迁移到一个新的领域。

在另一个研究中，罗勒、泰勒和索拉（Rohrer，Taylor，& Sholar，2010）让 9—11 岁的学生学习或者练习记住城市位置。然后，学生要完成一个任务，就是判断按照一个既定的驾驶路线，他们将开往哪个城市。学生在驾驶任务上的表

现显示，练习的效果好于再学习，这是迁移发生的另一个例子。也有研究显示，前面所说的其他技术，例如同一内容的分散练习，也能促进迁移。换言之，与集中练习相比，分散练习在之后的测试上可以有更大的迁移（Helsdingen，van Gog，& van Merriënboer，2009）。

阿瑟顿（Atherton，2007）提出迁移的神经科学理论。根据这个理论，被不同情境激活的脑区，在相互连通时会出现迁移。阿瑟顿所引用的例证包括音乐能力向语言加工迁移（如 Anvari，Trainor，Woodside，& Levy，2002），以及音乐和语言加工区域出现重合这一发现（如 Koelsch et al.，2004）。他认为，这些例证是这个假设间接的实验证据。哈斯克尔（Haskell，2001）从另一个角度提出，人脑的进化就支持迁移。毫无疑问，这些新的理论必须经过实验的检验，才能用于指导教育实践。巴尼特和切奇（Barnett & Ceci，2002）做了一个很好的示范，他们给迁移分类并详细说明对应的行为。

尽管教育情境中的学习迁移研究落后于本章所回顾的其他方面的研究，但这是未来研究的一个关键主题。大多数教育都想能真正发挥作用，给学生提供终身需要的技能和知识。因此，教育工作者需要知道怎么教才能创造（并且让学生学习创造）灵活的知识，这些知识因其灵活性可以在很长的时间内被学生记住并使用。

七、结论

本章已经阐明，认知心理学研究有五个主题可以影响教育：以测试为手段的提取练习，相同内容的分散练习，不同主题的交叉练习，元认知以及学习迁移。认知心理学贡献的这五个主题，教育工作者可以用来指导教育实践。然而，我们相信，教育所需的远不止这些。这里所列出的策略，通常都假设学生乐意学，有学习的积极性，但是，悲哀的是，这些假设常常不成立。事实上，全日制大学生中，只有11%的新生能像他们的教授所期望的那样，花费足够多的时间为课堂做准备（National Survey of Student Engagement，2008）。发展和社会心理学研究者必须与其他领域的专家一起，共同探索激励学生学习积极性的方法，让学生愿意应用本章所描述的那些策略。这是一项长期而艰巨的任务，将来，神经科学的方法能让我们对这些问题有更多的了解。

参考文献

145 Abbott, E. E. (1909). On the analysis of the factors of recall in the learning process. *Psychological Monographs*, *11*(1), 159 - 177.

Anvari, S. H., Trainor, L. J., Woodside, J., & Levy, B. A. (2002). Relations among musical skills, phonological processing and early reading ability in preschool children. *Journal of Experimental Child Psychology*, *83*(2), 111 - 130.

Arnold, K. M., & Mcdermott, K. B.. (2013). Test-potentiated learning: Distinguishing between direct and indirect effects of tests. *Journal of Experimental Psychology: Learning, Memory, and Cognition*, *39*(3), 940 - 945.

Atherton, M. (2007). *A Proposed Theory of the Neurological Limitations of Cognitive Transfer*. Paper presented at the annual meeting of the American Educational Research Association, 9 - 13 April, Chicago, IL.

Atkinson, R. C. (1972). Optimizing the learning of a second language vocabulary . *Journal of Experimental Psychology*, *96*(1), 124 - 129.

Baddeley, A. D., & Longman, D. J. A. (1978). The influence of length and frequency of training session on the rate of learning to type. *Ergonomics*, *21* (8), 627 - 635.

Bahrick, H. P., & Phelps, E. (1987). Retention of Spanish vocabulary over 8 years . *Journal of Experimental Psychology: Learning, Memory, and Cognition*, *13*(2), 344 - 349.

Balota, D. A., Duchek, J. M., & Paullin, R. (1989). Age-related differences in the spacing of repetitions and retention interval. *Psychology & Aging*, *4*(1), 3 - 9.

Barnett, S. M., & Ceci, S. J. (2002). When and where do we apply what we learn? A taxonomy for far transfer. *Psychological Bulletin*, *128*(4), 612 - 637.

Beach, K. D. (1994). *A Sociohistorial Alternative to Economic and Cognitive Transfer Metaphors for Understanding the Transition from School to Work*. Paper presented at the annual meeting of the American Educational Research Association, April, New Orleans, LA.

Benjamin, A. S., & Bird, R. (2006). Metacognitive control of the spacing of study repetitions. *Journal of Memory & Language*, *55*(1), 126 - 137.

Benjamin, A. S., Bjork, R. A., & Schwartz, B. L. (1998). The mismeasure of memory: When retrieval fluency is misleading as a metamnemonic index. *Journal of Experimental Psychology: General*, *127*(1), 55 - 68.

Bjork, R. A. (1979). An information-processing analysis of college teaching. *Educational Psychologist*, *14*(1), 15 - 23.

Bjork, R. A. (1994). Memory and metamemory considerations in the training of human beings. In J. Metcalfe & A. Shimamura (Eds.), *Metacognition: Knowing about Knowing* (pp. 185 - 205). Cambridge, MA: MIT Press.

Bol, L., & Hacker, D. (2001). The effect of practice tests on students' calibration and performance. *Journal of Experimental Education*, *69*(2), 133 - 151.

Brown, A. L., & Campione, J. C. (1990). Communities of learning and thinking or a context by any other name. In D. Khun (Ed.), *Contributions to Human Development*, *21*, 108 - 125.

Bruer, J. (1997). Education and the brain: A bridge too far. *Educational Researcher*, *26* (8), 4 - 16.

Butler, A. C. (2010). Repeated testing produces superior transfer of learning relative to repeated studying. *Journal of Experimental Psychology: Learning, Memory, and Cognition*, *36*(5), 1118 - 1133.

Butler, A. C., Karpicke, J. D., & Roediger, H. L. (2007). The effect of type and timing of feedback on learning from multiple-choice tests. *Journal of Experimental Psychology: Applied*, *13*(4), 273 - 281.

Butler, A. C., Karpicke, J. D., & Roediger, H. L. (2008). Correcting a metacognitive error: Feedback increases retention of low-confidence correct responses. *Journal of Experimental Psychology: Learning, Memory, and Cognition*, *34*(4), 918 - 928.

Butler, A. C., & Roediger, H. L. (2007). Testing improves long-term retention in a simulated classroom setting. *European Journal of Cognitive Psychology*, *19*(4), 514 - 527.

Carew, T. J., & Magsamen, S. (2010). Neuroscience and education: An ideal partnership for producing evidence based solutions to guide 21st century learning. *Neuron*, *67*(5), 685 - 688.

Carpenter, S. K., Pashler, H., & Cepeda, N. J. (2009). Using tests to enhance 8th grade students' retention of U. S. history facts. *Applied Cognitive Psychology*, *23* (6), 760 - 771. 146

Carpenter, S. K., Pashler, H., Wixted, J., & Vul, E. (2008). The effects of tests on learning and forgetting. *Memory & Cognition*, *36*(2), 438 - 448.

Carrier, M., & Pashler, H. (1992). The influence of retrieval on retention. *Memory & Cognition*, *20*(6), 632 - 642.

Ceci, S. J., & Ruiz, A. (1993). The role of context in everyday cognition. In M. Rabinowitz (Ed.), *Applied Cognition* (pp. 164 - 183). Hillsdale, NJ: Erlbaum.

Cepeda, N. J., Pashler, H., Vul, E., Wixted, J., & Rohrer, D. (2006). Distributed practice in verbal recall tasks: A review and quantitative synthesis.

Psychological Bulletin, *132*(3), 354 - 380.

Cermak, L. S. (1975). Imagery as an aid to retrieval for Korsakoff 's patients. *Cortex*, 77(2), 163 - 169.

Cermak, L. S., Reale, L., & DeLuca, D. (1977). Korsakoff patient's nonverbal vs verbal memory: Effects of interference and mediation on rate of information loss. *Neuropsychologia*, *15*(2), 303 - 310.

Cermak, L. S., Verfaellie, M., Lanzoni, S., Mather, M., & Chase, K. A. (1996). The spacing effect on the recall and recognition ability of amnesic patients. *Neuropsychology*, *10*, 219 - 227.

Davis, M. (1970). Effects of interstimulus interval length and variability on startle-response habituation in the rat. *Journal of Comparative and Physiological Psychology*, *78*(2), 260 - 267.

Delbridge, K. (2001). *Individual Differences in Multi-tasking Ability: Exploring a Nomological Network*. Unpublished Doctoral Dissertation, Michigan State University, East Lansing.

Dempster, F. N. (1987). Effects of variable encoding and spaced presentations on vocabulary learning. *Journal of Educational Psychology*, *79*(2), 162 - 170.

Dempster, F. N. (1988). The spacing effect: A case study in the failure to apply the results of psychological research. *American Psychologist*, *43*(8), 627 - 634.

Dempster, F. N. (1996). Distributing and managing the conditions of encoding and practice. In E. L. Bjork & R. A. Bjork (Eds.), *Handbook of Perception and Cognition*, *Vol. 10: Memory*, (pp. 317 - 344). San Diego, CA: Academic Press.

Detterman, D. K. (1993). The case for prosecution: Transfer as an epiphenomenon. In D. K. Detterman & R. J. Sternberg (Eds.), *Transfer on Trial: Intelligence*, *Cognition*, *and Instruction*, (pp. 1 - 24). Norwood, NJ: Ablex Publishing Corporation.

Dufresne, A., & Kobasigawa, A. (1989). Children's spontaneous allocation of study time: Differential and sufficient aspects. *Journal of Experimental Child Psychology*, *47*(2), 274 - 296.

Dunlosky, J., & Thiede, K. W. (1998). What makes people study more? An evaluation of factors that affect self-paced study. *Acta Psychologica*, *98*(1), 37 - 56.

Ebbinghaus, H. (1885/1964). *Memory: A Contribution to Experimental Psychology*. Oxford: Dover.

Finn, B., & Metcalfe, J. (2007). The role of memory for past test in the underconfidence with practice effect. *Journal of Experimental Psychology: Learning*, *Memory*, *and Cognition*, *33*(1), 238 - 244.

Finn, B., & Metcalfe, J. (2008). Judgments of learning are influenced by memory for past test. *Journal of Memory and Language*, *58*(1), 19 - 34.

Fong, G. T., Krantz, D. H., & Nisbett, R. E. (1986). The effects of statistical training on thinking about everyday problems. *Cognitive Psychology*, *18*(3), 253 - 292.

Gianutsos, R., & Gianutsos, J. (1979). Rehabilitating the verbal recall of brain-injured patients by mnemonic training: An experimental demonstration using single-case methodology. *Journal of Clinical Neuropsychology*, *2*(1), 117 - 135.

Glenberg, A. M. (1976). Monotonic and nonmonotonic lag effects in paired-associate and recognition memory paradigms. *Journal of Verbal Learning and Verbal Behavior*, *15*(1), 1 - 15.

Glenberg, A. M. (1979). Component-levels theory of the effects of spacing of repetitions on recall and recognition. *Memory & Cognition*, 7(2), 95 - 112.

Glenberg, A. M., Sanocki, T., Epstein, W., & Morris, C. (1987). Enhancing calibration of comprehension. *Journal of Experimental Psychology: General*, *116* (2), 119 - 136.

Glover, J. A. (1989). The "testing" phenomenon: Not gone but nearly forgotten. 147
Journal of Educational Psychology, *81*(3), 392 - 399.

Greene, R. L. (1990). Spacing effects on implicit memory tests. *Journal of Experimental Psychology: Learning, Memory, and Cognition*, *16*(6), 1004 - 1011.

Hacker, D. J. (2004). Self-regulated comprehension during normal reading. In R. B. Ruddell & N. Unrau (Eds.), *Theoretical Models and Processes of Reading* (5th ed., pp. 775 - 779). Newarek, DE: International Reading Association.

Hacker, D. J., Bol, L., & Bahbahani, K. (2008). Explaining calibration in classroom contexts: The effects of incentives, reflection, and attributional style. *Metacognition and Learning*, *3*, 101 - 121.

Hamers, J. H. M., De Koning, E., & Sijtsma, K. (1998). Inductive reasoning in the third grade: Intervention promises and constraints. *Contemporary Educational Psychology*, *23*(2), 132 - 148.

Haskell, R. E. (2001). *Transfer of Learning: Cognition, Instruction and Reasoning*. New York: Academic Press.

Helsdingen, A. S., van Gog, T., & van Merriënboer, J. J. G. (2009). The effects of practice schedule on learning a complex judgment task. *Learning and Instruction*, *21*(1), 126 - 136.

Hintzman, D. L. (1974). Theoretical implications of the spacing effect. In R. L. Solso (Ed.), *Theories in Cognitive Psychology: The Loyola Symposium*. Hillsdale, NJ:

Erlbaum.

Hintzman, D. L., Block, R. A., & Summers, J. J. (1973). Modality tags and memory for repetitions: Locus of the spacing effect. *Journal of Verbal Learning and Verbal Behavior*, *12*(2), 229 - 238.

Izawa, C. (1970). Optimal potentiating effects and forgetting-prevention effects of tests in paired-associate learning. *Journal of Experimental Psychology*, *83*(2), 340 - 344.

Jacoby, L. L., & Whitehouse, K. (1989). An illusion of memory: False recognition influenced by unconscious perception. *Journal of Experimental Psychology: General*, *118*(2), 126 - 135.

James, W. (1899/1958). *Talks to Teachers on Psychology: And to Students on Some of Life's Ideals*. New York: Holt.

Janowsky, J. S., Shimamura, A. P., & Squire, L. R. (1989). Source memory impairment in patients with frontal lobe lesions. *Neuropsychologia*, *27*(8), 1043 - 1056.

Kahneman, D. (2003). A perspective on judgment and choice: Mapping bounded rationality. *American Psychologist*, *58*(9), 697 - 720.

Kang, S. H. K., McDermott, K. B., & Roediger, H. L. (2007). Test format and corrective feedback modulate the effect of testing on memory retention. *European Journal of Cognitive Psychology*, *19*(4), 528 - 558.

Kao, Y. C., Davis, E. S., & Gabrieli, J. D. E. (2005). Neural correlates of actual and predicted memory formation. *Nature Neuroscience*, *8*(12), 1776 - 1783.

Karpicke, J. D. (2009). Metacognitive control and strategy selection: Deciding to practice retrieval during learning. *Journal of Experimental Psychology: General*, *138*(4), 469 - 486.

Karpicke, J. D., Butler, A.C., & Roediger, H. L. (2009). Metacognitive strategies in student learning: Do students practice retrieval when they study on their own? *Memory*, *17*(4), 471 - 479.

Klausmeier, H. J. (1961). *Educational Psychology: Learning and Human Abilities*. New York: Harper.

Koelsch, S., Kasper, E., Sammler, D., Schulze, K., Gunter, T., & Friederici, A. D. (2004). Music, language and meaning: Brain signatures of semantic processing. *Nature Neuroscience*, 7(3), 302 - 307.

Koriat, A. (2008). Easy comes, easy goes? The link between learning and remembering and its exploitation in metacognition. *Memory & Cognition*, *36*(2), 416 - 428.

Koriat, A., & Bjork, R. A. (2006). Illusions of competence during study can be remedied by manipulations that enhance learners' sensitivity to retrieval conditions at test. *Memory & Cognition*, *34*(5), 959 - 972.

Koriat, A., & Lieblich, I. (1975). Examination of the letter serial position effect in the "TOT" and the "Don't Know" states. *Bulletin of the Psychonomic Society*, *6* (5), 539 - 541.

Koriat, A., Lichtenstein, S., & Fischhoff, B. (1980). Reasons for confidence. *Journal of Experimental Psychology: Human Learning and Memory*, *6*(2), 107 - 118.

Kornell, N., & Bjork, R. A. (2007). The promise and perils of self-regulated study. *Psychonomic Bulletin & Review*, *14*(2), 219 - 224.

Kornell, N., & Bjork, R. A. (2008). Learning concepts and categories: Is spacing the 148
"enemy of induction"? *Psychological Science*, *19*(6), 585 - 592.

Kornell, N., Hays, M. J., & Bjork, R. A. (2009). Unsuccessful retrieval attempts enhance subsequent learning. *Journal of Experimental Psychology: Learning, Memory, & Cognition*, *35*(4), 989 - 998.

Kornell, N., & Metcalfe, J. (2006). Study efficacy and the region of proximal learning framework. *Journal of Experimental Psychology: Learning, Memory, & Cognition*, *32*(3), 609 - 622.

Kruger, J., & Dunning, D. (1999). Unskilled and unaware of it: How difficulties in recognizing one's own incompetence lead to inflated self-assessments. *Journal of Personality and Social Psychology*, 77(6), 1121 - 1134.

Landauer, T. K., & Bjork, R. A. (1978). Optimal rehearsal patterns and name learning. In M. M. Gruneberg, P. E. Harris, & R. N. Sykes (Eds.), *Practical Aspects of Memory* (pp. 625 - 632). New York: Academic Press.

Landauer, T. K., & Ross, B. H. (1977). Can simple instruction to space practice improve ability to remember a fact? An experimental test using telephone numbers. *Bulletin of the Psychonomic Society*, *10*, 215 - 218.

Le Blanc, K., & Simon, D. (2008). *Mixed Practice Enhances Retention and Jol Accuracy for Mathematical Skills*. Paper presented at the 49th Annual Meeting of the Psychonomic Society, Chicago, IL.

Lockl, K., & Schneider, W. (2004). The effects of incentives and instructions on children's allocation of study time. *European Journal of Developmental Psychology*, *1*, 153 - 169.

Madigan, S. A. (1969). Intraserial repetition and coding processes in free recall. *Journal of Verbal Learning and Verbal Behavior*, *8*(6), 828 - 835.

Mazzoni, G., & Cornoldi, C. (1993). Strategies in study-time allocation: Why is study time sometimes not effective? *Journal of Experimental Psychology: General*, *122*(1), 47 - 60.

McCabe, J. (2011). Metacognitive awareness of learning strategies in undergraduates. *Memory & Cognition*, *39*(3), 462 - 476.

McDaniel, M. A., Agarwal, P. K., Huelser, B. J., McDermott, K. B., & Roediger, H. L. (2011). Test-enhanced learning in a middle school science classroom: The effects of quiz frequency and placement. *Journal of Educational Psychology*, *103*, 399 - 414.

Mcdaniel, M. A., Thomas, R. C., Agarwal, P. K., Mcdermott, K. B., & Roediger, H. L.. (2013). Quizzing in middle-school science: Successful transfer performance on classroom exams. *Applied Cognitive Psychology*, *27*(3), 360 - 372.

Melton, A. W. (1967). Repetition and retrieval from memory. *Science*, *158*, 532.

Melton, A. W. (1970). The situation with respect to the spacing of repetitions and memory. *Journal of Verbal Learning and Verbal Behavior*, *9*, 596 - 606.

Metcalfe, J. (2002). Is study time allocated selectively to a region of proximal learning? *Journal of Experimental Psychology: General*, *131*, 349 - 363.

Metcalfe, J., & Finn, B. (2013). Metacognition and control of study choice in children. *Metacognition & Learning*, *8*(1), 19 - 46.

Metcalfe, J., & Finn, B. (2008). Evidence that judgments of learning are causally related to study choice. *Psychonomic Bulletin and Review*, *15*, 174 - 179.

Metcalfe, J., & Finn, B. (2011). People's hypercorrection of high confidence errors: Did they know it all along? *Journal of Experimental Psychology: Learning, Memory, and Cognition*, *37*(2), 437.

Metcalfe, J., & Kornell, N. (2003). The dynamics of learning and allocation of study time to a region of proximal learning. *Journal of Experimental Psychology: General*, *132*(4), 530 - 542.

Metcalfe, J., & Kornell, N. (2005). A region of proximal learning model of study time allocation. *Journal of Memory and Language*, *52*, 463 - 477.

Metcalfe, J., Schwartz, B. L., & Joaquim, S. G. (1993). The cue-familiarity heuristic in metacognition. *Journal of Experimental Psychology: Learning, Memory, and Cognition*, *19*(4), 851 - 861.

Miozzo, M., & Caramazza, A. (1997). Retrieval of lexical-syntactic features in tip-of-the-tongue states. *Journal of Experimental Psychology: Learning Memory and Cognition*, *23*(6), 1410 - 1423.

149 National Survey of Student Engagement (NSSE) (2008). *Promoting engagement for all*

students: The imperative to look within (*2008 results*). Bloomington: Indiana University Center for Postsecondary Research.

Nelson, T. O. (1992). *Metacognition: Core Readings*. Needham Heights, MA: Allyn & Bacon.

Nelson, T. O. (1993). Judgments of learning and the allocation of study time. *Journal of Experimental Psychology: General*, *122*, 269 - 273.

Nelson, T. O., & Dunlosky, J. (1994). Norms of paired-associate recall during multitrial learning of Swahili-English translation equivalents. *Memory*, *2*, 325 - 335.

Nelson, T. O., & Leonesio, R. J. (1988). Allocation of self-paced study time and the "labor-in-vain effect". *Journal of Experimental Psychology: Learning, Memory, and Cognition*, *14*, 47 - 86.

Nelson, T. O., & Narens, L. (1990). Metamemory: A theoretical framework and new findings. *The Psychology of Learning and Motivation*, *26*, 125 - 141.

Nietfeld, J. L., Cao, L., & Osborne, J. W. (2005). Metacognitive monitoring accuracy and student performance in the classroom. *Journal of Experimental Education*, *74*, 7 - 28.

O'Sullivan, J., & Pressley, M. (1984). The completeness of instruction and strategy transfer. *Journal of Experimental Child Psychology*, *38*, 275 - 288.

Pannu, J. K., & Kaszniak, A. W. (2005). Metamemory experiments in neurological populations: A review. *Neuropsychology Review*, *15*, 105 - 130.

Pashler, H., Cepeda, N., Wixted, J., & Rohrer, D. (2005). When does feedback facilitate learning of words? *Journal of Experimental Psychology: Learning, Memory, and Cognition*, *31*, 3 - 8.

Pavlik, P. I. Jr., & Anderson, J. R. (2005). Practice and forgetting effects on vocabulary memory: An activation-based model of the spacing effect. *Cognitive Science*, *29*, 559 - 586.

Pinon, K., Allain, P., Kefi, M. Z., Dubas, F., & Le Gall, D. (2005). Monitoring processes and metamemory experience in patients with dysexecutive syndrome. *Brain Cognition*, *57*, 185 - 188.

Pressley, M., Goodchild, F., Fleet, J., & Zajchowski, R. (1989). The challenges of classroom strategy instruction. *Elementary School Journal*, *89*(3), 301 - 342.

Pyc, M. A., & Rawson, K. A. (2009). Testing the retrieval effort hypothesis: Does greater difficulty correctly recalling information lead to higher levels of memory? *Journal of Memory and Language*, *60*, 437 - 447.

Pyle, W. H. (1913). Economical learning. *Journal of Educational Psychology*, *4*, 148 -

158.

Rea, C. P., & Modigliani, V. (1985). The effect of expanded versus massed practice on the retention of multiplication facts and spelling lists. *Human Learning*, *4*, 11 - 18.

Reder, L. M., & Ritter, F. (1992). What determines initial feeling of knowing? Familiarity with question terms, not with the answer. *Journal of Experimental Psychology: Learning, Memory, and Cognition*, *18*, 435 - 451.

Richland, L. E., Kornell, N., & Kao, L. S. (2009). The pretesting effect: Do unsuccessful retrieval attempts enhance learning? *Journal of Experimental Psychology: Applied*, *15*, 243 - 257.

Roediger, H. L., Agarwal, P. K., Kang, S. H. K., & Marsh, E. J. (2010). Benefits of testing memory: Best practices and boundary conditions. In G. M. Davies & D. B. Wright (Eds.), *New Frontiers in Applied Memory* (pp. 13 - 49). Brighton: Psychology Press.

Roediger, H. L., Agarwal, P. K., McDaniel, M. A., & McDermott, K. B. (2011). Test-enhanced learning in the classroom: Long-term improvements from quizzing. *Journal of Experimental Psychology: Applied*, *103*, 299 - 414.

Roediger, H. L., & Butler, A. C. (2011). The critical role of retrieval practice in long-term retention. *Trends in Cognitive Sciences*, *15*, 20 - 27.

Roediger, H. L., & Karpicke, J. D. (2006). Test-enhanced learning: Taking memory tests improves long-term retention. *Psychological Science*, *17*, 249 - 255.

Roediger, H. L., & Karpicke, J. D. (2011). Intricacies of spaced retrieval: A resolution. In A. S. Benjamin (Ed.), *Successful Remembering and Successful Forgetting: Essays in Honor of Robert A. Bjork*. New York: Psychology Press.

150 Roediger, H. L., Gallo, D. A., & Geraci, L. (2002). Processing approaches to cognition: The impetus from the levels of processing framework. *Memory*, *10*, 319 - 332.

Rohrer, D., & Taylor, K. (2007). The shuffling of mathematics practice problems improves learning. *Instructional Science*, *35*, 481 - 498.

Rohrer, D., Taylor, K., & Sholar, B. (2010). Tests enhance the transfer of learning. *Journal of Experimental Psychology: Learning, Memory, and Cognition*, *36*, 233 - 239.

Romine, C. B., & Reynolds, C. R. (2005). A model of the development of frontal lobe functioning: Findings from a meta-analysis. *Applied Neuropsychology*, *12*, 190 - 201.

Schacter, D. L., Rich, S. A., & Stampp, M. S. (1985). Remediation of memory disorders: Experimental evaluation of the spaced retrieval technique. *Journal of Clinical and Experimental Neuropsychology*, 7, 79 - 96.

Schneider, W. (2010). Metacognition and memory development in childhood and adolescence. In H. Slaatas Waters & W. Schneider (Eds.), *Metacognition, Strategy Use, and Instruction* (pp. 54 - 81). Guilford Press: New York.

Schneider, W., & Lockl, K. (2002). The development of metacognitive knowledge in children and adolescents. In T. J. Perfect & B. L. Schwartz (Eds.), *Applied Metacognition* (pp. 224 - 257). Cambridge: Cambridge University Press.

Schneider, W., & Pressley, M. (1997). *Memory Development Between 2 and 20*. Hillsdale, NJ: Erlbaum.

Schnyer, D. M., Verfaellie, M., Alexander, M. P., Lafleche, G., Nicholls, L., & Kaszniak, A. W. (2004). A role for right medial prefrontal cortex in accurate feeling of knowing judgments: Evidence from patients with lesions to frontal cortex. *Neuropsychologia*, *42*, 957 - 966.

Schwartz, B. L., & Bacon, E. (2008). Metacognitive neuroscience. In J. Dunlosky, & R. A. Bjork (Eds.), *Handbook of Memory and Metamemory: Essays in Honor of Thomas O. Nelson* (pp. 355 - 371). Psychology Press: New York.

Schwartz, D. L., Bransford, J. D., & Sears, D. L. (2005). Efficiency and innovation in transfer. In J. Mestre (Ed.), *Transfer of Learning from a Modern Multidisciplinary Perspective* (pp. 1 - 51). Greenwich, CT: Information Age Publishing.

Shimamura, A. P. (2008). A neurocognitive approach to metacognitive monitoring and control. In J. Dunlosky & R. A. Bjork (Eds.), *Handbook of Metamemory and Memory* (pp. 373 - 390). New York Psychology Press.

Smith, S. M., & Rothkopf, E. Z. (1984). Contextual enrichment and distribution of practice in the classroom. *Cognition and Instruction*, *1*, 341 - 358.

Son, L. K. (2004). Spacing one's study: Evidence for a metacognitive control strategy. *Journal of Experimental Psychology: Learning, Memory, and Cognition*, *30*, 601 - 604.

Son, L. K. (2005). Metacognitive control: Children's short-term versus long-term study strategies. *Journal of General Psychology*, *132*, 347 - 363.

Son, L. K. (2010). Metacognitive control and the spacing effect. *Journal of Experimental Psychology: Learning, Memory, and Cognition*, *36*, 255 - 262.

Son, L. K., & Metcalfe, J. (2000). Metacognitive and control strategies in study-time allocation. *Journal of Experimental Psychology: Learning, Memory, and Cognition*, *26*, 204 - 221.

Taylor, K., & Rohrer, D. (2010). The effects of interleaving practice. *Applied Cognitive Psychology*, *24*, 837 - 848.

Thiede, K. W. (1999). The importance of accurate monitoring and effective self-regulation during multitrial learning. *Psychonomic Bulletin & Review*, *6*, 662 - 667.

Thiede, K. W., & Anderson, M. C. M. (2003). Summarizing can improve metacomprehension accuracy. *Contemporary Educational Psychology*, *28*, 129 - 160.

Thorndike, E. L., & Woodworth, R. S. (1901a). The influence of improvement in one mental function upon the efficiency of other functions. *Psychological Review*, *8*, 247 - 261.

Thorndike, E. L., & Woodworth, R. S. (1901b). The influence of improvement in one mental function upon the efficiency of other functions: II. The estimation of magnitudes. *Psychological Review*, *8*, 384 - 395.

151 Thorndike, E. L., & Woodworth, R. S. (1901c). The influence of improvement in one mental function upon the efficiency of other functions: III. Functions involving attention, observation, and discrimination. *Psychological Review*, *8*, 553 - 564.

Toppino, T. C. (1991). The spacing effect in young children's free recall: Support for automatic-process explanations. *Memory & Cognition*, *19*, 159 - 167.

Toppino, T. C., Cohen, M. S., Davis, M., & Moors, A. (2009). Metacognitive control over the distribution of practice: When is spacing preferred? *Journal of Experimental Psychology: Learning, Memory, and Cognition*, *35*, 1352 - 1358.

Toppino, T. C., & DeMesquita, M. (1984). Effects of spacing repetitions on children's memory. *Journal of Experimental Child Psychology*, *37*, 637 - 648.

Varma, S., McCandliss, B. D., & Schwartz, D. L. (2008). Scientific and pragmatic challenges for bridging education and neuroscience. *Educational Researcher*, *37* (3), 140 - 152.

Vilkki, J., Servo, A., & Surma-aho, O. (1998). Wordlist learning and prediction of recall after frontal lobe lesions. *Neuropsychology*, *12*(2), 268 - 277.

Welsh, M. C., & Pennington, B. F. (1988). Assessing frontal lobe functioning in children: Views from developmental psychology. *Developmental Neuropsychology*, *4* (3), 199 - 230.

Welsh, M. C., Pennington, B. F., & Groisser, D. B. (1991). A normative-developmental study of executive function: A window of prefrontal function in children. *Developmental Neuropsychology*, 7(2), 131 - 149.

Wheeler, M.A., Ewers, M., & Buonanno, J. (2003). Different rates of forgetting following study versus test trials. *Memory*, *11*, 571 - 580.

Whitten, W. B., & Bjork, R. A. (1977). Learning from tests: The effects of spacing. *Journal of Verbal Learning and Verbal Behavior*, *16*, 465 - 478.

Wilson, W. P. (1976). Developmental changes in the lag effect: An encoding hypothesis for repeated word recall. *Journal of Experimental Child Psychology*, *22*, 113 - 122.

Zaromb, F. M., & Roediger, H. L. (2010). The testing effect in free recall is associated with enhanced organizational processes. *Memory & Cognition*, *38*, 995 - 1008.

Zechmeister, E. B., & Shaughnessy, J. J. (1980). When you know that you know and when you think that you know but you don't. *Bulletin of the Psychonomic Society*, *15*, 41 - 44.

第四部分

神经遗传学对教育的影响

第九章　遗传学和基因组学：好的、不好的和丑的

尤利娅·科瓦斯(Yulia Kovas)
罗伯特·普洛明(Robert Plomin)

本章讨论遗传学和基因组学研究如何影响神经科学和教育，重点讨论它们之间的联结如何促进学习和教学的进步。我们将以双生子研究为例，着重讨论一些最重要的遗传学发现。认知和学习的其他领域也同样适用。关于遗传影响，基因组学研究表明，每个人都可能拥有自己独特的基因变体组合，决定个体的能力和行为，而其中每一种变体的影响都很小。与此同时，每个人所独有的全部环境经验，可以解释剩余的个体差异，而其中每个经验的影响也都很小。另外，每种遗传变体都有可能造成很多不同的特性。与人们普遍的看法不同，这些遗传影响并不是静止的或者确定的，它们会随着人生的变化而变化，不同的教育和文化背景也会使它们发生变化。我们将强调定量遗传方法的重要性，并着重指出，双生子研究为我们理解教育相关现象作出独特的贡献。在我们所引用的例证中，有一个新的发现，那就是，遗传相似性会导致两个孩子的学业成绩相似，而相同课堂学习所产生的影响却非常小(如果

有的话)。我们将分析产生这个结果及其他结果的几个可能原因,并指出这些结果可能产生的影响。我们的结论是,今后,"通过因材施教实现教育平等"真的非常必要,这可以让所有学生的学习达到最佳状态。此外,我们还讨论与教育相关的分子遗传学和基因组学研究,它们已经取得的和未来可能取得的进展,这有助于解释、了解、预测及利用个体的学习差异。

本章讨论遗传学对教育和教育中的神经科学的重要性和潜在作用(好的),教育对遗传学的普遍看法(不好的),以及人们一直想从普遍影响遗传的基因组中找出特定基因的努力(丑的)。我们将以一个重要的教育研究话题——个体数学能力和成绩的差异——为例来阐述这几个主要观点。

156

一、引言

神经科学现在非常流行。人们在聚会时,常常谈论脑的创造性,负责语言和空间的脑半球,脑的训练以及脑的各种功能区域。这类对话,大部分可能类似19世纪颅相学所引起的对话。实际上,在希腊语里,颅相学一词指"心智的知识"(knowledge of mind)。将心智的知识应用于教育的尝试也不算新鲜。鲍茨(Bouts, 1986)和他的追随者积极尝试通过颅相学分析来确定个别教学法。20年后,鲍茨的个别教学法仍然只是海市蜃楼。将神经科学整合进课堂的尝试并没走得更远,不过是在名字前加了一个与脑有关的修饰词罢了:基于脑的、适于脑的、利于脑的和针对脑的教学方法,大多是基于对已有数据的过度解读(Alferink & Farmer-Dougan, 2010)。尽管与教育相关的神经科学已经开始试验性地解释脑的发展如何支持已有的教育实践(如 McCandliss, 2010),但对真正与教育相关的神经科学而言,这只是漫长旅程的起点。在这一章中,我们将提出,将遗传学加入神经科学研究和教育研究,有助于神经科学和教育之间的沟通,并能使教育得到改善。

我们将探讨有关学习能力和学习障碍的定量研究和分子遗传研究已经取得的成果。我们会提到双生子研究的成果,揭示学习能力和学习成就个体差异的成因。这些研究在这方面有很多重要的发现。我们还将提到,人们一直努力寻找真正的脱氧核糖核酸(deoxyribonucleic acid, DNA)多态性(polymorphisms),

因为它们参与遗传驱动的变异。尽管我们用“丑的”这个词来形容人们在这方面的尝试，但是我们还是相信，在不久的将来，这方面的研究会取得更大的进步。

我们将探讨这些发现对教育和神经科学研究的影响。就教育而言，本章的主要目标之一就是扭转教育对遗传学的一种“不好”的看法。这种观点主要表现为对遗传学的漠视甚至反感。我们认为这种观点部分来自对遗传学的误解。教育是讲究实效的，未来教育采用的方法，将能考虑到儿童认知、感知和动机上的那些强项和弱点。我们离这种个性化教育还很远，但是，正如个性化的药品（Collins，2010）一样，这种教育是有可能实现的，而遗传知识将是其中一个主要的部分。哪些遗传多态性造成认知技能的差异以及这些技能共变的复杂模式，未来这方面研究的进展将为教育提供早期筛选工具。遗传学将帮助人们最终确定，某些损伤是否可以进行直接补救（例如，逆转甚至阻止某种感知或认知缺陷的发展），或者是否需要采取补偿性措施（例如，制订对策，降低某种感知或认知缺陷的负面影响）。教育需要这类知识，这是教育领域的共识（Krasa & Shunkwiler，2009）。

就神经科学而言，我们将讨论新的遗传研究结果，以及与现有认知和学习的神经科学研究范式及观点有哪些不一致的地方（参考本书第十一章）。遗传研究的发现如何影响和促进与教育有关的神经科学，如何影响和促进教育（“好的”），在本章的结尾，我们将对此进行总结。

本章中，我们将以个体数学差异的研究为例进行说明。认知和学习的其他领域，也存在同样的问题。我们选择以数学为重点，是因为这个领域对社会非常重要，人们也从遗传的角度对它进行研究。当今是一个技术驱动的社会，每个人 157
都必须具备一定的数学技能。而且，技术的持续进步、创新与应用，以及科学、技术、工程和数学（sciences，technology，engineering and mathematics，STEM）这四个领域，都需要很高的数学水平。社会对这四个领域专门知识的需求在不断增加，英国将数学和科学作为英国学校课程的重点，尽管如此，在过去的20年中，把数学和科学作为职业选择的英国学生人数却在下降。另外，数学课程的通过率一直很低。基因—环境相互影响的复杂过程，造成了科学、技术、工程和数学这些学科学习动机和兴趣的个体差异，造成了数学能力的个体差异。人们需要了解，哪些关键因素决定了数学学习兴趣、动机和努力程度的差异，决定了数学能力和成绩的差异，这样才有可能从根本上进行干预，成功地提高数学学习的兴趣，提高数学成绩，减少数学学习障碍。我们认为，遗传研究会影响神经科学和教育——关键在于，可以影响它们之间的联结——从而促进数学学习和教学的进步。

二、双生子研究的成果

今天，遗传学研究有一个普遍共识——人与人之间 DNA 的差异（多态性），在一定程度上可以解释所有复杂性状的差异，包括所有心理和行为的性状，并且，每种性状都受很多 DNA 多态性的影响，每种 DNA 多态性，都只能解释任何一种性状差异中极少的一部分（Plomin, Haworth, & Davis, 2009）。受遗传影响的定量性状，即定量性状位点（quantitative trait locus, QTL）模型，也被用于一些常见的病症和障碍（Plomin & Kovas, 2005）。换句话说，学习障碍，例如阅读障碍、计算障碍或者注意缺陷多动障碍，被认为是一个或几个连续维度数量的终点。而每个人都可能拥有自己独特的基因变体组合——决定自己的能力和表现，这是定量性状位点模型得出的另一结果。与此同时，一个人独有的全部环境经验，可能解释余下的差异，每种经验对某种性状都只有很小的影响，即定量性状环境（quantitative trait environment, QTE）。另外，定量性状位点和定量性状环境之间会相互作用和关联，更复杂的是，不同的定量性状位点之间会相互作用，不同的定量性状环境之间也会相互作用。最后，每个定量性状位点，都有可能产生很多不同的性状，这种现象被称为基因多效性（pleiotropy），而每个定量性状环境，可能也是如此。

关于个体数学能力和成绩差异的起因，定量遗传研究已经有了一些重要的发现。使用双生子研究范式，这方面的研究已经得出了以下五个重要结论。

1. 遗传和环境因素影响个体数学能力

关于个体数学能力差异的来源，研究已经得出了一个无可争议的结论，那就是个体数学能力的强弱，受基因和环境的共同影响。在校期间，遗传因素可以解释大约 50%的个体数学能力差异。而余下的差异，则主要是由个体独有的（而非家庭范围的或者学校范围的）因素造成的（Kovas, Haworth, Dale, & Plomin, 2007）。英国的课程都已经标准化，具有遗传相似性的两个儿童，在同一个课堂学习数学，这种做法并不能进一步提高他们数学的相似性，至少在英国不行，这一发现尤其引人关注（Kovas，Haworth et al.，2007）。在我们的研究中，双生子分为两组，一组由同一位教师教数学，一组由不同的教师教数学，每一对双生子数学（和其他学科）之间的相关，两组没有统计上的显著差异。这可能 158
意味着，儿童的认知或动机因素与学习情境相互影响。因此，相同的课堂、教师或者教学法，对不同的人产生截然不同的影响。或者说，这可能表明，在高度结构化的课堂上，教师对差异的影响较小——而基因和无法共享的环境（包括儿童对教师和课堂的个人感知），造成了个体的差异。

2. 相同的定量性状位点影响数学能力的不同方面

多变量基因分析不仅可以一次一个地研究性状的差异，而且可以研究性状间的共变。由此得到的遗传相关性，大致可以解释为，与某一性状相关的基因，有多大可能也与另一性状相关。多变量研究显示，至少在学校教育的头几年，数学能力的各个方面，例如计算、数学方法和运算的知识、图表的理解、问题的解决以及非数字运算，主要受同一组基因的影响（Kovas，Haworth et al.，2007；Kovas，Petrill，& Plomin，2007；Plomin & Kovas，2005）。这一发现的意义主要在于，如果一个儿童只是选择性地在数学的某些方面表现较差，这可能是环境因素造成的。这肯定也意味着，同一个人的表现，既可能与自己的遗传倾向一致，也可能低于或者高于自己的遗传倾向。这就是说，数学的不同方面需要不同的教学方法，而且针对某种数学能力的任何一种教学方法，都不可能是适合所有学生的最佳方法——教育必须“通过因材施教实现教育平等”。

3. 很多相同的定量性状位点既影响数学能力，也影响其他学习能力

有一篇综述回顾了十几个有关学习能力和学习困难的多变量遗传研究，得出阅读和数学、语言和数学、阅读和语言的平均遗传相关是 0.70（Plomin & Kovas，2005）。有一个以网上测试为主的多变量遗传分析，得出的数学、阅读和语言之间的遗传相关甚至更高（Davis，Haworth，& Plomin，2009）。

基因的影响似乎非常广泛，不仅影响阅读和数学等特定的学习能力和学习障碍，而且会影响其他的认知能力，例如言语能力（如词汇量和词语流利度）和非言语能力（如空间和记忆能力）。特定的学习能力与一般认知能力（g）之间的

平均遗传相关大约是 0.60，这里的一般认知能力包括各种言语、非言语认知能力（Plomin & Kovas， 2005）。之前提到的那项研究，得出数学、阅读、语言与一般认知能力的遗传相关都大于 0.85（Davis et al.， 2009）。

各种性状间的这种基因重合，被称为一般基因假说（generalist genes hypothesis）。图 9.1 以学习障碍为例，说明基因多效性产生一般基因效应的几种模型。有一种可能性是，一般基因影响某一种机制（例如，某个脑区或者功能），而这一机制同时影响几种认知过程（图 9.1 模型 1）。在这种情况下，尽管对学习障碍而言，这些影响特定机制的基因，应该是多效性的，但因为影响脑的结构和功能的基因不同，所以脑的结构和功能在遗传上是不相关的。我们认为，这种可能性是不存在的，因为脑的基因表达谱表明，任何一个基因所表达的结构
159 或者功能，都有可能不止一个。第二种可能性是，多种机制受到影响，但每个机制

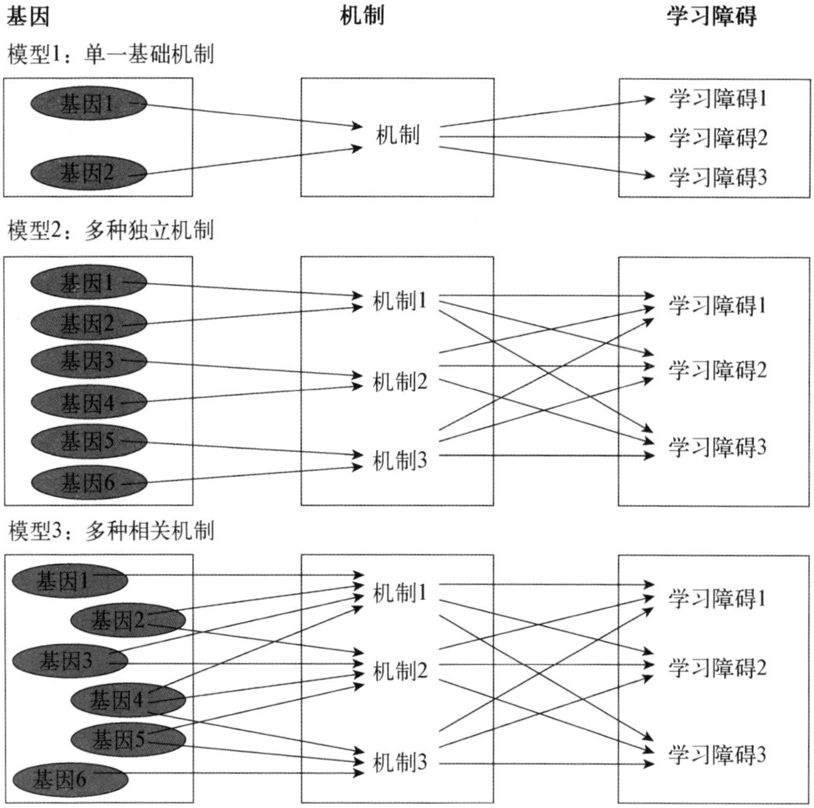

图 9.1　基因多效性

基因通过脑或认知机制影响学习障碍的 3 种模型

都受自己那一组基因的影响（图 9.1 模型 2）。我们支持第三种可能性，就是一般基因影响多种机制，而这些机制中的每一个，又都影响多种学习障碍（图 9.1 模型 3）。除了心智，这种机制也能在脑中引起各种遗传相关。

一般基因的概念对理解脑、心智和教育之间的遗传关系有着深远的影响（Plomin et al.，2007）。对数学而言，说明一般基因和特殊基因如何影响与数学有关的各种能力和技能，还需要更多的定量遗传研究。而且，一旦找到这些一般遗传效应以及特殊遗传效应的真正 DNA 序列，将具有非常重要的应用价值，这一点我们将在接下来的部分讨论。

4. 遗传和环境的影响因年龄和文化而异，不是静态的

已有研究表明，基因会影响数学成绩的提高和持续发展（Kovas，Haworth et al.，2007）。换句话说，尽管某些基因会在发展过程中一直影响数学，但各个年 160
龄段都会有新的遗传效应出现。这一发现看似矛盾，却并不奇怪。基础阶段的数学，无论在运算上，还是概念上，都与之后复杂的数学知识和方法体系有很大的不同。

这方面的一个重要的发现是，遗传影响的强弱取决于环境状况。人们开始研究个体发展过程中基因和环境的相互作用，这个研究领域与学习能力和学习困难相关，有巨大的潜力。几个在不同国家进行的研究都发现，在不使用全国统一课程的国家，基因效应可能会小一些（如 Samuelsson，Byrne，Olson et al.，2008；Samuelsson，Olson，Wadsworth et al，2007）。换句话说，如果各个学校的课程和教学方法大体相同，那么大部分的数学差异都源自遗传和个体的环境。我们需要进行更多的跨文化比较研究，这样的研究可以帮助我们找出那些相关的环境因素及其影响。

5. 数学成绩的低、中和高水平之间具有病原的连续性

如果从社区中选取的双生子样本非常大，具有代表性，那么研究人员就可以在正态分布的情况下研究各种学习困难形成的病因（Kovas，Petrill，Haworth，& Plomin，2007；Kovas，Haworth et al.，2007；Petrill et al.，2009）。这些双生子研究表明：影响学习困难与学习能力正常发展的遗传和环境因素大多是相同的，而我们所谓的“学习困难”是这些因素的极端值（Plomin & Kovas，2005）。

更激进的说法是，这些研究结果表明，困难并不是由特殊的因素造成的，它们只是处于正常的能力钟形分布的低端。换句话说，如果人们发现了“造成”数学困难的基因，那么这些基因不仅会引起数学困难，而且和整个分布中的数学能力，包括很高的数学能力相关（Plomin，Haworth，& Davis，2009）。

这一发现对学习能力的诊断有着深远的影响，因为它表明，我们不应该对性状进行诊断，而应该从数量方面考虑。接下来我们会讨论分子遗传学，在这部分我们会指出，很多染色体和单个基因都会造成学习困难。但是，这些学习困难很罕见，通常都很严重，而定量遗传数据正告诉我们，绝大多数常见的学习困难和这些学习能力的正常发展，都受相同的遗传和环境因素的影响，而常见的学习困难是这些因素的极端值。因此，更恰当的理解是，因为这些研究结果，我们不应再用“我们与他们”这种负面成见来看待学习困难。

在找到学习困难的致病基因之前，综合遗传研究的两个发现——其一，学习困难儿童与正常儿童的差异，只是数量上的，而非性状上的；其二，遗传效应具有普遍性——人们就会了解，遗传的疾病分类法，与以症状为主的诊断方法不同。首先，遗传数据表明，常见的学习困难，只是正常能力的钟形分布的低端。其次，由于遗传效应在很大程度上是普遍性的，它们模糊了不同问题之间的区别。因此，有些问题只是表面上不同，例如阅读和数学困难。这就是说，遗传影响大多是广泛而普遍的，不只限于一种困难。

在这些遗传效应的基因被发现之前，所有这些影响都只停留在概念层面。一旦发现了这些基因，它们对预测和干预的意义甚至可能大于对诊断的影响。

161 三、分子遗传学的进展

影响学习发展的基因的发现，将为学习困难的早期诊断提供最重要的诊断指标，因为个体的发展、行为或者经验并不能改变DNA序列。DNA表达，就是将DNA代码转录为核糖核酸（RNA），这确实会发生变化，但这是另一个问题。这些基因的发现，有助于教育者根据个体认知和动机的特点，设计最合适的学习环境。然而，相关基因的研究进展慢于预期，这是因为现在人们普遍认识到，学习困难等常见障碍，受到多个基因的影响，而每个基因的影响，却又很小。

最大的问题是“有多少？”和“有多小？”这是因为如果每个基因的影响都非常

微小，那么研究人员就很难发现显著的效应。如果只是单一基因的原因，那么研究人员就能轻松地发现它的染色体邻居（连接），进而确定它的具体位置（关联），研究人员就是这样发现了几千种单一基因障碍，这些障碍通常都特别严重而罕见，常常 10 000 个里面才会出现 1 个，而不是 10 个或者 20 个里面出现 1 个，但是大多数学习困难都不属于单一基因障碍。单一基因障碍中，出现认知困难的有 250 多种（Inlow & Restifo，2004），今后还可能发现更多（Raymond & Tarpey，2006）。然而，众多的染色体异常，加上这些单一基因障碍，也只能解释不到 1% 的学习困难儿童（Plomin，DeFries，McClearn，& McGuffin，2008）。相对而言，据估计，学习困难的发生率通常高达 5%—10%。尽管对受到影响的个体而言，罕见的病症值得重视，但是这些基因问题，包括其他已知单一基因的问题以及染色体问题，都不是绝大多数常见学习困难的致病原因。理论上还有一个可能，就是其他一些未知的单一基因和染色体问题，造成了一些尚待解释的学习困难，但之前提到的定量遗传证据表明，事实并非如此。

正如之前提过的，大多数遗传学家达成了一个共识，就是常见的病症——除了行为上的，还有医学上的——由多种基因引起，每种基因的效应都很小。这些基因通常被称为定量性状位点，因为如果一种性状受很多基因影响，那么这些遗传效应的数量分布将是正态的钟形分布，我们是否在这个分布上人为划定一个诊断用的分界线并不重要（Plomin，Haworth，& Davis，2009）。尽管定量性状位点和其他任何基因一样，也是基因，但是定量性状位点这一提法在概念上非常重要。面对单一基因障碍，人类束手无策。举例来说，如果你有亨廷顿舞蹈症的致病基因，那么无论你的其他基因或者你所处的环境如何，你终将死于这种疾病。与此不同的是，定量性状位点指的是概率的可能性，而非预先决定好的过程，这让人们对有效干预更加乐观。

确定定量性状位点的分子遗传技术已经被开发出来，它们首先被用于阅读困难，并且取得了成功——1994 年发现了染色体连接（Cardon et al.，1994）。然而，尽管在个体发展过程中，有几个基因影响神经元迁移，这些基因似乎都有可能成为候选基因，但是事实证明，确定真正决定这些连接的基因很难（Scerri & Schulte-Koene，2010）。全基因组关联（genome-wide association）可同时检测数十万的 DNA 标记，寻找它们与病症的关联（相关）（Hirschhorn & Daly，2005）。全基因组关联已经让生命科学的遗传研究彻底改观，发现了常见基因变异体与

148 种性状间的 779 个显著($p<5\times10^{-8}$)的关联(Hindorff et al., 2010)。再结合大样本(以千计),这种方法就可以发现很多只有微量效应的基因。全基因组关联通过 DNA 微阵列(通常被称为“基因芯片”)实现,DNA 微阵列只有邮票大小,不需花费太多就能确定多达一百万个 DNA 标记的基因型(Plomin &
162 Schalkwyk, 2007)。而且,我们很快将能为每个人的整个基因组测序,而不是一套特定的 DNA 标记。目前,为一个人的全部 30 亿 DNA 碱基测序的成本大约为 10 000 美元,但人们正力争将费用降到不到 1 000 美元(Service, 2006)。

定量性状位点非常需要全基因组视角,因为可能有数以百计的 DNA 标记,可以预测不同的年龄段、不同的环境中不同特点或类型的学习困难,以及对不同干预项目的反应。当今的微阵列技术,甚至在测试每个人的 DNA 序列之前,就能轻易地将数以千计的这类定量性状位点放到一块价格便宜的学习困难基因芯片上。

第一次对阅读困难进行这种关联扫描,就确认了 10 个与阅读相关的 DNA 标记(Meaburn et al., 2007),尽管这还需要其他独立研究的重复验证。这些 DNA 标记或位点,被称为单核苷酸多态性(single nucleotide polymorphisms, SNPs),是 DNA 序列中的点,在这些点上,不是所有的人都有相同的字母(大多数 DNA 都是如此),但是每个人的字母,都是两个可能字母中的一个——也被称为变体或者多态性。假如一个基因的一个等位基因,可以提高一个人的能力,还有另一个等位基因,可以降低这种能力,那么低能力组和高能力组的这两个等位基因变体的频率会不同。尽管在这个研究中,这 10 个 DNA 标记中的每一个的效应都很小,但累积遗传风险指数(cumulative genetic risk index)将数十个或者数百个这样的标记加在一起,未来就有可能预测阅读困难的遗传风险。

迄今为止,研究者只发布了一个数学能力的分子遗传研究的报告(Docherty et al., 2010)。这是首个大型全基因组关联研究,列出了 10 个与 10 岁儿童数学差异相关的单核苷酸多态性,这些儿童都是参与双生子早期发展研究(Twins' Early Development Study, TEDS)的被试。双生子研究结果表明,基因的作用是叠加式的,与这个结果一致的是,这 10 个单核苷酸多态性组合在一起,可以解释 2.9%的数学上的表型差异(phenotypic variance)。这种关联在整个分布中是线性的。在已经发现的 20 个风险等位基因中,样本中的第 3 个儿童,有 10 个以上的风险等位基因,他处于正态分布中最低端那 15%的可能性($p=3.696e-07$),

是其他人的两倍。这些研究结果与定量性状位点模型恰好一致，表明遗传在整个能力分布范围中都发挥了作用。

需要指出的是，自第一次发现学习能力的定量性状位点关联以来，很多这样的尝试都失败了，所有复杂性状和常见病症的研究也是如此（McCarthy et al.，2008）。发现和验证这些定量性状位点关联，需要进行更多高水平的研究，也不排除使用其他策略（Manolio et al.，2009）。而且，我们远没有理解，这些（和其他）单核苷酸多态性中的每一个是如何造成个体数学能力差异的。这些单核苷酸多态性中，有一个位于 NRCAM 的基因，负责编码某个神经元细胞的黏附分子，它可能会打开一扇通向某个普遍脑机制的窗口。其他单核苷酸多态性影响数学的机制还有待进一步的研究。然而，即使不了解这样的机制，我们依然可以研究这些定量性状位点在数学学习中的作用。

有人使用前文提到的 10 个单核苷酸多态性与双生子早期发展研究纵向多元数据库测试一般基因假设，这个假设认为，在不同年龄段，影响多种认知能力和障碍的基因相同（Docherty，Kovas，Petrill，& Plomin，2011）。这个研究有 4 927 个儿童，已经确定了他们这些单核苷酸多态性的基因型，研究者采集了他们 7 岁、9 岁、10 岁和 12 岁时数学能力以及其他认知和学习能力的测试数据。研究人员使用这些数据来评估儿童不同年龄段的能力与单核苷酸多态性集（SNPs-set）综合分数的关联。这 10 个单核苷酸多态性，每个都有一个分数，这些分数加起来，就是单核苷酸多态性集的分数。对于每一个单核苷酸多态性，一个人的分数或者是 0（没有可以提高数学的等位基因），或者是 1（1 个可以提高数学的等位基因），或者是 2（2 个可以提高数学的等位基因）。由于单核苷酸多态 163
性有 10 个，单核苷酸多态性集分数全距为 0（没有可以提高数学的等位基因）到 20（所有 10 个位点的 2 个等位基因都是可以提高数学的等位基因）。这一研究的结果，从下面几个方面支持前文提到的定量遗传研究的发现：第一，儿童 10 岁时，单核苷酸多态性集既与整个数学分数相关，也与 3 个数学分项测试（数学运算、非数字知识和数字理解）中的每一个都相关——这支持一般基因假设。第二，单核苷酸多态性集与儿童 7 岁、9 岁和 12 岁时的数学能力显著相关（尽管更小一点）。这表明，有些遗传效应会在整个发展过程中影响数学，但在每个不同的发展阶段，都会有新的遗传效应出现。第三，这个单核苷酸多态性集，也与儿童 10 岁时的阅读和一般认知能力显著相关（并且程度相似），而这又支持一般基因假设。这个研究还发现了某种年龄或性状的遗传特异性。例如,单核苷酸多态性集与儿童 12 岁时的空间能力显著相关,但关联的程度很小。在这样复杂的性状中,发现微量效应是符合预期的,未来的研究或许可以充分利用纵向和多元方法,寻找一般和特殊基因。

影响数学差异的一般和特殊基因的发现,加上一些被认为对数学发展重要的候选环境,这两方面共同为研究基因—环境的潜在交互作用提供了新的机会。2011 年,第一个研究数学的定量性状位点和定量性状环境相互作用的论文发表(Docherty et al., 2011),这个研究的被试样本为 1 888 名儿童,研究测量了儿童家庭和学校的 10 个环境因素,目的是了解这个由 10 个单核苷酸多态性构成的集合与数学能力的关联,是否会随着环境因素的变化而变化。结果在家庭环境因素中发现两个显著的基因—环境交互作用:家庭的和睦程度和父母的否定态度,会影响这个单核苷酸多态性集与数学能力之间的关联。定量性状位点与定量性状环境这两个交互作用,都指向素质—压力型的基因—环境交互作用——在家庭不和睦以及父母持否定态度的情况下,单核苷酸多态性集与数学能力的关联更强。

充分解释数学能力的个体差异是一项艰巨的任务,数学能力这些定量遗传(对遗传和环境的影响进行量化)、分子遗传(找到相关的 DNA 多态性)和分子基因组(了解每一种基因—行为机制)的研究,只是这条漫漫长路的起点。当然,从这些早期研究中,我们已经能够看出对神经科学和教育的一些重要影响。

四、对神经科学和教育的影响

每个人都有理解数字信息的能力,除此之外,不同的人学习数学的表现也不同。有些人对这一学科产生很强的兴趣,很轻松就理解了数学概念,数学技能的学习达到最高的水平。有些人不喜欢数学,害怕数学,或者很难理解和应用数学概念。正如前文所说的,遗传是造成这些差异的一个主要原因。

教育研究回避个体差异的遗传原因,甚至提出了复杂的多层面发展模型,包括不同层面的研究和理论(如 Tommerdahl, 2010),奇怪的是,遗传这一基本而普遍的层面被忽略了。原因之一是,遗传在教育中被错误地与不平等联结在了一起(Pinker, 2002)。而且,很多有关数学的教育研究,都致力于为所有儿童找到最好的数学教学方法，一种适用于所有儿童的、通用的方法。这似乎有点矛盾，因为教师比任何人都清楚，每一个儿童都有自己独特的认知状况，即使表现很好的学生，也可能采用不同的学习方法。无论学校选择什么教学材料，一线的 164
教师必须根据学生的实际情况进行调整（Krasa & Shunkwiler，2009）。人们预期，为了让教学取得成功，教师会全面掌握学生推理、感知、认知和执行功能的"肖像"。实际上，在美国，《全国数学教师委员会数学教学原则与标准》（*Principles and Standards for School Mathematics of the National Council of Teachers of Mathematics*）（NCTM，2008；见 Krasa & Shunkwiler，2009）要求，教师要具备分析学生思维的知识和能力，知道影响学习过程的内因（儿童的发展准备、认知强项和弱点以及兴趣）与外因（学科内容和教学方法）（Krasa & Shunkwiler，2009）。

学习上巨大的个体差异，表明为每种数学技能确定合适的教学方法，并不足以让每个学习者都能接受最佳的教育（Krasa & Shunkwiler，2009）。很多例子都显示，有些方法，适用于一些人，却不适用于另一些人。例如，有一个领域的争论非常激烈，即采用具体的故事问题而不是抽象的公式，是否能让一些儿童更好地学习数学（Krasa & Shunkwiler，2009）。然而，问题是，这些不同的方法是否适用于数学学习的各个方面，是否适用于具有不同数学能力、不同认知或感知缺陷或者不同认知或感知风格的儿童。未来，我们或许会发现，有些儿童在想象或者抽象上的弱点是病原性的——对他们来说，进行类比，建立假设，对自己的假设进行反思，这不是最好的学习数学的方法。

很多其他的学习和教学方法，应该也可供不同的个体与数学学习的不同方面选择（参考本书第六章）。未来的教育，可以借助强大的计算机，不仅能提供差别化的教与学的方法，而且能因材施教，从而取得以前难以想象的最佳成果。对有些人来说，这听起来可能有点牵强甚至可怕。然而，我们认为，这种为个人量身定制的学习，已经成为教育的目标。尽管如此，得到研究支持的数学教学法依然处于起步阶段。美国没有类似英国的全国统一课程，学校和学区都尽力想为自己的学生提供最好的课程，但是人们还不了解造成个体差异的更深层的原因，数学课程依然是"一片混乱"（Krasa & Shunkwiler，2009，p. 185）。有些国家，例如英国，使用统一的课程，统一课程的效果也是"一片混乱"——因为一种方法无法适用于所有情况。2008 年，美国全国数学顾问小组（National Mathematics Advisory Panel，NMAP）在回顾了大量与教育相关的研究后，得出一个结论：适用所有学生的理想的方法并不存在(Krasa & Shunkwiler, 2009)。顾问小组还建议,学生的背景、能力和努力,教师的背景和优势以及教学环境、方法和课程,都应是教学中要考虑的因素。但是,在此之前,我们需要大量的研究——不只是通过干预研究对能力进行简单分类——来预测哪些教学材料和方法对哪些教师、学生、学科主题和学习条件有效。

总之,最有效的教学,是能对每一个人,特别是那些学习有困难的学生,因材施教(Krasa & Shunkwiler, 2009)。可是,我们还远未能充分理解个体的差异,远未能成功地适应它。我们认为,将遗传纳入解释和研究,是理解个体差异并将之运用于教学法的重要一步。目前,人们如果将个体自身与他人的不同包括在内,一般都避开“遗传”一词,只提儿童的特点、内在因素、认知天赋、能力、认知强项
165 与弱点、动机、兴趣、态度和个性。教育专家和教育研究人员应该大胆承认,在这些因素上,每个儿童都与众不同,在这些因素的形成过程中,遗传发挥着很大的作用。

即使用遗传和环境正确理解了这些儿童特征,人们也通常假设,这些特征对数学学习和成绩的影响是因果性的。例如,人们通常认为,“认知准备”这一概念指早期各种认知技能所体现出来的一种能力,儿童需要这种能力来成功习得之后的一些技能。学习数学,可能需要良好的区别量的能力(近似数字系统)、工作记忆、完整的语音功能、语言理解与表达、肢体(特别是手指)和其他空间意识以及将所有这些整合在一起的那种能力。另外,人们认为,数学的“入学准备”,涵盖一些基本的、早期的数字技能,例如,符号数字知识、计数以及对基数原则的理解。人们针对一些数学问题提出了相应的干预措施,干预已经成为很多研究的目标,这些研究试图通过提高这些认知能力或者早期技能中的一种或者几种水平来提高数学成绩。然而,定量遗传研究表明,不同认知技能之间的关联可能是多态性的,因为同一个基因会影响不同的学习技能,而这样的基因很多。这意味着,一种能力或者技能的提高(例如量的意识),未必会导致与之相关的另一种能力或者技能的提高(例如计数),因为造成它们相关的根本原因是遗传。从这个意义上来说,人们应该可以预期,其中一种技能的提高,会让两种技能产生环境诱发的差异。

很多人研究早期成功的数学学习需要哪些技能,这些技能应该处于什么水平,我们认为,这方面的研究如果能结合双生子研究的成果,进展会更快一些。

例如，定量遗传研究能够探究共同的遗传或环境因素在多大程度上影响早期数感与后来数学成绩之间的联系（Halberda, Mazzocco, & Feigenson, 2008）。尽管这个问题仍在研究之中，但有些性状的研究已经掌握了基因与各种环境在不同年龄影响不同技能共变的程度。如前所述，这种研究（如 Plomin & Kovas, 2005）表明，不同认知性状之间的共变，源于基因的多态性效应。这可能意味着，未来研究适应力如何发挥作用将非常有用——了解为什么早期“预测”有些人的数学能力会很差，但后来的数学表现却很好。以前的研究认为，个人不同能力间的差异，主要受环境差异的影响。例如，假如一个人的数学能力比其阅读能力强——原因主要是具体环境不同，影响了这两种性状的发展（如 Plomin, Kovas, & Haworth, 2007）。

个体学习差异的发生机制中，可能有很多都是人们意想不到的，甚至与人们的直觉相反。一项研究发现了这种令人意想不到的机制，这项研究的结果显示，在排除了与智商的任何联系后，数学自我评价（自我感知能力以及对数学的喜爱程度）对数学成绩的预测是遗传而非环境的（Luo, Kovas, Haworth, & Plomin, 2011）。不仅数学有这个发现，其他研究也都表明，动机和自我感知能力的差异部分是遗传的，共同的基因而非环境的关联，可以解释这些性状和成绩之间的关系（如 Greven, Harlaar, Kovas, Chamorro-Premuzic, & Plomin, 2009）。这或许意味着，提高自我感知能力，实际上并不能提高数学表现水平，反而会因环境
的影响造成这两种性状间的差异。当然，自我感知能力较高，可能还有其他积极 166
的心理效应，为了提高数学表现水平，其他因素也需要研究。

最初的遗传差异，可能会与环境相互作用，因此，相同的教育输入，在不同的儿童身上，会产生截然不同的结果。行为基因组研究将最终确定，哪些基因和环境是相关的。教育专家们必须说明、评估和解释这些遗传研究的发现，才能从新的角度全面阐释个体差异，开发新的教育和学习方法。现在人们只是假设，不同能力之间，早期和将来的能力之间，存在着各种联系，在教育专家和心理学研究者提出的问题的指导下，对这些联系的成因进行研究，可以避免错误的结论和政策。最终，这样的研究可以帮助人们判断，是否可以对一些缺陷直接进行治疗，或者是否需要为之提供补救性措施。

与此相关，遗传与教育还有一个重要的相互作用，那就是问题的筛选和预测。尽管大多数学生的适应性都很强，在常规的学校教育里表现良好，但还是有

很多学生会出现问题。这些学生如果错过一些或者全部数学课程，这个国家在全球经济中的地位，还有学生自己的教育、自信和工作前景，都将遭受巨大的损失（Krasa & Shunkwiler，2009）。在数学领域，有几个早期筛选测试已经被用来预测未来的表现。例如，早期数字知识和数感方面的能力，对后来数学学习的预测最好。然而，也有研究显示，即使非常早期的数学技能，也是由很多相对独立的能力构成的，而其中几乎没有一个能力可以成为其他任何能力的绝对前提。如前所述，从一种能力预测另一种能力，这实际上可能反映了共同的遗传原因，能力出现差异，也可能是因为环境的原因。各种不同的认知技能，都可能会在之后的课程里发挥作用，而这又增加了预测的难度。显然，认知强项和弱点的复杂模型，也应该成为预测以后数学表现的一个方面。这又带来一个问题，当这些强项和弱点开始显现或可测时，儿童的发展轨迹可能早已出现异常。未来，或许就如医药个性化方面的设想那样（Collins，2010），通过检测一个人的 DNA 序列，人们可以很容易地发现与教育相关的差异，从而为每个人推荐最好的方法、补救策略和学习手段。可以想象，未来，一个儿童可能被测出空间潜能很差而语言和逻辑潜能较强。通过这种途径，可以将成功地学习数学的课程推荐给这位学生。

神经科学与遗传学，在教育方面又有什么关联呢？目前，神经成像研究主要关注组间分析，而非个体差异分析。例如，与对照任务相比，数字任务提高了几个脑区的平均激活水平。除了中央前区、前额背外侧和上侧的一些区域的坐标点，这些激活提高的区域还包括顶内沟、额下回、额上回（如 Stanesku-Cosson et al.，2000；Venkatraman，Ansari，& Chee，2005）。有一个影响很大的假设提出，专门的、固有的数字系统就位于这些区域，特别是顶内沟的水平部分，负责符号和非符号刺激的运算（如 Dehaene，Piazza，Pinel，& Cohen，2003；Piazza，Pinel，Lebihan，& Dehaene，2007；Cantlon et al.，2006）。请记住，用因果关系解释这些结果时，必须非常小心，不要变成新的颅相学，这很重要。例如，根据这些结果，人们常常得出的一个推论是，数学能力很低是因为这些脑区受到损伤或者出现功能障碍。然而，这些区域出现的任何“异常”的脑部活动，都可能是数学
167 能力很低的结果而非原因。不当的诠释和将复杂的神经科学研究过度简化的现象非常普遍，很多基于脑的课程和教学法所做的尝试，都是根据一些不恰当的解释（这类错误应用的例子，参考 Alferink & Farmer-Dougan，2010）。假如神经科学研究的目标是揭示造成数学差异的脑机制，那么神经科学需要转而研究个体

差异，考虑遗传对个体差异的影响，因为这正是教育感兴趣的差异。影响学习个体差异的遗传与环境因素非常复杂，这意味着，在遗传因素影响正常的个体学习差异的情况下，很多效应很小的神经过程是基因对认知影响的中介（Kovas & Plomin，2006）。用“定量性状位点”取代“基因”，反映多基因的遗传特性；用“定量性状神经过程”取代“机制”，用不同的“定量认知性状”取代“学习障碍”，可以说明这些复杂的基因—脑—认知间的关联。很多神经成像研究都发现，这些效应很小的定量性状神经过程体现在广泛分布的脑与行为联结中（Kovas & Plomin，2006）。

到目前为止，只有少数几个研究探讨了在数学能力及其相关的脑活动上存在的个体差异。这类研究大多是在案例—对照组之间进行比较，而非研究正态分布上的个体差异。例如，发展性计算障碍病人的功能性磁共振成像研究显示，与对照组相比，计算障碍组被试的顶叶皮质，有的激活水平下降，有的激活水平出现异常变化，有的灰质密度下降（Kucian et al.，2006）。其他一些脑区也会造成正常发展的儿童和计算障碍儿童之间的差异（Kucian et al.，2006）。一项研究探讨功能性磁共振成像反应在多大程度上会随数字任务难度的变化而变化，这个研究涉及被试数学能力水平的高低（Kovs，Viding，Ng，Giampietro，Brammer，Happé，& Plomin，2009）。这个研究发现，有一个分布广泛的脑神经网络，决定了 10 岁儿童加工数量技能的水平高低。这个神经网络的一部分，负责一般性的数字判断（正如低和高能力组激活水平所显示的那样），而其他部分，则可能影响数字判断能力的个体差异，这一点从数学能力低和高的儿童在脑激活程度上的差异可以看出。此种关联的因果方向仍然未知，所有灵敏的非遗传性的神经成像研究都是如此。一种可能是，脑中有一个分布广泛的神经网络，这个神经网络有一些微小的差异，造成了数学表现的个体差异；另一种可能是，数学表现的差异（由多个遗传和环境因素引起）造成了人们在近似判断任务中看到的激活水平的差异。这个研究的结果也表明，近似判断本身和数学能力的个体差异，可能同时受几种不同的神经机制的影响。对比低能力组与高能力组的近似判断与基准任务，可以看出，有些被激活的脑部区域没有重合，这支持上述结论。这一发现表明，一些脑的加工过程支持某种稳定的（物种普遍具有的）能力来进行近似判断，另一些脑的加工过程造成这种能力的个体差异。

显然，一些复杂性状的差异，其成因的复杂性呼唤新的神经科学方法，这种方法将脑视为一个功能系统，而非一张拼图中的各个独立片段。这样的新方法和分析已经开始出现。例如，结构和功能联结的神经网络分析，旨在描述脑的神经网络的组织特点——通路长度、聚集、层级和区域间的相互联结。一项研究（Rykhlevskaia，Uddin，Kondos，& Menon，2009）对全脑进行形态测量学和纤维追踪成像分析，以了解数学成绩正常和很差的7—9岁儿童的网络结构是否存
168 在差异，经过匹配，这些儿童的性别、智商、阅读和工作记忆都相似。这个研究的结果显示，两组的分布差异很大，很多脑区的白质和灰质都有不同。这个结果表明，脑中有多种功能回路都会影响数学能力。这项研究的作者认为，一种解释是，影响数学能力的可能是一种非常关键的白质缺陷，它会切断不同回路之间的联结。另一种解释是，在负责某种复杂性状的所有回路中，每个人的激活和联结模式都是独一无二的。然而，人们并不十分清楚目前文献中所描述的个体差异的机制，所讨论的仅是一些非常普遍的机制。这不奇怪，因为现有的研究大多以小组为基础，或者充其量也只是在不同的能力组之间进行比较。

也许50年后，这个神经科学解释看起来可能会显得很简单、幼稚，所讨论的都是一些大块的脑区（例如前额皮质），与之“合作”的，不仅有其他记忆“系统”（例如背侧基底核记忆系统），也有别的大块区域（例如内侧颞叶）（Menon，2011）。实际情况可能复杂得多。例如，关于数学推理，很清楚的一点是，人脑中有一个分散的神经网络，这个神经网络作为一个整体，不仅影响更具体的数字网络，还影响高级的视觉空间加工、记忆和认知控制（Menon，2011）。个体在这些神经网络上的差异程度，以及这些相互关系的复杂性，都有待描述和了解。我们认为，未来，神经科学将不再进行组间比较，转而使用激动人心的新方法，去追踪个体神经系统的方方面面。在神经科学可以对个体差异进行充分研究之前，有关影响认知和学习脑机制的假设，依然是假设，神经科学对教育的影响也依然有限。我们需要更多大样本的研究，这样就可以在全脑水平的分析中，有足够的统计效力在多个脑区寻找那些效应很小的进程，也可以识别和验证现有文献所提出（还未证实）的这些复杂的神经网络。

尽管教育专家已经开始接受神经科学并提倡“基于脑”的教育项目，但最初的那股热潮已经消退，这不足为奇。美国全国数学顾问小组发出警告，指出将脑科学研究与数学课堂教学和学生学习联系起来的时机尚未成熟，那些声称基于脑科学研究的教学项目还有待验证。2009年，一位临床心理学研究者和一位数

学教育专家联合写了一本关于数学学习的书，作者在书中写道："人们期待有一天，脑的研究可以影响第一线的教学法。与此同时，教育工作者应该对所有基于脑的主张持怀疑态度。"（Krasa & Shunkwiler，2009，p. 185）

教师需要的是更多关注个体差异的研究——这样的研究探讨不同的方法、不同的教学和学习风格如何反映在脑中，对教育的意义何在。为了取得与教育的关联，神经科学不仅要根据认知和感觉的强弱找到最恰当的方法，而且要为每种数学技能找到最适合的教学方法。其实，影响数学的神经回路之间的联结模式非常复杂，了解这一点，未来人们可能会开发出一些治疗培训项目，专门强化某些特定的联结。有这样一项研究，这项研究显示，特殊的阅读教学可以让阅读回路回归正常，这表明，经验可以改变脑的功能（Meyler et al.，2008；Shaywitz et al.，2004）。基于科学的教学法，需要更多关于干预和干预对人影响的研究。不同的人，对算术运算的编码方式是否不同——例如，是语音的还是视觉的（但也可能是这种粗略的二分法之外的其他方式）？拥有特定认知风格或者缺陷的儿童，是否有不同的数学表征模式？显性教学、环境、操练和实践，是否能改变脑 169
的功能和结构？来自不同教育文化的儿童，他们的数学表征是否也不同？比较语言、阅读和数学能力各不相同的学生，在完成数学任务以及使用不同模式和策略时的脑功能研究，将对课堂产生重要的影响（Krasa & Shunkwiler，2009）。影响这些性状个体差异的基因一旦被发现，就会形成教育成像基因组学（educational imaging genomics）这个新的领域，这个新的领域将从儿童不同的遗传特性探讨这些问题。

五、总结

现在还无法预测，如果教师在课堂上遇到一个学习困难的学生，而研究已经发现了与学习困难相关的基因，将对教师产生多大的直接影响。然而，由 DNA 预测遗传风险，有可能对诊断、治疗和干预产生深远的影响（Plomin & Walker，2003）。基于基因的学习困难诊断，可能与当前的诊断迥然不同。例如，尽管有些基因有着特定的功能，但很多基因（前文提到的"一般基因"）既能预测阅读困难，也能预测数学困难。这也就是说，未来，在一张学习困难基因芯片中，大部分基因可以预测，哪些儿童的阅读和数学都有问题，但也有一小部分基因预测，哪些儿童只有阅读或数学问题。而且，学习困难基因芯片中的那些可以预测学习困难的基因，不仅可以预测高水平的能力，而且可以预测各种学习能力的正态差异。这就是说，这些基因可以用来预测所有儿童的教育进展，而不仅是处于正态分布低端的儿童。这些基因的确定，将在病因而非症状的基础上，形成学习能力和困难分类的维度系统而非诊断系统。在此基础上，人们还可以研究基因和行为的脑与心智通道，解释这些既特定又普遍的效应（Kovas & Plomin，2006）。

学习困难基因芯片对治疗和干预的重要性大于诊断。在治疗方面，遗传研究还可以尝试寻找可以预测治疗结果而非病症的基因。这一目标是“个性化治疗”运动的一部分，而非推行普遍适用的治疗方法。

然而，发现与学习困难有关的基因带来的最重要的好处是尽早预测问题的能力，这不仅可以作为最早的预警系统，还能促进干预研究，阻止学习困难的发展，而不是坐视问题严重到无法忽视的程度。未来，遗传预测将是神经数据预测的有益补充（例如，人们假设，白质组织差异与后来的阅读能力差异存在关联）（Gabrieli，2009）。另外，遗传预测有助于确定脑测量得到的许多效应的作用方向，而且它可能比行为测量更精确。进行早期干预这一目标，符合预防医学的大趋势，对社会、儿童都更加经济有效。因为学习困难的形成，涉及很多效应很小的基因，因此，如果通过遗传工程对学习困难进行干预，难度无法想象。干预主要依靠环境工程，而非遗传工程。

有人可能认为，遗传学不重要，因为不管儿童表现很差的原因是什么，我们都要防止儿童落入钟形曲线的低端。然而，遗传学可以帮助人们通过病因诊断
170 而非症状诊断进行成功的预防性干预。遗传学还能帮助人们锁定那些最有可能从干预中受益的目标儿童。通常，成功的预防性干预措施都是扩展性、强化性的，因而很昂贵，所以确定确实需要帮助的目标儿童，非常重要（Alexander & Slinger-Constant，2004；Hindson et al.，2005；Horowitz，2004）。

与学习能力和困难相关的基因发现，会引发道德问题吗？例如，基因芯片会让社会不公平合理化吗？知识本身不能为社会和政治决策负责。价值观在决策过程中同样重要。无论有没有知识，决定都会有好有坏。发现遗传对数学能力的影响并不意味着我们应该投入所有的资源，教育出最好的数学家，而置他人于不顾。依据我们的价值观，我们认为，应该投入更多的资源帮助弱势儿童，遗传学支持这种观点。事实上，遗传学让这一观点更容易为人接受，因为它不会将表

现不佳的责任全都归咎于学校和家庭无法提供良好的环境。

我们需要继续探索、发现和了解定量性状位点、定量性状神经过程和定量性状环境影响学习过程和学习结果个体差异的机制。不过，关于这些机制复杂性的新见解，将突出遗传学对教育神经科学的重要性(**好的**)，并提醒人们注意具有简单化、决定论倾向的**坏的**教育遗传学观点。现在的研究，试图在整个基因组中，发现具有普遍遗传影响的特定基因，这方面取得的进展将带动技术和观念的持续发展，帮助改变迄今为止那些**丑的**知识。我们认为，只有更好地整合教育、遗传和神经科学的研究，我们才能完善未来的教育。

致谢

我们衷心感谢一直参与双生子早期发展研究的父母和儿童。双生子早期发展研究受到英国医学研究委员会的资助(G0500079)。我们对环境和学业成就的研究得到了美国国家卫生研究院(US National Institutes of Health)的资助(HD44454；HD46167)，也得到了俄罗斯联邦政府(Government of the Russian Federation)的资助(11.G34.31.003)。

参考文献

Alexander, A. W., & Slinger-Constant, A. M. (2004). Current status of treatments for dyslexia: Critical review. *Journal of Child Neurology*, *19*, 744 - 758.

Alferink, L. A., & Farmer-Dougan, V. (2010). Brain-(not) based education: Dangers of misunderstanding and misapplication of neuroscience research. *Exceptionality*, *18*, 42 - 52.

Bouts, P. (1986). *La Psychognomie*. Paris: Dervy-Livres.

Cantlon, J. F., Brannon, E. M., Cater, E. J., & Pelphrey, K. A. (2006). Functional imaging of numerical processing in adults and 4-year-old children. *PLoS Biology*, *4*, 844 - 854.

Cardon, L. R., & Fulker, D. W. (1994). The power of interval mapping of quantitative trait loci using selected sib pairs. *American Journal of Human Genetics*, *55*,

825 - 833.

Collins, F. (2010). *The Language of Life*. New York: Harper Collins.

Dehaene, S., Piazza, M., Pinel, P., & Cohen, L. (2003). Three parietal circuits for number processing. *Cognitive Neuropsychology*, *20*, 487 - 506.

Docherty, S. J., Davis, O. S. P., Kovas, Y., Meaburn, E. L., Dale, P. S., Petrill, S. A., Schalkwyk, L. C., & Plomin, R. (2010). A genome-wide association study identifies multiple loci associated with mathematics ability and disability. *Genes, Brain, and Behavior*, *9*, 234 - 247.

171 Docherty, S. J., Kovas, Y., Petrill, S. A., & Plomin, R. (2010). Generalist genes analysis of DNA markers associated with mathematical ability and disability. *BMC Genetics*, *11*, 61.

Docherty, S. J., Kovas, Y., & Plomin, R. (2011). Gene-environment interaction in the etiology of mathematical ability using SNP-sets. *Behavioral Genetics*, *41* (1), 141 - 154.

Fisher, S. E., & Francks, C. (2006). Genes, cognition and dyslexia: Learning to read the genome. *Trends in Cognitive Science*, *10*, 250 - 257.

Gabrieli, J. D. E. (2009). Dyslexia: A new synergy between education and cognitive neuroscience. *Science*, *325*, 280 - 283.

Greven, C. U., Harlaar, N., Kovas, Y., Chamorro-Premuzic, T., & Plomin, R. (2009). More than just IQ: School achievement is predicted by self-perceived abilities for genetic reasons. *Psychological Science*, *20*, 753 - 762.

Halberda, J., Mazzocco, M. M. M., & Feigenson, L. (2008). Individual differences in non-verbal number acuity correlate with maths achievement. *Nature*, *455*, 665 - 668.

Hindorff, L. A., Junkins, H. A., Hall, P. N., Mehta, J. P., & Manolio, T. A. (2010). *A Catalog of Published Genome-Wide Association Studies*. Available at: http://www.genome.gov/gwastudies.

Hindson, B., Byrne, B., Fielding-Barnsley, R., Newman, C., Hine, D. W., & Shankweiler, D. (2005). Assessment and early instruction of preschool children at risk for reading disability. *Journal of Educational Psychology*, *97*, 687 - 704.

Hirschhorn, J. N., & Daly, M. J. (2005). Genome-wide association studies for common diseases and complex traits. *Nature Review Genetics*, *6*, 95 - 108.

Horowitz, S. H. (2004). From research to policy to practice: Prescription for success for students with learning disabilities. *Journal of Child Neurology*, *19*, 836 - 839.

Inlow, J. K., & Restifo, L. L. (2004). Molecular and comparative genetics of mental retardation. *Genetics*, *166*, 835 - 881.

Kovas, Y., Haworth, C. M. A., Dale, P. S., & Plomin, R. (2007). The genetic and environmental origins of learning abilities and disabilities in the early school years. *Monographs of the Society for Research in Child Development*, *72*, 1 - 144.

Kovas, Y., Petrill, S. A., Haworth, C., & Plomin, R. (2007). Mathematical ability of 10-year-old boys and girls: Genetic and environmental etiology of typical and low performance. *Journal of Learning Disabilities*, *40*, 554 - 567.

Kovas, Y., Petrill, S. A., & Plomin, R. (2007). The origins of diverse domains of mathematics: Generalist genes but specialist environments. *Journal of Educational Psychology*, *99*, 128 - 139.

Kovas, Y., & Plomin, R. (2006). Generalist genes: Implications for cognitive sciences. *Trends in Cognitive Science*, *10*, 198 - 203.

Kovas, Y., Viding, E., Ng, V., Giampietro, V., Brammer, M., Barker, G. J., Happé, F. G. E., & Plomin, R. (2009). Brain correlates of non-symbolic numerosity estimation in low and high mathematical ability children. *PloS One*, *4*, e4587.

Krasa, N., & Shunkwiler, S. (2009). *Number Sense and Number Nonsense: Understanding the Challenges of Learning Math*. Baltimore, MD: Brookes Publishing Company.

Kucian, K., Loenneker, T., Dietrich, T., Dosch, M., Martin, E., & von Aster, M. (2006). Impaired neural networks for approximate calculation in dyscalculic children: A functional MRI study. *Behavioral and Brain Functions*, *2*, 1 - 17.

Luo, Y., Kovas, Y., Haworth, C., & Plomin, R. (2011). The etiology of mathematical self-evaluation and mathematics achievement: Understanding the relationship using a cross-lagged twin study from age 9 to 12. *Learning and Individual Differences*, *21* (6), 710 - 718.

Manolio, T. A., Collins, F. S., Cox, N. J., Goldstein, D. B., Hindorff, L. A., Hunter, D. J., et al. (2009). Finding the missing heritability of complex diseases. *Nature*, *461*(7265), 747 - 753.

McCandliss, B. D. (2010). Educational neuroscience: The early years. *Proceedings of the National Academy of Sciences of the United States of America*, *107*, 8049 - 8050.

McCarthy, M. I., Abecasis, G. R., Cardon, L. R., Goldstein, D. B., Little, J., 172
Ioannidis, J. P. A., et al. (2008). Genome-wide association studies for complex traits: Consensus, uncertainty and challenges. *Nature Reviews Genetics*, *9*(5), 356 - 369.

Meaburn, E. L., Harlaar, N., Craig, I. W., Schalkwyk, L. C., & Plomin, R. (2007). Quantitative trait locus association scan of early reading disability and ability using pooled DNA and 100K SNP microarrays in a sample of 5760 children. *Molecular Psychiatry*, *13*, 729 - 740.

Menon, V. (2011). Developmental cognitive neuroscience of arithmetic: Implications for learning and education. *ZDM: The International Journal on Mathematics Education*, *42* (6), 515 - 525.

Meyler, A., Keller, T. A., Cherkassky, V. L., Gabrieli, J. D. E., & Just, M. A. (2008). Modifying the brain activation of poor readers during sentence comprehension with extended remedial instruction: A longitudinal study of neuroplasticity. *Neuropsychologia*, *46*, 2580 - 2592.

OECD. (2008). *The PISA 2006 Assessment Framework for Science, Reading and Mathematics*. Paris: OECD.

Paracchini, S., Scerri, T., & Monaco, A. P. (2007). The genetic lexicon of dyslexia. *Annual Review of Genomics and Human Genetics*, *8*, 57 - 79.

Petrill, S.A., Kovas, Y., Hart, S.A., Thompson, L.A., & Plomin, R. (2009). The genetic and environmental etiology of high math performance in 10-year-old twins. *Behavioral Genetics*, *39*, 371 - 379.

Piazza, M., Pinel, P., Le Bihan, D., & Dehaene, S. (2007). A magnitude code common to numerosities and number symbols in human intraparietal cortex. *Neuron*, *53*, 293 - 305.

Pinker, S. (2002). *The Blank Slate: The Modern Denial of Human Nature*. New York: Penguin.

Plomin, R., DeFries, J. C., McClearn, G. E., & McGuffin, P. (2008). *Behavioural Genetics* (5th ed.). New York: Worth.

Plomin R., Haworth C. M. A., & Davis, O. S. P. (2009). Common disorders are quantitative traits. *Nature Reviews Genetics*, *10*, 872 - 878.

Plomin, R., & Kovas, Y. (2005). Generalist genes and learning disabilities. *Psychological Bulletin*, *131*, 592 - 617.

Plomin, R., Kovas, Y., & Haworth, C. M. A. (2007). Generalist genes: Genetic links between brain, mind and education. *Mind, Brain and Education*, *1*, 11 - 19.

Plomin, R., Owen, M. J., & McGuffin, P. (1994). The genetic basis of complex human behaviors. *Science*, *264*, 1733 - 1739.

Plomin, R., & Schalkwyk, L. C. (2007). Microarrays. *Developmental Science*, *10*, 19 - 23.

Plomin, R., & Walker, S. O. (2003). Genetics and educational psychology. *British Journal of Educational Psychology*, *73*, 3 - 14.

Raymond, F. L., & Tarpey, P. (2006). The genetics of mental retardation. *Human Molecular Genetics*, *15*, R110 - R116.

Rykhlevskaia, E., Uddin, L. Q., Kondos, L., & Menon, V. (2009). Neuroanatomical correlates of developmental dyscalculia: Combined evidence from morphometry and tractography. *Frontiers in Human Neuroscience*, *3*, 1 - 13.

Samuelsson, S., Byrne, B., Olson, R. K., Hulslander, J., Wadsworth, S., Corley, R., Willcutt, E. G., & DeFries, J. C. (2008). Response to early literacy instruction in the United States, Australia, and Scandinavia: A behavioral-genetic analysis. *Learning and Individual Differences*, *18*, 289 - 295.

Samuelsson, S., Olson, R. K., Wadsworth, S., Corley, R., DeFries, J. C., Willcutt, E. G., Hulslander, J., & Byrne, B. (2007). Genetic and environmental influences on prereading skills and early reading and spelling development in the United States, Australia, and Scandinavia. *Reading and Writing*, *20*, 51 - 75.

Scerri, T. S., & Schulte-Koene, G. (2010). Genetics of developmental dyslexia. *European Child & Adolescent Psychiatry*, *19*(3), 179 - 197.

Service, R. F. (2006). Gene sequencing: The race for the $1000 genome. *Science*, *311*, 1544 - 1546.

Shaywitz, B. A., Shaywitz, S. E., Blachman, B. A., Pugh, K. R., Fulbright, R. K., Skudlarski, P., et al. (2004). Development of left occipitotemporal systems for skilled reading in children after a phonologicallybased intervention. *Biological Psychiatry*, *55*, 926 - 933.

Stanesku-Cosson, R., Pinel, P., van de Moortele, P. F., Le Bihan, D., Cohen, L., & Dehaene, S. (2000). Understanding dissociations in dyscalculia: A brain imaging 173
study of the impact of number size on the cerebral networks for exact and approximate calculation. *Brain*, *123*, 2240 - 2255.

Tommerdahl, J. (2010). A model for bridging the gap between neuroscience and education. *Oxford Review of Education*, *36*, 97 - 109.

Venkatraman, V., Ansari, D., & Chee, M. W. (2005). Neural correlates of symbolic and nonsymbolic arithmetic. *Neuropsychologia*, *43*, 744 - 753.

Wolfgang, C., Stannard, L., & Jones, I. (2001). Block play performance among preschoolers as a predictor of later school achievement in mathematics. *Journal of Research in Childhood Education*, *15*, 173 - 181.

第十章　发展研究者的遗传学：以阅读能力和阅读障碍为例

埃琳娜·L.格里戈连科（Elena L. Grigorenko）

遗传学与社会科学之间的联结越来越多，各种问题、研究和研究的可能性相互交叉，非常复杂。而且在不久的将来，这种联结只会变得越来越紧密。这对心理学和教育学来说意味着什么？本章将以阅读能力和阅读障碍的遗传学研究为例来探究这些问题。

一、关于阅读能力和阅读障碍的遗传学，我们知道些什么？

不管我们用什么方法讨论、定义、诊断或者测量阅读障碍，它一直都被认为是一种病，这种病的发病机制包含遗传的因素。19世纪末20世纪初第一个记录在案的阅读障碍个案研究就表达了这种观点，尽管这种观点受到了质疑，但它还是逐渐被人们完全（或几乎完全）接受（Fletcher，Lyon，Fuchs，& Barnes，2007）。因此，有人假设，在一定程度上，阅读障碍是一种遗传性疾病。这种假设曾经流传过一段时间，但有关阅读障碍的科学研究已经有一个多世纪，这个领域对遗传因素影响的认识，以及对遗传因素背后生物和遗传系统的认识，已经发生了变化。

随着认识的变化，一种新的观点出现了。这种观点认为，阅读是一个由各种认知过程组成的复杂系统，由多个脑区支持（Pugh & McCardle，2009）。阅读涉及多种认知表征，这些认知表征位于不同脑区，每个脑区都有自己的结构特点。另外，大脑阅读网络假定，与阅读相关的脑区之间有足够的联结。简言之，阅读是一个复杂的包含多个认知过程的系统，支持它的是一个在发展中形成的，由多个部分组成的脑功能系统（参考本书第五章）。现有的观点认为，复杂的遗传机制影响并推动了这个脑功能系统的形成。出现阅读障碍时，这个脑功能系统遭到的破坏或者面临的挑战可能不止一种（Pernet，Andersoon，Paulesu，& Demonet，2009）。因此，这个支持阅读的脑功能系统出现异常，可能是因为相应的遗传系统有多种缺陷（Grigorenko，2009），这个假设很合理。

目前，关于遗传系统的构成及其运作，研究人员只有一个大概的了解。但是，其中有一部分内容是非常清楚明确的。

阅读是一种对社会化要求很高的技能，这一点已被人们普遍接受。换句话 175
说，对绝大多数人而言，阅读这项技能需要通过教学才能习得。它的习得需要社会上其他人或工具的参与——或者是已经习得这项技能，进而能传授这项技能的人（例如教师），或者是已将传授方法模块化的、能辅助阅读习得的社会工具（例如电脑）。在探索阅读背后的遗传系统时，研究人员通常假设学校教育已经教授阅读技能一段时间了。或者说，探究影响阅读的遗传系统的假设是：无法用教育的缺失或者教育质量来解释儿童糟糕的阅读表现。

然而，即使学校教育没有问题，阅读的任何一个特征（例如阅读速度和准确度），或者与阅读相关的任何一个过程（例如音位意识或者词汇提取），在人口总体中几乎都是连续分布的，也就是有着广泛的个体差异。有些研究指出，人们在阅读特征和阅读相关过程上的个体差异，很大一部分可能来自他们的遗传（例如，他们的基因组）的差异。这部分差异的大小，可能会因以下三方面的不同而不同：(1) 所处的人生阶段不同；(2) 语言不同；(3) 社会群体不同。亲属研究可以对遗传差异的程度进行评估，这被称为遗传可能性估计（heritability estimates）。为了获得遗传可能性估计的数据，研究人员会招募不同遗传类型的亲属，例如同卵（单卵）和异卵（双卵）双生子或者其他家庭成员（例如父母和子女、兄弟姊妹或者大家庭的成员）。如果已知遗传相关的程度和参与研究的亲属在阅读或相关任务上的表现，那么研究人员就可以比较他们遗传的相似程度与他们任务表现上的相似程度。从不同的亲属类型估计遗传的可能性，目前已有多种统计方法，但没有一种方法是完美的。研究人员通常使用几种不同类型的亲属和几种不同的统计方法，这样就可以取得最小的误差和最高的精确度。为了完成这些研究，研究人员已经收集了很多数据。首先，他们较为一致地认为，这些任务表现上的差异平均有 40%—60% 是由基因组差异引起的（Grigorenko，2004）。虽然如此，他们也注意到，这些估计值有一些系统性波动。具体来说，如果是个体发展的早期阶段（例如学龄前或者低年级），估计值会偏低。不同的语言和不同的阅读特征，也可能得到不同的估计值。这表明，阅读习得的语言不同，遗传因素的表现也大不相同。被试样本的特征也会影响估计值，这些特征包括社会经济状态、族群和学校教育质量。总之，人口总体的阅读特征（例如速度和准确）和涉及阅读的任务表现（例如词语切分和物体命名任务）的个体差异中，很大一部分是由人与人之间的遗传差异引起的。所以，正常的阅读差异与遗传差异有关联。

遗传对阅读障碍的影响更大。在很多研究中，研究人员进行遗传可能性估计的样本来自阅读很差的被试群体。差异程度较小（阅读很差的人，他们亲属的阅读表现通常也很差），遗传可能性估计的结果一般会较高。而且，在这些样本中，研究人员使用了除了遗传可能性估计以外的其他的统计方法，例如相对风险估计。这些统计方法一般能估计，如果一个人（例如受阅读障碍影响的人）的阅
176 读能力很差，那么他的亲属的阅读能力很差的可能有多大。这些估计值，可以与人口总体的风险相比较。具体来说，有人估计，在学龄儿童中，阅读障碍的发生率大概是 5%—12%（Katusic，Colligan，Barbaresi，Schaid，& Jacobsen，2001）。相对风险估计结果显示，那些有阅读障碍的人的亲属，阅读障碍发生率远高于总体人群的估计值。这些发现也证明，在阅读障碍的形成和发展过程中，基因起着非常重要的作用。为了进行相对风险估计，研究人员会选择有阅读障碍患者（所谓的阅读障碍先证者[①]）的家庭。这样的研究可以使用不同类型的家庭单位：兄弟姐妹（例如两个或者更多的兄弟姐妹）、核心家庭和旁系家庭。没有哪种家庭

---

① 在遗传学研究中为不依赖其亲属关系而确定的受累者。——译者注

单位的选择是完全理想的。以不同类型的亲属为研究对象的研究，具有不同的优点和缺点。因此，与遗传可能性估计相似，为了取得最高的精确度和准确度，研究人员同时使用几种不同的方法。

很多人假设，遗传因素对理解阅读习得和阅读表现的个体差异非常重要，尽管文献中有很多数据支持这一假设，但清晰地描述这些因素的具体细节，一直是一个挑战。现有的研究为阅读障碍找到大约 20 个潜在的基因易感位点（例如，有些基因组区域与阅读障碍的相关关系具有统计的显著性，这类区域的基因通常不止一个，有时候是几百个）（Schumacher，Hoffmann，Schmal，Schulte-Korne，& Nothen，2007）和 6 个候选基因（例如，易感位点的基因，这些易感位点的基因与阅读障碍具有统计上的相关性）（Grigorenko & Naples，2009）。但是，没有一个易感位点或者候选基因已经被学界完全接受或者完全拒绝。另外，与阅读障碍相关的基因，它们具体有什么影响，这方面一直存在争议。争议的焦点是，这些被当作阅读障碍候选基因的基因所引起的某种遗传差异，是只能影响阅读及与阅读相关的过程，还是会进一步影响其他类型的学习（例如数学学习）和认知过程。为解决这个问题，有人提出了一个所谓的"一般基因假设"（Plomin & Kovas，2005）。这个假设是：有些基因，如果能影响一种学习（如阅读表现），很大程度上也会影响其他能力（和障碍）。因此，这个领域的发展前景很好，但也有很多尚未解决的问题。

对阅读和阅读相关的过程已经有了一些所谓的分子研究，这些研究提供的信息，为阅读障碍易感位点和候选基因的识别提供了帮助。这些研究需要采集遗传材料——DNA，通过被试在阅读和阅读相关任务上的表现来确定他们的行为特征，因而不同于遗传可能性估计和相对风险估计。根据使用的样本类型（例如，没有遗传关系的案例或先证者和与之相匹配的对照组或家庭单位，诸如兄弟姐妹、核心家庭和旁系家庭）和所要研究的基因单位的类型（例如，特定的基因、特定的基因区域或者完整的基因组），这些研究可以被细分为若干相互重合的主要类别。阅读障碍的第一个分子遗传学研究，使用了阅读障碍患者的一些旁系家庭（Smith，Kimberling，Pennington，& Lubs，1983）。这类研究接触阅读障碍患者（通常有严重的阅读障碍）的家庭，家庭成员除了要提供自己的生物标本，还要提供自己阅读及阅读相关任务表现的行为指标。研究任务仍是确定行为表现的相似性与基因的相似性之间的相关关系，只是这次遗传的相似性不是估计出来的，而是使用专门的分子遗传（例如测定基因型和序列）和统计（例如联结和关联分析）技术测量出来的。家庭单位可以小到兄弟姐妹，也可以大到远系旁支。家庭单位不同，相应地，研究所需的样本量也不同。只有样本量满足了要
177 求，才能获得足够的统计效力，将真正的遗传信号与噪声区别开来。一般来说，旁系家庭更难确认和处理，但是在确定阅读障碍的遗传根源时，他们一般有更高的统计效力（至少在这些家庭里）。像核心家庭或兄弟姐妹这样比较小的家庭单位，是比较容易识别和招募的，但对样本量的要求也更高。在现有的文献中，阅读障碍的分子遗传学研究所使用的样本类型不尽相同（Grigorenko，2005）。而且，这些研究使用不同的基因单位。阅读障碍的首个分子遗传学研究是全基因组扫描，尽管这个研究的标记物很少，而且都是蛋白标记物（当时尚不能使用DNA 标记物），但它检查整个基因组与阅读障碍的联系。研究已经发现 9 个基因组范围的阅读障碍标记物（Brkanac et al.，2008；de Kovel et al.，2004；Fagerheim et al.，1999；Fisher et al.，2002；Igo et al.，2006；Kaminen et al.，2003；Meaburn，Harlaar，Craig，Schalkwyk，& Plomin，2008；Nopola-Hemmi et al.，2002；Raskind et al.，2005）。现在的技术和成本已经让这些研究可以使用几百、几千、几万甚至几十万的标记物。也有一些研究只关注基因组中某些选定的特殊区域。研究人员可以根据以前的全基因组扫描来选择这些区域，也可以利用阅读障碍的某个方面来提出一个理论假设，并根据这个理论假设来选择这些区域①（Skiba，Landi，Wagner，& Grigorenko，2011）。但是，还有些研究通过其他方法确定候选区域，如一个已知的染色体异常。举例而言，丹麦有一个健康政策，要求检查所有新生儿整个染色体是否发生变化，例如是否有严重的重新排列。如果有这些情况，研究人员就可以检查出现这种重新排列的个体是否会有阅读障碍（Buonincontri et al.，2011）。这样做的假设是，在某种程度上，阅读障碍与受这种异常影响的基因有关。正如前面所说的，很多（±20）基因易感位点被认为有阅读障碍的候选基因，而这个名单还有可能继续扩大（Rubenstein，Matsushita，Berninger，Raskind，& Wijsman，2011）。另外，这项工作最终的目

① 例如，有个早期研究（Cardon et al.，1994，1995）主要关注 6 号染色体（6p）的短臂，特别是人类白细胞抗原区域（HLA region），并提出一个假设，阅读障碍和左利手、左利手和自体免疫功能有关联。这个假设没有得到验证，但是作为这个研究的结果，6p21 区域，仍然在这个领域起着重要的作用，它有两个阅读障碍的候选基因，DCDC2 和 KIAA0319。

标是确定哪些特定的基因能把脑转换为能够阅读的脑(例如,在脑中形成各种网络,以支持阅读习得所需的各种认知表征),因此,有些研究会关注特定的候选基因。目前,被认为可以引起阅读障碍的候选基因已经有 6 个(DYX1C1,KIAA0319,DCDC2,ROBO1,MRPL2 和 C2orf3),但在已有的研究中,还有更多的基因有可能加入这个名单(Buonincontri et al.,2011;Newbury et al.,2011)。这其中的每一个基因,都有支持的证据,同时也有不支持的证据。因此,在一定程度上,很难解释这些结果。研究人员还需更多的时间和努力去理解这些基因对阅读及其相关过程的影响。

二、如何诠释这些结果?

简言之,目前积累的所有发现可分为确定性的和试验性的两种。有一个结论或者事实是非常确定的,那就是人们在阅读和习得阅读方式上的个体差异,与他们基因组的差异有关(参考本书第十一章)。换句话说,阅读的个体差异,无论是正常的还是非正常的,都是遗传的,或者至少部分是遗传的。那些在习得和练 178
习阅读的过程中遇到困难的人,与那些在阅读方面毫无困难的人相比,阅读与基因组的关联更强一些(当然,前提是相应的发展阶段与充足的学习和教学条件)。这个研究结果被学界广泛接受,并被看作是一个确凿的事实。然而,这里有几个需要提醒的地方。阅读和基因组关联的强度看起来是变化的,幼儿期较弱,学龄期逐渐加强,直至青春期和成年期。不过,人们对老年人的阅读几乎一无所知——原因很简单,阅读及其相关过程会在老年和耄耋期继续发展,但很少有人研究这一阶段遗传可能性估计值的动态变化。

从最终的这个表述(即阅读至少在一定程度上受基因控制)来看,它在解释这方面的研究结果时,就没有那么确定了。是的,遗传可能性估计值很高,但是哪些特定的遗传机制产生并证实它们?事实证明,从通过统计估计遗传因素的作用,到确认这些因素,这种转变是很难的。不仅阅读研究如此,实际上,很多复杂的人类疾病(即类似糖尿病、注意缺陷多动障碍和孤独症这样的疾病)都有很高的遗传可能性的估计值,研究人员曾经尝试把这些遗传可能性估计值转换成相应的遗传基础,但都不太成功,失去了遗传可能性(missing heritability)这个杜撰的短语就是指这种相当普遍的情况(Avramopoulos,2010)。一般来说,复杂疾病的遗传学和基因组学研究，深深影响了对阅读遗传基础的理解。具体而言，很多研究初次得出的阳性结果，通常都无法复制，这表明，所涉及的遗传机制具有高度的异质性，或者这些结果在很大程度上是假阳性的。这两种解释牵扯到的问题都很难解决。从前一种解释可以得出的逻辑推断是，在这些研究中，某些家庭特有的某些缺陷并不能有效地概括其他家庭的情况，或者说，不能从特定样本来推断总体人群。后一种解释假设初次使用的样本太小，因而没有足够的统计效力来区分结果的真伪，因此，研究需要使用更大的样本，将很多初次得到的肯定结果标记为"假阳性"，从而将它们清除掉。

毋庸讳言，下面两个观点都没有引起人们的关注。然而，虽然这两种可能的发展方向最为明显，但它们并不是仅有的两个选项。第一个观点是，事实表明，过去几年的遗传学和基因组学研究取得了惊人的发现，超出了 2000 年第一代人类基因组测序计划提出的所有预期。在这些发现当中，有三个发现可能最值得关注：(1) 除了先前知道的，基因组结构变化还有其他的原因；(2) 在发展过程中，在不同的环境和经验（例如，从饮食到学校学习的各种经验）中，基因组的变化受表观遗传机制（epigenetic mechanisms）的影响；(3) 基因组中有一些不稳定或者可移动的元素在发挥作用。尽管我们这章内容不能详细地讨论这些"新的"遗传机制，但需要指出的是，有关阅读和阅读障碍遗传基础的研究都没有关注这些机制。显然，要做的研究工作还有很多！第二个观点是，这个领域要对已有的研究结果进行检查，对那些不一致的结果，尝试用各种基础的理论假设将它们联系起来。因此，尽管乍看起来，这六个阅读障碍的候选基因全不相干，但它们看似都能不同程度地促进脑发育和神经元迁移的过程（Galaburda, LoTurco, Ramus, Fitch, & Rose, 2006）。这样，进一步的研究有可能表明，新出现的系统有可能将研究引向某些特殊的遗传途径，而非某些特定的基因。

179 三、为何这些发现会吸引心理学研究者和教育工作者的兴趣？

细胞和分子技术突飞猛进并被迅速应用到研究中去，这在科学界产生了广泛的影响，随后有了很多值得注意的发现。这些发现让人们希望和期待，身体疾病和神经精神疾病的预防、治疗和矫正—康复手段会发生彻底的改变。这些发现中，有的已经产生了实际的影响，主要是在诊断和制药领域。一个新的领域出现了，它被称为公共健康基因组学（public health genomics，PHG）[①]——一个快速发展的多学科研究和应用领域。公共健康基因组学的目标是，以负责任的态度，成功地将以基因组为基础的知识带入公共健康领域，以真正提高大众的健康水平（A. Brand，Schroder，Brand，& Zimmern，2006；H. Brand，2007；Burke，Khoury，Stewart，Zimmern，& Bellagio Group，2006）。这种以基因组为基础的知识今天被称为“组学”——一组关注基因组结构和功能的科学，范围涵盖：基因组的检测（基因组学），由活性基因（active gene）转录而成的信使 RNA（转录组学，transcriptomics），由这种信使 RNA 编码的蛋白质（蛋白质组学，proteomics）以及作为基因表达终端产物的代谢分子（代谢组学，metabolomics）（Tan，Lim，Khan，& Ranganathan，2009）。这种知识的特点是，有过于丰富的数据和信息，同时有很多使用这些数据的机会。

然而，可能更准确的说法是，细胞和分子技术的这种影响主要在科学界。在每天的日常工作中，医生仍然很少使用这些发现，而且医生常常不理解这个领域所取得的新的发现和进展（Chen & Goodson，2007）。同样地，与普通大众的交流让研究人员了解到，普通大众无法深入理解遗传学和基因组学的最新发现，他们中有些常见的误解，反映了相关知识的匮乏（Chapple，May，& Campion，1995；Condit，2001；Richards & Ponder，1996；Walter，Emery，Braithwaite，& Marteau，2004），对一些特定的术语有负面的偏见（如突变）（Condit，Dubriwny，Lynch，& Parrott，2004），以及从个人、道德和全球的角度（Barns，Schibeci，Davison，& Shaw，2000；B. R. Bates，Lynch，Bevan，& Condit，2005；Henneman，Timmermans，& van der Wal，2004）对基因和基因组信息的使用和滥用表示强烈担忧（Hahnetal.，2010）。然而，以基因组为基础的知识要在公共健康领域得到成功应用，需要公众具备一定的能力水平，能理解收集和使用家族病史的必要性，能知道专业的医疗保健服务人员的重要性，并能对与健康相关的行为进行自我激励和自我监控（Charles，Gafni，& Whelan，1999；Sheridan，Harris，& Woolf，2004）。

① 公共健康基因组学很接近个性化的基因组医学（personalized genomic medicine）——这是医学的一个子领域，主要收集个人基因类型、家族病史和/或基因表达分析的数据，然后将它们综合起来，进行疾病风险评估（Khoury，2003），这样，遗传信息就可以用于改善健康状况（Guttmacher & Collins，2002；Holtzman，2006；Khoury & Gwinn，2006）。

平心而论，至少在当下，这些发现很少（即使有的话）能影响行为治疗或者教育。尽管还没有人专门收集教育工作者或者教育领域其他服务人员（例如，私人教师或者职业和行为治疗师）的数据，或者从他们那儿收集数据，但是我们有理由认为，他们对这种知识的掌握程度并不比普通大众高。然而，虽然教育工作者距离最新的基于基因组的发现可能更远一些，但其实他们与医疗保健服务人员
180 的差距仅一步之遥。发展性异常，特别是一些常见的发展性异常，例如广义而言的学习障碍和更具体的阅读障碍，实际上都属于公共健康问题，而这类问题主要是由教育工作者负责的。

如果阅读障碍果真被当作一个公共健康问题，那么就如其他常见疾病一样，关于公共健康基因组学的现有观点可以帮助人们了解，在解决与阅读障碍相关的问题时，遗传学与基因组学所能发挥的作用。在这种情况下，公共健康基因组学与阅读障碍的文献之间就会出现很多其他有用的联结途径。

公共健康基因组学的本质就是将医疗保健个性化，最大程度地维护每个人的健康和寿命。而优质教育的本质是将教学和学习个性化，让每个人都可以最大程度地获得学业成就和生活满意度。个性化医疗和个性化教育使用技术和多媒体的趋势是相似的，都是通过多重渠道获取知识和信息，综合利用一个人各方面的信息，而不只使用单一方面的测量数据。个性化医疗和个性化教育对“问题”的定义都有变化。以前，在医疗方面，疾病是通过出现的症状来定义的。而如今，医学已经积累了很多疾病的基因组数据，某种基因型或基因组信号（genomic signature）的出现，表示这些临床症状的易感性，这成为定义疾病的方式（Ford et al.， 2008）。教育也在努力寻找类似的各种学习困难的早期征兆，更加注重的是预防，而不是已经出现的失败及其后的补救。自 21 世纪初以来，公共健康基因组学就非常注重基因组信息在医疗和公共健康领域的应用，尽管如此，教育基本上完全忽略了基于基因组的知识的发展。不过，与常见疾病的治疗情况类似，教育困难似乎也有遗传的基础。学业困难的遗传可能性估计值，实际上超过了肥胖症、糖尿病和心血管问题等常见疾病的估计值。所以，如果医疗保健服务人员能在理解、预防和治疗这些常见疾病的时候，应用基因组知识，那么在处理阅读障碍等常见的学习障碍的时候，教育工作者为什么不能应用这些知识呢？实际上，公共健康基因组学的“预防”逻辑对常见的学习障碍来说，似乎非常合理。如果了解学习障碍的遗传基础，并且也有工具和资源进行诊断，那么教

育工作者可能就不必再等待学业失败征兆的出现。一旦找到遗传风险的指标，人们就能采取措施有效地预防困难或者失败的发生，至少可以降低它们的严重程度。尽管在开始的时候，早期诊断和预防的成本可能比较高，但这可以大大降低之后的治疗成本。虽然这种论证方法在教育领域还没得到大规模推广，但在有关公共健康的文献中，它已经出现十多年了（例如，Gibson, Martin, & Singer, 2002; Zajtchuk, 1999），这些文献中有很多值得学习的地方。

遗传和基因组的发现在公共健康领域的转化和应用，有哪些方法，要经历哪些阶段，这方面的讨论非常有用。尽管研究人员提出了很多转化的范式，但只有库利（Khoury）及其同事提出的范式有应用实例（Agurs-Collins et al., 2008; Khoury et al., 2009; Khoury, Gwinn et al., 2007; Khoury, Valdez, & Albright, 2008）。建立"组学"科学与公共健康之间的联系，需要经历四个不同的阶段，这样才能验证科学知识，并将其用于疾病的控制和预防（Khoury et al., 2009）。

第一阶段是发现阶段，也被称为分析效度（analytical validity）阶段，研究开始尝试将某个遗传或基因组机制与某个公共健康问题联系起来。第二阶段，被称为临床效度（clinical validity）阶段，研究评估第一阶段建立起来的联系对公共健康的实际价值，收集不同环境和样本的证据，评估证据的可复制性和效力，验证第一阶段的观测结果。第二阶段将形成联结某个遗传或基因组发现与某种公共健康问题的循证型指导方针。之后是第三阶段，被称为临床使用（clinical 181
utility）阶段，借助知识的转换和传播机制以及广泛的宣传与扩散，研究者开始尝试将第二阶段形成的指导方针应用到公共健康领域。当这些应用得到大规模的推广和普及，第四阶段就开始了。第四阶段被称为评估实际效果阶段，这时候研究可以实际评估某个基因组发现对公共健康的影响。第四阶段会有很多道德和社会的考量。

需要指出的是，现有的文献承认，当前大部分基于基因组的研究尚处于第一阶段（Khoury et al., 2008）。据估计，在已经发表的研究中，只有大约3%处于第二阶段，而处于第三阶段或者第四阶段的研究更少（Khoury, Gwinn et al., 2007）。

如果学习困难（和相应的阅读障碍）被视为一种公共健康问题，根据库利及其同事的转化范式，在更大的学习困难领域和更具体的阅读障碍领域，相关的遗传和基因组发现进展到哪一个阶段呢?

大多数研究活动仍然处于第一阶段。这一阶段要确定所有要做的遗传或基因组测试的分析效度(Haddow & Palomaki, 2003),这样就可以以最小的代价,准确而可靠地测量疾病(这里是阅读障碍)的基因型。虽然研究人员已经找到很多阅读障碍的候选基因,但远没有掌握将这些基因对阅读障碍的专门影响统一起来的机制。而且,目前研究关注的一些基因组区域和其他候选基因,与它们相关的很多假设也远没有得到验证。换句话说,阅读障碍研究第一阶段的工作远未完成。这方面的研究发展得很快,但要在这个阶段确定哪些遗传测试对阅读障碍具有诊断效度还为时过早。

不过,有些候选基因(例如,KIAA0319, DCDC2, ROBO1 和 DYX1C1)的研究已经转入第二阶段,研究者运用各种不同的样本、在各种不同的环境中验证这些基因与阅读障碍的关联程度。但是,研究仍不能将第二阶段的各种发现,上升为综合性的指南,将这些基因的遗传变异或它们所支持的那些机制,与阅读障碍的遗传易感性或它的某些方面联系起来[1]。这些工作对于某种遗传或基因组发现的临床效度(Haddow & Palomaki, 2003)来说非常重要,临床效度表示这个遗传或基因组发现诊断或预测相应疾病(例如阅读障碍)的能力。另外,这些联系的建立与解释是转入第三阶段的必要前提,第三阶段应该会有一些专业人士为有阅读障碍的人提供服务,这些专业人士包括教育工作者、医生和职业顾问。因此,指南应尽可能做到清楚、可靠,要列出易感性的遗传机制,确定这些机制带
182 来的风险。根据现有的阅读障碍文献(T. C. Bates, Luciano, Montgomery, Wright, & Martin, 2011; Meaburn et al., 2008; Newbury et al., 2011; Paracchini et al., 2008)和其他常见疾病的研究[2],这些易感性遗传机制的相对风险可能都很小(Khoury, Littleetal.,2007)。因此,或者研究中出现一长串阅

---

① 要了解研究阅读障碍的遗传基础是一项多么艰巨的任务,可以参考研究其他复杂的常见疾病所付出的努力。疾病控制和预防中心(The Centers for Disease Control and Prevention)已经制订了两个基因组学知识的综合计划(具体参考,Khoury, Valdez et al., 2008; Yu, Gwinn, Clyne, Yesupriya, & Khoury, 2008):人类基因组流行病学网(The Human Genome Epidemiology Network, HuGENet, http://www.cdc.gov/genomics/hugenet/default.htm)和基因组学在实践和预防中应用的评估(Evaluation of Genomic Applications in Practice and Prevention, EGAPP, http://www.egappreviews.org)计划。第一个计划旨在发展有关基因和疾病的知识。第二个计划意在评价在某些临床和人口健康条件下遗传测试的临床效度和实用性。

② 根据遗传关联研究的估计,常见疾病的相对风险大约是 1.5(Khoury, Little, Gwinn, & Ioannidis, 2007)。

读障碍的遗传风险变异，或者研究发现，如果一个人有一种以上的变异，这些变异会以某种方式联合起来，将风险明显放大。不过，与第一阶段的情况类似，已有的有关阅读障碍的研究，也还远不能给出政策上的建议。当然，这种看法有一个前提假设，那就是所有政策都应该是循证的，在很多情况下，特别是教育研究中，事实却并非如此。现在，研究正在第一阶段和第二阶段同时努力，第一阶段继续研究阅读障碍的遗传基础，第二阶段测试新的研究结果可以推广应用的程度，以及它们在各种样本和环境中的情况。第二阶段有一个基本问题需要回答，那就是有关阅读障碍遗传机制的知识，是否能用于这些障碍和一些相关障碍的药物治疗（即结果是药物而非教育的方法可以个性化），是否能用于个性化教育（即结果是教育方法与遗传机制一一对应、相互匹配，而药物治疗的使用被降至最低或者根本不用），或者两者是否都能够得到运用。欧洲已经在尝试使用药物治疗阅读障碍，但美国还没有。在美国，使用药物治疗阅读障碍这种观点是否可以接受，不是一个小问题。

第三阶段会出现一批合格的、知识丰富的专业人员，他们应该能够在日常工作中贯彻执行第二阶段所开发的指导方针。在这个临床使用阶段的目标是，引入与遗传或基因组发现有关的特定诊断程序，以及相关的干预，来确定健康的净效益（Haddow & Palomaki，2003）。这个阶段非常需要精心设计的社区研究。因为公共健康基因组学的终极目标是制定公共健康政策，提供建议，使之能够很容易被转化为个性化的方法，服务于这些政策的受益者，由于这场有阅读障碍患者参与的重要“战役”主要在学校展开，所以阅读障碍的公共健康基因组学政策如果出台，将不可避免地需要学校的参与。目前尚不清楚的是，这些政策是由教育工作者自己执行，还是由学校的公共健康基因组学服务人员执行（类似学校护士为学校提供的医疗延伸服务），但是很清楚的是，涉及阅读障碍的公共健康基因组学政策，肯定将包括一些学术活动。

最后，只有当第三阶段收集了可以说明与阅读障碍相关的公共健康基因组学取得的短期和长期结果的数据，这个领域才能定性和定量地说明前面所提到的那些发现（和将要取得的那些发现）对与阅读有关的结果的重要性和相关性。这个阶段的研究，需要公共健康服务人员、实验和教育科学研究者、经济学家、政策制定者、利益相关各方和社区共同努力。大量文献指出，在掌握阅读的过程中，无法阅读和阅读缺陷都是人生的风险因素，会带来很多负面的结果。相应地，评估涉及与阅读障碍相关的公共健康基因组学的影响，不仅需要结合短期的学业成绩，还需要结合长期的生活状态。

看来，在学习障碍领域“实现”库利提出的四个阶段，可能并非易事。即使第一阶段的发现在第二阶段得到了令人信服的验证，即使我们现在所看到的发现之间的差异，可以用一种系统的方式清楚地进行解读，从而让人认识到这些发现
183 背后的机制，但是实现第三阶段和第四阶段的任务依然非常艰巨，在此之后，研究才能最终确定，遗传和基因组学对预防和治疗阅读障碍和相关缺陷以及改善和提高读写能力有什么价值。然而，如今，很多公共健康政策都是跨越式的，在走捷径。公共健康基因组学的很多应用一直都是如此，它在阅读障碍领域的应用可能也是如此。因此，与阅读障碍相关的应用，正在实现库利所说的四个阶段，无论这四个阶段是依次进行，还是同时进行，无论所涉及的阅读障碍的遗传和基因组研究处于什么阶段，将这些研究与公众对它的感知联系起来，都是需要关注的重要任务。看起来，至少有三个任务需要优先考虑。

第一个任务是教育大众。一直以来，公共健康基因组学针对的是癌症和糖尿病等“常见”的健康问题，如果它们在普通大众中有很多错误的认识和解释，那么对那些发展性异常，特别是学习障碍这类常见的异常来说，针对它们的公共健康基因组学的观点将更难传播。可是，这是一项必须完成的任务，因为现代的公共健康政策依靠的和针对的都是受过教育的消费者。研究文献中已经有人指出，一般来说，公众对以基因组为基础的知识有各种错误的认识和解读（Burton & Adams， 2009），而有些少数群体看起来尤其如此（Hahnetal.， 2010）。因此，这里要面对的主要问题之一是，需要在基因组学和公共健康基因组学的观点中消除一些负面含义。①

第二个任务也是更为艰巨的任务，是教育服务人员。服务人员既是医疗领域的专业人士，又是教育领域的专业人士，为有学习障碍的人提供服务。值得注意的是，文献中明显不一致的是，许多研究都强调医疗服务人员应该学习基因组学的一些基本知识，但没有一个研究真正提到，教育工作者也应该掌握这些基本知识。

第三个任务可能也是最重要的一个任务，是促成和激励公共健康基因组学

---

① 例如，有报道称，普通大众更喜欢“变异”（variant），而非“突变”（mutation）。

和教育在相互交叉的领域进行大量的交流对话。研究者们已经就美国和其他国家公共健康基因组学的国家政策的发展，进行了一场大型的、令人关注的讨论（Gonzalez-Andrade & Lopez-Pulles，2010；Little et al.，2009；Metcalfe，Bittles，O'Leary，& Emery，2009），但是公共健康基因组学与教育应该在哪里和如何交互，并不是这场讨论关心的问题。公共健康基因组学的主要目标是直接影响生活方式的常见疾病（Agurs-Collins et al.，2008；Boccia，Brand，Brand，& Ricciardi，2009；Khoury et al.，2008；Sanderson，Wardle，& Humphries，2008），而阅读障碍是终生问题，这样的问题会直接影响人的生活状态，所以它应该在讨论中占有一席之地。

发展、落实和评估学习障碍的公共健康基因组学，关键是完成这三个任务。所以，最重要的是尽快参与这些任务。基因组知识转化为公共健康政策和行动的速度比较慢（Boccia et al.，2009），这有很多方面的原因，例如，常见疾病的相对风险很低，整个转换过程非常复杂，需要经历四个阶段，公众也缺乏相关的知识。基因组科学和技术的飞速发展，一直有一个令人遗憾的地方，那就是这些发展在健康领域应用和普及的范围和速度，有时到了非常夸张的程度（Davey Smith et al.，2005；Kamerow，2008）。这种有害的基因组科学和技术的普及，再加上它们的商业潜力，常常导致遗传和基因组测试被错误地用来检测复杂疾病的易感性，这些检测通常没有清楚地说明或者指导人们如何正确地使用这些知识。未来，甚至可能是可以预见的未来，基因组必将成为个性化医疗和个性化教育都需要的常用信息。因此，重要的是让普通大众和服务人员为基因组的这 184
种巨大转变做好准备，十几年前，基因组还需巨资进行初步测序，但不久之后，它将写入我们每个人的出生记录。

致谢

这篇论文得到了美国国家科学院（National Academy of Sciences，NAS）和美国国家健康研究院（National Institutes of Health，NIH）（NIHDC07665 和 HD052120）的资助。这些项目的参与者得到鼓励，可以自由地表达他们的专业观点。因此，这篇文章并不一定代表美国国家科学院、社会科学与教育分部和国家健康研究院的立场或者政策，没有任何的官方意见。谭梅（Tan Mei）女士帮助我编辑此文,《精神》(*Psykhe*)允许我在此文中使用格里戈连科(Grigorenko, 2011)的内容,在此对他们表示感谢。

参考文献

Agurs-Collins, T., Khoury, M. J., Simon-Morton, D., Olster, D. H., Harris, J. R., & Milner, J. A. (2008). Public health genomics: Translating obesity genomics research into population health benefits. *Obesity*, *16*, S85 - S94.

Avramopoulos, D. (2010). Genetics of psychiatric disorders methods: Molecular approaches. *Psychiatric Clinics of North America*, *33*, 1 - 13.

Barns, I., Schibeci, R., Davison, A., & Shaw, R. (2000). "What do you think about genetic medicine?" Facilitating sociable public discourse on developments in the new genetics. *Science Technology & Human Values*, *25*, 283 - 308.

Bates, B. R., Lynch, J. A., Bevan, J. L., & Condit, C. M. (2005). Warranted concerns, warranted outlooks: A focus group study of public understandings of genetic research. *Social Science & Medicine*, *60*, 331 - 344.

Bates, T. C., Luciano, M., Montgomery, G. W., Wright, M. J., & Martin, N. G. (2011). Genes for a component of the language acquisition mechanism: ROBO1 polymorphisms associated with phonological buffer deficit. *Behavior Genetics*, *41*, 50 - 57.

Boccia, S., Brand, A., Brand, H., & Ricciardi, G. (2009). The integration of genome-based information for common diseases into health policy and healthcare as a major challenge for Public Health Genomics: The example of the methylenetetrahydrofolate reductase gene in non-cancer diseases. *Mutation Research*, *667*, 27 - 34.

Brand, A., Schroder, P., Brand, H., & Zimmern, R. (2006). Getting ready for the future: Integration of genomics into public health research, policy and practice in Europe and globally. *Community Genetics*, *9*, 67 - 71.

Brand, H. (2007). Good governance for the public's health. *European Journal of Public Health*, *17*, 541.

Brkanac, Z., Chapman, N. H., Igo, R. P. J., Matsushita, M. M., Nielsen, K., Berninger, V. W., et al. (2008). Genome scan of a nonword repetition phenotype in families with dyslexia: Evidence for multiple loci. *Behavior Genetics*, *38*, 462 - 475.

Buonincontri, R., Bache, I., Silahtaroglu, A., Elbro, C., Veber Nielsen, A.-M.,

Ullmann, R., et al. (2011). A cohort of balanced reciprocal translocations associated with dyslexia: Identification of two putative candidate genes at DYX1. *Behavior Genetics*, *41*, 125 - 133.

Burke, W., Khoury, M. J., Stewart, A., Zimmern, R. L., & Bellagio Group. (2006). The path from genomebased research to population health: Development of an international public health genomics network. *Genetics in Medicine*, *8*, 451 - 458.

Burton, H., & Adams, M. (2009). Professional education and training in public health genomics: A working policy developed on behalf of the public health genomics European network. *Public Health Genomics*, *12*, 216 - 224.

Cardon, L. R., Smith, S. D., Fulker, D. W., Kimberling, W. J., Pennington, B. F., & DeFries, J. C. (1994). Quantitative trait locus for reading disability on chromosome 6. *Science*, *226*, 276 - 279.

Cardon, L. R., Smith, S. D., Fulker, D. W., Kimberling, W. J., Pennington, B. F., & DeFries, J. C. (1995). Quantitative trait locus for reading disability: 185
Correction. *Science*, *268*, 1553.

Chapple, A., May, C., & Campion, P. (1995). Lay understanding of genetic disease: A british study of families attending a genetic counseling service. *Journal of Genetic Counseling*, *4*, 281 - 300.

Charles, C., Gafni, A., & Whelan, T. (1999). Decision-making in the physician-patient encounter: Revisiting the shared treatment decision-making model. *Social Science & Medicine*, *49*, 651 - 661.

Chen, L. S., & Goodson, P. (2007). Public health genomics knowledge and attitudes: A survey of public health educators in the United States. *Genetics in Medicine*, *9*, 496 - 503.

Condit, C. M. (2001). What is "public opinion" about genetics? *Nature Reviews Genetics*, *2*, 811 - 815.

Condit, C. M., Dubriwny, T., Lynch, J., & Parrott, R. (2004). Lay people's understanding of and preference against the word "mutation". *American Journal of Medical Genetics*, *130*A(3), 245 - 250.

Davey Smith, G., Ebrahim, S., Lewis, S., Hansell, A. L., Palmer, L. J., & Burton, P. R. (2005). Genetic epidemiology and public health: Hope, hype, and future prospects. *Lancet*, *366*, 1484 - 1498.

de Kovel, C. G. F., Hol, F. A., Heister, J., Willemen, J., Sandkuijl, L. A., Franke, B., et al. (2004). Genomewide scan identifies susceptibility locus for dyslexia on Xq27 in an extended Dutch family. *Journal of Medical Genetics*, *41*, 652 - 657.

Fagerheim, T., Raeymaekers, P., Tonnessen, F. E., Pedersen, M., Tranebjaerg, L., & Lubs, H. A. (1999). A new gene (DYX3) for dyslexia is located on chromosome 2. *Journal of Medical Genetics*, *35*, 664 - 669.

Fisher, S. E., Francks, C., Marlow, A. J., MacPhie, I. L., Newbury, D. F., Cardon, L. R., et al. (2002). Independent genome-wide scans identify a chromosome 18 quantitative-trait locus influencing dyslexia. *Nature Genetics*, *30*, 86 - 91.

Fletcher, J. M., Lyon, G. R., Fuchs, L. S., & Barnes, M. A. (2007). *Learning Disabilities*. New York: Guilford.

Ford, P., Seymour, G., Beeley, J. A., Curro, F., Depaola, D., Ferguson, D., et al. (2008). Adapting to changes in molecular biosciences and technologies. *European Journal of Dental Education*, *1*, 40 - 47.

Galaburda, A. M., LoTurco, J. J., Ramus, F., Fitch, R. H., & Rosen, G. D. (2006). From genes to behavior in developmental dyslexia. *Nature Neuroscience*, *9*, 1213 - 1217.

Gibson, J. L., Martin, D. K., & Singer, P. A. (2002). Priority setting for new technologies in medicine: A transdisciplinary study. *BMC Health Services Research*, *2*, 14 - 18.

Gonzalez-Andrade, F., & Lopez-Pulles, R. (2010). Ecuador: Public health genomics. *Public Health Genomics*, *13*, 171 - 180.

Grigorenko, E. L. (2004). Genetic bases of developmental dyslexia: A capsule review of heritability estimates. *Enfance*, *3*, 273 - 287.

Grigorenko, E. L. (2005). A conservative meta-analysis of linkage and linkage-association studies of developmental dyslexia. *Scientific Studies of Reading*, *9*, 285 - 316.

Grigorenko, E. L. (2009). At the height of fashion: What genetics can teach us about neurodevelopmental disabilities. *Current Opinion in Neurology*, *22*, 126 - 130.

Grigorenko, E. L. (2011). At the junction of genomic and social sciences: An example of reading ability and disability. *Psykhe*, *20*, 81 - 92.

Grigorenko, E. L., & Naples, A. J. (2009). The devil is in the details: Decoding the genetics of reading. In P. McCardle & K. Pugh (Eds.), *Helping Children Learn to Read: Current Issues and New Directions in the Integration of Cognition, Neurobiology and Genetics of Reading and Dyslexia* (pp. 133 - 148). New York: Psychological Press.

Guttmacher, A. E., & Collins, F. S. (2002). Genomic medicine: A primer. *New England Journal of Medicine*, *347*, 1512 - 1520.

Haddow, J. E., & Palomaki, G. E. (2003). ACCE: A model process for evaluating data on emerging genetic tests. In M. Khoury, J. Little & W. Burke (Eds.), *Human*

Genome Epidemiology: A Scientific Foundation for Using Genetic Information to Improve Health and Prevent Disease (pp. 217 - 233). New York: Oxford University Press.

Hahn, S., Letvak, S., Powell, K., Christianson, C., Wallace, D., Speer, M., et al. (2010). A community's awareness and perceptions of genomic medicine. *Public Health Genomics*, *13*, 63 - 71.

Henneman, L., Timmermans, D. R., & van der Wal, G. (2004). Public experiences, knowledge and expectations about medical genetics and the use of genetic information. *Community Genetics*, 7, 33 - 43. 186

Holtzman, N. A. (2006). What role for public health in genetics and vice versa? *Community Genetics*, *9*, 8 - 20.

Igo, R. P. J., Chapman, N. H., Berninger, V. W., Matsushita, M., Brkanac, Z., Rothstein, J. H., et al. (2006). Genomewide scan for real-word reading subphenotypes of dyslexia: Novel chromosome 13 locus and genetic complexity. *American Journal of Medical Genetics (Neuropsychiatric Genetics)*, *141*, 15 - 27.

Kamerow, D. (2008). Waiting for the genetic revolution. *British Medical Journal*, *336*, 22.

Kaminen, N., Hannula-Jouppi, K., Kestila, M., Lahermo, P., Muller, K., Kaaranen, M., et al. (2003). A genome scan for developmental dyslexia confirms linkage to chromosome 2p11 and suggests a new locus on 7q32. *Journal of Medical Genetics*, *40*, 340 - 345.

Katusic, S. K., Colligan, R. C., Barbaresi, W. J., Schaid, D. J., & Jacobsen, S. J. (2001). Incidence of reading disability in a population-based birth cohort, 1976—1982, Rochester, Minnesota. *Mayo Clinic Proceedings*, *76*, 1081 - 1092.

Khoury, M. J. (2003). Genetics and genomics in practice: The continuum from genetic disease to genetic information in health and disease. *Genetics in Medicine*, *5*, 261 - 268.

Khoury, M. J., Bowen, S., Bradley, L. A., Coates, R., Dowling, N. F., Gwinn, M., et al. (2009). A decade of public health genomics in the United States: Centers for Disease Control and Prevention 1997—2007. *Public Health Genomics*, *12*, 20 - 29.

Khoury, M., & Gwinn, M. (2006). What role for public health in genetics and vice versa? *Community Genetics*, *9*, 282.

Khoury, M. J., Gwinn, M., Yoon, P. W., Dowling, N., Moore, C. A., & Bradley, L. (2007). The continuum of translation research in genomic medicine: How can we accelerate the appropriate integration of human genome discoveries into health care and disease prevention? *Genetics in Medicine*, *9*, 665 – 674.

Khoury, M. J., Little, J., Gwinn, M., & Ioannidis, J. P. (2007). On the synthesis and interpretation of consistent but weak gene-disease associations in the era of genome-wide association studies. *International Journal of Epidemiology*, *36*, 439 – 445.

Khoury, M. J., Valdez, R., & Albright, A. (2008). Public health genomics approach to type 2 diabetes. *Diabetes*, *57*, 2911 – 2914.

Little, J., Potter, B., Allanson, J., Caulfield, T., Carroll, J. C., & Wilson, B. (2009). Canada: Public health genomics. *Public Health Genomics*, *12*, 112 – 120.

Meaburn, E., Harlaar, N., Craig, I., Schalkwyk, L., & Plomin, R. (2008). Quantitative trait locus association scan of early reading disability and ability using pooled DNA and 100K SNP microarrays in a sample of 5760 children. *Molecular Psychiatry*, *13*, 729 – 740.

Metcalfe, S. A., Bittles, A. H., O'Leary, P., & Emery, J. (2009). Australia: Public health genomics. *Public Health Genomics*, *12*, 121 – 128.

Newbury, D. F., Paracchini, S., Scerri, T. S., Winchester, L., Addis, L., Walter, J., et al. (2011). Investigation of dyslexia and SLI risk-variants in reading- and language-impaired subjects. *Behavior Genetics*, *41*, 90 – 104.

Nopola-Hemmi, J., Myllyluoma, B., Voutilainen, A., Leinonen, S., Kere, J., & Ahonen, T. (2002). Familial dyslexia: Neurocognitive and genetic correlation in a large Finnish family. *Developmental Medicine and Child Neurology*, *44*, 580 – 586.

Paracchini, S., Steer, C. D., Buckingham, L. L., Morris, A. P., Ring, S., Scerri, T., et al. (2008). Association of the KIAA0319 dyslexia susceptibility gene with reading skills in the general population. *The American Journal of Psychiatry*, *165*, 1576 – 1584.

Pernet, C. R., Andersson, J., Paulesu, E., & Demonet, J. F. (2009). When all hypotheses are right: A multifocal account of dyslexia. *Human Brain Mapping*, *30*, 2278 – 2292.

Plomin, R., & Kovas, Y. (2005). Generalist genes and learning disabilities. *Psychological Bulletin*, *131*, 592 – 617.

187 Pugh, K., & McCardle, P. (Eds.). (2009). *How Children Learn to Read: Current Issues and New Directions in the Integration of Cognition, Neurobiology and Genetics of Reading and Dyslexia Research and Practice*. New York: Psychology Press.

Raskind, W. H., Igo, R. P. J., Chapman, N. H., Berninger, V. W., Thomson, J. B., Matsushita, M., et al. (2005). A genome scan in multigenerational families with dyslexia: Identification of a novel locus on chromosome 2q that contributes to phonological decoding efficiency. *Molecular Psychiatry*, *10*, 699 - 711.

Richards, M., & Ponder, M. (1996). Lay understanding of genetics: A test of a hypothesis. *Journal of Medical Genetics*, *33*, 1032 - 1036.

Rubenstein, K., Matsushita, M., Berninger, V. W., Raskind, W. H., & Wijsman, E. M. (2011). Genome scan for spelling deficits: Effects of verbal IQ on models of transmission and trait gene localization. *Behavior Genetics*, *41*, 31 - 42.

Sanderson, S. C., Wardle, J., & Humphries, S. E. (2008). Public health genomics and genetic test evaluation: The challenge of conducting behavioural research on the utility of lifestyle-genetic tests. *Journal of Nutrigenetics & Nutrigenomics*, *1*, 224 - 231.

Schumacher, J., Hoffmann, P., Schmal, C., Schulte-Korne, G., & Nothen, M. M. (2007). Genetics of dyslexia: The evolving landscape. *Journal of Medical Genetics*, *44*, 289 - 297.

Sheridan, S. L., Harris, R. P., & Woolf, S. H. (2004). Shared decision making about screening and chemoprevention: A suggested approach from the U. S. Preventive Services Task Force. *American Journal of Preventive Medicine*, *26*, 56 - 66.

Skiba, T., Landi, N., Wagner, R., & Grigorenko, E. L. (2011). In search of the perfect phenotype: An analysis of linkage and association studies of reading and reading-related processes. *Behavior Genetics*, *41*, 6 - 30.

Smith, S. D., Kimberling, W. J., Pennington, B. F., & Lubs, H. A. (1983). Specific reading disability: Identification of an inherited form through linkage analyses. *Science*, *219*, 1345 - 1347.

Tan, T. W., Lim, S. J., Khan, A. M., & Ranganathan, S. (2009). A proposed minimum skill set for university graduates to meet the informatics needs and challenges of the "-omics" era. *BMC Genomics*, *10*, S36.

Walter, F. M., Emery, J., Braithwaite, D., & Marteau, T. M. (2004). Lay understanding of familial risk of common chronic diseases: A systematic review and synthesis of qualitative research. *Annals of Family Medicine*, *2*, 583 - 594.

Yu, W., Gwinn, M., Clyne, M., Yesupriya, A., & Khoury, M. J. (2008). A navigator for human genome epidemiology. *Nature Genetics*, *40*, 124 - 125.

Zajtchuk, R. (1999). New technologies in medicine: Biotechnology and nanotechnology. *Disease A Month*, *45*, 449 - 495.

第十一章　教育 2.0：学校教育和教学的遗传模型

蒂莫西·C.贝茨(Timothy C. Bates)

学校教育的目的是提升儿童的生活质量。学校如何实现这个目的,直接取决于我们对儿童心智运作方式的认识。这其中有几个关键的问题:儿童的学习能力有没有差异?心智是一块白板,还是一套复杂的、专门的认知机制?学习上的差异仅仅反映过去的经验吗?经验和神经元的可塑性能弥补这些差异吗?成功的教学是减少还是增加儿童能力上的差异?儿童的差异主要来自基因和环境(gene-by-environment, G×E)的相互作用吗?如果是,只要环境或者教学方法正确,所有的儿童都能达到相同的学习水平吗?

本章使用行为遗传学和分子遗传学的研究实例来解答这些问题。当然,并非所有的问题都有明确的答案,虽然教育对社会非常重要,但是很多答案还是初步的。有人提出,神经科学的研究表明,在儿童的心智中,影响学习的机制不止一种,这些机制在遗传和心理上都不相同;每个儿童的心智系统都有不同的功能;儿童之间的这种差异大多源于遗传,而且这是普遍现象,脑的可塑性因此受到限制。

本章还提出一个系统模型，它将生物学基础和成功的人生联系起来，而成功的人生正是学校的培养目标。这个系统模型表明，神经科学研究的主要成果将把注意力放在非神经科学的选择如何影响学习上：教师的选拔和培训、教学方法和课程设置。本章的结论是，教育的基础是本章所提出的这些研究问题的答案，而不是当前神经科学所提出的那些问题的答案。如果我们想让每个儿童都最大程度地发挥自己的能力，那么最重要的是，在我们所了解的心智与教育者的工作之间达成一致。

一、引言

生物和遗传方法提供了有关儿童学习的海量信息，即使拿出其中一年的信
息进行讨论，都需要一部百科全书的篇幅。正如本书其他章节所提到的，我们对
阅读障碍、语言损伤、孤独症等问题已经有很多的了解。这里，我不对这些研究 189
与教学或课程的相关性进行总结，而是重点说明个体差异的遗传和生物研究为
我们提供的一些框架，帮助我们理解教育能为儿童做些什么，教育如何才能发挥
作用以及应该对教育抱有什么样的期望。本章的重中之重是框架，它通过中间
的认知系统，将基本的生物因素与成功、独立性等教育所要获得的成果联结起
来。这些认知系统与教育相互作用，同时也是教育试图改善的那些行为的直接
原因。

教育很重要，这可以举出很多理由，比如教育与社会地位关系密切(Gottfredson，2004)。在国际层面也是如此，教育与一个国家的技术实力以及人均国民生产总值高度相关。这可能是因为教育决定了员工的技能和适应能力(Rindermann & Ceci，2009)。最后，在拥有广泛选举权的社会，确保公民都接受文化教育这项任务非常重要，因此，在成年之前的教育都是免费的和义务的。做好教育工作似乎非常关键，也正因为如此，发达国家将国民生产总值的 5%—7%投入教育，教育的直接成本在这些国家大多很低，有的为零。

但是教育在做什么——学校在做什么？行为遗传学研究能让我们对学校这个至关重要的社会机构有哪些了解呢？从行为遗传学的角度，主流的观点应该是什么样的呢？我认为，在现有的研究结果中，最重要的是下面三个发现。其

一,心智不是一个拥有无限能力(capacity)的单一整体,而是一个可切分的,由各种专门系统组成的集合体(具体的例子参考 Rapp,2002 的文章),这些专门系统由不同的遗传机制支持(例如,Bates,Castles et al.,2007)。其二,遗传变异大多为心智这些部分所共享,形成一种一般性的能力因素,可以解释儿童间的很多差异(Deary,Spinath,& Bates,2006;Kovas & Plomin,2006)。其三,儿童在心智能力(mental capacity)上的这些差异,大多源自遗传差异(Royal Society Working Group,2011),这可能是这三个发现之中最为重要的一个发现。

然而,儿童生物学能对课堂产生什么影响,教育工作者的认识与现有的神经生物学和遗传学研究结果之间一直存在着一些关键性的"解释鸿沟"。有一些评论性文章,已经表达了想要让教育"远离脑"的愿望(Blake & Gardner,2007)。这种认为脑不重要的观点,与前面提到的三个最重要的发现相矛盾,同时也表明,在教育领域,有一种很强的呼声,要否认生物学在认知和学习中的作用,进而否认生物学在教育中的作用(Hirsh-Pasek & Bruer,2007)。凯勒(Garrison Keillor)在无线电广播里表达了类似的观点,他幽默地描述了一个虚构的美国中西部小镇沃比冈湖(Lake Wobegon),这个小镇"所有的女人都很强壮,所有的男人都很好看,所有的小孩都在平均水平之上"。从"不让一个孩子掉队"到惊悚的报纸头条,班级环境决定了大学入学的成功率,这些提法都认为,对所有的儿童而言,不管他们自身的情况如何,教育的结果都应该是相同的,这一观点让人们不再关注什么样的教育策略是有效的。但是,正如本章后面所讨论的,那些最能提高儿童能力的实践,可能也拉大了这些差异(如图 11.2 所示)。原因在于,心智是由不同部分组成的,而这些部分的表现在个体之间存在着巨大的遗传差异,这方面的研究可以回答教育应该做什么这一问题,这是这一章第一部分的主题[1]。

190 二、与教育相关的个体差异有遗传的成分

人类的所有行为几乎都有很高的遗传可能性,这一点几乎为所有的研究人

---

① 这部分讨论的内容,主要涉及个体差异中表现出来的两个不同的学习和发展角度,遗传和神经心理的角度。为了避免行文离题太远,附录 1 讨论了可以将认知的行为遗传学模型与来自神经心理学和差异心理学的模型整合起来的方法。

员所接受(Turkheimer，Haley，Waldron，D'Onofrio，& Gottesman，2003)。从阅读能力(Bates，Luciano et al.，2007；Haworth et al.，2010；Olson & Byrne，2005；Paracchini，Scerri，& Monaco，2007)，到孤独症(Ronald et al.，2006b)，再到智力(Deary et al.，2006)，所有这些与教育相关的特征，都是可以遗传的。不过，这三者属于遗传性最高的那一类。责任心和好奇心等非认知的特征，也是可以遗传的(Luciano，Wainwright，Wright，& Martin，2006)。

我们关于那些与教育相关的特征的遗传学知识主要来自双生子研究。尽管社会地位、邻居、父母、饮食、住房、大多数时候的学校和教师都相同，但是，异卵双生子能力测试分数与教育成绩的相关性，远低于同卵双生子，这或许是双生子研究最富挑战性，但也是最重要的一个发现(参考本书第九章)。对那些遗传可能性很高的特征来说，这种相关性的显著下降符合人们的预期，表明家庭环境的影响是比较小的(Plomin，1991)。值得注意的是，针对社会地位极低的人群的研究，有些(Turkheimer et al.，2003)但不是全部的研究(Asbury，Wachs，& Plomin，2005；van der Sluis，Willemsen，de Geus，Boomsma，& Posthuma，2008)发现，家庭环境对认知的影响很大，这些影响抑制了遗传的变异(Tucker-Drob，Harden，Turkheimer，& Fask，2011)。在这些研究中，环境共享效应(shared environment effects)并不普遍，这是一个成功的教育故事(Bates，2008a)。这些研究结果意味着，经过 20 世纪的精心设计和优化，我们的学校系统，已经抹平了大部分家庭环境与从学校教育中受益的能力之间的差异，虽然还不是全部(Haworth，Asbury，Dale，& Plomin，2011)。我们已经竭尽所能，将环境共享效应降低到接近于零，我想我们应该为此感到骄傲，与此同时，我们应该关注对社会经济地位很低的人群进行有效的学校干预，以解决剩余的环境共享效应。在这方面，教师素质似乎是一个很重要的因素(Taylor，Roehrig，Soden Hensler，Connor，& Schatschneider，2010)，这意味着，要消除社会地位对能力认知基础的影响，最重要的措施可能是进行更加严格的教师选拔和培训。

1. 分子遗传学：学习包含多种机制

如果真如遗传和神经心理研究所指出的那样，心智和脑有着各种复杂的认知机制(参看附录 1)，那么教育过程就是利用这些机制，尽可能提高成长中的儿童的能力。与心理学相比，分子遗传学才刚刚起步。目前，已经被充分认识的生物机制即使有的话，也很少，特别是像记忆和推理这样复杂的认知系统的生物机制，人们所知更少。不过，遗传知识在过去的十几年急剧增长，这主要得益于分子遗传学的力量越来越强，现在的成本相对而言非常低廉。确定无疑的遗传联系，可以揭示学习背后的机制，除了这种终极好处，它还让学习困难显得非常真实，因为学习困难通常被当作一种无病呻吟，或者一个要求特殊照顾的借口。还有一个发现也与教育工作者有直接关系，分子研究已经证实，有一些基因，既能让阅读能力和智力在课堂上正常发展变化，也能造成严重的、需要治疗的阅读异常或阅读障碍(Bates, Luciano et al., 2007)和学习障碍(Kovas & Plomin, 2006)(参考本书第十章)。这告诉我们，生物学不只适用于特殊案例，每个儿童学习的
191 脑机制都有自己的局限和潜能，这是儿童自己必须面对的。因此，确定的遗传联系证实了学习困难的确存在，也证实了正常与异常是一个连续的统一体。

话题转到候选基因，研究人员已经开始发现这些影响产生的路径。就阅读而言，目前已发现的所有基因似乎都参与胎儿的神经元迁移。例如，DYX1C1 影响轴突短程的层迁移(laminar migration)，使得皮层内联结不正常地增加和萎缩(Rosen et al., 2007)。这些特定基因改变神经元迁移的方式，被认为是造成阅读障碍患者认知困难的主要原因。有人发现，这些基因的变异，对阅读障碍患者而言并不是选择性的，不仅阅读障碍患者有，正常的人群也有。因此 KIAA0139(Luciano et al., 2007)、DCDC2(Lind et al., 2009)和 DYX1C1(Bates et al., 2010)都关系到阅读能力的正常发展变化。其他与教育相关的特征，例如语言、长时存储等，它们的研究都还处于起步阶段，但是已经有人发现，有些基因效应可以缩小口语学习机制的差异(Bates et al., 2011; Hannula-Jouppi et al., 2005)，也可以缩小记忆或者信息长期存储和提取的差异(Papassotiropoulos et al., 2006)。当然，这些特征都与理解课堂学习机制有直接关系。

认识这些机制背后的生物化学过程，可以揭示课堂学习差异的根源。新的遗传学为更早、更有针对性的诊断提供了某些可能性(附录 2 简要列出了未来可以进行的转换研究)。这些基因所编码的生物结构性差异，在一定程度上也可能影响到某些教师希望在儿童身上看到的可塑性。这将是接下来要讨论的内容。

2. 复杂系统的可塑性及其局限

技术上的突破让研究人员可以有选择地敲掉发展过程中他们感兴趣的基因

(当然是动物样本),新的技术已经把卷入阅读障碍的那些基因的功能影响直接呈现在研究人员面前。这项工作还在进行中,但已经取得的成果强有力地表明,阅读障碍的生物基础在于神经元迁移的失败(Gabel, Gibson, Gruen, & Loturco, 2010)。那些被敲掉基因的小鼠所表现出的心理异常,似乎与阅读障碍人群有某些相似之处(尽管这两者的距离非常遥远)——例如,基因 DYX1C1 被敲掉,会导致工作记忆下降(Szalkowski et al., 2011),人类被试的这一特征也会因为这个基因的多态性而改变(Bates et al., 2010)。或许,从这项研究中可以得出的对教育最重要的结论,关系到脑的发展过程的时机和复杂性。这反过来会影响我们将在教育中观察到的那种变化(可塑性)。

心理学意义上支持学习的脑,生物学意义上作为学习基础的脑,都是"可塑的",学习过程中,整个脑的联结强度甚至联结本身几乎都在不断地发生变化。然而,在教育领域,"脑的可塑性"这一术语就像星球大战里的一把"能量剑"——它提示一切皆有可能(Bates, 2008a)。几乎可以肯定的是,教育无法用温度更稳定的儿茶酚氧位甲基转移酶分子(catechol-Omethyltransferase, COMT)或者用能让记忆力更好的**肾脑表达蛋白**等位基因去取代温度不稳定的儿茶酚氧位甲基转移酶分子,同样,我们也不应该期望,拉马克生物进化过程能够观察到22号染色体中的儿茶酚氧位甲基转移酶基因,观察到其中可以改变儿茶酚氧位甲基转移酶的热稳定性的鸟嘌呤/腺嘌呤替代物,因为儿茶酚氧位甲基转移酶的热稳定性会影响多巴胺和其他儿茶酚胺的功能发挥。诸如此类的遗传差异对教育结果的影响,属于实证研究的范围。有针对性地应用某种教育补救措施,彻底清除某些遗传差异的影响,在逻辑上是可能的,但需要实验研究。还存在另一种可能, 192
那就是**肾脑表达蛋白**编码的海马回功能,受诸如儿茶酚氧位甲基转移酶这类基因影响的额叶功能,它们的个体差异对儿童相关能力的影响,教育非但无法消除,反而必须以其为基础。

遗传差异并不仅限于对神经递质或者细胞膜可塑性的影响,在脑空间的发育发展过程中,它们还影响到神经元的分化和迁移,表现出复杂而有序的不同的联结模式。在个体心理特征的发展过程中,这些基因与其他成千上万的基因一起,不断地影响学习。图11.1展示了目前最好的阅读障碍候选基因被敲掉之后的结果。在这幅图中,最左边的图片是出生前正常的皮质,具有典型的多层复杂结构。右边的三张图片,显示了与阅读障碍相关的基因被敲掉后的结果。每张图片都显示，数以亿计的神经元细胞体不能迁移出脑室区，因而无法构建复杂的、垂直组织的层状皮质（Meng et al.， 2005）。

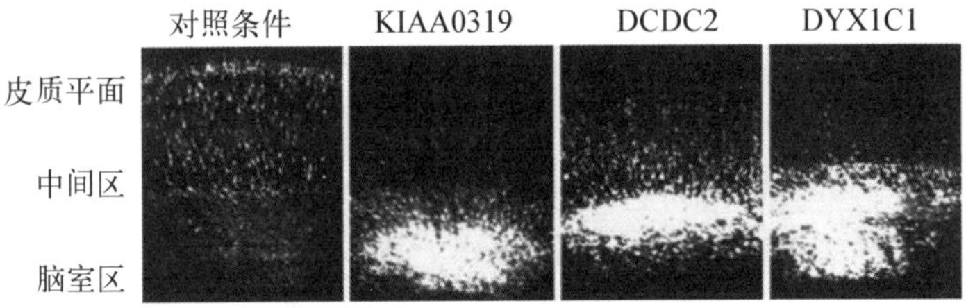

图 11.1　正常的新皮质神经元迁移（“对照条件”）和敲掉 3 个阅读障碍候选基因后的影响对比

对 DYX1C1 进行的核糖核酸干扰中断了神经元迁移的过程，导致新皮质和海马回的畸形（Rosen， G. D.， Bai， J.， Wang， Y.， et al.， 2007）

这种复杂的神经元迁移，多数发生在妊娠期，这可能会让人们重新认识，干预会引发怎样的认知可塑性反应。除了现有的细胞和系统联结发生改变，有关新皮质中新的功能性神经元在人的一生中都能“按需生产”的研究，结果几乎全都是否定的。神经元可塑性的研究已经清楚地表明，脑部的神经元细胞普遍缺乏复制能力，只有海马回和（有可能）嗅球一小层区域是例外，这些区域的神经元受环境的影响（Bartlett et al.， 1998）。据我所知，新皮质细胞的形成，虽然技术上可行，但在人类研究中人们一直没有看到。巴德瓦杰等人（Bhardwaj et al.， 2006）解决这一问题的方法充满了创新和智慧，他们利用了核试验后大气辐射的变化，根据细胞内的“碳”同位素水平，确定神经元形成的时间。巴德瓦杰等人所做的尸体解剖研究清楚地表明，所有的新皮质神经元细胞，都有妊娠期所受辐射水平的标记：这个令人信服的研究结果显示，人类出生后，新皮质中不会再正常地形成新的神经元。虽然行为可以发生改变，但是学习不可能扭转发展的进程，也不可能通过经验来补偿已经更改的 DNA 编码，重组新皮质中数十亿的细胞及其复杂的迁移和联结。或许，我们希望能开发出一种技术，可以形成新的功能性皮质神经元，这样就可以通过重塑神经元结构来纠正结构改变带来的影响。这将激活迁移的发展进程，而在正常情况下，这一进程在阅读训练开始的前几年
193 就已停止了。于是，这些被重新激活的进程，将在一个很大的、已经发育成熟的脑中运行。细胞分化、细胞体、轴突和突触迁移的环境，不同于胎儿正常迁移时的环境，那种环境相对来说比较“空”（尽管已经搭好了支架）。

3. 心灵白板：基因、模块、机制和天赋

行为与分子遗传学研究（以神经心理患者为研究对象，还有正常和异常发展心理学）对教育的终极影响，为长达数个世纪的关于心智结构的争论带来了曙光，洛克（Locke，1690/2009）夸张地将心智称为心灵白板，而康德（Kant，1788/1996）却认为心智是与生俱来的。研究令人信服地表明，我们不是白板，而是由多种机制构成的集合体。

前面提到的研究显示，基因的影响是非常复杂的过程，这些过程在子宫内就已经开始，并且一直延续到出生后。另外，这种发展性研究还发现大量的遗传性差异，并且很少有研究发现出生后新皮质的神经元仍然有可塑性，这些研究结果都与儿童心智的白板说相关。生物学研究表明，教育的生物学基础决定了低龄学习者心智中那些初始概念的性质和复杂性。如果不同领域的研究能达成一致，这通常代表了某种重要的认识。因此，值得注意的是，这个来自行为遗传学和分子遗传学研究的观点阐明了脑的神经元结构，而这种观点与越来越多发展心理学研究所取得的结果一致，它们都认为，心智由很多初始概念（包括数量）组成，这些初始概念再组合成更多复杂的概念（Bloom，2004；Carey，1992，2000，2004，2009）。

我们自己在模块化的框架下研究阅读障碍，这种将心智模块化的观点认为，机制不同，不仅所接收的输入不同，而且运行这些输入的算法也不同（Coltheart，Rastle，Perry，Langdon，& Ziegler，2001；Pinker，1991）。不同亚型的阅读障碍，可能有不同的遗传基础，与这一发现相一致的是，神经心理学的箭头示意图（参考附录1），就反映在为发展编码的基因中（Bates，Castles et al.，2007）。然而，其他一些模型，也不断得到一些研究的支持，它们在不同程度上与成人的认知数据一致。其中有些仅执行一种计算（例如某个神经网络），并且让人们所受刺激（例如书面语）的负担加重，因为这些刺激要让不同的脑区对不同的特征形成不同的敏感度（例如，专门负责字母组合、词语和意义的皮质区域：Harm & Seiden Berg，2001）。这种模型的变化表明，脑终将模块化，然而这种模块化来自一个统一的基础，对与生俱来的能力的限制很少（Karmiloff-Smith，Scerif，& Ansafi，2003；Scerif & Karmiloff-Smith，2005）。因此，尽管大多数主流专家同意，脑终将形成专门化，但关于环境在发展中的作用，他们的看法存在着分歧。

这反过来又激起“天性与教养”的争论：这是心智和教育研究讨论的核心。

前面几个部分主要说明儿童在推理和学习能力上存在着显著的差异，语言、空间技能和记忆等一些专门的技艺和才能，也都以重要的方式被编进我们的基因组。然而，这些显而易见的差异，有可能并没有反映让学习或推理能力得以提高或降低的基因的主效应，而是产生了一系列的平衡，让所有儿童都拥有相似的净能力，但又必须通过不同的方式来获得。有一个与此类似，但比较笼统的观点提出，基因**只有**通过与环境的互动才能发挥自己的影响，由于心理发展过程非常复杂，在这个过程中不同因素相互作用，所以基因的主效应，不可能是造成儿童
194 之间差异的主要原因。正如平克（Pinker, 2002）所指出的，这种“无须争论，所有都只是交互作用”的观点遇到的阻力很少，因为它似乎复杂而合理。特别是这种观点似乎有希望带来变化：也许，学习结果只不过**是**复杂了一点，好点的饮食、小点的班级、健脑操或者对学习方式的重视，都可以使得结果上的差异消失。然而，本书有几章着重指出，有研究表明，事实很可能并非如此。关于天性与教养，尽管这种“不存在争议”的观点显然非常复杂，但“天性与教养的争论不会消失”这一点有充足的理由（Pinker, 2004）。了解天性是了解人类共性的关键，了解天性，也是为了了解儿童天性及教养的差异可能产生什么结果。

4. 天性、教养和好学校中儿童的差异

基因与环境之间的关系具有多样性，通常通过自然选择形成。进化和选择一直牢牢地控制着发展的很多方面，正如人们对重要性状的预期：沃丁顿（Waddinton）称之为高度“定向化”的性状（canalized traits）。这个术语是指这样一些性状，即冗余的遗传系统几乎在任何一种既有的环境中都能稳定地获得某种特定的表现型。这就是为什么每个人的血液都携带氧，为什么每个人都有两只功能相近的眼睛、耳朵等，并且都有一套数量众多、非常精确的认知（皮质）网络和脑的子系统，稳定地以人类独有的方式分析这些输入的信息：工作记忆、语音回路、视觉运动区域、社会价值观，甚至评估小组成员和其他核心发展所需要的机制（Tooby, Cosmides, & Barrett, 2003）。人脑先天对某些特定类型的环境输入有特别的渴望，但是在认知上，人们处理某个特定输入的方式不同，在非认知上，人们偏爱的（Heckman, 2007）以及在自身环境中激发的输入（Haworth et al., 2011）也不同。在这些影响中，基因的主效应很大（有时候非常大）。

基因之间也会相互作用，因为这些“基因×基因”的交互作用，即使很小的变化也会产生很广、很大的影响；例如，基因 MECP2 控制 1 000 多个其他的基因，对脑功能、认知和疾病有广泛的影响（Joyner et al.，2009）。其实，绝大多数的 DNA 并没有被表达为蛋白质，这种非蛋白质表达型 DNA 中，有几类很重要，它们控制基因表达，形成身体某种复杂的运行系统（Qureshi，Mattick，& Mehler，2010）。

最后，基因与环境相互影响：基因×环境。基因与环境相互作用的形式也很多样，有协变，也有唤起式和机械式的相互作用（Plomin，1994）。基因与环境的相互作用对教育特别重要，因为学校教育就是为儿童创造环境，没有这些环境，儿童将不能发展他们通过与教育的互动而习得的那些能力。在这种情况下，有人提出，等位基因通常放大环境的影响，也就是所观察到的儿童学习速度的差异（更陡峭或更平缓的斜率）。于是，如果学习环境变得更好，影响学习速度的等位基因会让学习速度更快的儿童进步更大。所以，尽管人们希望教育的改善能弥补环境的不足，从而减少儿童之间的差异，但更好的教学可能会让儿童间的差异更大。

切奇和帕皮尔诺（Ceci & Papierno，2005）在论文《缩小差距的口号与现实》（The rhetoric and reality of gap closing）里指出，有大量的证据表明，“当‘无’进步的时候，‘有’的进步更大”。图 11.2 形象地展示了这种现象。巴尔特斯（Baltes）研究小组有一项长达数十年的研究项目，为这个倍增模型提供了强有力的实证证据，这个项目使用“极限测试”范式来研究能力的终身发展。巴尔特斯总结道， 195
精心组织的记忆强化培训，可以让所有被试受益，让他们有非常好的表现。然而，强化训练之后，被试的最佳表现渐渐开始趋同。而且，已有的差异不会因为练习而消失，得到的结果恰恰相反：已有的差异被大量的练习扩大了（Baltes & Kliegl，1992）。与巴尔特斯的看法类似，贝特曼和鲁斯萨茨（Betterman & Ruthsatz，1999）也认为，优异的表现，（至少）是智力、特定的才能或技能以及练习的共同产物。

对音乐专业知识（Ruthsatz，Detterman，Griscom，& Cirullo，2008）、音乐天 196
赋（Ruthsatz & Detterman，2003）甚至某些领域专家的才能（Ruthsatz et al.，2008）进行的个案研究，都支持这个说法。这些实证研究结果，明显不同于豪、戴维森和斯洛博达（Howe，Davidson，& Sloboda，1998）所提出的那个被广泛引用

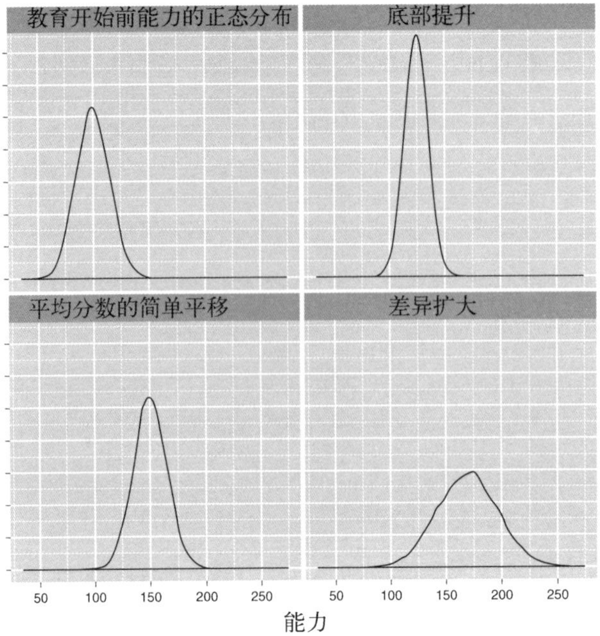

图 11.2 缩小差距的口号与现实：教育影响学生间差异的四种可能方式

注：左上图描绘了教育开始前能力的正态分布。其余三张图展示了教育影响学生能力的三种可能方式。右上图显示，如果儿童从教育获益的能力没有差异，结果会是什么样：教育将减少方差，开始时能力较弱的儿童得到帮助，表现更接近能力较强的学生。左下图只有平均分数的简单平移，教育保留了名次上的区别和方差，所有学生的平均分都有了程度相同的提高。右下图是切奇和帕皮尔诺（Ceci & Papierno，2005）实际观察到的结果，关系到“缩小差距的口号与现实”：所有学生的能力都有所提高，但开始时能力最强的学生，提高得更多，方差变大

的天才模型。豪等人所主张的是一种白板模型，认为天才的存在只是因为早期环境的选择、经历和机会。在这个模型中，所有天才表现的差异都被认为是练习的结果。德特曼、加布里埃尔和鲁斯萨茨（Detterman，Gabriel，& Ruthsatz，1998）认为，这种观点忽略了个体差异的影响，因而被称为“荒唐的环境论”。德特曼的研究结果和巴尔特斯研究小组的研究结果都表明，这种模型是错误的，而切奇和帕皮尔诺（Ceci & Papierno，2005）观察到的现象，才是正常的情况。巴尔特斯研究小组的研究结果因其规模和跨度尤其令人信服。

用于解释儿童间差异的第二种形式的相互作用，就是所谓基因和环境“交叉的”作用。这种相互作用，完全适合学习风格方面的研究（参考本书第十三章），

也适合这样一种看法，即认为所有的儿童都能学得很好，但是他们将要面对各种不同的环境。为了维护这个观点，也就是只要有适合他们学习风格的学习环境，所有儿童都能表现得很好，这些模型需要有一个假设，这个假设是对某些儿童有利的环境将对另外一些儿童不利（否则，有些儿童将普遍优于其他儿童，这种模型将被简化为更有说服力的“一般能力或者 g + 特殊天赋”模型）（Spearman，1927；Vernon，1950）。尽管这种模型表面看有一定的吸引力，但在某个具体的环境中，它会带来相互矛盾的预期。以阅读为例，基因和环境相互作用的模型预测，学校低年级的阅读课使用字母拼读教学法（或者整体语言教学法），一些儿童能学得很快，另一些儿童（具有不同的等位基因）则学不了那么快，甚至根本学不会，而且他们在课堂上接触到（对他们）有害的那种阅读方法后，反而有可能不会使用他们已经掌握的一些阅读技能。但在实践中，除了疾病或者受伤，经过教学，所有儿童在阅读方面都有进步。这些精神病学的模型研究表明，除非是假阳性，否则极有可能发现不了这种特殊的、恰好平衡不同环境的好处和代价的相互作用，这一观点得到了实践（Munafo & Flint，2009；Risch et al.，2009）和理论（Maes et al.，2006）的支持。[①]

强大的基因和环境的倍增效应，加上它们之间微弱的（如果有的话）相互作用，意味着好的学校会增加而非减少儿童之间的差异。学校培养和提高一些心理能力，同时会放大那些基础的、哪怕很小的生物能力的差异。儿童间差异所产生的一个严重后果是，我们能设定表现的标准，能提高所有儿童的表现，但这是有实际限度的，我们无法实现不让一个儿童掉队这样的目标。因此，教育政策应该聚焦于让每个儿童都能达到自己能力的顶点，而不是缩小儿童间的差异。当然，这不是让人们忽略差异。显示当前教育失败的一个例子是，有一个统计数据发现，智商相同的11岁儿童，他们的社会地位决定了17岁时谁的表现更好。这初步表明，有些学校接收了家庭社会地位较低，但很有能力的学生，却没有给他们提供发挥潜力的机会——越来越多的文献开始支持这一发现（Taylor et al.，2010；Tucker-Drob et al.，2011）。

---

① 有人认为，脑的充分发展，对饮食有一定的要求，教育效果的差异与这也有关系。有关这些看法的研究，没有发现遗传和环境相互作用所产生的影响。例如，有人提出，母乳喂养会对智力产生影响（Caspi et al.，2007），而现在重复研究得出的结果或者相反，或者显示没有任何影响。

197 三、三层认知系统模型：能力的培养

在脑中，无数的遗传决策，通过无数的联结，将干细胞精确地迁移和分化到各个细胞体，理解这一点需要转换观念。教育面对的不是一块白板，也不是拥有无限能力的神奇空间，而是一个精致的器官，拥有很多专门化的、容量有限的能力机制。脑中的一些能力是与生俱来的：由听觉、视觉等很多皮质网络组成的感知能力、数字技能和社会关系等各种行为能力(Carey，2009)。虽然脑有这些专门的机制，一个人要在社会上取得成功，还需要付出很多努力，有很多任务非常困难，需要不断练习，而且常常忘记。这既限制了我们的认知技能，也让我们关注教育在获得费力的、困难的知识时所具有的作用。我希望能在这部分将早先的材料综合起来，形成一个框架，这个框架既要有生物能力和差异、心理内容和过程，还要有人一生想要的、客观的教育目标，例如光明的前途、更好的健康状况和社会关系。这部分将首先介绍这样一个模型，然后根据这个模型，讨论推动这些目标实现的教育机制，这些讨论主要关注三个因素：哪些类型的教学对学生来说是有效的，哪些方法可以有效地贯彻这种教学以及有效的教育会对学生的差异产生什么影响。

有的模型认为，生物具有同一性，有的模型认为，生物特性对外在表现没有限制，如果这样的模型无助于理解心智，那么什么模型既能涵盖生物因素(例如，G蛋白耦联受体和轴突引导机制)和心理机制(例如，记忆和推理)，又能涵盖内容(例如，程序性知识、事实的记忆或者缓冲区存储的音素)，还能涵盖可以激发我们教育兴趣的重要结果，例如找到工作，保持一段稳定的关系？在我所提出的生物—心理—社会模型中，这三个因素被视为三个不同的层面。图11.3展示了这个模型。

这个生物—心理—社会模型提出，行为上的个体差异跨越三个领域：(1) **生物能力**(biological capacities)——它们没有心理属性；(2) **心理适应**(psychological adaptations)——价值观、记忆、词汇、推理技能等心理结构，在形成的过程中受基本的生物能力和外部影响(例如文化习俗、生活事件等)的共同影响；(3) **客观表现**(objective biography)——可以用(可观察到的)外部影响与心理适应之间的相互作用解释的、能够观察到的结果。这个模型将心理适应作为客观表现的近因，

198

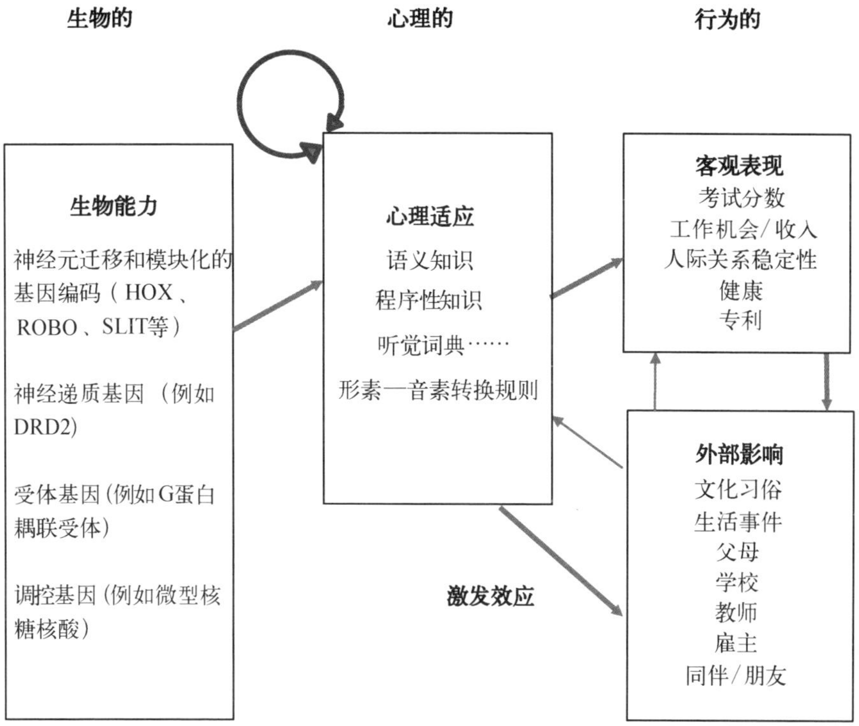

图 11.3　生物—心理—社会模型

这个模型将可以观察到的个体学生的结果定义为这个学生的客观表现。学业的客观表现被认为是心理适应和外部影响的结果。外部影响又与心理适应和客观表现相互作用。这样，心理适应激发不同的外部影响，反之亦然。左边一列是基本的生物能力

受基本的生物能力的影响。基本的生物能力完全由心理适应控制，与行为没有直接的联系。教育明显是一种外部影响，与心理适应相互作用（当然，资助教育是公民和政治家客观成就的一部分）。

在这个模型中，我们不再设想外部影响和生物能力将形成不可分割的，抑或难以理解的联系，而是认为外部影响和生物能力是生物—心理—社会系统的独立层面，它们中间还有一层，那就是心理适应。心理适应以生物能力为基础，但与外部影响相互作用并产生可见行为。在这个模型中，教师和学校都属于外部影响，与当前的心理适应相互作用，产生新的心智能力。图 11.3 左边表格中的基本的生物能力与基因编码有密切的联系。按照这种方式测量的结果和阅读各构成成分的研究结果一样，即遗传可能性常常（但不总是）接近 1.0（Olson, Forsberg, & Wise, 1994）。

生物—心理—社会模型有一个很重要的好处，就是用概念框架把基本的生物能力从行为的近因也就是心理适应中分离出来。这有可能平息关于天性和教养的争论。这个争论具有误导性。天性和教养这两个词常常很容易就消失在一轮"复杂的交锋"中。这表明发展是极其复杂的，各种因素交织在一起，天性（基因及其程序）是如何展现的，人们很难给出正确的解释（Pinker，2002）。当然，对科学研究者来说，重要的是，尊重研究对象的复杂性，缓和极端的观点，而不必压制新的方法，将抽象和复杂的事物简单化。因为这可能让科学停滞不前。一个很好的理由是，在比较等位基因不同的一高一矮两个植物变体的时候，生物学家并不认为这很复杂，由于这种调用的性质，用这个基因来解释高度的变化必然很简单。他们会转而研究和报告等位基因的表达促进生长的机制。他们会追踪这个等位基因的路径、促进基因和调控基因，寻找影响植物高度的其他基因。当然，这是人类医学领域已经发生的事情，而且收效很大，在人类身高特征的研究中正在这么做（Lango Allen et al.，2010；Yang et al.，2010）。如果我们要像了解疾病的变化一样了解正常的发展变化，那么很重要的一点是，我们必须继续关注天性的机制，不能自动退回到普遍的相互作用这样的概念。

教育如何帮助儿童吸收文化的内容，掌握文化的工具，这个视角可以回答这方面的几个重要问题。为了展示这个模型的实用性，我暂时只关注两点：学校教育如何发挥作用？在教育中，教师之间的差异会产生什么影响？

199
1. 学校教育如何提高能力?

父母、心理学研究者甚至道德哲学家普遍认为，有些能力是孩子应该具备的，譬如得到并保住高薪工作的能力，维持令人满意的社会关系的能力，遵守公平的法律的能力（Sen，2009），应对挑战并掌握新技能的能力（Ryff & Keyes，1995），以及分享常见的文化词语，进行有效交流和合作的能力（Hirsch，1999）。学校教育如何提高这些能力，人们的看法截然不同。一方面，有人认为，学校是儿童构建自己现实世界的地方，教师给予的指导应尽可能少。这种观点认为，教师最重要的作用就是鼓励学生，无论学生做什么，都给予鼓励。斯滕伯格（Sternberg，2000）在他的文章《寻找动物百家姓的最后一位》（*In search of the zipperump-a-zoo*）中提出了一个学校表现模型，学生（作者以他自己为例）只是按照外界对他们的期望表现，而这些期望大多是变化无常的，这或许带有一点玩笑的口吻。另一方面，与此相对的另外一种观点是，学校是主动传授被广泛接受的、有关世界的知识，解释这些知识为什么是这样的理论的地方，学校还传授一些技能，从绘画到演奏乐器，到写作，到设计和制作物品。这种观点认同主动的教学指导，而非个人的自我构建。它不要求儿童自己去构建现实，而是试图通过直接的教学扩展儿童的能力："当你和人打招呼时，要和他们握手。方法如下：直视对方的眼睛，看向他们的手，紧紧握住但别太用力，接着再进行眼神交流。"这种方法不是只给儿童人物、事件和日期，让他们自己从中提取力所能及的信息，而是把事件当作概念，给儿童提供发生的实例："1805 年，英国与拿破仑统治的法国在特拉法尔加交战，对抗法国和西班牙的联合舰队。纳尔逊勋爵是勇士的楷模……"它还倾向于使用现实的题目来测试和巩固知识，例如让学生反复练习在实际情形中使用某个抽象的概念。

从现代结构主义学习到后现代建构主义学习，这种变化与下面的问题有点类似：学校应该传授知识，还是应该提高推理和记忆等基本能力？学校教育的重点是创造力，还是知识和技能的掌握？这两个问题有一定的联系。有些实验被认为可以提高智力等基本能力，这样的实验很有可能被媒体广泛报道（Jaeggi, Buschkuehl, Jonides, & Perrig, 2008；Rauscher, Shaw, & Ky, 1993），甚至被出售，但我们却不太可能看到一些重要的告诫（Sternberg, 2008）或批评（Moody, 2009），还有一些失败的重复研究（Charbris, 1998；Steele, Bass, & Crook, 1999；Stough, Kerkin, Bates, & Mangan, 1994）。有的词如"记忆"有生物学和心理学两种解释，生物—心理—社会模型的价值就在于它可以区分这类词语的两种截然不同的意义。如果我们将"记忆"理解为一种基本的生物能力，那么我们就应该知道，教育不能让一个人的记忆变得更好，也不能改写一个人的 DNA，给这个人换一种更有效的肾脑表达蛋白 KIBRA 基因。然而，如果我们把"记忆"视为存储和提取知识的那种心理能力，那么练习和测试显然可以提高记忆。因此，有效的教育，不是通过神经元的可塑性或其他机制让儿童变得都一样，而是通过设定合理的目标、教学情境和教学活动，提高儿童的客观表现，增强他们的心理适应。

培养创造力，还是传授知识？这种抉择我们也可以采用另一种类似的方法来理解。举一个例子，斯滕伯格支持前者，他说我们应该"培养创造力而非背诵能力"（Sternberg, 2010）。这个选项（如果必须选的话）听起来可能更具吸引力：

毕竟谁都不希望自己的同胞是那些只能记住元素周期表却没有创新的人，而是
200 希望是诺基亚的创始人，是高容量电池的发明者或者苹果公司的创新人员。然而，这种说法掩盖了两个假设。第一个假设是创造力是可以教的，而且不依赖智力和接受新事物的能力。这两个说法都受到了强烈的批评（Brody, 2003a, 2003b）。第二个假设与“背诵”一词的使用有关。为何不用“学习”，或者“理解”？“学校应该培养创造力而非理解力”，这种提法听起来可能就没有那么高的吸引力。在这个生物—心理—社会模型中，有效的教育，就是什么能提高儿童的客观表现就做什么。那么，更实际的问题来了：什么才能让儿童的客观表现达到顶点呢？为此，研究和实践关注的重点，应该放在理解和贯彻可以提高客观表现平均成绩的有效教学上。于是，看似矛盾的是，神经科学告诉我们，教育的主要任务是教学。

生物—心理—社会模型表明，受过和没受过教育的心智，它们的主要区别在于是否掌握大量的知识和技能。如果这是正确的，那么问题的核心就是要解决一个争论，那就是知识和技能是否需要系统的学习和练习才能记住，或者，既然学习是基于发现，以自我为中心的，那么学习是否应该像玩耍一样。在后一种观点看来，教育不应该是教师先传授被认可的知识，然后让儿童练习这些知识，而应该是由儿童自己来构建现实的世界（Mayer, 2004）。同样地，后一种观点还认为，考试对学习的作用很小，或者考试对学习根本没有作用。考试没有任何积极的用途，并且会将儿童分为三六九等。这种分类反映了儿童家庭的社会地位及家庭所能提供的课外辅导，或者帮助教师决定应该给哪些儿童反馈。那些考试日运气很差，考得不好的儿童，得到的反馈通常带有预言的性质，是有害的。人们认为，儿童通过应试学习掌握的知识很不牢靠，忘得很快，因为它的特点是死记硬背。

这种观点虽然得到了教育专家的广泛支持（Mayer, 2004），但却与传统的学习模型截然相反。“反复回忆，不断练习能够增强记忆”（Aristotle, 350BCE/2007），说这话的人，是最古老的教育理论家之一。这说明什么呢？这说明考试可以大大提高学习的水平，特别是在较长的时间段内（Roediger & Karpicke, 2006）。考试提供了回忆的机会，而回忆似乎可以增强记忆（Karpicke & Roediger, 2008）。通俗地说，脑得到的信息是，回忆的内容都是有用的、重要的，因而增加了这些记忆的持久性。我们也常常听到有人说，不好的表现得到的反

馈一定是有害的（据称会降低自尊心）。然而，研究再一次表明，考试后的反馈能在测试效应的基础上进一步提高学习的水平（Bulter，Karpicke，& Roediger，2008）。有人认为，死记硬背的学习只能“应试”，不能举一反三，这种观点也是错误的（McDaniel，Howard，& Einstein，2009）。为什么结构主义的学习和考试看起来效果这么好？需要死记硬背的知识通常有其自身的价值——它们是方便交流的社交资源（套用莎士比亚在《裘力斯·恺撒》中的句子：“人生总有机遇……”），也可以应付要求数量精确的题目（七八五十六，而非五十七）。不仅乘法口诀的学习是如此，所有事实和公理准则的学习都是如此：这些知识是获得其他知识的基础，也是提高我们信息处理能力的基础，不能通过其他的知识间接获得。在生物—心理—社会模型中，这种提高发生在心理适应层面，生物能力增强，可以提高心理适应能力。

2. 代表知识深度一端的死记硬背

不加理解的死记硬背式学习是不对的。但是，可以提高能力的技能学习，几乎总是典型的死记硬背式的学习和练习。以数学的矩阵代数为例。在工程、数学和统计中普遍应用矩阵代数。与桥牌游戏类似，矩阵代数的法则也是抽象的和任意的，只为了一个目标：将数量有可能非常庞大的算术运算，抽象成一些符号，从而简化复杂运算的思考方式。这么做的回报是非常大的：$A \cdot B^{-1}$ 可以用 201
5 个字符表达大型矩阵中几千个数字的几百万次数学运算。它被广泛地应用于多个领域，从会计和预测，到科学技术领域为行为的复杂系统和材料统计建模。学习矩阵代数，需要一些悟性，但是矩阵代数的计算能力，需要很长时间的练习。虽然矩阵代数的目标不是任意的，但它的规则和符号体系却是任意的：实际上，和微积分一样，那些可选的替代方案很早就开始竞争。任何想要使用这种技术的人，都必须先通过死记硬背学会这套符号体系和转换规则，这样他们才能习惯。

死记硬背式学习的对立面可能是以概念知识为特征的学习，学生能从各种形式和媒介中识别出某个概念，自如地处理，并将之与其他知识联系起来。然而，我们常常惊讶于我们自己的知识有多么浅薄。我们在儿童身上看到这一点，不使用死记硬背的方式教儿童正方形和菱形，他们能画出正方形，但画不出菱形。画不出菱形的时候，儿童是如何理解正方形这一概念的呢？既然画不出菱形，他们又是如何理解菱形这一概念的呢？作为成人，我们可能感觉自己已经超越了这一阶段，但看起来我们并没有。如果愿意的话，你可以想象一个简单的物体，例如一个正方体。大部分读者会认为，自己对正方体有很深的理解：或许你可以定义它（“一个对称的三维立体图形，实心或者空心，有六个面积相等的正方形平面”）；用一个句子描述它，即使它变换各种角度、距离或者材料，视觉上也是可以识别的。你可以用数学术语角（90°）、面的方向（垂直）、相等（边的长度）来描述它的特征。你也可以计算它的面积或体积等特征。想象你面前有一个正方体。它有多少个面？短暂的思考后你可以说它有六个面。现在，关于这个最简单的三维图形，我们的知识是死记硬背式的，还是深刻理解式的？抛开语言或数学的方法，想象将一根手指放在正方体的一个角上，将正方体转过来，将另一根手指放在完全相对的另一个角上，把它拿起来。你看到正方体围绕你刚创建的轴旋转吗？现在，围绕正方体中间旋转的，有几个角？很少有人不用借助语言知识也能正确地回答这个问题。很明显，我们的知识表征是一个连续的统一体，其中大部分比我们所认为的更浅薄，知识的深化主要通过大量的应用和测试。

3. 课堂上的神经科学

在生物—心理—社会模型中，学校给儿童输入新的知识及处理这些知识的方法，快速提升儿童的能力。在这个模型中，教育技能的差异及其影响是儿童第二层面心理与第三层面教师和教学系统相互作用的结果（如图 11.3 所示）。其中的变量主要有教师素质、班级人数以及其他因素。这个模型重点关注如何协调教师素质、班级人数等各个因素，以达到最佳的效果（考虑到每一个的成本）。其他的变量包括儿童分班的能力标准和课堂纪律等一些非认知因素。所有这些因素都可以进行实证研究。这里只简要地讨论两个经常出现的研究问题：班级人数和教师素质。

有人认为，削减班级人数很重要（Krueger，1999），班级人数对学习有很大的影响。这之所以重要，是因为在经费支出主要为工资和退休金的教育系统中，改变班级人数这个变量所需的成本最高。因此，减少班级人数所得到的效果必须非常大，才能匹配所付出的机会成本。然而，研究发现，班级人数的影响一般都比较小，常常接近于零（Hanushek，1998；Hoxy，2000）。而且，因为降低班级人数的中期影响是教师收入减少，所以在教育经费有限的情况下，这样的措施可能会进一步降低教师素质（Jepsen & Rivkin，2009）。

杰普森和里夫金(Jepsen & Rivkin，2009)提出的结论，重点关注教师素质这 202
一概念。教师能力和专业知识对教育结果有什么影响，这方面的观点很多。其中一个极端的观点是基本上没有什么影响(Hanushek，1998)。而另一个观点是，教师的认知能力是提升学生能力的一个很重要的因素。这已经有了一些研究数据。这项有关教师影响的研究，使用了大样本(Leigh，2010)。这项研究控制了儿童间的差异以及儿童上一年的学习成绩，以观察他们的教师对他们的影响。这是一项大型研究，收集了 10 000 名教师和 90 000 多名学生的数据。研究结果显示，有一种一般性的教学能力，使得不同的教师对学生读写能力和运算能力的影响明显不同。教师间的差异，通过扩大个体儿童间能力方面所表现出来的遗传差异来影响其相似性程度，研究提供了确凿的证据，证明教师在有效的阅读教学中发挥着非常重要的特殊作用(Taylor et al.，2010)。类似的研究也显示，终身的健康和收入水平都明显受益于幼儿园时期的教师素质(Chetty et al.，2011)。然而，目前人们对教师素质还没有充分的了解，还需要进行更多的研究。

相对其他职业选择而言，教师声誉和收入下降会让越来越多能力较低的新人参加教师培训，这方面的影响常常受到人们的关注。客观而言，教师的认知分数已经呈现下降的趋势。例如，过去的几十年中，平均智商(智商 100)和高智商(智商在 130 或以上)实习教师的比率，已经从以前的近乎一半对一半下降到现在的 4∶1(Murnane，1992)。有关实习教师的研究也指出，有些教师，没有完全掌握他们要教的内容，这从他们能否顺利通过自己学生将要参加的考试可以看出，例如，提交给唐纳森教育报告的研究表明，有些教师常常不能一次性通过小学数学考试，而且这些教师说，他们常常课前学习要教的内容。人们将这种情况归咎于学校里常见的一种观念，认为“教师不需要完全掌握所教的内容”(Donaldson，2011)。教师的认知和知识与学生能力进步之间的紧密联系，有可能让这方面的科研投入得到巨大的回报。

四、结论

遗传研究和有关脑的研究表明，儿童入学时的学习能力有着巨大而稳定的差异，这些差异主要反映了遗传差异(Royal Society Working Group，2011)。这些研究还表明，与教学有关的决定，将对儿童能力的提高产生最大的影响。这从两个方面突显了神经科学研究的重要性。第一，由于教育通过存在个体差异的生物系统发挥作用，有效的教育也会放大儿童间的个体差异。第二，什么教学技能有效是实践问题，这些问题的可靠答案有助于改进教育：什么环境是最佳的学习环境？绘画这类技能的教学，最好采用什么方法？历史知识的教学，最好采用什么方法？时间促进还是阻碍儿童的理解与回忆？班级人数是否应该少一点？大班教学、小班辅导和练习，哪个能取得更好的教育结果？教师的能力和知识重要吗？能力相似的儿童应该被“分”在同一个班级吗？这些问题需要可靠的、证据充分的、可以应用的答案，在此基础上，教育才有可能让每个儿童都有最佳的学习表现，可是这些答案一直出奇地难找。新闻里的争论常常因核心事实的明显分歧而愈加激烈：现在的考试比以前简单吗？皇家化学学会（Royal Society of Chemistry, 2008）的研究似乎令人信服地表明，事实的确如此。但是，这种信息通常只出现在科学报告中，而记者、雇主和父母等能看懂的那些公开发
203 行的、引证充分的、描述生动且颇具争议的简报中并不常出现这类信息。尽管专门的教育会议报告和文件有很多，但这些很快过时，而且署名权肯定有限。有些问题的研究也常常看起来很不扎实、可靠。因此，我们希望在未来几年能够看到，教育、心理学和其他学习基础学科的学术部门能更紧密地联系起来，而他们与政策制定者、父母和课程决策者的联系也能更紧密。我赞成投入一定的资金来研究、回答这些问题，用教育的事实解决教育的争论。

附录 1：心智的描述和解释

心理学至少有三个分支解释个体差异：神经心理学、个体差异研究和行为遗传学。这三个分支从不同的视角看待心智，但都可以整合在认知遗传学的旗下，为理解与教育相关的学习的生物基础提供了一个框架（Bates, 2008b）。图 11.4、图 11.5 和图 11.6 展示了这三种研究认知的方法：图 11.4（认知差异的心理学模型）；图 11.5（阅读、语言和工作记忆的神经心理学模型）；图 11.6（阅读、语言和工作记忆要素关系的行为遗传学模型）。

图 11.4、图 11.5 和图 11.6 在形式上有很大的不同，反映了研究人员在这三个领域所关注的重点。当然，这三种方法测量的结果都能保持一致，其中有两个突出的事实对教育具有广泛的价值。

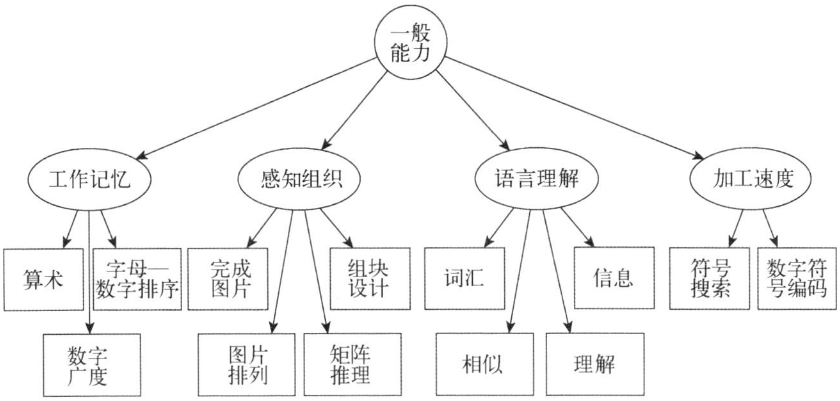

图 11.4 认知差异的心理学模型

《韦氏成人智力量表(第三版)》(Wechsler Adult Intelligence Scale III)所测量的能力因素结构。一般能力或者 g 可以解释大约一半的表现差异，有些能力区域也呈现出某种结构(例如语言理解和感知组织)，这些区域的专门能力也有明显的不同。出现在如图 11.5 所示神经心理学模型中的正是这些专门的能力，或者是它们更加细分的形式

204

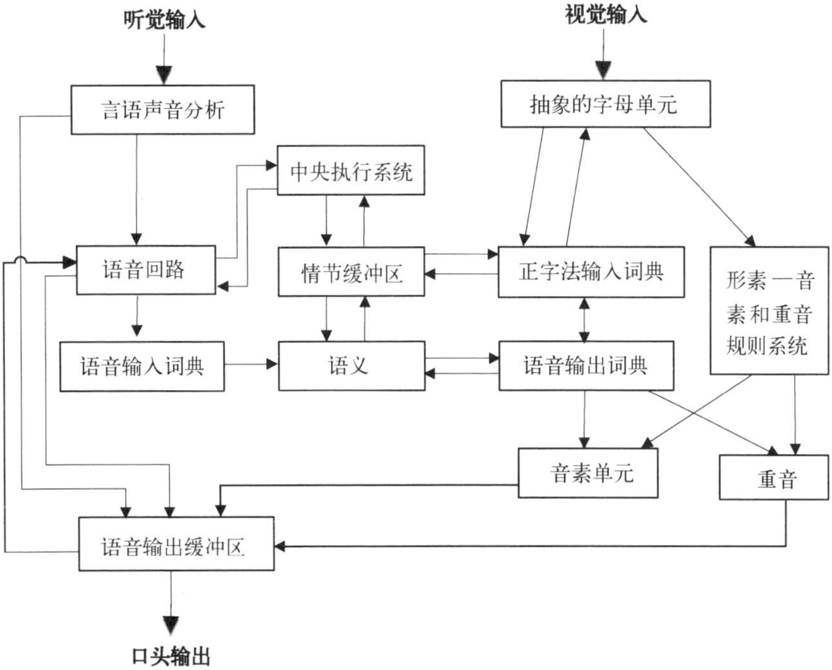

图 11.5 阅读、语言和工作记忆的神经心理学模型

右边是阅读双通路层级系统的构成(Coltheart et al.，2001)。来自患者的数据支持假词如"SLINT"的朗读能力与不规则词如"YACHT"的朗读能力是两种不同的能力(Castles, Bates, Luciano, Martin, & Coltheart, 2005; Castles & Holmes, 1996)。中间是语义及工作记忆的执行部分。这些都用独立的模块表示，因为这种区别再次表明，获得性脑损伤患者，有的保留了阅读书面语言的能力，但无法理解意义，有的尽管失去了阅读的能力，却能记住意义。左边是出现特定语言障碍的心智的结构，具体有言语声音分析系统、不涉及意义的语音串的临时存储系统、支持短时记忆复述的各种联结的临时存储系统(Baddeley, A. D.,2007)

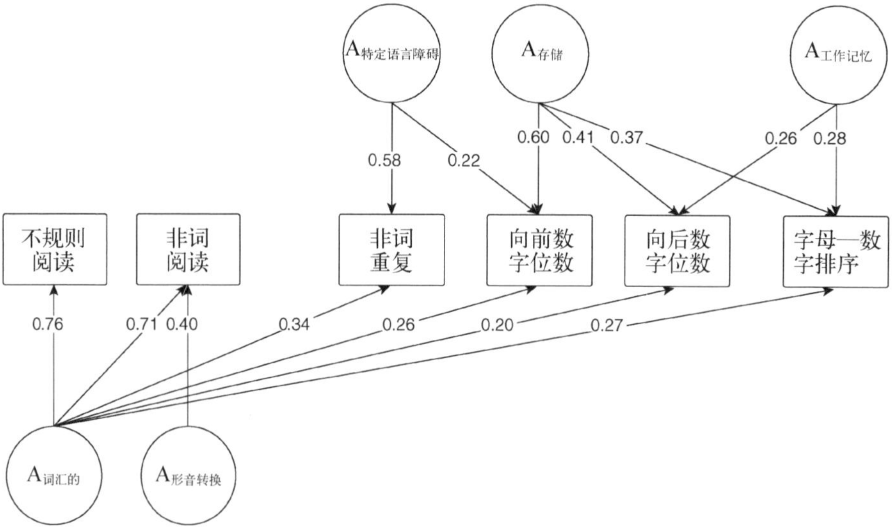

图 11.6 阅读、语言和工作记忆要素关系的行为遗传学模型

阅读能力、对语言习得很重要的语音缓冲、向前和向后的数字记忆广度和工作记忆(字母数字排序)各种成分之间关系的行为遗传学模型。多变量的行为遗传学模型既揭示了主导认知差异的心理学模型的相关性(图 11.4),也展现了神经心理学模型所要表达的独立性(图 11.5)

图 11.4 主要说明认知差异的心理学模型。图 11.4 中描述了 13 种认知能力测量之间的关系,重点是这些测量之间的协方差。涉及教育的是,这种协方差方法揭示了任何大型的成套测试,无论测试的构成如何,都有一个一般因素可以解释大约 40%—50%的测试方差(Carroll, 1993)。

这个一般能力或者 g 因素是可以遗传的(Deary et al., 2006),并且在人的一生中都非常稳定(Deary, Whalley, Lemmon, Crawford, & Starr, 2000)。一般能力或者 g 的测量与很多人生成就都高度相关,可以解释教育结果的大部分差异。举例来说,有人对大约 70 000 名儿童进行了追踪研究,从他们 11 岁开始一直追踪到他们参加普通中等教育证书(GCSE)考试,结果发现 11 岁时的智商(一般能力或者 g)可以解释 16 岁时学校成绩差异的 81%(Deary, Strand, Smith, & Fernandes, 2007)。这表明,在某个时间段,儿童所掌握的知识有差异,不仅如此,他们学习的能力也有差异。因此,接受教育的时间越长,越能保持较高的排名。图 11.4 也说明,个体差异的分层建模,可以捕捉一般能力之外的
205 各类差异。这里展示的是感知组织和语言理解,它们介于这些能力测试与一般能力或者 g 的中间。关于认知,有两个事实:它既有一个实质性的一般成分,也

有一个由各种专门能力组成的亚成分，这两个事实出现于 20 世纪 20 年代（Spearman，1927），20 世纪 50 年代以来被广泛认可（Vernon，1950；Neisser et al.，1996）。

图 11.5 主要说明心理学第二个影响很大的组织框架：认知神经心理学模型（Rapp，2002）。认知神经心理学主要关注患者之间的区别，发展性和获得性认知缺陷说明信息流是通过不同的加工系统逐级分层加工的，这是认知神经心理学建立认知模型的基础（Shallice，1988）。认知神经心理学模型提供一个关键的信息，它认为心智有一个非常复杂的内部结构，心智的各种概念和过程是形成其功能的基本建构模块，并不是教育等外部过程的随意安排。

表面上看，认知差异的心理学模型和认知神经心理学模型并不相容：一个包含了一个潜在的、看不到的一般能力或者 g，不强调各种专门的机制；另一个有清楚的方框和箭头，几乎关注所有的机制和信息传递，却很少关注相互关联的那些能力（无法说明能力各组成部分之间的区别）（Shallice，1988）。然而，我在其他地方曾经提过，这种显而易见的矛盾是种错觉：这两个模型都可以使用同一个模型来表征（Bates，2008b）。接下来的部分将以行为遗传学模型为例来介绍这种模型。

行为遗传学模型（如图 11.6 所示）与神经心理学模型几乎可以一一对应。这两个模型都抓住了心智中不可分割的最小组成部分。不同之处在于，行为遗传学模块的证据基础是遵循孟德尔定律的发展性遗传分化，而非患者所表现的获得性差异。例如，孤独症的遗传学研究显示，孤独症至少有三种不同的独立成分，包括情绪加工、语言和思维的灵活性，每一种都有不同的生物基础和治疗需 206
求（Ronald et al.，2006a）。值得注意的是，行为遗传学研究（Bates，Castles et al.，2007）也发现，获得性阅读障碍又可分为表层性阅读障碍与语音性阅读障碍。这种遗传上的联系表明，成人心智的各种机制是相互独立的，因成人脑所受的损伤而表现出来，这些独立机制的专门化，不只受环境规律推动（Karmiloff-Smith，1998），这种专门化本身是预先设定好的程序（Pinker，2002）。

神经心理学发现了心智那些相互独立的可以遗传的机制，这些机制行为遗传学都可以清晰地描述。除此之外，心智还有一个方面，神经心理学模型无法说明（因为神经心理学模型主要关注相互之间的区别），但是行为遗传学模型可以。那就是，个体差异研究发现，认知的构成包括一般能力或者 g 和一些不同类别的能力。一般能力或者 g 本身不是心智的一种机制，因此神经心理学模型没有一般能力或者 g 这个方框（尽管与脑的其他区域相比，一般能力或者 g 与顶额和颞下区域的脑容积及其功能性差异联系更紧密，而这些区域主要负责注意、语言和工作记忆）（Jung & Haier，2007）。但是，一般能力或者 g 能解释大约一半的认知能力差异，这对教育而言是一个重要发现：它意味着儿童如果在学校教育的某个方面表现不好（或者很好），那么他们在其他方面的表现很有可能也不好（或者很好）。遗传研究（Deary，Spinath，& Bates，2006 对此进行了回顾）指出，大部分稳定的认知差异都是可以遗传的，而且几种认知特征的遗传影响，几乎可以解释各种心智能力之间的所有相关。我们自己对阅读和语言的遗传研究支持这一观点。阅读遗传大部分是重叠的，以一般能力或者 g 为主的理解层面有，非常具体的阅读子任务中也有，例如，建立所有词语的视觉词汇表以及培养将字母解码为声音的能力。所以，基因既有一些专门的影响（Bates，Castles et al.，2007；Wilmer et al.，2010），也有一些非常一般的影响（Kovas，Harlaar，Petrill，& Plomin，2005），这两种都很常见。

附录 2：风险及今后的发展

基因的发现使人可以根据大量累积的遗传风险因素进行早期诊断性检测。因为与阅读相关的基因都是与生俱来的，遗传知识让人可以提前对某种风险进行评估，而不需要等到几年后通过行为测试发现阅读迟缓的迹象。这样，宝贵的资源就可以更有效地分配给那些有风险的人群，为他们提供更早的干预治疗，或许还可以根据某些风险因素调整预防治疗。与阅读发展相关的基因的研究还在继续，现在开始出现既有效、人们又能负担得起的诊断检测。全基因组关联研究大约花费 200 英镑就能测定一个人 100 万个左右的单核苷酸多态性，因此根据预测函数进行早期（出现症状之前）风险诊断也有望在不久的将来取得惊人的进展。很多复杂的疾病似乎都有可能受到数以千计的基因的影响，这些基因每一个的作用都很小，但这些作用会累积起来。有些复杂的疾病，如精神分裂症或孤独症，影响它们的数千个基因，遍布整个基因组，预测函数会将这数千个微小的影响加在一起。身高研究显示，这非常有效，所用的基因组检测方法可以捕捉大约 40%的身高遗传基础（Lango Allen et al.，2010；Yang et al.，2010）。这样的预测有很大的应用前景。如果基因检测可以用于阅读障碍和孤独症等疾病，结果很有可能是让这些患者获益。基因检测能在任何行为迹象出现之前对风险进行评估，这样，有针对性的干预治疗可以更早开始。

我们还可以进一步设想，掌握了孤独症之类疾病的分子遗传途径，就有可能 207
研制出全新的生物疗法。这看起来似乎很遥远，因为我们对神经系统和复杂疾病的关系还缺乏充分的认识，有些疾病明显无法预防，如苯丙酮酸尿症（phenylketonuria，PKU）和胰岛素依赖型糖尿病，但却对非常简单的生物化学干预有很大的反应。首先，这表明，一旦我们了解是什么触发了阅读障碍、孤独症、注意缺陷多动障碍甚至一般智力（例如，苯丙酮酸尿症）的基因表达，就有可能实质性地改善甚至根除这些疾病。其次，与其他一些疾病的情况类似，如果我们理解儿童受教育能力差异的遗传基础，就有可能把这些差异看成我们愿意承认和处理的事实，而不是把它们当作无法解释的教育结果，并因此指责教师“让一些儿童掉队”。这些新的知识有可能让人们接受个性化治疗项目，并为之提供额外的资源（孤独症和阅读障碍的治疗已经开始出现），还有可能提供更早、更有效的治疗。

早期基因检测让我们有望及时开展认知改善治疗，避免学校教育的失败所产生的任何负面的社会影响。当然，有了这种能力，我们的社会有可能变得像电影《千钧一发》（GATTACA）所描绘的那样，由基因决定一切。乐观的一面是，在教育领域，很多重要的变化通常都有个体差异和遗传学的研究证据：从社会包容性教育，比奈（Binet）和其他人证明了弱势群体的能力，到两性平等的教育，伯特和穆尔（Burt & Moore，1912）很早就在发表在《实验教育学杂志》（*Journal of Experimental Pedagogy*）的那篇文章中总结道，“令人惊讶的是，除了极少数特例，心智结构与生俱来的性别差异非常小——远远小于我们从常见看法和做法中所感觉到的”，这个结论得到了更加复杂的研究的支持，这个研究也显示，两性的平均能力几乎相同（Deary，Irwing，Der，& Bates，2007）。另外，不要减少能力低的人的机会和资源，这种做法同样得到个体差异的生物学研究的支持。因此，尽管有研究令人信服地表明，阅读障碍具有很高的遗传可能性，但这并没有放弃或者排斥有阅读障碍风险的儿童。相反，不断出现的有关行为治疗和教学方法的研究，都是为了让所有儿童都能使用书面语言。孤独症领域也出现了类似的积极的变化。以前的看法认为，孤独症的起因是“冰箱母亲”（指冷漠的妈妈），后来的研究显示，孤独症具有很高的遗传性（Folstein & Rutter，1997）。由此，有些人在研究中开始关注孤独症儿童的认知基础(Baron-Cohen, Wheelwright, Skinner, Martin, & Clubley, 2001),其各种遗传成分(Ronald et al., 2006a)和新的治疗方法,也开始关注普通大众对这种疾病的接受度,为这类疾病诊断之后的治疗提供更多资源。

参考文献

Aristotle. (350 BCE / 2007). *On Memory and Reminiscence* (J. I. Beare, Trans.). Adelaide: eBooks@Adelaide, University of Adelaide.

Asbury, K., Wachs, T. D., & Plomin, R. (2005). Environmental moderators of genetic influence on verbal and nonverbal abilities in early childhood. *Intelligence*, *33*(6), 643 - 661.

Baddeley, A. D. (2007). Working memory: Multiple models, multiple mechanisms. In H. L. Roediger, Y. Dudai, & S. M. Fitzpatrick (Eds.), *Science of Memory: Concepts*. (pp. 151 - 153). Oxford: Oxford University Press.

Baltes, P. B., & Kliegl, R. (1992). Further testing of limits of cognitive plasticity: Negative age differences in a mnemonic skill are robust. *Developmental Psychology: A Quarterly Journal of Human Behavior*, *28*, 121 - 125.

Baron-Cohen, S., Wheelwright, S., Skinner, R., Martin, J., & Clubley, E. (2001). The autism-spectrum quotient (AQ): Evidence from Asperger syndrome/high-functioning autism, males and females, scientists and mathematicians. *Journal of Autism & Developmental Disorders*, *31*(1), 5 - 17.

208 Bartlett, P. F., Brooker, G. J., Faux, C. H., Dutton, R., Murphy, M., Turnley, A., et al. (1998). Regulation of neural stem cell differentiation in the forebrain. *Immunology and Cell Biology*, *76*, 414 - 418.

Bates, T. C. (2008a). Current genetic discoveries and education: Strengths, opportunities, and limitations. *Mind Brain and Education*, *2*(2), 74 - 79.

Bates, T. C. (2008b). Intelligence: An overview. In A. Verri (Ed.), *The Life Span Development in Genetic Disorders* (pp. 1 - 8). New York: Nova Publishers.

Bates, T. C., Castles, A., Luciano, M., Wright, M., Coltheart, M., & Martin, N. (2007). Genetic and environmental bases of reading and spelling: A unified genetic dual route model. *Reading and Writing*, *20*(1 - 2), 147 - 171.

Bates, T. C., Lind, P. A., Luciano, M., Montgomery, G. W., Martin, N. G., & Wright, M. J. (2010). Dyslexia and DYX1C1: Deficits in reading and spelling associated with a missense mutation. *Molecular Psychiatry*, *15*(12), 1190 - 1196.

Bates, T. C., Luciano, M., Castles, A., Coltheart, M., Wright, M. J., & Martin, N. G. (2007). Replication of reported linkages for dyslexia and spelling and suggestive evidence for novel regions on chromosomes 4 and 17. *European Journal of Human Genetics*, *15*(2), 194 - 203.

Bates, T. C., Luciano, M., Medland, S. E., Montgomery, G. W., Wright, M. J., & Martin, N. G. (2011). Genetic variance in a component of the language acquisition device: ROBO1 polymorphisms associated with phonological buffer deficits. *Behavior Genetics*, *41*, 50 - 57.

Bhardwaj, R. D., Curtis, M. A., Spalding, K. L., Buchholz, B. A., Fink, D., Bjork-Eriksson, T., et al. (2006). Neocortical neurogenesis in humans is restricted to development. *Proceedings of the National Academy of Sciences of the United States of America*, *103*(33), 12564 - 12568.

Blake, P., & Gardner, H. (2007). A first course in mind, brain, and education. *Mind Brain and Education*, *1*(2), 61 - 65.

Bloom, P. (2004). *Descartes' Baby: How the science of child development explains what makes us human*. New York: Basic Books.

Brody, N. (2003a). Construct validation of the Sternberg Triarchic Abilities Test: Comment and reanalysis. *Intelligence*, *31*(4), 319 - 330.

Brody, N. (2003b). What Sternberg should have concluded. *Intelligence*, *31*(4), 339 - 342.

Burt, C. L., & Moore, R. C. (1912). The mental differences between the sexes. *Journal of Experimental Pedagogy*, *1*, 273 - 284, 355 - 388.

Butler, A. C., Karpicke, J. D., & Roediger, H. L. (2008). Correcting a metacognitive error: Feedback increases retention of low-confidence correct responses. *Journal of Experimental Psychology. Learning Memory and Cognition*, *34*(4), 918 - 928.

Carey, S. (1992). The origin and evolution of everyday concepts. *Minnesota Studies in the Philosophy of Science*, *15*, 89 - 128.

Carey, S. (2000). The origin of concepts. *Journal of Cognition and Development*, *1*(1), 37 - 41.

Carey, S. (2004). Bootstrapping & the origin of concepts. *Daedalus*, *133*(1), 59 - 68.

Carey, S. (2009). *The Origin of Concepts*. Oxford: Oxford University Press.

Carroll, J. B. (1993). *Human Cognitive Abilities: A Survey of Factor-analytic Studies*. New York: Cambridge University Press.

Caspi, A., Williams, B., Kim-Cohen, J., Craig, I. W., Milne, B. J., Poulton, R., et al. (2007). Moderation of breastfeeding effects on the IQ by genetic variation in fatty acid metabolism. *Proceedings of the National Academy of Sciences of the United States of America*, *104*(47), 18860 - 18865.

Castles, A., Bates, T. C., Luciano, M., Martin, N. G., & Coltheart, M. (2005). Two different sets of genes for reading (and spelling). *Australian Journal of Psychology*, *57*, 47.

Castles, A., & Holmes, V. M. (1996). Subtypes of developmental dyslexia and lexical acquisition. *Australian Journal of Psychology*, *48*(3), 130 - 135.

Ceci, S. J., & Papierno, P. B. (2005). The rhetoric and reality of gap closing: When the "have-nots" gain but the "haves" gain even more. *American Psychologist*, *60* (2), 149 - 160.

209 Chabris, C. F. (1999). Prelude or requiem for the "Mozart effect"? *Nature*, *400* (6747), 826 - 827 ; author reply 827 - 828.

Chetty, R., Friedman, J. N., Hilger, N., Saez, E., Schanzenbach, D. W., & Yagan, D. (2011). How does your kindergarten classroom affect your earnings? Evidence from Project Star. *The Quarterly Journal of Economics*, *126*(4), 1593 - 1660.

Coltheart, M., Rastle, K., Perry, C., Langdon, R., & Ziegler, J. (2001). DRC: A dual route cascaded model of visual word recognition and reading aloud. *Psychological Review*, *108*(1), 204 - 256.

Deary, I. J., Irwing, P., Der, G., & Bates, T. C. (2007). Brother-sister differences in the g factor in intelligence: Analysis of full, opposite-sex siblings from the NLSY1979. *Intelligence*, *35*(5), 451 - 456.

Deary, I. J., Spinath, F. M., & Bates, T. C. (2006). Genetics of intelligence. *European Journal of Human Genetics*, *14*(6), 690 - 700.

Deary, I. J., Strand, S., Smith, P., & Fernandes, C. (2007). Intelligence and educational achievement. *Intelligence*, *35*(1), 13 - 21.

Deary, I. J., Whalley, L. J., Lemmon, H., Crawford, J. R., & Starr, J. M. (2000). The stability of individual differences in mental ability from childhood to old age: Follow-up of the 1932 Scottish Mental Survey. *Intelligence*, *28*, 49 - 55.

Detterman, D. K., Gabriel, L. T., & Ruthsatz, J. M. (1998). Absurd environmentalism. *Behavioral and Brain Sciences*, *21*(3), 411 - 412.

Detterman, D. K., & Ruthsatz, J. (1999). Toward a more comprehensive theory of exceptional abilities. *Journal for the Education of the Gifted*, *22*(2), 148 - 158.

Donaldson, G. (2011). *Review of Teacher Education in Scotland*. Available at: http://www.reviewofteachereducationinscotland.org.uk/

Folstein, S., & Rutter, M. (1977). Infantile autism: A genetic study of 21 twin pairs. *Journal of Child Psychology and Psychiatry*, *18*(4), 297 - 321.

Gabel, L. A., Gibson, C. J., Gruen, J. R., & LoTurco, J. J. (2010). Progress towards a cellular neurobiology of reading disability. *Neurobiology of Disease*, *38*(2), 173 - 180.

Gottfredson, L. S. (2004). Intelligence: Is it the epidemiologists' elusive "fundamental cause" of social class inequalities in health? *Journal of Personality and Social Psychology*, *86*(1), 174 - 199.

Hannula-Jouppi, K., Kaminen-Ahola, N., Taipale, M., Eklund, R., Nopola-Hemmi, J., Kaariainen, H., et al. (2005). The axon guidance receptor gene ROBO1 is a candidate gene for developmental dyslexia. *PLoS Genetics*, *1*(4), e50.

Hanushek, E. A. (1998). *The Evidence on Class Size*. Rochester, NY: University of Rochester, W. Allen Wallis Institute of Political Economy.

Harm, M. W., & Seidenberg, M. S. (2001). Are there orthographic impairments in phonological dyslexia? *Cognitive Neuropsychology*, *18*(1), 71 - 92.

Haworth, C. M., Asbury, K., Dale, P. S., & Plomin, R. (2011). Added value measures in education show genetic as well as environmental influence. *PLoS One*, *6*(2), e16006.

Haworth, C. M., Wright, M. J., Luciano, M., Martin, N. G., de Geus, E. J., van Beijsterveldt, C. E., et al. (2010). The heritability of general cognitive ability increases linearly from childhood to young adulthood. *Molecular Psychiatry*, *15*(11), 1112 - 1120.

Heckman, J. J. (2007). The economics, technology, and neuroscience of human capability formation. *Proceedings of the National Academy of Sciences of the United States of America*, *104*(33), 13250 - 13255.

Hirsch, E. D., Jr. (1999). *The schools we need: And why we don't have them*. New York: Anchor Books.

Hirsh-Pasek, K., & Bruer, J. T. (2007). The brain/education barrier. *Science*, 317, 1293.

Howe, M. J., Davidson, J. W., & Sloboda, J. A. (1998). Innate talents: Reality or myth? *Behavioural & Brain Sciences*, *21*(3), 399 - 407; discussion 407 - 442.

Hoxby, C. M. (2000). The effects of class size on student achievement: New evidence from population variation. *The Quarterly Journal of Economics*, *115* (4), 1239 - 1285.

210 Jaeggi, S. M., Buschkuehl, M., Jonides, J., & Perrig, W. J. (2008). Improving fluid intelligence with training on working memory. *Proceedings of the National Academy of Sciences of the United States of America*, *105*(19), 6829 - 6833.

Jepsen, C., & Rivkin, S. (2009). Class size reduction and student achievement: The potential tradeoff between teacher quality and class size. *Journal of Human Resources*, *44* (1), 223 - 250.

Joyner, A. H., J, C. R., Bloss, C. S., Bakken, T. E., Rimol, L. M., Melle, I., et al. (2009). A common MECP2 haplotype associates with reduced cortical surface area in humans in two independent populations. *Proceedings of the National Academy of Sciences of the United States of America*, *106*(36), 15483 - 15488.

Jung, R. E., & Haier, R. J. (2007). The Parieto-Frontal Integration Theory (P-FIT) of intelligence: Converging neuroimaging evidence. *Behavioural & Brain Sciences*, *30*(2), 135 - 154 ; discussion 54 - 87.

Kant, I. (1788/1996). *Critique of Practical Reason* (T. K. Abbott, Trans.). New York: Prometheus Books.

Karmiloff-Smith, A. (1998). Development itself is the key to understanding developmental disorders. *Trends in Cognitive Sciences*, *2*(10), 389 - 398.

Karmiloff-Smith, A., Scerif, G., & Ansari, D. (2003). Double dissociations in developmental disorders? Theoretically misconceived, empirically dubious. *Cortex*, *39* (1), 161 - 163.

Karpicke, J. D., & Roediger, H. L. (2008). The critical importance of retrieval for learning. *Science*, *319*(5865), 966 - 968.

Kovas, Y., Harlaar, N., Petrill, S. A., & Plomin, R. (2005). "Generalist genes" and mathematics in 7-year-old twins. *Intelligence*, *33*(5), 473 - 489.

Kovas, Y., & Plomin, R. (2006). Generalist genes: Implications for the cognitive sciences. *Trends in Cognitive Sciences*, *10*(5), 198 - 203.

Krueger, A. B. (1999). Experimental estimates of education production functions. *The Quarterly Journal of Economics*, *114*(2), 497 - 532.

Lango Allen, H., Estrada, K., Lettre, G., Berndt, S. I., Weedon, M. N., Rivadeneira, F., et al. (2010). Hundreds of variants clustered in genomic loci and biological pathways affect human height. *Nature*, *467*(7317), 832 - 838.

Leigh, A. (2010). Estimating teacher effectiveness from two-year changes in students' test scores. *Economics of Education Review*, 29 (3), 480 - 488.

Lind, P., Luciano, M., Duffy, D., Castles, A., Wright, M. J., Martin, N. G., et al. (2009). Dyslexia and DCDC2: Normal variation in reading and spelling is associated with DCDC2 polymorphisms in an Australian population sample. *European Journal of Human Genetics*, *18*(6), 668 - 673.

Locke, J. (1690 / 2009). *An Essay Concerning Human Understanding*. New York: BiblioLife.

Luciano, M., Lind, P. A., Duffy, D. L., Castles, A., Wright, M. J., Montgomery, G. W., et al. (2007). A haplotype spanning KIAA0319 and TTRAP is associated with normal variation in reading and spelling ability. *Biological Psychiatry*, *62*(7), 811 - 817.

Luciano, M., Wainwright, M. A., Wright, M. J., & Martin, N. G. (2006). The heritability of conscientiousness facets and their relationship to IQ and academic achievement. *Personality and Individual Differences*, *40*(6), 1189 - 1199.

Maes, H. H., Neale, M. C., Kendler, K. S., Martin, N. G., Heath, A. C., & Eaves, L. J. (2006). Genetic and cultural transmission of smoking initiation: An extended twin kinship model. *Behavior Genetics*, *36*(6), 795 - 808.

Martin, N., Benyamin, B., Hansell, N., Martin, N. G., Wright, M. J., & Bates, T. C. (2011). Cognitive function in adolescence: Testing for interactions between breastfeeding & FADS2 polymorphisms. *Journal of the American Academy of Child and Adolescent Psychiatry*, *50*(1), 55 - 62.

Mayer, R. E. (2004). Should there be a three-strikes rule against pure discovery learning? The case for guided methods of instruction. *American Psychologist*, *59*(1), 14 - 19.

McDaniel, M. A., Howard, D. C., & Einstein, G. O. (2009). The read-recite-review study strategy: Effective and portable. *Psychological Science*, *20*(4), 516 - 522.

Meng, H., Smith, S. D., Hager, K., Held, M., Liu, J., Olson, R. K., et al. 211
(2005). DCDC2 is associated with reading disability and modulates neuronal development in the brain. *Proceedings of the National Academy of Science of the United States of America*, *102*(47), 17053 - 17058.

Moody, D. E. (2009). Can intelligence be increased by training on a task of working memory? *Intelligence*, *37*(4), 327 - 328.

Munafo, M. R., & Flint, J. (2009). Replication and heterogeneity in genexenvironment interaction studies. *International Journal of Neuropsychopharmacology*, *12*(6), 727 - 729.

Murnane, R. J. (1992). *Who Will Teach? Policies That Matter*. Boston, MA: Harvard

University Press.

Neisser, U., Boodoo, G., Bouchard, T. J., Jr., Boykin, A. W., Brody, N., Ceci, S. J., et al. (1996). Intelligence: Knowns and unknowns. *American Psychologist*, *51*(2), 77 - 101.

Olson, R. K., & Byrne, B. (2005). Genetic and environmental influences on reading and language ability and disability. In H. W. Catts & A. G. Kamhi (Eds.), *The Connections between Language and Reading Disabilities* (pp. 173 - 200). Mahwah, NJ: Lawrence Erlbaum Associates.

Olson, R. K., Forsberg, H., & Wise, B. (1994). Genes, environment, and the development of orthographic skills. In V. W. Berninger (Ed.), *The Varieties of Orthographic Knowledge 1: Theoretical and Developmental issues* (Vol. 8, pp. 27 - 71). Dordrecht: Kluwer.

Papassotiropoulos, A., Stephan, D. A., Huentelman, M. J., Hoerndli, F. J., Craig, D. W., Pearson, J. V., et al. (2006). Common Kibra alleles are associated with human memory performance. *Science*, *314*(5798), 475 - 478.

Paracchini, S., Scerri, T., & Monaco, A. P. (2007). The genetic lexicon of dyslexia. *Annual Review of Genomics and Human Genetics*, *8*, 57 - 79.

Pinker, S. (1991). Rules of language. *Science*, *253*(5019), 530 - 535.

Pinker, S. (2002). *The Blank Slate: The Modern Denial of Human Nature*. Boston, MA: Allen Lane Science.

Pinker, S. (2004). Why nature & nurture won't go away. *Daedalus*, *133* (4), 5 - 13.

Plomin, R. (1991). Why children in the same family are so different from one another. *Behavioral and Brain Sciences*, *14*(2), 336 - 338.

Plomin, R. (1994). *Genetics and Experience: The Interplay between Nature and Nurture*. Thousand Oaks, CA: Sage.

Qureshi, I. A., Mattick, J. S., & Mehler, M. F. (2010). Long non-coding RNAs in nervous system function and disease. *Brain Research*, *1338*, 20 - 35.

Rapp, B. (Ed.). (2002). *The Handbook of Cognitive Neuropsychology: What Deficits Reveal About the Human Mind*. New York: Psychology Press.

Rauscher, F. H., Shaw, G. L., & Ky, K. N. (1993). Music and spatial task performance. *Nature*, *365*(6447), 611.

Rindermann, H., & Ceci, S. J. (2009). Educational policy and country outcomes in international cognitive competence studies. *Perspectives on Psychological Science*, *4* (6), 551 - 577.

Risch, N., Herrell, R., Lehner, T., Liang, K. Y., Eaves, L., Hoh, J., et al. (2009). Interaction between the serotonin transporter gene (5-HTTLPR), stressful life events, and risk of depression: A meta-analysis. *Journal of the American Medical Association*, *301*(23), 2462 - 2471.

Roediger, H. L., & Karpicke, J. D. (2006). Test-enhanced learning: Taking memory tests improves long-term retention. *Psychological Science*, *17*(3), 249 - 255.

Ronald, A., Happe, F., Bolton, P., Butcher, L. M., Price, T. S., Wheelwright, S., et al. (2006a). Genetic heterogeneity between the three components of the autism spectrum: A twin study. *Journal of the American Academy of Child and Adolescent Psychiatry*, *45*(6), 691 - 699.

Ronald, A., Happe, F., Bolton, P., Butcher, L. M., Price, T. S., Wheelwright, S., et al. (2006b). Genetic heterogeneity between the three components of the autism spectrum: A twin study. *Journal of the American Academy of Child and Adolescent Psychiatry*, *45*(6), 691 - 699.

Rosen, G. D., Bai, J., Wang, Y., Fiondella, C. G., Threlkeld, S. W., LoTurco, J. J., et al. (2007). Disruption of neuronal migration by RNAi of DYX1C results in neocortical and hippocampal malformations. *Cerebral Cortex*, *17*(11), 2562 - 2572.

Royal Society of Chemistry (Producer). (2008). *The Five Decade Challenge: A wake-* 212
up call for UK science education? Available at: http://www.rsc.org/images/ExamReport_tcm18-139067.pdf (accessed 16 February 2011).

Royal Society Working Group. (2011). *Brain Waves Module 2: Neuroscience: Implications for education and lifelong learning*. London: Royal Society.

Ruthsatz, J., & Detterman, D. K. (2003). An extraordinary memory: The case study of a musical prodigy. *Intelligence*, *31*(6), 509 - 518.

Ruthsatz, J., Detterman, D., Griscom, W. S., & Cirullo, B. A. (2008). Becoming an expert in the musical domain: It takes more than just practice. *Intelligence*, *36*(4), 330 - 338.

Ryff, C. D., & Keyes, C. L. M. (1995). The structure of psychological well-being revisited. *Journal of Personality and Social Psychology*, *69*(4), 719 - 727.

Scerif, G., & Karmiloff-Smith, A. (2005). The dawn of cognitive genetics? Crucial developmental caveats. *Trends in Cognitive Sciences*, *9*(3), 126 - 135.

Sen, A. (2009). *The Idea of Justice*. New York: Allen Lane.

Shallice, T. (1988). *From Neuropsychology to Mental Structure*. Cambridge: Cambridge University Press.

Spearman, C. (1927). *The Abilities of Man*. New York: Macmillan.

Steele, K. M., Bass, K. E., & Crook, M. D. (1999). The mystery of the Mozart effect: Failure to replicate. *Psychological Science*, *10*(4), 366 - 369.

Steer, C. D., Davey Smith, G., Emmett, P. M., Hibbeln, J. R., & Golding, J. (2010). FADS2 polymorphisms modify the effect of breastfeeding on child IQ. *PLoS One*, *5*(7), e11570.

Sternberg, R. J. (2000). In search of the zipperump-a-zoo: Half a career spent trying to find the right questions to ask about the nature of human intelligence. *The Psychologist*, *13*, 250 - 255.

Sternberg, R. J. (2008). Increasing fluid intelligence is possible after all. *Proceedings of the National Academy of Sciences of the United States of America*, *105*(19), 6791 - 6792.

Sternberg, R. J. (2010). *College Admissions for the 21st Century*. Boston, MA: Harvard University Press.

Stough, C., Kerkin, B., Bates, T. C., & Mangan, G. (1994). Music and spatial IQ. *Personality & Individual Differences*, *17*(5), 695.

Szalkowski, C. E., Hinman, J. R., Threlkeld, S. W., Wang, Y., Lepack, A., Rosen, G. D., et al. (2011). Persistent spatial working memory deficits in rats following in utero RNAi of Dyx1c1. *Genes, brain, and behaviour*, *10*(2), 244 - 252.

Taylor, J., Roehrig, A. D., Soden Hensler, B., Connor, C. M., & Schatschneider, C. (2010). Teacher quality moderates the genetic effects on early reading. *Science*, *328*(5977), 512 - 514.

Tooby, J., Cosmides, L., & Barrett, H. C. (2003). The second law of thermodynamics is the first law of psychology: Evolutionary developmental psychology and the theory of tandem, coordinated inheritances: Comment on Lickliter and Honeycutt (2003). *Psychological Bulletin*, *129*(6), 858 - 865.

Tucker-Drob, E. M., Rhemtulla, M., Harden, K. P., Turkheimer, E., & Fask, D. (2011). Emergence of a gene x socioeconomic status interaction on infant mental ability between 10 months and 2 years. *Psychological Science*, *22*(1), 125 - 133.

Turkheimer, E., Haley, A., Waldron, M., D'Onofrio, B., & Gottesman, I. (2003). Socioeconomic status modifies heritability of IQ in young children. *Psychological Science*, *14*, 623 - 628.

van der Sluis, S., Willemsen, G., de Geus, E. J., Boomsma, D. I., & Posthuma, D. (2008). Gene-environment interaction in adults' IQ scores: Measures of past and present environment. *Behavior Genetics*, *38*(4), 348 - 360.

Vernon, P. E. (1950). *The Structure of Human Abilities*. London: Methuen.

Wilmer, J. B., Germine, L., Chabris, C. F., Chatterjee, G., Williams, M.,

Loken, E., et al. (2010). Human face recognition ability is specific and highly heritable. *Proceedings of the National Academy of Sciences of the United States of America*, *107*(11), 5238-5241.

Yang, J., Benyamin, B., McEvoy, B. P., Gordon, S., Henders, A. K., Nyholt, D. R., et al. (2010). Common SNPs explain a large proportion of the heritability for human height. *Nature Genetics*, *42*(7), 565-569.

第五部分

神经科学在课堂的误用

第十二章　神经科学、教育和教育效力的研究

马克斯·科特哈特(Max Coltheart)
吉纳维芙·麦克阿瑟(Genevieve McArthur)

儿童在成长过程中可能会面临很多教育或认知上的困难，有些商业化治疗项目在广告中宣称，可以为这样的儿童提供帮助。然而，能够提供证据证明自己效力的项目很少。在这一章中，我们将具体说明，为何神经科学无法为教育提供帮助。有的研究在治疗前和治疗后采集儿童的神经科学数据，但从这样的研究中，我们仍然很难判断治疗是否减少了儿童教育或认知上的困难，除非可以运用治疗前后收集的认知测试数据对治疗的作用进行评估。即使收集到这些数据，数据显示治疗后的表现比治疗前好，研究人员仍需排除一些潜在的干扰因素，才能对治疗效力作出合理的判断。我们还会介绍两种可以排除这些干扰因素的治疗研究设计方案。

一、引言

大量的商业产品声称，自己能帮助有教育困难的儿童，特别是

有“学习障碍”的儿童(参考本书第十三章、第十四章和第十五章)。这些产品的开发者通常都会宣称,这些产品的开发,以某些神经科学的研究成果为基础,或者至少也受到神经科学研究成果的“启发”。这些项目中,很多与神经科学并没有任何真正的联系,即使有联系,程度也很低。但是,父母甚至教师都没有能力通过比较来正确评估这些项目的价值,也没有能力判断厂家所大力宣传的效力是否合理。

以神奇腰带™ 为例,2004 年,美国的一个职业棒球运动员发明了这种负重腰带。根据该产品网站(http://www.miraclebelt.com/)的介绍,坚持使用负重腰带将“有益于被诊断出以下问题的儿童:孤独症、注意缺陷障碍、注意缺陷多动障碍、安格尔曼综合征、脑损伤引起的肌肉运动障碍、阿斯伯格综合征、运动失调、脑瘫、唐氏综合征、阅读障碍、胎儿酒精综合征、肌无力、广泛性发育障碍、普拉德—维利综合征、雷特综合征、感觉统合障碍、感觉加工障碍”。如果一个儿童患有这 17 种疾病中的一种,父母或者关心这些疾病治疗的临床医生,该如何判断神奇腰带™ 是否真的对这样的儿童有用?

216 这个网站介绍了该产品的神经科学依据:

> 脑与感觉之间的相互作用,是神经系统功能健康的表现,新的研究显示,负重治疗产品能够促进脑与感觉之间的互动。使用感觉治疗产品,也就是负重产品,如负重腰带、负重披肩和/或负重护膝等,可以纠正脑与感觉之间的错误联系。这些负重产品可以刺激本体感觉系统,提高对脑的神经反馈。使用负重感觉产品的目的是为了激励神经系统对感觉到的信息进行整合,这样做可以极大地促进孩子的成长。

这个网站还引用了 52 个人给出的好评:其中 24 条来自使用该产品的儿童的家人,28 条来自各类专业人士(包括 14 名职业理疗师)。但是这个网站没有提供任何证据来证明,这种治疗对前面提及的 17 种疾病中的每一种都有效。

二、评估教育效力的用户体验和评价

教育产品的网站普遍都有赞美产品的用户体验或给出好的评价。不管用户如何赞不绝口,让人忽视它们的理由都非常多。这些理由包括:

- 负责样本选择的是有利害关系的一方。因此,没有办法知道,针对产品用户的随机调查，一般会得出肯定还是否定的结论。

- 数据是主观的，仅仅反映了那些提供体验或评价的人的意见，没有对接受治疗的儿童的某种行为进行客观测量。
- 市场上可以买到的产品，如果声称可以帮助有某种教育困难或认知困难（例如阅读困难）的儿童，这样的产品通常比较昂贵。这样大的一笔经济支出，如果没能帮助到使用该产品的儿童，会让已经购买和使用这类产品的父母或教师难以接受。

布尔（Bull，2007）曾经研究过向日葵疗法，这个研究对这些问题都有具体的说明。根据向日葵疗法网站（www.sunflowertrust.com）的介绍，向日葵疗法已经"帮助了几千名儿童。很多儿童具有明显的学习困难：阅读障碍、运动障碍、注意缺陷障碍、注意缺陷多动障碍、阿斯伯格综合征、孤独症"。在这个网站所列出的个案研究中，用户都表示有效，这个网站也解释了这个疗法的神经科学基础，提到了人体运动学和神经语言学方面的训练程序。

布尔（Bull，2007）的研究是一个随机对照实验，有 70 个 6—13 岁有阅读障碍的儿童参加了这个实验。治疗组在接受向日葵疗法治疗后，在两份主观测试上的得分都显著高于非治疗组：一份是学业自我满意度的问卷；一份是阅读自我满意度的问卷。治疗组的大部分家长（57.13%）主观认为治疗是有效的。然而，治疗对阅读理解、词语识别或拼写这样的客观测试没有影响。如果有种方法宣称，可以减轻任何一种教育或认知困难，例如阅读困难、拼写障碍或者口语缺陷，有人想要评估这种方法的有效性，上述研究非常清楚地说明了评估的时候为什么不应该使用用户体验和评价这种主观性测量。 217

三、评估教育效力的对照实验

神奇腰带™ 和向日葵疗法的网站都没有提到任何一项旨在调查这些治疗方法效力的研究，因此没有任何客观的证据可以证明，这些治疗在任何条件下都是有益的。心理学文摘（PsycInfo）以及美国国家医学图书馆的在线医学文献分析和检索系统（Medline）这两个出版物数据库中检索不到"神奇腰带"这一术语，能检索到的只有一条向日葵疗法的记录，那就是前面提到的布尔的研究。

然而，有些商业治疗方法的网站，提供这样一些研究的查阅。例如，戴维斯阅读障碍矫正疗法(Davis dyslexia correction method)(参考 http://www.dyslexia.com)的网站就有这项服务。在网页(http://www.dyslexia.com/science/research.htm)上,人们可以找到标题为“已发表的经过同行评议的研究”的部分,上面列出了四篇文章。其中第一篇的作者,来自戴维斯阅读障碍组织,而且所有这四篇文章,都发表在一些有点奇怪的期刊上[《阅读改善》(*Reading Improvement*),出版方为阿拉巴马州一个名为项目创新的机构;《教育新思维》(*New Thoughts on Education*),出版方为伊朗大学教育和心理学院;《非洲教育评论》(*Africa Education Review*),出版方为南非大学教育学院;《波特尼卡社会科学和人文科学杂志》(*Pertanika Journal of Social Sciences and Humanities*)是马来西亚普特拉大学(University Putra Malaysia)的学报]。当然,我们并不能由此推断,这四篇的研究方法有问题。

但是,“研究方法有问题”,在这里是什么意思呢?治疗研究的方法,必须达到什么样的标准才没有问题呢?

如果有人宣称,某种治疗可以提高某种认知能力,例如阅读能力,那么在治疗开始(前测)和治疗结束(后测)时,研究都必须对那种认知能力进行测试。如果统计数据显示,后测的表现没有显著高于前测,那么就不能说治疗是有效的。

但是,假设研究进行了恰当的统计分析,分析结果显示,经过治疗,认知测试的表现有明显提高。这就足以说明治疗起作用了吗?还不行,因为还有一些其他的干扰因素可以解释这种提高。只有排除了这些因素,才能合理地得出治疗方法有效这一结论。这些干扰因素是:

- 再测或练习效应:因为前测已经让儿童练习了一次,所以后测的表现较好。
- 成熟效应:在前测和后测之间的这段时间,儿童长大了一些并且接受了更多的教育,所以他们在后测上的表现好于前测。
- 向平均数回归:如果接受治疗的都是前测表现较差的被试,那么单纯统计的原因就可以让他们后测的极端值更接近总体的平均数。认知测试的心理测量信度越低,向平均数回归的效应就越大。
- 安慰剂效应:仅仅参加治疗本身就可以提高被试的表现,这与具体的治疗方法无关,因为被选为帮助的对象,被试的自信或动机已经得到加强。

治疗研究需要精心的设计,因为它们必须表明,这些干扰因素不能解释治疗后认知测试表现的提高。一种做法是进行随机对照实验。我们首先要确定一些需要治疗的儿童。这些儿童一半被随机分配到治疗组;另一半被随机分配到非治疗(对照)组。因为是随机分配,所以前测的结果应该显示,在需要接受治疗的 218
认知能力(如阅读困难)上,两组被试没有差异。假设后测时,治疗组在这种认知能力测试上的分数显著高于非治疗组。这种结果,不能归因于练习效应,因为两组都接受了前测,练习效应是相同的。这种结果,也不能归因于治疗组的成长或者更多的教育经验,因为在同样的时间内,对照组虽然没有接受治疗,但在成长和教育经验上的提高程度等同于治疗组。这种结果,也不能归因于向平均数回归,因为随机分配确保了前测时两组的表现处于同一水平。

所以,前面所列的第一条到第三条理由都可以安全地排除。如果人们仍然担心安慰剂效应,可以让非治疗组也参加一个治疗项目,不过这个项目与所要研究的能力无关,这样,非治疗组也得到了同等程度的注意和帮助。

传统的随机对照实验有一个缺陷,就是治疗组的被试有可能中途退出治疗,或者治疗没有达到预期的效果。这种情况对急需治疗的认知困难儿童来说不太理想。有一种研究设计可以解决这个问题:双基线对照实验(double-baseline controlled trial)。

假设治疗将持续 2 个月。这意味着,前测和后测将间隔 2 个月。在这种情况下,双基线对照实验增加了一个“前”前测(前测 1)。2 个月之后,再进行第 2 次前测(前测 2),前测 1 和前测 2 中间的这段时间,被试可不接受任何的治疗。接着,2 个月的训练结束后,进行后测。

如果前测 2 的认知测试表现与前测 1(即没有训练的两个月后)没有差异,那么:(1) 所使用的认知测试没有练习效应;(2) 被试的表现没有因为年龄和教育经验的增长而发生变化;(3) 没有出现显著的统计回归效应。因此,如果被试后测的分数显著好于前测 2,那么就可以排除这 3 个干扰因素。如果这时候仍然担心安慰剂效应,研究可以在前测 1、前测 2 和后测之外再增加一个测试,这个测试所测的能力与需要治疗的能力无关。如果后测时这种无关能力的测试表现没有提高,那么安慰剂效应就不存在,于是,后测时所研究的能力的任何提高,都可以认为是治疗效果的具体体现。

治疗效果必须是长期的,这样才有实际的意义。在治疗结束一段时间之后,再增加一个后测(即后测 2),这可以评估治疗效果的长期性。治疗结束后的这段时间——没有任何后续治疗的一段时间——可以是 2 个月，也可以更长——比如，6 个月。比较后测 2 和前测 2 的分数，将有助于确定治疗效果持续的时间。尽管人们希望有更多的后测，但现实却是，很难进行更多的后测，有时甚至不可能进行更多的后测。即使不能进行更多的后测，治疗结束后立即进行的后测显示被试的表现有所改善，仍然很重要。

总之，随机对照实验和双基线对照实验——无论有或没有更多的后测——这两种治疗研究的设计方法都很合理，且不难实施。而且后者可以用于单独的案例。因此，大部分商业项目宣称，可以帮助某种教育困难儿童，却又提供不了任何证据来证明它们的产品真的有效，这并不是因为这类治疗的效力没有恰当的评估方法。

219 四、评估教育效力的神经科学数据

关于教育研究项目效果的研究，我们已经介绍了一些进行严格的对照实验的设计和实施方法。阅读者可能已经注意到，我们举的所有对照研究的例子，都是通过认知教育测试的表现来测量治疗的效果。这些例子中，没有一个使用脑的测量（神经科学的测量）来评估治疗的效果。这有一个很充分的理由：神经科学数据无法告诉我们某种教育治疗到底有效还是无效。

举例来说，假设有些儿童有某种教育困难，有个研究想要在教育治疗开始前和结束后，检查这些儿童的脑（但不采集行为方面的测试数据）。再假设这项研究在这些儿童的脑部发现了显著的治疗效应，而之前列出的那些干扰因素都无法解释这些效应。这意味着，脑部的治疗效应是真正的治疗效应。这是否表示，治疗对儿童的教育困难有效果呢？我们不知道。我们只知道，教育治疗改变了儿童的脑，但是我们不知道，这些改变是否解决了他们的教育困难。搞清楚治疗是否真的有效的唯一方法，就是使用相关的教育认知测试，测量治疗前后儿童的教育表现。神经科学方面的数据与治疗效果的评估无关。

现在，假设又有一个研究，在治疗前后，让具有某种教育困难的儿童，参加一个相关的教育认知测试（治疗前后也测量了他们的脑的反应）。再假设这个研究在儿童教育认知测试的表现上发现了真正的治疗效应，但是在他们脑的反应上却没有发现这样的效应。这是不是说治疗没有效果呢？显然不是，因为儿童教

育认知测试上的表现得到了提高。这种提高肯定源于脑部某处的变化，但是这个研究没有发现神经系统方面的效应。因此，神经科学的数据还是与治疗无关。告诉我们教育治疗有效的是教育认知方面的数据。

如果假设第二个研究在脑部发现了真正的干预效应，但是在教育认知测试上却没有。脑的变化是不是说干预有效呢？不。干预没有减轻它所要解决的教育困难，因此没有效果——尽管脑中发生了一些变化。这一次，神经科学的数据仍然与干预无关。

在评估教育治疗的效果时，神经科学能为教育提供的信息很少。教育困难干预效果的研究，必须在干预前后对相关的教育能力进行认知测试。干预前后的神经科学测量，不能告诉我们教育干预是否有效。

我们的结论是，神经科学无法为教育提供信息，如果这一结论是正确的，那么在教师培训的很多方面，我们都应该保持警惕，因为实习教师会留下非常不同的印象。在英国，霍华德-琼斯（Howard-Jones，2011）和同事研究了158位即将进入中学工作的师范毕业生。这些师范毕业生中，有20%的人认为，如果每天的饮水少于6—8杯，人脑就会收缩；有65%的人认为，身体协调性方面的练习，可以促进左脑与右脑功能的整合；有82%的人认为，脑功能的研究证明了，使用儿童喜欢的学习方法进行教学，可以提高他们的学习水平。当然，这些都是神经神话。

澳大利亚的情况也是如此。健脑操®这一教育项目的脑功能模型，包含三个重要的因素：侧化、集中化和中心化。神经科学研究者并不接受这一模型 220
（Geake，2008），而且没有证据表明，健脑操®项目有益于教育（Hyatt，2007）。然而，澳大利亚的很多学校都采用了这个项目，澳大利亚每个州和地区教育厅的网站，都有这个项目获得正式批准的公告；新南威尔士、维多利亚、塔斯马尼亚、昆士兰和南澳大利亚的教育厅，都为教师参加健脑操®培训课程提供经费支持，将之作为教师职业发展培训的一部分（Stephenson，2009）。

五、结论

在这一章的开篇，我们问了一个与神奇腰带™有关的问题："如果一个儿童患有这17种疾病中的一种，父母或者关心这些疾病治疗的临床医生，该如何判断神奇腰带™是否真的对这样的儿童有用?”在这一章的结尾,我们将回答这个问题,因为这个问题是任何形式的教育干预都需要面对的问题。

假设一位家长或临床专业人员正在考虑给一个在能力A(如阅读)上有教育缺陷的儿童进行某种干预X(如负重背心),我们认为在下面四种情况下,作出接受干预X的决定都是比较合理的。按照合理程度从高到低排列,这四种情况分别是:

- 在同行评议的科学文献中,至少有一篇,使用了可靠的干预研究方法,这篇文章发现,如果儿童认知能力A有缺陷,干预X可以提高儿童的认知能力A。
- 尽管没有直接的证据,但是科学文献给出了充分的理由,让人们相信,干预X可以提高认知能力A。
- 科学文献给出了充分的理由,让人们相信,能力B(如拼写)的熟练水平,能够促进认知能力A的习得(如阅读),并且至少有一篇经过同行评议的文献显示,干预X可以提高能力B。
- 尽管没有任何直接的证据,但科学文献给出了充分的理由,让人们相信,能力B(如拼写)的熟练水平可以促进认知能力A(如阅读)的习得,并且也给出了充分的理由,让人们相信,干预X,可以提高能力B(如拼写)的习得。

因此,关于任何可能的干预,人们都可以仔细考虑是否符合上述四种情况:如果符合其中一种情况,那么干预效力至少有一些证据支持,因此接受干预也有了一些合理的理由。在这种情况下,家长或教育工作者才能理性地作出决定——根据费用、干预与儿童问题的匹配程度——让儿童尝试这种干预。可是,如果不符合上述这四种情况中的任何一种,则表明这种干预还没有经过可靠的研究,它的效果还没有得到恰当的评估(不管公司网站宣称有什么效果),就目前而言,这种干预还没有任何科学的基础。

我们认为,只有符合这四种情况之中任何一种的项目,才能说自己是有效的。因此,现有的商业化项目,虽然对外宣传能够帮助教育或认知上有困难的儿童,但几乎都不符合以上四种情况,这种情况发人深省。

在考虑是否使用这样的商业化项目时,家长或教育工作者可能只有两种选择。他们可以选择,坚信科学证据,不接受干预。他们也可以选择,无论如何,都要尝试进行干预。如果这样的话，他们需要充分认识到，这是一个冒险的决定，成功的机会渺茫。

参考文献

Bull, L. (2007). Sunflower therapy for children with specific learning difficulties 221
(dyslexia): A randomised, controlled trial. *Complementary Therapies in Clinical Practice*, *13*, 15 - 24.

Geake, J. (2008). Neuromythologies in education. *Educational Research*, *50*, 123 - 133.

Howard-Jones, P. A. (2011). From brain scan to lesson plan. *The Psychologist*, *24*, 110 - 113.

Hyatt, K. (2007). Building stronger brains or wishful thinking? *Remedial and Special Education*, *28*, 117 - 124.

Stephenson, J. (2009). Best practice? Advice provided to teachers about the use of Brain Gym ® in Australian schools. *Australian Journal of Education*, *53*, 108 - 124.

222

第十三章　教育的再思考

迈克尔·C.克巴林斯(Michael C. Corballis)

你的孩子是文学家狄更斯,还是印象派画家德加?是哲学家柏拉图,还是现代派画家毕加索?大众的流行看法和教育概念“学习风格”都认为,有的人是语言型思维,有的人是视觉型思维。有人提出,教学方法应该根据学生的思维特点进行调整,与学生思维的语言或视觉倾向相适应。仔细研究相关证据会发现,这种区分缺乏科学依据,至少与教育活动的实际效果无关。有些人语言方面的技能比较好,有些人视觉方面的技能比较好,这是有可能的,但是,有些人两者都好或者两者都不好,这也是有可能的。当然,这两者之间还存在着很多中间情况。与此相关但同样令人质疑的是,有人认为,有的人是左脑型的人,有的人是右脑型的人。这种区分可能反映了人类的一种自然倾向,习惯用二分法来看待世界和生活于其中的人,从而忽略了人之所以为人的复杂性。这种区分可能也反映了一种政治上正确但常常带有误导性的(而且事实上很危险的)尝试,用非学术性的成就来定义天才。个人和组织过于急切地利用人类的这种自然的二分倾向,并不能从人类的愚蠢行为中获益。

不久前,我像往常一样给期刊投稿,希望可以发表。审稿人之一是一位受人尊敬的视觉方面的科学研究者，他对我用表格呈现数据非常不满。他要求我做成图形重新提交，这样，他就能看懂到底是怎么回事。他说自己的思维属于视觉型，而非语言型。

人们一般认为，诺贝尔奖获得者爱因斯坦学得很慢，甚至数学很差，却用相对论彻底改变了现代物理。据说，16岁时他想象，如果自己在一束光旁旅行，结果会怎样，通过这种视觉的想象，他创立了相对论。因此，有人可能认为，爱因斯坦的思维是视觉型的，而非语言型的。人们的心中永远存在着这样一种希望，在学校表现不好的孩子，都可以成为另一个爱因斯坦（同时参考本书第十二章、第十四章和第十五章）。

一、学习风格

人们认为，有的人是视觉型思维，有的人是语言型思维，这是学习风格这一
概念的基础。目前，学习风格在大众观念、流行心理学和教育活动中已被广泛接
受。在谷歌搜索引擎中输入“学习风格”一词，你会立即得到很多在线测试，这些 223
测试会告诉你，哪种风格适合你。这多半是为了吸人眼球，但是学习风格也出现在被人认可的教育理论和实践中。有一本影响很大的教材这样写道：“有些学生似乎更善于学习通过语言呈现的信息（语言型学习者），而另一些学生似乎更善于学习通过图像呈现的信息（视觉型学习者）。”（Ormrod，2008，p. 160，原文斜体）在美国，全国中学校长协会（National Association of Secondary School Principals）推出了一种被广泛使用的学习风格测试（Keefe，1988）。学习风格已经充斥学术研究的神圣殿堂。耶鲁大学艺术与科学研究生院（The Yale University Graduate School of Arts and Sciences，2009）建立了一个为教师服务的网站，这个网站建议，教师除了要确定学生的学习风格，还要确定自己的学习风格。

这是一个商机。国际学习风格网（http://www.learningstyles.net）是一个很受欢迎的组织，在市场上出售四种不同的学习风格评估测试：“学习风格基础测试”（Elementary Learning Style Assessment，ELSA）针对7—9岁年龄段的人群；“学习风格：了解自己的线索”（Learning Style: The Clue to You，LSCY）测

试,针对 10—13 岁年龄段的人群;“风行的学习:风格的特点”(Learning In Vogue: Elements of Style, LIVES)测试针对 14—18 岁年龄段的人群;“成就未来”(Building Excellence, BE)测试针对 17 岁以上的人群。学生参加这些测试的费用是每人每次 5 美元。参加培训项目,获得证书的费用为每人 1 225 美元,再加 1 000 美元,你可以学习如何进行学习风格方面的研究。这些测试,都以邓恩夫妇(Rita Dunn & Kenneth Dunn, 1992,1993)的研究成果为基础,2009 年 11 月 14 日参加邓恩博士教育基金会成立仪式的人,受邀向基金会捐款 35 美元。

值得肯定的是,邓恩夫妇至少进行了一些尝试来验证他们的方法。在对 42 个实验研究进行元分析之后,邓恩、格里格斯、奥尔森、比斯利和戈尔曼(Dunn, Griggs, Olsen, Beasley, & Gorman, 1995)提出,学习风格这一因素的加入,预期可以将儿童的学习提高 3/4 个标准差。例如,有一个测试的平均分是 100,标准差是 20,纳入个人学习风格因素后,这个测试的平均分能提高到 115。

尽管如此,如果肯定的结果能给研究者带来经济利益,或许我们应该对这样的研究持怀疑的态度。对这些证据的研究显示,结果并不那么肯定。有几位作者仔细研究了这些证据后发现,这些证据存在着不足(Coffield, Moseley, Hall, & Eccloestone, 2004; Curry, 1990; Willingham, 2005)。帕什勒、麦克丹尼尔、罗勒和比约克(Pashler, McDaniel, Rohrer, & Bjork, 2008)对此进行了详细的评论,他们列出了学习风格真正发挥作用必须满足的一些条件。总体而言,你需要一种能把个体分为语言型学习者和视觉型学习者的方法,你还需要两种教学方法,一种通过语言的方法进行教学,另一种通过视觉的方法进行教学。然后,你需要一种测试分数来衡量每种方法的学习结果。为了显示方法与学习风格相互匹配时学习最有效,你需要如图 13.1 所显示的结果。用统计的术语来说,这表明,教学方法和学习风格具有交互效应,正如图 13.1 所示的假设的例子那样,图中两条曲线是相交的。

帕什勒等人(Pashler, McDaniel, Rohrer, & Bjork, 2008)查阅了有关学习风格的大量文献,发现只有一篇“有可能符合标准”。这是斯滕伯格和他的同事(Sternberg et al., 1999)所做的研究,但帕什勒等人认为,其实这个研究也值得质疑。这个研究的分析,实际上只使用了大约 1/3 的被试,得出了期望的交互效应,而且用于分析的这些分数本身是经过“提取”而得到的,不能直接反映真实的

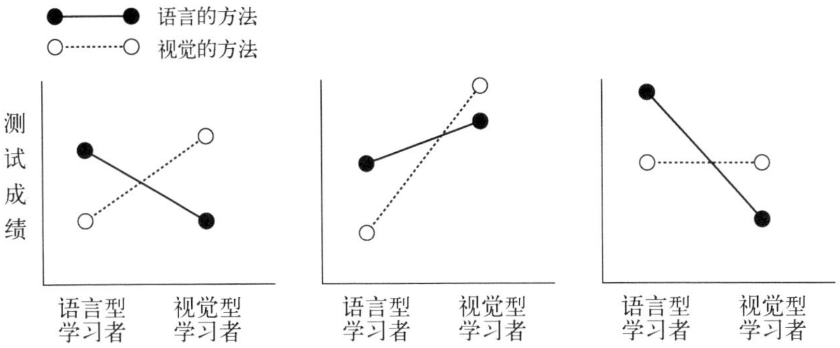

图 13.1 测试成绩支持学习风格观点的例子

交互效应最基本的要求是，这两条曲线应该交叉，这样才表示，语言的方法让语言型学习者的成绩更好，视觉的方法让视觉型学习者的成绩更好。现有的文献没有充分的证据显示，实际结果是这种模式（Pashler et al.，2008）

测试分数。帕什勒等人（Pashler，McDaniel，Rohrer，& Bjork，2008）详细总结了他们的分析结果：

> 一方面，在教育领域，与学习风格有关的方法大受欢迎；另一方面，它的有效性没有可靠的证据支持。在我们看来，这之间的反差非常明显，令人震惊。对学生的学习风格进行分类是否有实际的用途，仍然有待证明。（Pashler，McDaniel，Rohrer，& Bjork，2008，p. 117）

这并不意味着，人们语言或视觉方面的天赋没有差异。语言能力测试肯定会产生一系列分数，视觉空间能力测试也是如此。事实上，语言能力测试与视觉化或空间方位测试之间的相关性很低，因素分析技术通常可以提取与这些基本 224 维度相对应的独立因素（例如，Guilford，1967，更多内容参考他的第三章）。因为这些因素不相关，有些人可能两个测试上的得分都很高，有些人可能一个测试的得分很高，另一个测试的得分很低，还有些人可能两个测试的得分都很低。如果假设语言型学习者的语言分数很高但视觉分数很低，视觉型学习者的视觉分数很高但语言分数很低，那么人群中有一半人都不在这种假设范围之内。当然，语言技能很高的人，很可能会被新闻、法律或（老天帮忙）学术这样的职业所吸引，而视觉技能很高的人，很可能会成为艺术家、建筑师或职业网球运动员。现有的文献还不清楚，是否所有的学习，如代数、艺术或评论性写作，都能根据人们的不同潜能进行调整，因而都可以采用不同的方法进行教学。这方面的证据一直都是否定的。

二、左右脑的偏侧化

在学习风格流行的背后，潜藏着左右脑的幽灵。丽塔·邓恩和肯尼思·邓恩的一些文章，就有这个特点。他们假设，语言型学习者是典型的左脑型，视觉型学习者是典型的右脑型。每个人都有自己的优势半脑，这被称为脑半球的偏侧化（hemisphericity），这个术语最先由博根（Joseph E. Bogen）提出。博根是一名外科医生，20 世纪 60 年代，他参与了著名的裂脑手术，手术目的是治疗顽固性癫痫症。手术的基本原理是，切断前脑联结左右两侧的组织，可以阻止癫痫发作向全脑扩散。在这方面，手术比预期的更成功，因为在药物治疗的帮助下，大部分癫痫发作都可以被完全阻止（Bogen, DeZure, TenHouten, & Marsh, 1969）。

这个手术也意味着，一侧脑半球与另一侧脑半球的有效联结被切断，因此每一侧脑半球都可以单独地进行测试。不久之后的研究表明，左侧脑半球具有言语优势，右侧脑半球在视觉空间功能等非言语功能上具有优势（例如，Sperry, 1982）。这让人们以为，神经系统完整的个体，也会习惯性地偏爱使用一侧或另一侧脑半球。据说，左脑型的人对言语更感兴趣，逻辑性和系统性较强，而右脑型的人对空间更感兴趣，直觉性和创造性较强。这一观点最早是由
225 博根提出的，他总结了左右脑的特点，认为左脑是**序列式**（propositional），而右脑是**并列式**（appositional），因此，认知风格也会有相应的不同（Bogen, 1969）。

博根的术语并没有得到广泛的支持，但有的人是左脑型，有的人是右脑型这一观点在 20 世纪 70 年代广泛地流传开来，这得益于奥恩斯坦（Robert Ornstein）的畅销书《意识心理学》（*The Psychology of Consciousness*，1972）。很多作者设计了直接评估脑功能的偏侧化的测试（例如，Gordon, 1986; Zenhausern, 1978），“左脑型”和“右脑型”这两个术语变成了习惯用法。连保守的《美国英语语言传统®词典》（*American Heritage® Dictionary of the English Language*，2008）都给出了如下定义：

> **左脑型** 形容词：1. 左脑占优势。2. 逻辑和计算等思维过程一般与左脑有关。3. 个体的特点或与个体相关，影响个体行为的主要是逻辑、分

析性思维和言语交流，而不是情感和创造力。

右脑型 形容词：1. 右脑占优势。2. 创造和想象这类思维过程与右脑有关。3. 个体的特点或与个体相关，影响个体行为的主要是情感、创造力、直觉、非言语交流和整体推理，而不是逻辑和分析。

然而，到了20世纪80年代，脑半球偏侧化这一概念开始消退，特别是在学者和脑科学研究者中。在这个概念相对来说还充满活力的时候，我就进行了评论（Corballis，1980），不久之后，有一个研究综述更加尖锐，得出了以下结论：

> 通过以上的回顾，我们认为，放弃脑半球偏侧化的观点似乎是明智的，至少，应该放弃只提脑半球一侧功能的观点。目前有关脑半球认知功能的科学研究，还无法支持这样的观点，即使我们对认知功能和脑的结构系统之间的关系有了更为全面深入的了解，也不可能改变这种状况。（Beaumont，Young，& McManus，1984，p. 206）

但流行的观点很少会紧跟学术的观点，特别是在有利可图之时，通过谷歌搜索的结果，仍然有25 000多条条目，包括一些测量偏侧化的在线测试。一些新潮的活动，也强调偏侧化这一概念，例如神经语言程序学（neuro linguistic programming，NLP），还有流行起来的健脑操®。神经语言程序学立足的基础，至少在其建立之初，是根据一个人回答简单问题时的视线方向，来判断这个人的脑的哪一部分处于活动状态。视线向上或向下，向左或向右，会泄露你心智的秘密。因此，你会发现心智和行为之间任何不一致的地方，从而对之进行调整（Bandler & Grinder，1979）。看着你视线的方向，"大哥"就可以进行监视——你的脑可能不安全。[①]

眼动（eye-movements）这一概念流行于20世纪80年代，被认为是心智活动的关键。它的一部分依据是：向右看反映了左脑的活动，向左看反映了右脑的活动。有一篇文章对这个观点提出了质疑，但一年之后，班德勒和格林德（Bandler & Grinder，1979）的《青蛙变王子》（*Frogs into Princes*）出版，这是神经语言程序学的宣言之一（Ehrlichman & Weinberger，1978）。不管怎样，神经语言程

---

① 教育专家也要小心提防。有一位名叫史蒂文斯（John O. Stevens）的人，这样称赞班德勒和格林德的《青蛙变王子》："神经语言程序学让我们对人类行为和交际的理解，有了一个巨大的飞跃。它让现有的大多数治疗和教育都显得过时。"巨大的飞跃似乎更适合形容王子向青蛙的转变。

226 序学仍然在发展壮大，但几乎没有什么科学的可信度。“神经语言学”这一术语本身是可以接受的，如果在科学网(Web of Science)这个值得信任的科学知识大全上搜索它，你会发现，在过去的46年里，有大约320篇论文使用这个术语，大部分发表在很好的语言学或神经科学期刊上，或者两种期刊兼而有之。这些文章被引用了2 100多次。在过去的31年里，“神经语言程序学”这个术语只有50个条目，被引用了42次，出现在形形色色的期刊中。这些条目中，很多都是对神经语言程序学的批评，其中的一个标题是“正在欧洲兴起的反智主义：科学的危机”(Drenth, 2003)。

说实在的，万金油(snake oil)①的表现更好一些，在科学网上有249个搜索结果，被引用了782次。②

对脑半球偏侧化和左脑型或右脑型的流行说法的质疑，并不意味着脑的左右两侧没有功能差异。脑功能的不对称性已经被脑成像研究所证实(如Corballis, 2008)，而相关的文献，其实在20世纪60年代裂脑研究开始前就已经出现。布罗卡(Broca, 1861)在19世纪60年代第一次指出左脑在言语上的优势。早在1864年，著名的神经学家杰克逊(John Hughlings Jackson)就曾写道，如果“表达”位于脑的一侧，那么我们可以假设，“理解这个与表达相对应的功能”可能在脑的另一侧。问题在于，脑的一侧或另一侧的优势程度，是否存在个体差异。有些任务可能让脑的一侧的活动多于另一侧，但是我们并没有充分的理由去假设，在所有任务或学习活动中，脑的两侧的参与程度都有显著的个体差异。

脑半球偏侧化有时会与左右利手相混淆。有一件T恤曾经非常流行，T恤上印着这样一句话：“脑的右侧控制身体的左侧，因此只有左撇子拥有右侧的心智。”因此，有人认为，在某种程度上，左撇子比习惯使用右手的人更具创造力，左撇子的直觉更敏锐，爱因斯坦、毕加索、富兰克林和迪伦，这些杰出的人物都曾是(或是)左撇子，这是一个神经神话。维基百科一度在左撇子这个条目中列出了这四人的名字，但麦克马纳斯(McManus, 2002)指出，可以确定的是，这四个人几乎都是习惯使用右手的人。后来，维基百科做了相应的修

---

① 英文的字面意思是蛇油，用来指那些宣称疗效很好但其实没有治疗效果的药品。——译者注
② 所有这些数字都得自2010年4月1日，这是真的。

改。不管怎样，约有 70%的左撇子主要在脑的左侧表征语言（如 Corballis, 2009），所以，假设他们脑的两侧的分工与习惯使用右手的人不同，这是没有任何依据的。对 30%在脑的右侧表征语言的人，我们可以预期的是，与左侧相关的功能，一般位于他们的右脑，反之亦然。简言之，我们几乎没有理由假设，左撇子和习惯使用右手的人具有不同的学习风格。

虽然如此，但有一些证据表明，学业上的成功确实因用手的习惯而不同，但更多是与用手的习惯程度相关，而不是用哪只手相关。英国有一项研究，被试是 12 770 名 11 岁的儿童，这是一个很大的样本，这些儿童除了参加利手测试，还要参加言语能力、视觉空间能力、阅读理解能力和数学能力测试，当左手和右手的表现一样时，4 个测试的表现都有所下降。这就是说，双利手的儿童，在某种程度上，要比左利手或右利手的儿童表现差（Crow, Crow, Done, & Leask, 1998）。成人可能也如此。有一个电视节目对人们进行各种各样的智力测试，分析结果显示，那些自称双利手的人的成绩，要低于那些左利手或右利手的人（Corballis et al., 2008）。在这两项研究中，表现不好的那些能力，既有传统认为与左脑（言语、数学、推理）相关的，也有与右脑（视觉空间、空间）相关的，所以，双 227
利手的人代表着某种学习风格或者另一种学习风格，这没有任何意义。这些人的表现其实更糟。

如果有一种分类是按照手的使用习惯，而实际上是按照脑的不对称性进行划分的，那么它可能与脑的偏侧化程度有关，而与偏侧化的方向无关。尽管脑的对称性可能导致智力方面的一些困难，但这可能会得到一些补偿。事实上，在对称与不对称之间，可能会逐步发展出某种平衡，就如绝大多数动物那样。从物种顺序上来说，我们也属于大脑两半球对称动物，这可以追溯至大约 6 亿年前（Chen et al., 2004）。通常，两侧对称，会逐步适应没有系统性的左—右倾向的世界，保持平衡状态，对身体左右两侧的情况具有相同的意识和敏感性，两侧肢体的能力相同。这些优势可能会继续存在于体育活动、手眼的协调动作中，或许存在于音乐和艺术这类活动中，但是，脑的左—右不对称性逐步发展，将带来更复杂的加工过程和脑的分工优势，而对称优势可能会因此而丧失。脑的不对称性的遗传和发展，可以被理解为这些相互竞争的趋势之间的一种平衡（Corballis, 2006）。那些双利手的孩子，在学校的表现或许并不突出，却有可能成为运动场甚至音乐会上的英雄。

但是，如此看来，我好像正在编造一个新的神话，所以我最好换一个话题。

三、狂热的二分法

那么，为什么我们这么坚持要将人分为左脑型学习者或右脑型学习者，或是语言型学习者或视觉型学习者呢？我认为这至少有两方面的原因：

第一，二分法是一种强烈的思维倾向。我们认为，人有胖瘦、高矮、聪明愚蠢、快乐悲伤、好坏、内向外向。学习风格很容易就会落入这种窠臼。曾经也有人说，世界上有两种人，一种人认为世界上有两种人，另一种人不这么认为。将人的差异减少到两极，这有时只是一种简单而有用的临时性说法，这种说法，忽略了每个人的个体特征。

第二，二分法可以作为水平低的借口，尤其是在一个把失败看作是政治上不正确的概念的时代。在偏重语言或计算的学科上，如果一个儿童的成绩很差，这是情有可原的，因为他的思维方式可能与众不同。自己的孩子是另一个爱因斯坦，只是他的天赋还未显露出来而已，这种可能性，会让在学校表现不好的孩子的家长得到某种安慰。这或许是事实，但是，只有在课程中提供各种不同的科目，才能最大限度地发现每个学生的天赋。已有的研究证据显示，这种策略比让每个科目的教学去适应人们所认为的每个孩子的学习风格更恰当。

那么，爱因斯坦本人是什么情况呢？那种认为他学习迟钝的说法，在很大程度上是一种误解，可能只是为了给学业不佳的儿童以希望。里普利（Ripley）在他的专栏文章《信不信由你》中，曾鼓吹“在世的最伟大的数学家，数学不及格”，这个说法由此流传开来。据说，1935 年，有人把这篇文章拿给爱因斯坦看，他笑着说道：“我的数学从来没有不及格过。15 岁之前，我就已经掌握了微积分。”（Isaacson，2007，p. 16）事实是，小学的时候，他在班里名列前茅，在体育方面的成绩也一直很高。孩童时期，他说话明显很慢，但这更可能是因为他那时性格内向，而非智力上的某种缺陷。这么说可能也不对，因为在他祖父母的信件中，他像所有的孙子一样，聪明而又招人喜爱（Isaacson，2007），成年之后，他以流利而极富感染力的演讲闻名。因此，最为合理的猜测是，爱因斯坦本来就是一个天才，言语思维、视觉思维、数学思维以及最重要的创造性思维，他无所不能，而且，他是右利手。

参考文献

American Heritage Dictionary of the English Language, Fourth Edition (2008). New York: Houghton Mifflin. 228

Bandler, R., & Grinder, J. (1979). *Frogs into Princes*. Moab, UT: Real People Press.

Beaumont, J. G., Young, A. W., & McManus, I. C. (1984). Hemisphericity: A critical review. *Cognitive Neuropsychology*, *1*, 191 - 212.

Bogen, J. E. (1969). The other side of the brain. II. An appositional mind. *Bulletin of the Los Angeles Neurological Society*, *34*, 135 - 162.

Bogen, J. E., DeZure, R., TenHouten, W. D., & Marsh, J. F. (1972). The other side of the brain. III. The corpus callosum and creativity. *Bulletin of the Los Angeles Neurological Society*, *37*, 49 - 61.

Broca, P. (1861). Remarques sur la siège de la faculte du langage articulé, suivies d'une observation d'aphémie. *Bulletin de la Société Anatomique de Paris*, *2*, 330 - 357.

Chen, J.-Y., Bottjer, D. J., Oliveri, P., Dornbos, S. Q., Gao, F., Ruffins, S., Chi, H., Li, C. W., & Davidson, E. H. (2004). Small bilaterian fossils from 40 to 55 million years before the Cambrian. *Science*, *305*, 218 - 222.

Coffield, F., Moseley, D., Hall, E., & Eccloestone, K. (2004). *Learning Styles and Pedagogy in Post-16 Learning: A Systematic and Critical Review*. London: Learning and Skills Research Centre.

Corballis, M. C. (1980). Laterality and myth. *American Psychologist*, *35*, 284 - 295.

Corballis, M. C. (2006). Cerebral asymmetry: A question of balance. *Cortex*, *42*, 117 - 118.

Corballis, M. C. (2009). The evolution and genetics of cerebral asymmetry. *Philosophical Transactions of the Royal Society of London B: Biological Sciences*, *364*, 867 - 879.

Corballis, M. C., Hattie, J., & Fletcher, R. (2008). Handedness and intellectual achievement: An evenhanded look. *Neuropsychologia*, *46*, 374 - 378.

Crow, T. J., Crow, L. R., Done, D. J., & Leask, S. (1998). Relative hand skill predicts academic ability: Global deficits at the point of hemispheric indecision. *Neuropsychologia*, *36*, 1275 - 1282.

Curry, L. (1990). One critique of the research on learning styles. *Educational Leadership*, *48*, 50 - 56.

Drenth, P. J. D. (2003). Growing anti-intellectualism in Europe: A menace to science. *Studia Psychologica*, *45*, 5 - 13.

Dunn, R., & Dunn, K. (1992). *Teaching Elementary Students through Their Individual Learning Styles*. Boston, MA: Allyn & Bacon.

Dunn, R., & Dunn, K. (1993). *Teaching Secondary Students through Their Individual Learning Styles*. Boston, MA: Allyn & Bacon.

Dunn, R., Griggs, S. A., Olsen, J., Beasley, M., & Gorman, B. S. (1995). A meta-analytic validation of the Dunn and Dunn model of learning-style preferences. *Journal of Educational Research*, *88*, 353 - 362.

Ehrlichman, H., & Weinberger, A. (1978). Lateral eye movements and hemispheric asymmetry: A critical review. *Psychological Bulletin*, *85*, 1080 - 1101.

Gordon, H. W. (1986). The Cognitive Laterality Battery: Tests of specialized cognitive function. *International Journal of Neuroscience*, *29*, 223 - 244.

Guilford, J. P. (1967). *The Nature of Human Intelligence*. New York: McGraw-Hill.

Isaacson, W. (2007). *Einstein: His Life and Universe*. New York: Simon & Schuster.

Jackson, J. H. (1864). Clinical remarks on cases of defects of expression (by words, writing, signs, etc.) in diseases of the nervous system. *Lancet*, *2*, 604.

Keefe, J. W. (1988). *Profiling and Using Learning Style*. *NASSP Learning Style Series*. Reston, VA: National Association of Secondary School Principals.

Ormrod, J. E. (2008). *Educational Psychology: Developing Learners* (6th ed.). Upper Saddle River, NJ: Pearson.

Ornstein, R. E. (1972). *The Psychology of Consciousness*. San Francisco, CA: Freeman.

McManus, C. (2002). *Right Hand, Left Hand: The Origins of Asymmetry in Brains, Bodies, Atoms, and Cultures*. London: Weidenfeld & Nicolson.

229 Pashler, H., McDaniel, M., Rohrer, D., & Bjork, R. (2008). Learning styles: Concepts and evidence. *Psychological Science in the Public Interest*, *9*, 106 - 119.

Sperry, R. W. (1982). Some effects of disconnecting the cerebral hemispheres. *Science*, *217*, 1223 - 1227.

Sternberg, R. J., Grigorenko, E. L., Ferrari, M., & Clinkenbeard, P. (1999). A triarchic analysis of an aptitudetreatment interaction. *European Journal of Psychological Assessment*, *15*, 1 - 11.

Willingham, D. T. (2005). Do visual, auditory, and kinaesthetic learners need visual, auditory, and kinaesthetic instruction? *American Educator*, *29*(2), 31 - 35.

Yale University Graduate School of Arts and Sciences (2009). *Graduate Teaching Center: Teaching students with different learning styles and levels of preparation* [online] http://www.yale.edu/graduateschool/teaching/learningstyles.html.

Zenhausern, R. (1978). Imagery, cerebral dominance, and style of thinking: Unified field model. *Bulletin of the Psychonomic Society*, *12*, 381 - 384.

230

第十四章　阅读困难的滤镜治疗：过于乐观？

罗伯特·D. 麦金托什(Robert D. McIntosh)

斯图尔特·J. 里奇(Stuart J. Ritchie)

这一章，我们将讨论使用滤镜治疗阅读困难的效果，以及它的理论依据和实际应用。我们先回顾证明滤镜治疗效果的一些证据，然后报告一个针对阅读困难的小学生的实验。我们的结论是，滤镜治疗宣称有神奇的效果，但实验结果显示，滤镜治疗收效甚微，而且没有一致的效果。我们认为，滤镜治疗可能有一些安慰剂效应，除此之外，它的真正效果并没有得到证实。我们还认为，不应该将滤镜治疗推荐给个人使用，公共机构也不应该支持使用滤镜治疗。那些经过充分研究的治疗方法，理应得到更多的资源。

一、引言

“戴着玫瑰色的眼镜”，这不只是乐观主义的一个比喻。全世界有数百万儿童和成人在使用滤镜。这些人，有的戴着有色眼镜，有的戴着有色塑料膜片，他们希望或者相信，这能改善他们的阅读。滤镜已经被医生用来治疗感知上的一种慢性疾病，这种疾病有很多名字，包括但不限于：伊伦综合征(Irlen syndrome)、米里斯—伊伦综合征(Meares-Irlen syndrome)、暗视敏感性综合征(scotopic sensitivity syndrome)和视觉紧张(visual stress)(接下来我们将使用这个名字)。视觉紧张的常见症状有：对光敏感，阅读对比度高的文本时有困难，阅读时感知扭曲并产生页面移动的幻觉，对狭窄的线状视野之外的文本识别较差，不能长时间集中注意(Irlen, 1991)。伊伦认为，视觉紧张会引起眼疲劳、不安、乏力和头痛，是造成阅读障碍的主要原因。但是，有这些症状的人，只要选择颜色合适的滤镜，通过这些滤镜来看打印的页面或整个世界，症状就会减轻。然而，视觉紧张是一个存在争议的诊断项目，并没有得到美国眼科协会(American Optometric Association) 或英国皇家眼科医师学院(Royal College of Ophthalmologists)的认可。而且，我们将指出，尽管滤镜已经被广泛使用，人们希望它可以辅助阅读，但是，对此我们既找不到好的神经科学的理由，也没有确凿的证据。在这一章里，我们首先简要介绍一下滤镜疗法的主要支持者，然后对最相关的一些研究进行批评性回顾，最后介绍我们自己所做的小学生使用滤镜的实验研究。

二、伊伦方法：丰富多彩的历史

颜色的治疗功效是显而易见的，用颜色来治疗的方法至少可以追溯到古埃及(Gottlieb & Wallace, 2001)，时至今日，它仍反复出现，只不过形式不同。科林 231
斯(Collins, 2002)讲述了一个故事。19 世纪中叶，有个叫普莱曾顿(A. J. PLeasonton)的声称，从蓝色玻璃透过来的光可以治疗疾病，促进植物生长，人们对此交口称赞。巴比特(Babbitt, 1878)也宣称，颜色是灵丹妙药而不只是蓝色。这种传统一直出现在各种辅助疗法中，例如在以毒攻毒式的顺势疗法中，会让有色光透过水照射病人(参考 Wauters, 1999)。斯皮特勒(Spitler, 1941)创建的精神和谐式有色光疗法(syntonic optometry)，使用特定的有色光照射来治疗视觉系统的障碍，表面上看起来更可信，其实同样没有科学依据(参考 Barrett, 2009)。使用滤镜治疗阅读困难是新近流行的一种策略，在阅读过程中，使用的颜色能立即影响视觉系统，这种现场治疗的可信度更高。

在1964年出版的一本关于阅读障碍的书中，克里奇利（Critchley）提到，有个儿童阅读正常的文本有困难，但阅读彩色卡片上的内容似乎会好一些。这种情况一直没有进一步的报告，直到1980年，米里斯（Meares）描述说，有几个孩子，在阅读时有视觉不适和知觉扭曲，使用彩色卡片或滤镜能减轻他们的症状。伊伦（Helen Irlen）随后提出，类似这样的视觉引起的阅读困难，是一种完全不同的、以前不被人知的综合征。最初，她建议将之命名为暗视敏感性综合征（Irlen，1983），尽管现在她提到时，只称伊伦综合征（Irlen，2010）（正如先前所提出的，我们应该使用一个更加中性的术语，视觉紧张）。伊伦主要采用有色膜片和滤镜进行治疗，她为自己的治疗方法申请了专利，规范了视觉紧张的诊断程序，也规范了为用户选择滤镜颜色的程序，在加利福尼亚成立了以自己名字命名的研究所。自此以后，伊伦研究所得到了大量媒体的关注，拥有了世界性的影响力，成为阅读用滤镜的主要支持者和销售者。

伊伦研究所的网站可以用不同的颜色显示，在访问这家网站的时候，你可以用很短的时间完成一个检查表，看看自己是否有视觉紧张，如果有的话，网站将为你提供离你最近的伊伦诊断专家，以便进行正式的评估。正式评估时，首先，你会被问及阅读时的不良体验，例如文字的扭曲和移动、光敏感、头痛、眼睛疲劳、疲乏、注意力不集中等。随后，你会看到一系列由密集的线条和符号组成的对比度很高的图片，完成一些视觉任务，例如计算图片某些部分线条或符号的数量（如图14.1所示）。每个任务中，你都要给各种视觉扭曲印象（如模糊、移动、闪烁、发光）和整体视觉不适感打分。如果你的反应显示有视觉紧张，筛选师就会开始确定哪种颜色的膜片最适合你（一组有10张，从中进行选择）。于是，你可能会看到一张纸，纸上的字密密麻麻，这张纸一分为二，分别覆盖着颜色不同的膜片，你要判断，哪一半看起来更舒服，未被选择的膜片，将被另一种颜色的膜片替换，这种筛选的过程会一直继续下去，直到最适合你的颜色出现。这之后，可能还有一个更为详细的评估过程，主要是为了确定伊伦镜片是否能帮助你，并明确最适合你的镜片的颜色（这可能不同于最适合你的膜片的颜色）。虽然视觉紧张的某些症状，特别是双眼协调和视觉适应方面的异常，与人们熟知的某些视觉问题相同，但你不太可能被建议去做专业的眼科检查（Blaskey et al.，1990；Scheiman，2004；Singleton & Trotter，2005）。在英国，伊伦研究所诊断和治疗的费用大约是，有色膜片50—100英镑，有色镜片350—450英镑。

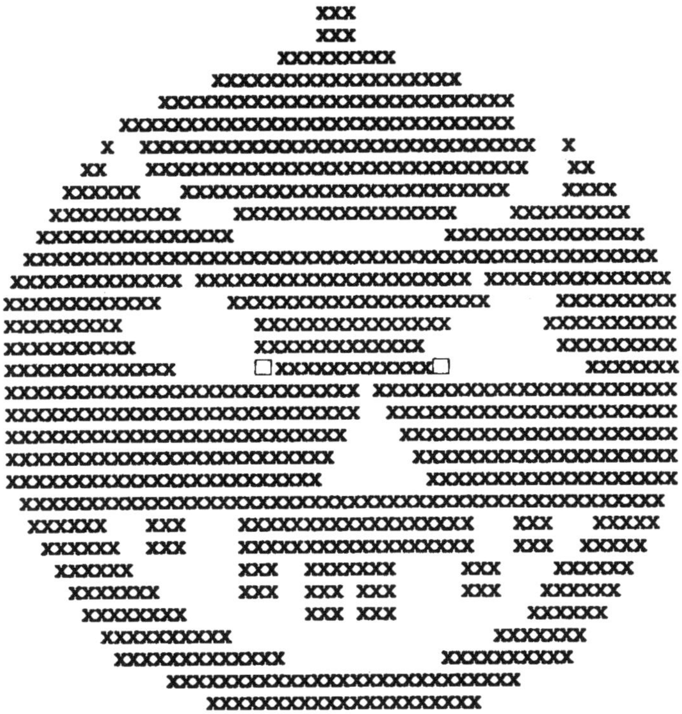

图 14.1 伊伦差别感知项目表中的视觉任务图

观察者需要计算图片正中两个正方形标记间符号的数目，并报告视觉扭曲及不适的程度(Irlen, 1987)

如果你要去见一位伊伦诊断专家，特别是如果你有阅读困难，你要做好确诊的准备。伊伦(Irlen, 1991)在《借助颜色阅读》(*Reading by the Colours*)一书中指 232
出，在被诊断出阅读障碍的人中，有 65%有视觉紧张，在非阅读障碍人中，有12%有视觉紧张。此外，阅读绝不是唯一受到视觉紧张影响的活动：据称，视觉紧张同样影响写作、深度感知、协调和动机。在伊伦的新书《伊伦革命》(*The Irlen Revolution*, 2010)中，与视觉紧张相关的疾病名单更长了，新添的疾病有：注意缺陷多动障碍、孤独症、慢性疲劳综合征、癫痫、图雷特综合征(Tourette's syndrome)、头部创伤、广场恐怖症、焦虑症、抑郁症和行为障碍。与伊伦对症状、发病率和疗效的所有说明类似，这些说法，没有任何证据支持，只是作者的个人经验。更关键的是，伊伦(Irlen, 1991, 2010)还坚称，只有伊伦研究所提供的滤镜，可以有效治疗视觉紧张，因为“伊伦方法已经经过了很多年的发展、完善和研究”(Irlen，1991，p.194)。伊伦没有提供有关研究过程的任何细节，因此人们可以认为，有一些其他的颜色治疗方法，诸如威尔金斯(Wilkins)的直觉法(参考第十四章第三部分)，它们的研究更充分或者至少更公开。最后，关于视觉紧张的性质，伊伦在文章中没有提出自己的观点，只有一些空洞的表述，认为它可能反映了“脑的某种涉及神经系统的结构性缺陷”(Irlen，1991，p.57)。

在为国际阅读障碍协会(International Dyslexic Association)所写的一篇评论文章中，赫尔韦斯顿(Helveston，2001)对伊伦研究所的方法进行了总结，认为它显示了：

> ……典型的群体行为。这个概念具有原创性，长期居于领先的地位，有很强的吸引力。支持它的证据几乎全都是用户个人的感受。这种综合征与更多的疾病联系在一起，现在，有色镜片的使用，已经远远超出阅读困难的范
> 233 围。确定有效颜色的程序一直没有对外公开，仍然是“商业机密”。最终，经济回报颇丰的特许经营是伊伦研究所工作的重心。(Helveston，2001，p.13)

即使这个评价很恰当，但伊伦研究除了需要提供各种证据外，还有一个更重要的实际问题，那就是滤镜对阅读是否有效，如果有的话，对谁有效。伊伦的研究明显不以科学为中心，尽管如此，它仍然激励了后续的研究者，更清楚地说明回答这个问题所需要的理论框架。

三、威尔金斯的直觉颜色法

与滤镜联系最紧密的科学研究者是威尔金斯(Arnold Wilkins)。20世纪90年代早期，他与伊伦研究所合作，开始研究这个领域，但随后，他开发了一套独立的研究程序，创建了自己的一套诊断视觉紧张和确定滤镜颜色的方法。威尔金斯与伊伦的方法在一些核心特征上具有相同之处：他们都认为，每个人都有一种最适合的颜色，这个颜色可以最大限度地减轻视觉紧张的症状，提高阅读的质量，而且，最适合这个人的膜片和镜片的颜色可能不同(Wilkins，2003；Wilkins，Sihra，& Smith，2005；但要参考Simmers，Gray，& Wilkins，2001)。与伊伦不同的是，威尔金斯提出了更为广泛的视觉紧张理论，他通过研究测试自己的假设并将研究成果发表出来。

威尔金斯方法所用的膜片颜色，与伊伦研究所的大体相似，并且也是通过比

较和剔除这样的过程来选出最适合的膜片(参考 Wilkins，1994)。这个方法使用威尔金斯阅读速度测试来验证所选的膜片是否真的有效，这个测试由一些简单的常用词语[例如，我的(my)、玩(play)、看(see)、猫(cat)、狗(dog)]组成，将这些词语随机排列，组合成一段文本，这样就可以剥离阅读的词汇和理解因素，单独对阅读视觉因素进行评估。如果膜片能让阅读速度提高 5%以上，这个膜片就被认为是有效的(Wilkins，Jeanes，Pumfrey，& Laskier，1996)。配制滤镜需要更加精确的检查，为此，威尔金斯发明了“直觉色度计”。这是一个密封的盒子，很轻巧，里面有一页文本，能将光线的色调、饱和度和亮度调到最舒适的程度。通过这个装置，就可以配制所选颜色的有色镜片。此外，威尔金斯还创立了滤镜配镜师协会(Society for Coloured Lens Prescribers)，用来管理那些使用他的治疗方法的人，协会的行为准则要求成员的业务要以证据为基础，并且规定，视觉紧张的评估只能作为范围更广的双眼视轴和视力评估中的一项。

威尔金斯(Wilkins，1995)提出，视觉紧张，如果不是视轴或视力问题引起的，则可能是皮质的过度兴奋引起的：某些皮质区域对某种视觉刺激过度敏感。这个观点在理论上将视觉紧张与其他被认为也有皮质过度兴奋的疾病联系起来，其中主要是偏头痛(Wilkins，1995；Wilkins，Huang，& Cao，2007)，另外也包括光敏性癫痫(Wilkins et al.，1999)、多发性硬化(Newman-Wright，Wilkins，& Zoukos，2007)和孤独症(Ludlow，Wilkins & Heaton，2006)。这种关系最早被提出来的时候，人们观察到一种现象，受益于威尔金斯直觉膜片的儿童(即有视觉紧张的儿童)，而且有偏头痛家族史可能性的，几乎是没有视觉紧张儿童的两倍。以此推断，滤镜也许可以缓解偏头痛的症状。威尔金斯、帕特尔、阿加敏和埃文斯(Wilkins，Patel，Adjamian，& Evans，2002)选择 17 位患有视觉敏感型偏头痛的成人，对这一预测进行验证，他们发现，与佩戴其他颜色的滤镜相比，佩戴颜色“最合适的”滤镜，让他们的偏头痛有所缓解。这一结果鼓舞人心，表明 234
值得更进一步的研究，然而造成视觉紧张的皮质过度兴奋理论在很大程度上仍属于推测，这一理论对偏头痛是否适用，尤其存在很大的争议(Ambrosini，De Noordhout，Sandor，& Schoenen，2003；参考 Aurora & Wilkinson，2007)。

四、牛津蓝与牛津黄

现在第三个团队登场了，占据了电视[英国广播公司电视 1 台(BBC1)的访谈节目《独家秀》(The One Show)]和广播[英国广播公司广播 4 台(BBC Radio 4)的心理节目《都在心智》(All in the Mind)]的黄金时段。2010 年,他们甚至在切尔西花展上建造了一个最后获奖的花园来宣传他们的观点(如图 14.2 所示)。牛津大学阅读障碍研究信托基金会(Dyslexia Research Trust)主席斯坦(John Stein)说,蓝色滤镜可以帮助大约 25%的阅读障碍患者,黄色滤镜也可以帮助 25%的阅读障碍患者。① 他依据的理论是,视觉大细胞系统主要负责控制眼部动作和稳定视线,这个系统的异常通常会引起阅读障碍(例如,Stein, 2001)。根据这一理论,大细胞的功能削弱后,引起视线的不稳定,从而造成阅读时的视觉扭曲和分辨不清。因为视觉大细胞对黄色光最为敏感,所以黄色滤镜可以增强大细胞的功能(Ray, Fowler, & Stein, 2005; Stockman, MacLeod, & DePriest, 1991)。按照这个逻辑,蓝色滤镜可能会让问题恶化,因为蓝色与黄色是互补色,

图 14.2 "阅读障碍:教育的障碍",获奖的花园

福勒(Tim Fowler)设计,目的是在 2010 年切尔西花展上推广阅读障碍研究信托基金会的理论

① 斯坦在别处提出,膳食中补充鱼油,也可以使阅读障碍患者受益(Stein, 2003,2010)。二十二碳六烯酸(docosahexaenoic acid)会影响大细胞的功能。有一种理论认为,阅读障碍患者缺乏二十二碳六烯酸,而鱼油中含有二十二碳六烯酸,斯坦的观点由此而来(Stein, 2010)。鱼油对教育的益处尚未明确,本书第四章和第十五章都有相关的讨论。

蓝色光会抑制大细胞（Stockman et al.，1991）。然而，斯坦却认为，蓝色滤镜有着不同的工作机制。具体而言，蓝色滤镜可以模拟清晨的光线，“欺骗”脑中负责生理节奏的回路，让它的反应跟清晨时一样，从而提高唤醒的水平，让大细胞更好地发挥作用。显然，这些观点只是推测。虽然详细讨论大细胞 235
理论已经超出了本章的范围，但需要指出的是，其实，有关阅读障碍患者的大细胞理论，本身就极具争议（参考 Skoyles & Skottun，2004；White et al.，2006）。

蓝色滤镜和黄色滤镜是否真的可以辅助阅读，这个实际问题对我们的目标更为重要。尽管媒体大肆吹嘘赞叹，但是这个问题似乎仍然缺乏令人信服的证据。黄色滤镜的所谓好处，主要是依据阅读障碍研究信托基金会的一个研究（Ray et al.，2005）。这个研究让 38 名有阅读困难的小学生使用黄色滤镜或“安慰剂”：一张卡片，卡片的中间有一个形似“信箱口”的缺口，用这张卡片，一次只能阅读一行文字。3 个月后，黄色滤镜组阅读能力提高的程度虽然只比安慰剂组大了一点，但却达到了显著的水平。不幸的是，这种使用安慰剂的方法很奇怪，使实验结果很难解释。没有佩戴普通镜片的对照组作为参照，人们很难从结果判断到底是黄色滤镜组进步了，还是安慰剂组退步了。蓝色滤镜对阅读的影响同样很难解释。有研究指出，蓝色滤镜可以提高阅读理解能力，但是同时会降低阅读速度。这表明，改变的可能是策略，而非能力。这种影响不止见于阅读有障碍的人群（Iovino，Fletcher，Breitmeyer，& Foorman，1998）。迄今为止，只有一项关于蓝色滤镜的研究，题目是“对阅读障碍患者的阅读成绩无能为力的蓝色滤镜”（Failure of blue-tinted lenses to change reading scores of dyslexic individuals）（Christenson，Griffin，& Taylor，2001）。

已发表的关于蓝色滤镜和黄色滤镜确切效果的研究很少，有鉴于此，这里就不对这种治疗方法做进一步的讨论，但奇怪的是，这种方法丝毫没有提及这个领域的其他研究，这一点值得简单地评论一下。20 多年来，伊伦和威尔金斯一直在大力提倡滤镜的使用，认为它们可以治疗视觉紧张，然而，阅读障碍研究信托基金会所做的那个研究（Ray et al.，2005），完全不提伊伦和威尔金斯，也不提视觉紧张。此外，雷等人（Ray et al.，2005）表示，在他们的研究中，所有 38 位有阅读障碍的儿童都说，戴着黄色滤镜看文本，清晰度比蓝色滤镜、粉色滤镜、绿色滤镜、红色滤镜、灰色滤镜或没有滤镜时高。而伊伦和威尔金斯却坚持，每个人都有最适合自己的一种滤镜颜色，另外，虽然克里斯和埃文斯(Kriss & Evans, 2005)的确讨论过为什么薄荷绿膜片的使用率较高，但是其他的实验都没有提到人们普遍偏爱黄色。最后，这个研究小组前后的表述似乎自相矛盾，这个小组现在提出，有 25%的阅读障碍患者受益于黄色滤镜，另有 25%的阅读障碍患者受益于蓝色滤镜。

五、从理论到实践

彩色滤镜的主要支持者在彩色滤镜的作用机制上存在着分歧，在一些根本性的问题上，他们也存在着分歧，例如，治疗所用滤镜颜色的特异性、视觉紧张与阅读障碍的差异。研究文献带给人的困惑反映了教育和健康方面的专家对滤镜的不同态度。2010 年 6 月，我们调查了全苏格兰从事教育心理学研究的主任和副主任，询问他们对有色膜片的看法和使用情况。虽然所有接受调查的人都知道这种治疗方法，但是他们的反应不尽相同，有的持谨慎接受的态度：

> 见过有人使用有色眼镜和膜片。年轻人说有帮助。
>
> 如果检查后发现，儿童的阅读困难更像是视觉问题而不是语音问题，那么我会建议这个儿童去做视力评估。

也有的表示怀疑：

> 我不愿意向家长介绍这种治疗方法，在我看来，这只是一种昂贵的安慰剂。
>
> 我一直认为，膜片之类的诊断或治疗方法只是一种安慰剂。真正有效的是阅读教学和辅导。

236 这些不同的反应是现实的缩影。有些地方议会支持学校对学生进行视觉紧张检查，给儿童提供有色膜片和彩色笔记本，也有些地方议会没有这样的规定。有些卫生部门不提供这种治疗，例如，洛锡安(Lothian)和法夫(Fife)的国家医疗服务系统(National Health Service, NHS)。但是，据估计，埃尔郡(Ayrshire)和阿伦岛(Arran)的国家医疗服务系统，每年在有色膜片、镜片和相关诊断上的支出为 33 650 英镑。虽然这只是国家医疗服务系统庞大预算中的一小笔，但是各地区在经费支出上的差异显示，人们对这种治疗方法完全没有共识。使用滤镜的**理论**基础存在争议，接下来，我们先将争议放在一边，将重点转向更严重的**应用**问题，滤镜是否真的能提高阅读能力。

六、滤镜治疗能提高阅读能力吗？

在伊伦网站上，"用户体验"一栏有很多消费者个人的描述，用来证明滤镜治疗的效果。在推荐人们使用滤镜的书中，令人心动的材料大多是个人的故事和案例（Irlen，1991，2010；Stone，2003；Wilkins，2003）。一方面，这个领域的很多从业者都亲眼目睹了滤镜治疗的神奇效果，对滤镜治疗的作用深信不疑，甚至有些人自己也佩戴有色滤镜。从这些口头证据中，人们不难推测，无风不起浪，肯定有某种治疗效果在真正发挥作用。颜色可以辅助阅读，这个观点披着各种外衣反复出现至少有半个世纪，它的长期存在显然会支持滤镜治疗有效这一看法。另一方面，如果滤镜治疗的效果真的像有人说的那样神奇，那么它们应该已经被证明很多次了，世界范围内的卫生和教育机构应该已经接受了滤镜治疗。正如我们即将看到的，滤镜治疗不仅存在争议，而且可以说，**根本没有确凿的证据证明滤镜有助于阅读**。在强大的实际应用层面，更没有证据表明，滤镜治疗是治疗阅读困难的可行方法。

仅仅显示治疗后有改善，不能算是确凿的证据；确凿的证据必须确认，改善是治疗产生的结果（参考本书第十二章）。如果有阅读问题的人相信，借助精心挑选的滤镜阅读文本，可以提高他们的视觉舒适度和阅读水平，那么他们的动机和预期都会提高，至少在短期内会让他们发生类似或完全相同的变化。儿童尤其易受这类安慰剂效应的影响。有关安慰剂效应的知识，跟医学本身一样古老，如今这一基本概念已为所有受过教育的人所熟知，但人们一直低估了安慰剂效应有多普遍，多强大（Goldacre，2008）。教育心理学研究者给我们的回答清楚地表明，真正的问题不在于彩色滤镜能否提高阅读能力，而在于它们的作用是否能超过相应的安慰剂效应。戴着玫瑰色眼镜的乐观主义者遇到好事，这种好运是来自眼镜，还是仅仅来自这个人的乐观？

探索这类问题的研究，对实验设计的要求非常严格。现有的研究中，鲜有能满足这些要求的。阿尔本、阿迪和海德（Albon，Adi，& Hyde，2008）对这方面的研究进行了系统性回顾，目的是为了评估"使用彩色滤镜治疗阅读困难的效果和性价比”。他们选择了23项与这个问题有直接关系的研究。① 对照一些广为接受的标准(Jadad et al.， 1996)，他们发现，这些文章中，有15篇存在设计或分析方面的不足，导致提供的证据缺乏说服力。另外有8项研究，至少具备了随机对照试验的一些基本要素，这些研究除了使用彩色滤镜，还使用另外一种干预措施(安慰剂或者另一种治疗方法)，比较这两种方法对阅读测量的影响。另外，这
237 些研究的被试都被随机分配到各个小组。接下来的部分，我们将简要介绍这些研究最值得关注的地方。

七、随机对照试验

哥伦比亚广播公司(CBS)的新闻节目《新闻六十分钟》(Sixty Minutes)播出了伊伦方法的一个专题，这之后，美国有了第一个这方面的随机对照实验(Blaskey et al.， 1990)，参与的被试年龄在9—51岁之间，自述视觉紧张的一些症状造成自己阅读较差。所有被试都通过诊断加以确认，一位伊伦专家为他们挑选最合适的镜片颜色。验光发现，95%的人有明显的需要治疗的视觉问题，最常见的是双眼协调和视觉适应方面的异常，所有30位参与整个研究的被试都有这样的问题。这些被试被随机分为3组，接受为期2周的治疗，一组使用伊伦眼镜，一组采用以眼保健操为主的视觉疗法，还有一组不接受任何治疗。接受治疗的两个组的被试都表示，感觉自己的视觉不适得到了缓解，但只有视觉疗法组的被试的阅读表现有所提高。接受视觉疗法的被试在治疗后，不再有明显的症状，不需再使用伊伦疗法。这表明，视觉紧张通常是由视力方面的问题引起的，针对性的治疗可以减轻症状。这个特殊的研究发现，有视觉紧张的人，很少有视力正常的。但是，其他研究曾提到这样一些案例，一些研究甚至剔除了视力有问题的被试(例如，Bouldoukian， Wilkins， & Evans， 2002，后面我们会提到)。

威尔金斯等人(Wilkins et al.， 1994)的实验选择了68位(11—12岁)有视觉紧张症状的儿童，让他们在没有任何提醒的情况下使用了至少3周的有色膜片。这个研究使用威尔金斯的直觉色度计来确定最适合这些儿童的镜片颜色，

---

① 另有67篇文章与这一主题相关，但是没被采用。原因是：有的选择了错误的结果进行测量；有的选择的被试没有阅读问题；有的没有进行实验研究(例如综述文章)。

每个儿童都得到两副眼镜，一副镜片使用最适合他们的颜色，另一副镜片使用稍有不同的对照色。每副眼镜佩戴一个月，儿童每天记录自己视觉紧张的症状，然而只有 36 位儿童完成了他们的记录。这个研究结果与布拉斯基等人（Blaskey et al.，1990）的类似，与对照条件相比，在使用颜色最适合的彩色滤镜时，儿童报告视觉紧张症状减轻了，但是阅读测试的结果没有明显的差异。通过直接的比较，儿童无法准确区分两种颜色的镜片。这表明，儿童主观感觉颜色最适合的镜片有效果，不可能是安慰剂效应。[①] 然而，即使这个研究所分析的儿童通过使用彩色滤镜，减轻了自己视觉紧张的症状，但儿童所报告的症状减轻的幅度依然很小。这种选择倾向势必会提高彩色滤镜有效性的比率。

选择倾向这种问题同样出现在之后的一项研究中，参与这项研究的被试是 33 名使用有色膜片的儿童和成人（7—44 岁）（Bouldoukian et al.，2002）。这项研究发现，威尔金斯阅读速度测试结果显示，与作为安慰剂的浅黄色膜片相比，使用最适合的膜片会让被试的阅读速度更快。实验人员把安慰剂描述成"可以帮助阅读困难患者的一种神奇的发现"，给它贴上了"研究型 A16 抗紫外/红外滤镜——美国制造"的标签，费力地将之包装成一种貌似非常可信的治疗方法。即使如此，对被试来说，这种膜片的吸引力还是不如他们认为适合的滤镜，因为后者是他们之前通过一套排除程序选择出来的。由于被试和实验人员可能都已经知道哪个是常用的彩色滤镜，因此就无法排除安慰剂效应。研究结果显示，阅读很差的被试，习惯了膜片后，戴上膜片时的阅读表现更好，但这应该归功于膜片本身，还是使用者的预期是无法确定的。

这三个研究的质量是最高的，其他研究也有同样的矛盾之处以及局限性，阿 238
尔本等人（Albon et al.，2008）在他们系统性综述中讨论过其中的很多研究。这些作者得出的结论是，"还没有令人信服的证据表明，与安慰剂或其他对照条件相比，彩色滤镜对有阅读困难或阅读障碍的被试有效，能提高他们的阅读能力"（Albon et al.，p.93）。他们反复强调，这些研究提供的证据缺乏说服力，这不是在批评他们所评论的研究，而是在承认这个领域的研究难度很高。最后，他们特别指出，这方面的研究需要进一步提高研究设计的质量，核心问题是对照治疗的

① 因为研究主要分析这 36 位儿童的视觉紧张症状，却没有提到这些儿童区别两种眼镜的能力，因而也不能完全肯定没有安慰剂效应。

设计。质量最高的研究必须是“双掩蔽”(double-masking)设计,也称“双盲”(double-blinding)设计,尽管对视觉方面的研究而言,人们认为后一个术语不太恰当(参考 Morris, Fraser, & Wormald, 2007)。只有实验人员和被试都不知道哪一个是治疗条件,哪一个是对照条件,才能保证结果不受预期的影响。

八、格拉斯哥港研究

苏格兰的因弗克莱德地方议会(Inverclyde Council in Scotland)在当地学校推行了一项计划,名为创建“阅读障碍友好型学校”(dyslexia-friendly schools),在此之前,邻近的东伦弗鲁郡(East Renfrewshire)已经有了类似的计划,这引起了我们的兴趣。阅读障碍友好型学校要对在校儿童进行伊伦综合征筛查(本文中我们称为“视觉紧张”),地方议会为那些被诊断出有障碍的儿童提供伊伦产品(彩色膜片和笔记本)。为此我们联系了苏格兰伊伦分部(Irlen Scotland)的麦凯尔维(Liz Mckelvie),在她的热心帮助和大力支持下,我们完成了一项程序较为规范的实验,以检验这项计划的效果。为了达到双掩蔽设计的要求,她修改了正常的工作程序。2010 年的 1 月到 6 月,我们(Ritchie, Della Sala & McIntosh, 2011)在格拉斯哥港的纽瓦克小学(Newark Primary School)进行了这项研究,学校教师找出 75 名 7—12 岁被认为有阅读障碍的儿童。61 名参与了这项研究,其中 60 人的数据完整。第一阶段,麦凯尔维使用标准的伊伦程序对这些儿童进行评估,从伊伦系列中,为每一个被诊断出视觉紧张的儿童选配了最适合的膜片。第一阶段的最后一步,这些儿童并没有像正常情况那样拿到他们的膜片并接受用法方面的指导,反而被告知,测试还没有完成,后面还会继续。第二阶段,这些儿童参加了威尔金斯阅读速度测试(Wilkins et al., 1996),测试的时候他们戴着指定膜片,非指定膜片和无色膜片(那些没被诊断出视觉紧张的儿童,他们的膜片是任意分配的)。儿童不知道自己是否被诊断出视觉紧张,实验人员也不知道,他们也都不知道哪一个是指定膜片。第三阶段,由一位来自第三方的视轴矫正医师单独对儿童进行评估,这位医师也不知道诊断信息。

在结果中,第一个值得注意的是,在 61 名儿童中,有 47 名(77%)被诊断出视觉紧张,因此这是一个较为宽松的诊断方法。这个结果似乎有点刻意为之,因为麦凯尔维告诉我们，不需要的人得到膜片，总好于需要的人没有得到膜片①。超过半数的视觉紧张组儿童（54.3%）被发现双眼直视异常，而无视觉紧张组儿童双眼直视异常的比例是 38.5%，两者差异在统计上不显著，后者人数较少，也限制了差异出现的可能性。如图 14.3 所示，最重要的结果在于，无论哪个组，膜片都没有立即对阅读速度产生影响。5%一直被认为是阅读速度提高的一个比较合适的临界值，可以界定为膜片对阅读速度产生了积极的影响（Wilkins et al.，1996）。在我们的研究中，与佩戴无色膜片相比，在佩戴指定膜片时，28%的视觉紧张组儿童阅读快了至少 5%（最高达到 25%），另有 32%的视觉紧张组儿童阅读慢了至少 5%（最高达到 28%）（Ritchie，Della Sala，& McIntosh，2011）。所有数据都表明，这些数字只是在围绕 0 这一真正的膜片效应随机变化。指定膜片不能提高阅读速度，同样也不能提高阅读理解测试的表现。 239

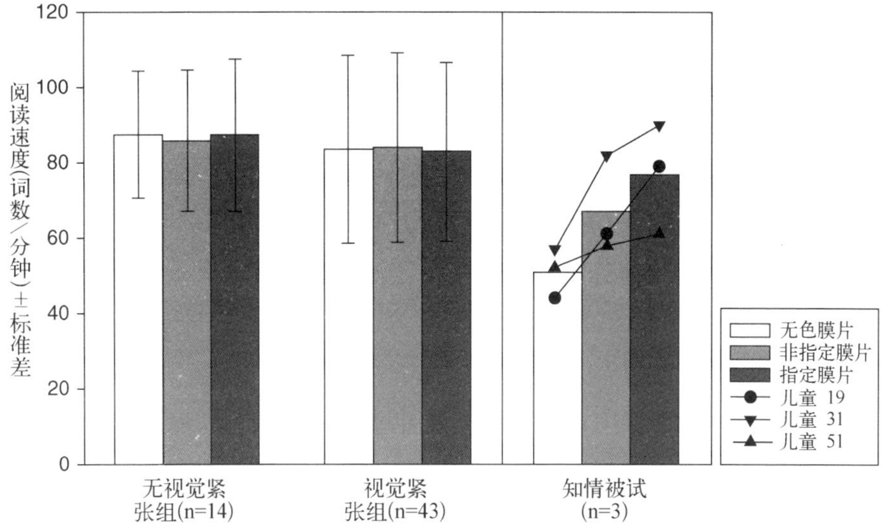

图 14.3 无视觉紧张组和视觉紧张组佩戴 3 种膜片时威尔金斯阅读速度测试的平均分数

误差线距离平均值一个标准差。有 3 个儿童对治疗条件知情，最右边的柱状图显示的是他们的平均表现，每个人的结果都分别标出

结果中还有一个有趣的意外之喜。有 3 名儿童声称知道最适合自己的膜片的颜色（其中有 2 人已在使用膜片），我们不得不将这 3 名儿童的数据从视觉紧

① 给儿童贴上不恰当的“综合征”标签，将会对儿童造成什么伤害，如何看待有色膜片，都将影响一个人自身对这个问题的看法。

张组剔除。如图 14.3 所示，虽然治疗条件没有成功地瞒过这 3 名儿童，但指定膜片效应在他们身上很明显，也很稳定（阅读速度分别提高了 78%、58% 和 15%）。虽然无法证明，但这种情况很容易被认为是安慰剂效应。在使用非指定膜片时，阅读速度也有提高，但程度较小，这一点支持了这个说法。使用某种颜色的膜片有效，并不意味着使用非指定膜片也会有效。事实上，在我们的研究中，预测的方向可能正相反，因为我们选择的非指定膜片的颜色一般都是指定膜片颜色在色谱上的互补色。根据颜色特异性理论，最适合的膜片将过滤掉光线中让人感觉最不舒服的波长。由于互补色滤镜优先传送的正是这些波长，如果它们真的起作用的话，视觉紧张应该变得更严重。因此，知情儿童的表现表明，膜片具有很强的安慰剂效应，这也证明我们选择双掩蔽设计是对的。

我们认为，因为这项研究有效的双盲设计以及抽样的数量和同质性，所以在所有有关彩色滤镜效果的研究中，这项研究提供的证据质量最高。当然，我们并不会异想天开，认为这项研究是无法超越的最好的研究。一方面，与其他研究一样，这项研究也有局限：我们测试的是膜片而非彩色滤镜的效果；我们只有 1 位伊伦疗法的专业评估人员；另外，我们评估的只是膜片对阅读速度和理解所产生
240 的短期而非长期效果（尽管 1 年后我们将对这些儿童进行追踪研究）。另一方面，这项研究的现实意义是它的一大优点，因为它评估的是一个正在进行中的、政府资助的、旨在解决在校学生阅读问题的行动计划。这个计划的用意是好的，但是我们的数据表明，政府资助没有确凿证据的治疗方法，反而可能造成一些危害。当然，无论什么时候，如果有人要尝试未经证实的治疗方法，那么他们应该借此机会，尽可能地收集有关这些方法效果的数据。

九、结论

斯坦在接受英国广播公司广播四台的采访时说，人们不相信阅读障碍的解决办法可以如此简单，所以彩色滤镜的治疗方法一直存在争议。我们认为，这种疗法之所以存在争议，是因为它缺乏证据支持，而且，正因为这种疗法有“灵丹妙药”似的简单性，它们才能有这么大的吸引力，一直长盛不衰。如果有人深受阅读障碍之苦或者亲眼看到有阅读障碍的孩子在学校的困境，他们会觉得，彩色滤镜的神奇效果简直好得令人不敢相信，只有那些自以为是的怀疑论者才会立即

拒绝它们。这类疗法披上神经科学的外衣后，至少在非专业人士看来，它们愈加可信（Weisberg et al.，2008）。如果被试的信任、动机或纯粹的新鲜感能产生积极的效果，那么这些因素被低估后，功劳就都归于彩色滤镜了，彩色滤镜有神奇效果的故事就会越传越神。因为这些因素也在发挥作用，想要找到阅读在短期内得以提高的真正原因几乎是不可能的，长期的效果几乎更不可能显现。对儿童来说尤其如此，因为无论有没有干预，儿童的阅读能力通常都会随着时间而提高。普通大众需对科学证据的本质和价值有更清醒的认识，这将帮助他们在这些复杂的领域作出理性的判断。但是这不是减轻公共机构的责任，他们依然需要提供详尽的指导，在制定卫生和教育政策的时候，不但要考虑经济和政治方面的因素，更要全面评估各种科学证据。

写到这里，我们自己对彩色滤镜的评价应该已经很清楚了：我们既找不到好的神经科学的理由，也没有令人信服的证据，让人们相信彩色滤镜能够辅助阅读（参考 Hyatt，Stephenson，& Carter，2009，有类似的评价）。未来新的证据可能会改变这种评价，但是，就现在而言，彩色滤镜不应被推荐给个人使用，公共机构也不应为个人提供彩色滤镜。一方面，以颜色为基础的某种机制，使某些人产生了积极的变化，这种可能性也无法排除，但这种人必定非常少。另一方面，可以肯定的是，彩色滤镜能够提高主观的视觉舒适度，阅读差的人使用它们，新鲜感和安慰剂效应可以提高很多人的阅读成绩。人们可能会问，忽略这种积极效果是否会弄巧成拙，特别是我们自己的数据也显示，这种积极效果可能会非常大：我们发现，有一个对治疗方法知情的孩子，他的阅读速度提高了 78%。因此，难道我们不能利用这种可能性，建议所有阅读差的人都使用彩色滤镜吗？虽然更多的动机和注意也能暂时提高阅读这一点肯定值得关注，但是我们的回答是不能。某种程度上，所有的干预都可能有安慰剂效应，如果没有**有效**的治疗手段，人们只能接受单纯安慰性的干预，这时候，在伦理上，人们会进退两难。

令人高兴的是，有效的治疗方法确实存在。这些方法不像滤镜治疗这么简单，毕竟阅读障碍本身就非常复杂。我们早已指出视觉评估过程非常重要，特别是在出现视觉扭曲的时候，因为有些人的阅读障碍可能是由感觉问题引起的，（Blaskey et al.，1990），但大多数阅读障碍患者都在语言的认知加工上存在问题，这是人们已经形成的共识（Hulme & Snowling，2008；White et al.，2006）。直接解决这一核心问题的干预治疗，最有可能取得成功。托格森（Torgesen，

2002,2005)在这方面作了比较权威的综述,他指出,音素的认读教学可以长久稳
241 定地提高读写能力(同样参考,Hulme & Snowling, 2008)。这些干预通常需要采用一对一的集中教学方式,没有捷径,也没有灵丹妙药。虽然如此,我们对阅读障碍的了解,在几个方面越来越深入:有哪些认知因素影响阅读,如何根据脑功能和遗传风险因素进行预见性诊断(Gabrieli, 2009)。知识的扩展只能改进有效的治疗方法,让它们在更早的发展阶段用于弱势儿童。这足以让人保持乐观。

致谢

格拉斯哥港研究获得了爱丁堡大学马里捐赠基金的资助。感谢苏格兰伊伦分部利兹·麦凯尔维的支持与合作,感谢纳迪娅·诺斯韦(Nadia Northway)和吉莉恩·坎贝尔(Jillian Campbell)(格拉斯哥苏格兰大学)的视轴矫正服务,感谢纽瓦克小学学生、教师和后勤人员的慷慨帮助。斯图尔特·里奇在攻读研究型理学硕士学位期间完成了这项研究,现在他的博士课题获得了英国经济与社会研究委员会的3年博士研究生奖学金,将对格拉斯哥港项目的被试群体进行跟踪研究。

参考文献

Albon E., Adi Y., & Hyde C. (2008). *The Effectiveness and Cost-effectiveness of Coloured Filters for Reading Disability: A Systematic Review*. Birmingham: University of Birmingham Department of Public Health and Epidemiology.

Ambrosini, A., De Noordhout, A. M., Sandor, P. S., & Schoenen, J. (2003). Electrophysiological studies in migraine: A comprehensive review of their interest and limitations. *Cephalalgia*, *23*(1), 13–31.

Aurora, S., & Wilkinson, F. (2007). The brain is hyperexcitable in migraine. *Cephalalgia*, *27*(12), 1442–1453.

Babbitt, E. D. (1878). *The Principles of Light and Colour*. London: Babbitt & Co.

Barrett, B. T. (2009). A critical evaluation of the evidence supporting the practice of behavioural vision therapy. *Ophthalmic and Physiological Optics*, *29*, 4 - 25.

Blaskey, P., Scheiman, M., Parisi, M., Ciner, E. B., Gallaway, M., & Selznick, R. (1990). The effectiveness of Irlen filters for improving reading performance: A pilot study. *Journal of Learning Disabilities*, *23*(10), 604 - 612.

Bouldoukian, J., Wilkins, A. J., & Evans, B. J. W. (2002). Randomised controlled trial of the effect of coloured overlays on the rate of reading of people with specific learning difficulties. *Ophthalmic and Physiological Optics*, *22*(1), 55 - 60.

Christenson, G. N., Griffin, J. R., & Taylor, M. (2001). Failure of blue-tinted lenses to change reading scores of dyslexic individuals. *Optometry*, *72*(10), 627 - 633.

Collins, M. (2002). *Banvard's Folly: Thirteen Tales of People Who Didn't Change the World*. New York: Picador.

Critchley, M. (1964). *Developmental Dyslexia*. London: Whitefriars Press.

Gabrieli, J. D. E. (2009). Dyslexia: A new synergy between education and cognitive neuroscience. *Science*, *325* (5938), 280 - 283.

Goldacre, B. (2008). *Bad Science*. London: Harper Perennial.

Gottlieb, R., & Wallace, L. (2001). Syntonic phototherapy. *Journal of Behavioural Optometry*, *12*(2), 31 - 38.

Helveston, E. M. (1990). Scotopic sensitivity syndrome. *Archives of Ophthalmology*, *108*(9), 1232 - 1233.

Helveston, E. M. (2001). Tinted lenses. *Perspectives: The International Dyslexic Association*, *27*(3), 12 - 13.

Hulme, C., & Snowling, M. J. (2008). *Developmental Disorders of Language Learning and Cognition*. Oxford: Wiley-Blackwell.

Hyatt, K. J., Stephenson, J., & Carter, M. (2009). A review of three controversial educational practices: Perceptual motor programs, sensory integration, and tinted lenses. *Education and Treatment of Children*, *32*(2), 313 - 342.

Iovino, I., Fletcher, J. M., Breitmeyer, B. G., & Foorman, B. R. (1998). 242
Colored overlays for visual perceptual deficits in children with reading disability and attention deficit/hyperactivity disorder: Are they differentially effective? *Journal of Clinical & Experimental Neuropsychology*, *20*(6), 791 - 806.

Irlen, H. (1983). Successful treatment of learning difficulties. Paper presented at the 91st Annual Convention of the American Psychological Association, August, Anaheim, CA.

Irlen, H. (1987). *Irlen Differential Perceptual Schedule*. Long Beach: Perceptual

Development Corporation.

Irlen, H. (1991). *Reading by the Colors: Overcoming Dyslexia and Other Reading Disabilities Through the Irlen Method*. New York: Avery Publishing Group.

Irlen, H. (2010). *The Irlen Revolution: A Guide to Changing Your Perception and Your Life*. New York: Square One Publishers.

Jadad, A. R., Moore, R. A., Carroll, D., Jenkinson, C., Reynolds, D. J., & Gavaghan, D. J. (1996). Assessing the quality of reports of randomised clinical trials: Is blinding necessary? *Controlled Clinical Trials*, *17*, 1-12.

Kriss, I., & Evans, B. J. W. (2005). The relationship between dyslexia and Meares-Irlen syndrome. *Journal of Research in Reading*, *28*(3), 350-364.

Ludlow, A. K., Wilkins, A. J., & Heaton, P. (2006). The effect of coloured overlays on reading ability in children with autism. *Journal of Autism and Developmental Disorders*, *36*(4), 507-516.

Meares, O. (1980). Figure/background, brightness/contrast and reading disabilities. *Visible Language*, *14*, 13-29.

Morris, D., Fraser, S., & Wormald, R. (2007). Masking is better than blinding. *British Medical Journal*, *334*(7597), 799.

Newman-Wright, B., Wilkins, A. J., & Zoukos, Y. (2007). Spectral filters can improve reading and visual search in patients with multiple sclerosis. *Journal of Neurology*, *254*(12), 1729-1735.

Ray, N. J., Fowler, S., & Stein, J. F. (2005). Yellow filters can improve magnocellular function: Motion sensitivity, convergence, accommodation, and reading. *Annals of the New York Academy of Sciences*, *1039*, 283-293.

Ritchie, S. J., Della Sala, S., & McIntosh, R. D. (2011). Irlen colored overlays do not alleviate reading difficulties. *Pediatrics*, *128*(4), e932-e938.

Scheiman, M. (2004). Coloured lenses to improve reading comfort and performance: Are underlying vision problems being missed? *Journal of Optometric Vision Development*, *35*, 37-41.

Simmers, A. J., Gray, L. S., & Wilkins, A. J. (2001). The influence of tinted lenses upon ocular accommodation. *Vision Research*, *41*(9), 1229-1238.

Singleton, C., & Trotter, S. (2005). Visual stress in adults with and without dyslexia. *Journal of Research in Reading*, *28*(3), 365-378.

Skoyles, J., & Skottun, B. C. (2004). On the prevalence of magnocellular deficits in the visual system of nondyslexic individuals. *Brain and Language*, *88*(1), 79-82.

Spitler, H. R. (1941). *The Syntonic Principle*. Eaton, OH: College of Syntonic

Optometry.

Stein, J. F. (2001). The magnocellular theory of developmental dyslexia. *Dyslexia*, 7(1), 12 – 36.

Stein, J. F. (2003). Visual motion sensitivity and reading. *Neuropsychologia*, *41*, 1785 – 1793.

Stein, J. F. (2010). Simple ways to treat dyslexia. *SEN Magazine*, *46*, 28 – 30.

Stockman, A., MacLeod, D. I. A., & DePriest, D. D. (1991). The temporal properties of the human shortwave photoreceptors and their associated pathways. *Vision Research*, *31*(2), 189 – 208.

Stone, R. (2003). *The Light Barrier: Understanding the Mystery of Irlen Syndrome and Light-based Reading Difficulties*. New York: St. Martin's Griffin.

Torgesen, J. K. (2002). Lessons learned from intervention research in reading: A way to go before we rest. In R. Stainthorp & P. Tomlinson (Eds.), *Learning and Teaching Reading* (pp. 89 – 103). London: British Psychological Society.

Torgesen, J. K. (2005). Recent discoveries on remedial interventions for children with dyslexia. In M. J. Snowling & C. Hulme (Eds.), *The Science of Reading: A Handbook* (pp. 521 – 537). Oxford: Blackwell.

Wauters, A. (1999). *Homeopathic Colour Remedies*. Freedom, CA: Crossing Press.

Weisberg, D. S., Keil, F. C., Goodstein, J., Rawson, E., & Gray, J. R. (2008). The seductive allure of neuroscience explanations. *Journal of Cognitive Neuroscience*, *20*(3), 243
470 – 477.

White, S., Milne, E., Rosen, S., Hansen, P., Swettenham, J., Frith, U., & Ramus, F. (2006). The role of sensorimotor impairments in dyslexia: A multiple case study of dyslexic children. *Developmental Science*, *9*(3), 237 – 269.

Wilkins, A. J. (1994). Overlays for classroom and optometric use. *Ophthalmic & Physiological Optics*, *14*, 97 – 99.

Wilkins, A. J. (1995). *Visual Stress*. Oxford: Oxford University Press.

Wilkins, A. J. (2003). *Reading Through Colour*. Chichester: John Wiley and Sons.

Wilkins, A. J., Baker, A., Amin, D., Smith, S., Bradford, J., Zaiwalla, Z., Besag, F. M. C., Binnie, C. D., & Fish, D. (1999). Treatment of photosensitive epilepsy using coloured glasses. *Seizure: European Journal of Epilepsy*, *8*(8), 444 – 449.

Wilkins, A. J., Evans, B. J. W., Brown, J. A., Busby, A. E., Wingfield, A. E., Jeanes, R., & Bald, J. (1994). Double-masked placebo-controlled trial of precision spectral filters in children who use coloured overlays. *Ophthalmic and Physiological Optics*, *14*(4), 365 – 370.

Wilkins, A. J., Huang, J., & Cao, Y. (2007). Prevention of visual stress and migraine with precision spectral filters. *Drug Development Research*, *68*(7), 469 - 475.

Wilkins, A. J., Jeanes, R. J., Pumfrey, P. D., & Laskier, M. (1996). Rate of Reading Test: Its reliability, and its validity in the assessment of the effects of coloured overlays. *Ophthalmic and Physiological Optics*, *16*(6), 491 - 497.

Wilkins, A. J., Patel, R., Adjamian, P., & Evans, B. J. W. (2002). Tinted spectacles and visually sensitive migraine. *Cephalalgia*, *22*(9), 711 - 719.

Wilkins, A. J., Sihra, N., & Smith, I. N. (2005). How precise do precision tints have to be and how many are necessary? *Ophthalmic and Physiological Optics*, *25*(3), 269 - 276.

第十五章　不要在学校尝试：“另类”教育技术的吸引力 244

斯图尔特·J. 里奇(Stuart J. Ritchie)
埃里克·H. 查德勒(Eric H. Chudler)
塞尔吉奥·德拉·萨拉(Sergio Della Sala)

很多“另类”教育技术正被用于全球的课堂，除了一些含糊其辞的“神经科学”的理由，人们通常并不清楚支持它们的理论基础是什么。本章列举了其中一些技术——健脑操®、饮水、健脑游戏、鱼油补充剂和口香糖，对它们的研究证据一一进行评论。这里所选的“另类”教育技术，在全球的学校中，有的已经开始流行，有的正变得更加流行。我们发现，这些教育技术大多缺乏研究证据。我们将指出，这些教育技术都有一个常见的推理错误，这在某种程度上也可以解释为什么它们广受欢迎，这种推理错误，我们称之为“神经神话”。

首先，在我们用批判性的眼光审视这些教育技术有效性的研究前，我们先讨论支持这些教育技术的一个逻辑谬误。其次，我们将阐述可靠的研究具有哪些特点，并就如何评估有争议的观点提出一些建议。最后，我们将试图解释为什么这些教育技术具有吸引力，我们也会建议人们应该如何对待这些教育技术。

一、神经神话：类推谬误

下面的论证，被很多磁疗的支持者用来说明磁疗为什么可以减轻疼痛：

- 血液中含有铁。
- 磁性材料可以吸引铁。
- 因此，磁铁能够改变血流的某些方面，可能会影响疼痛。

前两个前提都很正确，但结论是错的，这么说有一个非常关键的理由：血红蛋白中的铁并没有磁性（也就是说，磁性材料不能吸引它）。一个是关于人体的正确知识，一个是可能改变生活的治疗方法，这两者之间的关联初听起来很有吸引力，但丝毫经不起推敲（如图 15.1 所示）。然而，即使磁性材料吸引血液这种推理很合理，仍然不能证明磁疗是有效的。唯一可以对**此**作出证明的途径，就是查阅对这个疗法所做的那些严格的科学研究。在这个过程中，我们发现，已有研

图 15.1　类推谬误

有些说法依据的是类比而非科学证据，接受这些说法可能会让人形成一些相当奇怪的观念（Dario Battisti，2011）

究表明，磁疗没有效果，不能用来缓解疼痛（Pittler，Brown，& Ernst，2007）。

不幸的是，这种经不起推敲的、从一个环境到另一个环境的类比，在"另类"教育技术中普遍存在。为了表达刚刚讨论过的磁性理论，我们将这种类推方式命名为类推谬误（ferrous fallacy，**含铁谬误，本书统一译为类推谬误**），它的定义是： 245

> 证明某种技术、干预或治疗有效的，不是研究证据，而是与之相似的另一个环境中的相关效应。

我们这一章主要讨论这些有争议的教育技术，通过这些讨论，我们将给出类推谬误的具体例子，有的例子根据完美的科学数据，有的例子仅仅根据想象。显然，用严格的科学研究来证明教育技术的效果是唯一可以接受的方法。不幸的是，很多"另类"教育技术并不采用这种方式来证明。

正如"另类"药物，"另类"教育技术也没有明确的界定。事实上，"补品"——草药、顺势疗法之类的提倡者所使用的一个词——看起来可能更适合本章讨论的这些技术，因为主流教育并不真的认为，它们是一种"**选择**"。不过，在这一章中，我们使用"另类"来表示"非常规的"或"非传统的"。

二、证据的评估

类推谬误的定义提到，在决定是否使用某种教育技术时，证据理所应当是最重要的。不过，证据之间也存在着差异。我们先简要地讨论一下，什么样的证据 246
质量比较高，然后再对这些教育技术进行细致的分析。我们可以用历史上另一种磁性实验——动物磁性——来说明好的证据很重要。18世纪的法国，梅斯梅尔（Franz Mesmer）——他的姓是动词"催眠"（mesmerize）的词根——以其神奇的治愈能力闻名于世，他声称，他的这种能力来自自己发现的一种新的自然力量——动物磁性。据说，将这种力量直接对准患者，就可以缓解患者的症状。大量目击者的描述引起了路易十六（Louis XVI）的兴趣，他委托他的医学院和皇家科学院的成员对此进行调查，为首的是当时美国大使富兰克林。

患者声称，他们感觉到了动物磁性对自己身体的影响。因此，调查人员设计 247
了一个实验，让患者无法看到与他们共处一室的催眠师。于是，1784年，历史上第一个单盲实验出现了。蒙着眼睛的被试普遍猜错了催眠师的磁性能量对准的方向，催眠师不在场的时候，坐在纸帘后面的被试也自称感觉到了磁性能量

(Kaptchuk, 1998)。调查得出的结论是,动物磁性并不存在。今天,我们会说,催眠师的任何成功的治疗,其实都是安慰剂效应在起作用,要归功于患者的预期。尽管假的治疗技术的退出需要很长的时间,但单盲或双盲设计为科学的方法作出了重要的贡献。

专栏 15.1 是我们列出的科学证据的检查清单。人们从中可以发现,恰当的单盲或双盲设计,能让实验在清单上获得肯定的一票。这份检查清单还包括其他一些方面,如合适的对照组、同行评议和正确的统计检验。除了这些,教育研究还面临一些特殊的挑战,儿童在不断成长。在成长过程中,他们在各种测试(例如计算任务)上的表现自然会提高。研究人员如果想在不同的阶段进行准确的比较,就必须对这个因素进行控制。

专栏 15.1 科学证据的检查清单

好的证据,不需要**逐条**检查,但检查得越仔细,证据越可靠:

√ 证据来自真正的科学研究吗?

别人说的话,通常很有趣,但无法进行科学的评估。

√ 证据发表在经过同行评议的期刊上吗?

同行评议虽然并不完美,却是区分科学研究优劣的最好方法。

√ 样本合适吗?

样本应能代表所研究的总体,样本数量要足够大并且要随机分配,以免影响研究结果。

√ 研究使用对照组了吗?

这非常重要,这样我们才能发现哪些效应一定会出现。对照组被试与实验组被试应尽可能匹配。

√ 实验是双盲设计吗?

这可以减少安慰剂效应。实验者和被试都不应该知情(双盲)。

√ 统计分析恰当吗?

除了多重比较,分数提高的程度(gain scores)和单尾 t 检验等统计分析也常常混淆或夸大结果(参考 Hyatt, Stephenson, & Carter, 2009)。

√ 影响在统计或临床上显著吗?

人们常常对效应的大小很感兴趣(参考 Ziliak & McCloskey, 2008)。

√ 实验是根据已被确认的理论吗?

如果证据与已知的一些科学知识不符,就值得怀疑。

√ 研究存在任何利益冲突吗?

如果教育技术被广泛接受，作者或他们的资助者会得到什么？
√ 实验进行重复研究了吗？
不同的研究人员能有同样的发现吗？
更详细的讨论参考本书第十二章。

遗憾的是，这一章将要说明，在全球课堂上普遍使用的几种教育技术，很少能达到我们证据检查清单上列出的那些要求。人们将会看到，支持"另类"教育技术的那些抓人眼球的用户体验，与快餐食品的广告差不多。广告照片中的汉堡，美味多汁，滴着好吃的酱汁，诱惑着我们。而通常我们在快餐店**实际**买到的却灰灰的、干巴巴的，味同嚼蜡，与广告的宣传相去甚远。这些"另类"教育技术——正如我们将要分析的——也是如此。

现在，我们已经用类推谬误理论和证据检查清单武装了自己，我们可以对这些教育技术进行评估了，我们先从可能最令人震惊的健脑操®开始。

三、健脑操®：野蛮的类推谬误

如果有一些锻炼和运动方式，很简单，用时又不长，儿童每天在学校里做几次，就能显著提高自己的学习成绩，那么它的意义将十分重大。如果有很多种动作可以提高某些技能，而每个儿童都能拥有一套适合自己学习需求的动作，那么它的意义将更为重大。这听起来好像太好了，不可能成为现实，但健脑操®的支持者声称，这已经成为现实，健脑操®的一套动作可以显著促进"全脑学习"(Dennison & Dennison，2010)。①

很多教育工作者认为，健脑操®非常有用——事实上，麦克切斯尼(McChesney)(在给 Dennison & Dennison，2010 所写的一篇序言中)极力贬低"数据驱动"的教育研究方法，认为这样做毫无益处。接着，他说，健脑操®可以"成功提升和彻底改变人类的生存状态"。作为一位支持者，凯斯特(Cecilia Koester)在她的网站上这样写道："在使用健脑操®的儿童和成人身上，我已经看

① 英国广播公司的《新闻之夜》(Newsnight)节目对健脑操®的创始人丹尼森(Paul Dennison)进行了专访，观看网址是：http://www.youtube.com/watch? v=YjRhYP5faTU。

到了奇迹般的进步。事实上,我帮助的3位儿童,都已经走出黑暗,走向光明。有一位儿童,5岁才开始自己走路,现在7岁半了,再也没用过轮椅。"(Koester, 2002)《健脑操®:教师用书》(*Brain Gym®: Teacher's Edition*)(Dennison & Dennison, 2010)整本书都表现出这种膨胀的信心——至少可以这样说,我们在这本书中,找到了迄今为止最严重的类推谬误。

248

专栏 15.2　左脑型学习和右脑型学习

每个人都想更具创意。"生活教练"扎孔(Angela M. Zakon)曾明确提出,做做健脑操®,或者只用左边的鼻孔呼吸,让氧气直达右脑,人们就能获得灵感(http://bit.ly/hlvueP),真的是这样吗?又或许服用磁性药丸"平衡左右脑"(http://www.magneticpill.com),人们就能获得灵感——鉴于这一章的主题,忽略这一点将是我们的失职。

令人感到欣慰的是,健脑操®手册的最新版本,已经删除了以前版本中这方面的一些更为荒谬的说法(Dennison & Dennison, 2010)。尽管如此,过去关于左脑型学习与右脑型学习的误解已经广泛地流传开来,并成为最为人所知的有关脑的神话之一(Corballis, 1999, 2007 和本书第十三章; Lilienfeld, Lynn, Ruscio, & Beyerstein, 2010)。虽然在某些特定任务上,左脑比右脑更有效率,反之亦然,但人们并不能因此就认为——很多人好像都这么认为——左脑代表着西方军事和工业的结合,而右脑拥有东方的魅力和神秘[1977年,麦克卢汉(Marshall McLuhan)说,"官僚都是左脑型。如果有一天,官僚都变成了右脑型,那就是理想社会"(引自 Whitaker, 1982)]。没有证据表明,一些更具想象力的人,更善于"通达"右脑,这个隐藏的创造力和洞察力之源。

对事物和概念进行简单的分类,在流行的有关脑的概念中常见,这种不太理性的冲动被称为"狂热的二分法"(dichotomania)(Whitaker, 1982)和"二分思维的专制"(tyranny of the dichotomous mind)(Dawkins, 2004)。博齐(Bozzi, 1990, p.286)解释道,我们是"亚里士多德式的生物存在,容易将我们的世界分成黑和白、物质和形式、行动和思想、健康和疾病、自然运动和力的运动、文明人和野蛮人"。

值得一提的是,有一篇综述文章,全面地回顾了在脑的层面所进行的有关创造力的实验研究(Dietrich & Kanso, 2010, p.846)。这篇文章的结论是,如果有人想说,大脑右半球是创造力的泉源,那么他可以找到一些研究来支持自己的观点,但他还会找到很多认为大脑左半球才有这一功能的研究。除了无法确定哪侧半脑才是创造力的基础,大量研究还将创造力与各种不同的脑区联系起来。换句话说,这些有关创造力的文献让人感到困惑。反对和支持某种创造力理论的证据一样多。迪特里希和坎苏(Dietrich & Kanso, 2010, p.846)指出,研究人员不能将自己的创造力概念描述为一种“大一统”的过程。因此,现阶段,任何认为有关创造力的证据提供了某种方向的说法,都是错的。这里应该附带指出的是,即使左脑型的人和右脑型的人这种简单的二分法是正确的,人们也不能因此就认为,健脑操®或其他方式的体育锻炼可以“刺激”左脑或右脑,提高创造力。

至此,我们禁不住想指出,在这些观点被接受之前,我们不要再尝试使用我们的左脑或右脑思考,而是开始使用我们左右脑之外的脑区思考……!

丹尼森和丹尼森(Dennison & Dennison, 2010)提到了26套不同的动作套路和活动,声称它们能在很大程度上影响人的不同身体部位、认知和社会能力。下面给出了几个例子:“思考帽”(thinking cap),主要拉揉和按摩耳朵(据说可以提高听力理解和公开演讲的水平);“脑按钮”(brain buttons),让儿童按揉锁骨下的区域以提高“眼部动作的灵活度”和手眼协调能力;“X想象”(think of an X),儿 249
童想象一个连接自己臀部和肩部的“X”形状以提高“空间意识和视觉分辨能力”;“喝水”(sipping water),下面会有更多的介绍。

在这些动作的具体描述中,出现了很多愚蠢的,有时是非常怪诞的说法。这里简单地举几个例子,丹尼森和丹尼森(Dennison & Dennison, 2010)说,儿童需要学会“用两只耳朵听”(p. 38),而“听太多的电子音乐……会让耳朵‘关闭’”(p. 66);坐在小轿车或公共汽车里可能“不利于深度感知和双眼视觉感知”(p. 96);“据说,人的身体像处理食物一样处理”水以外的其他液体(p. 54);打哈欠有助于提高创造性的写作技能(p. 64);健脑操®对学习障碍儿童、抑郁症患者、自然灾害幸存者和戒毒中心的就诊者都有效(pp. 97－98)。提出这些说法时,作者没有引用任何的科学证据,事实上,这类证据似乎根本就不存在。

显然,这些结论存在一些逻辑上的跳跃。课堂上可以固定进行一些有趣的活动,这会让儿童感觉不那么无聊,进而有可能提高学习(后面我们会提到,这已得到证明),但这并不能证明,健脑操®所说的那些活动有用。此外,虽然脑被分为左右两半球,但没有证据显示,左右两半球之间存在着一条丹尼森和丹尼森(Dennison & Dennison, 2010, p. 10)所说的(另见专栏15.2)儿童必须学会使用的“分割线”(midline)。这些伪科学的说法,都以科学的观点和事实为基础,这是类推谬误的典型模式。

如果有研究显示，健脑操®可以提高学习，并且这些研究经过了严格的同行评议，那么即使健脑操®缺乏理论依据，也无关紧要。但是这样的研究并没有出现。事实上，丹尼森和丹尼森（Dennison & Dennison，2010，p. xiv）告诉读者，“任何人，只要花几分钟做做健脑操®，就可以自己验证”这些活动的效果，“国际健脑操®协会并没有对自己的方法和理论进行系统的研究”。然而，我们还有很多其他人怀疑并坚信，儿童应该得到更好的、而不只是一些主观臆断和用户体验类的证据。有关健脑操®的研究已经有了一些，海厄特（Hyatt，2007）针对这些研究写了一篇评论文章。不幸的是，所有这些研究的质量都非常差，能达到我们证据检查清单上所列要求的不多。例如，沃尔夫森特（Wolfsont，2002）的研究只有4个被试，其中1个还是主要的实验人员，而西弗特和卡尔萨（Sifft & Khalsa，1991）则没有测量被试实验前的表现，研究缺乏比较的基准，因而他们无法计算一段时间后被试提高的程度。海厄特（Hyatt，2007）还指出，一些统计方法得出的结果难以解释，正如专栏15.1所指出的，把分数的提高程度作为研究结果，这种做法是存在争议的（Thorndike & Thorndike-Christ，2010，p. 140）。最后，这篇评论文章得出的结论是，并没有确凿的研究证据显示健脑操®具有积极的效果。

不过，关于课间操——不是健脑操®中的一些具体的活动——对儿童学习的影响，目前有一些质量较高的研究。经常锻炼明显会对儿童的身体产生重要的影响（Strong et al.，2005），除此之外，在课堂上加入一些体育活动，可以改善学生的课堂表现。巴罗斯、西尔弗和斯坦（Barros，Silver，& Stein，2009）对10 000多名儿童进行了一项非常大的流行病学研究，这项研究发现，每天课间休息15分钟或更长时间的学生，明显会得到教师更为积极的行为评价。这种提高会让学生的课堂表现更有利于学习——佩莱格里尼和戴维斯（Pellegrini & Davis，1993）以及贾勒特等人的研究（Jarrett et al.，1998）也显示，每天都有课间“休息”的儿童，在回到教室后，多数人烦躁和萎靡的情况会显著减少（同时参考Hillman，Erikson，& Kramer，2008；Howard-Jones，2010关于锻炼和认知的综述）。

有关课堂上体育锻炼方式的研究比较少。斯图尔特、丹尼森、科尔和多伊尔（Stewart，Dennison，Kohl，& Doyle，2004）的研究显示，在一天的课堂学习中穿插几次 10 分钟的体育锻炼，等同于让儿童做了一种运动量相当大的简单而健康的体育活动，但他们没有评估儿童的学习。马哈尔等人（Mahar et al.，2006）对一个课堂锻炼项目进行了类似的研究，研究结果显示，每天进行几次短时间的锻炼，不仅可以让孩子们进行一些有意义的体育活动，还可以提高他们课堂上的学习行为。不过，这些研究都没有测试锻炼方法是否对学习成绩产生明显的影响。一项以 200 多名儿童为样本的相关性研究（Coe，Pivarnik，Womack，Reeves，& Malina，2006）显示，经常性的锻炼与学习成绩正相关，但关于锻炼——尤其是课堂上的锻炼——对儿童学习的影响，还需要更多的干预性研究才可以得出一些更确切的结论。 250

以上对锻炼和在校表现进行了简单的评论，我们从中可以看出，得到的研究结果看起来还是相当令人振奋的。不过，这不是在支持健脑操®的拥护者所兜售的伪科学，也不是在给他们的项目做宣传。将课间休息——这可以减少孩子的无聊感，提高他们的注意力——与“脑按钮”“脑的分割线”这些明显错误的说法联系起来，对理应更为专业的教师来说，是不负责任、不道德和不光彩的做法。现实却是，**教育**环境在鼓励这种做法，这具有讽刺性。

近年来，健脑操®手册已经几经重写和修订。正如之前所指出的，手册删除了一些比较明显的错误（参考 Dennison & Dennison，1994；Sense About Science，2008）。人们可能认为，健脑操®的支持者以及不假思索就支持健脑操®的政策制定者、教育专家，或多或少也会为自己以前的说法感到羞愧。他们应该感到羞愧，他们也应该为自己现在所宣传的那些极不科学的说法感到羞愧。只有所有这类说法都被删除，健脑操®这项运动才可能不是伪科学。

四、水对脑的影响

经常饮水有助于儿童的课堂表现，这一说法不但在健脑操®的文献中可以看到，也相当普遍地得到了大众的认同（Grandjean，Reimers，Haven，& Curtis，2003）。尽管“每天要喝 8 杯水”这种流行的说法是错误的（Valtin，2002），而脱水对成人认知影响的研究也相互矛盾（Cian，Barraud，Melin，& Raphel，2001；Lieberman，2007），但以儿童为被试检验这种说法，也有其合理之处。

有些调查研究显示，很多儿童在校期间饮水不足（如 Kaushik，Mullee，

Mullee, Bryant, & Hill, 2007),脱水肯定会让儿童有烦躁和不安等负面的行为(D'Anci, Constant, & Rosenberg, 2006)。从营养的角度考虑,满足人体对水的需求显然非常重要,但一个更有趣的问题是,儿童在课堂上喝水是否能立刻改善认知功能。

有两个研究试图直接回答这一问题。第一项研究(Benton & Burgess, 2009)采用重复测量实验,40 名儿童连续 2 天参加记忆和注意测试,其中一天在测试即将开始前饮用 300 毫升水,另一天则没有这个过程。饮水那天的记忆测试分数——而不是注意测试分数——明显更高。第二项研究(Edmonds & Jeffes, 2009)采用被试间设计,23 个孩子被分成 2 组,一天之中参加 2 次记忆、视觉注意、视觉搜索和视觉运动测试任务。其中一组在 2 次测试期间饮用一杯水。研究人员报告说,视觉注意和视觉搜索测试任务的分数提高,显示有显著的组间效应,但是记忆或视觉运动测试任务则没有这种现象。

251 因此,仅有的这两个小范围研究,得到的结果在一定程度上相互矛盾,肯定没有代表性。更重要的是,这两个研究都没有采用双盲设计[不过,利伯曼(Lieberman, 2007)指出,成人被试应该采用静脉滴注法,很难想象,如果不采用静脉滴注法,儿童实验如何做到双盲]。此外,这两个研究都没有考虑测试时儿童的膳食或饮水的状况。正如埃德蒙兹和杰夫斯(Edmonds & Jeffes, 2009)所指出的,无论如何,即使最后的结论显示,饮水有利于课堂学习,依然还有很多问题:儿童需要饮用多少水?这由儿童的体重决定吗?上课之前多长时间开始喝水?最后,也是最重要的,饮水改善认知功能的机制是什么?在将这些发现用于日常的课堂教学之前,还需要进一步的研究。

五、鱼油:见风就是雨?

鱼油的使用存在着两个完全不同却又相互关联的类推谬误,主要涉及两个用于提高教育效果的欧米伽-3 多不饱和脂肪酸,二十碳五烯酸(eicosapentanoic acid, EPA)和二十二碳六烯酸(docosahexaenoic acid, DHA)。这些都是人体"必需的"脂肪酸——人体无法合成,必须通过膳食获得——它们参与各种代谢过程,包括脑中的很多代谢过程(如 Das, 2003),对胎儿脑的发育尤为重要(如 Dunstan, Simmer, Dixon, & Prescott, 2008)。

与史前时期相比，现代膳食中所含的鱼油显著减少，欧米伽－3 脂肪酸的摄入量也相应减少，而欧米伽－6 脂肪酸——家禽、蛋和植物油中都含有这种脂肪酸——已经变得更为常见。在代谢过程中，欧米伽－3 和欧米伽－6 脂肪酸争夺同一种酶，所以其中一种脂肪酸过量，身体使用另一种脂肪酸的能力就会受到抑制（Kirby，Woodward，& Jackson，2009）。这里暗含的假设是，很多人——特别是膳食不均衡的人缺乏欧米伽－3 脂肪酸，因此，补充欧米伽－3 脂肪酸对身体有益。欧米伽－3 脂肪酸对脑非常重要，因此，补充欧米伽－3 脂肪酸给身体带来的益处可能是认知或神经方面的。

当媒体宣传报道鱼油有可能治疗阅读障碍、运动障碍、注意缺陷多动障碍和孤独症（如 Cassidy，2002）时，验证欧米伽－3 假设的研究还没有得出任何确定性的结果，于是第一个类推谬误出现了。媒体开始只是介绍这些营养素的基本性质，描述一些个人的体验，接着就开始宣传它们对很多严重疾病都有治疗效果，甚至有一篇新闻告诉读者，一项针对这些效果的研究已经启动。科学记者应该非常清楚，人们永远不应该简单地根据经验推出实验结果，也肯定不能把这样的实验结果，类推到这项所谓的研究根本没有涉及的情况。

理查森和蒙哥马利（Richardson & Montgomery，2005）介绍了新闻中所说的研究——"牛津—德拉姆研究"（Oxford－Durham Study）。117 名被诊断患有发展性协调障碍（运动障碍）的儿童被分成两组：一组服用 3 个月的欧米伽－3 脂肪酸和欧米伽－6 脂肪酸胶囊，一组服用 3 个月的安慰剂——橄榄油。前测和后测显示，最主要的测试成绩没有任何变化——治疗组运动协调能力改善的程度与安慰剂组相当，但治疗组的阅读和拼写能力明显更好一点。

自此之后，人们开展了更多儿童发展性障碍方面的研究，如孤独症、阅读障碍和注意缺陷多动障碍等。本特、贝尔托利奥和亨德伦（Bent，Bertoglio，& Hendren，2009）综述了有关补充鱼油和孤独症谱系障碍关系的研究，柯比等人（Kirby ct al.，2009）对所有证据进行了中肯的评论。最终，由于这些研究使用 252
的营养补充剂成分、样本的特点、实验方法、实验时间和结果的测量都存在着很多差异，所报告的结果也相互矛盾，所以综述作者发现，有关营养补充剂使用的研究，目前还不可能得出任何确切的结论。目前还没有充分的证据表明，有特殊教育需求的儿童补充鱼油可以提高他们的认知或行为水平。

尽管如此，这些相互矛盾的证据，依然影响了人们的看法。最值得注意的

图 15.2　鱼油是学业成功的秘密吗？只有通过精心设计的实验我们才能知道(© Dario Battisti, 2011)

是，越来越多的人认为，正常发展的儿童，也可以受益于鱼油补充剂(如图 15.2 所示)——这是第二个类推谬误，因为现有的鱼油实验的被试都不是“正常发展”的儿童。

英格兰德拉姆教育部门(Durham Education Authority)宣布，他们将给 5 000 名参加 2007—2008 年普通中等教育证书考试的儿童定期补充鱼油，以提高他们的考试成绩，这让媒体的报道达到了高潮。这项所谓的“研究”，没有对照组，没有双盲设计，最终也没有发表在科学期刊上——显然达不到我们证据检查清单上所列的那些要求。事实上，这项研究如此之差，以致戈德克利(Goldacre, 2008)用它作为反例来教育普通读者，**不要**进行这样的研究。不过，媒体报道留给公众的印象是：鱼油肯定能提高儿童的学业成绩。这些媒体报道出现在这项研究开始之前。这种印象的形成，并不需要这项“研究”的教育心理学研究者，迫不及待地出现在媒体上来推波助澜(Goldacre, 2008)。

幸运的是，德拉姆普通中等教育证书考试实验，不是唯一一个评估鱼油能否提高正常儿童学习的研究。欧森达普等人(Osendarp et al., 2007)与柯比、伍德沃德、杰克逊、王和克劳福德(Kirby, Woodward, Jackson, Wang, & Crawford, 2010)也采用高质量的实验设计和大样本来研究人们所说的这种效应，这两个研究的结果都很令人失望。欧森达普等人(Osendarp et al., 2007)的研究给儿童补充多种微量营养元素(铁、锌和几种维生素)，这的确提高了儿童的学习和记忆表现，但只使用欧米伽-3 脂肪酸却没有这样的效果。这项研究使用了两种样本：一种来自营养良好的发达国家(澳大利亚)；另一种来自营养不良的发展中国家(印度尼西亚)。可能与人们的直觉相反，尽管印度尼西亚儿童的膳食较差，补充微量营养元素给他们带来的益处并不多于澳大利亚儿童。柯比等人(Kirby et al., 2010)测量了 35 项补充微量营养元素所带来的认知、身体和情感方面的进步后发现,16 周后,欧米伽-3 补充组和安慰剂组之间有 3 个显著差异。有趣的是,其中一个差异是,根据教师评定结果,安慰剂组的行为显著**好于**补充组。这些微小却很不一致的进步表明,实验结果可能仅仅是偶然因素造成的。值得注意的是,测试的因素越多,出现“假阳性”结果的可能性也越大——无论是哪个方向。因此,这 35 项测试中,有一些结果达到统计的显著性水平,这丝毫不奇怪。

欧森达普等人(Osendarp et al., 2007)和其他研究(如 Gesch, Hammond, Hampson, Eves, & Crowder, 2002)的结果都指出,只补充欧米伽-3 脂肪酸,可能不足以带来显著的认知或行为方面的进步。这些研究仅仅显示,补充欧米伽-3 脂肪酸之外的其他营养素,会造成能力和行为方面的差异。柯比等人(Kirby et al., 2010)指出,人类营养素的生物化学反应非常复杂,包括各种偶然的和相互作用的反应过程。只有在其他几种微量营养元素也参与的情况下,身体才能有效地利用脂肪酸,如果儿童同时缺乏这些微量营养元素,只补充欧米伽-3 取得的研究结果不如人意,也就不足为奇。

在一个完美的世界中,所有父母都具备相应的知识和手段,能给自己的孩子提供均衡的膳食,包括富含油脂的鱼。而现实情况却是,额外补充是给儿童提供欧米伽-3 脂肪酸这类必需的营养元素的重要方法。然而,在这种情况下,任何人 253
都无法确定,补充是否确实能够改善儿童的学习表现,或者营养补充剂可能具有哪些效果。虽然现有的最好的研究认为,鱼油没有这些效果,尤其是对正常发展的儿童没有效果,但只有进行了更多高质量的研究之后,人们才能给这种做法是否有效果下定论。目前,补充剂肯定还不能推荐给学校使用,否则就犯了类推谬误。

六、健脑:就是娱乐(而且只是娱乐?)

视频游戏在儿童中很受欢迎(如 Lenhart et al., 2008)——它们受欢迎的程度还有逐渐增长的趋势——有鉴于此,教育工作者已经开始在课堂上使用类似的教育技术,这也就不足为奇了。很多研究和综述文章把重点放在视频游戏对儿童的影响,尤其是暴力游戏可能对儿童产生的负面影响,这一领域已经成为意识形态和科学的战场(Ferguson, 2010)。然而,除了娱乐之外,视频游戏可以辅助在校学习吗?如果可以,哪种游戏最好呢?有人提出,健脑游戏可能有特殊的教育用途，可能提高儿童的学习能力和自尊心（如 Miller & Robertson，2010）。这是真的吗？

254 任天堂（Nintendo）的《健脑》（*Brain Training*）［在美国被称为《脑龄》（*Brain Age*）］游戏是一个非常流行的游戏系列，所采用的游戏机是双屏手持式的。游戏玩家每天都可以花一些时间玩这些游戏，训练自己完成各种任务的能力，例如解决基本的算术问题，计算两个时钟的时间差异，说出词语的音节数目。这些任务完成后，玩家可以晋级"脑龄检查"，这部分有更多的算术、斯特鲁普测试（Stroop tests）（游戏机有一个内置的话筒，可以录制玩家的声音）和记忆测试。如果表现很差——这无疑有点尴尬——玩家的脑龄将远高于他们实际的年龄。继续练习则可以降低脑龄。

任天堂很快就指出，脑龄不是一个科学的概念（它似乎仅仅是一种营销策略；Lorant-Royer，Munch，Mesclé，& Lieury，2010）。不过，这家公司的确邀请了日本神经科学研究者川岛隆太（Ryuta Kawashima）作为《健脑》游戏的代言人，这些游戏的内容基本上都来自他的一本书（Kawashima，2005）。脑龄概念的含义非常明显——川岛隆太已经发表了一项老年医学研究（见专栏 15.3）——其他一些研究也评估了《健脑》延缓痴呆症影响的效果（例如，Smith et al.，2009；Willis et al.，2006）。布彻（Butcher，2008）注意到，在任天堂的广告中，人们因记不住人名，开始玩《健脑》，之后他们的记忆力迅速提高，任天堂这种推销《健脑》游戏的方式，已经引起了人们的担心。

专栏 15.3　健脑的缘起

在川岛隆太开创性的研究（Kawashima et al.，2005）中，被试是 2 组 16 名阿尔茨海默病（这是一种逐步损害人脑，造成严重退化的疾病）患者，来自日本一家养老院。其中一组——也就是对照组——每天的日常活动照旧，而另一组接受一种学习疗法，例如，大声朗读神话故事，做一些简单的心算——这是**健脑**任务的先驱。6 个月之后的测试显示，对照组的情况继续恶化，学习治疗组在阿尔茨海默病认知功能标准测试上的成绩有所提高，有的被试甚至沟通和独立能力也有了提高。

然而，这种优势是来自学习疗法所带来的额外的精神刺激，还是来自学习治疗组所得到的额外的关注和社会互动，这是这项研究的结果无法解决的问题。而且，只有两名被试的沟通和独立能力得到了提高。

> 当然,认为某些精神刺激能够延缓阿尔茨海默病的破坏过程,因而也应该能改善健康人群——甚至小学生——的表现,这两者中间需要一个巨大的类推谬误才能跳跃。

这些夸张的说法,与健脑效果模棱两可的实验数据并不一致(Butcher, 2008; Nacke, Nacke, & Lindley, 2009)。一项大型的成人研究(Owen et al., 2010)在网上招募了 11 430 名被试,这些被试参加了一组认知测试,然后被分为 3 组:一组接受推理和问题解决方面的训练;一组接受算术、记忆和注意方面的练习,这些练习与《健脑》类似;一组不接受任何方面的训练,只是回答有关某些主题的小问题。这 3 组被试接受了 6 周的训练,6 周后他们再次完成那组认知测试。3 组被试测试分数提高的程度大体相当,这也就是说,不仅训练的类型没有产生任何差异,那些没有接受任何专门训练的被试,他们的表现同样也很好。

欧文等人(Owen et al., 2010)的研究,展示了健脑的一个非常重要的方面。 255
虽然玩家在游戏上的表现确实有所提高——在这项研究中,健脑组在健脑任务上的表现显著提高——但这并不意味着,离开受到限制的游戏环境,这些效果依然会出现。在游戏分数的基础上,任何人宣称这些效果可以转化到日常生活中或者这些效果是健脑所独有的,他们就是犯了类推谬误。他们没有为自己的说法提供任何直接的证据,他们的观点只是基于简单的类比。在这一点上,冬野(Fuyuno, 2007, p.20)引用神经科学研究者马尔西斯科(Michael Marsiske)的话说:“开始玩《脑龄》时,使用者可能会错误地认为,自己的收获很大,但这些收获,更多是与游戏的学习有关,而不是与实际的智力提高有关。

有一组研究(如 Jaeggi, Buschkuehl, Jonides, & Perrig, 2008; Jaeggi, Buschkuehl, Jonides, & Shah, 2011)显示,项目多次重现(n-backs)这种专门的工作记忆训练任务,似乎可以提高儿童的流体智力(fluid intelligence),流体智力是一般智力(g)的组成成分,包括推理和解决问题的能力(参考 Morrison & Chein, 2011 的综述,Moody, 2009 和 Conway & Getz, 2010 对这种方法提出了很多评论)。这些研究受到了媒体的广泛关注,本来是“研究显示,某种任务能影响某种测量结果”,很多媒体的表述却是,“科学研究者已经证实,任天堂的《健脑》有效”(如 Derbyshire, 2011)。其实,这些研究并没有测试任天堂的《健脑》游戏,所以与我们这一章的讨论关系不大。

无论何时，只要有人说健脑能够促进某些课程的学习，这些人就犯了类推谬误。当然，对抗谬误最好的方法是在恰当的环境中进行研究。据我们所知，有关任天堂《健脑》课堂效果的研究，已经有3个：2个在法国(Lorant, Roye, Spiess, Goncalves, & Lieury, 2008; Lorant-Roye et al., 2010)，1个在苏格兰(Miller & Robertson, 2010)。它们得到的数据相互矛盾，这也说明了在开展和报告这样的课堂研究时，人们可能会遇到哪些问题。

洛伦特-罗耶等人(Lorant-Royer et al., 2008)让49个10岁儿童参加2门课程的测试(科学和地理)、自尊心问卷调查和某个智力测验的几项分测验，然后将这些儿童分为4组：一组玩《川岛博士的健脑》(*Dr Kawashima's Brain Training*)；一组玩另一种类似的任天堂游戏《脑学院》(*Brain Academy*)；一组做纸笔的智力游戏；对照组则正常学习学校的课程。11周之后的测试结果发现，《健脑》组的表现有一些提高，但是纸笔组和对照组也有提高。这些测试没有任何组间差异。另一个发现是，通过《健脑》提高学习成绩或自尊心，效果并不比纸笔的智力游戏好，甚至不比正常学习学校的课程好。作者总结道，《健脑》就是一个游戏，仅此而已。

米勒和罗伯逊(Miller & Robertson, 2010)的研究与上面的有点儿类似，这项研究的被试是71名10—11岁的儿童，来自3所不同学校3个不同班级。第一个班级的21名儿童，在10周的时间内，每天在学校里玩20分钟《川岛博士的健脑》游戏。第二个班级的31名儿童，在10周的时间内，每天做20分钟健脑操®。第三个班级的19名儿童作为对照组，正常上课。在实验开始和结束的时候，研究人员都会评估这些儿童的自尊心和数学表现。

所有组的数学成绩都有所提高：《健脑》组提高了10%；健脑操®组提高了2%；对照组提高了5%(各组的自尊心评估结果显示没有显著的差异)。洛吉和
256 萨拉(Logie & Sala, 2010)在评论这项研究时曾指出，研究没有对结果的组间差异进行检验，这有点出人意料。这就是说，他们没有检验《健脑》组提高的10%在统计上是否显著大于对照组提高的5%。随后的分析显示，这个差异实际上并不显著。这意味着，研究人员报告的结果基本上没有什么意义。很显然，这项研究不符合我们证据检查清单上"统计分析恰当吗?"这一条。

米勒和罗伯逊(Miller & Robertson, 2010)简单地比较了分数提高的原始数

值（这里需要再次指出，使用分数的提高程度本身就存在争议；Thorndike & Thorndike-Christ, 2010），如果使用这种逻辑，结果就会显示，健脑操®对数学表现有**不利**的影响，因为没有实验任务的对照组的被试，其成绩提高的程度大于健脑操®组。令人困惑的是，米勒和罗伯逊（Miller & Robertson, 2010, p. 252）提出——虽然比较谨慎——健脑操®支持者可能从结果中得到"鼓励"。不过，分数提高的程度似乎可能很大，但人们应该联系其他结果来看，这时候，其他结果使得健脑操®组的结果显得不怎么引人注意。

这不是米勒和罗伯逊（Miller & Robertson, 2010）研究的唯一缺陷。即使他们的研究结果没有问题，这些结果也没有显示《健脑》本身的效果——对照组应该在相同的游戏机上玩另一种不同的游戏（Logie & Della Sala, 2010）。这样我们才能知道，结果是否来自某种电脑游戏的影响——也许它只是一般的游戏效应或者是一般的安慰剂效应和霍桑效应（Hawthorne effects），因为作为被试的小学生得到了一个心仪的游戏机，并且参与了一项研究（教育领域后一种效应的例子，参考 Rosas et al., 2003）。洛伦特-罗耶等人（Lorant-Royer et al., 2010）的一项研究，设置了这种对照组，结果发现，没有实验任务的对照组和其他组在认知测试分数上没有特别值得关注的差异，其他组或者玩《川岛博士的健脑》或者玩任天堂的另一款游戏[《超级马里奥兄弟》（*Super Mario Bros*）]或者玩纸笔游戏。

米勒和罗伯逊（Miller & Robertson, 2010）曾提到，他们正在进行一项更大的健脑方面的随机对照实验，参与实验的有 800 名儿童。我们对实验结果很感兴趣，但同时也有一个疑问，进行这样大型的研究，需要投入很多努力和资金，初步研究的结果和质量，是否真的能够证明这样做是值得的。

有关健脑课堂效果的证据，问题最大。不过，人们对可以辅助学习的其他形式的视频游戏，有相当大的兴趣。这种很受欢迎的娱乐形式，可能具有教育作用，教师如果对此根本不予理会，不进行研究，将是很愚蠢的。安妮塔（Annetta, 2010）就视频游戏提高学习的可能性进行了一次有趣的理论探讨。讨论的结果显示，健脑并没有多大的用处。由于构成这些益智游戏的都是一些微不足道的小问题，所以"专心"和"教导"这样重要的因素所发挥的作用，就有可能很小（关于教育游戏更详细的讨论，也可以参考 Howard-Jones, 2010）。斯彭斯和冯（Spence & Feng, 2010）在一篇有关视频游戏对空间认知影响的综述中指出，有几个研究显示，动作游戏《第一人称射手》（first-person shooter, FPS）可以提高玩家的视觉空间能力，这种提高是永久性的，可以应用于游戏之外的场景中。关于健脑，他们指出，这些简单的任务——尤其是与复杂的现代动作游戏相比——不可能给认知带来任何总体上的改善：“类似《第一人称射手》这样的游戏，在治疗训练上的前景，要好于多数健脑公司所用的简单的益智类游戏。”（Spence & Feng，2010，p. 102）

我们还不能为正常发展的儿童或有发展障碍的儿童设计出完美的教育视频游戏（Durkin，2010）。但“另类”教育技术也无法达到预期的效果：真实情况可能是，尽管健脑游戏训练宣称有很多功能，但这类游戏**不**可能让认知能力得到普
257 遍提高。当然，如果人们喜欢健脑游戏的那些难题和挑战，我们不会劝他们不要去做。不过，正如我们先前所说的，喜欢并不一定能提高学习。

七、口香糖：为想而想？

有人提出，咀嚼口香糖——课堂上最令人恼火的事——可能对记忆和注意这些重要的学习技能有帮助，因此学校应该鼓励使用口香糖，教师们可能不喜欢这样的说法（例如，James，2007；Jensen，2007）。2010 年 12 月，英国《卫报》（*The Guardian*）有一则报道，标题是《科学研究者发现口香糖的优点，德国学生被告知多嚼口香糖》（Connolly，2010），介绍了在巴伐利亚所做的一项实验，主要研究口香糖对课堂注意力的影响。讨论鱼油时我们已经知道，媒体对研究的报道经常具有误导性，这个标题就是一个很好的例子，因为在作者写这篇报道时，它提到的这项研究还没有完成。尽管新闻报道中说，德国科学研究者和教师对这项研究抱有极大的兴趣，我们应该——一如既往地——对这样的说法秉持合理的怀疑态度。口香糖可以辅助学习，这是真的吗？如果是真的，那么它是怎么达到这种效果的？

这些说法的基础是一些实验室研究，例如威尔金森、肖利和韦斯内斯（Wilkinson，Scholey，& Wesnes，2002）的研究显示，咀嚼无糖口香糖的成年志愿者，在记忆测试——但不是注意力测试——上的表现，好于没有咀嚼口香糖的志愿者。这里还应该指出的是，那些只模仿咀嚼动作，实际上口中并没有口香糖的被试，他们的表现只比咀嚼口香糖组稍微差一点。这些作者认为，咀嚼时的下巴活动，可以增加皮质的血流量，从而提高认知。毫无疑问的是，咀嚼动作伴随着神

经生理的变化（例如，Onozuka et al.，2003；Sakamoto，Nakata，Hondam，& Kakigi，2009）。不过对这些效果本身的研究存在着争议：发表在同一本期刊上的图查、麦克林格、梅尔、哈默尔和兰格（Tucha，Mecklinger，Maier，Hammerl，& Lange，2004）的研究，就未能重复威尔金森等人（Wilkinso et al.，2002）的发现。

这之后的研究同样没有得出什么定论。史密斯（Smith，2009，2010）所做的两项研究发现，口香糖似乎的确可以在一定程度上提高警觉性、反应时间与智力测验的分数，但与无咀嚼的对照条件不同的是，它对记忆任务没有影响。艾伦、诺曼和卡茨（Allen，Norman，& Katz，2008）也发现，咀嚼口香糖对记忆没有影响。有关情境依赖型学习（context-dependent learning）的研究——这些研究想知道，学习时咀嚼，是否能提高之后咀嚼时回忆的表现——一般都得到了否定的结果（如 Johnson & Miles，2007；Overman，Sun，Golding，& Prevost，2009）。

也许咀嚼口香糖不会直接影响学习，但可以减少压力和焦虑——就如玩"压力球"这样的玩具——从而让学习过程畅通无阻？曼彻斯特联合足球俱乐部（Manchester United Football Club）的经理弗格森（Alex Ferguson），在紧张的比赛期间不停咀嚼口香糖，这一点广为人知。类似他这样的名人，确实可以证明，口香糖可以减少压力。齐贝尔和马丹斯基（Zibell & Madansky，2009）发现，很多人都说，使用口香糖可以让压力降到较低的水平。有两篇论文（Scholey et al.，2009；Torney，Johnson，& Miles，2009）研究执行困难任务时口香糖对压力的影响，它们的结果明显相互矛盾。不过，这两个研究使用了不同的评估任务，这也许可以解释它们的结果为什么不一致。不幸的是，目前，还没有人直接研究咀嚼减少的压力对认知能力的影响，或者，在这种情况下，对课堂表现的影响。

因此，这里所讨论的这些研究，还不能证明口香糖有益于认知。即使它们能证明，但任何人，只要建议在课堂上使用口香糖，就是在犯类推谬误，就是在实验环境之外使用研究结果。就我们所知，在已发表的研究中，还没有人直接评估口香糖对儿童学习的影响，也没有人直接评估口香糖对课堂学习的影响——事实上，模仿课堂环境的那项研究（尽管被试是成人）（Allen et al.，2008），并没有发现口 258
香糖有任何影响。更加复杂的是，年轻人咀嚼口香糖时的脑激活状态，与儿童明显不同（Onozuka et al.，2003）——而使用成人被试的研究数据，并不适用于儿童。

教师可以在课堂上使用口香糖来间接地提高学生的学习，但是，到目前为止，这么做的效果还没有得到证实。不过，即使今后有研究发现，这样做有一些效果，那肯定也是非常小的。我们可能会问，这些是否可以让人们不去鼓励儿童咀嚼更多口香糖。正如利瓦伊（Primo Levi，1989，p. 180）在《石头上的痕迹》（*Signs on Stones*）一文中所指出的，随意吐掉的口香糖"不可能被彻底清除"，更不用说有多令人反感。支持在课堂上使用口香糖的人应该仔细权衡一下，一旦他们的做法推广开来，是不是也会带来一些让人意想不到的不良后果。

八、结论

本章讨论的"另类"教育技术的支持者，通常都是出于善意，真心为儿童的最大利益考虑，对此我们毫不怀疑。可悲的是，不管他们的本意如何，他们的热情给人留下的印象常常是，他们所说的有效的教育技术，都是未经证实的，他们的广告宣传，通常都是极不负责任的。不受监管的网站和粗心轻率的媒体报道——经常在实验开始前就已写好——只会让消费者更加误解。

不幸的是，这里所讨论的"另类"教育技术，还有所有那些与它们类似的教育技术，似乎都非常可信，很容易推销出去。这似乎有很多原因。

首先，这种"速战速决"的心态非常有吸引力。我们都希望，孩子做一些简单的练习，吃几粒鱼油、嚼几片口香糖或喝几杯水，玩一些最新的电脑游戏，他们的记忆力和智力就能迅速提高。现实的可悲之处在于，真正的学习，需要长时间的艰苦努力，"速战速决"的情况其实是非常罕见的。科学证据不是总能轻易满足我们的迫切需求。

其次，人们对科学方法和科学研究存在着普遍的误解。一位作者（本章作者萨拉）就遇到了这种情况，格拉斯哥学校有健脑操®练习，有些家长对此表示担心，格拉斯哥市议会教育和社会工作部（Glasgow City Council Education and Social Work Department）给这些家长写了一封信，这封信被转发给了她。市议会工作人员说，健脑操®"的工作理论尚未被证明是错误的"。"这是科学成功和进步的必经之路。因此，某些活动的效果还没有得到证明，这句话并不是说，这种活动不能辅助学习（原文就是这样说的）。"[①]这种特别的理由——这些说法还没

① 当然，没有科学研究者会把健脑操®的基本原理当作一种"工作理论"（working theory）。以证据而不是无端猜测为基础的理论才是值得研究的理论。

有被证实是错误的，因而推行这些活动是没有问题的——常常被用来支持存在争议的教育措施（Hyatt et al.，2009）。不过，按照这种推理，**任何**一种教育技术，不管是不是伪科学，只要它的效果没有得到证明，人们就可以在课堂上不加评判地应用（同时参考本书第十二章、第十三章和第十四章）。我们想再次强调，公众，尤其儿童，不需要这种毫无逻辑的推理。

再次，脑的神秘特质带有某种欺骗性，让人容易轻信。有研究表明，相比之下，如果给出的理由中包含一些与脑相关的貌似"科学"的信息（Weisberg，Keil，Goodstein，Rawson，& Gray，2008），甚至几张脑的图片（McCabe & Castel，2008），人们会更愿意接受——即使这些信息没有用，也没有新的发现。这可能 259
是因为，当人们要确切、具体地解释一些非常抽象的现象——例如思维过程时，"简化主义"具有直观的魅力（Weisberg et al.，008）。如果一种教育技术的基本原理是神经科学——本章所讨论的这些方法，从健脑操®的"脑的中线"到《健脑》的"脑龄"，或多或少都是如此——这可能会给人留下非常深刻的印象。不过，现实另一个可悲之处在于，科学比"另类"教育技术支持者所想的更棘手和模糊（关于教师对神经科学理解的调查研究，参考 Howard-Jones，2010）。

最后，通过本章我们已经了解到，"另类"教育技术的倡导者容易形成类推谬误，他们所说的教育技术有用，根据的不是确凿的证据——如专栏 15.1 证据检查清单所定义的那样——而是在其他环境基础上所做的不适当的推广。

未来肯定会出现更多这样的教育技术。因此，研究人员的职责不仅是要认真研究这些教育技术，①还要把研究结果连同评估新观点的正确方法都告诉公众。我们认为，海厄特等人（Hyatt et al.，2009）的建议很好，他们提出，对那些存在争议的教育技术的研究，我们需要对它们进行认真细致的分析评论，所有的综述都应该集中在一个设计巧妙、使用方便的在线资源库中——类似科克兰合作网站（Cochrane collaboration website），该网站提供医学研究的综述。父母、教师和其他教育工作者被各种教育技术支持者的说法所淹没，根本没有时间研究每种教育技术的研究证据，而这样的网站会给他们提供很大的帮助。

有用的研究证据固然重要，但更重要的是，教师培训课程应该肩负起责任，

① 不过，需要指出的是，沃尔珀特（Wolpert，1992）认为，根据现有的科学知识，有些说法非常荒唐，不一定值得研究——沃尔珀特用"吃汉堡包能让人成为一个优秀的诗人"这个假设的观点为例子来说明这一点。

指导未来的教师在遇到有争议的教育技术时，如何评估研究证据。莫斯泰特和克罗克特（Mostert & Crockett，2000）强烈认为，从事特殊教育的教育工作者，应该了解自己学科的历史，应该知道，人们一直使用的很多方法，后来被科学研究证明是错误的。遗憾的是，特殊教育年鉴依然在介绍一些已被推翻的教育技术——其中，辅助交流（facilitated communication）是一个特别令人心痛的例子。

欧菲特（Offit，2008）提到，20 世纪 90 年代初期，一位“辅导师”（facilitator）声称他的练习方法可以帮助孤独症谱系障碍患者用键盘打出词语，这唤起了世界各地成千上万孤独症谱系障碍患者父母的希望。孤独症谱系障碍患者最痛苦的交际问题看起来好像终于找到了解决的办法。然而可悲的是，对照实验表明，打字的是辅助师——有时是下意识的，而儿童其实并没有参与任何交流（同时参考 Jacobson，Foxx，& Mulick，2005）。辅助交流技术还被用于陷入昏迷的患者，①结果同样令人失望。这些极端事例，显示了“另类”教育技术的吸引力，但同时也表明，它们带来的更多是令人心痛的失望——更不用说浪费的时间、精力和金钱。

有些干预措施进行夸大而不负责任的宣传，而最易受这些宣传伤害的，正是
260 那些有特殊教育需要的儿童和家庭，这是无法否认的事实。我们认为，莫斯泰特和克罗克特（Mostert & Crockett，2000）的论述，应该扩大到所有的教育工作者。有些教育技术给人们带来了希望，但这些教育技术，有的未经证实，这已经属于最好的情况，最糟糕的是，有的已被否定。教育将对儿童的生活产生深远的影响，这些影响，不应因这些教育技术的应用而被削弱。莫斯泰特和克罗克特（Mostert & Crockett，2000）提到：

> 教育创新不断出现在大众媒体、最新的在职研讨会或教育期刊上，单靠这些创新中那些华而不实的东西，我们（教育工作者）并不能激发自己大学同行、实习教师或者学生和父母的信心。我们必须有能力区别有用的小麦和无用的糠秕——要提高这种区别能力，我们必须关注我们实践的历史，关注我们已经取得的成果，或许最重要的是，密切关注我们过去所犯的错误。（Mostert & Crockett，2000，p. 138）

---

① 这个视频（http://www.youtube.com/watch? v = SWKd7tynIYE）以及布德里、特默特和贝茨（Boudry，Termote，& Betz，2010）的文章，都记录了一个特别令人心痛的例子——比利时的霍本（Rom Houben）。

致谢

非常感谢达里奥·巴蒂斯蒂(Dario Battisti)为本章所提供的插图。加里·路易斯(Gary Lewis)阅读了初稿并提出了有益的意见。

参考文献

Allen, K. L., Norman, R. G., & Katz, R. V. (2008). The effect of chewing gum on learning as measured by test performance. *British Nutritional Foundation Nutrition Bulletin*, *33*, 102 - 107.

Annetta, L. A. (2010) The "I"s' have it: A framework for serious educational game design. *Review of General Psychology*, *14*(2), 105 - 112.

Barros, R. M., Silver, E. J., & Stein, R. E. K. (2009). School recess and group classroom behaviour. *Pediatrics*, *123*, 431 - 436.

Bent, S., Bertoglio, K., & Hendren, R. L. (2009). Omega-3 fatty acids for autistic spectrum disorder: A systematic review. *Journal of Autism and Developmental Disorders*, *39*, 1145 - 1154.

Benton, D., & Burgess, N. (2009). The effect of the consumption of water on the memory and attention of children. *Appetite*, *53*, 143 - 146.

Bozzi, P. (1990). *Fisica Ingenua*. Milan: Garzanti.

Boudry, M., Termote, R., & Betz, W. (2010). Fabricating communication. *Skeptical Inquirer*, *34* (4). Available at http://www.csicop.org/si/show/fabricating_communication.

Butcher, J. (2008). Mind games: Do they work? *British Medical Journal*, *336*, 246.

Cassidy, S. (2002). Fish oil pills may aid pupils with learning difficulties. *The Independent*, 14 May. Available at http://www.independent.co.uk/news/education/education-news/fish-oil-pills-may-aid-pupils-with-learning-difficulties-651130.html (accessed on 4 January 2011).

Cian, C., Barraud, P. A., Melin, B., & Raphel, C. (2001). Effects of fluid ingestion on cognitive function after heat stress or exercise-induced dehydration. *International Journal of Psychophysiology*, *42*, 243 - 251.

Coe，D. P.，Pivarnik，J. M.，Womack，C. J.，Reeves，M. J.，& Malina，R. M. (2006). Effect of physical education and activity levels on academic achievement in children. *Medicine and Science in Sports and Exercise*，*38*(8)，1515 - 1519.

Connolly，K. (2010). German pupils told to keep chewing as scientists extol virtues of gum. *The Guardian*，2 December. Available at http：//www. guardian. co. uk/world/2010/dec/02/germany-pupils-chewing-gumbavaria (accessed 4 January 2011).

Conway，A. R. A.，& Getz，A. J. (2010). Cognitive ability：Does working memory training enhance intelligence? *Current Biology*，*20*(8)，R362 - 364.

Corballis，M. C. (1999). Are we in our right minds? In S. Della Sala (Ed.)，*Mind Myths: Exploring Popular Assumptions about the Mind and Brain* (pp. 25 - 42). Chichester：Wiley.

Corballis，M. C. (2007). The dual-brain myth. In S. Della Sala (Ed.)，*Tall Tales about the Mind and Brain: Separating Fact from Fiction* (pp. 291 - 314). Oxford：Oxford University Press.

D'Anci，K. E.，Constant，F.，& Rosenberg，I. H. (2006). Hydration and cognitive function in children. *Nutrition Reviews*，*64*(10)，457 - 464.

261 Das，U. N. (2003). Long-chain polyunsaturated fatty acids in the growth and development of the brain and memory. *Nutrition*，*19*(1)，62 - 65.

Dawkins，C. R. (2004). *The Ancestor's Tale: A Pilgrimage to the Dawn of Life*. London：Phoenix.

Dennison，P. E.，& Dennison，G. E. (1994). *Brain Gym ® Teacher's Edition-Revised*. Ventura，CA： Edu-Kinesthetics.

Dennison，P. E.，& Dennison，G. E. (2010). *Brain Gym ® : Teacher's Edition*. Ventura，CA：Hearts at Play，Inc.

Derbyshire，D. (2011). Brain training computer games "can improve your child's grades within weeks". *Daily Mail*，14 June. Available at http：//www. dailymail. co. uk/sciencetech/article-2003155/Brain-training-games-improve-child-s-grades-weeks. html (accessed 17 June 2011).

Dietrich，A.，& Kanso，R. (2010). A Review of EEG，ERP，and neuroimaging studies of creativity and insight. *Psychological Bulletin*，*136*(5)，822 - 848.

Dunstan，J. A.，Simmer，K.，Dixon，G.，& Prescott，S. L. (2008). Cognitive assessment of children at age 2½ years after maternal fish oil supplementation in pregnancy：A randomised controlled trial. *Archives of Disease in Childhood — Fetal and Neonatal Edition*，*93*，45 - 50.

Durkin，K. (2010). Videogames and young people with developmental disorders.

Review of General Psychology, *14*(2), 122 - 140.

Edmonds, C. J., & Jeffes, B. (2009). Does having a drink help you think? 6 - 7-year-old children show improvements in cognitive performance from baseline to test after having a drink of water. *Appetite*, *53*, 469 - 472.

Ferguson, C. J. (2010). Blazing Angels or Resident Evil? Can violent video games be a force for good? *Review of General Psychology*, *14*(2), 68 - 81.

Fuyuno, I. (2007). Brain craze. *Nature*, *447*(7140), 18 - 20.

Gesch, C. B., Hammond, S. M., Hampson, S. E., Eves, A., & Crowder, M. J. (2002). Influence of supplementary vitamins, minerals and essential fatty acids on the antisocial behaviour of young adult prisoners — randomised, placebo-controlled trial. *British Journal of Psychiatry*, *181*, 22 - 28.

Goldacre, B. (2008). *Bad Science*. London: HarperCollins.

Grandjean, A. C., Reimers, K. J., Haven, M. C., & Curtis, G. L. (2003). The effect of hydration on two diets, one with and one without plain water. *Journal of the American College of Nutrition*, *22*(2), 165 - 173.

Hillman, C. H., Erickson, K. I., & Kramer, A. F. (2008). Be smart, exercise your heart: Exercise effects on brain and cognition. *Nature Reviews Neuroscience*, *9*(1), 58 - 65.

Howard-Jones, P. (2010). *Introducing Neuroeducational Research*. Oxford: Routledge.

Hyatt, K. J. (2007). Brain Gym®: Building stronger brains or wishful thinking? *Remedial and Special Education*, *28*(2), 117 - 124.

Hyatt, K. J., Stephenson, J., & Carter, M. (2009). A review of three controversial educational practices: Perceptual motor programs, sensory integration, and tinted lenses. *Education and Treatment of Children*, *32*(2), 313 - 342.

Jacobson, J. W., Foxx, R. M., & Mulick, J. A. (2005). Facilitated communication: The ultimate fad treatment. In J. W. Jacobson, R. M. Foxx & J. A. Mulick (Eds.), *Controversial Therapies for Developmental Disabilities: Fad, Fashion, and Science in Professional Practice*. London: Routledge.

Jaeggi, S. M., Buschkuehl, M., Jonides, J., & Perrig, W. (2008). Improving fluid intelligence with training on working memory. *Proceedings of the National Academy of Sciences of the United States of America*, *105*(19), 6829 - 6833.

Jaeggi, S. M., Buschkuehl, M., Jonides, J., & Shah, P. (2011). Short- and long-term benefits of cognitive training. *Proceedings of the National Academy of Sciences of the United States of America*, *108* (25), 10081 - 10086.

James, A. N. (2007). *Teaching the Male Brain: How Boys Think, Feel, and Learn in*

School. Thousand Oaks，CA： Corwin Press.

Jarrett，O. S.，Maxwell，D. M.，Dickerson，C.，Hoge，P.，Davies，G.，& Yetley，A. (1998) Impact of recess on classroom behaviour：Group effects and individual differences. *The Journal of Educational Research*，*92*(2)，121 - 126.

262 Jensen，E. (2005). *Teaching with the Brain in Mind* (2nd ed.). Alexandria，VA：Association for Supervision and Curriculum Development.

Johnson，A.J.，& Miles，C. (2007). Chewing gum and context-dependent memory：The independent roles of chewing gum and mint flavour. *British Journal of Psychology*，*99* (2)，293 - 306.

Kaptchuk，T. J. (1998). Intentional ignorance：A history of blind assessment and placebo controls in medicine. *Bulletin of the History of Medicine*，*72*，389 - 433.

Kawashima，R. (2005). *Train Your Brain: Better Brainpower，Better Memory，Better Creativity*. Teaneck，NJ： Kumon Publishing.

Kawashima，R.，Okita，K.，Yamakazi，R.，Tajima，N.，Yoshida，H.，Taira，M.，Sugimoto，K.，et al. (2005). Reading aloud and arithmetic calculation improve frontal function of people with dementia. *Journal of Gerontology: Medical Sciences*，*60A* (3)，380 - 384.

Kaushik，A.，Mullee，M. A.，Bryant，T. N.，& Hill，C. N. (2007). A study of the association between children's access to drinking water in primary schools and their fluid intake：Can water be "cool" in school? *Child: Care，Health，and Development*，*33* (4)，409 - 415.

Kirby，A.，Woodward，A.，& Jackson，S. (2009). Benefits of omega-3 supplementation for schoolchildren： Review of the current evidence. *British Educational Research Journal*，*36*(5)，699 - 732.

Kirby，A.，Woodward，A.，Jackson，S.，Wang，Y.，& Crawford，M. A. (2010). A double-blind，placebo-controlled study investigating the effects of omega-3 supplementation in children aged 8 - 10 years from a mainstream school population. *Research in Developmental Disabilities*，*31*，718 - 730.

Koester，C. (2002). Have you heard of Brain Gym? Available at http：//www.iamthechild.com/articleresearch/heard.html (accessed 29 December 2010).

Lenhart，A.，Kahne，J.，Middaugh，E.，Macgill，A. R.，Evans，C.，& Vitak，J. (2008). Teens，video games and civics：Teens' gaming experiences are diverse and include significant social interaction and civic engagement. Available at：http：//www.pewinternet.org/PPF/r/263/report_display.asp (accessed 4 January，2011).

Levi，P. (1989). *Other People's Trades*. London：Abacus.

Lieberman, H. R. (2007). Hydration and cognition: A critical review and recommendations for future research . *Journal of the American College of Nutrition*, *26*(5), 555 - 561.

Lilienfeld, S. O., Lynn, S. J., Ruscio, & Beyerstein, B. L. (2010). *50 Great Myths of Popular Psychology: Shattering Widespread Misconceptions about Human Behaviour*. Chichester: Wiley-Blackwell.

Logie, R. H., & Sala, D. S. (2010). Brain training in schools, where is the evidence? *British Journal of Educational Technology*, *41*(6), 27 - 28.

Lorant-Royer, S., Munch, C., Mesclé, H., & Lieury, A. (2010). Kawashima vs. “Super Mario”! Should a game be serious in order to stimulate cognitive aptitudes? *Revue Européene de Psychologie Appliquée*, *60*, 221 - 232.

Lorant-Royer, S., Spiess, V., Goncalves, J., & Lieury, A. (2008). Programmes d'entrainment cérébral et performances cognitive: Efficacité, motivation ... ou marketing? De la Gym-Cervau au programme du Dr. Kawashima ... *Bulletin de Psychologie*, *61*(6), 531 - 549.

Mahar, M. T., Murphy, S. K., Rowe, D. A., Golden, J., Shields, A. T., & Raedeke, T. D. (2006). Effects of a classroom-based program on physical activity and on-task behaviour. *Medicine and Science in Sports and Exercise*, *38*(12), 2086 - 2094.

McCabe, D. P., & Castel, A. D. (2008). Seeing is believing: The effect of brain images on judgements of scientific reasoning. *Cognition*, *107*(1), 343 - 352.

Miller, D. J., & Robertson, D. P. (2010). Using a games console in the primary classroom: Effects of “Brain Training” programme on computation and self-esteem. *British Journal of Educational Technology*, *41*(2), 242 - 255.

Moody, D. E. (2009). Can intelligence be increased by training on a task of working memory? *Intelligence*, *37*, 327 - 328.

Morrison, A. B., & Chein, J. M. (2011). Does working memory training work? The promise and challenges of enhancing cognition by training working memory. *Psychonomic Bulletin and Review*, *18*, 46 - 60.

Mostert, M. P., & Crockett, J. B. (2000). Reclaiming the history of special 263
education for more effective practice. *Exceptionality*, *8*(2), 133 - 143.

Nacke, L. E., Nacke, A., & Lindley, C. A. (2009). Brain training for silver gamers: Effects of age and game form on effectiveness, efficiency, self-assessment, and gameplay experience. *Cyberpsychology and Behaviour*, *12*(5), 493 - 499.

Offit, P. A. (2008). *Autism's False Prophets: Bad Science, Risky Medicine, and the Search for a Cure*. New York: Columbia University Press.

Onozuka, M., Fujita, M., Watanabe, K., Hirano, Y., Niwa, M., Nishiyama, K., & Saito, S. (2003). Mapping brain region activity during chewing: A functional magnetic resonance imaging study. *Journal of Dental Research*, *81*, 743 - 746.

Osendarp, S. J., Baghurst, K. I., Bryan, J., Calvaresi, E., Hughes, D., Hussaini, M., Wilson, C., et al. (2007). Effect of a 12-mo micronutrient intervention on learning and memory in well-nourished and partially-nourished school-aged children: 2 parallel, randomised, placebo-controlled studies in Australia and Indonesia. *The American Journal of Clinical Nutrition*, *86*, 1082 - 1093.

Overman, A.A., Sun, J., Golding, A.C., & Prevost, D. (2009). Chewing gum does not induce contextdependent memory when flavour is held constant. *Appetite*, *53*, 253 - 255.

Owen, A. M., Hampshire, A., Grahn, J. A., Stenton, R., Dajani, S., Burns, A. S., Ballard, C. G., et al. (2010). Putting brain training to the test. *Nature*, *465*(7299), 775 - 778.

Pellegrini, A. D., & Davis, P. D. (1993). Relations between children's playground and classroom behaviour. *British Journal of Educational Psychology*, *63*(1), 88 - 95.

Pittler, M. H., Brown, E. M., & Ernst, E. (2007). Static magnets for reducing pain: Systematic review and meta-analysis of randomised trials. *Canadian Medical Association Journal*, *177*(7), 736 - 742.

Richardson, A. J., & Montgomery, P. (2005). The Oxford-Durham study: A randomised, controlled trial of dietary supplementation with fatty acids in children with developmental coordination disorder. *Pediatrics*, *115*, 1360 - 1366.

Rosas, R., Nussbaum, M., Cumsille, P., Marianov, V., Correa, M., Flores, P., Salinas, M., et al. (2003). Beyond Nintendo: Design and assessment of educational video games for first and second grade students. *Computers and Education*, *40*, 71 - 94.

Sakamoto, K., Nakata, H., Hondam Y., & Kakigi, R. (2009). The effect of mastication on human motor preparation processing: A study with CNV and MRCP. *Neuroscience Research*, *64*(3), 259 - 266.

Scholey, A., Haskell, C., Robertson, B., Kennedy, D., Milne, A., & Wetherell, M. (2009). Chewing gum alleviates negative mood and reduces cortisol during acute laboratory physiological stress . *Physiology and Behaviour*, *97*, 304 - 312.

Sense About Science (2008). Brain Gym. Available at http://www.senseaboutscience.org.uk/pdf/braingym.pdf (accessed 4 January 2011).

Sifft, J. M., & Khalsa, G. C. K. (1991). Effect of educational kinesiology upon simple response times and choice response times. *Perceptual and Motor Skills*, *73*, 1011 -

1015.

Smith, A. (2009). Effects of chewing gum on mood, learning, memory and performance of an intelligence test. *Nutritional Neuroscience*, *12*, 81-88.

Smith, A. (2010). Effects of chewing gum on cognitive function, mood and physiology in stressed and non-stressed volunteers. *Nutritional Neuroscience*, *13*, 7-16.

Smith, G. E., Housen, P., Yaffe, K., Ruff, R., Kennison, R. F., Mahncke, H. W., & Zelinski, E. M. (2009). A cognitive training program based on principles of brain plasticity: Results from the Improvement of Memory with Plasticity-based Adaptive Cognitive Training (IMPACT) study. *Journal of the American Geriatrics Society*, *57*(4), 594-603.

Spence, I., & Feng, J. (2010). Video games and spatial cognition. *Review of General Psychology*, *14*(2), 92-104.

Stewart, J. A., Dennison, D. A., Kohl, H. W., & Doyle, J. A. (2004). Exercise level and energy expenditure in the Take 10! in-class physical activity program. *Journal of School Health*, *74*(10), 397-400.

Strong, W. B., Malina, R. M., Blimkie, C. J. R., Daniels, S. R., Dishman, R. K., Gutin, B., Trudeau, F., et al. (2005). Evidence based physical activity for school-age youth. *The Journal of Pediatrics*, *146*(6), 732-737. 264

Thorndike, R. M., & Thorndike-Christ, T. M. (2010). *Measurement and Evaluation in Education and Psychology* (8th ed.). Boston, MA: Allyn & Bacon.

Torney, L. K., Johnson, A. J., & Miles, C. (2009). Chewing gum and impasse-induced self-reported stress. *Appetite*, *53*, 414-417.

Tucha, O., Mecklinger, L., Maier, K., Hammerl, M., & Lange, K. W. (2004). Chewing gum differentially affects aspects of attention in healthy subjects. *Appetite*, *42*, 327-329.

Valtin, H. (2002). "Drink at least eight glasses of water a day". Really? Is there scientific evidence for "8 x 8"? *American Journal of Physiology — Regulatory, Integrative and Comparative Physiology*, *283*, 993-1004.

Weisberg, D. S., Keil, F. C., Goodstein, J., Rawson, E., & Gray, J. R. (2008). The seductive allure of neuroscience explanations. *Journal of Cognitive Neuroscience*, *20*(3), 470-477.

Whitaker, H. A. (1982). Dichotomania: An essay on our left and right brains. *Journal of Visual Verbal Languaging*, *2*(1), 7-13.

Wilkinson, L., Scholey, A., & Wesnes, K. (2002). Chewing gum selectively improves aspects of memory in health volunteers. *Appetite*, *38*, 235-236.

Willis, S. L., Tennstedt, S. L., Marsiske, M., Ball, K., Elias, J., Koepke, K. M., Wright, E., et al. (2006). Long-term effects of cognitive training on everyday functional outcomes in older adults. *Journal of the American Medical Association*, *296*(23), 2805 - 2814.

Wolfsont, C. (2002). Increasing behavioural skills and level of understanding in adults: A brief method integrating Dennison's brain gym balance with Piaget's reflective processes. *Journal of Adult Development*, *9*, 187 - 202.

Wolpert, L. (1992). *The Unnatural Nature of Science*. London: Faber & Faber.

Zibell, S., & Madansky, E. (2009). Impact of gum chewing on stress levels: Online self-perception research study. *Current Medical Research and Opinion*, *25*, 1491 - 1500.

Ziliak, S. T., & McCloskey, D. N. (2008). *The Cult of Statistical Significance*. Ann Arbor, MI: University of Michigan Press.

第六部分

教育神经科学的新猜想

第十六章　联结脑科学与教育实践的设计模式

迈克尔·W.康奈尔(Michael W. Connell)
扎卡里·斯坦(Zachary Stein)
霍华德·加德纳(Howard Gardner)

目前,神经科学和教育之间的对话,似乎主要集中在神经科学研究如何(或者是否)能影响主流的教育实践这一问题。在《教育科学的源泉》(*The Sources of a Science of Education*)一书中,杜威(Dewey, 1929)对教育科学进行了分析。在杜威分析的基础上,我们将这个问题重新表述为:"特殊领域(如神经科学)的科学研究与教育实践的经验,如何共同影响教育科学?"我们提出,解释性心智模型(explanatory mental models)是教师的认识、日常使用的专业知识、科学理论和教师行为交集的部分。我们认为,教育工作者脑中的心智模型既是真正的教育科学所在,又是一个支点,能以扩展的方式撬动更多人们期望的教育成果。经过分析,我们发现,只有跨越6道"鸿沟",教育科学才能可持续发展。这6道"鸿沟"中,有3道"鸿沟"会阻碍科学研究者和教育工作者之间的合作,其余3道"鸿沟"抑制教育工作者广泛接受、应用和验证科学理论。我们提

出，精心构造的设计模式可以帮助人们跨越这6道鸿沟。设计模式主要是描述一个反复出现的问题（例如，如何可靠地评估某种能力）并给出一个总体的解决方案。无论这个问题在什么情况下出现，这个解决方案都可以灵活地处理。设计模式已经对建筑和软件工程这类应用领域产生了巨大的影响。我们认为，它们同样能促进可持续的、跨学科的教育科学的发展。

一、联结脑科学与教育实践的设计模式

一个多世纪以来，心理学研究者、政治家和教育专家们一直在寻找真正的教育科学的发展方向。近几十年来，神经科学研究者也加入了这一行列，掀起了运
268 用神经科学的模式和方法解决教育问题的浪潮。这方面的文献已经很多，而且还在不断增加，这些文献特别关注神经科学和教育之间有什么联系（或者没有联系）（Ansari & Coch，2006；Bruer，1997；2002；Byrnes & Fox，1998；Connell，2005；Gabrieli，2009；Geake & Cooper，2003；Goswami，2004；Hall，2005；Katzir & Paré-Blagoev，2006；Mayer，1998；Schunk，1998；Stanovich，1998；Willingham，2008）。看起来，在后工业时代的西方，教育科学发展方面的问题正慢慢转变成如何让认知科学、神经科学和遗传学来影响甚至决定学校教育。关于科学研究在教育实践中的作用，与此相关的那些问题和争论正在发生变化。在这种情况下，我们将给出我们的分析和建议。首先，我们将回到杜威的教育理论，将“教育领域的神经科学”这一话题放到“神经科学、教育实践和教育科学”这一更大的背景下。其次，我们将期待出现一门新的教育科学，它有一系列设计模式，能够将系统化的、跨学科的科学研究，整合成灵活有效的教育解决方案。这样，教育工作者在实践中就可以很方便地应用它们。

本章第一部分，我们将总结和阐述杜威思想中涉及教育科学本质的核心部分。杜威（Dewey，1929）认为，教育科学必须利用综合性的理论（general descriptions），例如学习和动机的综合性科学模型，来指导**具体的方法**（particular prescriptions），例如某种专门的教育技术，它可以帮助约翰尼（Johnny）在拥挤和嘈杂的教室里控制住自己的数学焦虑症和注意缺陷多动障碍，开始理解勾股定理及其重要性。杜威提出，教育科学要做到这一点，就必须保证教育工作者的专

业判断得到充分发展和有效应用，而不是试图推翻他们的判断。我们尤其不应该期望，神经科学或任何其他的科学研究，能为某些教育活动提供“盖章批准”的服务，或者能为实现某些特定的教育目标拟定一个详细的“操作方案”。

教育科学应该是什么样，杜威（Dewey，1929）对此所做的深刻而精辟的分析，为当前神经科学和教育之间的对话提供了全新而恰当的视角。特别是，他对教育科学和教育科学的**来源**进行了区分。他将教育实践还有一些具体的科学领域（例如神经科学、心理学），视作教育科学的来源。这种区分，也许微不足道，但它彻底地改变了对话的内容。迄今为止，大部分的对话，都围绕“神经科学**研究**对教育**实践**的影响是什么？”杜威认为，我们应该要问的是：“**神经科学研究**和**教育实践**对**教育科学**的影响是什么？”杜威的教育科学，主要体现在教育工作者深思熟虑后所作的判断，而要作出这些判断，教育工作者必须利用相关科学研究的结果，以及反思教育实践者的集体经验。因此，神经科学研究者和教育人员如何对话，才能让他们都取得巨大的进步，他的分析为探讨这个问题提供了一个崭新的思路。

不过，杜威的论述只停留在概念、理论和策略的层面。他并没有着重讨论，他的深刻见解如何能为努力中的科学研究者和教育工作者个人或者团队所用。因此，在本章第二部分、第三部分、第四部分和第五部分，我们将试图从杜威止步的地方开始，继续深入下去，以他的分析为基础，建立一个非常实用的框架。我们将详细介绍这个框架，我们相信，这个框架可以让科研人员（包括神经科学研究者）和教育人员进行真正的双向交流。具体而言，我们认为，设计模式能够促成杜威所设想的那种学科间的对话，它们所提供的实用性框架，可以将神经科学的基础研究成果与教育实践综合起来，在医学、农业和工程等其他领域，科学和 269
技术的进步相互促进，形成可靠的、可用的、能为公众所理解的知识，这个实用性框架也可以加快这些知识的系统性积累。

一个设计模式，主要描述在某个领域中反复出现的一个问题及其核心解决方案，这个问题可能会在很多不同的场景中出现，无论它在哪种场景中出现，这种解决方案都可以灵活地处理。例如，教育领域经常出现的问题有，如何让所有学生都能理解学习材料，如何对学生的理解进行形成性评价，或者在一些重要的学习阶段，如何吸引和鼓励学生。这些问题，设计模式都可以解决。在一些可以应用设计模式的领域，利益相关方共同选择一个模板，这个模板将系统整理他们共同创造的基本的可用知识。只有这种方法,既可以代表已有的科学知识,又可以代表已有的实践;允许具体学科和应用领域通过积累和合作的方式,构建可用的知识,并且对环境敏感,专注于问题。在此,我们将介绍设计模式的一种模板,我们认为,它有助于将杜威的教育科学理念,带到当代的实践中去。

最后,我们将阐明为什么设计模式可以用来沟通神经科学和教育实践。如何兼顾个体的学习差异和学习障碍是一个普遍存在的教育问题。为了举例说明,我们选择了**通用学习设计**(universal design for learning, UDL)框架(Rose & Meyer, 2002)中的一个元素,建立了一个以神经科学为指导的设计模式,这个设计模式可以解决上述教育问题。我们使用这个例子,主要是为了说明设计模式是什么,为什么它们能促进教育科学的发展。

二、教育科学的良性循环

杜威(Dewey, 1929)使用两个核心要素来定义教育科学:教育工作者用来指导自己实践的解释性模型(explanatory models)①,以及他们用来改进这些模型的系统性调查方法(systematic methods of inquiry)。杜威的著作让人们逐渐认识到,教育科学是围绕这两个核心要素建立起来的系统,这个系统不断发展,具有自我修正的能力,为教育工作者提供即时可用的知识,同时,随着时间的推移,积累起来的教育专业知识,也得到系统性扩展,并且日益完善,形成一个良性循环。

我们力求以杜威的哲学分析为基础,让杜威的观点在实践上有更高的应用价值。在探索的过程中,我们发现,我们可以将解释性模型视作教育科学中主要的组织结构,这非常有用。这个组织结构,可以作为两个不同过程或循环的交叉点(如图 16.1 所示)。应用环(application loop)对应于教育实践,教育工作者观察学生的表现,根据解释性模型来理解观察结果,并合理选择接下来的教育活动。适应环(adaptation loop)对应于科学研究,这是一个系统化的过程,不断地提出问题,制订解决方案,验证解决方案的有效性,对已有的解释性模型进行修

① 实际上,杜威称为"解释性法规"(explanatory laws),这容易让人联想到民事和刑事的法律规范,但我们更喜欢"解释性模型"这个术语,因为它包含的规范的意义少一点。

正。值得指出的是,适应环需要教育工作者和神经科学等领域的科学研究者相互合作。在合作的过程中,教育工作者负责提出有价值的问题,验证所提出的解决方案的有效性。而神经科学研究者和其他非教育领域的科学研究者,必须根据教育工作者提出的这些问题和模式,确定与之相关的现象,建立这些现象的解释性模型。 270

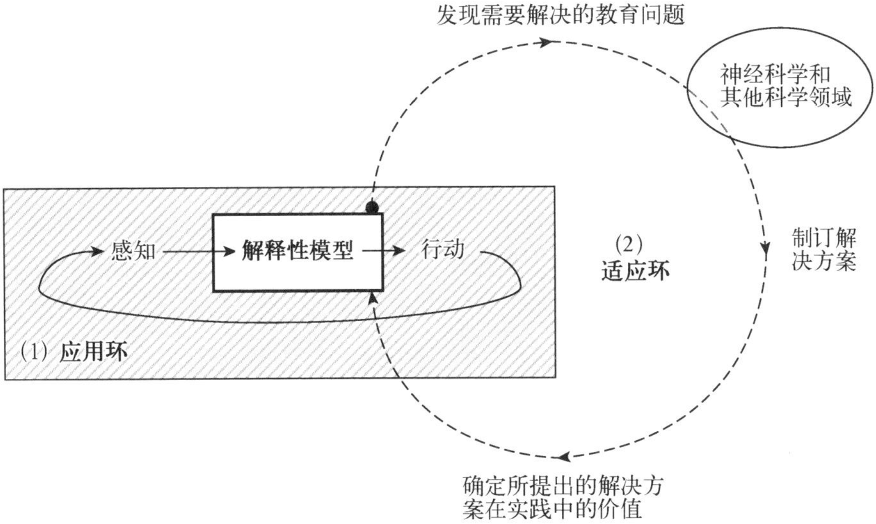

图 16.1 以解释性模型为中心的教育科学系统的应用环和适应环

(1) **应用环**对应教育实践中应用解释性模型的过程;(2) **适应环**对应通过系统的科学研究,扩大和完善具有应用价值的解释性模型的过程。转载得到 Michael W. Connell. © 2010 的授权,版权所有,不得转载

图 16.1 中的教育科学系统,主要吸收借鉴了杜威(Dewey, 1929)的哲学分析。我们提出这样的观点,部分是因为迄今为止,工程和医学等其他领域所建立的这种联结理论和应用的渐进系统,比教育更完整,更成功。简单而言,我们主张,杜威所设想的这门渐进的、能自我修正的教育科学是可以实现的,教育科学的建立,必定需要打通图 16.1 中的应用环和适应环——或许只需要打通这两个环。

打通应用环,意味着这些解决方案(和嵌入其中的解释性模型)将成为教师日常教学的组成部分。打通适应环,意味着要教育工作者、神经科学研究者和其他科学领域的研究者加强合作交流。这样才能建立相对科学的解释性模型,形成有效的教育解决方案。但是,从事教育工作的人和从事研究工作的科学研究者,工作的基本方式迥然不同。这些差异形成了一些"鸿沟",增加了打通这两个环的难度。第三部分，我们将具体说明打通这两个环需要跨越哪些重要的鸿沟，然后，我们将提出，设计模式在处理这些差异时，几乎可以跨越所有的鸿沟。

三、建立可持续发展的教育科学所面临的阻碍

图 16.1 中所描绘的应用环和适应环，代表了解释性模型的两种基本过程。它们分别是：系统性地应用解释性模型来指导教育实践以及随着时间的推移，系统性地修正(建立和完善)解释性模型。在这一部分，我们将阐述理想的图 16.1 所描绘的教育科学系统，进而说明打通这两个环所必须克服的实际障碍。

271 1. 适应环：系统建立和完善解释性模型

适应环需要教育工作者和某些领域的研究人员共同合作，这些领域包括神经科学、认知心理学和经济学等，这种合作的难度很高。这些研究人员虽然不属于教育圈，但他们的见解能帮助教育工作者解决实际问题，实现教育目标。

在打通适应环时，教育工作人员所起的作用不同于神经科学研究者和其他领域的科学研究者(参考本书第三章)。具体而言，教育工作者在进行课堂教学时，应同时发挥系统研究的两种功能。

- 识别问题：系统识别反复出现的、值得解决的实际问题。
- 验证解决方案：系统验证提出的解决方案在改善实践方面的应用价值。

一些特殊领域的科学研究人员，他们的工作是在教育工作人员发现教育问题后，系统地为这些问题所反映出的现象建立**解释性模型**。

例如，假设有一位语言教师在过去的几年中注意到，与同龄人相比，有些学生在阅读的时候，似乎长期存在一些严重的困难。这位教师可能开始意识到，这是语言困难的表现并专门制订了应对方案——为这些学生提供一对一的辅导服务，或者安排他们参加一个水平较低的阅读小组，或许是参加较低年级的阅读小组。在采取这种“常识性”措施，满足这些特殊学生的需求后，这位教师可能认为，她已经在自己能力和资源的范围内，充分履行了她的职责。这种教育实践**不**符合教育科学的标准，教育科学特别强调要在实践中应用解释性模型，使用系统性的调查方法。

前面假设的教育情景，教育工作者在判断困难学生阅读表现的时候，没有使

用任何解释性模型——在采取措施之前并不了解儿童**为什么**会有这么严重的困难，这是第一个不符合教育科学标准的地方。这种解释性模型，通常来自其他领域。例如，神经科学研究者和认知心理学研究者提出了很多记忆模型（Anderson，1983；Atkinson & Shiffrin，1968；Baddeley，1976；Eichenbaum，1997；Eichenbaum，Otto，& Cohen，1994；Miller，1956）、注意模型（Pashler，1997；Posner & Peterson，1990）和视觉加工模型（Frost & Katz，1992；Seidenberg，1995；Seidenberg & McClelland，1989），这些模型都可能与教师观察到的困难学生的表现相关。阅读不好与很多认知和神经系统的障碍有关，有可能是工作记忆受损，学生还没提取出词语的意义就忘记了这些词语，有可能是注意力问题，也有可能是书面语言系统的识别或解码问题（Grigorenko，2001；Paloyelis，Rijsdijk，Wood，Asherson，& Kuntsi，2010；Rose & Meyer，2002）。这些解释性模型，每一个都能引导教育工作者在她原来所以为的范围之外，去寻找额外的相关数据——例如，学生在数学或科学课上的表现，或者将学生在"互动时间"（circle time）听教师读故事时对故事的理解与学生独立阅读时对故事的理解进行比较。因此，这类解释性模型的应用，会引导教育工作者更系统，更全面，通常也更清楚地**认识**教育中出现的情况，让她作出的**反应**或**行动**，比原本广泛使用的"常识性"反应更具体，更符合学生的个性特点，通常也更为有效。这个 272
例子告诉人们，解释性模型可以成为指引教育工作者的"眼前的光，脚下的灯"（Dewey，1929）。同时，也鼓励和支持教育工作者仔细观察，系统思考，审慎判断，而不是僵硬地照搬现成的教育范本或"操作方案"。

在前面假设的教育场景中，教师没有采用系统性的调查研究方法，这是第二个不符合教育科学标准的地方。在确定了课堂上反复出现的问题——在这个例子中，少数学生表现出不同寻常的阅读困难——之后，作为教育方面的科学研究者，她应该尝试把这种情况看作一个需要解决的问题，或者从中提炼出一个需要解决的问题，然后寻求解决方案，接着测试这些解决方案的实际效果。这些问题可能已经有了解决方案，也可能在其他领域已经有了现成的解释性模型，但还没有形成可用的教育解决方案，还可能需要在其他领域开展基础研究，以便为所关注的现象建立解释性模型。正在从事教育工作的人，不管他们当前对科学的认识处于什么水平，都可以发现教学中的重要问题，测试已有的或新提出的解决方案的效果。他们所处的位置决定了他们是最适合做这项工作的人（Dewey，1929）。

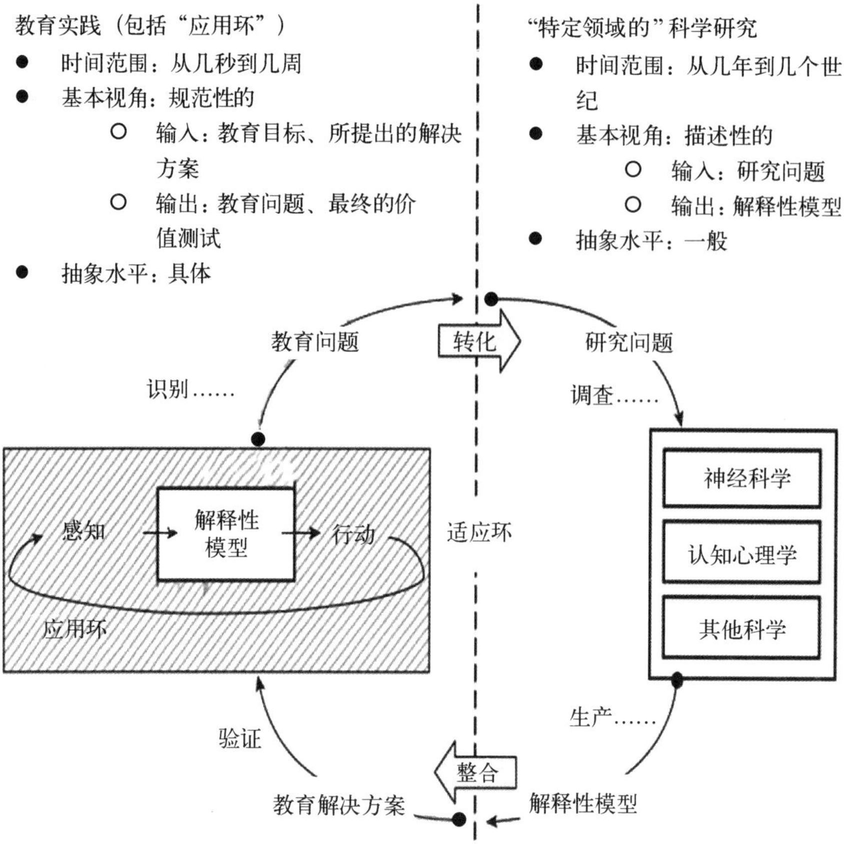

图 16.2　打通适应环

在教育科学的适应环中，发现值得解决的教育**问题**，最终测试相关解决方案的**价值**，都离不开课堂教学。重要的科学研究提供**解释性模型**，在此基础上形成综合性解决方案、策略和技术，从而影响课堂教学。教育实践活动和重要的科学研究在**时间范围**、**基本视角**和**抽象水平**上都有不同，教育科学适应环的形成，需要跨越这些差异。转载得到 Michael W. Connell. © 2010 授权，版权所有，不得转载

从这个例子中，我们可以看出，打通教育科学的适应环面临一些实际的障碍。这主要是因为教育工作者需要解释性模型，但很少有解释性模型出自教育实践，它们大多来自其他的科学领域（如图 16.2 所示）。特别是，不同领域的人们之间有一定的物理距离（尤其是教育工作者和科学研究者）。除此之外，每个
273 领域工作的性质也有根本的不同，实际上妨碍了这些领域之间的对话和合作。这些差异主要体现在以下三个维度上。

- 时间范围：科学研究有自己的发展进程，通常是几年、几十年甚至几百

年，而教育工作者每一刻、每一天、每一周都可能立刻需要一些解决方案来指导自己的工作。

- 基本视角：科学研究具有描述性，而教育具有规范性。这就是说，教育以目标为导向，承载着人类的价值取向，担负着伦理和道德的责任（关于跨学科的教育研究与实践中的基本视角的相关讨论，参考 Stein，Connell，& Gardner，2008）。
- 抽象水平：科学的解释性模型，它们的定义范围是总体（将很多测量数据放在一些进行解释），因此，通常都是比较抽象的，与具体的环境无关，而在课堂教学中，教育工作者却通常需要对具体环境中的特殊情况作出反应。

我们只有跨越这三个维度（时间范围、基本视角、抽象水平）的鸿沟，才能打通适应环，形成自恰的教育科学。只有如此，人们才能发现重要的教育问题，然后通过系统的科学研究建立强大的解释性模型，据此形成可用的教育策略和解决方案，并在实际应用中评估这些教育策略和解决方案的价值，进一步完善这些解决方案（和嵌入其中的解释性模式）。我们提出的建设性方案可以跨越这些鸿沟，在讨论这个方案之前，我们首先要讨论的是教育工作者应用解释性模型时所面临的另一组挑战——教育工作者如何将解释性模型与教学策略和方法结合起来，从而影响实际的教学活动。

2. 应用环：解释性模型如何影响教育实践

表面看来，人们一般认为，教育科学的应用环对应着教育实践（即教师培养学生）。在教育科学中，我们对应用环的定义更加具体，教育工作者观察学生（例如，时刻都在衡量学生学习的动机和知识），随后根据自己感知到的对情况的理解（或心智模型）作出反应，这个过程不断重复，这就是应用环（如图 16.3 所示）。一般而言，我们会假设，教师相信，自己所用的方法可以帮助学生达到一定的教育目标。教师的行为改变了课堂的情境，产生新的观察结果，这反过来推动教师采取新的行动，如此循环往复。前面我们已经提到，这个循环往复的过程——特 274
别是教育工作者就如何行动进行决策的过程——有一系列规范性要求，例如教育目标、道德和伦理责任、文化价值、社会规范等。

虽然教育实践一定要用某种心智模型来联结感知和行动，但不是所有这类心智模型都是**解释性**的。教育科学中的应用环（正如本章按照杜威 1929 年提出

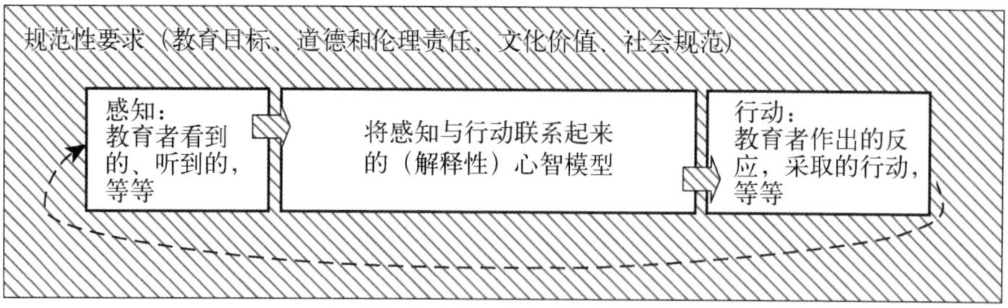

图 16.3 教育科学的应用环

教育科学的应用环是一个不断循环往复的过程。在这个过程中，教育工作者根据**心智模型**来理解他们在课堂上所**感知**到的情况并做出反应，根据教育目标、道德和伦理责任、文化价值、社会规范等**规范性要求**选择最有效的**行动**。尽管教育实践一定要有某种联结感知和行动的心智模型，但这类心智模型并不都是**解释性**的。教育科学的应用环最需要的是**解释性**心智模型。转载得到 Michael W. Connell. © 2010 的授权，版权所有，不得转载

的观点所定义的）最需要的是**解释性心**智模型。

什么是心智模型？心智模型是“外在”世界在人们心智中的表征。更具体的表述是，心智模型是对现实中一些细微方面的简单模拟。因此，理解、推理和决策过程都需要心智模型（Craik，1943；Johnson-Laird，1983）。教育工作者尤其需要这些心智模型，用它们来理解所观察到的学生行为和表现，预测自己所要采取的措施可能会产生什么结果，在此基础上，根据自己短期和长期的教育目标，判断哪些教育措施适合自己所要处理的情况。

譬如，有一位语言教师，刚刚布置了一个任务——让学生阅读一篇文章。然后，他让学生完成一份阅读理解测试。第一个学生都答对了；第二个学生答对了一半；第三个都答错了；第四个在试卷上乱画，一道题都没有答。

面对这种情况，不同的教师，可能会采取不同的处理方法。第一位教师可能判断，都答对的学生已经掌握了课堂上所讲的阅读理解方法，而其他三位还没有掌握。于是，这位教师可能会决定，让第一位学生自学，同时把已经学过的内容更慢、更详细地给其他三位学生再讲一遍。有同样判断的第二位教师，可能会选择一种不同的策略，让第一位学生把阅读理解的方法告诉给其他三位学生。第三位教师对第一位学生的判断可能与前两位教师相同，但认为其余三位学生在阅读理解上存在着不同程度的困难，需要个别诊断和辅导，于是照此去做。第四位教师可能认为，乱画的行为不是因为不理解，而是缺乏参与感或积极性，于是根据这位学生的需求采取应对方法。教师们可能还有其他的判断和应对方法。

在上面所说的这些例子中，即使客观的课堂情况完全相同，教师的解释也可

能多种多样，并且教师根据每一种解释采取的应对方法也可能多种多样，这一点最为重要。教师行为上的明显差异，可以认为是他们所依据的心智模型的差异所致。这些心智模型决定了教师将如何理解学生的行为，如何选择接下来的行动。杜威(Dewey，1929，p.32)曾说："……教育科学的终极形式并不存在于书本中，实验室里或传授它的课堂上，而是存在于直接参与教育活动的人们的心智中。"

我们认为，心智模型——更具体地说，**解释性**心智模型，可以让教育工作者更有效地构建自己心目中教育科学的形式。而且，我们还认为，在这种解释性心 275
智模型中，教师的感受、教师的方法、教师平常的教学经验和正式的科学理论自然而然地联结起来，这让这些模型有可能成为有力的支点，大大推动教育取得更多更好的成果——这一切的前提是，如果我们能想出方法，打通教育科学的应用环，把科学领域的教科书、文献、实验室等提出的解释性模型，变成教育工作者可用的解释性心智模型。打通应用环需要弥补至少三个方面的鸿沟。

- 教育工作者必须将解释性科学模型内化为可用的心智模型。
- 教育工作者必须具备一定的专业知识，能够选择合适的心智模型，并将它运用到教学中遇到的特殊情形中。
- 教育工作者必须用新的心智模型取代教学中正在使用的效果较差的心智模型。

四、教育科学可持续发展的方案

通过前面的分析，我们发现，要打通教育科学的两个环，让解释性模型能为教育工作者所用并且逐步提高它们的应用效果，就必须满足几个方面的要求。这些要求可以分为两种：软件上的要求和硬件上的要求。

1. 软件上的要求

为了保证教育科学的可持续发展，教育工作者需要在下面几个方面得到支持：

- 发现反复出现的，需要解决的教育问题，必要时能就此问题与相关科学研究人员交流。
- 了解和学习如何使用现有的包含解释性模型的教育解决方案。

- 检验所用教育解决方案的效果，不断进行系统的反馈。

为了跨越教育实践和科学研究在基本视角上的差异（分别是规范性的和描述性的），有些人[1]需要在下面几个方面得到支持：

- 将规范性的教育问题转化为描述性的科研问题。
- 在规范性的教育解决方案中，加入描述性/解释性的科学模型，并且要让教育工作者觉得方便、易学、可用和有用。

特定领域的科学研究者需要在下面几个方面得到支持：

- 从教育问题中得到科学研究的问题，能够在这些问题的基础上开展科学研究。
- 让有关人员理解并使用相关的解释性模型，在此基础上形成教育问题的解决方案。

276

2. 硬件上的要求

教育科学的资源都是跨学科的，分布在各个领域。教育工作者在应用的时候，需要对这些资源进行整合。正如前面所描述的，这个过程将要面临很多鸿沟和障碍（重点回想一下图 16.2），要跨越和克服这些鸿沟和障碍，关键是要有好的硬件环境提供支持。之所以会有这些挑战，主要是因为能促进教育科学发展的人，来自不同的领域，工作方式完全不同（时间范围不同，基本视角不同），对教育科学的影响，也有本质上的区别。学术会议和其他形式的社会交流，有助于增强不同领域的联系，促进不同领域之间的对话与合作，但是这需要基本的同步互动，参与的各方都必须同时对这种交流作出贡献。如果这种同步的合作模式是必需的，那就意味着所有相关的人员都要在一个合适的时间，集合起来解决同一个问题，每一个人都愿意并且能够立即参与执行一个合作项目，这几乎不可能。

取得巨大进展的方式，应该是相关各方基本上能够在不同时间，独立地完成自己的工作。例如，如果教育者拟定了一个流水式的“愿望清单”，上面列着他们希望解决的反复出现的问题。转化者在自己方便的时候，将这些问题转化成与

---

[1] 这些人的作用，类似于医学领域的医学博士-哲学博士双学位博士，他们接受理论与实践两方面的训练，可以促进理论和实践的双向转化。哈佛教育研究生院开设了心智、脑与教育硕士项目（Blake & Gardner, 2007），教育领域中这类跨学科的研究生专业正在全球兴起，这些专业的毕业生似乎能很好地发挥这种作用。有些从事教育设计实验研究的团队，似乎也能起到这样的作用，这一点也值得关注（Brown, 1992; Cobb, Confrey, diSessa, Lehrer, & Schauble, 2003）。

之相关联的科学研究问题。科学研究者在拿到这份研究问题的清单后感兴趣，有资源并着手进行研究，接着在发展和验证这些问题时，提出自己的解释性模型。转化者将这些解释性模型变成教育解决方案，教育工作者在教学中遇到某个问题时，可以使用与之相关的解决方案。接着，教育工作者的经验，可以为解决方案提供应用实例和数据，说明解决方案的可用性和有效性等。所有这些过程，都是相关各方独立完成的。

不同领域的人，要进行同步的合作和交流，需要硬件上的支持。这些基本的硬件条件，主要包括下面两个部分：

- 说明问题及其解决方案（或解决方案各个部分）的数据库或图书馆，参与各方可以在不同时间访问并独自进行更新。
- 图书馆中内容的标准格式或模板。

接下来，我们将介绍**设计模式**，建筑、软件工程等其他应用领域，出于同样的目的，早已开始使用设计模式。我们认为，设计模式可以帮助人们跨越鸿沟，克服障碍，建立如图 16.1、16.2 和 16.3 所描绘的可持续的教育科学。

五、整合教育科学各种资源并使实践者可以运用的设计模式

图 16.2 列出了教育科学与教育实践之间的系统关系，这与工程、建筑和软件设计等其他应用领域类似。这些行业都有来自各个科学领域的解释性法则，这些法则形成“操作方案”或范本，既能更好地指导从业人员的实践，又不需详细说明具体的方法。在某些领域，例如化学和电气工程，科学学科（分别是化学和物理）与典型的实际应用结合得非常紧密。在其他领域，解释性科学和实际应用 277
之间的关系更为松散。在这些领域，尤其是建筑和软件工程领域中，为了整合图 16.2 中的理论和实践元素，使从业人员能用它进行系统的感知，作出更好的决策，人们引进了设计模式的理念。在下文中，我们将解释什么是设计模式，并通过一个详细的案例具体说明，教师如何运用它们来支持教育科学的发展和应用。

1. 设计模式概述

亚历山大和他的同事（Alexander，Ishikawa，& Silverstein，1977）最先在建筑领域提出了设计模式这一概念。他们的基本观点是：

> 每个设计模式都只描述一个问题,这个问题在我们的环境中一次又一次出现,接着说明这个问题的核心解决方案,这种解决方案的特点是,即使有人用了一百万次,每一次都会有所不同。(Alexander, Ishikawa, & Silverstein, 1977, p. x)

建筑领域经常出现的一个问题是室外门廊。门廊有各种用途——例如,有些门廊面积很小,主要遮挡雨雪,有些门廊面积很大,可以为坐在门廊的人遮阳,还有一些门廊将建筑物的内部与庭院等外部空间连接起来。此外,每一个门廊的设计都是独一无二的。设计模式抓住了所有门廊的共同点,那就是它们提供了一个既不属于室内,也不属于室外的过渡空间,这些过渡空间在使用(例如,为等在门口的人提供遮挡)和心理上(例如,如果有一个空间,既有室内空间的元素,例如屋顶,又有室外空间的元素,例如开放式墙体,这样一种过渡空间会减少室内到室外或室外到室内的突兀感)都很重要。由此看来,**门廊**的设计模式为建筑师提供的帮助,要比一系列单个的例子更有用,因为它既说明了好的门廊设计的标准,又没有多此一举地限制具体的建筑细节。设计模式有一套非常明确的、可以修改的正式标准,用于区分设计的好坏,并且可以接受大众的评判和意见。否则,这些标准只是专家脑中一些模糊不清的定义。此外,设计模式进行了重要的分类,每一类都有自己典型的范例和一些简单的名字。因此,设计模式促进了通用词汇的发展,增进了该领域成员之间的交流。

设计模式起源于建筑学,但在计算机科学领域的影响更大,设计模式的发展,很大程度上得益于一本现在看来非常经典的著作,这本著作有一个非常全面的参考文献,其中罗列了很多常见的、非常有用的软件设计模式,所有这些设计模式都使用一个标准模式的模板(Gamma, Helm, Johnson, & Vlissides, 1994)。设计模式在建筑和软件工程等领域非常有用,这证明了一个观点,那就是它们在教育领域也有重要的价值。

2. 设计模式的具体要求

有些人已经开始将设计模式的概念应用于教育领域(Anthony, 1996; Mislevy et al., 2003)。一般而言,设计模式都使用一种标准化的模板。每个领域内,以及不同领域间,都有几种不同的标准,这些标准由持有不同观点的人提出。这些标准虽然各有不同,但也有明显的相同之处。它们有一些共同的标准,
278 例如,一个简短的描述性的名称,便于学习和沟通;模式所要解决的一个反复出

现的问题；一个总体的解决方案；何时以及如何应用这个模式的指引；一些应用实例。

很多现有的设计模式框架都有一些常见的要素，经过分析我们发现，除了这些常见的要素，一个设计模式框架还应有其他的限制条件和设计目标。具体而言，我们提出，教育科学的设计模式应该：

- 有助于打通教育科学的适应环，教育实践领域和科学研究领域都有自己的时间范围、基本视角和抽象水平，设计模式要在两者之间进行协调——例如，允许教育工作者和科学研究者按照自己的时间各自独立地完成任务。
- 给教育工作者提供易懂、易学、易用且有用的解释性模型，帮助教育工作者在实践中应用解释性模型。

图 16.4 展示了设计模式如何打通教育科学的两个环。 279

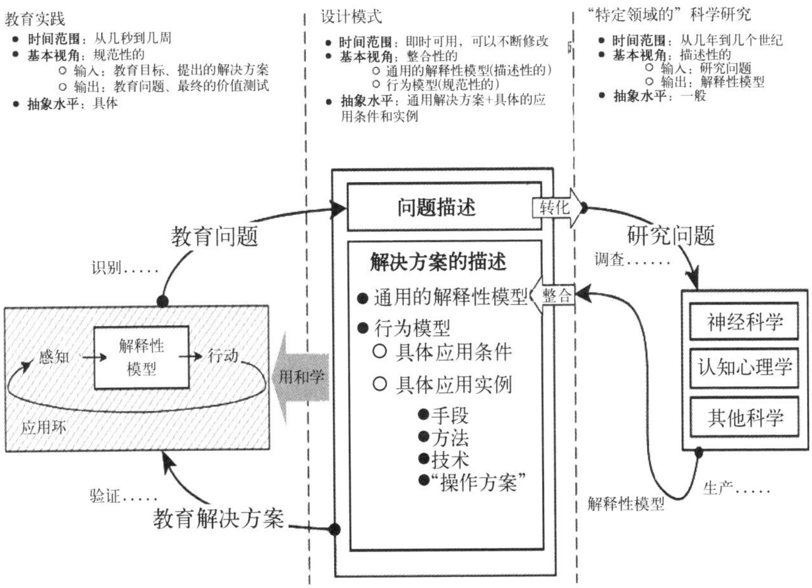

图 16.4　打通教育科学适应环和应用环的设计模式

设计模式描述反复出现的问题，对于可以在很多环境和情景中重复应用的通用解决方案，则只说明其核心部分。它们就如一座桥梁，可以跨越教育实践和"特定领域的"科学研究在时间范围、基本视角和抽象水平上的差异。它们还提供了一个标准的格式，用于表述和使用常见教育问题的解决方案，帮助教育工作者不断学习其中的解释性模型。转载得到 Michael W. Connell. © 2010 的授权，版权所有，不得转载

3. 设计模式模板

我们所提出的教育科学的设计模式模板，既有其他设计模式模板中常见的一些关键性要素，也兼顾了前一部分结尾所总结的那些设计模式的具体要求。

- 名称：为设计模式起一个简短的、描述性的名称。
- 意图：简要地描述应用设计模式可以达到什么目标。
- 动机：描述设计模式针对什么教育问题或场合，举出一个具有代表性的场景作为例子。
- 解释性模型：扼要描述科学的解释性模型，在面对前面动机部分所说的问题或场合时，解释性模型有助于合理推理和决策。另外，提供描述和证明这些解释性模型的科学文献。
- 适用范围：说明应用设计模式的条件。
- 验证：确定测试这个设计模式应用价值的标准。另外，提供积累的、说明设计模式应用价值的数据：如何测试设计模式的价值；有关设计模式的用途或效果的非正式反馈；对应用设计模式所产生的教育结果进行的正式研究。
- 研究问题：列出教育问题引发的开放性的研究问题或者在应用过程中产生的研究问题。
- 其他资源：提供在一般或特定场合应用设计模式的实例、辅助材料、手段、方法、技术、标准、指导方针等。
- 相关的设计模式：提供能与设计模式形成互补或者需要相互区分的其他设计模式。

4. 教育科学设计模式的一个例子

通用学习设计有三个基本原则，在这一部分，我们将使用其中之一——使用多种形式和媒介来呈现信息，让它可以为任何学习者所用的原则——说明什么是教育科学的设计模式（Rose & Meyer，2002）。我们之所以选择这个原则，是因
280 为通用学习设计是以研究为基础的框架，利用各种科学资源——包括神经科学资源——开发能为教育工作者所用的实用工具。我们将这种设计模式简称为感知便利性（perceptual accessibility）。

名称：感知便利性

目的：将教育内容的存储媒介与它的传播方式（包括感知通道、交流媒介和内容形式）区别开来，这样教育内容及其传播方式可以单独改变，却不会相互影响。

动机：历史上，很多教育内容在产生之初，就有了固定的传播方式（包括感知通道、交流媒介和内容形式）。例如，传统的印刷教材，它的内容不可避免地与视觉通道绑定在一起，以固定的文本，外加静态的图像为交流媒介，具有特定的内容形式（如12号新罗马字体）。

将存储媒介与内容创建者所选择的传播方式绑定在一起，会限制某些学习者（例如那些有某种感觉障碍的学习者）的使用，在某些学习条件下，也会限制所有学习者的使用（所处的地方光线不足，行动受限等）。将存储媒介和传播方式绑定在一起，而学习者的需要、偏好和学习环境各不相同，这使得教育工作者在重复使用内容的时候，很难单独在内容或呈现元素间进行选择。

教育内容的设计者在创建和存储教育内容的时候，不必拘泥于特定的传播方式、交流媒介和内容形式。只有在某种非常特殊的学习**情况**下，才需要决定具体的传播形式。因此，有关教育内容的具体要求，应该只规定内容，而不涉及特定的传播方式。

感知便利性设计模式解决这些问题的方式是，将对内容存储媒介的要求和对传播方式的要求区别开来。一本教材，可能以某种内容形式（例如，数字化的文本）**存储**在某个计算机服务器上，它的**传播**（或**使用**），可以借助各种不同的感知**通道**，包括视觉（例如打印的文本）、听觉（例如将文本转换成语音）或触觉（例如翻译成盲文）。在某一通道，例如视觉中，存储内容可以用各种**媒介**呈现，如动画、静态图像或文本。在任何一种媒介上，内容**形式**是可以改变的（放慢语速、增加字号、提高图像对比度、自定义颜色等）。

解释型模型：学习需要同时处理几个信息流或信息渠道，这些信息流或信息渠道同时来自不同的感觉系统，例如视觉和听觉系统。每个渠道都有自己的加工步骤和顺序。认知心理学研究者、神经科学研究者和其他领域的研究人员发现，有些过程和系统负责加工和维护学习所必需的信息，他们已经掌握了这些过程和系统的一些特点，主要是视觉和听觉渠道的（其次是触觉系统的，例如盲文阅读）。其中，核心的系统包括：

- 身体感觉系统（眼睛、耳朵等）。

- 感知缓冲器(不受意识控制的大容量超短时记忆系统)。
- 注意。
- 工作记忆(可以有意识控制和维护的容量有限的短时记忆系统)。
- 执行功能(很多时候是必需的,例如快速、有效地分配有限的注意力,主动管理工作记忆)。
- 长时记忆(大容量,可维持较长时间的记忆系统,有几种亚型)。

281 有些严重的感觉障碍,如完全丧失视力或听力,通常是非常明显的,上面所列的其他加工子系统的问题,可能不是那么明显,却仍然有可能阻碍某个或某几个通道的学习。感知便利性设计模式所设计的内容,各种感觉通道、交流媒介和内容形式都可以获取,感知便利性设计模式让教育工作者和学习者可以在不同的感知通道或渠道间灵活地转换教学模式,为不同认知风格的学习者提供支持,也可以帮助某位教育工作者作出非正式诊断,据此决定接下来的教学活动(诸如推荐合适的专家等)。

适用范围: 适用感知便利性设计模式的场合包括:

- 支持学习的硬件环境——例如,任何时候都能找到数字传播媒介来传播内容。
- 有些学生一个或多个感知通道存在严重缺陷,或者一个感知通道的支持系统(例如注意力、工作记忆、执行功能或长时记忆)存在严重缺陷。这些缺陷可能只有正式的评估和临床诊断才能发现,但在某些情况下,教育工作者通过日常观察就可以初步确认。
- 所有学习者的感知优势、局限和/或偏好不同或可能不同。
- 同样的内容,可以在不同的传播平台传播,这些传播平台都有自己的学习功能和局限,例如个人电脑、电子书、智能手机、苹果音乐播放器(iPod)和按需打印输出端口。
- 教育内容让学生感觉无趣或沮丧或者让学生感觉理解起来有困难,并且问题极有可能出在传播方式、交流媒介或内容形式上(这是一个特别好的时机,可以让学习者自己控制内容传播的方式,这样他们就能按照自己的喜好选择传播方式)。

验证:

罗斯和迈耶(Rose & Meyer, 2002)的研究综述表明,与教育材料的感知通道、交流媒介和/或内容形式都无法改变的对照条件相比，应用感知便利性设计模式，可以让教育显著受益。

研究问题：

计算机科学：除了数字化的文本、图像等外，抽象的教育内容，有没有更有效、更普遍的存储形式？例如，不是通过预先存储的图片的说明文字来将图片转换为文本，以便进行音频播放，而是通过提供抽象的概念描述，来取代这些文本字符或特定图像，并为特定学习内容设定一系列呈现参数，然后在需要呈现的时候，根据这些参数，在网上搜索所有指定内容的实例，并从中选出一个可能最好的、可以用当时需要的呈现方式（图像、解释、模型等）来呈现的例子，这有没有可能呢？

认知心理学、神经科学、认知科学：有些内容，通过特定的认知/神经通路学习，是否会更容易或有效？哪些传播形式能为哪些学习者提供最有效的支持？

计算神经科学：不同的感知通道有不同的“带宽”或信息容量，因此，不同通道间的转换，以及最有效的转换策略，有没有一些通用的模型？

其他资源：更多的研究和资源，访问特殊技术应用中心（Center for Applied Special Technology，CAST）网站 http://www.cast.org。

相关模式：如果我们有一个教育科学设计模式的数据库，前文提到的每个 282
加工过程（注意、工作记忆等），都可以参考这个数据库中一些更详细的模式。这些参考可以为教育工作者提供更详细的诊断标准，帮助他们区分具体的问题，并/或给学习者推荐合适的专家进行后续的诊断和辅导。

六、讨论

设计模式可以打通教育科学的两个环。教育实践和重要的科学研究在时间范围、基本视角和抽象水平上都存在差异，设计模式可以克服这些差异，帮助打通教育科学的**适应环**。

- 时间范围：设计模式都是可以即拿即用的，支撑它们的是一套指导性的原则，告诉人们什么时候使用它们，如何对它们的有效性、应用实例进行评估等。设计模式包含一些具体的子成分，其他领域的科研人员在自己的研究中可以从中吸收有用的信息（例如研究问题），如果他们有了新的信息(例如解释性模型),也可以进行更新。

- 基本视角：一方面,教育问题(在设计模式的“目的”和“动机”两个部分对其进行描述)被转化为科学研究问题(在设计模式的“研究问题”部分列出)。相应地,基本视角也将从教育的规范性转变为科学研究的描述性。另一方面,从事研究的科学研究者可以提出解释性模型,这个解释性模型是描述性的,如果它包含了更多的信息,例如这个模型的应用场合、应用实例、评估模型实用性的建议和数据等,那么这个解释性模型至少可以成为解决方案的一部分。
- 抽象水平：研究问题和解释性模型都具有一般性,相对来说不受环境的影响,而设计模式中的其他内容,对环境提出了更具体的要求(应用场合、具体的应用实例等),这让教育工作者更容易掌握在什么时候,如何应用以及如何判断这个设计模式是否具有实用价值。

对教育工作者而言,设计模式让科学的解释性模型变得方便、易学、可用且有用,有助于打通教育科学的**应用环**。

一个设计模式可以被看作是某种心智模型的具体化或某种思考的工具。它的目的是让教育工作者在应用的过程中,逐渐消化吸收作为这个设计模式核心的那些解释性模型,并且能够灵活地应用它们。技能、方法、实例和其他辅助材料,搭起了初步的支架(Fischer & Bidell, 1998; Vygotsky, 1978),当解释性模型成为教育工作者技能的一部分,在合适的条件下能够应用时,这些支架就可以弃而不用了。

七、结论

在本章的开篇,我们把教育科学看作一个围绕科学而严谨的解释性模型建立起来的系统,教育工作者在教学中随时可以应用这些解释性模型,同时,教育工作者和来自神经科学等其他领域的科学研究者通力合作,通过系统的科学研究逐渐完善这些解释性模型(即扩大范围,提高实用性)。我们认为,在复杂的应用领域,诸如医学和工程领域,专家使用的专业知识都简明易懂,质量又很高,因此,这样一个教育科学系统的发展,可以不断积累专家的专业知识,并以此为基础,在教育实践中形成良性循环的发展过程。

我们追随杜威(Dewey, 1929),区分严格意义上的**教育科学**与为它提供支 283
持的**知识来源**,这既包括教育实践,也包括一些重要的科学领域,例如神经科学和认知心理学。我们提出,教育科学存在于教育工作者的头脑和心智中,而它的知识来源形式多样,可以通过各种媒介表达,分布在很多不同的领域。对教育科学和为它提供支持的知识来源所做的这种重要区分,有助于澄清一些非常重要但同时又可能引起混淆的问题。例如:

- 什么是教育科学?教育科学是有关教育实践的专业知识,科学研究者通过系统的科学研究为它提供解释性心智模型,教育工作者使用系统的调查方法来发现值得解决的教育问题,测试提出的解决方案的应用价值。
- 神经科学在教育中的作用是什么?通过分析我们发现,教育科学从很多科学领域汲取养分,神经科学就是其中之一,它为教育科学提供解释性模型,以这些解释性模型为基础形成的解决方案,可以处理反复出现的教育问题。神经科学不应该与教育科学混为一谈,为教育科学提供科学知识的其他领域也不应该与教育科学混为一谈,教育科学存在于教育工作者的头脑和心智中。
- "操作方案"在教育科学中的作用是什么?详细的教育活动方案或"操作方案",可以让教育工作者不加判断和思考就能遵照执行,这些教育活动方案或"操作方案"——即使它们很科学——并不是教育科学的一部分。当然,它们是有用的实例(就像感知便利性设计模式具体要求中所提到的),让教育工作者了解在一些情况下如何应用解释性模型,进而帮助他们消化吸收这些模型,随着经验的积累,让教育工作者更全面、细致、熟练地应用这些解释性模型。
- 为什么杜威说,科学不能为某些教育活动提供"盖章批准"的服务(Dewey, 1929)?如图 16.2 所示,教育实践和科学研究具有不同的基本视角——一个是规范性的,一个是描述性的。换句话说,科学研究可以帮助我们理解世界是什么样以及为什么是那样,但是,通过科学研究,我们无法知道世界应该是什么样——包括要实现什么样的教育目标,我们甚至无法通过最终的分析,知道我们到底应该如何行事,换言之,我们应该寻求什么样的方法来实现这些具体的教育目标。当然,我们承认,科学研究可以解答一些问题,例如,按照某种严格的操作标准,使用卡片或者建构性活动教儿童数学知识是否更有效。我们的观点是，这类科学证据并不总能成为选择某种教育干预活动的依据，因为——只是举例——我们同时也在选择让学生被迫接受某种体验。而这种选择，必然带有道德的含意——无论我们讨论的是让他们接受卡片，还是接受药物。

需要注意的是，有些技术，例如自动评估或计算机辅导系统，即使我们将一些解释性模式装入其中，也不影响我们对教师的需求或教师地位的尊重。正如即使我们知道了更多的物理学知识，也不影响我们对工程师或建筑师的需求或工程师或建筑师地位的尊重。因此，其他科学领域的技术进步，能为我们提供更多的工具，提高从业者个人的影响力，使他们有更大的职业目标、挑战和机会（参考本书第十九章）。教育本身就有很多挑战，即使与医学和工程这些复杂的领域
284 相比，也是如此。因此，我们有充分的理由认为，真正的教育科学的发展，将对教育工作者的职业地位和能力产生越来越大——而非越来越小——的影响。

参考文献

Alexander, C., Ishikawa, S., & Silverstein, M. (1977). *A Pattern Language: Towns, Buildings, Construction*. New York: Oxford University Press.

Anderson, J. R. (1983). *The Architecture of Cognition*. Cambridge, MA: Harvard University Press.

Ansari, D., & Coch, D. (2006). Bridges over troubled waters: Education and cognitive neuroscience. *Trends in Cognitive Sciences*, *10*(4), 146 - 151.

Anthony, D. L. G. (1996). Patterns for classroom education. In J. M. Vlissides, J. O. Coplien, & N. L. Kerth (Eds.), *Pattern Languages of Program Design 2* (pp. 391 - 406). Reading, MA: Addison-Wesley.

Atkinson, R. C., & Shiffrin, R. M. (1968). Human memory: A proposed system and its control processes. In K. W. Spence & J. T. Spence (Eds.), *The Psychology of Learning and Motivation* (Vol. 2, pp. 89 - 115). New York: Academic Press.

Baddeley, A. D. (1976). *The Psychology of Memory*. New York: Basic Books.

Blake, P., & Gardner, H. (2007) A first course in Mind, Brain, and Education. *Mind, Brain, and Education*, *1*, 61 - 65.

Brown, A. L. (1992). Design experiments: Theoretical and methodological challenges in creating complex interventions in classroom settings. *Journal of the Learning Sciences*, *2*, 141 - 178.

Bruer, J. T. (1997). Education and the brain: A bridge too far. *Educational Researcher*, *26* (8), 4 - 16.

Bruer, J. T. (2002). Avoiding the pediatrician's error: How neuroscientists can help educators (and themselves). *Nature Neuroscience Supplement*, *5*, 1031 - 1033.

Byrnes, J. P., & Fox, N. A. (1998). The education relevance of research in cognitive neuroscience. *Educational Psychology Review*, *10*(3), 297 - 342.

Cobb, P., Confrey, J., diSessa, A., Lehrer, R., & Schauble, L. (2003). *Educational Researcher*, *32*(1), 9 - 13.

Connell, M. W. (2005). Foundations of educational neuroscience: Integrating theory, experiment, and design. Unpublished doctoral thesis. Harvard University Graduate School of Education: Cambridge, MA. Available online through ProQuest at http://gradworks.umi.com/32/07/3207712.html.

Craik, K. (1943). *The Nature of Explanation*. Cambridge: Cambridge University Press.

Dewey, J. (1929). *The Sources of a Science of Education*. New York: Horace Liveright.

Eichenbaum, H. (1997). Declarative memory: Insights from cognitive neurobiology. *Annual Review of Psychology*, *48*, 547 - 572.

Eichenbaum, H., Otto, T., & Cohen, N. J. (1994). Two functional components of the hippocampal memory system. *Behavioral and Brain Sciences*, *17*, 449 - 517.

Fischer, K. W., & Bidell, T. R. (1998). Dynamic development of psychological structures in action and thought. In R. M. Lerner (Ed.) & W. Damon (Series Ed.), *Handbook of Child Psychology: Vol. 1: Theoretical Models of Human Development* (5th ed.) (pp. 467 - 561). New York: Wiley.

Frost, R., & Katz, L. (Eds.) (1992). *Orthography, Phonology, Morphology, and Meaning*. Amsterdam: North-Holland.

Gabrieli, J. D. E. (2009). Dyslexia: A new synergy between education and cognitive neuroscience. *Science*, *325*(5938), 280 - 283.

Gamma, E., Helm, R., Johnson, R., & Vlissides, J. M. (1994). *Design Patterns: Elements of Reusable Objectoriented Software*. Reading, MA: Addison-Wesley.

Geake, J., & Cooper, P. (2003). Cognitive neuroscience: Implications for education? *Westminster Studies in Education*, *26*(1), 7 - 20.

Goswami, U. (2004). Neuroscience and education. *British Journal of Educational Psychology*, *74*, 1 - 14.

285 Grigorenko, E. L. (2001). Developmental dyslexia: An update on genes, brains, and environments. *Journal of Child Psychology and Psychiatry and Allied Disciplines*, *42* (1), 91 - 125.

Hall, J. (2005). Neuroscience and education. *Education Journal*, *84*, 2729.

Johnson-Laird, P. N. (1983). *Mental Models: Towards a Cognitive Science of Language, Inference, and Consciousness*. Cambridge, MA: Harvard University Press. Cambridge: Cambridge University Press.

Katzir, T., & Pare-Blagoev, J. (2006). Applying cognitive neuroscience research to education: The case of literacy. *Educational Psychologist*, *41*(1), 5374.

Mayer, R. E. (1998). Does the brain have a place in educational psychology? *Educational Psychology Review*, *10*(4), 389 - 396.

Miller, G. A. (1956). The magical number seven plus or minus two: Some limits on your capacity for processing information. *Psychological Review*, *63*, 81 - 96.

Mislevy, R., Hamel, L., Fried, R., G., Gaffney, T., Haertel, G., Hafter, A., ... Wenk, A. (2003). *Design patterns for assessing science inquiry* (PADI Technical Report 1). Menlo Park, CA: SRI International. Available from Principled Assessment Designs for Inquiry (PADI) website: http: //padi. sri. com/downloads/TR1_Design_Patterns. pdf.

Paloyelis, Y., Rijsdijk, F., Wood, A., Asherson, P., & Kuntsi, J. (2010). The genetic association between ADHD symptoms and reading difficulties: The role of inattentiveness and IQ. *Journal of Abnormal Child Psychology*, *38*(8), 1083 - 1095.

Pashler, H. (1997). *The Psychology of Attention*. Cambridge, MA: MIT Press.

Posner, M. I., & Petersen, S. E. (1990). The attention system of the human brain. *Annual Review of Neuroscience*, *13*, 25 - 42.

Rose, D. H., & Meyer, A. (2002). *Teaching Every Student in the Digital Age: Universal Design for Learning*. Alexandria, VA: ASCD.

Schunk, D. H. (1998). An educational psychologist's perspective on cognitive neuroscience. *Educational Psychology Review*, *10*(4), 411 - 417.

Seidenberg, M. S. (1995). Visual word recognition: An overview. In J. L. Miller & P. D. Eimas (Eds.), *Speech, Language, and Communication*. San Diego, CA: Academic Press.

Seidenberg, M. S., & McClelland, J. L. (1989). A distributed developmental model of visual word recognition and naming. *Psychological Review*, *96*, 523 - 568.

Stanovich, K. E. (1998). Cognitive neuroscience and educational psychology: What season is it? *Educational Psychology Review*, *10*(4), 419-426.

Stein, Z., Connell, M., & Gardner, H. (2008). Exercising quality control in interdisciplinary education: Toward an epistemologically responsible approach. *Journal of Philosophy of Education*, *42*(3-4), 401-414.

Vygotsky, L. S. (1978). *Mind in Society: The Development of Higher Psychological Processes*. Cambridge, MA: Harvard University Press.

Willingham, D. (2008). When and how neuroscience applies to education, *Phi Delta Kappan*, *89*(6), 421-423.

第十七章　实现终身学习的保障：关键在神经科学吗？

克里斯蒂亚娜·施皮尔(Christiane Spiel)
芭芭拉·肖伯(Barbara Schober)
彼得拉·瓦格纳(Petra Wagner)
莫妮卡·芬斯特瓦尔德(Monika Finsterwald)

在科学的语境中,"神经科学"这一术语越来越流行。很多政治家和从业人员,特别是教育领域的从业人员似乎都认为,以神经科学为基础的科学著作带有某种光环。这一章所要讨论的问题是:神经科学能否解释或促进复杂的学习过程?如果能的话,如何解释或促进?我们主要通过终身学习(lifelong learning, LLL)来说明学习的复杂性以及促进学习的迫切性。在知识社会,终身学习是激烈的政治争论的中心议题。终身学习,需要长期的学习动机和实现这一动机的技能。教育领域的研究人员一致认为,学校教育是终身学习的基础,因此,终身学习的能力主要是由教师传授的。鉴于此,教师也应该接受终身学习的培训。我们将介绍终身学习教师培训这个项目。我们以这个项目为例,讨论神经科学和教育如何通过相互沟通,协同揭示复杂的学习过程,提高学习的质量。

一、实现终身学习的必要条件是什么？

终身学习是社会政治的中心议题。2000年以来，终身学习显然已经成为欧洲教育政策的一个焦点。因此，促进终身学习已成为整个欧洲的一项战略(Commission of the European Communities, 2000)。在这一领域，大多数项目讨论的都是继续教育的话题，但是终身学习也对学校有越来越多的需求，这是因为终身学习的基础就在学校："学校是人们获取他们一生所需的基本知识、技能和胜任力的地方，是人们基本的态度和价值观形成的地方。"(European Commission, 2010；同时参考 Prenzel, 1994)。但是，成功的终身学习到底需要什么？学校又能为此做些什么？

终身学习现在的一些定义，主要由负责欧盟教育政策发展任务小组提出，是 287
指"人一生中所有的学习活动，它的目的是提高个体的、公民的、社会的和/或与职业相关的重要的知识、技能和胜任力"(Commission of the European Communities, 2000, p.9)。另外，核心胜任力(key competences)到底有哪些，人们的看法稍有不同(如语言、信息方面的技术能力，数学能力，自我组织能力，人际交往能力，文化意识等，具体可以参考欧洲委员会，European Commission, 2010)。从心理学的角度而言，终身学习不是一个全新的概念，常见于心理学研究和治疗中——与教育心理学、发展心理学和组织心理学的关系尤为密切。目前，还没有一个理论明确提到，一个人终身学习成功与否，主要取决于哪些基本的心理参数。但是，与终身学习相关的文献繁多(如 Artelt, Baumert, Julius-McElvany, & Peschar, 2003; Weinstein & Hume, 1998)，在这些文献中，有两个内容似乎对终身学习非常关键，并且这两个内容都与年龄或学习环境无关：(1) 有学习和教育方面的长期**动机**，并且对学习和教育的重要性有深刻的认识(=学习意愿)；(2) 有能力将动机成功地转化为具体的行动，提高自己的知识和能力水平(=学习技能)。这样，当人们觉得学习和知识的获取很有吸引力和价值，并且有能力进行有效的知识管理和**自主学习**(self-regulated learning)时，他们就能做到终身学习。

如果认为学校(稍早前提到)应该培养学生积极的学习动机和自主学习的能力，为终身学习打下成功的基础，那么目前学校做到了多少呢？很多人研究学龄男孩和女孩的自主学习行为和动机(参考这方面的综述,如 Schunk, Pintrich, & Meece, 2008)。尽管这些研究结果有一些细节上的差异,但大量的证据表明,男孩和女孩学习的时间越长,他们的动机就会越低,特别是升入中学以后(Fischer & Rustemeyer, 2007; Schunk et al., 2008; Wigfield, Eccles, Schiefele, Roeser, & Davis-Kean, 2006)。有些研究还发现,学生的自主学习行为也有下降的趋势(如 Peetsma, Hascher, Van der Veen, & Roede, 2005)。由于教师在日常的校园生活中具有非常重要的作用(如 Schober et al., 2007),会影响学生终身学习能力的发展,因此教师在这方面的能力显然需要得到培养和提高。但是,除了基本的教学法培训外,教师还应该接受什么方面的培训?越来越多的人认为,神经心理学研究在学习上的发现,可以为此提供一个可行的解决方案。如果学习动机和自我管理是终身学习的决定性因素,那么神经科学如何帮助教师更成功地培养学生的学习动机和自我管理能力呢?

二、神经科学如何帮助学习和教育?

在过去的十年,总体而言,神经科学取得了巨大的进展,特别是有很多出版的著作讨论神经科学与教育的关系,点燃了人们对**循证教育**(evidence-based education)的希望(Ansari & Coch, 2006; Goswami, 2004; Stern, 2005)。然而,政策制定者、教师和公众常常抱着不太现实且又过于简单的期望,“基于脑的学习”这样的提法,让神经神话大肆泛滥(Ansari & Coch, 2006; Geake, 2008; Goswami, 2004,2006)。经济合作与发展组织的报告(OECD, 2002)主要提到了三个神话:区分“左脑”学习与“右脑”学习,某些方面的学习具有关键期,与突触形成阶段相同步的教育干预措施最有效(同时参考 Goswami, 2004)。结果,有些方法,如健脑操®,被广泛地应用于教育,却没有任何反思(Geake, 2008)。

288 人们非常希望神经科学能为教育提供帮助,但这些希望往往不切实际,如果神经神话居于主导地位,这会带来两方面的风险:(1) 一些重要的神经科学进展,虽然与教育相关,却得不到关注(Goswami, 2006 和本书第四章);(2) 研究学习和教学的重要性以及这类研究所取得的成果的重要性都将被低估(Stern, 2005)。

神经科学的工具,在教育中有广阔的应用前景,特别值得关注的是,它们有助于分析不同学科的教育输入对这些学科学习的影响，还能为特殊的教育需求提供早期诊断（Goswami，2004）。尤其是，神经科学研究能够帮助诊断和解释发展性的认知和学习障碍（Schumacher，2007）。尽管很多神经科学研究只专注于某些特定的领域，例如语言、阅读和数学（可以参考一些综述，如 Goswami，2004，2006；Schumacher，2007），但也有一些研究发现对所有教师都很有用（Ansari & Coch，2006）：情感和认知间的联系（Ansari & Coch，2006；Goswami，2004）对学习特别重要。这方面的研究结果表明，情感环境不同，所激活的记忆也不同（Erk，2003）。

在学校中应用这些研究发现是很难的，结果也不令人满意，这一点是毋庸置疑的（Bruer，1997）。其中一个简单的原因在于，受限于技术，迄今为止在自然状态下进行大规模的研究还是不可能的，这是因为在学校或在家里读一本书，与在实验室反应时研究中读词语是不同的（Fischer et al.，2007）。这只是一个例子。更重要的是，神经科学研究提供的信息只能告诉人们**什么时候**需要干预，却没有告诉人们具体应该**怎么**干预（Schumacher，2007）。这时候需要的是心理学和教学法的理论框架，因为个体的学习是一个复杂的过程，动机和社会等方面的因素也是决定性的。另一个原因可能是，神经科学主要关注学习，而不是成功的教学，这自然对应于成功的学习（Goswami，2004）。不过，要在学校教育中成功地培养学生终身学习的能力，教师是关键（Schober et al.，2007）。

总而言之，建立一个沟通神经科学与教育的总体框架，这项工作还没有得到应有的重视（Ansari & Coch，2006，并参考本书第三章）。创设高效的学习环境，不只需要神经科学提供专业的知识（Stern，2005）。迄今为止，大多数人都只研究学习过程的一个方面。但教育需要研究在不同的环境，结合不同学科的知识，使用不同的方法，从不同的水平进行分析（Ansari & Coch，2006）。有关学习和教学的研究，已经提供了一些精确而实用的知识，告诉人们如何创设有效的学习环境，而神经科学可以帮助人们理解，为什么一些学习环境有效，而另一些学习环境无效（Stern，2005）。

在学校和其他自然的学习场所创设有效的学习环境，需要注意一点：在这种环境中，有一个更大的学习系统，人脑只是这个系统的一部分（Schumacher，2007；Stern，2004）。根据舒马赫（Schumacher，2007）的观点，**生物性优势学习**（biologically privileged learning）（语言、运动技能等）和**文化学习**（学校传授的所有知识和能力，如阅读、写作和数学）是两种不同的学习。文化学习的一个前提是知识（Schumacher，2007）。例如，物理概念密度是新的知识，要掌握这一新的知识，首先必须掌握重量和体积等其他一些物理概念知识，并且，新的概念的知识基础必须条理清晰。文化学习的另一个前提是，有关的知识基础也要条理清晰。在如何管理自己的知识上，专家和新手的差异特别大。不仅如此，专家能使用更有效的策略，把新信息与已有的知识基础整合起来。

289　好的教师知道，在他们所讲授的学科内容中，学生已经掌握了哪些知识，并且在选择教学方法时，会考虑到这一点。他们也知道，没学会的学生有哪些错误的理解，并且会布置特定的任务来纠正（Stern，2004）。这方面，发展心理学研究和自主学习研究的成果非常有用，前面曾经提到，自主学习是终身学习的核心成分之一。“好的教师”应该如何做，什么样的学习环境才能提高学习的质量，这方面已经有一些研究成果被普遍接受（Baumert et al.，2004）。

综上所述，即使现在的神经科学研究对学习有一些新的见解，有一个问题仍然没有答案，那就是怎么设计学习环境来提高学习，特别是提高终身学习的动机和自主性。回答这个问题，需要教育学和心理学的知识。这些学科的知识都经过了充分的研究，以它们为依据，人们可以确定深度学习的框架应该包含哪些因素以及如何提高终身学习的能力。但是，这些知识如何应用于学校，这方面研究还很少（Stern，Grabner，& Schumacher，2005）。我们将以终身学习教师培训项目①为例，展示这方面可以怎么做。在接下来的部分，我们将简要介绍这个项目，重点放在那些可以让参与的教师创造出最佳的学习环境的教学原则上。

三、在学校系统转化科学知识的终身学习教师培训项目

这个促进终身学习的教师培训项目，围绕教师的具体需求和学校的特定体制设计培训内容（详细内容参考 Schober et al.，2007）。终身学习教师培训项目的创建，以现有的教育研究为基础，使用了复杂的现场研究进行评估。因此，这个培训项目符合“循证”研究的基本原则，“循证”研究在教育干预中变得越来越

---

① 项目的目的是培养教师能力，促进终身学习——译自德语标题：Trainingsprogramm zum Aufbau von LehrerInnenK ompetenzen zur Förderung von Lebenslangem Lernen。这个项目获得了奥地利联邦教育、艺术和文化部（Austrian Federal Ministry for Education，Arts and Culture）的资助。

重要。这个项目最终要将各种研究方法整合在一起，更重要的是，教师在日常工作中能一直使用，是这个项目主要的特点。而且，这个项目关注的不仅是教师个人的发展，而且也包括学校的发展。

1. 目标变量与理论

终身学习教师培训项目追求的核心目标是培养学生终身学习的能力，系统地提高教师教学管理和学校管理能力。这个项目根据相关文献中常见的**终身学习的核心因素**，确定了干预的几个主要**目标变量**（main target variables of the intervention）。在这一章的开始部分，我们已经提到，成功的终身学习有两个必不可少的决定性因素：（1）长期的学习动机；（2）自主学习的能力。此外，社会和认知能力是培养动机和自主学习的重要的附加因素（更多的详细内容参考 Lüftenegger et al.，2010；Schober et al.，2007）。终身学习教师培训项目主要关注这四个核心因素。

终身学习教师培训项目使用了一个很有名的模型，作为**基本的教师能力的理论框架**。这个模型来自课堂认知激活（cognitive activation，COACTIV；参考 Kunter et al.，2007）的研究。这个模型强调教师有三个方面的能力需要评估和 290
提高：（1）教师知识；（2）教师的信念；（3）教师的心理功能，特别是他们的动机（Baumert et al.，2006；Kunter et al.，2007）。根据这个模型，有能力培养终身学习能力的教师应该：（1）知道如何促进终身学习（终身学习的核心和附加因素，如何恰当地设计教学过程等）；（2）认为终身学习是学校的责任；（3）想要同时也认为自己能够培养学生的终身学习能力。这与终身学习教师培训项目的目标变量一致。

此外，为了保证培训的效果，终身学习教师培训项目也很重视加强教师之间的合作。为教师提供合作的机会非常重要，这能确保项目成功地为学校带来前所未有的变化：如果在运用新技能的过程中出现问题，教师可以相互支持，共同寻找解决方案（Meirink，Meijer，& Verloop，2007）。另外，与同事讨论被认为是教师工作的一部分，可以帮助他们改进自己的教学（Dunn & Shriner，1999；Gräsel & Parchmann，2004；Meirink，Meijer，& Verloop，2007）。有的研究发现，合作和教师的积极性之间存在正相关的关系，这一点也不奇怪（Chambers Cantrell & Hughes，2008；Henson，2001）。如此，一个成功而有效的终身学习培训项目,会想让教师之间进行长期合作(同时参考 Gräsel & Parchmann, 2004; Lipowsky, 2006)。于是,终身学习教师培训项目要求每个学校不要只送一个教师,而是要送一批骨干教师参加这个项目。

终身学习教师培训项目有**几个目标**。从短期来看,它的主要目标是提高教师的能力。从长期来看,它的目标是让学生做出改变。这意味着,教师的能力得到提高,他们的教学行为或课堂也应该会随之发生明显的变化,他们学生的终身学习能力也应该会发生相应的变化。图 17.1 对这个工作模型进行了总结。

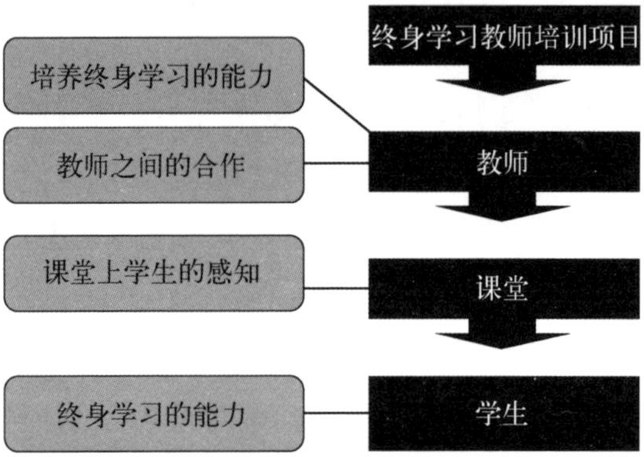

图 17.1 终身学习教师培训项目的工作模型

2. 终身学习教师培训项目的实施

课程

终身学习教师培训项目主要是为中学教师设计的。整个项目的设置,类似大学里一门三个学期的学习课程,共有 130 个小时,1 次课是 1 或 2 天的研讨会(workshop)。第一学期,每 3 周 1 次研讨会。第二学期和第三学期每 4—5 周 1 次研讨会。根据曼德尔、普伦泽尔和格拉瑟(Mandl, Prenzel, & Gräsel, 1991)给"认知学徒期"提出的建议,教师得到的支持会逐渐减少("淡出")。

291 **表 17.1 终身学习教师培训项目各部分主题一览表**

各学期主题
第一学期(强化阶段)
1 终身学习的简介(概述)和定义
2 学习和动机(兴趣、目标)
3 动机(自尊、对自己能力的自信)

续　表

各学期主题
4　动机（参照标准、归因、智力的内隐理论和反馈）
5　社会技能（合作学习）
6　社会技能（矛盾处理、决策）
7　自选 1
8　自主学习 1（学习技能：学习策略、元认知）
9　自主学习 2（设计一个自主学习类的学习项目）
10　自主学习 3（展示所设计的学习项目）和对培训的中期反思
第二学期（强化阶段）
11　认知技能（批判性和创造性思维/问题解决方法）
12　社会技能（多元化）
13　自选 2
14　设计一个小型课堂教学方案
15　作为教育结构的学校和培训总结
16　展示小型课堂教学方案，为第三学期策划学校方案，对培训进行中期反思
第三学期（指导阶段）
17　学校方案的实施：相关计划
18　方案的执行和说明；指导
19　方案的执行和说明；指导
20　方案的执行和说明；指导
21　总结大会（展示学校方案实施的结果，对方案和培训进行反思）

* 注意：在自选部分，参与的教师分组讨论普遍感兴趣或各自感兴趣的主题

在强化阶段（第一学期和第二学期），终身学习教师培训项目的目的是通过提升教师培养终身学习的能力来优化课堂教学，在指导阶段（第三学期），项目的重点变成确保能对教师能力产生长期的影响。在前两个学期，研讨会的主题涵盖动机、自主学习、认知技能和社会技能（详情参阅表 17.1）。学期的主题大多是提前决定的，但是在三个学期中，有两个学期参与者有机会在自选部分讨论前面用过的材料（设定个人关注的重点）。在第三学期，教师开始在各自的学校实施培训过程中策划的方案，将内容传达给没有参加培训的同事。为此，参加培训 292 的教师可以并且应该重点选择与自己学校相关的方面。在方案的所有阶段，从寻找主题，到设计和执行，再到评估，参加培训的教师都得到了指导。培训结束时的总结大会上，所有教师都展示学校方案实施的结果，全组集体反思和讨论方案的执行情况。

最后，应教师的要求，终身学习教师培训项目在指导阶段结束半年后，增加了一个更新单元。增加这个更新单元的目的是为了讨论在日常教学中，这个培训项目相关主题的实施情况，再一次优化和深化这些知识。在更新单元中，为了

增加教学方面的知识，教师也会根据这个培训项目的原则，提供并写下一些具体的课堂实例。

终身学习教师培训项目研讨会遵循的教学原则

终身学习教师培训项目研讨会遵循以下四个教学原则：(1) 吸收借鉴各种类型的知识；(2) 根据教学心理学构建各个学期的内容；(3) 使用一些知识迁移技术；(4) 采用外显和内隐两种方式传授学习内容。

项目所用的学习材料，兼顾现有的**各种类型的知识**，要让教师具体掌握描述类、程序类、背景类和元认知类知识(参考 Steiner, 2006)，概念和内容的传授不只是理论上的。项目激励教师对自己的学习过程进行反思，为所用的学习材料提出具体的应用方案。而且，项目着重强调，教师在自己课堂上使用的学习材料要有相关性。这样，通过培训，教师可以在教学中有意识地培养学生终身学习的能力，让学生今后可以成功地实现终身学习并坚信，终身学习这个话题与学校教育有关。

为了确保参加培训的教师能真正提高他们的知识和技能，培训项目做了周全的考虑，各个学期的内容安排，都遵循**教学心理学**提出的一些非常重要的原则，有扎实的理论基础。在克劳尔(Klauer, 1985)和加涅(Gagné, 1985)的基础上，培训项目总结出 7 种教学功能，按照这 7 种教学功能来组织每个学期的培训(见表 17.2)。

表 17.2　在克劳尔(Klauer, 1985)和加涅(Gagné, 1985)基础上提出的培训研讨会学习和教学步骤

总体结构	教学/学习步骤
简要复习培训过程和各部分目标	
复习上一板块的内容，回顾交流各自的经验	(确保上一板块知识迁移)
简单介绍新的主题	吸引注意力
说明目标	明确告知教师学习目标
展示单元内容	激活先前的知识 展示学习材料 说明材料的重要性
分组练习	提供学习指导 修改/实施
说明对教学和学校的影响	知识迁移

续 表

总体结构	教学/学习步骤
总结主题，设定目标，在接下来的几个星期具体实施	巩固并迁移
学期结束	

为了让参加培训的教师能在课堂上应用培训中所学的内容，培训项目采用了常规的**迁移技术**（Hager & Hasselhorn，2000）。因此，按照“锚定式教学”方法（例如参考 Bransfor et al.，1990），教师在培训中要尽最大可能去处理真实的学习情境（例如，努力去解决课堂/学校当前所面临的问题）。不仅如此，每个学期所使用的主题，都有一些基本的原则，教师要讨论如何应用（例如，激发动机），并且要在接下来的教学中对它们进行检验。每个学期结束后，教师都要设定个人目标（例如，观察自己的反馈行为；坚持为研讨会项目写学习日记）。在接下来的学期，参加培训的教师要就自己完成目标的经验进行交流。为了提高教师的积极性，交流的重点是，哪些培训内容让教师在课堂上取得了成功；对于“失败”的部分，教师集体探讨改进的办法。此外，教师还要反思，有哪些培训内容，在传达给同事后，能够让学校团队合作得更为密切。要让教师将培训内容迁移到学校，这一步必不可少。

以**外显**和**内隐**两种方式**讲授培训内容**。例如，在激发动机这个单元，培训特 293
别强调让学生自己选择学习活动，这可以极大地提高学生的学习动机。同样地，参会培训的教师，经常可以自己选择自己的学习活动（例如，主题、任务、学习形式）。而且，每个学期开始和结束的时候都有一个反思环节，培训期间教师要坚持写学习日记，这样，所学习的主题既有明确的说明，也有含蓄的暗示。这同时起到激发动机的作用。再者，自主学习的核心元素，也通过外显和内隐这两种方式进行讲授。教师在第一个学期选择一个主题，在接下来的 2 个月中，他们要解决这一主题（以个人或小组的方式）。培训为教师提供有关这一主题的各种材料（例如，用于设定目标和制订计划的工作表、学习日记、反思表），在方案完成后，教师要讨论它们是否适用于课堂。这样教师就能测试出修改后的材料在课堂上的应用价值。

3. 终身学习教师培训项目的评估

终身学习教师培训项目既有总结性评价，又有形成性评价，做到了信息源的多元化(教师、学生、同事)和方法的多元化(定量：问卷中的限定式问题；定性：问卷中的开放式问题、小组讨论、面谈和学习档案)。为了评价培训的最终效果，终身学习教师培训项目做了一个调查研究，调查对象分为培训组和对照组
294 (前测—后测设计)，还对培训组进行追踪调查。对照组的教师和学生在一些关键的变量上与培训组相匹配(Spiel et al.，2008)，他们都没有介入培训的任何过程。

共有40位来自14所学校的教师参加了终身学习教师培训项目(这些教师被分为3个培训小组)，每位教师都有一个班级。强化阶段的总结性评价(第一学期和第二学期)显示，培训实现了**短期**的目标，即对教师产生了积极的**影响**。在培训开始时，教师都清楚地表明，关于如何在学校加强终身学习能力教学这一问题，他们需要了解更多的知识。强化阶段结束后，教师表示他们学到了很多知识，而且，客观的证据也清楚地表明，他们已经掌握了通过教学内容和教学过程的设计和安排，提高学生的学习动机和自我管理(Schober，Finsterwald，Wagner，& Spiel，2009)。培训除了让教师的知识面得到拓展，也让教师的信念得到加强，他们坚信，培养学生终身学习的能力是学校的任务，是他们自己的工作动机，他们对自己的能力也更有信心。培训还增进了教师间的合作。尤其明显的是，参加培训的教师在学校里用更多的时间与他们的同事探讨课程和测试的内容，教学和评价的方法。最后很重要的一点是，强化阶段取得的培训效果，在接下来的指导阶段(第三学期)并没有消失，有时甚至变得更大。

就**长期目标**而言，学生的评价反映了教师能力的变化。例如，相比教师没有参加培训的对照组的学生，教师参加过培训的培训组的学生，感觉课堂上有更高的自主权(=只有这样的学习环境才能调动学生的积极性)。对于自主学习，培训组的学生报告说，他们的教师更常鼓励他们设定自己的目标，学习和使用恰当的学习策略，监控和反思自己的学习过程(=只有这样的学习环境才能培养学生的自主学习能力)。此外，几个测量学生动机的变量出现了睡眠者效应，也就是教师参加培训对学生动机的影响在一段时间后才出现。至于培训对学校的影响，教师策划的学校方案的实施结果(第三学期进行，有档案记录，由专家评分，然后进行分析)以及对同事和校长的调查都显示，学校有了一些变化，而变化正朝着预期的方向发展。

四、如何沟通神经科学与教育

人们期望神经科学能够影响教育，这些期望常常高得不切实际，因此，很多（教育）研究人员担心，这可能会导致现在的人们不了解学习和教学研究的重要性，不关注这类研究已经取得的成果（Stern，2005）。前面介绍的终身学习教师培训项目就是一个例证，它表明，通过学校教育提高学生终身学习的能力是一项复杂而艰巨的任务。人们要把学习过程当作一个整体，而不能只专注学习的某个方面。教师不仅要知道提高学生知识水平的方法，还要知道什么样的学习环境能提高学生学习的积极性，让学生能够获得自主学习的能力。要提高（终身）学习的能力，只关注脑或心智是不够的。不仅如此，这个项目的实施和评估，都是在真实的学校环境中进行的。而神经科学的研究，都是在实验室中进行的，关注的重点大多是学习缺陷。但是，神经科学显然有可能为教育研究带来更大的进展（例如，阅读教学中有关字母拼读教学法与整体语言教学法的讨论）。不过，神经科学还需要时间来改进方法，让它能够运用于课堂，例如，通过它来确定学习环境是否能提高学生的学习动机（Stern，2004）。更确切地说，有些动机方面的因素，例如早期阶段的无助或焦虑，（暂时）是意识不到的，如果神经科学有办法在真实的场景中测量这些动机方面的因素，那么类似终身学习教师培训这样的教育项目就能从神经科学中获益，反之亦然。这不仅有利于这类项目的评估 295
和优化，也有利于师范教育。使用这类测量沟通这两个领域，人们还要将现场实验结果系统地整合到培训项目和师范教育中去，例如，让教师了解直接的反馈或不同方法的教学如何影响学生动机的方方面面。尤其是，结合动机和神经科学研究的结果，人们发现，动机和认知成绩性别差异的程度，明显与出现的性别成见有关，这可能对解释这些性别差异非常有用（例如，Hausmann，2011）。

认知神经科学和教育，特别是与教育心理学的关系，引起了越来越多人的兴趣，也引起了一场广泛的争论。特别是，神经科学领域的研究人员表示，他们要推动心智、脑与教育研究的发展（例如，Ansari & Coch，2006；Bruer，1997；Fischer et al.，2007；Goswami，2004；Schumacher，2007）。他们呼吁，各个学科应该与教师、政策制定者等进行沟通，因为后者的影响力特别大，但往往也很容易轻信神经神话。迄今为止，教育（包括教育心理学）与认知心理学的联系，已经有了50多年的历史，认知心理学和神经科学的联系，也已有了20年左右的历史。因此，根据布鲁尔(Bruer, 1997)的观点，认知心理学是支撑这些学科沟通交流的坚实基础。当然，为了建立神经科学与教育以及教育心理学的真正联系，研究必须走出象牙塔，走进学校，教育实践和制度都必须接受科学的审查(Shonkoff & Philipps, 2000)。研究和实践视角的交叉结合是必须的。神经科学和认知心理学必须从教育实践中获取新的信息，反之亦然。安萨里和科克(Ansari & Coch, 2006)认为，新的教师培训项目应该专门设计一些课程，让参加培训的教师可以观察和讨论如何建立研究和教育的联系：类似医务人员都要接受分子生物学和有机化学的培训，神经科学的培训可以影响教师对自己的教学实践的看法，由于认知先决条件和专业知识上的个体差异，这种影响是间接的，事先无法预知的，但终归是可以测量的。新的教师培训项目清楚地表明，一个以理论为基础的培训项目(包括提高教师的基本知识，培养终身学习的能力)，它的培训结果是可以测量的。当然，教师喜欢简单的解决方案，因此培训中不要只给教师展示一些简单的指导原则，还要让他们用以科学为基础的、不断反思的教学和教育，取代自发的甚少反思的教学和教育。

教育工作者和神经科学研究者，包括认知心理学研究者只有做到真正的双向沟通，相互之间的合作才有可能长期进行下去并取得成功(Ansari & Coch, 2006)。因此，神经科学研究者要接受培训，以了解现实世界中受到各种限制的教育过程和实践。安萨里和科克(Ansari & Coch, 2006)提出，作为开启双方对话的切实可行的方法，小组和研讨会应该关注共同感兴趣的那些方面，让神经科学研究者访问课堂和学校，让教育工作者访问实验室。终身学习教师培训项目成功地举办了这样一些教师和教育心理学研究者共同参与的活动。安萨里和科克(Ansari & Coch, 2006)还建议教育工作者参加神经科学研究者的培训项目。这种做法也可以模糊长期存在的“基础”和“应用”研究之间的界限。1997年，斯托克斯(Stokes)提出了一个模型，这个模型抛弃了过于简单的一维视角(基础领域与应用领域)，提出了理解和实用两个维度(同时参考 Spiel, 2009a)。

最后，还有一点也很重要，那就是沟通必须涵盖整个社会(Spiel, 2009b; Spiel, Lösel, & Wittmann, 2009)。社会的主要代表是政策制定者和记者，他们期望神经科学能为教育带来一些改变，他们的期望很高，常常不切实际
296 (Fischeret, 2007)。可是，重要的教育问题，不能仅靠科学研究来寻找答案。教

育方面的决策不但需要科学的信息来判断什么是有效的，还需要判断什么是有用的，这包括，什么是应该教的，负责师范教育的院校和机构应该如何运作（Fischer et al.，2007，参考本书第十九章）。因此，神经科学不应成为推测“基于脑”的教育原则的基础，它应通过揭示行为研究观察不到的学习中的脑的特点，来促进学习和教学的跨学科合作（Schumacher，2007）。

参考文献

Ansari, D., & Coch, D. (2006). Bridges over troubled waters: Education and cognitive neuroscience. *Trends in Cognitive Sciences*, *10*, 146 - 151.

Artelt, C., Baumert, J., Julius-McElvany, N., & Peschar, J. (2003). *Learners for Life: Student Approaches to Learning. Results from PISA 2000*. Paris: OECD.

Baumert, J., Kunter, M., Brunner, M., Krauss, S., Blum, W., & Neubrand, M. (2004). Mathematikunterricht aus Sicht der PISA-Schülerinnen und-Schüler und ihrer Lehrkräfte [Students' and teachers' view on maths-education in the context of PISA]. In M. Prenzel, J. Baumert, W. Blum, R. Lehmann, & D. Leutner (Eds.), *PISA 2003: Der Bildungsstand der Jugendlichen in Deutschland — Ergebnisse des zweiten internationalen Vergleichs* [PISA 2003: The Educational Level of German Adolescents — Results of the 2nd International Comparison.] (pp. 314 - 354). Münster. Waxmann.

Baumert, J., Kunter, M., Brunner, M., Krauss, S., Furtak, E., Dubberke, T., et al. (2006). Research area IV: Cognitive activation in the classroom. In Center for Educational Research (Ed.), *Annual Report 2006* (pp. 100 - 110). Available at: http://www.mpib berlin.mpg.de/en/forschung/eub/pdfs/EUB_annual_report_2006.pdf (accessed 15 September 2010).

Bransford, J. D., Sherwood, R. D., Hasselbring, T. S., Kinzer, Ch. K., & Williams, S.M. (1990). Anchored Instructions: Why we need it and how technology can help. In D. Nix & R. Spiro (Eds.). *Cognition, Education and Multimedia: Exploring ideas in high technology* (pp. 163 - 205). Hillsdale, NJ: Erlbaum.

Bruer, J. T. (1997). Education and the brain: A bridge too far. *Educational Researcher*, *26*, 4 - 16.

Chambers Cantrell, S., & Hughes, H. K. (2008). Teacher efficacy and content literacy implementation: An exploration of the effects of extended professional development with coaching. *Journal of Literacy Research*, *40*(1), 95 - 127.

Commission of the European Communities. (2000). *Memorandum on lifelong learning*. Brussels: Commission of the European Communities.

Dunn, T. G., & Shriner, C. (1999) Deliberate practice in teaching: What teachers do for self improvement. *Teaching and Teacher Education*, *15*, 631 - 651.

European Commission. (2010). *School education: Equipping a new generation* (Doc 64). Available at: http: //ec. europa. eu/education/lifelong-learning-policy/doc64 _ en. htm (accessed 15 September 2010).

Erk, S., Kiefer, M., Grothe, J., Wunderlich, A. P., Spitzer, M., & Walter, H. (2003). Emotional context modulates subsequent memory effect. *Neuroimage*, *18*, 439 - 447.

Fischer, N., & Rustemeyer, R. (2007). Motivationsentwicklung und schülerperzipiertes Lehrkraftverhalten im Mathematikunterricht [The impact of perceived teacher behavior on motivational development in mathematics]. *Zeitschrift für Pädagogische Psychologie*, *21*, 135 - 144.

Fischer, K. W., Daniel, D. B., Immordino-Yang, M. H., Stern, E., Battro, A., & Koizumi, H. (2007). Why mind, brain, and education? Why now? *Mind*, *Brain*, *and Education*, *1*, 1 - 2.

Gagné, R. M. (1985). *The Conditions of Learning and Theory of Instruction*. New York: Holt, Rinehart & Winston.

Geake, J. (2008). Neuromythologies in education. *Educational Research*, *50* (2), 123 - 133.

Goswami, U. (2004). Neuroscience and education. *British Journal of Educational Psychology*, *74*, 1 - 14.

297 Goswami, U. (2006). Neuroscience and education: From research to practice? *Nature Reviews Neuroscience*, 7, 406 - 411.

Gräsel, C., & Parchmann, I. (2004). Implementationsforschung— oder: Der steinige Weg, Unterricht zu verändern, [Implementation research — or: The rocky path to changing classroom instruction]. *Unterrichtswissenschaft*, *32*, 196 - 214.

Hager, W., & Hasselhorn, M. (2000). Psychologische Interventionsmaßnahmen: Was sollen sie bewirken können? [Psychological intervention measures: What should be their effects?]. In W. Hager, J.-L. Patry, & H. Brezing (Eds.), *Evaluation Psychologischer Interventionsmaßnahmen* [Psychological Intervention Measures] (pp. 41 - 85). Bern: Verlag Hans Huber.

Hausmann, M. (2011). Sex oder Gender? Neurobiologie kognitiver

Geschlechtsunterschiede [Sex or gender? Neurobiology of cognitive gender differences]. In G. Magerl, R. Neck, & C. Spiel (Eds.), *Wissenschaft und Gender* [Science and Gender] (pp. 55 - 79). Wien: Böhlau.

Henson, R. (2001). The effects of participation in teacher research on teacher efficacy. *Teaching and Teacher Education*, *17*, 819 - 836.

Klauer, K. J. (1985). Framework for a theory of teaching. *Teaching and Teacher Education*, *1*, 5 - 17.

Kunter, M., Klusmann, U., Dubberke, T., Baumert, J., Blum, W., Brunner, M., et al. (2007). Linking aspects of teacher competence to their instruction: Results from the COACTIV project. In M. Prenzel (Ed.), *Studies on the Educational Quality of Schools. The Final Report on the DFG Priority Programme* (pp. 39 - 56). Münster: Waxmann.

Lipowsky, F. (2006). Auf den Lehrer kommt es an. Empirische Evidenzen für Zusammenhänge zwischen Lehrerkompetenzen, Lehrerhandeln und dem Lernen der Schüler [It depends on the teacher. Empirical evidence for the relations between teacher competence, teacher behavior, and student learning]. *Zeitschrift für Pädagogik*, *51*, 47 - 65.

Lüftenegger, M., Wagner, P., Finsterwald, M., Schober, B., & Spiel, C. (2010). TALK — Ein Trainingsprogramm für Lehrkräfte zur Förderung von Lebenslangem Lernen in der Schule [TALK — A training program for teachers to encourage lifelong learning in school]. In F. H. Müller, A. Eichenberger, M. Lüders, & J. Mayr (Eds.), *Lehrerinnen und Lehrer lernen. Konzepte und Befunde zur Lehrerfortbildung* [Teachers' Learning. Concepts and findings concerning Teacher Trainings] (pp. 327 - 343). Münster: Waxmann.

Mandl, H., Prenzel, M., & Gräsel, C. (1991). *Das Problem des Lerntransfers in der betrieblichen Weiterbildung* (*Forschungsbericht Nr. 1*) [The Problem of Transfer of Learning in further Education]. Munchen: Ludwig-Maximilians-Universität, Lehrstuhl für Empirische Pädagogik und Pädagogische Psychologie.

Meirink, J. A., Meijer, P. C., & Verloop, N. (2007). A closer look at teachers' individual learning in collaborative settings. *Teachers and Teaching*, *13*(2), 145 - 164.

OECD. (2002). *Understanding the Brain: Towards a New Learning Science*. Paris: OECD Publishing.

Peetsma, T., Hascher, T., van der Veen, I., & Roede, E. (2005). Relations between adolescents' self-evaluations, time perspectives, motivation for school and their achievement in different countries and at different ages. *European Journal of Psychology of*

Education, *20*, 209 - 225.

Prenzel, M. (1994). Mit Interesse in das 3. Jahrtausend! Pädagogische Überlegungen [With interest into the 3rd millennium! Pedagogic deliberations]. In N. Seibert, & H. J. Serve (Eds.), *Erziehung und Bildung an der Schwelle zum 3. Jahrtausend* [Education and Training on the Cusp to the 3rd Millennium] (pp. 1314 - 1339). München: PimS-Verlag.

Schober, B., Finsterwald, M., Wagner, P., Lüftenegger, M., Aysner, M., & Spiel, C. (2007). TALK — A training program to encourage lifelong learning in school. *Journal of Psychology*, *215*(3), 183 - 193.

Schober, B., Finsterwald, M., Wagner, P., & Spiel, C. (2009). Lebenslanges Lernen als Herausforderung der Wissensgesellschaft: Die Schule als Ort der Förderung von Bildungsmotivation und selbstreguliertem Lernen, [Lifelong learning as a challenge for the knowledge society: The school as a place for educational motivation and self-regulated learning]. In W. Specht (Ed.), *Nationaler Bildungsbericht Österreich 2009*, *Band 2*, *121 - 139*. Graz: Leykam.

298 Schumacher, R. (2007). The brain is not enough: Potential and limits in integrating neuroscience and pedagogy. *Analyse & Kritik*, *29*, 38 - 46.

Schunk, D. H., Pintrich, P. R., & Meece, J. L. (2008). *Motivation in Education: Theory, Research and Application* (3rd ed., pp. 168 - 207). Englewood Cliffs, NJ: Prentice Hall.

Shonkoff, J. P., & Phillips, D. A. (Eds.) (2000). *From Neurons to Neighborhoods: The Science of Early Childhood Development*. Washington, DC: National Academy Press.

Spiel, C. (2009a). Evidence-based practice: A challenge for European developmental psychology. *European Journal of Developmental Psychology*, *6*, 11 - 33.

Spiel, C. (2009b). Evidenzbasierte Bildungspolitik und Bildungspraxis — eine Fiktion? Problemaufriss, Thesen, Anregungen [Evidence based politics and educational practice — is this fiction? Problems, theses, suggestions]. *Psychologische Rundschau*, *60*, 255 - 256.

Spiel, C., Lapka, D., Gradinger, P., Zodlhofer, E. M., Reimann, R., Schober, B., Wagner, P., & von Eye, A. (2008). A Euclidean distance-based matching procedure for non-randomized comparison studies. *European Psychologist*, *13*(3), 180 - 187.

Spiel, C., Lösel, F., & Wittmann, W. W. (2009). Transfer psychologischer Erkenntnisse in Gesellschaft und Politik [Transfer of psychological knowledge in society and politics]. *Psychologische Rundschau*, *60*, 241 - 242.

Steiner, G. (2006). Lernen und Wissenserwerb [Learning and knowledge acquisition]. In A. Krapp & B. Weidenmann (Eds.), *Pädagogische Psychologie* [Educational Psychology. A Textbook] (5th ed., pp. 137-202). Weinheim: Beltz.

Stern, E. (2004). Wie viel Hirn braucht die Schule? Chancen und Grenzen einer neuropsychologischen Lehr-Lern-Forschung [How much brain is needed in school? Prospects and limits of neuropsychological research in teaching and learning.]. *Zeitschrift für Pädagogik*, *50*, 531-538.

Stern, E. (2005). Pedagogy meets neuroscience. *Science*, *310*, 745.

Stern, E., Grabner, R., & Schumacher, R. (2005). *Bildungsreform Band 13: Lehr-Lern- Forschung und Neurowissenschaften — Erwartungen, Befunde und Forschungsperspektiven* [Educational reform 13: Research on Teaching, Learning and Neurosciences — Expectations, Findings and Perspectives]. Bonn: Bundesministerium für Bildung und Forschung.

Weinstein, C. E., & Hume, L. M. (1998). *Study Strategies for Lifelong Learning*. Washington, DC: American Psychological Association.

Wigfield, A., Eccles, J. S., Schiefele, U., Roeser, R. W., & Davis-Kean, P. (2006). Development of achievement motivation. In N. Eisenberg (Ed.), *Handbook of Child Psychology. Vol. 3: Social, Emotional, and Personality Development* (pp. 933-1002). Hoboken, NJ: Wiley.

299

第十八章　教育认知神经科学：开发适合孤独症谱系障碍患者的情感识别教学方法

西蒙·巴伦-科恩(Simon Baron-Cohen)
奥弗·戈兰(Ofer Golan)
艾玛·阿斯温(Emma Ashwin)

具有孤独症谱系障碍(autism spectrum condition，ASC)的儿童很难和成人共情，但他们有一个方面的发展非常完整，甚至超出常人，那就是“系统化”(systemizing)，即分析或构建一个系统的冲动。本章将回顾有关他们共情缺陷和系统化优势的研究，并介绍两个教育软件，它们的设计思路是，通过发挥孤独症谱系障碍患者在系统化方面的优势来帮助他们提高共情的水平。这两个教育软件分别是《心智阅读》(Mind Reading)和《运输车》(The Transporters)。这两个教育软件的治疗试验结果显示，使用这两个教育软件进行治疗干预，即使时间较短，也能改善患者的共情(尤其是情感识别中的认知因素)。我们得出结论，如果能利用认知神经科学的知识，设计并使用适合孤独症谱系障碍患者的教学形式，那么孤独症谱系障碍患者社会认知中的一些复杂因素可以得到改善。

一、引言

教育专家被赋予的最为重要的任务就是让儿童充分发挥他的潜能，而认知神经科学研究者经常研究那些神经系统“联结”不正常、处理信息的方式也不同的儿童。教育和认知神经科学的交流很少，这常常令人非常遗憾。我们将在这一章里提出，认知神经科学可以帮助教育工作者设计出非常适合孤独症谱系障碍患者心智的教学材料。由于孤独症谱系障碍患者的能力障碍，部分表现为他们很难读懂他人的心智，也很难理解他人的行为，因此，我们将着重阐述，教学方法可能需要根据孤独症谱系障碍患者的特点进行调整，这样才能帮助他们学会共情的方方面面。我们认为，认知神经科学和教育之间的沟通不是单向的，最理想的情况是，科学研究者和教育工作人员各自贡献出自己的专长，共同设计教育材料和方法（参考本书第三章和第十六章）。在介绍教授孤独症谱系障碍患者共情的具体方法之前，我们想先讨论一下共情的本质是什么这个问题。

二、什么是共情？

我们将共情定义为判断他人心智状态、对他人心智状态作出恰当情感反应的能力（Baron-Cohen & Wheelwright，2004）。共情的这一定义表明，认知（识别他人的心智状态）和情感（对他人心智状态的情感反应）是共情的两个主要组成部分，图 18.1 对这种区分有详细的说明。认知部分有时又被称为心智理论（theory of mind）（Dennett，1987）。心智状态包括思想和情感，思想通常分为信念、愿望、意图、目标和感知（Dennett，1987；Baron-Cohen，1995）。情感通常包括六种基本的情感：开心、 300

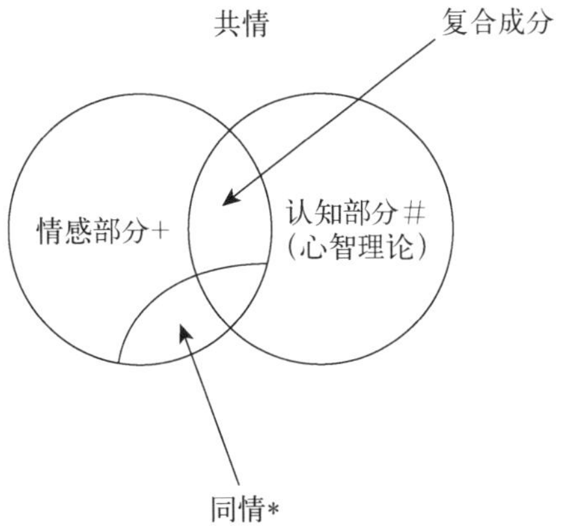

图 18.1　共情的构成

+：看到/了解他人情感而产生的相应的情感。#：理解和/或预测他人所思、所感或所为。*：看到/了解他人不幸而产生的情感，让人想要减轻他们的痛苦。引用获得斯普林格科学和商业传媒（Springer Science + Business Media）的许可：Simon Baron-Cohen.（2004）. The Empathy Quotient：An investigation of adults with Asperger syndrome or high functioning autism，and normal sex differences. *Journal of Autism and Developmental Disorders*，*34*（2），163 – 175.

悲伤、愤怒、恐惧、厌恶和吃惊(Ekman, 1999)。除此之外,还包括在童年的不同阶段获得的大量复杂的情感(Baron-Cohen, Golan, Wheelwright, Granader, & Hill, 2010)。复杂的情感包括对某种情感还有认知状态的判断,受文化和环境的影响(Griffiths, 1997)。这些基本情感之所以被认为是基本的,是因为它们很普遍,而且识别和表达它们的方式全都相同。人们普遍识别和表达的情感可能不止这六种,但因为跨文化研究非常费钱、费时、费力,所以其他的复杂情感都被忽略了。事实上,复杂情感的研究(通常是为了进行分类)大多是关于语言和文化的研究(Ortonu, Clore, & Foss, 1987; Storm & Storm, 1987)。我们自己主要研究英语中情感类词汇的发展(Baron-Cohen et al., 2010),我们的研究指出,在英国,可以通过独立判断进行识别的情感以及与之相关的心智状态至少有 412 种(每种都有自己的描述符号,不只是另一种情绪的同义词)(Baron-Cohen et al., 2010)。

三、孤独症谱系障碍患者的共情

301 出于各种各样的原因,有些人的共情发展得比较晚。这些人中就有孤独症谱系障碍患者,他们因为遗传上的——以及根本而言神经上的——原因,很难设身处地地站在他人角度思考问题,也不知道如何实时地回应他人的情感。这种缺陷可能会严重影响他们的社会功能,因此人们怀疑,孤独症谱系障碍患者的共情能力是否可以提高或通过教学加以改善。在总结已有研究的基础上,我们提出,共情的第一个成分——认知共情——的确可以通过教学加以提高。系统化是孤独症谱系障碍儿童的特点,在设计教学资源(包括一些基于计算机的方法)的时候,可以利用他们感兴趣的、能够进行系统化的内容,来调动他们内在的积极性,这样就可以降低教学的难度。我们不排除共情的第二个成分——情感共情——也有可以通过教学加以提高的可能性,但迄今为止,所有的努力一直都放在第一个成分,因此,情感成分的教学是否可行,目前尚不清楚。

孤独症谱系障碍患者有社会交流方面的困难,同时,他们也对不变和重复有一定的兴趣(痴迷)和强烈的偏爱(APA, 1994)。隐藏在这些特征背后的是他们在理解他人情感与心智状态上存在的种种困难(Baron-Cohen, 1995)。孤独症谱系障碍患者很难单独通过面部表情、声音的语调或肢体语言来识别情感(Baron-Cohen et al., 2001; Hobson, 1986a; Hobson, 1986b; Yirmiya et al.,

1992)，也无法在具体的情境中识别情感（Golan，Baron-Cohen，& Golan，2008；Klin et al.，2002）。有些孤独症谱系障碍患者可以识别一些基本的情感表达（Baron-Cohen，Spitz，& Cross，1993；Grossman et al.，2000），尽管如此，他们直到成年都很难识别那些更加复杂的情感（Baron-Cohen et al.，2001；Baron-Cohen，Wheelwright，& Jolliffe，1997；Golan，Baron-Cohen，& Hill，2006）。

情感识别困难部分是由人脸加工过程发生变化引起的（Langdell，1978；Dawson et al.，2004；Klin et al.，2002），而人脸加工过程本身发生变化的原因可能是未能成功地解读通过眼睛所传递的心智方面的信息（Baron-Cohen，1995）。他人的面部表情本身也可能令人不快。孤独症谱系障碍儿童很少注意面部，特别是眼睛（Swettenham et al.，1998）。面部经验的减少让孤独症谱系障碍儿童无法成为"面部表情的熟手"（Dawson，Webb，& McPartland，2005）。举例来说，正常发展的脑对正立的面孔会产生 N170 波形的电生理反应，而孤独症谱系障碍患者的 N170 反应很少（Grice et al.，2005）。

四、孤独症谱系障碍患者的系统化倾向

孤独症谱系障碍患者在系统化方面的能力相当完整甚至很强，这与他们在情感识别方面的困难形成鲜明对照（Baron-Cohen，2002，2006）。系统化是一种分析或构建系统的冲动，让人可以预测系统的行为并控制系统。这些系统可以是机械的（如交通工具）、抽象的（如数字模式）、自然的（如潮汐）或可用于收藏的（如图书馆分类索引）。孤独症谱系障碍儿童"痴迷"或不多的兴趣，都集中在这些系统形成的范围内（Baron-Cohen & Wheelwright，1999）。其中包括交通工具、旋转的物体和计算机，这些都能吸引孤独症谱系障碍儿童的兴趣。系统化的核心是发现以"如果 a，那么 b"这种形式存在的模式或规则的能力。孤独症谱系障碍的系统化理论，将孤独症谱系障碍儿童的喜爱与他们追求计划性、预知性的天性联系起来。下一部分我们将对这方面的研究进行总结，我们将阐明，如何在孤独症谱系障碍儿童的教学中，利用他们这些特殊的兴趣，使用基于计算机的或者多媒体的格式，调动他们自身的积极性。

这种系统化理论已经得到了一些研究的支持：有研究发现，孤独症谱系障碍儿童在直觉物理学（intuitive physics）测试上的表现超过与之匹配的对照组

(Baron-Cohen et al., 2001),在参加这类测试(Lawson, Baron-Cohen, & Wheelwright, 2004)以及其他对细节注意要求很高的测试(Happé & Frith, 2006; Mottron et al., 2006)时,孤独症谱系障碍成人的表现至少没有受到影响,这是顺利进行系统化的前提(Baron-Cohen, 2008; Jolliffe & Baron-Cohen,
302 1997; O'Riordan et al., 2001; Shah & Frith, 1983)。另外,系统化量表是测量一个人在多大程度上对系统感兴趣的自陈(或父母报告的)量表,孤独症谱系障碍患者在系统化量表(systemizing quotient, SQ)上的得分要高于平均水平(Baron-Cohen et al., 2003; Wheelwright et al., 2006; Wakabayashi et al., 2007; Auyeung et al., 2009)。

五、从认知神经科学到干预

1. 乐高®治疗

如果孤独症谱系障碍儿童拥有完好甚至更强的系统化能力,那么利用他们这些能力来提高他们的共情,尤其是情感识别中的认知部分就成为可能。以乐高®疗法(Owens et al., 2008)为例,它鼓励孤独症谱系障碍儿童三人一组搭建乐高®模型,在这个过程中获得社交互动的机会。参与乐高®疗法的儿童,他们本身的积极性被乐高®调动起来,因为模型的组装顺序是预知的、可以重复的。

2. 教育软件《心智阅读》

《心智阅读》利用孤独症谱系障碍患者在系统化方面的能力进行共情教学。它的教育软件可以为孤独症谱系障碍患者提供交互式、系统化的情感指导(Baron-Cohen et al., 2004)。它的研发是为了帮助孤独症谱系障碍患者学习从面部表情的录像片段和言语表达的录音记录中识别基本和复杂的情感和心智状态。它有412种情感和心智状态,按照发展的顺序编排并按照类型进行分类,以吸引通过系统化方式学习的心智。这套教育软件依据的原理是,情感是转瞬即逝的,不能精确地重现,能通过重复进行系统学习的场合很少,因此在社交活动发生的现场,孤独症谱系障碍患者可能无法实时地学习如何识别他人的情感表达。在基于计算机的学习环境中,情感可以以相同的方式一遍又一遍地反复播放,学习者自己可以控制播放的速度和所需的次数，从而分析和记住每种情感的特征。

而且，情感表达会因人而异，所以在真实的情境中了解某种特定情感的特征可能很难。教育软件《心智阅读》可以帮助使用者克服这一问题，它使用的 412 种情感中的每一种，都由 6 位不同的演员来表演（男女、老幼、不同种族），这可以帮助使用者学习在识别情感时如何不受情感表达者个人特征的影响。另外，真实情境中的情感可以表现得不合常规（有些人笑是因为高兴，有些人笑是在假装高兴，还有些人很高兴但却不笑），因此，教育软件《心智阅读》给每种情感表达都贴上了明确的标签，包括伪装或虚假的情感表达（例如，掩饰类的情感），增加了情感的规律性。最后，真实情境中的情感是很难分类的，因此，《心智阅读》教育软件为使用者提供了一个预设的分类系统，帮助使用者在本来没有模式的情感信息中找到模式。

使用教育软件《心智阅读》练习 10 个星期（每个星期练习 2 个小时），孤独症谱系障碍患者就能提高他们识别一系列复杂情感和心智状态的能力（Golan & Baron-Cohen，2006）。在练习结束 1 年之后进行的追踪研究中发现，使用教育软件《心智阅读》的孤独症谱系障碍患者认为，他们建立友谊和人际关系的能力有所提高，对日常生活中情感和情感表达重要性的认识有所增强，他们对情感的 303
理解以及自己对相应情感的表达有所改善，他们的社会活动能力也受到影响（Golan & Baron-Cohen，2007）。针对美国儿童的研究也有同样的发现，显示这种练习具有跨文化的效度（LaCava，Golan，Baron-Cohen，& Myles，2007）。这些结果令人鼓舞，因为它们表明，至少共情认知部分的教学是可行的，而且还可能具有长期的作用，影响社会交往能力。目前还不清楚的是，如果练习的时间再短一点，或者使用者不仅有孤独症谱系障碍问题，还有其他的学习困难（智商低于平均水平），那么这种练习是否依然能见效。最后，有人提出了反对的理由，学校操场、生日聚会或争吵等真实的社交场景都有噪声，电脑屏幕没有这种噪声，这种简化的学习环境，有可能简化了情感识别的学习，因而更容易见效。这种反对意见很重要，因为它提出了一个问题，即这种学习，能否从人造情境向更自然的情境推广。为了避免人造物的不良影响，教育软件《心智阅读》使用真人的面孔，而非卡通或简笔画式的面孔。当然，关于教育软件《心智阅读》的使用，未来的工作将是评估 10 周以上时间的练习效果。教育软件《心智阅读》还可以采用互动性更强的教学方法，例如社会技能小组或者戏剧角色扮演。

3. 教育软件《运输车》

基于计算机的治疗项目(Bölte et al.，2002；Silver & Oaks，2001)和社会技能培训课程(Barry et al.，2003；Bauminger，2002)都发现，很难将教学内容推广到日常生活中去。这些治疗方法使用外显而非内隐的教学方法，学习者缺乏内在的动机，因而治疗的效果有限。接下来要介绍的这项研究，有一篇论文曾经对它进行了详细的报告(Golan et al.，2010)，主要评估一个名为《运输车》的教育软件的效果。教育软件《运输车》是一个系列动画，为了提高孤独症谱系障碍儿童的学习动机，让他们在一个交通工具的世界中学习情感和面部表情。这样做的前提基础是认为，孤独症谱系障碍儿童之所以喜爱观看有关交通工具的电影(根据父母的报告)，可能是因为他们"擅长系统化"(Baron-Cohen，2006，2008)。这就是说，他们会被可预知的、基于规则的系统吸引，这些系统可以是重复的数学模式，重复的用电模式(如照明开关)或者电影中出现的重复模式。在孤独症谱系障碍的第一个研究中，坎纳(Kanner，1943)就注意到他们"对一成不变的需要"和"对变化的抵制"。孤独症谱系障碍的核心，可能是一种可以轻松应对各种系统的能力，因为系统不会改变，并且每次都产生相同的结果；同时也是一种无法应对社会的困难，因为社会的变化总是无法预知的，而且每次都产生不同的结果。

根据超常系统化理论(hyper-systemizing theory)(Baron-Cohen，2006)，孤独症谱系障碍儿童更偏爱那些只根据客观规则移动的交通工具(例如，只能沿着线性轨道来回移动的交通工具)，而不喜欢飞机或小汽车这类交通工具，因为它们的移动过程存在很多变数，操控它们的人类驾驶员常常心血来潮。视觉神经科学认为，这与客观—因果/机械的运动(Michotte，1963)和活的/生物的运动(Castelli et al.，2000；Premack，1990)之间的区别有关。前者需要直觉物理学(Saxe，Carey，& Kanwisher，2004；Wellman & Inagaki，1997)，而后者需要直觉心理学，特别是察觉他人目的、愿望和意图的能力(Baron-Cohen，1995)。

因此，我们设计的儿童系列动画——教育软件《运输车》里面有八个角色，每
304 个都是按照规则活动的交通工具。我们给这些交通工具加上了一张带有表情的真人的面孔。我们想验证一下，使用可预知的机械动作，创造一个适合孤独症谱系障碍患者特点的环境，是否能让情感的面部表达更容易学习，从而提高学习它们的动机。各种交通工具玩具(两辆有轨电车、两辆空中缆车、一艘牵索轮渡、一

辆长途客车、一条登山铁路和一辆拖拉机）都只能以某种线性方式移动（所有的交通工具都在轨道或缆绳上移动）。

教育软件《运输车》是一个具有高品质的三维儿童系列动画，有 15 集，每集 5 分钟，每一集都有一个核心的情感或心智状态。这些交通工具有 15 种核心的情感，它们是快乐、悲伤、愤怒、害怕、厌恶、惊讶、兴奋、疲倦、冷淡、友善、抱歉、骄傲、嫉妒、玩笑和羞愧。所选的这 15 种情感中，有 6 种基本的情感（Ekman，1999），也有一些更复杂但与儿童所处的发展阶段相适应的情感（如嫉妒、骄傲、羞愧），还有一些对日常社会交往很重要的情感和心智状态（如友善、冷淡、疲倦、玩笑）。之所以选择这些情感，是因为正常发展的儿童，在 2—7 岁之间，就可以识别和理解它们（Bretherton & Beeghly，1982；Ridgeway，Waters，& Kuczaj，1985）。

戈兰等人（Golan et al.，2010）做了一个研究，对三个小组进行了两次评估：时间点 1 和 4 周之后的时间点 2。每次评估中，被试都要接受不同水平的应用测试，有一个测的是被试的情感词汇，其他三个测的都是他们将社会情感情境与相应的面部表情匹配的能力。水平 1：情感词汇（emotional vocabulary）——被试要定义 16 个情感词语，举例说明诱发它们的情境。除了**担心**，其余 15 个词语都是系列动画的核心情感（前面列出的）。水平 2：熟悉的近距离类推（familiar close generalization）——要求被试匹配的情境与面部表情都来自这个系列动画，都是被试所熟悉的。水平 3：不熟悉的近距离类推（unfamiliar close generalization）——要求被试匹配的情境是新的，表情也是新的，但使用教育软件《运输车》中的角色。这些角色没有做过这些表情。水平 4：远距离类推（distant generalization）——这是为了测试被试能否识别没有移植到交通工具上的面部表情，要求被试进行匹配的情境与表情都是新的，所使用的人类面孔，不是选自教育软件《运输车》，而是选自教育软件《心智阅读》（Baron-Cohen et al.，2004）。图 18.2 举例说明了水平 1 和水平 3 的题目。

有三个小组参加了这个研究：孤独症谱系障碍治疗组、孤独症谱系障碍对照组和正常发展的对照组。孤独症谱系障碍儿童被随机分配到治疗组和对照组，这三个组的试验条件分别是：（1）孤独症谱系障碍治疗组：这个组的 20 个被试的父母拿到教育软件光盘和光盘指南，在家里和儿童一起观看。儿童要在 4 周内每天至少观看 3 集。（2）孤独症谱系障碍对照组：除了正常的学校课程，这个组的 19 个被试在这 4 周内不接受任何形式的治疗。有一个被试在第一阶段结束后退出了研究。（3）正常发展的对照组：这个组有 18 个被试。经过匹

305

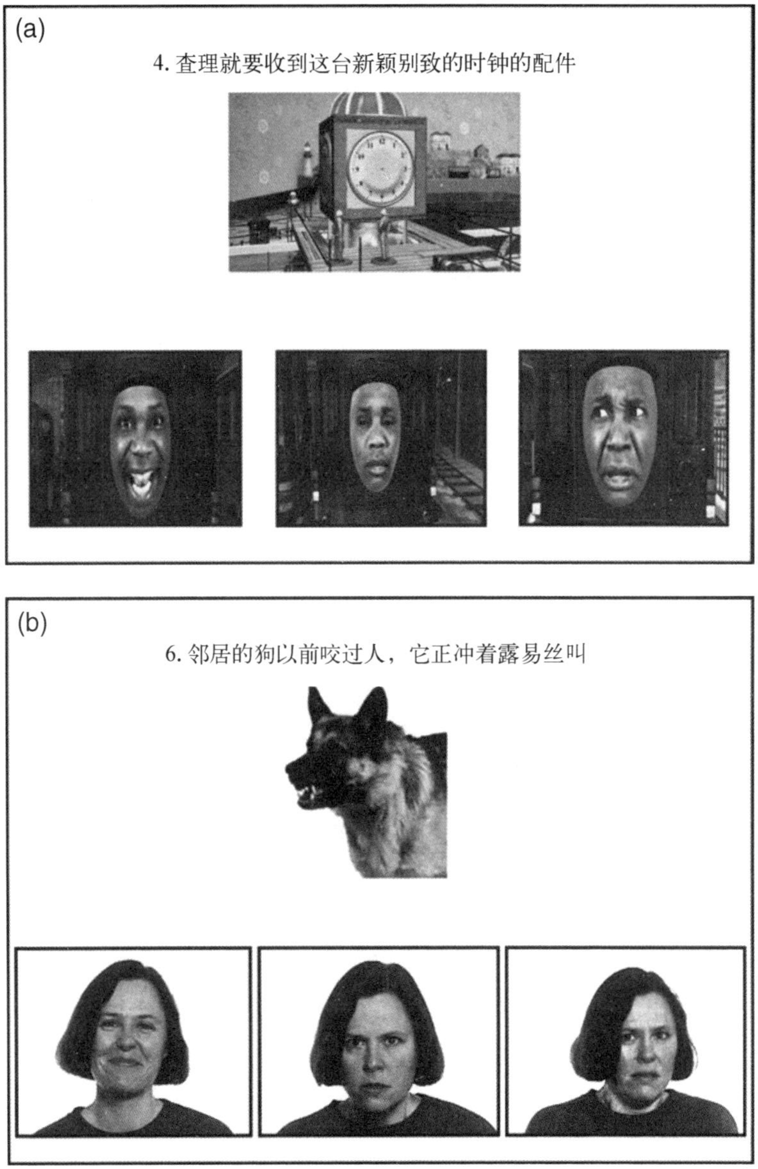

图 18.2 不同水平情感识别任务的问题示例

(a) 水平 1 任务：将这个系列动画中熟悉的场景与熟悉的面孔进行匹配；(b) 水平 3 任务：将新的场景与真人的面孔进行匹配

配，这三个组在性别、年龄和言语能力[使用英国图片词汇测试量表（British Picture Vocabulary Scale，BPVS）；Dunn，Whetton，& Burley，1997]都相当。

在时间点 1，情感词汇任务和三个情境—表情匹配任务都有显著的组间差异。造成这些差异的原因是，正常发展的对照组在所有任务上的得分都显著高于两个孤独症谱系障碍组，而两个孤独症谱系障碍组的得分没有差异。经过分析，时间点 2 的测试结果显示，时间和小组之间存在显著的交互作用，在时间点 1 到时间点 2 的这段时间，孤独症谱系障碍治疗组在所有任务上的表现都有显著的提高。而且，这种提高非常接近正常发展的对照组的表现水平。相比之下，在整个测试期间，孤独症谱系障碍对照组和正常发展的对照组在任何任务上的表现都没有显著提高。具体结果如图 18.3 所示。 306

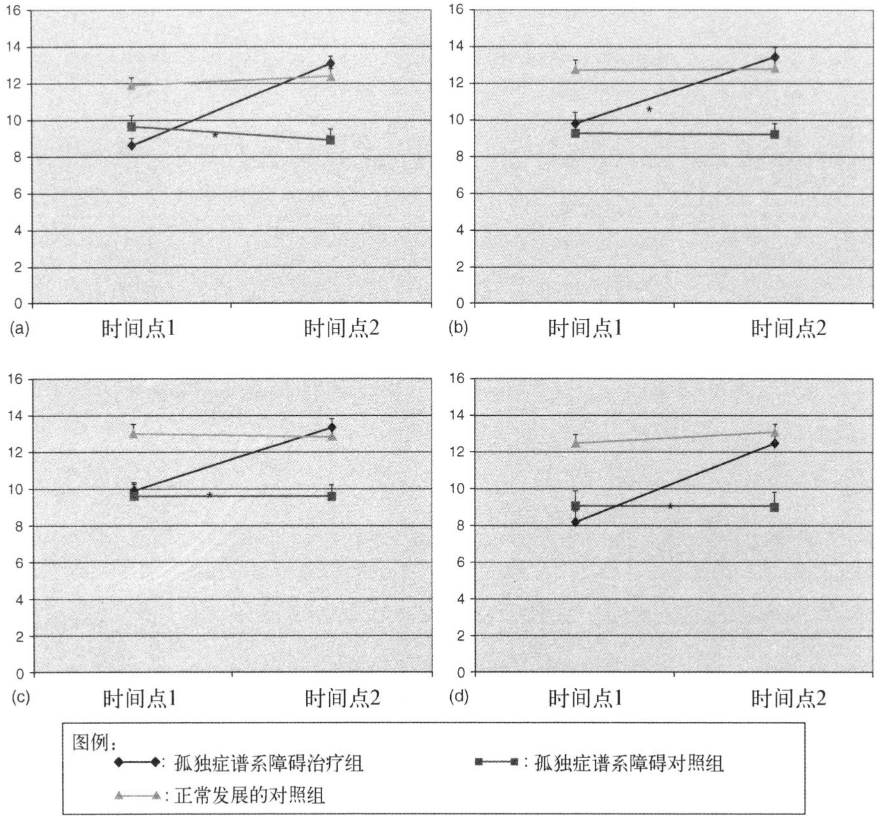

图 18.3　每组在这四个任务上的平均分（与标准误）

（a）情境—表情匹配任务——水平 1　（b）情境—表情匹配任务——水平 2
（c）情境—表情匹配任务——水平 3　（d）情感词汇任务。$* p < 0.001$

我们回顾的这个研究(Golan et al., 2010 有详细介绍),主要考察儿童(在父母的帮助下)观看 4 周的《运输车》教育软件系列动画会取得什么样的效果。研究结果显示,孤独症谱系障碍儿童在观看教育软件《运输车》后,他们理解和识别所学情感的能力有显著的提高:在时间点 1,他们的能力与孤独症谱系障碍对照组处于同一水平;在时间点 2,他们的能力水平与正常发展的对照组没有区别。

孤独症谱系障碍治疗组表现的提高,并不仅限于要求进行近距离应用的任务。这些被试还能应用他们的知识,以正常发展的对照组的水平完成远距离应用的任务,这些任务使用较为真实的视频片段,需要被试进行情感识别的人类角色不再附着在交通工具身上。教育软件《运输车》可能提高了被试的应用能力,这是因为这个教育软件所使用的动画媒介本身就能激发学习的动机,儿童可以一边观看交通工具,一边从附着在它们身上的真人面孔学习情感(随意的而不是外显的学习),儿童很喜欢。教育软件《运输车》中所使用的角色和环境,能够吸引偏爱次序、系统和可预见性的孤独症谱系障碍儿童。治疗组的父母报告说,他们的孩子变得更愿意讨论情感,对面部表情更感兴趣。父母还注意到,他们孩子的行为以及与他人互动的能力都有变化。父母所说的这些变化需要正式的评估。

我们期望教育软件《运输车》与其他针对孤独症谱系障碍儿童的教育或治疗方法的整合,可以进一步提高它的效果。我们的结论是,系统化这种共情学习方
307 法可以激发学习的动机,它让一般情况下模糊难懂的情感信息变得更明白易懂,对孤独症患者的心智而言具有吸引力。

六、未来研究的方向

如果教育软件《运输车》能让孤独症谱系障碍儿童积极地学习情感表达,类似的利用孤独症谱系障碍儿童对系统化的偏爱进行情感教学的方法还有没有呢?显然,孤独症谱系障碍儿童不只喜欢交通工具这一种系统,他们还可能喜欢机器人系统(Dautenhahn & Werry, 2004)或者规则系统(Hadwin et al., 1996)。我们把这些干预手段看作对主流环境的部分调整,目的是为了使之更适合孤独症谱系障碍患者,而改变环境这种做法不只适用于情感教学。情感之外的另一个例子可能是感官感知(sensory perception),孤独症谱系障碍患者的感官感知有

时会过于敏感(hypersensitivity)(Baron-Cohen et al.， 2009)。在这种情况下，神经发育正常的脑可以轻松处理的信息，对孤独症谱系障碍患者的脑来说，可能过于刺激，因而会引起反感。既然情感教学使用的媒介经过了专门设计，教室环境可能也需要专门设计。如果信息的呈现方式引起了他们的不安，甚至让他们感觉很痛苦，学习就不能顺利进行下去，甚至根本无法学习。与此同时，我们也要认识到，教育软件《运输车》这类干预措施所能取得的效果是有限的，这是因为虽然这类方法可能可以提高情感识别，但我们仍不清楚，这种提高是否能深刻地影响社会认知的其他方面(例如，语言语用意义的理解或者对话中的话轮转换)，也不清楚，它是否会影响这种疾病的非社会方面，如兴趣狭窄和行为重复。我们不认为答案是完全否定的，但期望要切合实际，这一点很重要。虽然如此，提高儿童的情感识别依然很重要，否则的话，面对他人不断变化的面部表情，儿童只会感到焦虑或者迷惑。总而言之，有些传统上被认为“已经受损”的技能，例如，孤独症谱系障碍儿童的共情，它们发展所需的教学材料和方法的设计需要认知神经科学和教育的共同参与及合作。

致谢

在进行这项研究的时候，所有作者都是剑桥大学孤独症研究中心(Autism Research Centre at University of Cambridge)的成员。这项研究的合作方是英国国家健康研究所剑桥郡和彼得伯勒应用健康研究与护理合作促进会下属的国家健康服务信托基金(NIHR CLAHRC for Cambridgeshire and Peterborough NHS Foundation Trust)。本文的部分内容曾发表在《孤独症与发展障碍杂志》(*Journal of Autism and Developmental Disorders*)(Golan et al. ,2010)和《伦敦皇家学会学报》(*Proceedings of Royal Society of London*)(Baron-Cohen et al.， 2010)上。我们感谢雅艾尔·格拉纳德(Yael Granader)、苏西·麦克林托克(Suzy McClintock)、凯特·戴(Kate Day)和维多利亚·莱格特(Victoria Leggett)帮助我们收集数据。同时感谢吉娜·欧文(Gina Owen)、金柏莉·皮博迪(Kimberly Peabody)和本·韦纳(Ben Weiner)，他们的评论非常有用。奥弗·戈兰目前任职于以色列巴伊兰大学社会科学学院心理系。我们感谢文化在线(Culture Online)的资助，也感谢文化、媒体与体育部(Department for Culture， Media and Sport， DCMS)的资助,感谢触媒有限公司(Catalyst Ltd)和文化在线[特别是克莱尔·哈库普(Claire Harcup)、保罗·巴森(Paul Bason)、哈荣·阿布吉(Khairoun Abji)和乔恩·德鲁里(Jon Drori)教授]设计制作了教育软件《运输车》。我们也非常感谢参与治疗的家庭。2007 年 11 月,教育软件《运输车》系列动画获得英国电影电视艺术学院奖(BAFTA)儿童奖类别(Children's Awards Category)的提名。2007 年,四万份教育软件《运输车》光盘被免费赠送给英国有孤独症谱系障碍儿童的家庭。现在,教育软件光盘由巨变媒体发展有限责任公司(Changing Media Development Ltd.)负责销售,公司董事是西蒙·巴伦-科恩、乔恩·德鲁里和克莱尔·哈库普。销售利润将用于新的孤独症谱系障碍教育产品的研发。

参考文献

308 APA. (1994). *DSM-IV Diagnostic and Statistical Manual of Mental Disorders, 4th Edition*. Washington DC: American Psychiatric Association.

Auyeung, B., Wheelwright, S., Allison, C., Atkinson, M., Samaranwickrema, N., & Baron-Cohen, S. (2009). The Children's Empathy Quotient (EQ-C) and Systemizing Quotient (SQ-C): Sex differences in typical development and in autism spectrum conditions. *Journal of Autism and Developmental Disorders*, *39*, 1509 - 1521.

Baron-Cohen, S. (1991). Do people with autism understand what causes emotion? *Child Development*, *62*, 385 - 395.

Baron-Cohen, S. (1995). *Mindblindness: An Essay on Autism and Theory of Mind*. Boston, MA: MIT Press/Bradford Books.

Baron-Cohen, S. (2002). The extreme male brain theory of autism. *Trends in Cognitive Science*, *6*(6), 248 - 254.

Baron-Cohen, S. (2006). The hyper-systemizing, assortative mating theory of autism. *Progress in Neuro-Psychopharmacology & Biological Psychiatry*, *30*(5), 865 - 872.

Baron-Cohen, S. (2008). Autism, hypersystemizing, and truth. *The Quarterly Journal of Experimental Psychology*, *61*(1), 64 - 75.

Baron-Cohen, S., Golan, O., Wheelwright, S., Granader, Y., & Hill, J. (2010). Emotion word comprehension from 4 to 16 years old: A developmental survey. *Frontiers in Evolutionary Neuroscience*, *2*, 109.

Baron-Cohen, S., Golan, O., Wheelwright, S., & Hill, J. J. (2004). *Mind Reading: The Interactive Guide to Emotions*. London: Jessica Kingsley Limited (http://www.jkp.com/mindreading).

Baron-Cohen, S., Richler, J., Bisarya, D., Gurunathan, N., & Wheelwright, S. (2003). The Systemising Quotient (SQ): An investigation of adults with Asperger syndrome or high functioning autism and normal sex differences. *Philosophical Transactions of the Royal Society, Series B, Special issue on "Autism: Mind and Brain", 358*, 361 - 374.

Baron-Cohen, S., Riviere, A., Cross, P., Fukushima, M., Bryant, C., Sotillo, M., Hadwin, J., & French, D. (1996). Reading the mind in the face: A cross-cultural and developmental study. *Visual Cognition, 3*, 39 - 59.

Baron-Cohen, S., Spitz, A., & Cross, P. (1993). Can children with autism recognize surprise? *Cognition and Emotion*, 7, 507 - 516.

Baron-Cohen, S., Tavassoli, T., Ashwin, E., Ashwin, C., & Chakrabarti, B. (2009). Talent in autism: Hyper-systemizing, hyper-attention to detail, and sensory hypersensitivity. *Proceedings of the Royal Society, Philosophical Transactions, Series B, 364* (1522), 1377 - 1383.

Baron-Cohen, S., & Wheelwright, S. (1999). Obsessions in children with autism or Asperger syndrome: A content analysis in terms of core domains of cognition. *British Journal of Psychiatry, 175*, 484 - 490.

Baron-Cohen, S., & Wheelwright, S. (2004). The Empathy Quotient (EQ): An investigation of adults with Asperger syndrome or high functioning autism, and normal sex differences. *Journal of Autism and Developmental Disorders, 34*, 163 - 175.

Baron-Cohen, S., Wheelwright, S., Hill, J., Raste, Y., & Plumb, I. (2001). The "Reading the Mind in the Eyes" Test revised version: A study with normal adults, and adults with Asperger syndrome or high-functioning autism. *Journal of Child Psychology and Psychiatry, 42*(2), 241 - 251.

Baron-Cohen, S., Wheelwright, S., & Jolliffe, T. (1997). Is there a "language of the eyes"? Evidence from normal adults and adults with autism or Asperger syndrome. *Visual Cognition, 4*, 311 - 331.

Baron-Cohen, S., Wheelwright, S., Spong, A., Scahill, V. L., & Lawson, J. (2001). Are intuitive physics and intuitive psychology independent? A test with children with Asperger syndrome. *Journal of Developmental and Learning Disorders, 5*, 47 - 78.

Barry, T. D., Klinger, L. G., Lee, J. M., Palardy, N., Gilmore, T., & Bodin, S. D. (2003). Examining the effectiveness of an outpatient clinic-based social skills group for high-functioning children with autism. *Journal of Autism and Developmental Disorders, 33*

(6), 685 - 701.

309 Bauminger, N. (2002). The facilitation of social-emotional understanding and social interaction in high-functioning children with autism: Intervention outcomes. *Journal of Autism and Developmental Disorders*, *32*(4), 283 - 298.

Bölte, S., Feineis-Matthews, S., Leber, S., Dierks, T., Hubl, D., & Poustka, F. (2002). The development and evaluation of a computer-based program to test and to teach the recognition of facial affect. *International Journal of Circumpolar Health*, *61* (*Suppl 2*), 61 - 68.

Bretherton, I., & Beeghly, M. (1982). Talking about internal states: The acquisition of an explicit theory of mind. *Developmental Psychology*, *18*(6), 906 - 921.

Castelli, F., Happe, F., Frith, U., & Frith, C. (2000). Movement and mind: A functional imaging study of perception and interpretation of complex intentional movement patterns. *Neuroimage*, *12*(3), 314 - 325.

Dautenhahn, K., & Werry, I. (2004) Towards interactive robots in autism therapy. *Pragmatics & Cognition*, *12*(1), 1 - 35.

Dawson, G., Toth, K., Abbott, R., Osterling, J., Munson, J., Estes, A., & Liaw, J. (2004). Early social attention impairments in autism: Social orienting, joint attention, and attention to distress. *Developmental Psychology*, *40*(2), 271 - 283.

Dawson, G., Webb, S. J., & McPartland, J. (2005). Understanding the nature of face processing impairment in autism: Insights from behavioral and electrophysiological studies. *Developmental Neuropsychology*, *27*(3), 403 - 424.

Dennett, D. (1987). *The Intentional Stance*. Cambridge, Mass: MIT Press/Bradford Books.

Dunn, L. M., Whetton, C., & Burley, J. (1997). *The British Picture Vocabulary Scale, Second Edition*. Windsor: NFER-Nelson.

Ekman, P. (1999). Basic emotions. In T. Dalgleish & M. Power (Eds.), *Handbook of Cognition and Emotion* (pp. 45 - 60). Sussex: John Wiley & Sons Ltd.

Golan, O., Ashwin, E., Granader, Y., McClintock, S., Day, K., Leggett, V., & Baron-Cohen, S. (2010). Enhancing emotion recognition in children with autism spectrum conditions: An intervention using animated vehicles with real emotional faces. *Journal of Autism and Developmental Disorders*, *40*, 269 - 279.

Golan, O., & Baron-Cohen, S. (2007). Teaching adults with autism spectrum conditions to recognize emotions: Systematic training for empathizing difficulties. In E. McGregor, N. Nunez, K. Cebula, & J. C. Gomez (Eds.), *Autism: An Integrated View* (pp. 236 - 259). Oxford: Blackwell Publishing.

Golan, O., Baron-Cohen, S., & Hill, J. J. (2006). The Cambridge Mindreading (CAM) Face-Voice Battery: Testing complex emotion recognition in adults with and without Asperger syndrome. *Journal of Autism and Developmental Disorders*, *36* (2), 169 - 183.

Golan, O., & Baron-Cohen, S. (2006). Systemizing empathy: Teaching adults with Asperger syndrome or high-functioning autism to recognize complex emotions using interactive multimedia. *Development and Psychopathology*, *18* (2), 591 - 617.

Golan, O., Baron-Cohen, S., & Golan, Y. (2008). The "Reading the Mind in Films" Task [Child Version]: Complex emotion and mental state recognition in children with and without autism spectrum conditions. *Journal of Autism and Developmental Disorders*, *1* (2), 111 - 123.

Grice, S. J., Halit, H., Farroni, T., Baron-Cohen, S., Bolton, P., & Johnson, M. H. (2005). Neural correlates of eye-gaze detection in young children with autism. *Cortex*, *41* (3), 342 - 353.

Griffiths, P. (1997). *What Emotions Really Are: The Problem of Psychological Categories*. Chicago, IL: University of Chicago Press.

Grossman, J. B., Klin, A., Carter, A. S., & Volkmar, F. R. (2000). Verbal bias in recognition of facial emotions in children with Asperger syndrome. *Journal of Child Psychology and Psychiatry and Allied Disciplines*, *41*, 369 - 379.

Hadwin, J., Baron-Cohen, S., Howlin, P., & Hill, K. (1996) Can we teach children with autism to understand emotions, belief, or pretence? *Development and Psychopathology*, *8*, 345 - 365.

Happe, F., & Frith, U. (2006). The weak coherence account: Detail-focused cognitive style in autism spectrum disorders. *Journal of Autism and Developmental Disorders*, *36* (1), 5 - 25.

Hobson, R. P. (1986a). The autistic child's appraisal of expressions of emotion. 310
Journal of Child Psychology and Psychiatry, *27*, 321 - 342.

Hobson, R. P. (1986b). The autistic child's appraisal of expressions of emotion: A further study. *Journal of Child Psychology and Psychiatry*, *27*, 671 - 680.

Holm, S. (1979). A simple sequentially rejective multiple test procedure. *Scandinavian Journal of Statistics*, *6*, 65 - 70.

Jolliffe, T., & Baron-Cohen, S. (1997). Are people with autism or Asperger's syndrome faster than normal on the Embedded Figures Task? *Journal of Child Psychology and Psychiatry*, *38*, 527 - 534.

Kanner, L. (1943). Autistic disturbances of affective contact. *Nervous Child*, *2*,

217－250.

Klin, A., Jones, W., Schultz, R., Volkmar, F., & Cohen, D. (2002). Visual fixation patterns during viewing of naturalistic social situations as predictors of social competence in individuals with autism. *Archives of General Psychiatry*, *59*(9), 809－816.

LaCava, P. G., Golan, O., Baron-Cohen, S., & Myles, B. S. (2007). Using assistive technology to teach emotion recognition to students with Asperger syndrome: A pilot study. *Remedial and Special Education*, *28*(3), 174－181.

Langdell, T. (1978). Recognition of faces: An approach to the study of autism. *Journal of Child Psychology and Psychiatry*, *19*, 225－238.

Lawson, J., Baron-Cohen, S., & Wheelwright, S. (2004). Empathising and systemising in adults with and without Asperger syndrome. *Journal of Autism and Developmental Disorders*, *34*(3), 301－310.

Lord, C., Rutter, M., & Le Couteur, A. (1994). Autism Diagnostic Interview-Revised: A revised version of a diagnostic interview for caregivers of individuals with possible pervasive developmental disorders. *Journal of Autism and Developmental Disorders*, *24*(5), 659－685.

Michotte, A. (1963). *The Perception of Causality*. Andover: Methuen.

Mottron, L., Dawson, M., Soulieres, I., Hubert, B., & Burack, J. (2006). Enhanced perceptual functioning in autisM: An update, and eight principles of autistic perception. *Journal of Autism and Developmental Disorders*, *36*(1), 27－43.

O'Riordan, M. A., Plaisted, K. C., Driver, J., & Baron-Cohen, S. (2001). Superior visual search in autism. *Journal of Experimental Psychology*, *Human Perception and Performance*, 27(3), 719－730.

Ortony, A., Clore, G., & Foss, M. (1987). The referential structure of the affective lexicon. *Cognitive Science*, *11*, 341－364.

Owens, G., Granader, Y., Humphrey, A., & Baron-Cohen, S. (2008). LEGO therapy and the social use of language programme: An evaluation of two social skills interventions for children with high functioning autism and Asperger Syndrome. *Journal of Autism and Developmental Disorders*, *38*(10), 1944－1957.

Premack, D. (1990). The infants theory of self-propelled objects. *Cognition*, *36*(1), 1－16.

Ridgeway, D., Waters, E., & Kuczaj, S. A. (1985). Acquisition of emotion descriptive language: Receptive and productive vocabulary norms for ages 18 months to 6 years. *Developmental Psychology*, *21*, 901－908.

Saxe, R., Carey, S., & Kanwisher, N. (2004). Understanding other minds:

Linking developmental psychology and functional neuroimaging. *Annual Review of Psychology*, *55*, 87 - 124.

Scott, F. J., Baron-Cohen, S., Bolton, P., & Brayne, C. (2002). The CAST (Childhood Asperger Syndrome Test): Preliminary development of a UK screen for mainstream primary-school-age children. *Autism*, *6*(1), 9 - 31.

Shah, A., & Frith, U. (1983). An islet of ability in autistic children: A research note. *Journal of Child Psychology and Psychiatry*, *24*(4), 613 - 620.

Silver, M., & Oakes, P. (2001). Evaluation of a new computer intervention to teach people with autism or Asperger syndrome to recognize and predict emotions in others. *Autism*, *5*, 299 - 316.

Storm, C., & Storm, T. (1987). A taxonomic study of the vocabulary of emotions. *Journal of Personality and Social Psychology*, *53*(4), 805 - 816.

Swettenham, J., Baron-Cohen, S., Charman, T., Cox, A., Baird, G., Drew, A., Rees, L., & Wheelwright, S. (1998). The frequency and distribution of spontaneous attention shifts between social and nonsocial stimuli in autistic, typically developing, and nonautistic developmentally delayed infants. *Journal of Child Psychology and Psychiatry and Allied Disciplines*, *39*(5), 747 - 753.

Wakabayashi, A., Baron-Cohen, S., Uchiyama, T., Yoshida, Y., Kuroda, M., & 311
Wheelwright, S. (2007). Empathizing and systemizing in adults with and without autism spectrum conditions: Cross-cultural stability. *Journal of Autism and Developmental Disorders*, *37*(10), 1823 - 1832.

Wheelwright, S., Baron-Cohen, S., Goldenfeld, N., Delaney, J., Fine, D., Smith, R., Weil, L., & Wakabayashi, A. (2006). Predicting Autism Spectrum Quotient (AQ) from the Systemizing Quotient-Revised (SQ-R) and Empathy Quotient (EQ). *Brain Research*, *1079*(1), 47 - 56.

Wellman, H., & Inagaki, K. (1997). *The Emergence of Core Domains of Thought: Children's Reasoning about Physical, Psychological, and Biological Phenomena*. San Francisco, CA: Jossey-Bass Inc.

Yirmiya, N., Sigman, M., Kasari, C., & Mundy, P. (1992). Empathy and cognition in high functioning children with autism. *Child Development*, *63*, 150 - 160.

312

第十九章　学校与人类心智的新生态

多梅尼科·帕里西(Domenico Parisi)

人类心智并不是在真空环境中工作,它有自己特定的生态系统。人类心智生态系统并不总是一成不变,有时也会发生变化。在过去的数十年间,数字信息技术已经为人类心智缔造出一个新的生态系统,现今的学校在实现自己的教育目标的时候,遇到了很多问题,因为他们给学生提供的仍然是旧的心智生态系统:课本、课程和教师居于顶部的垂直型社会结构。学校里的学习几乎全都是通过语言来实现的,但是通过语言来学习,对很多学生来说并不那么容易,也很难调动学生的积极性。新的数字信息技术(可视化、动画、计算机模拟、虚拟现实、计算机游戏、因特网),让学习可以在一个"水平型"社会结构中进行,可以在语言之外增加其他的交流渠道,用主动动手式学习取代被动接受式学习。科学研究者应当帮助人们发现新的数字信息技术在学习和教育上的优势和局限,在人们试图质疑并彻底改变落后的心智生态系统时,告诉他们如何克服遇到的种种阻力。因为新的数字信息技术在提高学习方面有巨大的潜力,为了发挥它们这方面的潜力,科学研究者应该参

与新的数字信息技术的设计、实施和检测。

一、心智生态系统

生态系统影响生存于其中的生物的发展，这是生物学的一个普遍规律。动物的生态系统，是指这个动物所生存的物理环境，以及它在那个环境中所占据的某种可以适应的生态栖位，这个生态栖位由这个动物的身体、感觉/运动系统和过往的适应历史所决定。一个动物是什么，能做什么，都有赖于这个动物与它的生态系统之间的种种互动。这个规律也适用于人类，特别是人类的心智。人类的心智有自己的生态系统，并受这个生态系统的影响。人类在动物中之所以特殊，是因为他们大规模地改造自身的环境。他们所做的事情，大多是通过学习掌握的，而不是通过基因型中的编码遗传的。人类学习的生态系统，在有的年代变化可能会非常大。人类心智的遗传基础，是历经几十万年变化的结果。学习出现的环境，变化更快，今天尤其如此，科学和技术让新的变化几年甚至几个月就会出现。我们所说的心智生态系统，包括信息获取和检索的方式，信息的不同 313
类型，个人使用信息的方式以及个人和信息产品互动的方式。心智生态系统，还包括社会环境以及社会对个人的期望——一个人如何与其他人互动，因为人类的学习大多数效法他人，所以这个要学习的人和被要求学习的人是谁。在过去的数十年里，所有这一切都已经发生了巨大的变化，今天它的变化速度更快。

二、学校教育系统与新兴的心智生态系统

这些简单的观察所得到的结果，可以解释现今西方教育系统的危机。因为整个世界正日益西化，所以也可以解释全球教育系统的危机。今天的学校教育系统建立之初，心智生态系统与现在截然不同，因此，今天的学校教育系统，与那时的心智生态系统相适应（见参考本书第二十章）。我们怎么能够奢望，当社会上的心智生态系统已经发生巨大变化时，在旧有的心智生态系统中建立起来的教育系统，依然能发挥应有的作用呢？其实，现在有两个心智生态系统。一个是

存在于学校之外的心智生态系统，另一个则是学生入学后所发现的心智生态系统。这两个心智生态系统迥然不同，它们之间的差异不可避免会给学生、他们的教师以及整个学校系统带来巨大的困难。

我们可以仔细想一想心智的新旧生态系统之间存在的一些关键区别。它们之间的不同，主要在于语言这种交际手段的角色。在旧的心智生态系统中，语言是吸收和交流信息、思考、与他人交流的主要抑或唯一的方式。教育系统和教育传播的基础，不只需要语言，即所读到的书籍中使用的书面语言和所听到的教师讲课用的语言，它们还需要语言的某种特殊使用方法，一种长期不变的、挑战智力的使用方法，包括分析、论证、区别、抽象和文化参照。在新的心智生态系统中，数字信息技术已经极大地提升了可视语言而非一般语言的重要性。在新的心智生态系统中，一般语言的作用不仅受到了更多的限制，而且语言的使用方式也更加碎片化，更容易。

因此，当前教育危机中一个很重要的方面就有了解释。过去，学校教育的对象仅限于少数女孩和男孩，也就是那些出身于文化和权力精英家庭的孩子。学校教育覆盖全部人口——平民教育——是现代的一项重要成就，但是它也造成了一个问题，这是当前教育系统出现危机的根源。学校教育系统的基础是语言，需要长期、高难度地使用语言，而由于遗传或社会的原因，只有一小部分男孩和女孩能够充分适应这样的教育系统。如果原因是遗传性的，那么这个问题无法解决。如果原因是社会性的，那么这个问题可以解决，但非常艰难，更确切地说，只有极少的情况是可以解决的。学校之外，另有一套新的心智生态系统，并且这个新的心智生态系统并不以语言为基础，这让问题变得更加棘手。因为新的心智生态系统的存在表明，语言不是心智功能发挥作用及交流的唯一途径，这也让学生相信，不用语言他们也可以。

新的数字信息技术，不仅可以降低语言的重要性，而且可以创造新的产品，这些产品需要使用者一方更加主动，完全不同于他们读书、听课甚至看电影、电
314 视时的被动状态。新近出现的几乎所有的数字产品都是如此，如互联网、移动电话，计算机游戏和计算机模拟更是如此。这是新、旧心智生态系统之间一个重要的区别，它给传统的教育系统带来了各种各样的困难。旧的心智生态系统中，学习者的角色是被动的；而新的心智生态系统中，学习者可以或者必须和他的学习资源进行双向的交流。

但是心智生态系统的新，不仅体现在认知的方面，而且体现在它所使用的语言以及它所能提供的与信息产品的互动，也体现在社会的方面。学校的社会互动模式是**星形**的，教师居于星形的中心，与他的学生互动，而学生之间不需要互动。采用这种星形的互动模式主要有两个理由。第一个理由是为了课堂管理和纪律。如果每个学生都在课堂上与其他学生互动（说话、讨论或合作），传统的课堂教学就无法进行，纪律也无法维持。第二个理由更为重要，教师是学生学习和理解知识的唯一来源，因此学生应该与教师而不是其他学生互动。

新的心智生态系统抛弃了这种星形的社会互动模式，它更喜欢一种**网状**的模式，每个人都与其他人互动。它反映了今天社会正在发生的一个更为普遍的变化，这种变化的发生，既有经济的原因，也有政治的原因：今天的社会，所有人都是平等的，每个人都既是消费者，又是投票人。这种变化的主要表现，就是垂直型社会向水平型社会的转变。在传统的垂直型社会中，人们认为，有些人——父母、教师和老人——水平更高，因此应该跟他们学习，在行为上接受他们的指导。在如今水平型社会中，这种等级结构渐趋消亡，每个人都有权向其他的任何人学习，接受其他任何人的指导。新的数字信息技术，既是这些变化的原因，同时也是这些变化的结果。在它们建立的互动网络中，每个人都是平等的，人们相互交流，创建人际关系网，是一个社群，这不会出现在以垂直方式组织学习和掌握知识的学校系统中。而这在今天的互联网使用方式上表现得特别明显。互联网及其搜索引擎已经成为（几乎）每个人，特别是学生，重要的信息来源。互联网上的信息是水平而非垂直构建的，维基百科就是一个典型的例子。试问这种新的、水平的心智生态系统，如何能与仍然存在于学校及学校文化中的垂直型心智生态系统共存呢？

最后一点，新的数字信息技术需要心智生态系统在物质和组织方面作出改变。学校有固定的场所，学生必须在一起上课，课程有指定的内容，必须在规定的时间进行。一些技术创新，如便携式笔记本电脑、平板计算机和智能手机，使得学习可以摆脱这些限制。它们让每个人都能在任何地点、任何时间学习任何知识。

三、心智科学的作用

我们前面已经提到，校外的心智生态系统和学生走进校门后所处的心智生态系统完全不同。这种反差,造成了许多难以解决的问题。人们经常听到有人说,教育面临危机(考试分数很低,辍学率很高,阅读、数学和历史等基本技能不足,年轻人不读书,不能准确表达自己的想法),这个危机给一个据说知识越来越
315 重要的社会造成了一些问题(Stewart, 1998)。造成今天这场教育危机的原因,可能有很多,但是,如果人们接受心智生态系统这一概念,那么,校内外心智生态系统的差异,显然就是一个很重要的因素。对此,我们应该怎么做呢?

有一点很清楚。如果想要消除学校和社会心智生态系统之间的差异,对后者,我们无能为力。我们无法想象,有什么办法可以让创造了新的心智生态系统的因素凭空消失。造就了水平型社会的新的数字信息技术及其背后的经济和政治因素会一直存在,即使它们要改变,旧的数字信息技术和垂直型社会也不会回来。所以要作出改变的,只能是学校系统。

这里,我们面临两个难题。一个难题是,这些改变是根本性的,它们会影响学校系统的各个方面:学生如何学习,成人在学生学习中发挥什么作用,学生在哪里学习,什么时候学习以及学习什么。另一个难题是,学校系统是更加抵制变化的社会机构之一。它非常古老,数千年来一直很好地服务于西方社会,是西方文化传统中极其重要的一部分,很多既得利益者——教师、父母、学校的营建方、学校教材的出版商、教学方面的专家、政治家反对变革。这些问题都很难处理,以至于时至今日,我们的教育系统还没有发生真正而彻底的变革。

这非常糟糕,因为如果我们能够清楚地认识到,教育系统的真正问题,乃是学校的心智生态系统与社会的心智生态系统之间的相互冲突,我们就能朝着解决问题的方向迈进几步。我们将试着指出其中的两步,以结束此章。

第一步是要努力深入了解新的心智生态系统所带来的心理、神经和社会方面的后果,重点思考如下问题:

- 数字信息技术让人们不必再将信息存储在脑中,因为需要的时候,人们总能轻易地从互联网上找到。但是,如果新的事物的产生,需要创造性的心智活动,而创造性的心智活动,需要不同的信息经常性地在脑中进行无意识的交流,那么,当信息不在人脑中而在网络服务器上时,创造性的活动又如何进行呢?(见本书第十一章)
- 在互联网上找到信息的能力,会取代其他类型的心智能力并造成新的个体差异吗?

- 新的数字信息技术，会对注意、记忆、推理和计划等基本的认知能力产生什么影响？（Bauerlein，2009；Jackson & McKibben，2009；Small & Vorgan，2008；Tapscott，2008）
- 新的数字信息技术，会降低读和写的影响或者改变人们读和写的方式吗？如果答案是肯定的，那么这样会产生什么后果？有人说，读和写自出现起，就改造了心智的活动方式，如果真是这样，那么新的信息表达、交流和使用方式将如何改造心智呢？
- 数字信息技术极大地扩展了非语言信息和交流的应用能力，以及看和做取代听或读的学习范围。这会带来什么后果？
- 互联网要创造一个水平型社会，这个社会没有专家，更宽泛地说，没有垂直型权威，使用者之间的互动决定了分类、排序、评估和选择（Surowiecki，2005）。这会带来什么后果？

第二步是寻找这些问题的答案，应该成为科学研究的一项重要任务。但是 316
今天，在很多情况下，这些问题只是科普文章的目标，不是严肃而系统的科学研究的目标（Prensky，2010；Tapscott，1999，2008；Battro，Fischer，& Léna，2007所收录的有关"神经教育学"的文章，都没有提到数字信息技术）。心理学研究者和神经科学研究者没有专门用更多的时间对新的心智生态系统（以及我们即将看到的它在学习方面的巨大潜力）进行科学研究，这是因为，总体而言，这些学科很少使用生态的方法研究人类心智以及更为普遍的人类行为，而且行为生态学的研究对象，其实主要是人类以外的动物。造成这种现状的原因有很多，但看起来关键的一点是实验室研究在心理学和神经科学中所发挥的核心作用。实验室研究对这些学科极其重要，但是它们本身是非生态的。研究人员在实验室里收集他的数据，这样的条件有利之处在于可以控制和测量，但不利之处在于，这些条件都是人为的，即非生态的。更具体地说，被试所置身的实验室环境，条件都是极其简单的，研究人员甚至不会认真思考，是什么造成了新、旧心智生态系统之间的差异。心理学研究者和神经科学研究者认为，他们在实验中抓住了人类心智的基本结构，不管人类心智所处的生态系统如何，这个基本结构都是相同的。现在我们还不知道这是否正确，但无论如何，我们都很想知道，如果人类心智置身不同的生态系统中，会带来什么后果，特别是现在，新的数字信息技术为人类心智创造了一个全新的生态系统，我们更想知道。

但是，我们应该要求心智方面的科学研究者不要只是去发现新的生态系统会给人类心智产生哪些影响。如果我们知道这些影响，我们就能更好地判断这些影响是有利的还是不利的。新的心智生态系统所产生的影响，很有可能不都是好的，因此，心理学研究者和神经科学研究者还应该告诉人们，如何改进新的人类心智生态系统，这样我们就能避免它的各种负面影响，发挥它在学习方面的潜力。

如果有人想要影响新的数字信息技术未来的发展，需要牢记两点。第一点是，新的数字信息技术，就如现今所有的技术一样，也是一只需要“驯服”的“老虎”[用获得诺贝尔奖的经济学家塞缪尔森(Paul A. Samuelson)的话说]。技术创新是当今社会的特点，但是技术创新也是我们(绝大多数的我们)控制不了的。开发技术的时候，人们心中只有经济目的，很少关心它们对应用之外的其他领域会产生什么影响。第二点是，人们开发新的数字信息技术的目的，并不是要把它们作为学习工具，特别是作为在学校使用的教育工具。因此，如果我们想要新的心智生态系统渗透到学校系统中去，我们应该对这些新的数字信息技术进行适当改造，让它们成为新的学校系统可以使用的**教育工具**。因此，心理学研究者和神经科学研究者的一项重要任务，就是通过这样或那样的方式，参与新的数字信息技术的开发，提高人们对新技术开发过程的控制能力，发挥它们在学习方面的潜力。

四、新的心智生态系统的学习潜力：计算机模拟

其实，学校向新的心智生态系统敞开大门，这可以消除学校和社会之间的重要差异。学校和社会之间的差异是造成现今教育危机的主要原因，学校向新的心智生态系统敞开大门，也可以让人们去探索新的数字信息技术在学习方面的巨大潜力。这里我们仅举一个例子。

317 学校学习大多是通过语言实现的。学生学习的方式主要是阅读书籍和其他书面材料，听老师讲课。新的数字信息技术让学生不仅可以通过语言，还可以通过看和做来学习。学生看到呈现在计算机屏幕上的视觉信息，然后自己动手操作并观察结果。这是日常学习中非常基本的学习方法，也是基本的获取科学知识的方法，因为在实验室中，研究人员熟练地操控各种条件，然后观察相应的结

果。我们曾经提过，借助语言进行学习的问题之一是，学习需要熟练使用完全脱离其意义所指的词语，但不是所有的学生都有这种学习动机和学习能力，这个问题在今天的大众教育中特别明显。新的数字信息技术可以帮助我们解决这个问题。新的数字信息技术可以提供很多不同的方法，让学生通过看和做学习（可视化、动画、虚拟现实、计算机游戏、互联网；若要了解计算机游戏如何帮助儿童学习，参考 Shaffer，2008），但其中最有前景的方法之一是对所有的现象进行计算机模拟，为这些模拟设计合适的界面，让学生通过与这些模拟的互动来学习。计算机模拟是一种新的、强大的科学研究工具，它在几乎所有的科学学科都得到了越来越多的应用。理论与模型不再用语言或数学符号来表达，它们被用于计算机模拟，模拟程序在计算机上运行，产生的结果，就如根据理论或模型所作的预测一样，必须符合实验数据。但是，计算机模拟也可以是一项新的重要的教育工具。计算机能模拟所有的事物，从物理学、化学和生物学所研究的自然现象，到认知和社会科学包括历史学研究的人类行为和人类社会现象。模拟程序在计算机上再现所有这些现象，学生可以通过与模拟程序的互动来学习这些现象（Aldrich，2005；Thorson，1979）。计算机模拟可以是虚拟的研究实验室，做实验的时候，学生操控所模拟现象发生的各种条件，然后观察实验结果。与在真正的学校实验室里做实验相比，这有很多优势：（1）真正的实验室，只能研究很少的一部分现象，而计算机模拟的虚拟实验室，可以研究所有的现象，包括那些社会和历史科学所研究的现象；（2）虚拟实验所需的费用，少于真正的研究，但组织成本高于真正的研究；（3）真正的实验室，只能研究现实中的现象，而虚拟实验室，既能研究现实中的现象，也能研究现实中不存在的现象。因此，可以探究这样的问题，"如果没有引力，物理世界会是什么样"，或者"如果没有拿破仑，历史会是什么样"。通过模拟学习，可以提高学生学习的积极性，在今天的教育系统中，这是最严重的问题之一。通过语言学习，是一种被动的学习方式，如果学生不能或不愿在他的脑中详细描述他或她所读到的，就更是如此。利用模拟学习，是用主动的方式学习：学生决定他想看和想做的，特别重要的是，他会知道，他所做的，将产生什么影响。心理学研究者告诉我们，通过做来学习，可以提高学习的积极性。尤其是，如果模拟被用于制作挑战学生能力的游戏，并且，在互联网的支持下，制作成为竞技性游戏，那么就更能调动学习的积极性（Moreno-Ger，Burgos，& Torrente，2009；"纯"心理学中有关动机和学习关系的经典观点，参考 Miller，2007）。

计算机模拟是一个新兴而又重要的学习工具，但是，新的信息技术还可以通过很多其他的方式，让教育系统适应变化了的新的社会，这些方式都很重要，而
318 且很有用。新的数字信息技术，让学生在学习的时候，加入一个由其他学生、教师和专家组成的“水平型”社会网络，这不同于以教师为中心的“星形”网络，就如尚克（Roger Schank）所期望的那样，新的数字信息技术将彻底改变现有的教育课程，让技能的学习取代传统的学习科目（Schank，2005）（新的数字信息技术对学校系统究竟有或没有影响，这方面最新的论述参考 Collins & Halverson，2009）。

参考文献

Aldrich, C. (2005). *Learning by Doing: A Comprehensive Guide to Simulations, Computer Games, and Pedagogy in e-Learning and Other Educational Experiences*. New York: Wiley.

Bauerlein, M. (2009). *The Dumbest Generation: How the Digital Age Stupefies Young Americans and Jeopardizes Our Future*. London: Tarcher.

Battro, M., Fischer, K. W., & Léna, P. J. (Eds) (2007). *The Educated Brain: Essays in Neuroeducation*. Cambridge: Cambridge University Press.

Collins, A., & Halverson, R. (2009). *Rethinking Education in the Age of Technology: The Digital Revolution and Schooling in America*. New York: Teachers College Press.

Jackson, M., & McKibben, B. (2009). *Distracted: The Erosion of Attention and the Coming Dark Age*. Amherst, NY: Prometheus Books.

Miller, N. (2007). *Learning, Motivation, and Their Physiological Mechanisms*. Piscataway, NJ: Aldine Transaction.

Moreno-Ger, P., Burgos, D., & Torrente, J. (2009). Digital games in elearning environments: Current uses and emerging trends. *Simulation Gaming*, *40*, 669 - 687.

Prensky, M. R. (2010). *Teaching Digital Natives: Partnering for Real Learning*. London: Corwin Press.

Schank, R. (2005). *Lessons in Learning, e-learning, and Training: Perspectives and Guidance for the Enlightened Trainer*. New York: Pfeiffer.

Shaffer, D. W. (2008). *How Computer Games Help Children Learn*. Basingstoke:

Palgrave Macmillan.

Small, G., & Vorgan, G. (2008). *iBrain: Surviving the Technological Alteration of the Modern Mind*. New York: Collins Living.

Stewart, T. A. (1998). *Intellectual Capital: The New Wealth of organizations*. New York: Random House.

Surowiecki, J. (2005). *The Wisdom of the Crowds*. Garden City, NY: Anchor.

Tapscott, D. (1999). *Growing up Digital: The Rise of the Net Generation*. New York: McGraw Hill.

Tapscott, D. (2008). *Grown up Digital: How the Net Generation is Changing Our World*. New York: McGraw Hill.

Thorson, E. (Ed.) (1979). *Simulation in Higher Education*. Miami, FL: Exposition Press of Florida.

第二十章　日本的脑科学与教育

小泉英明(Hideaki Koizumi)

从脑科学的角度来看,学习与教育可定义为两个过程:一个是对外界刺激作出回应,形成神经元回路的过程;一个是控制或准备恰当刺激的过程。学习、教育与脑科学合在一起,可以形成一个新的研究领域,这个新的研究领域除神经科学以外,还包含一些与脑有关的学科,如神经心理学、发展认知神经科学、行为科学和儿童神经学。我们将这个新的研究领域命名为脑科学与教育(brain-science and education)。2000 年 12 月,日本科学技术振兴机构(Japan Science and Technology Agency)推出脑科学与教育国家规划,2011 年 3 月已经完成 19 个项目。日本的这项国家规划不仅使用传统无创的脑功能成像技术,如功能性磁共振成像、脑磁图和脑电图,还使用新的近红外光谱光学成像(near infrared spectroscopic optical topography, NIRS-OT)方法,对婴幼儿的学习过程进行研究。纵向研究,包括和日本一些地方合作的研究,主要是为了了解同卵和异卵双生子、学龄儿童的第二语言习得。还有人以新生儿、婴儿和儿童为被试,研究学习和教育的神经基础,说明早期脑的功能定位、早期语言学习过程和早期工作记忆的发展。有些研究结果已经开始服务于教育政治。作者在这一章分享的是日本教育中出现的新情况，以及日本的脑科学与教育国家规划取得的一些成果，这些成果可能对未来教育神经科学的发展非常重要。

一、引言

日本江户时期(1603—1868)，武士家庭的孩子自幼就在被称为“藩学”的学校里学习各种科目知识，并接受各种特殊技能的培训。这类学校都由被称为藩的地方政府开设，而普通民众的孩子，大多在被称为“寺子屋”的私人教育机构中学习阅读、数学，练习一些实用的知识和技能。据说，到了江户时代后期，日本全国大约有15 000所寺子屋学校。到了明治维新时期(Meiji Restoration, 1868)，日本全国男孩的日语识字率估计为43%，女孩为10%，是当时世界上母语识字水平最高的国家(Dore, 1965)。这就是联合国教育、科学与文化组织 320
(United Nations Educational, Scientific and Cultural organization, UNESCO)发起的教育促进运动，被称为“联合国教科文组织世界寺子屋运动”的原因。由于长期以来闭关锁国，与外部世界隔绝，明治维新之后，为了迅速吸收西方的文化和科学技术，日本以教育优先为施政方针。这样的历史背景是日本政府早期推动脑科学与教育研究的部分原因，这方面的研究，是这一章所要讨论的内容。

20世纪60年代末期，爱育医院(Aiiku Hospital)的儿科医师和主任内藤寿七郎(Jushichiro Naito, 1906—2007)，邀请东京大学医学院(Faculty of Medicine at the University of Tokyo)教授、神经科学研究者时实利彦(Toshihiko Tokizane, 1909—1973)，组织一个关于儿童保育和神经科学的研讨会，这是将神经科学应用到儿童保育及教育的第一步尝试。时实利彦去世后，他的追随者于1974年将这段时间的成果编辑成《脑与儿童保育》(*Noh to Hoiku*)一书出版。自此，应用神经科学来研究儿童保育和教育，便一直是日本神经科学研究者的梦想。

1992年，功能性磁共振成像(Ogawa et al., 1992)被用于人类研究(Yamamoto et al., 1992)。自此，神经科学开始走入人文和社会科学领域。在此之前，神经科学研究者只能梦想着将神经科学应用于教育，因为要实现这个目标，单靠动物实验研究是无法做到的。从功能性磁共振成像开始，更多高级、无创脑功能成像方法的发现，让神经科学研究者的梦想开始成真。

正如之前所提到的，脑科学与教育开始于儿童保育和神经科学的联姻，因为了解人脑在早期发展阶段所发生的变化，对儿童保育极其重要。然而，有了功能性磁共振成像，高级脑功能成像研究要将被试限制在一个狭小的测量空间，因此它很难用于婴儿和幼童研究。近红外光谱光学成像是新开发出来的一种高级脑功能成像方法，它利用近红外光谱，可以解决这一问题（Koizumi et al.， 1999；Maki et al.， 1995）。

此外，纵向研究——在一段时期追踪和观察几组被试——对阐明脑与学习/教育的关系非常重要，各种队列研究（cohort studies）也是全国性研究项目的一部分。通过这个政府计划，儿童神经学、心理学、行为发展研究和语言学等很多不同学科，在脑科学与教育的基础上，以跨学科的方式相互沟通与融合。由此形成“脑科学与教育”这一新的学术领域，教育场所的实际应用也是这个领域的一部分。

二、脑科学与教育的概念

为了推进这项研究，人们从生物学的角度重新定义了学习与教育这两个概念。学习被定义为“在所受环境刺激（一个人周围所有的东西）的基础上，形成神经回路的过程”；而教育被定义为“控制和补充必要的刺激，形成神经回路的过程”（Koizumi， 2000）。

这也就是说，学习这一形成神经回路的生物过程，包括突触的形态联结和功能联结。形态联结的形成，主要是在幼年，这期间，新的神经联结形成，经过进一步修改，更能适应环境的神经回路就出现了。成人的功能联结更为明显。现有突触之间的联结逐渐得到加强或削弱，从而形成新的神经回路。

321 另外，学习这个概念，既包含被动学习，也包含主动学习。出生之后，人通过接收环境中的刺激来适应环境，形成视觉等感知神经回路，这是被动学习的一个例子。相比而言，主动学习是由动机激发的有意识的学习。激情和理想对学习效率有直接影响，神经科学已经阐明这种影响的重要性。

教育本质上是人类特有的活动。倭黑猩猩（pan paniscus，bonobos）和黑猩猩（pan troglodyteschimpanzees）与智人（homo sapiens）的亲缘关系最近，但它们没有任何主动的教育行为。鸣禽是罕有的例外，它们会教自己的后代唱歌。除此之外，就只有人类才有教育活动。康德（Immanuel Kant，1724—1804）在《论教育》（*Über Pädagogik*）中对此也有论述。康德在父母养育实验中发现，金丝雀养育的麻雀会唱歌，他认为鸣禽有教育的雏形。

近年来，无创的高级脑功能成像方法发展迅速，这种方法提供了很多发展的认知神经科学方面的知识。在这些知识的基础上，结合已有的有关发展的行为研究成果，脑科学与教育可以继续探索社会所应提供的，特别是更适合人类学习、教育和抚育的教育环境和新的课程。过去，教育属于人文和社会科学，脑科学与教育是沟通、融合教育和自然科学的一种新的尝试（Ansari & Coch，2006；Goswami，2006；Koizumi，2000，2004，2010）。

教育理论是柏拉图（Plato，前428—前348）《理想国》（*The Republic*）中的重要内容。很多历史资料显示，一个国家或组织的存亡，主要取决于教育。儿童心智和身体的健康成长非常重要，因为国家和世界的未来，最终掌握在下一代手中。

近年来，儿童生活的环境已经发生了巨大的变化。能够获得的海量信息，对更高效率的追求，日益彰显的个人主义和社会的老龄化，是包括日本在内的发达国家呈现出的明显趋势。现在儿童的成长环境，是人类以前从没经历过的。

教育问题以及与儿童相关的社会问题，都越来越严重，这部分是由儿童及其父母生存环境的急剧变化所造成的。这些问题的解决，需要来自脑科学的循证支持与研究计划，需要正确的方向。

迄今为止，人们一直根据各种各样的主观经验，探讨儿童保育和教育。一直以来，教育原则和哲学主要以人文学科为基础，如教育、哲学和心理学的研究。但是，儿童的生存环境变化很快，有关教育实践方向的讨论，总是成为循环论证，教育政策像钟摆一样，摇摆不定。在这种严峻的形势下，循证的教育和实践理论必须包括自然科学（Koizumi，2008）。

三、教育神经科学研究的发端

经济合作与发展组织(Organization of Economic Cooperation and Development, OECD)有 30 个成员国,这个组织对教育方面的问题有着浓厚的兴趣。教育研究与创新中心(Center of Educational Research and Innovation, CERI)于 1968 年成立,40 多年后,教育司(Directorate of Education)于 2003 年成立,教育研究与创新
322 中心成为教育司的主要分支机构。"学习科学与脑研究"是教育研究与创新中心的一个研究项目,2000 年和 2001 年举办了三次关于学习科学与脑研究的国际性会议。2002 年 4 月,这个项目第二阶段的研究开始启动,在前顾问和负责人本斯顿(Jarl Bengston)的基础上,奇萨(Bruno Della Chiesa)继续发挥这个项目的核心作用。第二阶段包括三个方面:读写能力(阅读和书写的学习);计算能力(数学学习);终身学习(持续一生的学习)。一个由大约 30 个国家组成的高水平国际团队负责这些雄心勃勃的研究计划。研究取得了丰富的成果,很多成果以论文的形式提交,经济合作与发展组织将这些成果编印成册,分发宣传,以推动这些成果在社会和普通大众中的传播及应用。2007 年,英文和法文版分别问世,其他语言的版本也正在筹划之中。

梵蒂冈教皇科学院(Pontifical Academy of Sciences)成立于伽利略(Galileo Galilei)时代,2003 年 11 月,梵蒂冈教皇科学院举办了"心智、脑与教育"国际会议,纪念这个世界最古老的科学院成立 400 周年。梵蒂冈教皇科学院有大约 80 名成员,其中近一半是诺贝尔奖获得者。"心智、脑与教育"被选为当代科学最重要的主题(Battro, Fischer, & Léna, 2008)。这个会议取得的一个成果,就是 2004 年 10 月在哈佛大学教育学院召开的另一场国际会议。与此同时,国际心智、脑与教育学会(International Mind, Brain and Education Society, IMBES)宣告成立,此后,一直是费希尔(Kurt Fischer)和巴特罗(Antonio Battro)在领导这个学会的工作。

2007 年,布莱克韦尔(Blackwell)出版社率先出版发行《心智、脑与教育杂志》(Fischer et al., 2007)。心理学、神经科学和教育研究以及教育研究结果的实际应用,以及这些领域全面的沟通和融合,形成了一些新兴领域,对这些领域来说,这本学术期刊的出现适逢其时。人们对这本期刊的期望很高,因为旨在沟

通和融合不同领域的跨学科期刊并不多，它获得了美国出版商协会（American Association of Publishers，AAP）颁发的最佳新期刊奖。

中国近来也开始关注脑科学与教育，这方面的工作由中国教育部原副部长韦钰博士领导。她以观察员的身份参加了学习科学与脑研究项目第二阶段启动座谈会（The Royal Institution of Great Britain，2002）。教育部级和国家级的研究中心在一些大学以及类似的研究和教育机构陆续成立。教育和国防是国家安全的支柱。

在日本，1996 年，日本科学技术振兴机构全球环境跨学科论坛提出的一个概念是“环境与脑相互作用的重要性”，2000 年跨学科论坛的主题为“开发脑：学习与教育的科学”，本章作者是主席。这次会议刻意安排在 20 世纪的最后一年举行，以为 21 世纪开创一个新的研究领域。日本前教育部部长出席了这次论坛，论坛为期 4 天，阐明“脑科学与教育”“脑开发”这些新的学术领域的形成。日本科学技术振兴机构提出了一个创新研究项目“脑科学与教育”，邀请公众提供建议，参与研究，并于 2001 年正式启动。这个项目收集到了很多公众建议，从中选择了 12 个新颖、有趣的研究主题。2001 年，这个项目最终完成，又增加了 7 个主题。图 20.1、图 20.2 和图 20.3 和表 20.1、表 20.2 总结了前面提到的活动。

323

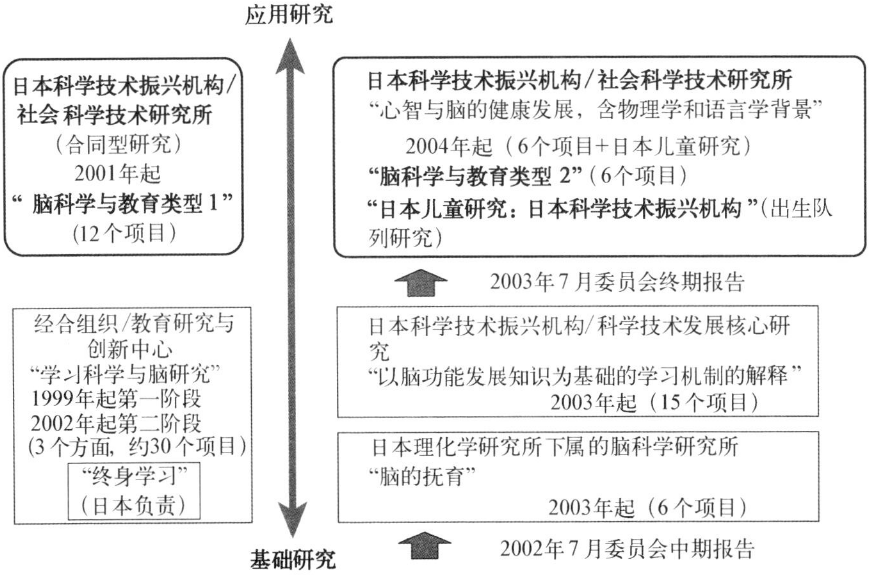

图 20.1　日本“脑科学与教育”国家规划

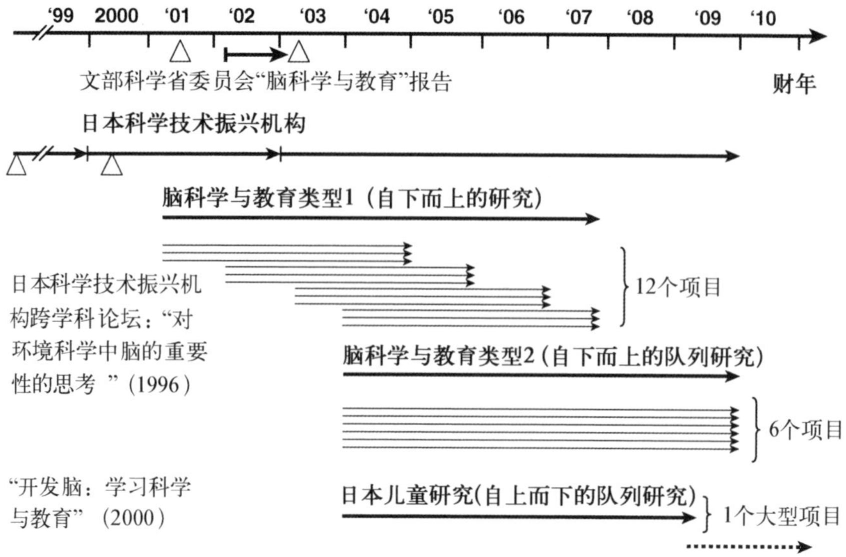

图 20.2　日本科学技术振兴机构社会科学技术研究所"脑科学与社会"组"脑科学与教育"项目

324

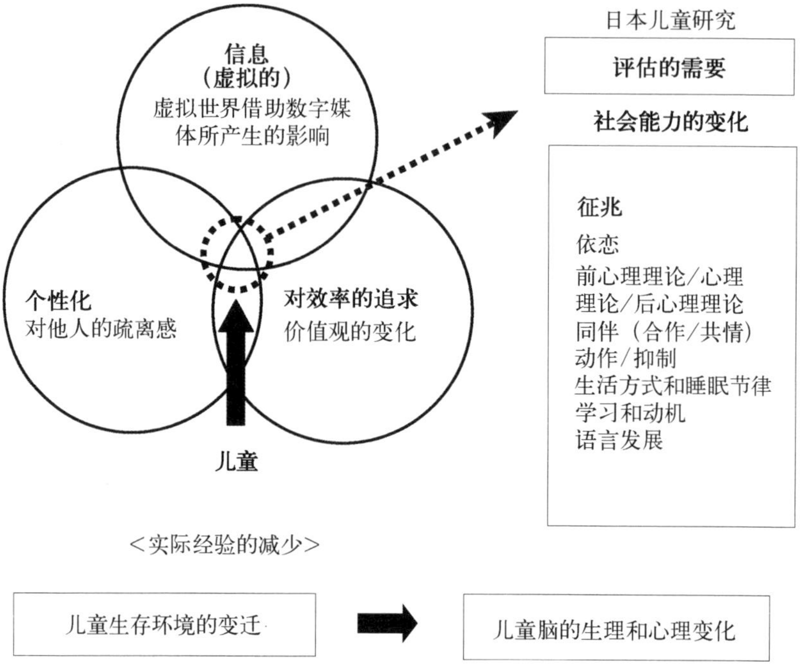

图 20.3　三个地方出生队列研究的目标(日本儿童研究：日本科学技术振兴机构)

表 20.1　日本科学技术振兴机构与神经科学研究者、教育工作者和实践者合作，共同选出的脑科学与教育类型 1 项目

12 个研究主题	
1. 前额皮质功能的发展(工作记忆和初级学习开始的区域)	2001—2005
2. 交流的发展(不同感觉通道的语言和脑)	
3. 脑的可塑性(人脑功能的敏感期)	
4. 记忆的发展(各种学习的基础)	2002—2006
5. 可塑性的分子基础(关键期的生物机制)	
6. 学校中的实际问题(学校里的缺勤现象等)	
7. 媒介对脑的影响(看电视和视频游戏)	2003—2007
8. 学习障碍的脑机理(治疗等)	
9. 环境对基因表达的影响(遗传和表观遗传的)	
10. 面部识别机制及其学习和发展	2004—2008
11. 语音习得(机制和应用)	
12. 母子非语言交流的分析	

所用的脑功能成像方法
功能性磁共振成像：1、2、3、4、6、7、8、9、10、11、12
脑磁图：2、10、11
近红外光谱光学成像：1、2、3、6、7、9、11、12

表 20.2　日本科学技术振兴机构与神经科学研究者、教育工作者和相关人员合作，共同选出的脑科学与教育类型 2 项目(使用脑功能成像的队列研究)

6 个研究主题	
1. 东京双生子队列研究(ToTCoP)——对婴儿期和幼儿期的双生子进行纵向研究	2004—2010
2. 语言习得的队列研究、脑的功能区和语言教育	
3. 孤独症谱系障碍队列研究：运用多学科的方法研究非正常和正常发展的社会原因	
4. 正常老年人和学习障碍儿童高级脑功能成像的队列研究	
5. 用于学生心智健康的生物医学新工具的开发	
6. 学习动机和学习效率的功能性神经成像队列研究	

所用的脑功能成像方法：
功能性磁共振成像：2，3，4，5，6
脑磁图：2
近红外光谱光学成像：1，2，3，4，5

四、研究方法与神经伦理学

1. 无创脑功能成像

功能性磁共振成像的优点是空间分辨率相对很高(3—5毫米),而它的缺点是给被试很多限制,时间分辨率很低,使用的是强磁场(Ogawa et al., 1992;
325 Yamamoto et al., 1992)。我们还开发了近红外光谱光学成像(Maki et al., 1995; Koizumi et al., 1999),将之应用于脑科学与教育领域。近红外光谱光学成像是一种无创的脑功能成像技术,可以观察脑中与神经元活动相关的局部血容量的变化。它从头皮的位置射出一束近红外光线,穿过颅骨,反射到脑皮质,在发根进行探测。近红外光谱光学成像的头罩,使用极细、极轻的光学纤维,完全无创。

近红外光谱光学成像的优势是:能在自然环境下测量、安全(Ito, Kennan, Watanabe, & Koizumi, 2000; Kiguchi et al., 2007),被试可以随意活动(Atsumori et al., 2010)。但这种无创成像方法的局限在于它的空间分辨率相对来说很低(15—25毫米),这主要是由于一大束光散射到生物组织上,妨碍了对脑皮质表面的观察。幼儿期和自然环境中的发展研究可以使用近红外光谱光学成像。

脑科学与教育经常使用近红外光谱光学成像,因为没有别的选择。尽管洛克(John Locke, 1632—1704)提出的最基本的问题之一,**白板**——脑功能分区开始于什么阶段?——过去一直是一个谜,但是我们正逐渐开始了解婴儿脑中功能分区的过程(Taga, Asakawa, Maki, Konishi, & Koizumi, 2003),了解前额皮质早期发展的过程(Nakano, Watanabe, Homae, & Taga, 2009)。此外,近红外光谱光学成像还被用来测量新生儿的脑对母语的特殊反应,结果显示,婴儿出生几天后就会对他们的母语作出明显的反应(Pena et al., 2003)。一个发现是,婴儿出生后,5个月左右就能识别人脸的正面,8个月左右就能识别人脸的侧面(Nakato et al., 2009)。研究人员已经可以对功能区之间的神经联结进行光学测量,未来的发展值得期待(Homae, 2010)。

现在的研究已经可以使用新的穿戴式测量方法同时测量多种脑活动(如穿

戴式光学成像/wearable optical topography，WOT)(Atsumori et al.，2009)。尽 326
管现在的研究一直只能观察一个人的脑功能，但是，作为脑科学研究的新概念，脑与脑之间相互作用的研究，不久后就可以开始。在脑功能成像数据的基础上，人们可以探讨双方关系(如母子关系)或三方关系(如母子关系中有第三方或物体作为中介)，这一天很快就会到来。

随着无创性脑功能成像技术的进步，脑科学与教育的研究也在飞速发展。但是所有的无创性脑功能成像技术均有局限性。这就需要同时使用多种方法，尽量发挥每种方法的长处。特别是功能性磁共振成像和近红外光谱光学成像测量的、与脑的神经活动相关的局部血容量和血流量，它们的机制还没有被完全揭开。这种机制急需阐明并且能够阐明来自动物实验的神经生理学知识。关于为神经活动输送能量(氧气、葡萄糖，加上血内载体血红蛋白)的毛细血管血流的调整机制，我们必须深入研究包括神经胶质细胞在内的神经传导路线，以及膨胀产生的物理压力所造成的血流调整。

功能性磁共振成像的功能非常强大，它的空间分辨率相对较高，能呈现整个脑部的三维影像，让人们对脑的功能有全面的了解。使用各向异性扩散磁共振成像(diffusion MRI)，可以对神经纤维进行纤维束追踪成像(tractography)研究，揭示脑的功能区之间的联结，这是脑科学与教育的一个重要研究方向。扩散磁共振成像对研究脑功能区和综合神经回路的发展也非常重要，因为它可以观察髓鞘生成过程，或者说，无髓鞘神经生成膜的过程(membrane-coating)。

2. 队列研究

日本科学与技术振兴机构对脑科学与教育的研究，已经演变成为更广泛的脑科学与社会(brain-science and society)研究。2004 年，有一项对发展和学习进行长期观察的纵向研究得以启动。图 20.3 展示了这项新的出生队列研究的目标(日本儿童研究：日本科学技术振兴机构)。这个研究有 6 个子项目，将队列研究(长期追踪和观察几个组的被试)与高级脑功能成像研究结合起来，具体可以参考表 20.2。而且，日本儿童研究的发展性队列研究(日本科学技术振兴机构)是在脑科学与社会这个更大的研究框架下，自儿童出生起，就追踪他们社会能力的发展，包括一些前兆因素的发展。这个研究的目标是要阐明社会能力，包括一些能力征兆的发展。这项创新性的队列研究的独特之处在于，专业的研究人员，如医生（儿科医师、儿童神经学家）、护士和发展心理学研究者，长期观察儿童的发展，因此它有别于传统的使用问卷的队列研究方法。在研究过程中，专业的研究团队相互合作，深化在现实生活条件下进行观察与分析的系统方法。这些研究团队在工作假设的基础上，使用恰当的测量方法，也就是所谓的工具，对儿童接触到的环境（自身之外的一切）和环境在儿童身上产生的影响之间的关系进行演绎验证。紧密追踪儿童的成长，从多个方面进行观察，从得出的结果中，人们可以发现一些未知的发展机制（Yamagata, Sadato, Anme, & Maeda, 2010）。

社会科学和人文科学有很多相互关联的变量，它们之间的各种关系即使可以厘清，其中的因果关系，通常也很难确定。物理学有一个基本原则，时间箭头的方向只能是从过去到未来，因为我们可以确定，原因总是先于结果，这里，这一点变得非常重要。时间跨度相当大的队列研究可以利用时间因素，厘清原因与
327 结果之间的关系。当时，对队列研究感兴趣的神经科学研究者很少，但是我相信，未来会有改观。现有的神经科学研究中，绝大部分数据来自小鼠、大鼠等啮齿动物的实验研究。但是啮齿动物的演变和灵长类动物有着天壤之别。例如，从结构上来看，啮齿动物的皮质很小，相当于灵长类动物的前额皮质。在**智人**这一进化阶段，负责语言和伦理等心智功能的脑区非常重要，伦理涉及人类的尊严。总而言之，有关人类的研究，只能使用人类被试，这正是队列研究之所以重要的原因。

3. 脑科学与伦理

队列研究对个人信息的管理非常严格，伦理是优先考虑的因素。伦理委员会（Ethics Committee）由处理伦理、法律和社会问题（ethical, legal and social issues, ELSI）的专家组成，这些专家都是从外面邀请的，完全中立。2004 年队列研究启动时，我们还成立了一个有关神经伦理的专门研究小组，这个小组的工作完全独立于伦理委员会。神经伦理研究小组有一名组长［东京大学教授佐仓统（Osamu Sakura）］，一名全职的研究人员，还有十余名顾问委员会成员。这个小组主要解决脑科学与教育队列研究中实际出现的新的伦理、法律和社会问题，他们还举办了几届神经伦理方面的国际或国内座谈会。最终，经过努力，他们开创了一个新的研究领域——脑科学与伦理学（brain-science and ethics）（Koizumi,

2007)。脑科学与伦理由两个不同的概念组成:“脑科学的伦理”(神经伦理)(Illes, 2005)和“符合伦理的脑科学”(Aoki, Funane, & Koizumi, 2010; Della-Chiesa, 2010)。我们有很多队列研究,涉及10 000余名儿童、婴儿及其看护人。正是因为个人数据处理小组和神经伦理研究小组的仔细审查和辛勤工作,我们从未发生过严重的伦理、法律和社会问题。

五、脑科学与教育的研究案例

在过去的十年中,作为一个新兴领域,脑科学与教育(包括那些海外研究)一直想要更清楚、全面地解释有关的概念,让各个方向的研究都能得到发展。最初绘制脑功能地图的那个研究,主要关注引发疾病的那个脑区。很多观点都是从一些具体的案例开始的,当研究积累到一定程度,这些观点被推广开来,普遍的应用就成为可能。与此类似,脑损伤所引发的疾病、发展性障碍,这些都需要特殊教育,脑科学与教育研究,可以从特殊教育开始,然后扩展到普通的小学教育、中学教育和高等教育,及至终身的学习和教育。

我们所研究的,都是重要且紧迫的问题,这一点从表20.1和表20.2可以看出。除了我们自己的调查和听证会,我们还成立工作小组、委员会来审查这些研究问题的时间和预算。日本科学技术振兴机构官方网站的主页上,列出了在这十余年里19个项目所取得的研究成果(Japan Science and Technology Agency, 2011)。评估这些研究项目的是外界负责同行评议及考核的官方委员会。由于我们的报告大多数是日文的,所以我在这里想选择几个例子分享一下,这些例子对教育领域的神经科学的未来可能比较重要。

1. 解释关键期的脑机制

我们的几个项目,以及日本脑科学与教育计划的一些项目,也都揭示了关键期的机制。例如,动物实验表明,神经递质伽马氨基丁酸(gamma-amino-butyric 328
acid, GABA)影响关键期的开始和结束。苯二氮(benzodiazepine)——一种可以促进受体联结的伽马氨基丁酸激活剂——可以让关键期更早开始,而其拮抗剂则会让关键期更早结束(Hensch & Stryker, 2004)。对关键期这种自然现象进行控制,这种做法人类是否可以接受,是脑科学与伦理方面的问题。另外,日本科学技术振兴机构进化科学与技术核心研究(Core Research for Evolutional Science and Technology, CREST)项目的一些研究揭示,随着神经髓鞘形成的发展,结构上的神经可塑性(通过生成新的树突和突触来形成新的神经回路)停止,功能上的神经可塑性(通过改变神经突触信息传递效率来形成新的神经回路)成为学习的主要部分。

幼儿阶段及关键期的结构性神经可塑性是这段时间学习的基础,是学习和教育的主要部分。尽管关键期的研究看起来是一种基础研究,但它可以为实际的学习活动提供很多启示(Kato, Watabe, & Manabe, 2009)。

有些高级的脑功能,如母语之外其他语言的习得,讨论它们的关键期,不一定合适。直觉区分和分类认识辅音和元音的关键期,大约在出生 1 年后。但是,习得外语需要很多功能,关键期这样一个简单的概念并不适用于这种发展。我们的实验显示,学习动机或意愿可以彻底改变学习的效率,所以**最佳期**而不是**敏感期**看起来更合适。

2. 遗传和环境的动态互动

脑科学与教育项目对双生子进行了大规模的队列研究。这个队列研究,主要观察和调查同卵和异卵双生子。我们邀请东京及其周边地区的双生子家长与我们合作。我们的数据库中有 47 000 对双生子,其中有 1 760 对的看护人接受了邀请,我们在双生子 6—7、9、12、15、18、24—30、36、42 和 48 个月大时,对他们及其看护人进行观察研究,研究持续了 4 年。我们获得了大量重要的第一手资料。教育对发展、学习和儿童保育的影响,涉及环境和遗传两方面的因素。同卵双生子没有遗传差异,如果他们的发展表现出显著的差异,我们可以将之理解为受到了各自独有的环境因素的巨大影响。反之,如果他们在发展上没有差异,我们可以认为,即使是环境因素,也没有对他们产生任何影响。异卵双生子有遗传差异,如果观察结果显示,他们在某个发展方面存在显著差异,我们可以认为,遗传和环境因素都在一定程度上都对他们产生了影响,比较异卵双生子和同卵双生子的观察结果,就可以知道两种影响的具体程度。如果研究没有发现任何差异,则存在两种可能——遗传和环境因素都没有影响他们,或者这些因素的影响相互抵消了,这一点,通过比较异卵双生子和同卵双生子的观察结果,也能厘清。这样,在所观察的那些发展方面,我们就很容易看出,遗传和环境相互作用的动态机制。我们认为，这些结果可以帮助我们解释教育和儿童保育。现在，大量的数据仍在调查之中（Ozaki，Toyoda，Iwama，Kubo，& Ando，2011）。

3. 发展性障碍的机制及其治疗

脑科学领域新的进步，让发展性障碍成为新的焦点。的确，全球孤独症谱系障碍病人的数量都在增加，这包括坎纳型孤独症（Kanner-type autism）、阿斯伯格综合征（Asperger's syndrome）及其他类型的孤独症。诊断方法和医疗条件的改 329
善，让越来越多的病人得到确诊，这是造成这种现状的其中一个原因。揭示孤独症谱系障碍的内在机制，确定早期的诊断指标，开发出基于数据的有效而科学的治疗和抚育方法，这些都非常必要。发展过程中，睡眠节奏的形成，爬行等身体机能，语言发展和心智假设（如心智阅读和共情），都会出现各种障碍的明显症状。在过去的十年中，相关致病基因的研究也取得了重大进展，得到的结果显示，造成这类障碍的不是某些基因，而是一些更基本的问题，例如神经联结（突触）方面的遗传问题（Fujita et al.，2008）。

4. 第二语言习得过程中的脑活动

我们使用光学成像和脑电图（多点脑电图），长期纵向观察习得第二语言时脑内语言处理的系统方法，我们的被试有 500 多个，来自较早提供第二语言（英语）教育的公立学校和实行浸入式教育的学校。我们采用的第一种方法是让被试听一些词语，却不用去想它们复杂的语法，同时观察他们的 N400 水平信号，然后对这些信号进行分析。结果发现，在习得第二语言的过程中，整个脑的激活模式发生了变化，从中我们可以找到语言习得熟练程度的指标。之后，这方面又有一个研究，也取得了一些成果（Ojima et al.，2011）。近红外光谱光学成像能够更加精确地确定第二语言习得的语言区域，得到的数据比之前脑电图的数据更有意义（Sugiura，2011）。

5. 从特殊教育到普通教育

在学习与教育中应用脑科学，最难的是应用的推广。

脑科学与教育的研究，都是从一些明显的症状开始，然后转向正常的人群，这种研究路径被证明适合用来探索人类研究的新领域。但是对包括婴幼儿在内的健康人群进行研究，并非易事，因为这类研究优先考虑的是伦理问题。所以迄今为止，以人类为被试的直接实验少之又少。很明显，队列研究——在一段时间内观察几组儿童的成长情况——可以作为研究的一条重要途径。

一方面，将近十年的研究已经表明，在提出可以直接用于普通义务教育的新的学习方法之前，应先研究由脑功能损伤引起的发展和/或学习障碍，例如，婴幼儿的特别抚养教育，儿童的特殊教育，这非常重要。另一方面，脑科学方面的知识，可以直接帮助人们制订各种计划，让老年人生活健康，有质量，帮助减轻或延缓老年人的认知障碍症状。根据疾病，很容易就能确定脑的功能，这也让直接应用脑科学的知识变得相对容易一些。脑功能研究这一新兴领域，需要从某些障碍的案例出发去发现新的知识，然后将这些知识小心地应用到正常的个人。

6. 内因性学习和外因性学习的脑机制

奖励系统经常给真正的学习带来愉悦感。奖励驱动的学习，在动物进化之
330 初就已存在。愉悦和不悦的感觉是指南针，可以帮助选择更高的生存几率，在动物进化的过程中，积极的学习会被强化。在人类进化的过程中，学习的动机进一步发展，产生了一种可以预测奖励的心智功能。教育研究有时区分内因性学习和外因性学习。内因性学习能让学习者感受到学习自身的乐趣，是自我激励式的学习；而外因性学习是学习者预期学习会带来奖励而进行的学习。纹状体（壳核和尾状核）被认为是奖励系统的中心，社会科学技术研究所/日本科学技术振兴机构的“脑科学与教育”项目，使用无创脑功能成像进行研究，发现纹状体既可以被物质奖励激活，也可以被精神奖励激活（Izuma，Saito，& Sadato，2008；Mizuno et al.，2008）。教育研究一直在讨论物质奖励和精神奖励的根本区别。未来，人们可能将根据脑科学的新知识来重新认识内因性学习和外因性学习的区别。

六、超越神经神话

科学在任何时代都不是完美的。如果我们坚持认为，科学代表没有瑕疵的事实，那它就成了宗教而不是科学。谦虚是科学研究者的天性。只有附带的证据和文件资料显示，“在我们现有的知识范围内，这是事实”，事实才能得到承认。

被称为现代化学之父的拉瓦锡（Antoine Laurent Lavoisier，1743—1794），曾在定义**元素**时提出，不能被进一步分解的叫元素。这已经非常小心了，即使如此，当时认为的元素，后来被证实是化合物。时至今日，人们仍在陆续发现很多更小的粒子，这些粒子被称为基本粒子（elementary particles），这是科学取得的重大进展。同理，脑科学也仍然有很多未知的、尚未阐明的问题。

脑科学和其他科学一样。尽管脑科学应用的多样化这一点越来越清楚，但人们有时会脱离神经科学的证据来推广研究结果，有时夸大某些研究的结果。这些误导或不正确的理论被称为神经神话。人们相信它们，以为它们已经得到脑科学的证明，这是一个根本性的问题。经济合作与发展组织发布的一份报告《理解脑：学习科学的诞生》（英文和法文版 2007 年出版），里面提到脑科学在学习和教育领域有广泛的应用，书中有一章专门写“消除‘神经神话’”。在日本，神经神话也让很多人产生了很大的困惑。

第一个神经神话与 3 岁儿童有关，它提出，最基本的脑神经系统形成于 3 岁前，因此，在这段时间，抚养人（通常是母亲）必须专心照顾儿童。美国的一个发展性队列研究（在一段时间追踪和观察几组人）（Friedman & Haywood，1994）揭穿了这个神话。这项研究表明，如果抚养方法得当，儿童在自己家庭以外的环境中长大也没有问题。几乎所有的国家都有“三岁看大，七岁看老”（As the boy，so the man）这样的俗语。根据我的经验，3 岁之前这个阶段的抚育对儿童极其重要，这类知识可以在发展认知神经科学中找到。但是，如果人们想将研究结果应用于社会问题，则必须慎之又慎。

“学习存在关键期，如果错过了这个阶段，学习就永远无法进行”，这又是一个神经神话。学习用品销售员在推销产品时，就会使用这个神经神话。洛伦茨（Konrad Z. Lorenz，1903—1989）发现，鸟类有印刻（imprinting）现象（例如，鸟类会跟随孵出后第一眼看到的物体），这个神话就受此影响，但鸟类和人类有着显著的区别。孵出后的 24 小时是灰雁印刻的关键期。人类视、听等感觉的学 331
习，尽管也有敏感期（没有关键期那么明显），但各种高级功能的学习，是否也有关键期，目前还不得而知。关于语言习得及其他复杂的学习活动，目前人们正在研究的是“最佳时期”这一概念。就语言学习而言，我们观察到，国外的相扑运动员高中毕业后来到日本，他们在相对较短的时间内就能说一口流利的日语。

这些是神经神话的一些具体实例以及我的一些解释。有时候，即使神经科学领域的研究人员，也不能正确地传递信息。例如，在灵长类动物的这个阶段，额叶皮质的进化非常明显，如果我们只看人的额极，这一点就更加明显，人的额极与整个脑的比率是黑猩猩的两倍。啮齿类动物前额区域的解剖结构，在进化史上变化得更早，与灵长类的很不相同。我们始终应该小心谨慎地对待将小鼠和大鼠等啮齿类动物的实验结果直接应用于人类的这种做法，人类和啮齿类动物在进化史上的距离很远。

有的神经神话缺乏科学的证据，这一点前面已经详细地解释过，有的神经神话夸大某些研究的发现，在脑科学与教育研究中，有一个问题我们已经探究了十多年，那就是如何将基于事实的研究与神经神话区分开来。如今，“有关脑的谈话类节目”（brain talk）正在全球兴起。真正的脑科学与教育研究，要面对大量有关神经神话的书籍和电视节目。脑的研究是一种强有力的手段，可以解决我们日常生活和社会中的问题，这种看法应该得到推广。但是，在现实生活中，脑科学与教育研究的广泛传播，会遇到神经神话这个麻烦。我们预计这将是最大的麻烦。

七、结论

“脑科学与教育”计划的研究结果，已经开始应用于教育政策的制定和学校教育的改善。在日本，这些研究结果早就开始发挥作用，托儿所/幼儿园的教师/护士，已经开始学习发展认知神经科学的基础知识，尽可能按照科学的观念教育和抚育儿童。

我们深信，“学习和教育的提高，能促进人才的培养，国家的繁荣”。这种信念直接关系到日本的未来。日本的特点是，自然资源匮乏，土地面积小，人口密集，日语与印欧语言明显不同。历史上，我们先学习外国语言，然后吸收世界的知识，运用这些知识来提高进口原材料的价值，生产和出口具有附加值的产品。国人的辛勤工作，让日本成为世界经济的领导者之一。如今，日本的经济债务负担沉重，人口老龄化严重。预计到2030年，两个年轻人要负担一个老人。作者认为，脑科学与教育有助于提供客观的解决方案，为未来世界各国所需的教育寻找一条合适的道路。

自然资源是有限的，总有一天会消耗殆尽。它需要人类运用智慧去创造新的能源，合理地使用资源，让生活方式适应现实环境。在所谓的富裕国家，昂贵的食品未经食用就成为残羹剩菜，人们抱怨无休止的欲望。教育有必要提醒人 332
类，让人类回到最初的“感激我们拥有的一切”的状态。关于人类奖励系统的研究结果非常重要，可以帮助我们理解情感、满足和幸福的机制。

创造一个更美好的世界，需要用最佳的方式使用人类所有的资源。在这一章的最后，我想为了这个目标，再次强调脑科学与教育的重要性。

致谢

作者感谢日本文部科学省和日本科学技术振兴机构对脑—科学与教育计划的大力支持。他同时也想向这两家网站主页所列的参与计划的顾问和同事表达诚挚的谢意。

参考文献

Ansari, D., & Coch, D. (2006). Bridges over troubled waters: Education and cognitive neuroscience. *Trends in Cognitive Sciences*, *10*, 146 - 151.

Aoki, R., Funane, T., & Koizumi, H. (2010). Brain science of ethics: Present status and the future. *Journal of Mind, Brain, and Education*, *4*, 188 - 195.

Atsumori, H., Kiguch, M., Katura, T., Funane, T., Obata, A., Sato, H., et al. (2010). Noninvasive imaging of prefrontal activation during attention-demanding tasks performed while walking using a wearable optical topography system. *Journal of Biomedical Optics*, *15*(4), 1 - 7.

Atsumori, H., Kiguchi, M., Obata, A., Sato, H., Katura, T., Funane, T., & Maki, A. (2009). Development of wearable optical topography system for mapping the prefrontal cortex activation. *Review of Scientific Instruments*, *80* (4), 1 - 6.

Battro, A., Fischer, K., & Lena, P. (Eds.) (2008). *The Educated Brain*. Cambridge: Cambridge University Press.

Della Chiesa, B. (2010). "Facilis descensus Averni" Mind, Brain, Education, and Ethics: Highway to hell, stairway to heaven, or passing dead end? *Journal of Mind, Brain*, *and Education*, *4*, 45 - 48.

Dore, R. P. (1965). *Education in Tokugawa Japan*, *in International Library of Sociology and Social Reconstruction*. Berkeley, CA: University of California Press.

Fischer, K. W., Daniel, D. B., Immordino-Yang, M. H., Stern, E., Battro, A., & Koizumi, H. (2007). Why mind, brain, and education? Why now? *Mind*, *Brain and Education*, *1*, 1 - 3.

Friedman, S., & Haywood, H. C. (Eds.) (1994). *Developmental Follow-up: Concepts*, *Domains*, *Methods*. New York: Academic Press.

Fujita, E., Tanabe, Y., Shiota, A., Ueda, M., Suwa, K., Momoi, M. Y., & Momoi, T. (2008). Ultrasonic vocalization impairment of Foxp2 (R552H) knockin mice related to speech-language disorder and abnormality of Purkinje cells. *Proceedings of the National Academy of Sciences of the United States of America*, *105*, 3117 - 3122.

Goswami, U. (2006). Neuroscience and education: From research to practice? *Nature Reviews Neuroscience*, 7, 406 - 413.

Hensch, T. K., & Stryker, M. P. (2004). Columnar architecture sculpted by GABA circuits in developing cat visual cortex. *Science*, *303*, 1678 - 1681.

Homae, F., Watanabe, H., Otobe, T., Nakano, T., Go, T., Konishi, Y., & Taga, G. (2010). Development of global cortical network in early infancy. *Journal of Neuroscience*, *30*, 4877 - 4882.

Illes, J. (2005). *Neuroethics: Defining the Issues in Theory*, *Practice and Policy*. Oxford: Oxford University Press.

Ito, Y., Kennan, R., Watanabe, E., & Koizumi, H. (2000). Assessment of heating effects in skin during continuous wave near-infrared spectroscopy. *Journal of Biomedical Optics*, *5*, 383 - 390.

Izuma, K., Saito, D. N., & Sadato, N. (2008). Processing of social and monetary rewards in the human striatum, *Neuron*, *58*, 164 - 165.

333 JST Homepage on Brain-Science & Education Programmes in Research Institute of Science and Technology for Society (RISTEX). (2011). http: //www.ristex.jp/result/brain/index.html, Results of the Research: http: //www.ristex.jp/result/brain/program/index.html. Evaluation Report: http: //www.ristex.jp/result/brain/program/pdf/ind01.pdf. Symposiums: http: //www.ristex.jp/eventinfo/pasrelative/index.html. Interview for the Director "Brain-Science Reforms Education": http: //scienceportal.jp/HotTopics/interview/interview52/index.html, http: //scienceportal.jp/HotTopics/interview/interview52/06.html.

Kato, H. K., Watabe, A. M., & Manabe, T. (2009). Non-Hebbian synaptic plasticity induced by repetitive postsynaptic action potentials. *Journal of Neuroscience*, *29*, 11153 - 11160.

Kiguchi, M., Ichikawa, N., Atsumori, H., Kawaguchi, F., Sato, H., Maki, A., & Koizumi, H. (2007). Comparison of light intensity on the brain surface due to laser exposure during optical topography and solar irradiation. *Journal of Biomedical Optics*, *12*(6), 7 - 10.

Koizumi, H. (2000). Developing the brain: The science of learning and education. *Kagaku* (Science), *70*, 878 - 884.

Koizumi, H. (2004). The concept of "Developing the Brain": A new natural science for learning and education. *Brain & Development*, *26*, 434 - 441.

Koizumi, H. (2007). The concept of "Brain-Science & Ethics". *Journal of Seizon and Life Sciences*. *17*, 13 - 32.

Koizumi, H. (2008). Developing the brain: A functional imaging approach to learning and educational sciences. In A. Battro, K. Fischer, & P. Lena (Eds.), *The Educated Brain* (pp. 166 - 80). Cambridge: Cambridge University Press.

Koizumi, H. (2010). Toward a new educational philosophy. In M. M. Suarez-Orozco & C. Sattin-Bajaj (Eds.), *Educating the Whole Child for the Whole World* (pp. 81 - 96). New York: New York University Press.

Koizumi, H., Yamashita, Y., Maki, A., Yamamoto, T., Ito, Y., Itagaki, H., & Kennan, R. (1999). Higher order brain function analysis by trans-cranial dynamic near-infrared spectroscopy imaging. *Journal of Biomedical Optics*, *4*, front cover and 403 - 413.

Maki, A., Yamashita, Y., Ito, Y., Watanabe, E., Mayanagi, Y., & Koizumi, H. (1995). Spatial and temporal analysis of human motor activity using noninvasive NIR topography. *Medical Physics*, *22*, 1997 - 2005.

Mizuno, K., Tanak, M., Ishii, A., Tanabe, H. C., Onoe, H., Sadato, N., & Watanabe, Y. (2008). The neural basis of academic achievement motivation. *Neuroimage*, *42*, 369 - 378.

Nakato, E., Otsuka, Y., Kanazawa, S., Yamaguchi, M. K., Watanabe, S., & Kakigi, R. (2009). When do infants differentiate profile face from frontal face? A near-infrared spectroscopic study. *Human Brain Mapping*, *30*, 462 - 472.

Nakano, T., Watanabe, H., Homae, F., & Taga, G. (2009). Prefrontal cortical involvement in young infants' analysis of novelty. *Cerebral Cortex*, *19*, 455 - 463.

Ogawa, S., Tank, D. W., Menon, R., Ellermann, J. M., Kim, S. G., Merkle, H., & Ugurbil, K. (1992). Intrinsic signal changes accompanying sensory stimulation: Functional brain mapping with magnetic resonance imaging. *Proceeding of the National*

Academy of Sciences the United States of America, *89*, 5951 - 5955.

Ojima, S., Nakamura, N., Matsuba-Kurita, H., Hoshino, T., & Hagiwara, H. (2011). Neural correlates of foreign-language learning in childhood: A 3-year longitudinal ERP study. *Journal of Cognitive Neuroscience*, *23*, 183 - 199.

Ozaki, K., Toyoda, H., Iwama, N., Kubo, S., & Ando, J. (2011), Using non-normal SEM to resolve the ACDE model in the classical twin design. *Behavioral Genetics*, *41*, 329 - 339.

Pena, M., Maki, A., Kovacic, D., Dehaene-Lambertz, G., Koizumi, H., Bouquet, F., & Mehler, J. (2003). Sounds and silence: An optical topography study of language recognition at birth. *Proceedings of the National Academy of Sciences of the United State of America*, *100*, 11702 - 11705.

Sugiura, L., Ojima, S., Matsuba-Kurita, H., Dan, I., Tsuzuki, D., Katura, T., & Hagiwara, H. (2011). Sound to language: Different cortical processing for first and second languages in elementary school children as revealed by a large-scale study using fNIRS. *Cerebral Cortex*, First published online 24 February.

Taga, G., Asakawa, K., Maki, A., Konishi, Y., & Koizumi, H. (2003). Brain imaging in awake infants by nearinfrared optical topography. *Proceedings of the National Academy of Sciences of the United States of America*, *100*, 10722 - 10727.

334 Yamagata, Z., Sadato, N., Anme, T., & Maeda, T. (Eds.) (2010). Japan Children's Study 2004 - 2009: A developmental cohort study of early childhood. *Journal of Epidemiology*, *20*, Supplement 2.

Yamamoto, E., Takahashi, T., Takiguchi, K., Onodera, Y., Itagaki, H., & Koizumi, H. (1992). Non-invasive brain function imaging by ultra fast magnetic resonance imaging. *Image Technology and Information Display*, *24*, front cover and 1466 - 1467.

第七部分

结束语

第二十一章　神经科学与教育的是与非：教育工作者的视角

保罗·霍华德-琼斯(Paul Howard-Jones)

一、申明

本章将从教育的视角看待本书提出的一些问题，但是首先要作一个申明。作为一名研究者，我既做教育方面的研究，也做神经科学方面的研究，所以我不能说我可以代表正在从事教育工作的教师与教育工作者。但是我一直努力利用这个机会更多地关注教育，而不是神经科学与教育这一复杂领域的科学问题。因此，这种教育的视角是个人的视角，尽管它的形成来自我过去作为教师、培训教师的培训员和学校督察员的经验。我自己还研究了一些与神经科学和教育交叉的领域，它也不可避免地受此影响。我表述的一些观点，有的得到了教师问卷调查结果和教师座谈会结果的支持，但它总归只是一种个人的看法，我非常感谢编辑们让我作了这个说明。

二、是与非

“是与非”这个标题让我的脑中回想起伊斯特伍德(Clint Eastwood)在一个荒凉的鬼城与人决一死战的一些画面。[①] 我必须坦承一开始我并没有看出其中的联系。但是在这个新开创的神经科学与教育之间的领域,法律与秩序依然有很多空白,各种各样的人都在这里争名逐利。这其中,有一些商人在寻找机会无情地利用那些天真无知的人。是的,这里肯定有许多牛仔或者说奸商。

不说克林特了,“是与非”这个标题还强调这个主题涉及评判。本书的作者大多数都是科学研究者。任何一个经常在科学领域接受同行评议的人都知道,科学并没有完全摆脱主观性,但是它确实在一套合理标准的基础之上,尽力**做到**“价值中立”地、客观地对事实进行认定。什么说法是科学可以或者不可以接受的,差不多可以写成一本正式的规则手册(通常借助统计数据来说明)。这样一本规则手册帮助科学研究者比较舒服地就什么是“好的”和“不好的”科学达成共识。很多科学评论令人信服地拆穿了违反这些规则的伪科学,但是这种伪科学仍能在科学的边缘或外缘继续繁荣(至少在经济上是如此),远离严格的科学审查。我们很幸运,拥有麦金托什和里奇(本书第十四章)这样的作者,他们已经做好准备,冒险进入这片荒凉之地,围捕可疑的嫌犯,对他们进行审判。

338 但是本书不只谈何谓好的科学,还谈科学,特别是神经科学在教育领域的应用。科学应用利弊这一问题的复杂程度超过检视科学自身的严谨性。仔细琢磨关于核裂变的科学论述,关于什么是合理的判断,即什么是好的和不好的科学,我们应能达成明确的共识。如果我们希望了解核裂变的应用有哪些利弊,需要将科学以及它产生廉价能源的潜力,与其他很多不同的领域——政治、历史、经济、风险以及对风险的认知等联系起来。最终,判断在某个地点建立一座核反应堆的利弊,需要在充分了解的基础上就价值观取得一定程度的共识。不同领域的专家需要与可能使用这些成果并受其影响的非专业人士进行交流,这样才有可能达成共识。

---

① 1966年,伊斯特伍德主演了电影《黄金三镖客》(The Good, the Bad and the Ugly),这部电影的英文名字与这个标题相同。——译者注

这一章中我将提出这样的交流在知识建构的过程中需要尽早开始，设计和利用有益于教育的科学研究，最好的途径就是让教育工作者自始至终都参与其中。新知识的构建肯定既受神经科学的影响，又受教育知识的影响，但新知识不只是这两个部分的简单相加。正如米里亚姆·比彻姆和凯瑟琳·比彻姆（本书第二章）所指出的，神经科学与教育的冒险遇到了许多挑战，在寻求各种解决办法的讨论中，这样一种跨学科的方法已经成为一个强烈的、新兴的主题。当然，在此之前，有一个观点似乎值得研究，这个观点来自本书的其他一些作者：心理学能提供教育所需的所有知识。此外，在知识构建的每一个阶段，都要仔细检查对话和合作所能发挥的作用：清除神经神话，确定可以驾驭的、相关的问题，提出理论，搜集证据并加以应用。最后，关于哪些表述会让教育工作者发现"非"的一面，精神美学在这个领域有哪些重要意义，我会提出一些看法。

三、教育需要神经科学吗?

认知在本书中所占的篇幅足以证明，在建立脑和行为的联系，包括脑与学习行为联系的过程中，认知模型非常重要（Morton & Frith，1995）。的确，不管神经科学能作出什么样的贡献，瑟容（本书第六章）始终强调，在深入理解数学学习的过程中，重要的是提出更恰当的认知模型。对认知的重视（也见本书施皮尔等人的第十七章）引发了一个问题，那就是教育对神经科学的兴趣越来越大，但如果教育不再对神经科学感兴趣，转而关注心智，那么教育是否会从中受益。在本书第八章中，勒迪格等人确实从一开始就清楚地表明，他们不会讨论很多神经科学，而要讨论认知。勒迪格等人指出，关于记忆及不同的策略如何能提高记忆的表现，认知心理学有一些重要的发现。勒迪格等人强调，这些发现非常丰富，数量也很多。阅读第八章的时候，人们几乎深信，教育工作者应当将神经科学的书放回书架，转而阅读更多认知心理学的书。勒迪格等人提出，从认知转向教学，意味着要建一座重要的沟通桥梁。但是我要说，同时需要建立"从认知心理学到神经科学"的沟通桥梁，紧跟神经科学，将让认知心理学有机会发挥更好的作用。这方面的理由既有实用主义的，也有原则上的。首先，虽然神经科学吸引了教育工作者的兴趣，但真正的神经科学的概念，如果单纯作为行为的心智模型被提出来，会显得很抽象。神经神话的产生正是因为真正的神经科学留下了空白。真正的神经科学对消除神经神话非常重要，更重要的是，它能帮助人们深入地理解一些最基础的学习过程，为教学实践提供帮助。

339 以分散学习(spaced learning)为例。勒迪格等人提醒我们，与其在一段时间内集中学习所有的内容，不如把学习分为几部分，分散到不同的时间，这样我们可以学会更多的内容。20年前，登普斯特(Dempster, 1988)描述教育界对这个观点的理解是“心理学研究成果在应用中的失败”。今天，英国校长凯利(Paul Kelly)的努力可能会让登普斯特感到欣慰，这位校长在他的学校将分散学习作为课堂组织的核心概念。凯利的努力前所未有地吸引了新闻媒体对分散学习的关注。然而这一切都是因为2005年凯利在《科学美国》(*Scientific American*)读到“世界顶级神经科学研究者之一”“发现记忆形成的一些化学与遗传过程”(Kelly, 2009)。因此，尽管心理学研究者艾宾浩斯(Ebbinghaus)早在1885年就已经报告了相关的内容，其他心理学研究者随后也有进一步研究，但是只有在菲尔茨的文章(Fields, 2005)将这种影响与神经科学的成果联系起来之后，它才成为教育与媒体关注的焦点。虽然这么说有点不太公平，但神经科学似乎的确拥有某种魅力，让心理学黯然失色(Weisberg, Keil, Goodstein, Rawson, & Gray, 2008)。这可能会让认知心理学研究者觉得自己的工作被低估。然而更重要的是，不重视心理学是教育的损失。

凯利的学校在探索教育新方法上表现出色，对心理学概念的关注在这里也可能起到帮助作用。更仔细地审视凯利所提倡的分散学习，我们发现，10分钟被认为是两段学习之间最佳的时间间隔。10分钟这个数字来自菲尔茨的研究(Fields, 2005)。但是，10分钟的时间间隔与菲尔茨研究的这种联系是否有效，存在争议。因为在菲尔茨的研究中，10分钟是实验者为了刺激有盖培养皿(Petri dish)中大鼠的神经元主观选择的时间间隔。关于不同间隔时间的影响，心理学有大量的研究，如果我们查看这些研究就会发现，这些研究并没有就这一时间间隔或其他时间间隔取得一致的结果。例如，登普斯特(Dempster, 1988)指出，30分钟好于5分钟。巴里克和费尔普斯(Bahrick & Phelps, 1987)发现，30天好于1天。而其他研究者(Challis, 1993)则指出，最佳的时间间隔取决于加工的水平(我猜可能还有许多其他尚未确定的因素)。严格的跨学科研究并没有提供这方面的信息，如果与神经科学的联系未经证实就开始建立，神经神话就会出现。然而，有一些神经科学研究可以让我们加深对这方面的了解。卡伦和施魏格霍费尔（Callan & Schweighofer，2008）的一篇神经成像论文提供了一个更合理的解释，就是言语学习之所以出现时间间隔效应，其实是因为人在时间间隔时，复述维持能力比集中时强，但这仍然没有解决最佳学习时间间隔的问题，也逐渐动摇了将 10 分钟作为一个神奇数字的看法。那些希望认知心理学理论能对教育产生更大影响的人，应该将神经科学看作自己潜在的盟友。神经科学除了能吸引受众的注意，有助于传播理论，还能让人们真正科学地理解这些理论本身，也能帮助人们提前预防更多的神经神话产生。

施皮尔等人撰写的第十七章本该写神经科学，却没有写。他们介绍了自己的一个项目，展示如何让教师就自己课堂和学生的问题互助合作，这可以培养教师的能力，从而提高课堂教学，最终让学生有更好的体验。这个项目的简称恰好是谈话（TALK[1]），这是非常恰当的，因为这个项目强调组织者和教师之间，教师相互之间及教师和学生之间的社会互动。这个项目不是给教师灌输一些简单的指导原则，而是成功地改变了教师的教学。教师不再是自发的、缺乏反思地进行教学，而是自己设计教学，并在科学的基础上进行反思。这个例子告诉教育心理学研究者应该如何影响和促进教师的课堂教学。尽管这个项目成功地利用了教育心理学的一些概念，但人们很想知道的可能是，认知神经科学的加入是否会让 340
人更感兴趣，是否有助于向其他学校推广。显然，虽然九十年前人们就满怀希望（Thorndike，1926），但是心理学理论对教师教学的影响一直令人失望。一方面，以英国为例，1988 年的《教育改革法案》（*Education Reform Act*）已经将心理学从教师培训项目中删除，虽然有人呼吁把心理学重新放回去，但研究生阶段的见习教师已经不太可能接触到心理学。另一方面，有些声音强烈主张所有教师都应该在培训中学习一些基本的神经科学知识（Royal Society，2011）。施皮尔等人问道："哪些神经科学的知识能让教师更成功地调动学生学习的积极性？"我的回答是，就像施皮尔等人所用的那些认知理论那样，神经科学也能提供更深刻的见解，产生更大的影响。教育理论中有关记忆、动机和自律的观点需要发展、完善和应用，这时候将心智与脑科学的概念合在一起，可能更有效。有一个项目想要改进青少年对自身心智发展的看法，在这个项目中，布莱克威尔等人（Blackwell et al.，2007）做了一个研究，研究结果显示，让青少年了解自己脑的

---

① TALK 是德语"培养教师能力，促进终身学习的培训项目"的简称。——译者注

可塑性，可以提高他们对自我的认知和学业成绩。

尽管施皮尔等人并没有尝试将神经科学整合进自己"培养教师能力，促进终身学习的培训项目"中，他们对这一项目的介绍表明，增进教师的理解，提高教师的教学，需要大量以跨学科对话为基础的更广泛的合作项目。但是，神经科学和教育的整合，需要更大范围的知识构建，提高教学可能被认为是这个过程的最后一步。接下来，我将指出，本书的所有章节都表明，在教育神经科学征途的每一个阶段，都需要神经科学和教育的合作和交流，共同清除让教育深受其害的神经神话，共同确定研究问题，发展理论框架，搜集证据及提高教学。

四、清除神经神话

神经神话在教育领域可能更加盛行，但神经神话这个词最初可以追溯到神经外科医生克劳卡德（Alan Crockard）。20 世纪 80 年代，有些脑的观念极不科学，但轻而易举地就在医学文化中扎下根来，这让他非常沮丧。例如，他注意到，莱尔米特（Lhermitte）体征[①]几乎都被诊断为多发性硬化症，尽管许多其他的疾病也有这样的症状。医疗圈子有一些临床症状和病因的"常识"，克劳卡德在讲演中，后来在文章中都用"神经神话"一词特指那种具有误导性的常识（Crockard, 1996）。在医学界和科学界之外，存在许多心智与脑的错误观念。2002 年，经济合作与发展组织的"脑与学习"计划提醒人们关注这一点。他们将"神经神话"重新定义为：

> 在教育和其他环境中，为了找到使用脑研究的理由，错误地理解、错误地阅读或错误地引用（已被脑研究）证实的科学事实，从而产生的错误观念。（OECD, 2002, p. 111）

关于神经科学及其在教育中可能发挥的作用，教育工作者的理解和看法正在形成过程中，深受神经神话的影响。在本书中，克巴林斯（第十三章）与里奇、查德勒、萨拉（第十五章）总结了许多在公众和学校中流行的、奇怪而"高明"的观
341 点。比如锻炼和按摩身体的一些部位可以整合脑半球的功能，再比如优势脑半球或听觉、视觉、运动感觉的加工方式决定学生的学习偏好，根据学习偏好给学

① 病人低头时报告脊椎和四肢有触电感。

生分类很有效。在教育界，神经神话一词是指一个讲了一遍又一遍，已经面目全非的关于脑的故事，而不是指某个从根本上就理解错误的看法。神经神话通常来源于一些真正的科学知识，也保留了一点真正的科学知识。残留的这点真正的科学元素是它们旺盛生命力的重要源泉之一。它让这些神经神话更为可信，即便这些神经神话早就脱离了科学界，不再接受科学的严格审查。由于一些观点从一开始就一直处于神话的状态，此时的任务不再是判断这个观点的对错，而是判断观点的哪个部分有确凿的证据支持，哪个部分没有。因此，要审查神经神话，需要在神经科学与教育知识之间建立合理的相互关系，就像克巴林斯和里奇等人在文中所展示的那样。这种相互关系有助于树立必需的权威来抛弃不正确的观念，也能确保科学事实的深奥之处被正确地表述和传播。

本书中，小泉英明（第二十章）在这方面也作出了重要贡献，他详细介绍了很多日本科学研究者的见解，这些见解可以启迪和改进教育方法，也帮助区分事实和假象。例如，日本科学技术振兴机构进化科学与技术核心研究项目取得了很多科学成果，这些科学成果帮助我们更好地理解各种敏感期。在英国，敏感期的概念已经引起教育研究人员、相关工作人员和政策制定者的极大兴趣（Howard-Jones et al.，2011）。它被用来解释一些教育和抚养方法，甚至一些影响越来越大的、投资方面的经济模型（Heckman，2007；2008）。正如小泉英明所指出的，令人担忧的是，敏感期常常给神话和误解带来灵感，因此他在文中所作的解释非常清楚，这很有用。小泉强调，在神经科学与教育的征途中，在寻找途径传播神经科学，避免这些误解的过程中，会面临许多困难。但是，他也以一些敏感期为例，提供了部分解决方案：严格的审查，在必要的时候，创造更恰当的语言表达。学习者在大约 7 岁之后学习第二语言的困难越来越大，这通常被解释为存在一个语言学习的敏感期（Thomas & Knowland，2009）。如果各种敏感期确实发挥了作用，这些作用就有可能相互重叠，但是这些敏感期的神经证据仍然有待确认。造成这种教育误解的一个因素可能是敏感期在教育领域的意义不太精确，容易让人产生困惑。小泉英明提出，使用“最佳期”（指最容易学习教育课程的时期）可能有助于区分这两种语境所要表达的意义。语言方面的这种反思与创造可能会让神经科学见解与教育观点融合的过程受益匪浅。

麦金托什和里奇（本书第十四章）这一整章都在检视使用彩色滤镜治疗阅读障碍这一神奇的说法，尽管文献中所报告的实验效果很小，也没有取得一致的结果。由于缺乏可靠的证据，作者们自己做了一个双盲研究。他们的研究无法提供滤镜治疗确实有效的证据。它还显示，滤镜治疗可能具有安慰剂效应，这进一步降低了先前研究结果的可信度，因为这些研究在设计的时候就不够合理。在解释滤镜治疗的流行原因时，麦金托什和里奇指出，一切“神奇疗法”都具有某种极为吸引人的简单性，滤镜治疗也是如此，大量口耳相传的证据可能只是安慰剂效应。他们警告说，阅读障碍是一种非常复杂的疾病，虽然有效的疗法正在研发
342 之中，神经科学也能为此提供很多帮助，但轻松的捷径和神奇的疗法并不存在。我要比他们更进一步，我认为人类发展本身非常复杂，结果（包括被归入正常的那些）也多种多样，对快速疗法的这种警告可能也适用于所有能力的治疗。

五、问题是什么？

虽然怀疑主义是可取的，但怀疑本身无法保证一定能推动神经科学往有益于教育的方向发展（Howard-Jones，2009）。一些科学研究者感觉在怀疑主义的范围内更安全，不想跳出来了解其他可能。同样地，有些观点是从其他视角看待人类行为。我认为，许多教育工作者和社会科学的研究人员（如 Davis，2004；Schumacher，2007）可能更喜欢发现科学概念的问题，而不喜欢帮助这些科学概念和其他观点建立相互关系。但是，发现一个与教育相关，同时又能进行科学处理的问题，是在这个领域构建知识的第一步。即使是在这个阶段，这种积极的跨学科对话也很重要。

举例来说，在这本书中，考恩（第七章）提醒人们注意，工作记忆能力所受的限制其实比我们所认为的要多，并强调在巩固新的长期知识的过程中，学习者的工作记忆易受干扰。工作记忆可以让学习者在解决问题的时候，将相关信息暂时保留在注意中，利用这些信息找出正确答案。考恩特别指出，工作记忆影响我们教育能力的方式还有很多，比如复杂问题的处理和目标的维持等。工作记忆这个概念帮助我们更深入地了解到，好的信息分类对编码效率是多么重要，解决抽象问题可能会遇到更多的困难，我们总是向不合理的启发式教学求助的原因是什么，口诀类记忆策略随着年龄的增长而发展的原因是什么。工作记忆的一些概念，似乎与教学观念存在一定的关系。在这方面，先是关注有限的几种工作记忆（视觉空间的、语音的），进而关注长时记忆中那些被临时激活的无数实例，

这种转变是一个显著的进步。这种模式认为，注意的焦点仅保留少量项目的整体形式，而许多注意之外的特征也能同时在长时记忆中被临时激活，但这些特征比较分散，没有形成一个整体。从模块化的工作记忆，到形式更为分散的工作记忆，这种转变让教育工作者更容易理解概念如何停留在注意中，而不必考虑有限的几个工作记忆能力如何对概念进行编码。考恩的研究非常出色，他的研究表明，工作记忆与学习表现可能存在一定的关系。

由于工作记忆可能关系到学习表现，让教育工作者特别感兴趣的一个问题是，训练是否能提高工作记忆。考恩在文章的最后一部分谈到了这个问题，他引用了两项显示可以提高工作记忆的研究，也引用了两项显示提高有限的研究。考恩指出，工作记忆训练的积极效果，或许只是反映了任务表现水平的提高，但是有点令人惊讶的是，这个问题没有得到教育更多的关注。作者在这一章里提到，我们知道有证据表明，工作记忆在童年时期不断发展，因而可以推测训练能够积极影响工作记忆的发展。詹吉等人（Jaeggi et al.，2008，但考恩没有提到）说，计算机训练能快速提高工作记忆（和流体智力），对教育来说，重要的是，它需要知道应该如何严肃地对待这类研究。还有一些研究问题，也与这个问题相关，这些研究问题涉及工作记忆的神经加工基础。例如，如果我们也可以将工作记忆理解为分散在皮质上的长时记忆的短暂激活，并且认为这类过程的效率和能力易受环境的影响，那么神经科学支持和/或反对这个观点的证据是什么？考恩 343
提供的证据非常具有说服力，它们表明，工作记忆对教育的学习过程及结果有重要影响。但是对提高工作记忆所涉及的教育问题，考恩却着墨不多，只是指出美国教育机构应该关注自我信念和态度这些因素。读完这一章后，人们会了解许多工作记忆方面的知识，但是也会得出一个印象，就是我们最有才华的科学研究者可能并不总是想要研究教育最关心的问题。这种立场在许多方面看来都有其合理性。好的科学的目标是准确地发现新的基础知识。或许对科学研究者来说，自己工作所具有的实际应用价值应该是次要的。但是，如果神经科学与教育的目的是科学与应用，为实现这两方面的目标，一开始可能就需要进行对话。通过对话，教育工作者告诉科学研究者他们需要知道什么，而科学研究者告诉教育工作者他们知道什么，这样发现的问题才最有可能既与教育相关，又可以使用具有科学效度的方法与概念来解决。

如何整合不同学科的专业目标，帕里西在这方面进行了有益的探索（本书第十九章)，他总结的几个问题涉及技术对学习方法和内容的影响，这些问题吸引了教育工作者(和更多的普通大众)越来越多的注意。技术，以及离人们越来越近的神经科学，是两个发展迅速的知识潮流，可以预期的是，它们对教育的影响会越来越大。所以帕里西指出，比较奇怪的是，认知神经科学很少研究学习技术。帕里西认为，这部分是因为从本质上来讲，实验室研究不是生态的，而是人为的(类似我担心的一个问题，就是将随机对照试验作为评估教育方法的一条“黄金准则”——参见这一章后面的内容)。帕里西提到，技术通常会让学习成为水平型网络的一部分，其中的个人可以改进自身所处的环境。这与科学研究者钟爱的对照型实验存在一些不同。但是，技术让学习更适合使用脑成像之类的方法进行研究，这可能不同于其他类型的学习，比如课堂上面对面的学习。功能性磁共振成像研究的确经常使用基于计算机的学习任务，与被试的交流也是通过技术实现，现在还使用一些在线交流，这被认为是一种可行的，在扫描器中研究社会互动的方式(Redcay et al.，2010)。帕里西指出，技术让教育有可能效仿社会，从纯语言方法学习转向通过看和做来学习。与教师—学生面对面互动相比，这类活动借助键盘等计算机接口界面，因而可能更容易使用功能性磁共振成像等方法进行研究。但是，神经科学史上的关注点更多的不是正常的学习过程，而是异常的学习和发展。帕里西分析了一系列全新而重要的教育问题，提出神经科学应该如何选择和关注具有教育意义的研究问题。帕里西还提出了自己的疑问，有些问题我们现在想要神经科学帮忙解决，在解决的过程中，更多紧迫而重要的问题出现了，因而等到答案揭晓的那一天，会不会已经过时了。帕里斯的分析清楚而直接地告诉我们：神经科学在确定研究问题的时候必须结合教育工作者的现有经验，同时也有必要**与**教育工作者一起，根据已有的知识经验，发现那些我们可能在未来遇到的问题。

六、理论是什么？

如果我们有一个学习方面的教育问题，神经科学似乎也有能力提供帮助，那么我们就可以建立一个合作项目来共同解决这个问题(在德国、荷兰和其他一些
344 国家，这类项目已经得到了资助)。但是前进路上的第一个障碍是，虽然神经科学研究者与教育工作者使用的很多词语相同，但他们生活的世界不同，所说的语

言也不同。在科学研究者的脑中，“学习”这个词语与一个人神经联结的变化相关，这与教育工作者的理解截然不同。教育工作者通常不考虑与学习相关的生物进程。相反，他们强调社会的建构、小组学习和社区学习、环境的重要性等。此外，个人意义、学习的意愿、价值观等这些教育工作者关心的问题，神经科学研究通常都很难处理，再加上学习各个方面的特点都比较分散。因此，如果教育工作者不愿意抛开这些观点，那就意味着神经科学的概念必须想办法找到某些理论基础，以便可以和它们共存。

在本书中，戈斯瓦米(第四章)提到了一个棘手的问题，即在当前影响教育思想的各种观点中，神经科学应该把自己放在什么位置。有人认为神经科学建立在某种特殊的世界观基础之上，它的方法只是诸多“话语”中的一种而已，这些“话语”并非建立在科学与知识的基础之上，而是建立在专业认同与权力关系的基础之上。对这样的说辞，戈斯瓦米表示反对。许多人认为科学知识的建立不是(也/或从来不应该是)一个价值中立的过程，认同感和权力等影响其他领域知识的建立，也会影响科学知识的建立。在我看来，说神经科学完全不受影响的人，是不太明智的，但是它追求客观知识的强烈愿望无疑是它的优势。生物学发现与学习的关系通常显得非常复杂，有时甚至有些遥远，但生物学正在发现一系列具有决定性意义的事实，而且数量和质量都在不断提高。

戈斯瓦米开篇令人信服地说明了神经科学原则上应该能吸引教育的兴趣，提醒大家注意它的价值常常与人的直觉相反，它的结果常常出人意料。或许正是这些神经科学的发现帮助人们挑战已有的教育思想，展现它自身作为新观念“试金石”的价值。戈斯瓦米提出，具有这种价值的神经发现有两类：结构与机制。第一类，她让我们注意新手阅读者在执行文字任务时，口语所激活的神经结构，这挑战阅读习得的语符理论，这种理论认为儿童学习阅读的时候，不会先将文字重新编码为语音，而是直接从视觉词形提取意义。而且，脑似乎会对自己进行调整，以适应文字，这样阅读教学开始之后不久，不需诊断，脑电图就能发现有阅读障碍遗传风险的儿童。戈斯瓦米强调，将来这类测量可以在人们行为出现明显症状之前，帮助识别有风险的儿童。她同时还强调，有人会认为，有的儿童比较懒惰、愚笨或不努力，而这类神经标志或许有助于消除人们的这些看法。数学发展的研究有更多意想不到的发现。这方面，神经机制的联结主义模型清楚地解释了在细胞群构成的网络中，脑如何形成经验的一般(或原型)表征，但是戈斯瓦米也指出，我们自己有能力通过思考和“内部言语”影响它们，而不需要借助外在模仿。这一点非常重要。神经网络的联结主义计算机建模是神经科学最有代表性的技术领域之一，经常用软件的输入（例如感觉）和输出（例如运动）代表人类的认知活动。正如此前所讨论的，学习者的教育模型将重点放在自主性上，而这一点很难在计算模型中体现出来——因为至今我们还不太了解如何将意识和自由意志加进去。尽管如此，这并不能证明神经科学模型与学习的教育模型之间存在根本性的冲突，但是它的确反映了两者对学习概念的理解有不同的重
345 点。要建立概念沟通的桥梁，就要关注我们自己的意志在一些方面如何影响我们的神经网络。戈斯瓦米提出，有些行为与教育理论化密切相关，将联结主义模型融入我们的教育思想，也能促使我们去寻找这些行为，否则我们可能就不会去做。这些行为包括高级水平的拼写一致性和句法规则，这些都不需使用教学策略，就可以从环境刺激中内隐地习得的行为。

戈斯瓦米预言，神经科学将让人们了解教育所传授的认知技能的具体构成。她不仅指出神经科学是“许多话语中的一种”，同时也清楚地表明，它只能作用于研究的一个层面，不会取代学习的社会、情感和文化性分析。当然这些不同的层面将如何相互关联，这一问题仍然没有解决。这是一个具有挑战性的问题，特别是，如果一个层面要求方法价值中立，而学习的人道主义等其他方面却期望以价值为中心。科克和安萨里（第三章）在书中就讨论了这个问题，他们似乎同意戈斯瓦米的观点，认为神经科学在这里不是要取代其他层面的解释。科克和安萨里提纲挈领地说明了“心智、脑与教育”方法如何整合不同层面的分析，每个层面的解释都受其他层面证据的限制。他们举了一个例子，成人和儿童完成数学任务的速度差不多，但是所激活的脑区会有不同的变化，这样的与发展有关的线索在行为证据中是无法看到的。但是科克和安萨里也强调，文化和社会经济状况等宏观因素很多，这类研究与这些因素的联系很少。他们提出，神经科学与教育交叉领域的研究，面临的挑战是如何处理神经科学和其他层面的解释之间的“粒度”问题。他们认为，这方面的研究必须在教育感兴趣的各种领域内，系统比较和对照脑、行为和社会文化层面的变化，重点放在不同层面的相互作用怎么才能更好地帮助人们理解和改善各种学习过程。科克和安萨里在文中指出，志在使用神经科学来丰富教育思想的研究者会面临哪些基本的挑战。我们可能乐于粉碎神经神话，拿可能与教育相关的神经科学的综述文章来取笑自己，但是似乎还

有另一种核心的智力工作需要去做：我们只有处理了所要面对的各种实践和理论问题，我们的解释才能以这些水平不同但又相互关联的变化为基础。这不是通过简化就可以解决的小问题。根据我们现有的知识，我们不能指望生物学全都能用认知来解释，或者能解释认知的一切。个人发展的社会文化方面，全都用生物学来解释是不可能的，也不能解释生物学的一切。

还有一个选择，可以将教育解释简化为某个单一层面，就是接受这样一种观点，即发展的教育、生物、认知、情感、情境和社会文化等方面可以相互关联、相互依存。但是在我看来，这种理论立场会带来一系列的研究挑战，需要丰富多样的研究设计与理论基础，还要结合各种不同的研究方法。有人已经指出，结果来自一个层面，数据来自分析的其他层面，如果不同视角的方法都作出一定的调整，那么在这些方法的帮助下，不用降低"原有"视角所定义的效度，就可以建立它们之间的联系（Howard-Jones，2008）。

科克和安萨里指出，这些跨学科的探索必须理解来自不同领域的理论框架、方法、知识体系、词汇和"粒度"，他们认为，跨学科训练可以为此提供帮助。他们提出，平衡和整合神经科学与教育的理论虽然很难，却是这项工作的核心。有了这类跨学科的挑战，一个新的概念领域就有可能诞生，它将超越原有的各个部分。在这个意义上，使用"超学科"（transdisciplinary）一词或许更恰当（参见米里 346
亚姆·比彻姆和凯瑟琳·比彻姆的第二章对这一术语所作的更为详细的解释）。我的个人经历让我支持下面的观点：神经科学研究者在讨论研究的教育应用价值时，如果不运用教育学的知识，将一无所获；同理，教育工作者在试图利用神经科学的知识来支持自己的观点时，如果不运用神经科学的专业知识，那也将徒劳无益。不同学科的人坐下来，试着将他们各自的解释联系起来，这时候某种既有教育相关性，同时又被科学认可的东西就会显现出来。可是，快速浏览一下《心智、脑与教育杂志》的页面，人们就会发现，这类对话仍然处于初级阶段。尽管越来越多的教育方面的专家开始与科学研究者合作，试图将这些学科联系起来，但是这样的例子仍然很少。

科克和安萨里在文中提到，神经科学与教育的进步终将在根本上"模糊"相关学科的界限。他们指出，一些项目宣称以脑为基础，但它们所做的尝试却缺乏原则性。"模糊"这个词可能需要进一步解释清楚——怎么使用原则性的方法模糊学科间的界限？显然，科克和安萨里不想营造一层伪科学的迷雾。这里我将

"模糊"这个词解释为(从自身和/或专业而言)对保持清晰的学科界限不感兴趣。然而,我在想,或许颇具讽刺意味的是,这种模糊学科界限的过程,是否首先需要讨论现有解释和分析层面之间的界限,澄清它们的局限性以及相互制约的可能性?是否只有这样才能在原则的基础上建立它们之间的联系?也许,各层面间的联系需要几十年的时间才能真正建立,只有在几十年之后,概念的界限才会开始变得模糊。到那时,科克和安萨里所比喻的相互交流可能有很多种方式,以至于区分解释的不同层面将毫无益处,也毫无意义。虽然"模糊"这个词在解释的时候需要小心,但是科克和安萨里的基本观点非常清楚:如果我们想要神经科学在教育领域真正地发挥重要的作用,必须进行多层面分析、多角度理解——这将意味着不同领域的研究人员要离开自己的舒适区。

七、证据在哪里?

神经科学中的证据通常用来检验一个假设。在教育领域,证据还常常发挥其他用途。教育领域的证据必须说服不同人群(研究人员、教师、学校、政府和普通大众),这样才有助于将信息传递给广大的受众。实验室的发现有助于确定一项原则,但是大多数教师的证据来自自己及周围同事的观察,还有学习者自己的反思。实验室的结果难免会与课堂脱节,教育工作者无法直接应用。这时候,准实验研究可以为实验室和课堂的沟通提供帮助。例如,这方面的一个研究,就是受脑成像实验证据的启发。脑成像实验发现,数字和手指之间可能存在某种联系,这表明手指可能在数学学习中发挥特殊的认知功能。为了检验这个观点,格拉西亚-巴法卢伊和诺埃尔(Gracia-Bafalluy & Noël, 2008)在一所学校开展了一项以手指直觉(对自己手指的感知能力)为重点的认知行为研究。他们的实验方法是,将47个在校儿童分为3组:手指直觉较差的儿童,手指直觉较好的儿童和对照组(Gracia-Bafalluy & Noël, 2008)。儿童每周接受两次手指训练,每次半个小时,八周之后,手指直觉较差的儿童在数学测验上的表现有所提高,而没有接受过训练的对照组或手指直觉已经很强的儿童则没有。训练造成的这些变化,在统计上是显著的,支持手指直觉与数字能力发展之间存在功能性联系的假
347 设。这项研究还显示,脑—心智—行为的关系在教育中非常重要,让理论模型更接近课堂应用。但是这是一个对照实验,如果能在这些观点的基础之上成立一

个教育项目，不同学校的教育工作者把它作为课程的一部分加以发展和推广，使这个教育项目最终成功地通过评估，那么这可能更令教育工作者兴奋。这项实验缺乏这种真实性。例如，我们不知道，教师和学生使用什么方法互动和对话，我们更不知道，什么样的教学风格最适合使用这种方法。作为一个实例，为了检验和改进有关脑—心智—行为关系的概念，科学研究者正在开始研究更“真实”的情境，这个研究就是一个例子。但是在很多教师看来，现有的科学研究可能还无法让他们看到能取信于他们、激励和支持他们的最佳教学。

科学研究者是我的另一重身份，我理解为什么这会让实验人员感到失望。不断发展的神经科学知识具有概括性。它有许多值得肯定的地方。有人认为，有些教育政策的制定过程，就是围着时尚和潮流转圈圈，但是神经科学不会。它力求（而且多数时候成功地）在方法上保持最高、最严格的标准，它赢得的尊重常常为许多其他领域的研究所羡慕。因此，既然我们想在教育思想中引入神经科学的某些概念，并且也认同这些类型的准实验研究是评估课堂教学的最佳途径，我们在具体实施的时候，为什么不走得更远一点？实验方法肯定能为教育研究提供许多有用的信息，因此，正如科特哈特和麦克阿瑟（本书第十二章）想指出的，或许我们可以抓住一个等待许久的机会来彻底改变代表许多教育研究的那种哲学。或许我们应该像医学和很多其他领域一样，认为随机和双盲基础上的对照试验才是教育方法的黄金准则？

科特哈特和麦克阿瑟指出，有些项目虽然以脑为基础的，但既不科学，教育上也不合理，而且这些项目的数量正在与日俱增。虽然这些项目得到了一些人的支持，但是科特哈特和麦克阿瑟强调，这些项目是不可信的。他们建议，这些项目只需要认知测试基础上的对照性评价，神经科学没有必要参与。这种诉诸科学的方式在某些方面很有吸引力，非常像神经科学本身。因而，这种方案具有严格的权威性。对照试验在教育中确实有着非常重要的作用，因为它们能提供一种特殊的证据，从科特哈特和麦克阿瑟所列出的那几种方式来看，这些证据似乎都很有说服力。但是这类数据的类型比较单一，而所有单一类型的教育证据，说服力都是有限的。当然，它的名称“对照”也表明，它的局限性非常明显。学校不是实验室，因此最好的对照也只是局部的，对照的尝试通常都会相应地降低生态效度。师生关系，回家后的态度如何进行对照？而更大的问题却在于什么是对照条件。比较必须有参照物——或者是另一种措施抑或是某种已经存在的现状。后一种情况的结果仅仅告诉你这种措施比常用方法好，而常用方法的一些问题本来可能与所要研究的问题无关。教育不像医学，对健康或正常的基准条件没有清晰的定义。

虽然对照试验有各种各样的局限，却能提供一些重要且有趣的发现，但是人们应该始终将这类证据与其他证据放在一起，互相参照，而不该假设因为它的可靠性，所以其他证据就显得多余。例如，科特哈特和麦克阿瑟提到了布尔（Bull，2007）的一项研究，这项研究显示，主观感觉到的进步程度可能与认知测试的结果不同。在这项研究中，自尊增强，认知测验结果却显示没有进步。然而，假设
348 另一种措施带来了相反的结果（认知测验结果显示有进步，而自尊却没有提高）。这种情况下，主观测量提供的信息可能很重要：或许，有一种措施可以提高认知功能，却让学习者感觉有点崩溃。这种情况不难想象，实际发生的情况会严重影响这种措施的有用性和恰当性。另外，假设在布尔（Bull，2007）的研究中，认知测验结果下降，教育结果和自尊心却都在干预之后得到提高。这可能意味着，虽然认知功能没有提高，但是自尊心的增强调动了学习的积极性。有人认为，这是一个积极的教育结果。教育与神经科学的对话告诉我们，从医学评估模型转到教育评估模型，即使“安慰剂”一词的意义也需要重新思考（Howard-Jones，2010，p. 71）。

对照试验能为判断提供重要的证据，但是其他方法也不可或缺。神经科学能提供更多的信息，让人们对各种过程有更多的了解，而对过程的了解可以帮助人们作出判断（这方面的例子可以看阿什比和雷纳所写的本书第五章）。科特哈特和麦克阿瑟提到了神奇腰带™，它与神经科学的联系成为它销售成功的关键原因，因此从这种所谓的科学基础开始审查证据，可能是最好的。教师关心的是他们“为什么”要这样做（Pickering & Howard-Jones，2007）。如果他们相信某个观点很有可能提高学习，他们一般就会去做，而如果一项措施所宣称的理论基础被认为是错误的、误导性的，教师就不会使用。因此，提供给教师的信息要能简单明了地告诉教师有关脑的知识，告诉教师各种干预措施对科学的理解是否正确，这样可以既有效又经济地为教师的决策提供神经科学方面的信息。对照试验提供的就是这样一种信息，因此很重要，但是研究人员很容易为它们争论不休，教育工作者也很容易对它们说不，比科特哈特和麦克阿瑟所认为的更容易。对照试验通常很值得做，但是，有人认为，自然科学可以把它们作为一个方法上

的黄金准则送给教育，可悲的是，这也是一种神话。教育政策，包括大部分的教育研究，永远都不会成为一门自然科学。它永远要根据所处的具体环境，根据各种证据，作出明智的判断。

八、怎么使用证据?

即便已经确定了问题，也建构了理论，并且收集了证据对它们进行探讨和检验，但教育政策和实践如何利用这些发现，这仍然是一个问题。阿什比和雷纳（本书第五章）为此举了一个例子，选择了一个重要的教育领域（学习阅读），回顾了相关的神经科学证据。这方面的证据关系到一个正在进行的、急需厘清的争论：教学是否应该为学生提供充分的读写环境，避免使用系统的字母拼读法，或者说，既进行字母拼读教学法，又让儿童练习写作，是否更有利于学习阅读。第五章对这个教学问题进行了详细的探讨，在探讨过程中，充分利用了神经、认知和行为层面的各种概念及原则。其中值得注意的一点是，行为方面的证据，虽然像科特哈特和麦克阿瑟所主张的那样，常常使用经过精心设计的研究方法，但只能部分地回答这个看似简单的教学问题。阿什比和雷纳的分析告诉人们，神经科学可以为一些重要的教学问题提供证据，利用假设的神经认知过程建立计算机模型，也可以为教学问题提供证据。阿什比和雷纳想要寻求不同证据间的一致性，而不是根据某个证据得出一个结论。这种策略使用各种不同的例子，促使 349
人们反复检查新提出的模型，通过这种策略得到的问题的答案既令人信服，又有益于教育。

有的神经科学研究者已经将自己的研究成果应用于教育，开发出一些多媒体产品或软件（如 Wilson, Dehaene, Dubois, & Fayol, 2009; Wilson et al., 2006）。巴伦-科恩、戈兰和阿斯温（本书第十八章）介绍了他们开发《运输车》教育软件的过程，这是一个为孤独症谱系障碍儿童所设计的系列动画。相比教师自己使用科学的原则设计所需策略与资源，这种成果转化方法对科学的应用有更多的控制。然而，尽管对照性评估表明《运输车》教育软件很成功，巴伦-科恩等人仍然指出，《运输车》教育软件与其他教育方法一起使用，效果可能更好。因此，即使教师理解这些证据，但如何运用仍然是一个问题。专家们通过跨学科的合作，将神经科学、心理学和教育研究的结果相互关联起来，这可以带来很多有用的资源，却不是制订教学计划的处方。教师仍然需要根据自己的课堂和学生对专家的建议进行解读。康奈尔等人（本书第十六章）就如何实现这一点提出了自己的看法，并且探讨了教师是否可以超越知识的终端使用者这一角色。他们认为，通过他们所提出的“设计模式”这一概念，“教育科学”这门全新的学科可以像其他科学领域那样，让教师参与进来，帮助它系统地积累有效的、可用的公共知识，促进跨学科的对话。这里至少涉及两个新的观点：其一是教师使用某种设计模式的方法，将知识应用于课堂；其二是教育要成为这门科学的一部分，这样神经科学与教育才能相互对话。

当然，越是系统地使用研究证据，教育工作者受益越大。教师的心智模型中包含对脑的看法，如果教师在康奈尔等人提出的适应环上接受更好的培训，也就是说如果教师学会更准确地识别所遇到的反复出现的教育问题，学会利用和提高解释性模型等解决方案的使用能力，学会通过实践检验这些解决方案，通过反馈确定它们的价值，他们的心智模型就可以得到改进。设计模式或许可以支持这种学习，通过多种途径帮助“打通”康奈尔等人所说的适应环。这些途径包括鼓励教育工作者更加系统地解决问题，形成更易懂、更易应用的教育知识，这些知识也更容易积累。康奈尔等人认为，有一个解决方案或许可以在一定程度上提高这些设计模式的科学性，那就是让人们将教育问题转化为科学问题，然后将科学（以设计模式的形式）融入教育解决方案。我想这里所提的转化过程仍然需要跨学科的合作研究，但是对于这类研究来说，建立一个设计模式可能是一个合适的目标。

然而我感觉，在为教育科学的发展提供帮助的时候，需要更谨慎。教育科学肯定要成为一门道德的科学，知道应该做什么，它的基础是个人的集体经验，因专业的信息而更加丰富，康奈尔等人认为，这些专业的信息包括神经科学的信息。这当然与神经科学这样的自然科学截然不同，自然科学通过对照条件下的假设检验，形成大量共同的、不断发展的普遍概念，从而不断进步。如果教育工作者更系统地参与研究，使用研究结果，将提供很大的助益。虽然如此，人们仍然会争论，这是否是神经科学融入课堂实践的主要障碍。这种障碍不仅可能是
350 因为没有为教师做转化和基于反思的整合，更可能是因为没有以研究为基础的、从两种视角得到的专业而可靠的知识。

九、“非”的一面

我一直想说，虽然严格的科学审查本身可以区别科学的是与非，但只有真正的跨学科对话才能判断它在教育应用中的好与坏。此外，如果应用本身是这种对话的产物，那么这种判断更可能是有利的。哪些人表现出“非”的一面呢？从教育的角度来说，科学研究者肯定有某一种类型的表述无法吸引教师。这些说法有科学的解释，至少在科学研究者看来，得到了证据的支持。然而被我归入“非”这一类的说法还会让教育工作者反感。他们反感可能不仅是因为他们不理解，或者因为他们是勒德（Luddite）分子①，不愿意接受进步，相反，这可能是因为教育工作者发现，如果不能反映他们努力要发扬的价值观，或许更重要的是，不承认他们学生的成就有赖于这些价值观，这样的看法都是无法接受的。教师对脑的理解可能比较简单，同样地，一些神经科学研究者可能也不了解教育问题，也不了解教育领域的政治与道德敏感性。举个例子，知名神经科学研究者加扎尼加（Michael Gazzaniga）在《科学心智》（*Science Mind*）上发表了一篇文章，文中提出我们应该无条件地欢迎认知增强药物（Wilson, 2005）②。加扎尼加以不吃药却取得很高成就的人为例，证明自己的观点：“我们承认他们肯定有某种优于我们的化学系统或更有效的神经回路。因此，如果借助一颗药丸就能取得同样的成就，我们为什么要烦恼呢？”对个人来说，这似乎很有道理。但是，教育评价有一个任务，要根据学生的学业成就来确定他们的特点，因此不可避免地要对他们进行比较。对教育评价的态度与我们社会的价值观相互交织，除了被评价的人以外，还有很多利益相关方。学业评价是个人努力成果的证明，有助于学生形成自我认知，同时也为他们所在的教育机构提供信息，说明它的教学效果，以及它为学习所提供的支持的效果。学业评价还为潜在的雇主提供信息，指出相对

---

① 指19世纪初叶在棉花和羊毛加工厂里工作的英国工人，他们因担心机器夺走自己的工作而破坏机器。——译者注

② 威尔逊（Wilson, 2005）的论文与此无关，没有《科学心智》这本期刊，只有《心智的科学》（*Science of Mind*），但这本期刊没有刊载过加扎尼加的文章，2005年纽约达娜出版社（Dana Press）出版了加扎尼加的书《伦理的脑》（*The Ethical Brain*），涉及这方面的内容，加扎尼加曾参与《自然》杂志的一篇评论《关于健康人如何负责任地使用能认知增强药物》（*Towards responsible use of cognitive-enhancing drugs by the healthy*）（Greely et al., 2008），谈到这个话题。——译者注

而言，一个人是否适合某种职业岗位。想要人为提高教育评价的表现，可能会为所有利益相关方带来一些复杂的问题，这些利益相关方都有自己要优先考量的一些方面。此外，社会经济状况可能影响认知增强药物的获取，这些问题将因此而变得更加令人激愤。在我们的教育系统中，我们要靠药物而非决心与努力来提高学生的学习表现吗？［我们调查了 100 位教育工作者，其中 76%的人认为，靠认知增强药物取得的成绩，不应该与不靠药物取得的成绩一样看待（Howard-Jones & Fenton，2011）］。我认为，教育工作者可能会觉得加扎尼加这样的观点具有“非”的一面，这不是因为认知增强药物对教育来说一定有利或不利——这一点还有待确定——而是因为他所表达的观点没有考虑，甚至没有承认，要支持我们教育系统的价值观。

遗传学这个领域具有特别的教育敏感性，并且有很充分的理由。教师们常常不顾学习者对自身局限的看法，每天拼命鼓励孩子们付出最大的努力，取得最好的成绩。或许，在科学事实的基础上，如果他们真正理解遗传在教育成就中的作用，他们就应该遵守这个基本原理——但是他们没有。我们调查了 158 位研
351 究生学历，即将步入职业生涯的见习教师，结果发现，如果他们相信遗传影响成绩，那么他们就会相信学生的学习表现存在生物极限（Howard-Jones，Franey，Mashmoushi，& Liao，2009）。因而，只有经过小心、谨慎的知识构建过程，未来遗传学才能在教育中发挥作用。在这个意义上，贝茨（本书第十一章）所提供的一些信息是有问题的。贝茨强调，能力的遗传极限这种认知对教育来说非常重要，他说，“虽然行为可以改变，但学习不可能让发展过程倒退回去，重组新皮质中数十亿计的细胞及其复杂的迁移和联结”。为了说明这一点，贝茨提到了一些证据，这些证据表明，阅读障碍的生物基础在于神经元迁移的失败。但是我们已经知道，有些阅读障碍的干预措施可以在一定程度上成功修复行为和神经功能，尽管它们更可能是联结而非细胞迁移（如 Shaywitz et al.，2004；Temple et al.，2003）。显然，如果我们认为“退回去”是不可能的，那么儿童将永远无法从这些干预措施中获益。更宽泛地说，由于所有的人类学习都可以假定存在生物基础，那么我们在接受教育时，一定会发生某种重要的“重组”，即便它不包括那些贝茨认为会限制我们的过程。贝茨最初的观点在一定程度上过分简化了一些问题，他后来在文章中给这些问题以更多的关注，但是在他的模型中，生物信息也明显没有从心理指向生物的箭头。然而，外部的一些事物（如学校）会对我们的心理

产生影响，如果我们相信记忆会在脑中编码，那么我们就应假设这会影响生物过程和能力。从那篇流传很广的、有关伦敦出租车司机的研究中，我们了解到在积累了多年的找路经验后，他们的背侧海马回（posterior hippocampus）增大（Maguire et al.， 2000）。年轻人学习空中抛接多个球时，结构性变化在更短的时间范围内发生（Draganski et al.， 2004）。有关这种变化方向的证据算得上是认知神经科学的一个补充说明，它的脑—心智—行为模型一直在寻找相反方向的变化，而只采用单向的箭头联结脑→心智→行为，就和贝茨的方式有些类似（Morton & Frith， 1995）。但是有人认为，科学宣扬的是一种"生物天定"的决定论的信条，而学习受到遗传限制的观点似乎支持这种信条，这些有关可塑性的研究对教育来说特别具有吸引力，因为它们可以用来反驳这些错误的观念。

贝茨提出了一些证据用来支持他的生物极限的观点，从教育的角度来看，其中一些证据似乎和他的观点相矛盾。同样经过集中的、有组织的训练，原始的差异却被放大了，这个事实不太能证明存在明确的生物极限。相反，它表明每个人都能从教育中获益，只是程度不同。有的学生学习速度较慢，这并不意味着我们可以预测出这个学生的最终学习成就在生物学上的极限。尽管贝茨承认，所有脑的联结几乎都在被不断地重塑，他也指出某些分子过程是无法逆转的，这意味着能力会受到遗传的限制。他认为，自己的结论将保护教育工作者免遭"让孩子掉队"的谴责，因为让他们掉队的很可能是自己的遗传。但是我要警告说，贝茨释放出的信息并没有让教师得到解放，实际上还可能加剧学习者的困境，因为它降低了学习过程中教师和学习者的自主感。

我的判断是，贝茨传达的信息之所以有"非"的一面，是因为它误解了教育中的话语和语言，而不是因为贝茨的论述存在瑕疵。他攻击一些他认为的教育中常见的理念，其中有一些我很难认同，这时候他对教育的这种误解也显现出来。例如，有哪位教师认为自己的工作是"实现儿童平等"？与之相反，我遇见和合作过的教师都倾向于认为教育的机会是平等的，帮助儿童实现自己潜能时所付出的努力应该是相同的。我觉得教育工作者不可能认为儿童的学习潜能都是一样的，特别是因为教师们想要提高自己学生的成绩，而在很多领域，这些学生的能 352
力又各不相同。

"所有儿童的脑学习机制都有极限和潜能"，这句话的教育含义是有问题的，因为不管有意无意，它传递了一种预定论的信息。教育和心理测试常常避免使用“极限”和“潜能”这两个术语。在教育的话语中，“潜能”是推动教师和学习者积极前进的动力，而不是指前进道路上注定存在的障碍——或者教育所说的“极限”。如果这些词具有某种特殊的科学意义，我们在定义这种新的意义时就必须非常谨慎。即便是各种学习障碍，如阅读障碍、计算障碍和注意缺陷多动障碍等，我们可能永远也无法为它们确定一个基于脑的固定不变的成就极限，例如，有这些障碍的儿童，他们的成就最多只能达到这样的极限，无法超过这些极限。因此，贝茨所提到的极限是假设的、模糊的，如果人们从量上对一个儿童的极限进行预测，也只能用概率的术语表达。这里，“学习”这个词的意思是什么？它指的是那些基本的处理能力（如视觉处理或工作记忆能力），还是语言和意义表达那样的更为高级、复杂的技能？大量的证据表明，脑皮质有能力为了支持这类更高级的技能，对自身进行彻底的重组（Immordino-Yang，2007）。因此，尽管“所有儿童的脑学习机制都有极限和潜能”这句话听起来很有权威，不容置疑，但是作为一个科学表述，它似乎还需要很多限定条件。作为一条传达给教育的信息来说，它是无用的，因为它可能让教师及其学生都不相信，每个人都能超越自己表面上的极限。有人可能会振振有词地说，“所有儿童都要面对周围人的态度所带来的极限和潜能”，并且贝茨的观点不可能给这些态度带来积极的影响。

科瓦斯和普洛明（本书第九章）也指出，教育以过于简单的、带有决定论的观点看待遗传学，试图避开遗传学。显然，教育工作者不应该回避，而应该思考遗传学的可能影响，因为本书所有遗传方面的作者都指出，遗传学现在的发展速度表明，未来教育有很多重要的时机。但是，说误解和无知让教育工作者对遗传学产生了忧虑，却缺乏诚意。至少有两个正当的理由，让教育领域的很多人可能更想看到人们变得越来越谨慎，对遗传和教育的热情也因此而降温。

首先，科瓦斯和普洛明也承认，一段时间内，知道儿童的未来，到知道应该采取什么措施，这之间很可能存在着一条知识的鸿沟。贝茨说，生物和遗传方法每年都会得到很多与教育相关的信息，其中一小部分就能填满一本百科全书；但是也有人说，如果让遗传学给教育工作者提建议，一张明信片就足够了，而且上面极有可能写着——拭目以待。心智、脑和遗传学这几门科学毫无疑问将尽力填补这个真空，而且科瓦斯和普洛明，还有贝茨很有可能是对的，遗传学告诉人们，不要单纯地认为，表现不好的原因是因为学校和家庭不能创造理想的环境。然而，“表扬优秀表现”，甚至“责任”一词，都可以取代“表现不好的原因”。而且，责任除了与教育目标、高等哲学相冲突，还有可能被转移到别的地方，那里没人能想出解决办法。格里戈连科（本书第十章）的分析着重指出，我们还需要走很远的路，才能找到这类以遗传为基础的解决方案。她以公共健康基因组学为例，使用它将发现转化为应用的四个阶段，说明教育将要面临的那些挑战。就像公共健康基因组学，教育的大部分工作仍然处在发现阶段，尽管很多样本和情境都验证了候选基因和阅读障碍之间存在一定程度的联系，在教育领域，只有很少几个例子处于第二阶段（临床效度阶段）。但是这个阶段的工作还不包括制订具体的 353
指南，发现或预测阅读障碍的遗传易损性，或者根据这种知识来应用于药理的或者个性化教育，这一点对教育至关重要。格里戈连科指出，对教育来说，第三阶段（临床使用阶段）和第四阶段（评估实际效果阶段）的艰巨任务仍然等着我们。因此，有能力发现遗传易损性，并不等同于有能力应用遗传方面的干预措施来治疗它。

其次，虽然疾病和障碍的早期干预可能更容易得到证明，但问题更多的是那些以遗传信息为基础的，力图完善主流“最优教育”的早期干预。目前还不清楚的是，在那“几个连续维度”上，科瓦斯和普洛明会认为到什么程度，才适合将基因信息用于教育干预。不管科瓦斯和普洛明有没有直接提倡对没有发展障碍的学生进行干预，他们都清楚地表明，遗传研究的知识能为这类方法提供帮助。然而有人会问，这样做有问题吗？这是不是等同于尽可能将自己的孩子送到最好的学校，检查他们的学习，奖励他们所取得的成绩？正如本书另一位作者在前一篇文章中明确指出的，这里关键是设计儿童与抚养儿童之间的区别。设计儿童，不需要利用相互之间通过交流建立起来的关系，儿童不参与创造他的生活，但会受到外部过程的影响，这些过程超出了他的控制范围，他也无法承担相应的结果。斯坦（Stein，2010）指出，这些科学的进步已经开创了一个前所未有的先例：我们可以改变儿童的行为，无需共同的目标或相互的理解，也可以不顾儿童正在形成的自主能力。即便我们要进行惩罚，通常也带有交流的意图。然而早期干预措施的基础来自对专家信息的解释，这些解释非常复杂，完全不考虑儿童的判断和选择。我们需要认真思考这种新方法可能带来的影响。

不管遗传学以何种方式应用于教育，无可争议的是，遗传学专家和教育以及更广泛的公众之间都需要更多的讨论，而且这种需求越来越大。贝茨、科瓦斯和普洛明、格里戈连科的章节都有这类讨论，非常重要。关于遗传决定因子对教育的重大影响,哪些过程参与其中,我们已有什么发现,他们都提供了一些专业的观点。他们还提醒我们,未来儿童所处的社会会对他们的发展和教育轨迹进行更多的预测,他们可能很早就要接受教育干预,以阻止某些暂时无法观察到的行为的发展。很明显,家庭、学校和个人的教育责任将被各种原因取代,而如何补救则成为新兴研究的主题。正如格里戈连科所指出的,促进公共健康基因组学和教育的跨学科对话,都是公众和服务人员(如医疗和教育专业人员)现在就可以着手去做的事情。

十、结论

从清除神经神话到确定研究问题、应用研究结果,神经科学与教育这两个领域的专家和从业人员进行跨学科对话和合作,是跨越这两个领域的最佳途径。神经教育的对话和研究不断出现,目前这还具有拓荒的性质。它因此而令人兴奋,但这也意味着接下来的几年,这个领域将充满各种是与非,如何厘清各种是
354 与非,进而达成共识,将非常艰难。电影的结尾,伊斯特伍德扮演的角色布隆迪(Blondie)披上了一件斗篷,在戚然山墓地(Sad Hill Cemetery)打破紧张的墨西哥式三角僵局,用手中的枪区分出好人和坏人(拯救了那些做坏事的"丑陋的人")。建立和监督包括神经科学与教育在内的一个研究和探索的新领域,可能比电影的过程更长。但愿协商和讨论能带来解决方案。从来没有一个领域表示自己可以垄断真理,因此我们可能要轮流披上克林特的斗篷。不管是来自神经科学、遗传学、心理学领域,还是来自教育领域,我们每个人都可以从其他领域学到很多,从而促进未来教育的发展。

参考文献

Bahrick, H. P., & Phelps, E. (1987). Retention of Spanish vocabulary over 8 years. *Journal of Experimental Psychology: Learning Memory and Cognition*, *13*(2), 344 - 349.

Blackwell, L. S., Trzesniewski, K. H., & Dweck, C. S. (2007). Implicit theories of intelligence predict achievment across an adolescent transition: A longitudinal study and an intervention. *Child Development*, *78*(1), 246 - 263.

Braid, M. (2007). A break is as good as a test . *The Sunday Times*, 15 July. Available at: http: //www. timesonline. co. uk/tol/news/uk/education/article2075200. ece

Bull, L. (2007). Sunflower therapy for children with specific learning difficulties (dyslexia): A randomised, controlled trial. *Complementary Therapies in Clinical Practice*, *13*, 15 - 24.

Callan, D. E., & Schweighofer, N. (2008). Positive and negative modulation of word learning by reward anticipation. *Human Brain Mapping*, *29*(2), 237 - 249.

Challis, B. H. (1993). Spacing effects on cued-memory tests depend on level of processing. *Journal of Experimental Psychology-Learning Memory and Cognition*, *19*(2), 389 - 396.

Crockard, A. (1996). Review: Confessions of a brain surgeon . *New Scientist*, 21 December.

Davis, A. J. (2004). The credentials of brain-based learning. *Journal of Philosophy of Education*, *38*(1), 21 - 36.

Dempster, F. N. (1988). The Spacing effect: A case-study in the failure to apply the results of psychological research. *American Psychologist*, *43*(8), 627 - 634.

Draganski, B., Gaser, C., Busch, V., Schuierer, G., Bogdahn, U., & May, A. (2004). Changes in grey matter induced by training. *Nature*, *427*, 311 - 312.

Fields, R. D. (2005). Making memories stick. *Scientific American*, *292*, 58 - 65.

Gracia-Bafalluy, M., & Noel, M.-P. (2008). Does finger training increase young children's numerical performance? *Cortex*, *44*, 368 - 375.

Heckman, J. J. (2007). The economics, technology, and neuroscience of human capability formation. *Proceedings of the National Academy of Sciences of the United States of America*, *104*(33), 13250 - 13255.

Heckman, J. J. (2008). Schools, skills, and synapses. *Economic Inquiry*, *46* (3), 289 - 324.

Howard-Jones, P. A. (2008). Philosophical challenges for researchers at the interface between neuroscience and education. *Journal of Philosophy of Education*, *42* (3 - 4), 361 - 380.

Howard-Jones, P. A. (2009). Scepticism is not enough. *Cortex*, *45*(4), 550 - 551.

Howard-Jones, P. A. (2010). *Introducing Neuroeducational Research*. Abingdon: Routledge.

Howard-Jones, P. A., & Fenton, K. D. (2011). The need for interdisciplinary dialogue in developing ethical approaches to neuroeducational research. *Neuroethics*, *5*(2), 119 - 134.

Howard-Jones, P. A., Franey, L., Mashmoushi, R., & Liao, Y.-C. (2009). The neuroscience literacy of trainee teachers. Paper presented at the British Educational Research Association Annual Conference. Available at: http: //www. leeds. ac. uk/educol/documents/185140. pdf

Howard-Jones, P. A., Washbrook, L. E., & Meadows, S., (2012). The timing of educational investment: A neuroscientific perspective, Developmental Cognitive Neuroscience, *2*(2), S18 - S29.

355 Immordino-Yang, M. H. (2007). A tale of two cases: Lessons for education from the study of two boys living with half their brains. *Mind*, *Brain and Education*, *1* (2), 66 - 83.

Jaeggi, S. M., Buschkuehl, M., Jonides, J., & Perrig, W. J. (2008). Improving fluid intelligence with training on working memory. *Proceedings of the National Academy of Sciences of the United States of America*, *105*(19), 6829 - 6833.

Kellaway, K. (2010). Paul Kelley: Give kids the space to learn . *The Observer*, 30 May. Available at: http: //www. guardian. co. uk/technology/2010/may/30/paul-kelley-monkseaton-space-learning.

Kelley, P. (2009). One hour: Time it took Year 9 to crack GCSE science. *Times Educational Supplement*, 30 January.

Maguire, E. A., Gadian, D. S., Johnsrude, I. S., Good, C. D., Ashburner, J., Frackowiak, R. S., et al. (2000). Navigation related structural change in the hippocampi of taxi drivers. *Proceedings of the National Academy of Sciences of the United States of America*, *97*(8), 4398 - 4403.

Morton, J., & Frith, U. (1995). Causal modelling: A structural approach to developmental psychopathology. In D. Cicchetti & D. J. Cohen (Eds.), *Manual of Developmental Psychopathology* (Vol. 1, pp. 357 - 390). New York: Wiley.

OECD. (2002). *Understanding the Brain: Towards a New Learning Science*. Paris: OECD Publications.

Pickering, S. J., & Howard-Jones, P. A. (2007). Educators' views on the role of neuroscience in education: Findings from a study of UK and international perspectives. *Mind*, *Brain and Education*, *1*(3), 109 - 113.

Redcay, E., Dodell-Feder, D., Pearrow, M. J., Mavros, P. L., Kleiner, M., Gabrieli, J. D. E., et al. (2010). Live face-to-face interaction during fMRI: A new tool for social cognitive neuroscience. *Neuroimage*, *50*(4), 1639 - 1647.

Royal Society. (2011). *Brain Waves Module 2: Neuroscience: Implications for Education and Lifelong Learning*. London: Royal Society.

Schumacher, R. (2007). The brain is not enough: Potential and limits in integrating neuroscience and pedagogy. *Analyse & Kritik*, *29*(1), 9 - 16.

Shaywitz, B. A., Shaywitz, S. E., Blachman, B. A., Pugh, K. R., Fullbright, R. K., Skudlarski, P., et al. (2004). Development of left occipitotemporal systems for skilled reading in children after a phonologicallybased intervention. *Biological Psychiatry*, *55*(9), 926 - 933.

Stein, Z. (2010). On the difference between designing children and raising them: Ethics and the use of educationally oriented biotechnology. *Mind, Brain and Education*, *4*(2), 53 - 67.

Temple, E., Deutsch, G., Poldrack, R. A., Miller, S. L., Tallal, P., & Merzenich, M. M. (2003). Neural deficits in children with dyslexia ameliorated by behavioral remediation: Evidence from functional fMRI. *Proceedings of the National Academy of Sciences of the United States of America*, *100*, 2860 - 2865.

Thomas, M. S. C., & Knowland, V. C. P. (2009). Sensitive periods in brain development: Implications for education policy. *European Psychiatric Review*, *2*(1), 17 - 20.

Thorndike, E. L. (1926). *Educational Psychology. Volume 1: The original nature of man*. New York: Teachers College.

Weisberg, D. S., Keil, F. C., Goodstein, J., Rawson, E., & Gray, J. (2008). The Seductive Lure of Neuroscience Explanations. *Journal of Cognitive Neuroscience*, *20*(3), 470 - 477.

Wilson, A. J., Dehaene, S., Dubois, O., & Fayol, M. (2009). Effects of an adaptive game intervention on accessing number sense in low-socioeconomic-status kindergarten children. *Mind, Brain, and Education*, *3*(4), 224 - 234.

Wilson, A. J., Dehaene, S., Pinel, P., Revkin, S. K., Cohen, L., & Cohen, D. (2006). Principles underlying the design of "The Number Race", an adaptive computer game for remediation of dyscalculia. *Behavioral and Brain Functions*, *2*(1), 1 - 14.

Wilson, R. S. (2005). Mental challenge in the workplace and risk of dementia in old age: Is there a connection? *Occupational and Environmental Medicine*, *62*, 72 - 73.

356

第二十二章　世界各地的会议如何把我们带进教育神经科学？

迈克·安德森(Mike Anderson)

玛丽·奥利弗(Mary Oliver)

我们既在教育的各个领域工作过，也从事过认知发展的科学研究。在我们的职业生涯中，我们看到至少有三种主要的思潮影响了教师对儿童教育的看法。每种思潮据说都形成于科学(尽管它们在认知发展的学术领域引起了争议)。第一个，可能也是迄今为止影响最大的一个就是**皮亚杰理论**(Piagetian theory)。皮亚杰提出了关于发展过程中儿童知识结构变化的理论，平心而论，我们认为，皮亚杰的理论影响了几代教师，甚至也影响了各个教育系统。尽管皮亚杰理论不再像过去那样是认知发展的主导力量，但公平而言，还没有一个儿童发展方面的理论能够取代它——而且可以肯定的是，除了皮亚杰理论，其他任何一个理论都没能对教育产生如此巨大的潜在影响。因此，如果说教育在儿童发展方面有任何科学的基础，那就是皮亚杰理论。第二个思潮是加德纳(Gardner)的**多元智力**(multiple intelligences)理论。一般智力或者智商(intelligence quotient, IQ)(后来更多指智商)包罗万象，受遗传影响，无法改变，智商拥有如此至高无上的地位，这自然让教育工作者对此产生了偏见，这一理论因此变得更为强大。多元智力理论从一开始就是科学争议的重要话题，但这同样没有降低教师们的热情。而且我们想强调的是，教师对新的观念总是抱有很大的热情。我们将此视为教师和教育工作者致力于教育的重要标志。但是，它也有可能因意识形态或经济的原因而被利用（本书许多地方都支持这一点）。而令人担心的是，对新观念的热情不受约束，可能导致批判能力暂时停摆。尽管第三个思潮——脑，还处于发展的初级阶段，我们认为它很有可能是迄今为止影响最大的。尽管本书表明教育神经科学存在着一些“不良的”及“非”的方面，但我们认为，它终将被大多数人所接受。

我们这一章将带领大家简要地了解一下这次神经科学与教育会议所关心的主要问题和方面。但是，我们主要想详细说明，神经科学为什么如此吸引教育工作者。个中原因可能就是下面这个简单的小三段论：

- 教育与儿童学习有关。
- 脑负责学习。
- 神经科学（脑的科学研究）是教育的根本。

然而，学习在脑中是如何进行的，或者更恰当地说，脑的发展方式以及它们与最佳的儿童教育方式的联系，更像推测而非科学假设——更不用说事实。即使如此，我们也很清楚，神经科学的影响只会越来越大。这一章不会就某个特定话题的相关数据进行详细讨论或学术性说明。更确切地说，我们想请您想象一 357
下，有关“脑与教育”的会议开了一整天，会后酒吧里开始了一场现代版的柏拉图（Plato）对话。我们有两位代表，一位是发展认知神经科学研究者，另一位是教育工作者，他们坐在酒吧的座位上。一位在喝一杯啤酒，另一位则在喝一杯果汁朗姆酒。一位一粒一粒地吃着花生米，另一位则吃着开心果。虽然如此，他们都主动参加这次会议，因而不可避免地，开始了一场对话……

那么，是什么促使你参加这次会议的呢？

教育工作者：作为教师，我们现在在学校里接触到各种“基于脑的学习”的观点，这些观点似乎都非常有说服力，但是我感兴趣的是，如何区分它们的好与坏。于是我开始了解这些项目，发现了一些有趣的事情，譬如“知识学习”对伦敦出租车司机脑的影响。你肯定知道这项研究，他们在研究中发现出租车司机的海马较大，而且开出租车的时间越长，海马也越大。这个结果清楚地表明，空间记忆能力的迅速提高，会使得脑的相关区域产生结构性的变化。于是，我开始思考教师对儿童的脑和心智可能会产生什么影响：关于教育系统的差异、青少年在学时间安排、双语能力、阅读障碍、计算障碍、注意缺陷多动障碍等，相关的研究有什么发现？这些研究有意思吗？或者与教师有关吗？教师的地位比较特殊，可以“改变儿童的心智”，所以教师应该了解哪些与他们相关或有趣的研究？例如，有研究发现，音高辨别力很强的人和患有孤独症的人都有过多的神经联结，这是一个值得怀疑的结果，还是一个与教育工作者有关的研究[①]？参与计算的脑区靠近控制手指的区域，这一发现对早教教师来说，重要吗[②]？所以这类思考把我带到了这里。麻烦在于，很难知道哪些是有关系的，值得关注，哪些不是。

神经科学研究者：我完全接受您的观点。我们事先并不清楚哪些神经科学的研究可能对课堂教学很重要，或者每位教师应该如何参与神经科学的发展。这方面我发现有两种观点。一种观点认为，教师不仅必须对与自己教育目标相关的领域有科学的了解，而且也必须参与研究的过程。我个人认为，这是一种乌托邦式的空想。大多数教师都太忙，没有时间做这两方面的事情，也没有能力去做后一件事情。另一种观点认为，长期而言，如果神经科学研究者发现，学习是如何在脑的神经结构中发生的，受到哪些化学和遗传过程的影响，那么这可能对提高学习有实际的效果。就此而言，神经科学的影响可能不在课堂上，而在药店或干细胞实验室——在我看来，这更是乌托邦式的空想。我认为，更为现实的想法是，我们可以期望在新出现的一个心理学和神经科学相结合的领域中，研究人员掌握专业的知识，可以测试课堂干预措施的假设，而这些干预措施来自更普遍的认知神经科学研究——并且至少对真正的课堂教学也有一些了解。

教育工作者：我想我不同意您的第一个观点，或者说它的基调。教师很忙，确实如此，但是不断地反思实践是我们努力想让见习教师做到的。你真的认为参与对教学和反思进行科学探索的研究过程超出了教师的能力范

① Loui, P., Li, H. C., Hohmann, A., & Schlaug, G. (2011). Enhanced cortical connectivity in absolute pitchmusicians: A model for local hyperconnectivity. *Journal of Cognitive Neuroscience*, *23*(4), 1015-1026.

② Butterworth, B. (1999). A head for figures. *Science*, *284*(5416), 928-929.

围？现在到了让教学变得科学起来的时候了。如果好的方法确实存在，这些方法应该得到评估、验证和赞美。在政策的层面，学校里的一些教育领导者们有责任讨论效果、附加价值，在教育中推广最好的教学实践。而且，在 358
这种环境下，我相信教师完全有能力参与与他们相关的神经科学研究。

神经科学研究者：我不想冒犯您，但是我必须说，我的一些心理学同事发现，教育工作者痴迷神经科学的时间虽然不长，但是有点过分。从他们的观点来看，教育差不多一直是缺乏证据的领域。很显然，很多见习教师认为，应该用儿童"更喜欢的学习风格"来教他们，而且比例相当高——但是这个观点完全缺乏证据的支持。那些地方议会或健康委员会的人呢？他们非常愿意花巨资购买滤镜来治疗阅读障碍。这完全不同于对"智商科学"的故意忽视。大半个世纪以来，我们已经知道儿童在学习能力上普遍存在差异，而且这种差异中很重要的一部分可能来自遗传。但是教育工作者在过去的40年里拒绝正视这个问题。

教育工作者：别将我引入遗传问题的讨论。教师每天在课堂上教这么多的学生，许多学生在学校里都有各自明确或不明确的学习需求。智商这种东西，你可能会称为传统遗传学，在教师看来却取消了教育的责任。如果全由智商和遗传决定，那么教育的目的是什么呢？对教育工作者而言，现代神经科学似乎与此有所不同。教育神经科学的进展无疑让教育工作者和神经科学研究者开始一种新的研究对话，为教育干预方式提供验证和建议。

神经科学研究者：是的，但是以前也有过建立科学的证据基础的尝试，神经科学的哪一点让它与以前的所有尝试都不同呢？教师们为什么对能和不能改变智商分数的东西不感兴趣？相比对脑施加可测的影响，那不是更重要吗？

教育工作者：我完全同意，以教育神经科学现在所处的阶段，任何教育干预项目都要产生恰当的、可以测量的学习结果（例如，行为的变化、学习上持续的进步——必要的话，你可以叫它智商），这时候，神经科学就能确定脑的结构或者活动的效率或水平是否发生变化。毫无疑问，并非所有的干预或教育项目都需要由神经科学来评价其是否有效：我们可以依靠其他的测量，我们不需要通过扫描人脑来寻找开发或执行某个项目的理由。但是，能提供具有科学依据的证据，总是相当有说服力的：我认为我们有充分的理由去计算教育进步的成本,因此通过多种方法对数据进行三角验证,以支持各种神经科学工具所得到的说法,这很合理。

神经科学研究者:我觉得这里隐藏着一个危险,那就是您对“科学的”这一术语的使用。除非我弄错了,否则这不仅依靠发现行为或表现上的变化,还依靠发现脑的变化。所以您好像在说,教师认为脑的证据都是“科学的”,而行为科学的证据至多只能被认为是一些观点或假设。如果我是对的,那么你已经知道了神经科学这么吸引教育工作者的一个原因了——它无疑是科学的,而作为一个职业,教师很尊重科学。那么这有什么问题吗?它意味着脑的证据才是真正的、长期的、重要的证据,行为的证据只是短期的、模糊的、暂时的证据。我认为这不只关乎个人的喜好。一方面,如果您发现某种干预项目在改善学习方面有惊人的效果,但一系列平行的神经科学观察得出的结论却是相关的脑结构没有发生任何变化,这时候该怎么办呢?另一方面,另一种干预措施显示对学习结果的影响很小,但是神经科学的测量却显示有很大的变化。这时候应该选择哪一个呢?我希望这是一个“很容易决定的问题”(大笑着相当恶心地将花生喷到了酒上),行为(而不是脑)的成功改变是所有教育干预措施的目的。

359 教育工作者:好吧,您说的我明白,但是区分真假科学可能真的很难。尽管我们在会议中看到,这常被用来掩盖废话,但这种区分对神经科学研究来说更为明显。但是先看看其他也有证据支持的影响教师的力量吧。完全回避科学方法的后现代主义追随者怎么样?你知道我想说什么——所有知识都是一种社会结构,科学没有优势地位,学校反映的是权力结构而非儿童的学习——诸如此类。文献中很多教育证据的主要问题在于它们完全依靠定性分析,是某种社会文化理论框架的一部分,任课教师实际上很难使用。

神经科学研究者:那么,你肯定想要再看一些智力、遗传和脑发展方面的东西。我想说,智力测验也曾被滥用过,遗传对智力差异有很大影响,这是一个无可置疑的事实,但人们也曾从中得出一些错误的结论。但是我认为,我们还要在此基础上继续前行。人们认识到,学习能力显著的个体差异与发展变化本身并无内在冲突。而且不管怎样,行为遗传学的现代方法不只是说A或B有X%或Y%可以遗传,它还向人们表明,在教育过程中,遗传**和**非遗传因素都可能影响学习。还有那些将皮质厚度的发展变化和智商分数联系起来的研究，[1]这种研究肯定会让教育工作者既感觉很重要，又感觉很兴奋，是吗？

教育工作者：因此我觉得教育工作者应该做好准备，重新研究一下可以促进变化和发展的确凿证据。教师都知道学生们不是一块“白板”，学生入学时，具有不同的性格、态度和求知欲，而这些都会影响他们开始学习时的准备状态。母亲怀孕期间的营养状况及其教育水平，可能是儿童教育成功与否的决定性因素，社会经济状况将长期对儿童的智商产生巨大的影响，这些观点都是教育工作者要正视的。国际学生评估项目（Programme for International Student Assessment，PISA）每三年就会对经济合作与发展组织成员国年龄为 15 岁的学生进行抽样比较。这些测验的数据反映了教育实践，显示出一些固定的模式，如社会不公、择校和学前教育的影响等[2]。既然你相当尖锐地指出，我们工作在一个相对缺乏证据的领域，这些数据就非常重要。贫富儿童表现的差距越来越大，这是社会政策造成的；即使在青春期，学前干预项目仍然有积极的影响。波兰不允许 11 岁时择校，这提高了波兰学生的读写能力，进而影响这个国家未来的经济。2009 年出版的哈蒂报告（Hattie report）对 800 多个研究进行了元分析，确定了各种教育实践的效果。[3] 一方面，饮食、课外辅导和感觉运动项目的影响很小；另一方面，自我报告的分数、皮亚杰式项目和形成性评价都能产生效果和影响。显然，研究文献中已经有证据显示怎么教更好，怎么能提高学生的学习，因此需要做的是缩小文献与教师课堂之间的距离。

神经科学研究者：在我看来，您说的没有哪一点是受神经科学启发的。

教育工作者：是的，但是我们来认真讨论一下科学将如何影响教育这 360
个问题。坦率地说，科学可以为如何提高儿童学习提供某种假设，然后提供某些证据证明这种方法确实有效。所以如果我们认为，除了正常的课堂教学以外，还有别的方法也可以加快或提高认知发展，那么我们确实应该带着批判的眼光认真检视这种说法。想一想，如果我们觉得所有成功都是因为

---

① Shaw，P.，Greenstein，D.，Lerch，J.，Clasen，L.，Lenroot，R.，Gogtay，N. et al.（2006）. Intellectual ability and cortical development in children and adolescents. *Nature*，*440*，676－679.

② http://www.pisa.oecd.org.

③ Hattie，J.（2009）. *Visible Learning: A Synthesis of over 800 Meta-analyses Relating to Achievement*. London：Routledge.

神经加工过程加快了或更有效了,或前额皮质灰质增加了,变得更灰了,我们能否更精确地检验这些说法。我认为,我们有充分的理由看到这方面的证据。前面你谈到神经科学成果的重要性时,态度很严厉——我们想要行为、态度、成就方面可测量的变化,还是只有某种成像技术才可以发现的神经生理方面的变化。作为一名教师,我很高兴看到我的学生表现更好,更投入,自己管理自己的学习,对未来非常乐观。因此您是对的,如果我能看到我所教的"什么""怎么样"和"为什么"对学生产生积极的影响,我确实不需要神经科学的影响。但是如果您能告诉我,学生的变化与神经相关联,我会觉得那非常有趣。关于阅读障碍的神经基础的研究已经有很多,它们提出了一些有效的治疗干预方法。脑部扫描能在阅读障碍的迹象明显表现出来之前识别出不良的神经联结,这使早期治疗成为可能——这肯定算一个有用的神经科学成果,对吗? 这不只是有趣吧? 我认为它非常有用。同样地,我认为学习和反思与社会孤立有关的神经效果也非常有用。这些都是可以改进实践和行为的重要发现。

神经科学研究者:我能够预见,一些有关学习障碍的神经研究可能会引人关注,但是主流教育的对象是正常发展的儿童,因此这些研究真的很重要吗?

教育工作者:或许只有时间能告诉我们一切。但是小心不要搬起石头砸自己的脚,聪明反被聪明误。就算是这样一个会议也很难认识到,在教育和儿童学习这个更宏大的场景中,神经科学(包括认知心理学)的作用是多么小。我们可以想象一下课堂上的场景:在我们的社会活动中,课堂的私密性居第二位。我这么说是因为要描述课堂上的所有互动、影响和结果是非常困难的。但是我有信心,好的学习观念或理论可以转化为更好的课堂活动。这里仅举一个例子——有一个皮亚杰式的项目,叫用科学教育促进认知(cognitive acceleration through science education, CASE),这个项目已经发现,学生在科学上的进步是长期的并且可以提高其他课程的成绩[①]。认知促进和儿童哲学(Philosophy for Children ,P4C)项目显示,学生各科的

---

① Oliver, M.,Venville, G. , & Adey, P.(2010). Tinking Science Australia: Improving teaching and learning through science activities and reasoning. Paper presented at the Australasian Science Education Research Association Annual Conference, Shoal Bay, NSW.

成绩普遍提高，并且这种影响在干预项目结束后仍然长期存在。这些干预项目的数据表明，一般智力也提高了。在各种学校环境中，各种能力水平上，都发生了这种提高，这令人关注，也很有趣——究竟发生了什么，才带来这种普遍的、可以传导的提高？如果我们能详细说明我们所说的一般智力是什么，详细说明当你意指脑的某种特性时它是什么，这时候，我们还不想看到脑所发生的变化吗？在我看来，如果真能破除学科之间的一些界限，教育神经科学将有巨大的发展潜能。我们可以预见范式将发生某种转变，更有利于对课堂活动和教育方法进行解释，可以更好地理解什么是最好的实践。

神经科学研究者：好吧，我觉得我们之间的共识更多一些。我所理解的严谨的三角验证是：有一个理论，这个理论阐述某种重要的认知功能（如一般智力）的特性，这种认知功能据说以脑结构或功能等为基础；有一个教育干预项目，这个项目想要改变或发展那种认知机制（如执行功能的某个方面）；有一个对结果的测试，这个测试既是行为的（这个干预项目有没有让那 361
种机制的工作运行特征发生变化），也预测与神经的关联。做到了这一步，我们就能取得真正的进步。谈到进步——你想不想再来一瓶啤酒？[①] 想？山姆（Sam），我们继续。[②]

---

① 谁发现了这位心理学家的小把戏？他在利用性别刻板印象制造戏剧性效果。

② 是的，我们知道这个引用是错误的，但是你发现与题目的联系了吗？

人名索引[①]

① 本索引中，人名之后的数字为英文版页码，现为中文版的页边码，提示可在本页边码中检索相关内容。——译者注

H

J

K

L

Q

S

T

W

X

Y

Z

主题索引[①]

---

① 本索引中，索引主题之后的数字为英文版页码，现为中文版的页边码，提示可在本页边码中检索相关内容。——译者注

E

F

G

H

J

K

L

T

W

X

Y

Z

译后记

教育神经科学作为一门横跨文理的新兴学科，其建设与发展的过程充满了艰辛，需要有关方面的精诚合作与共同努力。本书正是这种精诚合作与共同努力的结果，它凝结了来自不同领域近四十位专家学者的心血，这些作者有的是教育领域的专家，有的是心理学、认知科学、神经科学或遗传学领域的专家。他们都有一个共同的目标，就是让教育受益于最新的科学研究，以促进每位学生的学习和发展。他们还在神经科学与教育学的结合过程中，探索出了重要的经验：神经科学研究者在讨论研究的教育应用价值时，如果不运用教育学的知识，将一无所获。同理，教育工作者在试图利用神经科学的知识来支持自己的观点时，如果不运用神经科学的专业知识，那也将徒劳无益。

本书阐述了教育界与神经科学界最关心的一些问题，相信不同学科背景的读者都能够从中获益，尤其是对教育神经科学的研究感兴趣的读者。本书重点讨论了如何消除神经科学的研究成果在教育界的误用，以及正确地评估科学研究成果应用于教育的有效性。教育和神经科学是两个完全不同的领域，有着不同的话语体系、研究对象、研究方法与目标。长期以来，这两门学科之间存在着巨大的鸿沟，导致研究成果向教育转化与应用的过程中充斥着各种各样的新旧神经神话。例如，神奇腰带和向日葵疗法能改善阅读障碍等多种认知问题和障碍；健脑操能改善脑功能，提高学习效果；彩色滤镜可以提高阅读困难儿童的阅读成绩；“任天堂”的健脑游戏可以提高智力；补充水分、鱼油等可以提高学习成绩；咀嚼口香糖可以提高注意力和记忆力等。这些神经神话缺乏严格意义的实证研究，虽然有一些实证研究，但是在研究设计等方面存在着严重的缺陷。识别和清除这些神经神话是教育神经科学发展过程中的一项重要任务。教育神经科学采用多学科验证、多层面组合、多技术互补的研究范式，为教育提供严谨、客观的科学依据。

教育神经科学的研究为解决教育中一些悬而未决的问题提供了科学的依据。例如，在英语阅读教学中，一直存在着整体语言教学法和字母拼读教学法之争，前者关心正字法到语义的直接通路，主张让儿童学会根据词形的整体结构来提取语义；后者关心正字法到语音的间接通路，主张系统地教授儿童字母—语音的对应知识。整体语言教学法的一条重要理由是，直接通路不需要以语音为中介，是更快速的语义提取通路。然而，教育神经科学的研究表明，在熟练字词的识别中，阅读者在正字法加工的同时，已经自动地进行语音加工了。语音加工过程启动得早，而且非常迅速，甚至阅读者有时都没有意识到它的出现。这种语音的自动加工是不断练习的结果。教育神经科学的研究表明，字母拼读教学法是提高字词加工效率，使阅读者对字词的加工达到自动化程度的有效方法。

不同学科的研究者从多个层面阐释了学习者的个体差异，为因材施教提供了科学的依据。学生的阅读能力存在着个体差异，阅读障碍人群的阅读能力明显低于正常人的平均能力水平。过去的研究只在行为和心理上寻找原因，或者认为是学生动机不够等原因造成的，或者认为是教学方法不当等原因造成的。这暗含着一种假设：只要找到正确的行为和心理原因并加以解决，这些阅读能力异常的学生就能赶上并达到正常人的水平。而神经科学的研究却发现，阅读障碍患者的某些脑结构和功能出现了异常，无法满足阅读加工的要求，而这些神经系统的问题是行为和心理干预方法所无法解决的。遗传学研究则进一步发现，阅读障碍患者神经系统的异常，在很大程度上受遗传的影响，现有的研究已经发现了6个与阅读障碍相关的候选基因。分子遗传学研究表明，当某些阅读障碍的候选基因被敲除后，神经元不能正常地分化和迁移，从而影响脑的发育，导致脑无法形成正常的皮质结构。遗传对异常表现的影响非常明显。而正常的阅读表现也存在着个体差异，这些差异也受遗传的影响。在接受学校教育之前，学生在遗传、家庭、性格等方面千差万别，每个人都是与众不同的独立个体，受各种条件的限制，现有的教育并不能满足每个学生的个性发展要求。教育的实际结果可能与人们的直观感觉相反，有效的教育不仅没有缩小个体之间的差异，反而会在遗传差异的基础上，进一步扩大个体之间的差异。神经科学、遗传学等科学研究，让我们对儿童的阅读表现有更多、更深刻的认识。了解儿童阅读障碍的机制有助于教育者设计更为科学的政策与干预方案，这对阅读障碍儿童的发展具有极其重要的价值与意义。但是从科学的发现到教育的应用，并不是一蹴而就的事情，需要进行大量的实证研究、转化研究与应用推广。总之，这是一个正在探索中的新兴领域，这个领域的发展将为教育带来巨大的变革。阅读此书，会让读者了解在教育神经科学的发展过程中已经走过的正路、弯路和歧路，也能让读者辨明教育神经科学发展的正确方向，走向未来。

本书的翻译是集体智慧的结晶。本书由周加仙研究员组织人员翻译，具体分工：第一章，周加仙，罗梦莹；第二章，陈菊咏；第三章、第四章，史沁鑫；第五章，罗梦莹，周加仙；第六章，周加仙，林怡黎；第七章，王芳；第八章，陈菊咏；第九章，史沁鑫；第十章、第十一章，牛陆平；第十二章，周加仙，罗丹萍；第十三章、第十四章，罗丹萍，周加仙；第十五章、第十六章、第十七章，张金凤；第十八章，苏雪云；第十九章、第二十章、第二十一章、

第二十二章，高振宇；索引，陈菊咏。周加仙和陈菊咏在此基础上，对书稿进行了反复多次的细致修改，最后由周加仙审阅、定稿。本书涉及多个学科的知识，翻译难度比较大，我们竭尽全力，反复斟酌，力图做到更好。但是，由于水平有限，书中如有不足之处，还请各位读者批评指正。

周加仙　陈菊咏

2019 年 6 月 20 日

图书在版编目（CIP）数据

教育神经科学的是与非 / (英) 塞尔吉奥 · 德拉 · 萨拉,
(澳) 迈克 · 安德森主编 ; 周加仙, 陈菊咏主译. — 上海:
上海教育出版社, 2020.1
（教育神经科学译丛 / 周加仙主编）
ISBN 978-7-5444-9537-0

Ⅰ. ①教… Ⅱ. ①塞… ②迈… ③周… ④陈… Ⅲ. ①教育学 - 神经科学 - 研究 Ⅳ. ①G40-056

中国版本图书馆CIP数据核字(2020)第018558号

策　　划 袁　彬
责任编辑 王　蕾　谢冬华
责任校对 丁志洋
封面设计 陆　弦

教育神经科学译丛
译丛主编　周加仙
教育神经科学的是与非
[英] 塞尔吉奥 · 德拉 · 萨拉
[澳] 迈克 · 安德森　主编
周加仙　陈菊咏　主译

出版发行 上海教育出版社有限公司
官　　网 www.seph.com.cn
地　　址 上海市永福路123号
邮　　编 200031
印　　刷 上海展强印刷有限公司
开　　本 700×1000　1/16　印张 34
字　　数 545 千字
版　　次 2020年3月第1版
印　　次 2020年3月第1次印刷
书　　号 ISBN 978-7-5444-9537-0/G·7874
定　　价 98.00 元

如发现质量问题，读者可向本社调换　电话：021-64377165